法司官会同廷臣详绎明律，参酌时宜，集议允当，以便裁定成书，颁行天下。

（清）多尔衮

见《清世祖实录》卷七

中國法制通史

【第八卷】

清

总主编　张晋藩

本卷主编　张晋藩

中国法制出版社
CHINA LEGAL PUBLISHING HOUSE

撰稿人（以撰写章节为序）

张晋藩	绪言、第一章、第二章、第三章、第四章、第五章、第六章、第七章
李　铁	第八章、第十五章、第二十二章
王宏治、李建渝、高浣月	第九章、第十六章、第二十三章
郭成伟	第十章
夏家骏	第十一章、第十三章、第十八章、第二十章、第二十五章、第二十六章
刘广安	第十一章、第十八章、第二十五章
朱　勇	第十二章、第十九章
郑　秦	第十四章、第二十一章、第二十六章
怀效锋	第十七章
沈国峰	第二十四章

CONTENTS

目录

绪　言

一

16世纪末期，一个有着悠久历史传统的民族——满族，重新崛起于东北白山黑水之间。它的远族在先秦的典籍中被称为肃慎，其后裔历代或被称为挹娄、勿吉，或被称为靺鞨、女真。靺鞨在唐时建立了渤海国。女真于辽、宋之际建立金朝，统治中国北方和东北地区达一个世纪之久。元朝灭金后，女真族进入了消沉时期。直至明朝万历年间，努尔哈赤举起后金的旗帜，才开始了复兴本民族的功业。

爱新觉罗·努尔哈赤出身于建州一个世袭酋长的家庭。明万历十一年（1583年）努尔哈赤以报父祖之仇为名，起兵征掠周边各部。至明万历十六年（1588年）基本上完成了建州女真的统一，迫使明王朝封赠他为"都督佥事"和"龙虎将军"。

明万历十五年（1587年）努尔哈赤在费阿拉（辽宁新宾）筑城，"定国政"[①]，"自中称王"[②]，开始缔造国家。明万历二十四年（1596年）努尔哈赤行文朝鲜时已开始使用"女直国"（即"女真国"的国号）[③]。后改称"建州国"，努尔哈赤则以"建州等处地方国王"自居。明万历四十四年

① 《清实录·满洲实录》卷2，中华书局1985年版，第66页。

② 吴晗辑：《朝鲜李朝实录中的中国史料》第4册，中华书局1980年版，第1530页。

③ ［朝鲜］申忠一：《建州纪程图记》，中国人民大学出版社1989年版，第440页。

（1616 年）努尔哈赤在赫图阿拉（辽宁新宾）正式创立“后金”国号，建元天命，称“列国沾恩明皇帝”。天命三年（1618 年）努尔哈赤偷袭抚顺，揭开了对明战争的序幕。至努尔哈赤去世前，已征服了广阔的辽河以东地区。他是清王朝的开创者和奠基人，被尊为“清太祖武皇帝”（康熙初改为高皇帝）。

继位的皇太极是一位杰出的战略家，他在位 17 年，取得了一系列文治武功。他改元称帝，建立清国，完成了取代明朝的各项准备工作。

1644 年清军入关，建立了统一多民族的清朝。

二

清王朝是中国封建社会的末代王朝，它经历了 267 年由盛到衰的历史发展过程。在这 267 年间，封建经济取得了超越前代的发展，典章制度也获得了显著的成就。清朝不仅落下了封建统治历史的帷幕，也揭开了中国近代历史的篇章。清朝所处的历史地位，决定了清朝法制的历史价值。

由于清朝是末代封建王朝，在历经近两千年的发展之后，封建法制辗转相承，相当完备。表现在法律体系上，由刑法、民法、行政法、诉讼法、狱政法等各个部门法组成了既完整而又系统的法律体系。表现在立法的具体内容上，不仅涉猎广泛，而且更切合清朝的社会实际和民情。表现在司法制度上，程序完备，审级严格，会审和死刑复核进一步制度化、法律化。特别是为适应统一多民族国家的需要，清朝还在边陲少数民族聚居地区制定了相应的法律，如《蒙古律例》《回疆则例》等，使封建国家的民族立法达到了前所未有的程度。

总之，清代法制是中国封建法制的完备形态，剖析清代法制，有助于了解整个封建法制的发展趋向和规律性。

三

清朝是以满族贵族为主体的政权，从1616年建立后金政权时起，就表现了满族对于政治制度与法制建设所特有的见地，尤其是创造性地吸收汉族的先进法律文化，形成了卓越的“参汉酌金”的立法路线与法制建设的传统。中国自古以来就是一个统一多民族的国家，对于中国的传统文化，各少数兄弟民族都做出了自己的贡献，在法制上也是如此。远在南北朝时期，以鲜卑族拓跋氏为主体的北朝政权，就制定出对中国封建法律发展有着重要影响的《北齐律》。《北齐律》是适应中原先进文化的产物，它以汉律为宗，并吸收了魏晋律中的新内容、新经验，是汉魏晋律成功的总结。北魏以后，辽金元各朝的少数民族统治者，也都对中国的封建法制建设做出了自己的贡献，但或因年代久远，或因统治短暂，以上述少数民族为主体的各朝的法制建设史料，缺乏完整性。只有以满族为政权主体的清朝的法制，是研究中国少数民族法制史的圭臬。

清开国时期的法律还保留了某些氏族习惯法，这是由急剧变化的社会性质决定的。譬如汗令与国法直接结合，司法审判上强调公议，婚姻关系上可以乱伦为婚，夫死妻殉的人殉制度，等等。但从开国时期起，已经开始渗入汉族的法律意识和法律原则。满洲族作为统一多民族大家庭中的一员，必然要受到先进的汉族文化的影响，如果说努尔哈赤立国初期，吸收汉文化的意识还不是很强烈，所谓：“初，我国未深谙典故，诸事皆以意创行……我太祖天纵聪明，因心肇造。”[①] 那么，至皇太极，已从实践中意识到吸收明朝法制以及它所确认的封建伦理道德的重要性，因而形成了“参汉酌金”的法制方略。但是，皇太极并不盲目地援用明朝法律。他很欣赏汉官宁完我关于不能照搬大明会典的一番话：“大明会典，虽是好书，我国今日全照他行不得”，而只能“看会典上事体，某一宗我国行得，某一宗

---

① 《清实录·太宗文皇帝实录》卷12，中华书局1985年版，第168页。

我国且行不得，某一宗可增，某一宗可减，参汉酌金，用心筹思，就今日规模，立个金典出来……务使去因循之习，渐就中国之制”①。由此可见，“参汉酌金”是皇太极在汉官影响下积极采取汉化政策的结果。

四

关外时期正在形成中的成文法是崭新的社会上层建筑，对变革中的社会经济所起的调整与促进作用是非常明显的。早在努尔哈赤统治时期，就已运用法律保护新的经济关系和经济秩序。例如，天命九年正月，谕令禁止倒卖牲畜家禽，如果知情人抓到倒卖者，“前来告发，所贩卖之物皆由检举者取之”②。在他逝世之前，还命令诸贝勒“拟定收取课税之规”，以保护国家的赋税收入。至皇太极，随着社会经济关系的封建化，保护农业经济的封建法令迅速增加。皇太极曾以“劝农讲武，国之大经”③为基本国策。为保护农业经济所颁布的法令有：禁止贵族大臣子弟郊外放鹰“扰害人民，蹂践田园，伤残生畜”，违者“决不轻恕”。④禁止诸王贝勒大臣纵容家奴践民田禾。天聪五年（1631 年），“上（太宗）率大贝勒代善及群臣渔于河之上游……有二人纵马食禾，上见之，坐以纵食民禾罪，命各贯一耳以徇”⑤。同年颁布《纵畜入田罚例》，并收录于《崇德会典》，规定：“如豕入人田者，令送还本主，每次计豕罚银五钱，过三次许赴告该牛录，额真，即以其豕给之。如羊入人田者，计每只罚银二钱，骆驼、牛、马、骡、驴入人田者，计每头罚银一两，仍偿其禾，如逸出边外，与收者银二两，边内一两。”禁

---

① 罗振玉编:《天聪朝臣工奏议》，中国人民大学出版社 1989 年版，第 82 页。

② 中国第一历史档案馆、中国社会科学研究所译注:《满文老档 · 太祖》卷 60，天命九年正月初三，第 571 页。

③《清实录 · 太宗文皇帝实录》卷 13，第 179 页。

④《清实录 · 太宗文皇帝实录》卷 23，第 311 页。

⑤《清实录 · 太宗文皇帝实录》卷 9，第 123 页。

止在“祭神、还愿、娶亲、死人、上坟”之时“杀死、货卖、宰杀牛马、骡、驴”，如违背这项“永革不许”的法令，经家下人，或部下人举首者，“将人断出，赔杀的牲畜与原告”。旁人举首者，“赔牲畜与举首者。牛录章京，拨什库因失于稽查，问应得之罪”。对于宫中或贵族官僚之家大宴时，虽许杀大牲畜，但“亦不可侈费”。①这项法令的主要目的在于保护农业生产力，对此《崇德会典》明确指出：“汉人、蒙古、高丽，因善养牲畜，是以牲畜蓄多。我国不知孳息，宰杀太过，牲畜何由而多，今后用心蓄养。”②

为了督励各镇守官劝农力耕，皇太极严令耕种要适时，不得因天寒耽误播种，不得于农忙季节滥用民夫，如“有滥役民夫，致妨农务者，该管牛录章京，小拨什库等俱治罪”③。为了保证农业劳动的人手以及国家对壮丁的控制，天聪四年十月，谕令禁止诸贝勒家隐丁，如有超过限额者，“察出，启知贝勒退还，如贝勒不从，即赴告法司……将所隐壮丁入官”④。为了鼓励农业生产，允许粮食自由买卖，同时实行纳粟赎罪制度，“获罪之人无银纳赎，愿输粮者，准依时价算收，有余粮愿助者，量给奖赏。愿卖者，许其自粜”⑤。

上述调整经济关系的法律是清初立法最重要的内容，是社会大变动的产物，表明和记载着封建经济关系的要求，体现了一种新型的法制对经济所起的积极作用。

五

自 1644 年入关，至 1840 年鸦片战争之前，是清朝统治全国的重要时

① 《清太宗实录稿本》卷 14，辽宁大学历史系 1978 年编印，第 13 页。

② 《清太宗实录稿本》卷 14，第 12 页。

③ 《清实录·太宗文皇帝实录》卷 23，第 299 页。

④ 《清实录·太宗文皇帝实录》卷 7，第 106 页。

⑤ 《清实录·太宗文皇帝实录》卷 58，第 789 页。

期，也是清朝由发展趋于衰落的时期。经过康、雍、乾三朝100多年相对稳定的统治，经济、政治、法制、文化都取得了明显的发展。清朝在总结历代法制建设经验的基础上，进行了多种形式的立法建制。其立法之详密，制度之完备，程序之齐全，调整对象分工之细密，均达到了中国封建法制史上的高峰。这是清代法制的主要特点。

清廷作为统一多民族国家的统治者，十分注意对全国范围的法律调整。不仅制定了因地制宜、因俗制宜的少数民族法规，而且在司法管辖方面，也深入到少数民族地区。清朝司法管辖的深入，有力地维护了法律政令的统一。清朝的法律不仅维护以皇权专制为核心的政治制度，也维护它借以矗立的封建自然经济基础和赖以支撑的封建家长制度。为此，厉行政治高压和思想高压，其条例之严、刑罚之酷均超过历代。但为了发挥劳动力的积极作用，也从法律上减轻了超经济剥削。

在清朝的法律中确实存在维护满族特权的民族统治色彩，但随着清朝国家统治的稳定和民族间的广泛交流，这种色彩自清朝中叶以后日渐淡薄。需要指出的是，清律虽然确认了满族的一些法定特权，但作为封建法律，它所维护的主要是封建的等级制度，因此完全继承了封建法律中良贱不平等的传统条款。身份等级制度仍然“成为国家组织中被确认的，在行政上正式起作用的要素了”①。

由于清朝去今不远，其在法制建设与司法活动上遗留了大量的档案资料，它所提供的经验更具有现实借鉴意义，因而对清朝法制史的研究受到了国内外学者的注意。

本书是《中国法制通史》之第八卷，不足之处敬请读者指正。

① 《马克思恩格斯全集》第19卷，人民出版社1957年版，第556页。

第一章　清入关前统治者的法律思想与立法概况

第一节　统治者的法律思想

关外时期，满族经历了由原始社会末期到封建社会初期的几个社会发展阶段。社会关系的急剧变化，决定了法律关系的复杂多样，推动了立法的发展。

从满洲族杰出的领袖努尔哈赤到皇太极，虽然是以军事行动统一了女真各部落和东北地区（包括蒙古），进而对明朝采取强大的攻势，并最终夺取了明朝政权，统一了全国。在这个过程中，他们非常注意运用法律的武器来约束军队，稳定后方，调整变动中的经济关系和社会关系。特别是通过向蒙古地区宣布盛京定例的方式，维持了法制的统一，这不仅为进军全国创造了十分重要的条件，而且给入关以后清朝的民族立法奠定了重要的基础。

清入关前，统治者法律思想的集中体现是努尔哈赤与皇太极的法律思想。努尔哈赤在创建后金国的实践中，逐渐认识到建立法制，严守法度，“以赏示信，以罚示威”的重要性。他把严格执行法令提到“立国之道”的高度，告诫诸子和众侄说：“为国之道，以何为贵？在于谋事公信，法度严明也。其弃良谋、慢法度之人，无益于此道，乃国家之鬼祟也。”[①] 他还诫饬八旗将领“务须秉公持正，以诫谕国人”[②]。甚至强制八旗将领“立誓”守法，“把誓言上告”。根据努尔哈赤的这一指令，五牛录额真立誓说：“汗所降谕旨及各项法令，定牢记不忘，且勤加宣谕。”[③] 直到努尔哈赤临终前，还嘱咐八旗固山之主，要“效彼（金大定帝）之严守法度，信赏必罚”。[④]

在努尔哈赤的法律思想中，公平执法是核心，这是他从总结明末政治腐败、法纪废弛、国力衰微的教训中得出来的。他认为明朝的衰败就在于“法律不明，致遭天责”[⑤]。因此他强调：“为国之道，在于族众势盛者不得越分，懦弱孤寡者不受欺侮。”[⑥] 为使国人重视公平执法，努尔哈赤利用满洲族人的迷信心理，从天道观上加以论证：“风雨调和，日月轮转，其道永恒”，就是“信守禁约，不违四时”[⑦] 的结果。早在后金政权建立之前，努尔哈赤在同侍臣讨论治国之道时，便指出：“治国家者，尚宽大，秉公诚，乃能传业久远，基业巩固，……故人存心公正，天赐百福，存心邪慝，天降百殃……若存心邪慝，获罪于天，或遘恶疾以死，或触刑戮以死，……由此观之，无论贵贱大小，皆当公正存心。”[⑧] 在八旗贵族手握军政实权、专横恣肆的历史背景下，努尔哈赤强调公平执法，主要是要求权贵守法。如他所说：“因其败政骄纵，绳之以法而已。至掌国政之贝勒，尤不能枉法而行。”[⑨] 他诛杀了“通谋欲篡位”的女婿蒙格布禄，[⑩] 处死了心怀异谋的

---

① 《满文老档 · 太祖》卷 3，癸丑年十二月，第 19 页。
② 《满文老档 · 太祖》卷 11，天命四年七月初八日，第 100 页。
③ 《满文老档 · 太祖》卷 11，天命四年七月初八日，第 101 页。
④ 《清实录 · 满洲实录》卷 8，第 415 页。
⑤ 《满文老档 · 太祖》卷 11，天命四年七月初八日，第 100 页。
⑥ 《满文老档 · 太祖》卷 4，乙卯年十二月，第 37 页。
⑦ 《满文老档 · 太祖》，卷 16，天命五年七月十一日，第 150 页。
⑧ 《清实录 · 太祖高皇帝实录》卷 4，第 59 页。
⑨ 《满文老档 · 太祖》卷 51，天命八年五月初九日，第 484 页。
⑩ 《清实录 · 满洲实录》卷 3，第 115 页。

长子褚英，[①] 处罚了向诸小贝勒勒索财物的身居五大臣之一的养子达尔汗。[②] 他还亲御八角殿，召集诸公主，训诫说："汝等女曹，或干政紊法，朕岂肯徇纵，废国典乎……尔等安居于家，若违法制坏基业，岂其可哉。"[③] 以致明朝人陈仁锡在《无梦园初集》"海一"中也承认后金"法令之严，无徇无纵"。

与公平执法相联系的是信赏必罚。由于努尔哈赤着眼于肇建基业，因此心胸宽广，目光远大，有功者虽仇必加升赏，有罪者虽亲亦不宽免。他谆谆教导八旗将领："国家当以赏示信，以罚示威。"[④] 后世史官称颂努尔哈赤"有罪者，虽亲不贳，必置之法；有功者，虽仇不遗，必加之赏"[⑤]，这对于团结部属，鼓励他们进取图功，克尽厥职，起到了积极的作用。

由于努尔哈赤视执行法律为杜绝犯罪的必要手段，因此主张严惩犯罪。他在给科尔沁的鄂巴台吉、众贝勒的信中说："凡例，杀人者抵罪，夺物者偿还，此乃结案之定法。"[⑥] 针对后金政权辖区内，物资匮乏，盗风甚炽，努尔哈赤特别规定："微贱者窃大物，黥其耳鼻；次者射骲箭十；窃小物者，打脸十次。"[⑦] 为了扼制盗窃行为的发生，努尔哈赤还创立了夫盗妻死、奴盗主罚之法。天命八年（1623 年）七月二十六日，努尔哈赤下令："嗣后，男丁偷盗，则使其妇足蹈炽炭，头冠红锅刑而杀之。倘惧此刑，则各劝其夫，不从，即首告之。"[⑧]

特别是严惩逃叛等政治性犯罪，他说：国中"汉人、蒙古、并他族类，

---

① 《清实录·满洲实录》卷 3，第 115 页。
② 《满文老档·太祖》卷 28，天命六年十一月初一日，第 247 页。
③ 《清实录·太祖高皇帝实录》卷 8，第 120 页。
④ 《清实录·满洲实录》卷 8，第 415 页。
⑤ 《清实录·太祖高皇帝实录》卷 4，第 63 页。
⑥ 《满文老档·太祖》卷 53，天命八年五月三十日，第 496 页。
⑦ 《满文老档·太祖》卷 10，天命四年六月，第 96 页。
⑧ 《满文老档·太祖》卷 58，天命八年七月二十六日，第 553 页。

杂处于此，其或逃、或叛、或为盗贼、为奸宄”，因此必须“严察”。“众果严察，则群小不敢为乱……若察之不严，奸人伺间而起，国之乱也由此。”① 他非常欣赏蜀汉诸葛亮厉行法治、严惩犯罪的政绩，说：“昔诸葛亮身佐幼主，摄行国政，有罪必诛，虽亲不庇，有功必举，虽仇不遗。罪虽轻，而不引咎者，重治之；罪虽重，而引咎者，轻罚之。其公其明，载诸史册，至今称述焉。”②

努尔哈赤虽然主张以严法治罪，但在用刑上却已注意到区分首恶与共犯，过失与故意，以及民族差异。例如，后金天命六年（1621年），在审理努尔哈赤的包衣汉出哈等四人杀人夺财一案时，努尔哈赤便根据严惩首恶的原则，“杀其首恶者阿哈岱，其余三人，各鞭五十，刺其耳鼻释之”③。对于共犯则采取相同的处刑，但首先要确定是否共同作案。努尔哈赤提出：“父有罪，子勿涉，至兄有罪，弟勿涉。若涉之，则死罪同斩，罚罪同罚。”④ 对于过失获罪，即使是死罪也不处死刑，但故意犯罪绝不宽贷。努尔哈赤在谕示诸贝勒时说：“听断国事……或有明知其非，犹强以为是”，不仅要受到制裁，而且要“获罪于天”，其所生之子，也必然“昏庸败亡”。⑤

由于关外时期，满洲族是后金政权的主体，因此满人犯法，同罪异罚，还可以议功减罪。努尔哈赤明确指出：满人“犯罪”，如果有一点理由，就作为免罪的依据。譬如议罪之前“先问功，问做什么工作”，有功者议功赎罪。他多次谕示诸贝勒和侍臣：凡遇应死应笞应罚之罪，“必追论其功，如系勤劳有功之人，则当死者赎，当罚者免，当笞者戒饬而释之。……其由武功授职者，必行间获罪，乃革其官。或他事获罪，勿议革，俾自赎。

① 《清实录·太祖高皇帝实录》卷8，第121页。

② 《清实录·太祖高皇帝实录》卷10，第139页。

③ 《满文老档·太祖》卷22，天命六年五月二十四日，第205页。

④ 《满文老档·太祖》卷50，天命八年五月，第474页。

⑤ 《清实录·太祖高皇帝实录》卷7，第106页。

其不由武功，以他途授职者，有罪则视其轻重，或议降，或议革焉”[①]。不仅本人有功减罪，父兄有功也可减罪。宗室贵族如犯一般罪，不仅“不诛”，不施身体刑，而且可以用银、牛马折罪。但等级越高，罚银、罚牛马数越重，既赋予权贵们特权，又严加约束。

努尔哈赤鉴于明末因司法黑暗，贿赂公行，导致社会矛盾激化，国势衰微，因而非常重视司法，并把听讼作为理政的重要内容。1615 年设置理政听讼五大臣，以下又设十名理事官分掌诉讼。一般案件先经理事官审讯，然后上报理政听讼五大臣，再呈送管旗贝勒，最后由努尔哈赤断决。在审判中为了改革满洲贵族有私家断案的旧传统，集司法权于国家，努尔哈赤强调“偕众听断”，凡诉讼要“经众审理，然后入告，勿独自入告”[②]。“不可一人独断，如一人独断，必致生乱。”[③]为此他宣布：“国人有事，当诉于公所，毋得诉于诸臣之家”，凡诉于私家不执送公所者“治罪不贷”。[④]

综括上述，努尔哈赤的法律思想既以女真族传统的习惯法为基础，又吸收了汉族先进的法律文化；既杂有氏族民主制的残余和敬天的宗教观念，又体现了专制权威的发展。

努尔哈赤逝世以后，皇太极即位，在迅猛发展的形势下，皇太极的法律思想较之努尔哈赤大大前进了一步。皇太极继承了努尔哈赤重视法制，以肇建基业的法律思想，同时又把法制问题提到“保邦致治之计”的高度。为此强调“国家立法，不遗贵戚”。他自己则率先垂范，遵法行事，他说：“朕若废法，谁复奉法”。在皇太极统治时期，积极致力于统一立法权和司法权。至崇德四年（1639 年），随着专制统治的强化，他踌躇满志地宣布说：

① 《清实录·太祖高皇帝实录》卷 7，第 107—108 页。

② 金梁辑：《满洲秘档》，文海出版社 1967 年版，第 71 页。

③ 《清实录·太祖高皇帝实录》卷 5，第 66 页。

④ 《清实录·太祖高皇帝实录》卷 5，第 66 页。

"朕为君长，法纪所自出。"[①]

在皇太极的法律思想中，最具有代表性的是他在吸收汉族先进法律文化的基础上所确认和推行的"参汉酌金"的立法思想与立法路线。

皇太极从进化的历史观出发，一方面提出建立以满洲固有传统为内涵的一代制度；另一方面，在同汉民族长期不同形式的交往中，逐渐接受了汉民族先进的法律文化的影响，因而不断革除满族落后的习惯。例如，天聪五年（1631年）七月，在申明谕禁同族嫁娶，违者以奸论罪的理由时说："明与朝鲜皆礼义之邦，故同族从不婚娶。彼亦谓既为人类，若同族嫁娶，与禽兽何异？是以禁止耳。"[②]天聪六年（1632年）三月，在论及"若子告父、妻告夫及同胞兄弟相告，果系反叛逃亡，有异心于上及诸贝勒者，许告，其余不许"的规定时，皇太极表示："所以严禁者，以此乃古圣王之成法，故今仿而行之耳。前禁不许乱伦婚娶，亦此意也。"[③]崇德元年（1636年）六月颁布的"定上下问对应各有区别"谕指出："我国之人，向者未谙典礼，故言语书词，上下贵贱之分，或未详晰。朕阅古制，凡上下问对，各有分别。自今俱宜仿古制行之。"[④]皇太极所说的"古圣王之成法"和"古制"，就是以儒家纲常礼教为指导思想的明朝的典章制度。这里表现了在皇太极法律思想中所接受的封建法律文化的影响，从此，在援仿"古制"的口号下，开始了"以礼入法"的趋势，这同努尔哈赤时代形成了鲜明对照。

在这个历史潮流中，满汉儒臣起了推波助澜的作用。号称"满洲圣人"的巴克什达海翻译了明《刑部会典》《孟子》《通鉴》《三国志》等文献史籍。通晓满蒙汉文的管礼部贝勒萨哈廉，则是皇太极引进汉制的得力助手。此外，文馆汉大臣宁完我屡屡上书，"请设六部、立谏臣、更馆名、置通政、

① 《清实录·太宗文皇帝实录》卷46，天聪五年七月庚辰，第617页。

② 永根冰斋等:《清三朝实录采要·太宗》伍石书轩刊本，第11页上。

③ 《清实录·太宗文皇帝实录》卷11，第156—157页。

④ 《清实录·太宗文皇帝实录》卷30，第381页。

辨服制”[1]，不仅为清初官制的改革规划了基本轮廓，而且给予皇太极以“克全孝道”[2]“忠君亲上”[3]“妇以夫为天”[4]等儒家伦理道德的影响。皇太极借用儒家学说的目的，在于强化以皇帝为最高权威的封建等级秩序。“参汉酌金”的立法思想便是适应这样的政治需要逐渐形成的。天聪七年（1633年），文馆汉大臣宁完我对于“参汉酌金”的立法思想作了很好的表述，他说：“《大明会典》虽是好书，我国今日全照它行不得，……况《会典》一书，自洪武到今，不知增减改易了几番，何我今日不敢把《会典》打动他一字？他们必说律令之事非圣人不可定，我等何人，擅敢更议？此大不通变之言，独不思有一代君臣，必有一代制作。”宁完我明确提出：“参汉酌金，用心筹思，就今日规模，立个《金典》出来。”[5]宁完我的见解引起皇太极的共鸣，天聪八年（1634年）四月，皇太极在申明“国家创业，各有制度，不相沿袭”的同时，表示：“夫知其善而不能从，与知其非而不以省，俱未为得也。”[6]可见，他已确定在坚持创立本国制度的同时，必须借鉴明朝的典章制度。皇太极时期法制建设的成就，都是在“参汉酌金”思想指导下完成的。不仅对关外时期法制建设具有重要的意义，而且指导着入关以后统一法制的重建。

第二节　立法概况

关外时期的立法活动，始于努尔哈赤“定国政”的过程。据《清太祖

① 《清实录·太宗文皇帝实录》卷10，第149页。
② 《清实录·太宗文皇帝实录》卷24，第313页。
③ 《清实录·太宗文皇帝实录》卷10，第146页。
④ 《清实录·太宗文皇帝实录》卷17，第228页。
⑤ 《天聪朝臣工奏议》，第82页。
⑥ 《清实录·太宗文皇帝实录》卷18，第237页。

武皇帝实录》记载：明万历十五年（1587 年）筑费阿拉城，“六月二十四日，定国政，凡作乱窃盗欺诈，悉行严禁”[①]。《清太祖高皇帝实录》也有类似的记载：“夏六月……壬午，上始定国政，禁悖乱，戢盗贼，法制以立。”[②]可见“定国政”和“法制以立”是同时进行的，后者是前者的重要内容。法制的锋芒所向是“悖乱”和“盗贼”，它的主要职能是“禁”和“戢”。但在当时，所谓法制以立不过是口头宣布某些禁令与定例而已。1616 年建立后金政权以后，立法才取得了真正的发展。据《满文老档 · 太祖》乙卯年（1615 年）十二月条下记载，“英明汗……治军治猎，制定法令”，[③]开始了由习惯法向成文法过渡的历史阶段。所说制定法令，内容涉及八旗的组织和制度、军令、围猎令以及诉讼等各个方面。在这些法令中，有的是将过去的习惯法进一步确认为具有强制约束力的法律，有的则是适应奴隶制经济的迅速发展和调整军政事务的首创。但总的说来，仍十分简陋，所谓“俗淳政简，所著为令，鞭扑斩决而已”。[④]曾经目睹努尔哈赤统治时期社会生活状况的申忠一、李民寏有以下记载：“奴酋不用刑杖，有罪者只以鸣镝箭，脱其衣而射其背，随其罪之轻重而多少之，亦有打腮之罚云”，[⑤]“有罪则或杀，或囚，或夺其军兵，或夺其妻妾、奴婢、家财，或贯耳，或射其胁下”[⑥]。

进入辽沈地区以后，面对“逃叛者纷纷倡乱”，各地“人民击杀八旗官兵”的严峻形势，努尔哈赤发布《禁单身行路谕》，规定：“务集十人以上，结伙同行，仅以九人同行者，允即执之，罚银九钱，八人者罚银八钱，……

① 《清实录 · 满洲实录》卷 2，第 66 页。
② 《清实录 · 太祖高皇帝实录》卷 2，第 35 页。
③ 《满文老档 · 太祖》卷 4，乙卯年十二月，第 35 页。
④ 《钦定皇朝文献通考（五）》卷 195，载《钦定四库全书》第 636 册，台湾“商务印书馆”1986 年版，第 479 页。
⑤ 《建州纪程图记》，第 443—444 页。
⑥ 《建州闻见录校释》，辽宁大学历史系 1978 年编印，第 44 页。

五人以下罚银五钱。”[①] 这个《禁单身行路谕》，显然是一个单行的成文法。

由于努尔哈赤集政权、族权、神权于一身，因此他随时颁发的谕令既是最重要、最经常的立法活动，也是最基本的法律形式。除此之外，诸王贝勒发布的文书、规则也是一种法律形式。

至皇太极统治时期，社会经济、政治关系的迅速发展，推动了立法活动的发展，从总体上看已经进入封建法制的创建阶段，立法活动涉及行政、民事、经济、刑事、司法等各个方面。

属于行政方面的立法活动，主要表现为六部成立以后，相继颁行的各种单行法规。天聪五年（1631 年）八月，皇太极谕六部启心郎：“各部事宜，皆用印以行，其职掌条约，备录之，榜于门外。凡各衙门通行文书，亦用印行。于是颁六部银印各一。”[②]

另据顺治年间纂修的《清太宗实录》稿本第十四卷记载：“崇德元年丙子岁四月十二日登基后议定会典”，以下列具五十二条谕令，并明确标注：“当在会典。”这部崇德元年会典，把清开国史上至关重要的天聪时期的零散谕令法典化，作为崇德时期中央各部院的行政法规。《崇德会典》的产生是六部逐渐正规化的需要，也是皇权初步确立的产物。《崇德会典》不是钦定的，而是议定的，它反映了皇帝与议政王大臣之间的权力对比关系和专制皇权的发展程度。《崇德会典》表明儒家伦理观念向法制渗透。尽管《崇德会典》体系粗疏，内容简陋，但它确是关外时期比较集中的行政法规汇编，对清朝入关以后的《五朝会典》而言是一个不可忽视的粗坯。

属于经济方面的立法活动，主要表现为：

1. 按丁分配国有土地。《天朝朝臣工奏议》卷上有以下记载：“我皇上立法，每丁给田五日，一家衣食，凡百差徭，皆从此出。”

2. 禁止贵族大臣子弟郊外放鹰，以防“扰害人民，蹂践田园，伤残牲

① 《满洲秘档》，第 73 页。

② 《清实录·太宗文皇帝实录》卷 12，第 170 页。

畜”。禁止小民以至宫中祭祀、筵宴、殡葬使用牛马骡驴，以保护农业生产力。

3. 允许粮食自由买卖，并实行纳粟赎罪。“获罪之人，无银纳赎，愿输粮者，准依时价算收。有余粮愿助者，量给奖赏。愿卖者许其自粜。”①

属于民事方面的立法活动，主要表现为确认贵族官僚对土地和奴隶的所有权，明确编丁的身份与义务，规定以借贷为主要内容的债权法，以及婚姻继承制度。特别应该提出的是调整社会关系新变化的《离主条例》的出现。《离主条例》允许处于奴隶地位的奴仆，可以在一定条件下告主，告准之后，“听所欲往”。制定《离主条例》的出发点是维护国家利益和中央集权的统治秩序，并加强对八旗大小权贵的控制。但用法律的形式明确肯定奴仆的告主权，是社会关系大变动的结果和反映。

属于刑事方面的立法活动，主要表现为皇太极统治时期制定的一系列法令和上谕，以及所规定的各种犯罪与刑罚。例如，颁行了禁止赌博、禁止私自遣人至明边贸易、禁止经商漏税等法令。同时开始援引汉族封建法典中由来已久的关于“十恶”大罪的条款，以加强对政治性犯罪的镇压，适应在封建化过程中强化中央集权的国家统治的需要。

皇太极统治时期，在外藩蒙古地区的立法活动是十分重要的一页。例如，天聪六年（1632 年）十月，“遣国舅阿什达尔汉、塔布囊达雅齐等往外藩蒙古诸国，宣布钦定法令”②。通过这种方式，使陆续降附的漠南蒙古诸部由东而西，逐渐接受满洲法制的调整。

为了保证持续不断的战争的胜利，皇太极多次颁发军令军律，以至于在关外时期的法律体系中，军律占有重要的地位。

在诉讼方面，颁行的具有单行诉讼法性质的谕令使诉讼与审判逐渐趋于制度化、规范化。现存的《盛京刑部原档》为此作出了确切的证明。

① 《清实录·太宗文皇帝实录》卷 58，第 789 页。
② 《清实录·太宗文皇帝实录》卷 16，第 212 页。

总括皇太极统治时期立法的主要特点如下：

1. 成文法逐渐取代习惯法，占有较大的比重。

2. 适应统治区域的扩大和夺取明朝天下的战略要求，在立法上更多地参考明朝法制，因而形成了“参汉酌金”的立法路线，表现了汉族先进法律文化的影响。

3. 由于关外时期社会性质的急遽变化，决定了立法的内容带有明显的过渡性。

4. 既注意法律的统一性，又在适用上充分照顾对不同民族、不同地区的特殊性。

第二章　清入关前的行政法律

第一节　确认行政等级制度

天命五年（1620 年）三月，努尔哈赤仿明制创设满洲世职制，共分备御、游击、参将、副将、总兵官五等，其中总、副、参、游又各分三品。[①]此后，遂以“世职”作为官品的标志。天聪八年（1634 年）四月，皇太极下令将世职名称改为满语，依次为牛录章京、甲喇章京、梅勒章京、昂邦章京，其中甲喇章京、梅勒章京、昂邦章京又各分三品。世职虽表示大臣和官员的品级，但与实任官职不尽吻合。

清开国时期，世职主要是通过军功和率属归附两个途径获得。有军功者先由兵部议叙，如应授职则移咨吏部疏请授职；如应记录注册则由兵部记录注册。凡授职，须经国君钦准，然后赐给功臣敕书。

天聪五年（1631 年），皇太极亲定“功臣袭职例”，规定：“凡他国诸贝勒举国来归，有当本国无事时，倾心向化而来归者，或阵亡，或病故，其功均子孙世袭罔替；有身迫祸患，不得已而来归者，阵亡，准袭五次；病故，准袭三次。凡我将士，每临阵率先功多，及一二次率先攻克城池功大者，或阵亡，或病故，各照原官世袭罔替，仍察其平时有无罪过，另行酌定。有告发叛逆及乱国大罪者，量授官职，准袭六次。凡

① 《清实录・太祖高皇帝实录》卷 7，第 97 页。

自他国孑身来归，当本国无事时者，阵亡，准袭四次；病故，准袭二次。有在本国身迫祸患，不得已而孑身来归者，阵亡，准袭二次；病故，准袭一次。至于无职之人，有值我兵危急时，或当先战死，或首先登城死者，量授官职，准袭二次。有擒获奸细授职者，阵亡，准袭一次；病故，不准袭。”①

至天聪八年（1634年），又定制区分“世袭敕书”和“不世袭敕书”。凡“国家开创以来，诸功臣，其祖父以部落来归，及身历行间，率先攻战，著有勋绩者，一一分别详载，撰给世袭敕书。其无功绩而因才授职，及因管牛录事授职者，撰给不世袭敕书”②。

对于世职承袭的顺序是：先子，后兄弟，最后是侄子。总之，必须是亡故功臣的宗亲。如功臣因罪（非反叛大逆罪）革职，可将世职改授犯官的兄弟，或兄弟之子。

清入关前，世职之所以荣耀，是与丰厚的物质利益和其他法定权利密切联系着的。当时，财力有限，无法实行俸禄制度，而是按世职高低分配战争抢掠来的牲畜、人丁、财物等。由于国家实行计丁授田，因而分来的壮丁还带有田土，这也是世职的重要财源。

此外，国家组织的围猎、采集所得的分配方法，于天命八年（1623年）以前，“按世职派壮丁，各自收取捕获物”。而后改为“自总兵官以下，至备御以上，按职衔顺序给之”③。

不仅如此，凡有世职者，还可以享受优免壮丁的官粮和差役。

---

① 《清实录·太宗文皇帝实录》卷9，第124页。

② 《清实录·太宗文皇帝实录》卷18，第242页。

③ 《满文老档·太祖》卷44，天命八年二月初六日，第407—408页。

第二节　确定八旗及六部二院的职掌

一、八旗管旗贝勒及各级官员的职责

管旗贝勒，在官书档案中亦称“和硕贝勒”“固山贝勒”“旗主贝勒”“主旗贝勒”“旗王”等，俗谓“旗主”。管旗贝勒在宗族关系上是“八家”的大家族长，在国家关系上是八旗的世袭最高军政长官。

管旗贝勒对本旗属员行使以下职权：凡本旗官民人等，男子长成“分家时，务禀本固山王、贝勒知”；[①] 凡本旗固山额真以下大臣、官员家女儿、寡妇结婚，须由户部知照管旗贝勒，“方许适人”[②]；有关遗产继承，或籍没犯人家产的分配，均由管旗贝勒决定。如不听从，“令本管贝勒诛之”[③]。作为八旗最高军政长官的管旗贝勒，参与国家最高决策，并在本旗贯彻议决之事。此外，旗下人采猎、贸易等事，也要禀告本管贝勒，得到允准，方可从事。[④]

由于八旗管旗贝勒要处理繁杂的旗务，因此，“各置官属”，既有固山额真、梅勒额真、甲喇额真、分得拨什库、小拨什库及护军统领、护军参领、护军校等国家各级军政官员系统，又有包衣昂邦、旗鼓章京、包衣大、侍卫等家下官员系统。还设有笔帖式处理文牍，登录档册。

清开国初所封的六亲王——代善、济尔哈朗、多尔衮、多铎、岳托和豪格，分管两红、两白、两蓝六旗。两黄旗则为“天子自将”，故而当时

① 《清太宗实录稿本》卷 14，第 7 页。
② 《清太宗实录稿本》卷 14，第 7 页。
③ 《清实录 · 太宗文皇帝实录》卷 21，第 282 页。
④ 《清实录 · 太宗文皇帝实录》卷 1，第 26 页。

管旗贝勒俱系亲王。但这并不意味着只有亲王才能管旗。因为管旗是世代承袭的，后继者不一定是亲王。

八旗官员固山额真是由国家委派管理本旗事务的大臣，主要有下列职责：率领行师出猎、受命管理本旗案件、规谏监察本旗管旗贝勒，协助户部审查户口、分配田土，领导牛录额真，组织本旗人口的生产和生活等，因而称为“总理一切事务”。①

八旗制下的固山额真，一方面是国家管旗大臣；另一方面是管旗贝勒的僚属。这双重身份，使他们既要拥戴国君，“公忠体国”；又要阿附管旗贝勒，偏徇本旗利益。但在皇太极在位的 17 年间，固山额真作为国家委派的管旗大臣的形象基本确立，瞻顾本旗的贵族政治色彩日渐淡薄，这可以说是总的发展趋势。

在八旗官员中，牛录额真是值得提及的。牛录通常是以一个强大宗族为核心演化而成的。努尔哈赤在统编牛录时，往往任命本牛录强宗族长为牛录额真，即“牛录之王”。其原有的传统权力逐渐转变为国家的法定权力，如征调兵员、战马、军器，派发差役，征收粮赋，组织生产，抚恤贫困，慑服奸宄、管制平民等。八旗在军事、政治、经济、司法、社会等各方面的职能都要在牛录中落实。八旗“军政合一”“军民合一”的特点，也通过牛录额真的职掌得到了集中的体现。

二、六部二院与内三院的职掌

天聪五年（1631 年）七月，皇太极与诸贝勒大臣共议“爰定官制，设立六部”，② 创设吏、户、礼、兵、刑、工六部，虽是沿用明制，但也渗入了新的因素。例如，六部每部设管部贝勒一人统辖其事；部的长官称“承

① 《清实录·太宗文皇帝实录》卷 1，第 28 页。
② 《清实录·太宗文皇帝实录》卷 9，第 124 页。

政”，每部设满承政二人，蒙古承政一人，汉承政一人；参政（相当于侍郎）八人。虽不设六科，但各部设类似给事中的启心郎三人。

天聪六年（1632 年）八月，六部衙门竣工，皇太极命将“其职掌条约，备录之，榜于门外”。[①]“职掌条约”的内容《实录》未载，当是六部的职掌。秀才补应时上皇太极疏中便提到六部衙门的职掌：“在吏部则当思何以鉴别寮品，在户部则当思何以筹裕国储，在礼部则当思何以详明典制，在兵部则当思何以制胜威敌，在刑部则当思何以听断无冤，在工部则当思何以劳民不怨。”[②] 从六部二院的实际管辖内容可以看出它们的职责是：

吏部职掌官员的任免考核，爵号世职的封授承袭。

户部职掌编审人丁，扯绳分田，粮赋差徭，内外贸易以及有关人口、财产的争讼。

礼部职掌典礼秩序，接待藩使、国宾，典领学校贡举，管辖僧道，规划山陵寝殿。

兵部职掌调发兵役，颁布军律，组织围猎，考验军备，调遣驻防将士，安设墩台卡伦，颁发出境勘合。

刑部职掌折狱审案，定罪量刑。

工部职掌营建陵寝、城堡、墩台、道路等工程与官营手工业。

理藩院（前身为蒙古衙门）是根据处理外藩蒙古事务的实际需要而独创的官署。凡征调外藩蒙古诸部军队及在外藩查户口、编牛录、颁法律、禁奸盗、会审罪犯、清理刑狱……均由该衙门会同有关官员办理。此外，理藩院还职掌有关喇嘛教的宗教事务。

都察院“职司谏诤”，上自皇帝、王、贝勒、大臣，下至牛录属员，以及六部公务，都有权纠劾稽察。崇德元年（1636 年）五月，都察院初建时，皇太极郑重告谕都察院诸臣说：“尔等身任宪臣，职司谏诤。朕躬有过，或

---

① 《清实录·太宗文皇帝实录》卷 12，第 170 页。

② 《天聪朝臣工奏议》，第 22—23 页。

奢侈无度，或误遣功臣，或逸乐游畋，不理政务，或荒耽酒色，不勤国事，或废弃忠良，信任奸佞，及陟有过，黜有功，俱当直谏无隐。至于诸王贝勒大臣，如有荒废职业，贪酒色，好逸乐，取民财物，夺民妇女，或朝会不敬，冠服违式及欲适己意托病偷安而不朝参入署者，该礼部稽察，若礼部循情容隐，尔等即应察奏。或六部断事偏谬，及事未审结，诳奏已结者，尔等亦稽察奏闻。”①

崇德元年（1636 年）三月，在文馆的基础上建立了内三院，即内国史院、内秘书院与内弘文院。

内国史院：“记注皇上起居诏令，收藏御制文字，凡皇上用兵行政事宜，编纂史书，撰拟郊天告庙祝文及升殿宣读应贺表文，纂修历代祖宗实录，撰拟矿志文，编纂一切机密文移及各官章奏，掌记官员升降文册，撰拟功臣母妻诰命、印文，追赠诸贝勒册文，凡六部所办事宜可入史册者，选择记载，一应邻国远方往来书札，俱编为史册。”

内秘书院：“撰写外国往来书札，掌录各衙门奏疏及辩冤词状、皇上敕谕、文武各官敕书，并告祭文庙，谕祭文武各官文。”

内弘文院：“注释历代行事善恶，进讲御前；侍讲皇子，并教诸王；颁行制度。”②

在早期满洲的历史上，首次授内三院文臣以大学士、学士衔，并比照六部，分设承政、理事官、副理事官，这意味着满洲最高统治集团当时确有仿设内阁的意向。但清初大学士品级不高且不兼部院实任，如六部为一品衙门，内三院不过二品衙门。③

---

①《清实录·太宗文皇帝实录》卷 29，第 376 页。

②《清实录·太宗文皇帝实录》卷 28，第 356 页。

③ 参见《清实录·世祖章皇帝实录》卷 15，第 133 页。

第三节　官吏的任用与考核

一、官吏的任用

1. 八旗大臣和官员带有世官的特点。例如，八旗管旗贝勒只能由本支宗亲世代承袭，固山额真虽名为国家委派，实则往往从本旗强宗大族中遴选。又如，杨古利一支（纳穆泰、楞额礼、潭泰）把持正黄旗固山额真。八旗王、大臣、官员的世官特色是由清开国时期特殊历史条件决定的，随着封建贵族政治向封建官僚政治转化，世官色彩日益消退，但直至清末也并未完全消失。

八旗虽然实行世官制，但任官重视才具，不分嫡长。镶白旗固山额真伊尔登以罪革任，由其兄图尔格继任，皇太极特地谆谆告诫图尔格说："今复用尔为固山额真者，非从尔兄弟起见也。因尔有才能，加恩特用。尔嗣后若不勉，则用他人矣。"① 可见，皇太极选用固山额真，既不悖血统，也着眼于才能，从而保证了八旗人才不断涌现，使新兴的国家充满朝气。

至于汗（皇帝）命，也是任官的重要根据。

2. 六部二院及内三院官员的任用。六部是综理国家事务的传统官僚机构，但它移植到满洲政权以后，便与满族历史传统融合在一起，这在官员任命上表现得十分明显。如管部贝勒和各部大臣、官员是皇太极"集诸贝勒大臣议"定的，② 并由各旗人员分任。如管吏部贝勒多尔衮系镶白旗，管户部贝勒德格类系正蓝旗，管礼部贝勒萨哈廉系正红旗，管兵部贝勒岳托系镶红旗，管刑部贝勒济尔哈朗系镶蓝旗，管工部贝勒阿巴泰

① 《清实录·太宗文皇帝实录》卷30，第378页。
② 《清实录·太宗文皇帝实录》卷9，第124页。

系镶黄旗。各部大臣和官员也按八旗均匀分配，这样的政府实际是“联旗制”政府。

此外，六部大臣的民族成分基本上是满、蒙、汉并列，但由满承政主持部务。

随着国家政体由“八王共治”向皇权独尊、诸王贝勒辅政的君主集权政体转化，在更定八衙门（六部二院）官制时，皇太极就不再与“诸贝勒大臣”共议，而直接“命吏部和硕睿亲王更定八衙门官制”。①

至于内三院官员，多为皇太极亲信侍臣，负责“启活君心”，处理文牍。因此，内三院官员是皇帝从具有文才者中挑选任命的，与八旗、六部大臣及官员的任命不同。

二、官吏的考核

天聪七年（1633 年）十月，皇太极训谕六部启心郎说：“各部之事若不勤加整理，至三年考绩，或升或降，被降贝勒、大臣、启心郎岂不愧悔耶？”② 由此可见，六部官员的“三年考绩”，以及与考绩相伴随的“或升或降”，是有法可依的。《大清会典（康熙朝）》“吏部考满”条追述说：“国初典制，内外官三年考满，视其称职与否，而黜陟之，即古三载考绩遗意。”③

根据史籍，天聪朝首次考绩是在天聪八年（1634 年）十一月，也就是六部设立后的第三年。《清太宗实录》记载如下：“以六部各官三年考绩，分别升授官职。吏部承政图尔格先经革职，复授二等甲喇章京；李延庚由三等甲喇章京升二等甲喇章京；启心郎索尼以白身授牛录章京；参政库拜

---

① 《清实录·太宗文皇帝实录》卷 42，第 559 页。

② 《清实录·太宗文皇帝实录》卷 16，第 213 页。

③ 《大清会典（康熙朝）》卷 10，《吏部八·考满》。

由牛录章京升三等甲喇章京（以下礼、兵、刑、工、户五部官员略）。”[①]

三年考绩，开始时以六部官员为对象。内三院、都察院建立之后，皇太极又命“议叙内院官员”，[②]随后内三院和都察院的职官也列为考核的对象。

官吏的考绩制度在实践中不断完备。崇德二年（1637年）定：“官员办事勤敏称职而无过犯者，准加授官爵。”崇德八年（1643年）定：“各官办事勤慎，考注一等、二等者，虽有小过，亦准加授官爵。”

清入关前官吏的考绩制度虽属草创，但贯彻时极为严肃认真。“兵部巴尔泰（副理事官）……驻盖州时，汉民刘二逃走，巴尔泰令郎绍祯拿获后讯问，然讯问之后，未报承政，曾拟罚规定之罪。上述罪遇赦宥免。而后三年考绩时，隐匿未言，故巴尔泰应革世职。奏闻，上命免革世职，付刑部加倍罚以规定罪，罚入官。”[③]

这说明吏部考核官员时，即使遇赦宥免之罪也不准隐瞒，否则由吏部奏闻后，移送刑部审处。

① 《清实录·太宗文皇帝实录》卷21，第277页。

② 《清实录·太宗文皇帝实录》卷29，第374页。

③ 《盛京刑部原档》，群众出版社1985年版，第50页，184号档。

第三章　清入关前的民事法律

第一节　所有权

一、土地国有，平均分配

女真族自古以来就生活在黑龙江、乌苏里江、松花江流域的深山密林之间，以经营渔猎、采集和畜牧业为主，农业还处于次要地位。自明初起，与辽东都司毗邻的海西、建州女真各部，由于受到汉族文化的影响，农业得到了长足发展，成为重要的经济部门。由于地域广袤，可垦田土甚多，人们对土地还没有形成明确的所有权观念。努尔哈赤起兵后的三十余年间，法制初创，但也未涉及土地所有权领域，在《满文老档》中迄今未发现因土地所有权纠纷而诉诸法司的案例。

天命六年（1621年），努尔哈赤作为辽沈地区的征服者为安置八旗兵丁，重新组织辽东农业生产，遂颁布了对土地重新分配的“计丁授田谕”。主要内容是：“在海州地方拨田十万垧，在辽东地方拨田二十万垧，给我驻扎此地之兵马”；其余土地“每丁给种粮田五垧，种棉地一垧”。同时告诫受田人丁：“尔等不得隐匿男丁，隐则不得其田矣。”分田之后，“每三丁，合种官田一垧。每二十丁，以一人充兵，一人应役”[①]。“计丁授田谕”的宣布和实施，

---

① 《满文老档·太祖》卷24，天命六年七月十四日，第220页。

意味着对辽东地区原有的封建土地私有制的否定和按照本民族的思维方式重新分配土地给新的臣民。在“计丁授田谕”中，努尔哈赤指出了在汉族封建土地制度下贫富不均的现象，他说，“往者明国富户，大都广有田土。已不能遍耕，则佃诸人。所获粮米，食之不尽，则以出售。至于贫人，家无寸土，瓶无斗储，一餐之粮，亦出自沽买，一旦财尽，必致流离失所。夫富者与其蓄有用之粮以致朽烂，积有用之财徒行贮藏，何苦散给贫人以资养赡，既获令名，又积福德也”①。努尔哈赤从原始平等的思想出发，在征服辽沈后不到百日便提出了上述切实的具有独创性的土地法令，并以强大的政权为后盾，坚决贯彻。

“计丁授田谕”的颁布与实施，是震动内外的重大社会变革。从所有权的角度来看，通过军事征服，否定了原有的汉族地主、官绅及农民的土地所有权，确立了八旗公有的土地所有权。这种土地制度迄至入关止，不仅坚持未变，而且入关以后，在京畿附近地区以圈占土地分配给东来的八旗军民，仍是这种旧有土地分配方法的继续。

“计丁授田谕”所规定的“每丁分田五日”的平均分配土地方案，既适用于汉民，也适用于旗民。天聪时文馆秀才高士俊在奏疏中便说：“我皇上立法，每丁给田五日。”②但实际上，由于辽东汉民的大部分很快被没为奴，丧失了对土地的所有权。就是在八旗中也不可能做到真正平均分配。天聪六年（1632年）十一月，书房秀才杨方兴在条陈时政时指出：“粮不足用，皆因分田之不均也。上等肥饶之田或被本管官占种，或被豪富家占种，余剩薄地，分与贫民。名为五日，其实不过二、三日。”③

关外时期，虽以土地国有为主，但也出现了土地出租的现象。据《盛京刑部原档》记载：崇德三年（1638年）镶红旗下原大凌河守备刘士登

---

① 《天聪朝臣工奏议》，第60—61页。

② 《天聪朝臣工奏议》，第8页。

③ 《天聪朝臣工奏议》，第42页。

“狎妓女刘达，将银用光，后将牛卖掉，不得耕田，只得将人、田租赁它人”①。值得注意的是，刑部虽治刘士登以罪，却不是因为“将人、田租赁它人”。这说明，由于缺少耕牛或其他原因，而将土地出租并不构成违法行为。事实上分得土地的一般士兵，既无奴仆，又少兄弟，繁重的作战、训练、驻防、差役使他们无力从事耕作，在这样背景下，将田租给有力之人，收取一定田租是势所难免的，实即等于默认了私人土地所有权的合法性。

努尔哈赤将全部土地收归国有，然后按照平均的原则，重新分配给一切民人的做法，没有也不可能解决贫富不均的现象，而且必将为悄悄成长起来的封建土地私有制所冲破。

二、奴仆世代为家主所有

早在明初，女真人便俘掠汉人、朝鲜人为奴作妾，互相买卖。努尔哈赤起兵攻明以后，在满洲社会中由战俘而转化为奴婢的人数急剧增多，“自奴酋及诸子下至卒胡，皆有奴婢（互相卖买）。农庄（将胡则多至五十余所），奴婢耕作以输其主，军卒则但砺刀剑，无事于农亩者”②。奴婢除来源于战俘外，也有因犯罪没为奴婢的。由于奴婢买卖盛行，因此各旗都设有人口市场，每个奴婢一般值银十几两至数十两不等。

奴婢被称为“阿哈”，意为“人奴”，又称“包衣”，意为“家人”“家下人”。努尔哈赤将被掳掠来的外族人作为家内奴婢，属于家主所有，但所受待遇较之希腊、罗马古典奴隶制要温和一些。特别是随着主人的飞黄腾达，奴才也都跟着发迹。赫图阿拉时的奴仆，在征服辽东后多被主子命为庄头之类的奴才总管。皇太极时首任汉军镶黄旗固山额真刘之源，

① 《盛京刑部原档》，第 16 页，166 号档。

② 《建州闻见录》，第 43 页。

就是满洲镶黄旗“包衣人”出身。曹雪芹的四世祖曹振彦，初为睿亲王多尔衮属下包衣旗鼓牛录章京，所以到康熙朝，曹寅对皇帝还自称“包衣老奴”。

然而，不管奴才如何跟着主子显达，只要不削除奴籍，则永远改不了奴才的名分，他们的人身、妻子、财产都属于家主所有，甚至奴仆的子女后嗣也是主人的奴婢，称“家生子”，由此可见奴仆的法律地位。

第二节　编丁的身份和义务

由于以国家的名义“计丁授田”，因此，受田之丁要承担披甲、当差、交纳官粮等义务。所谓“我皇上立法，每丁给田五日，一家衣食，凡百差徭皆从此出”。[①]

壮丁的数目关系到国家兵役、徭役和粮赋的征发，因此，编审壮丁、统计户口是国家的一项重要活动。关外时期男子成丁的法定年龄是“六十以下，十八以上”。[②]但当时并没有严格按法定的丁年行事。

编丁的成分可分为自由民和奴仆两类。

自由民，满洲自称“诸申”“国人”。汉人则被称为“伊尔根”，即“民”。努尔哈赤征服辽沈之初，并没有把辽民尽没为奴，而是承认他们具有同诸申相仿的地位。但到晚年，面对汉民族的激烈反抗，努尔哈赤于天命十年（1625 年）十月下令屠戮仇视金国的汉民，将“劫后余生”的汉人“每十三壮丁，编为一庄，按品级分给满官为奴”。[③]经过这场浩劫，辽东汉民人数急剧减少，除少数亲金的汉官及其亲族仍保留伊尔根的身

① 《天聪朝臣工奏议》，第 8 页。

② 《清实录 · 太宗文皇帝实录》卷 22，第 293 页。

③ 《清实录 · 太宗文皇帝实录》卷 1，第 26 页。

份外，大部分降为八旗各级满洲世职官员的奴仆。皇太极即位后，汉人奴仆才通过不同途径恢复了民籍。辽西及关内降金（清）的汉人也取得了民的身份。至于满、蒙族人绝大多数为自由民，少部分为皇帝王公包衣人，或私家奴仆。

诸申、伊尔根的身份虽属于自由民，但也有两重性：既是国家户口，又是该管贝勒的属人。皇太极在训谕诸王贝勒时曾强调所有旗分牛录的诸申、伊尔根“皆朝廷之人”，虽分属各旗，但各旗王贝勒只有“统辖”权。他们除对国家负担沉重的兵役和徭役外，还要交纳一定的官粮。

旗分牛录所属的诸申、伊尔根虽属国家所有，但也要为该管贝勒及本牛录主服役。皇太极时规定：“凡贝勒家，每牛录……四人供役”，① 每牛录出银匠、铁匠若干名为“牛录匠役”，② 每旗为本管王提供护卫 20 员。③

至于贵族、官僚私属壮丁“阿哈”或“包衣”“家人”，不能单立户籍，而只能列名家主的户籍之下，可以娶妻生子，积聚由自己使用的财产，但他们在法律上只是所有权的客体。

清入关前，在整个奴婢群中所占比重最大的是从事农业生产的庄奴。他们的处境最悲惨，实际是农奴，但却苦苦撑持着国民经济的主要部门——农业。只有“奴婢耕作以输其主”，才可能使“军卒则但砺刀剑，无事于农亩者”。可以这样说，八旗军的强劲武力以至整个清王朝的隆兴，正是建筑在千千万万庄奴的血汗和白骨之上的。

综上所述，关外时期只有王公贵族、大臣官僚才享有平等地参加民事法律活动的权利。构成国家武装力量主干的自由民阶层，一般也享有平等地参加民事法律活动的权利。处于社会最底层而又数量众多的奴仆，只能是民事法律关系中的客体。

---

① 《清实录·太宗文皇帝实录》卷 7，第 106 页。

② 《钦定八旗通志》卷 32，《文渊阁四库全书》，台湾“商务印书馆”影印本，第 789 页。

③ 参见《清实录·太宗文皇帝实录》卷 37，第 483 页。

第三节 债 权

清入关前由于经济落后，债权法的内容也比较简单，在实际生活中，很少发现因债务而引起的诉讼。

一、禁开当铺，禁止高利贷

典当财物，在民法中通常称为“动产质权”。中国有关“质权”的记载，最早见于汉代。努尔哈赤占领辽沈之初，允许典当业的存在。以后鉴于社会秩序动荡，决定关闭典当业，禁止高利贷。天命九年（1624 年）正月，努尔哈赤令中说：“令诸申、汉人关闭所有当铺。凭当物给银，势必使盗贼恶人偷窃他人之衣服，典银而逃。此亦并非尔铺主之所愿也。另，以银放债者亦悉令停止，限放债人于正月初十日内收完，不偿还则执而告之。”①

天聪五年（1631 年）七月创立六部后，重申上述禁令，并载入《崇德会典》：“凡人不许开当铺，不许借银。借粮的止许一年有利，若年多许本粮有利，不许利上起利。”②

皇太极重颁这条禁令，表明典当在实践中禁而不止，如同生员胡贡明在天聪六年（1632 年）条陈中所言：“当铺每银一两，一月取利一钱，三月不取，即没变卖，不知剥了多少人财，不知害了多少人家？”③由此可见当时高利贷之猖獗。但用法令禁开典铺，又带来诸多不便，于是文馆秀才高士俊建议颁例定息，不许违禁取利，违例者坐罪，以便于“财物通阜，

① 《满文老档 · 太祖》卷 60，天命九年正月初三日，第 571 页。

② 《清太宗实录稿本》卷 14，第 12 页。

③ 《天聪朝臣工奏议》第 14 页。

贫富两便”[①]。但这些意见并没有被皇太极采纳。

皇太极之所以严禁高利贷主要是从稳定社会政治秩序着眼的。

二、禁止主奴之间的借贷

崇德七年（1642 年）正月，皇太极谕户部：“凡有粮贷人及无粮求贷者，家长许互相称贷，勿得向奴仆称贷及私贷与奴仆。”[②]

这项法令说明在以家长父权为基础的满族家庭中，奴仆已可以建立自己的家庭，积蓄自己的财产，甚至可以有自己的丫头、小厮，由此而形成了主奴之间发生债务关系的客观基础。皇太极之所以颁令禁止主奴间发生借贷关系，其意在继续维持主奴间的隶属关系。在法律上奴仆本人及其家产，都是家主财产的一部分，其所有权属于家主，奴仆只有使用权。因此如“私向奴仆称贷”，等于承认了奴仆的财产所有权，这当然是统治者必须严禁的。

这道上谕提出的“家长许互相称贷”，说明只有具有自由民身份的家长才在民事法律关系中处于平等地位，互相承当权利义务。

第四节　婚姻、家庭与继承

一、禁止族中嫁娶

在努尔哈赤时代，婚姻关系上仍保留某些氏族制的残余。朝鲜人李民

---

① 《天聪朝臣工奏议》，第 8 页。

② 《清实录·太宗文皇帝实录》卷 59，第 796 页。

宾记述“胡”中风俗说：“嫁娶则不择族类，父死而子妻其母。”[①]

至皇太极接受汉族封建伦理道德观念的影响，认为族中嫁娶与禽兽无异，遂下令：“自今以后，凡人不许娶庶母及族中伯母、婶母、嫂子、媳妇（按即儿媳妇）”，“凡女子若丧失……若欲改嫁者，本家无人看管，任族中兄弟聘与异姓之人。若不遵法，族中相娶者，与奸淫之事一例问罪”。他特别申明：“汉人、高丽因晓道理，不娶族中妇女为妻。凡人既生为人，若娶族中妇女，与禽兽何异？我想及此，方立其法，……禁革不许乱娶。”[②]

禁止族中嫁娶的法令得到了认真贯彻。崇德元年（1636 年）十月，正白旗佟整的家人徐廷举等五人，首告其主“自李成龙者死亡，有银元宝四，彼意收取，并非法将死者之妻配与死者之弟”[③]。但贵族大臣娶妻妾往往不受伦常辈分的约束。如五大臣之一的额亦都，努尔哈赤“始妻以族妹，后以和硕公主降焉”。[④] 皇太极的中宫博尔济吉特氏与庄妃博尔济吉特氏为姑侄，顺治初并为皇太后。降及晚清，同治帝的孝哲皇后与珣妃亦为侄姑，由此可见关外流俗的遗迹。

二、婚姻的缔结与解除

努尔哈赤于天命六年（1621 年）闰二月，曾就其包衣宁善嫁女事说：“在法律上有：‘如果女儿、儿子愿意，可以嫁聚，如果不愿意，就废除’。”说明当时已有关于婚姻的法律。

皇太极统治期间，对上至王公贵族，下至诸申、伊尔根的婚姻都作了明确的法律规定。

---

① 《建州闻见录》，第 43 页。

② 《清太宗实录稿本》卷 14，第 6—7 页。

③ 《满文老档 · 太宗》卷 32，崇德元年十月十七日，第 1638 页。

④ （清）赵尔巽等编纂：《清史稿》卷 225，《额亦都传》，中华书局 1977 年版，第 9177 页。

关于结婚的法定年龄。据天聪九年（1635 年）三月谕令：“凡女子十二岁以上者许嫁，未及十二岁而嫁者，罪之。”[①]

关于结婚的批准权限。诸王大臣及其子女的婚嫁，须经诸贝勒共议，报请皇太极批准。一般官员及官员兄弟的女儿、寡妇婚嫁，须报请户部，经该管贝勒批准。至于“小民女子、寡妇，须问明该管牛录章京方准嫁”[②]。

关于定礼和近亲礼。《崇德会典》规定：“国中及外藩的合硕亲王、多罗郡王、多罗贝勒、固山贝子，两家作亲，定礼及迎亲礼，如违制多与财物，多宰牲畜者，将多与的财物，牲畜，俱撤回入官，两亲家仍罚三九。若闲人作亲，违制多与，罚一九，凡少与者无罪。”[③] 为解决定礼后男女一方死亡而引起的财产纠纷，又规定：“若女婿死，将所与之物俱要回；若女死，将所与之物要回一半。”[④]

关于离婚。《崇德会典》规定：“官员有黜妻者，须告于上，上差人查看，该与者与之。若不告于上，其妻娘家人毁家资拿衣服者，问应得之罪，将所毁家资俱令赔偿。其夫若另娶妻，前妻去留在本夫，若妇自欲去者不许。其夫有心辱妻，其妻有心殴夫者，俱听公审。”[⑤] 从这条规定可以看出，官员黜妻的最后决定权在皇帝；一般离婚的主动权操于丈夫之手，妻子没有离婚的自由。即使丈夫另行婚娶，妻子也不能离家自去。夫妻间存心殴辱，可以诉讼，听官审理。

以上是自由民之间的婚姻，至于奴仆间的婚姻，完全听主子指配给同等身份之人。

需要说明，皇室及王府的包衣，其身份虽属奴仆，但婚姻又与一般官员及私家的奴仆不同，而须报部方准婚嫁。

---

① 《清实录·太宗文皇帝实录》卷 23，第 299 页。

② 《清实录·太宗文皇帝实录》卷 23，第 299 页。

③ 《清太宗实录稿本》卷 14，第 6 页。

④ 《清太宗实录稿本》卷 14，第 6 页。

⑤ 《清太宗实录稿本》卷 14，第 7 页。

三、继承

清入关前的满族社会，父权制的影响仍十分强烈，凡属家内一切财产，包括牧群、奴婢、金银、财物等都归家主所有，甚至妻子及未成年之子，家主均有绝对支配权。在这样的传统背景下，财产继承具有鲜明的特点。

（一）家主在世即将家产分给已成年之子

据《金史》记载：“女真生子年长即异居。”[①] 可见女真族中成年之子分家另立门户的习俗由来已久。分给财产的多寡，全凭父亲的爱憎。

努尔哈赤鉴于因争夺遗产而导致骨肉相残、国破家亡的教训，生前即照本民族习惯将全部国人、牧群、奴婢、财物陆续分给已成人的诸子侄。到他晚年，所余财产只有两黄旗 60 牛录和内库的财物等，准备给自己钟爱的三个幼子——阿济格、多尔衮、多铎每人 15 牛录，自留 15 牛录。努尔哈赤逝世，由皇太极主持，将所余 15 牛录分给了幼弟多铎。他说：“朕以为太祖虽无遗命，理宜分与幼子。”[②] 这个“理”，也是满族与蒙古族的习俗。

至天聪年间，皇太极始颁布有关分家的法令，并汇辑于《崇德会典》：“凡官民人等与子分家，至十八岁方许分，分家时务禀本固山王、贝勒知。未及十八岁虽分不算。父若得罪籍家，其分家子不算；未分家子，亦在其内。”[③] 分家之所以要到管旗王、贝勒处说明备案，是因为管旗王、贝勒需要根据家庭状况的变化，重新确定其权利义务关系。

（二）家主绝户或子孙年幼的遗产处置

在满族社会，女儿也被排除在“宗亲”之外，不享有遗产的继承权，

---

① 《金史》卷 1，中华书局 2000 年版，第 4—5 页。

② 《清实录 · 太宗文皇帝实录》卷 46，第 618 页。

③ 《清太宗实录稿本》卷 14，第 7 页。

妻子绝户也没有继承丈夫财产的权利。直到皇太极即位才允许寡妻有条件地保留亡夫财产。天聪五年（1631 年）五月谕旨明确指出：“嗣后已故功臣无后者，家产不得分散，留给其妻，使自赡焉。”① 但其寡妻必须以牺牲自己再婚的权利为代价。非功臣的“绝户”寡妻不能援此例。

寡妻若守志不嫁，则由本家兄弟“恩养”，但仍不能随意擅取亡夫的遗产，否则将被本家提起诉讼，并处以严刑。如夫死子幼，寡妻有代幼子保管丈夫遗产之权，并有再嫁的自由。

（三）关于爵号、世职的承袭

清开国时期爵号、世职是荣誉，也是一系列经济、政治权利的象征。因此，当有爵职的贵族、官员亡故后，宗亲中如何承袭这份特殊遗产，就成为法律必须加以明确规定的问题。

在早期满族社会中，不存在嫡长子继承制，嫡庶之分也不十分严格。因此，功臣阵亡或病故，首先从诸子中遴选承袭人。天命六年（1621 年）十二月努尔哈赤规定：“我所擢用之大臣，凡尽忠者，或阵亡或病故，即令其子承袭其父所升之职。”② 若功臣无嗣，则按先兄弟，后侄儿的顺序承袭，并受到法律的保护。《盛京刑部原档》记载镶红旗章尼泰亡故，其弟诺垒诬称章尼泰无子，遂承袭其兄世职。后章尼泰之妻到刑部告发，经审属实，诺垒被鞭一百，革世职。

皇太极时承袭世职，必须先交吏部议定，然后奏请皇帝批准，向承袭者颁发新的敕书。若吏部办理有误，要受重责。

---

① 《清实录·太宗文皇帝实录》卷 8，第 109 页。

② 《满文老档·太祖》卷 31，天命六年十二月十四日，第 278 页。

第四章　清入关前的经济法律

第一节　加强对市场的管理

天命元年（1616 年）后金政权建立以后，农业和手工业的发展推动了商业的发展。特别是通过马市，扩大了与明朝的商品交换，以至在满族人内部出现了商人。国家也开始铸币，称为“天命通宝”，或称“天命汗钱”，[①]在全境流通。

占领辽沈地区后，宣布田土、房宅、粮食、草束各归原主，士、农、工、商、百工技艺各复旧业，但以遵守金国汗的谕令、法律为前提。对旧时的商人发给“印照”，命令他们开设店铺，继续经商，以恢复辽东地区的经济。为了加强对市场的管理，特在辽阳城西关厢任命“额真”主持其事，规定“诸物市价、课税，照明旧例”。[②]可见，初到辽东时努尔哈赤实行的是有限度地恢复商业的政策，价格和税收仍袭明朝的“旧例”。

随着辽东地区民族矛盾的激化和社会的动荡，努尔哈赤于天命七年（1622 年）六月下令：“凡诸申、汉人开设店肆之人，务将肆主之姓名刻于石上或木上，立于肆前。若不书明肆主之姓名，则罪之。无店肆携物售卖之人，概行禁止。该无店肆携物售卖之人，以为不被查获，而多用药鸩人

① 《钦定皇朝文献通考》卷 13，载《钦定四库全书》第 632 册，第 260 页。

② 《满文老档·太祖》卷 23，天命六年六月初三日，第 209 页。

也。尤应晓谕我诸申妇孺，凡购食之人，务记其肆主姓名。若不记取，尔中毒身死，虽有猜疑，更向谁言？”①

皇太极即位后，随着总政策的调整，对市场管理也有所变化。都城盛京按八旗设立市场八处，称“八门之市”，由各旗派官管理本旗贸易，征收税金。“八市”商贾、民人丛集，因此也作为枷号、行刑之处。

除在八门市场交易外，还有为数不少的行商，他们多为汉族奴仆，由家主给本，然后于各旗往来负贩，家主则按月勒索本息。这些奴仆身份的商人于无计措办时，往往纠合同伙之人为盗，影响了社会秩序的稳定。为此皇太极于崇德六年（1641 年）三月谕令户部：“自今以后，若居别旗地方贸易及街市往来贸易等人有为盗者，具令本主连坐。既为贸易之主，即有约束之责。”

除民间商人外，还有为户部所管辖的“官商”。官商参与国家对外贸易，承办政府兴办工程的物料。他们与户部官员相勾结贪污取财。户部承政英俄尔岱、关守进及参政马福塔等，都因索借官商银物被处以革职解任的严厉处罚。②

为了稳定动荡中的市场贸易，努尔哈赤于天命六年（1621 年）五月十五日采取限价措施：“一切贸易物品，估价下于牛录。”③后与蒙古贸易发展，又于天命八年（1623 年）九月规定蒙古人贩来牲畜、皮毛、布匹的价格，“违此定价暗中超价多给者，不得受之。若有暗中超价多给而受之者，则将所给之价俱行没收，并予治罪”④。

与此同时，也确定了纳税额。天命九年（1624 年）初，买卖牲畜，“一两收税一钱”⑤，税率高达 10%。例如，天命十一年（1626 年）八月初三日，八旗诸贝勒议定“人、马、牛、骡、驴、羊、山羊等七项，每一两取税一

① 《满文老档·太祖》卷 42，天命七年六月十五日，第 386 页。

② 《盛部刑部原档》，第 92—94 页，201 号档。

③ 《满文老档·太祖》卷 22，天命六年五月十五日，第 202 页。

④ 《满文老档·太祖》卷 59，天命八年九月二十七日，第 566 页。

⑤ 《满文老档·太祖》卷 60，天命九年正月初三日，第 571 页。

钱。……除此七项以外，其他各物皆免取税”①。

皇太极即位后，鉴于“通商马市，国家经费所出”，调整了努尔哈赤晚年的政策，下令“任其交易”，只是“漏税者罪之”，② 并减税率为3%，但实际执行的开放贸易的政策往往反复多变，只有“漏税者罪之”的法令得到了认真的贯彻。如《盛京刑部原档》所载庄头豪巴尔的奴仆，向刑部告发豪巴尔“换马赚钱三两未纳税，换牛赚银四两亦未纳税”，③ 因而受到惩治。

由于广征贸易税，使得八门税吏除用重秤中饱私囊外，还以各种方式“横征买卖人”，因此实际税率比法定税率高出三四成。结果，非但国家未能增加税收，反而阻滞了商品流通。

关外时期对宗室贵族及其包衣的贸易活动加以限制。根据《崇德会典》：“合硕亲王以下，永不许照前压买本固山猪只。凡交易俱任本主，听卖主量其价值，卖与别固山人。王、贝勒、贝子家下买猪的人，不许压买，犯者问应得之罪。合硕亲王、多罗郡王、多罗贝勒、贝子，今后不许压买民间猪只，民间亦不许买亲王、郡王、贝勒、贝子家下人的猪，如有私自买者，各问应得之罪。”④ 从这项法令可见宗室贵族普遍凭借权势进行不等价贸易，即所谓“压买”，国家不得不以法律加以禁止。至于禁止民间私买八家贵族家下人的家畜，目的在于保护宗室贵族的财产。

第二节　由国家统管对外贸易

清入关前，对外贸易主要指与明王朝、朝鲜在边境上的互市而言。当

① 《满文老档·太祖》卷72，天命十一年八月初三日，第705页。

② 《清实录·太宗文皇帝实录》卷1，第26页。

③ 《盛京刑部原档》，第21页，170号档。

④ 《清太宗实录稿本》卷14，第12页。

时的历史背景使得对外贸易涉及经济、政治、国家安定等许多方面，成为一个非常敏感的问题，以致由国家统管，违反者依法处罚。

努尔哈赤崛起之时，以东珠、人参、珍贵皮毛等土特产在抚顺、清河、宽奠、叆阳四处关口换取明朝的绸缎、布匹、粮食、铁器等。这些贸易在努尔哈赤严格控制之下，由国家组织贵族大臣及各牛录进行，私下交易要受到严厉惩处。皇太极曾回忆说："其时贝子、大臣家人，有得明国私市好缎一疋者，阿敦阿格奏请将其人处死。"[①] 至明金战争爆发，辽东互市全部停顿，金国最感匮乏的是布匹、绸缎，以致国库中"余布尚无十疋之贮"，[②] 只得借战争抢掠，加以补充。

皇太极即位后，继续管制对外贸易，严禁诸贝勒及牛录属员私与外国交易，犯者以走私罪论处。[③] 随着对朝鲜和明战争的胜利，皇太极首先逼迫朝鲜开放了边境上的互市，之后又借助外藩蒙古，在张家口、归化城杀虎口等地与明朝发展互市贸易。皇太极曾踌躇满志地说："今朕嗣位以来，励精图治，国势日昌，地广粮裕。又以价令各处互市，文绣锦绮，无不备具。尔诸王贝子大臣所被服者非欤？往时亦尝见此否？朕之为众开市，定属无益？"[④]

凡与明及朝鲜互市均需奉旨行事，由国家派出官员率领享有外贸特权的属于"八分"的宗室贵族，以及"公以下牛录章京以上"有世爵者的商人，组织商队前往。如天聪七年（1633 年）六月，"遣参将英俄尔岱（户部满洲承政），备御代松阿使朝鲜，率八贝勒属下人各十名，赍人参百斤，并官参百斤，同往互市"[⑤]。崇德二年（1637 年）六月，"命阿尔津为帅，……率商人百余，及八家官员，携货往归化城贸易"[⑥]。

---

① 《清实录·太宗文皇帝实录》卷 46，第 617 页。
② 《清实录·太宗文皇帝实录》卷 46，第 618 页。
③ 《清实录·太宗文皇帝实录》卷 1，第 26 页。
④ 《清实录·太宗文皇帝实录》卷 46，第 618 页。
⑤ 《清实录·太宗文皇帝实录》卷 14，第 193 页。
⑥ 《清实录·太宗文皇帝实录》卷 36，第 463 页。

第三节 保护农业生产

进驻辽东地区以后，农业对满足社会需要、稳定统治秩序、保障军需供给发挥了重要的作用。努尔哈赤虽然颁布了土地与赋役改革法，但由于晚年实行一系列倒行逆施的政策，导致对农业的大破坏。皇太极即位后，本着“治国之要，莫先安民”[①]，首先致力于恢复农业，坚持“劝农讲武”[②]，“勤治农桑”[③]，并颁布了一系列旨在促进农业发展的法令。

一、改革旧制

皇太极初即位，以满汉“同处一屯，汉人每被侵扰，多致逃亡”，下令把以往 13 丁、牛 7 头的汉人庄屯改为“壮丁八，牛二”的庄屯，“其余汉人分屯别居，编为民户，择汉人之清正者辖之”。[④]他同时下令：“禁止诸贝勒大臣属下人等私至汉官家，需索马匹鹰犬，或勒买器物等物……违者罪之。”[⑤]对满人庄屯，则禁止无事迁移，以使“各安其业，无荒耕种”。

二、督励牛录额真组织生产，抚恤贫穷

天聪七年（1633 年）春初，皇太极谕：各牛录额真“宜各往该管屯地详加体察，不可以部务推诿。……至于树艺之法，洼地当种梁稗，高田随

① 《清实录·太宗文皇帝实录》卷 1，第 26 页。
② 《清实录·太宗文皇帝实录》卷 13，第 179 页。
③ 《清实录·太宗文皇帝实录》卷 65，第 894 页。
④ 《清实录·太宗文皇帝实录》卷 1，第 27 页。
⑤ 《清实录·太宗文皇帝实录》卷 1，第 27—28 页。

所宜种之，地瘠须加培壅，耕牛须善饲养，尔等俱一一严饰。如贫民无牛者，付有力之家代种。一切徭役宜派有力者，勿得累及贫民。……方今疆土日辟，凡田地有不堪种者，尽可更换，许诉部臣换给。如给地之时，尔牛录额真，章京自占近便沃壤，将远瘠之地分给贫人，许贫人陈诉”。[①] 从这条谕令中可以看出，牛录额真的职责主要是指导种植作物，组织对本牛录贫人的助耕及协助户部官员分配土地等。如牛录官吏不能督率庄民，“必治牛录额真之罪”[②]。

三、严禁军队纵马食禾

为防止行师出猎作践农禾，特定“纵马食禾”罪。天聪五年（1631 年）六月，皇太极率大贝勒代善等“渔至抚顺界而还，有二人纵马食禾，上见之坐以纵马食禾罪，命各贯一耳以徇”。[③] 崇德七年（1642 年）六月，皇太极特命大学士范文程等宣谕：“太祖时凡遇行兵巡幸，军士有践踏田禾者，重则射之，轻则鞭之，处分严明，所以重农事也。近来诸王贝勒行兵出猎，见有践踏田禾者，亦曾察出定罪否？何并无一究治者耶？若果有之，朕何未之闻耶？”诸王大臣在复奏时说：“臣等遇有践踏田禾之人，应鞭责者鞭责，应罚赎者罚赎，不敢疏纵也。”[④]

四、禁贵族郊外放鹰，蹂践田园

天聪九年（1635 年）皇太极告诫诸贝勒大臣：“昔太祖时曾禁一诸贝

---

① 《清实录·太宗文皇帝实录》卷 13，第 179 页。
② 《清实录·太宗文皇帝实录》卷 13，第 179 页。
③ 《清实录·太宗文皇帝实录》卷 9，第 123 页。
④ 《清实录·太宗文皇帝实录》卷 61，第 830 页。

勒子侄不许郊外放鹰，盖以扰害人民，蹂践田园，伤残牲畜故也。今闻违背禁令，仍复扰民，此风渐不可长。……嗣后放鹰之人如扰民不止，事发之后，决不轻恕。”同时特别指出：“放鹰之人应自备牛羊，以供诸人食用，不宜需索民间。”①

五、禁民间牲畜闯入他人田中

天命八年（1623 年）九月，努尔哈赤下令：“凡有牲畜入田，知者执之，执者勿解其衣，带其见乡之章京。马、牛、骡、驴等畜，各罚银一两。”②天聪五年（1631 年）皇太极再次下谕：“如豕入人田者，令送还本主，每次计豕罚银五钱，过三次，许赴告该牛录额真，即以其豕给之。如羊入人田者，计每只罚银二钱。骆驼、牛、马、骡、驴入人田者，计每匹头罚银一两。仍偿其禾。”③

六、禁滥宰牲畜

努尔哈赤时期，针对贵族家庭奢靡铺张之风规定：“诸贝勒之子娶妻设宴，可宰牲九只。诸大臣之子娶妻设宴，可宰牲六只。其次之诸大臣之子娶妻设宴，可宰牲三只。”④

天聪初年，皇太极从保护农业生产力出发，进一步严禁宰杀牲畜：“马骡以备驰驱，牛驴以资负载，羊豕牲畜以供食用，各有所宜，非可任性宰杀也。嗣后自宫中暨诸贝勒以至小民，凡祭祀，筵宴及殡葬，市卖所用牛、

① 《清实录·太宗文皇帝实录》卷 23，第 311 页。
② 《满文老档·太祖》卷 59，天命八年九月初七日，第 556—557 页。
③ 《清实录·太宗文皇帝实录》卷 9，第 126 页。
④ 《满文老档·太祖》卷 4，乙卯年三月，第 28 页。

马、骡、驴永行禁止。如有违禁用者，被家人及属员举首，将首人离主，仍照所用之数追给首人。牛录额真及章京失察者，罚锾入官。惟国家大宴仍用牛，祭太祖、列祖陵寝，照旧仍用大小牛只。至于诸贝勒大臣有牧牛多者，亦须节用，毋得妄杀。自宫中及诸贝勒以至小民，凡祭祀筵宴及殡葬、市卖，止许用羊，豕及鸡，鹅，鸭等物。”[①] 这条禁令，在《崇德会典》中表述得更为详尽：“凡人祭神、还愿、娶亲、死人、上坟，杀死货卖宰杀牛、马、骡、驴，永革不许……今后许绵羊、山羊、猪、鹅、鸡、鸭还愿、祭神、娶亲、死人、上坟、宰杀买卖，母猪不许杀，若杀卖者问应得之罪，仍赔猪入官。”[②]

七、禁滥用民力

八旗人丁最沉重的负担是披甲出征，少则数月，多则经年。除兵役外，还有筑城、修路及其他杂徭不下数十种。皇太极即位后，为了合理使用民力，以保证农业生产的稳定和发展，特下谕：“工筑之兴，有妨农务。从前因城郭边墙事关守御，故劳民力役，事非得已，朕深用悯念。今修葺已竣，嗣后有颓坏者，止令修补，不复兴筑，用恤民力，专勤农亩，以重本务。”[③] 天聪九年（1635 年）三月，皇太极再召集群臣训谕：“朕昨出见民间耕种愆期，盖因牛录章京有事城工，欲先时告竣，故额外派夫，致误耕作。筑城固为正务，然田地荒芜，民食何赖？嗣后有滥役民夫，致妨农务者，该管牛录章京，小拨什库等俱治罪。”[④] 崇德八年（1643 年）六月，皇太极以工部大臣“重困民力，甚为扰累”为由，将工部承政萨穆什喀等“坐以应

① 《清实录·太宗文皇帝实录》卷 3，第 53 页。
② 《清太宗实录稿本》卷 14，第 13 页。
③ 《清实录·太宗文皇帝实录》卷 1，第 26 页。
④ 《清实录·太宗文皇帝实录》卷 23，第 299 页。

得之罪”。[1] 同年八月，都察院大臣以“恐妨收获”，谏阻暂缓改建盛京城内房屋，得到皇太极采纳，下令“暂停工作，俟禾稼既收，农工已毕，来岁春和之时，再行修造”[2]。为保证足够的劳动力投入农业生产，皇太极对家中没有奴仆的士卒给予缩短兵役时间的特别关照，天聪四年（1631 年）四月下令：“人虽精壮，然系无兄弟奴仆、孤独贫穷者，不得留之。若留此等人，田野之不得耕种之，日后生计穷苦，则罪其固山额真、甲喇额真及牛录额真。”[3] 在皇太极在位的 17 年间，始终把农业视为本务，给予了高度重视。

① 《清实录 · 太宗文皇帝实录》卷 65，第 897 页。

② 《清实录 · 太宗文皇帝实录》卷 65，第 905 页。

③ 《满文老档 · 太宗》卷 26，天聪四年四月初八日，第 1016 页。

第五章　清入关前的刑法

第一节　政治性犯罪

一、犯上罪

崇德元年（1636年）四月，犯上罪正式入律，并列为“十恶”之首。[①]这从法律上反映了早期满族国家由皇权独尊，诸王贝勒辅政的君主制政体，取代了“八王共治”的封建贵族政体。早在努尔哈赤时代，处死长子褚英的罪名，就是“诅咒出征的汗（努尔哈赤）”，[②]实即为“犯上”。皇太极即汗位后，在定和硕大贝勒阿敏的16款大罪中，“忘恩背德”“悖行无忌”“违背上旨”“违背上命”等均属于“犯上”。[③]随即又发生了和硕大贝勒莽古尔泰“在御前露刃”案和谋逆案。这是清开国史上震动一时、影响深远的大狱，也是清入关前第一件完全法律意义上的犯上案。至崇德元年四月，皇太极即位，正式颁布“十恶”条款，“犯上”列在首位。根据《盛京刑部原档》，正红旗觉善因微不足道的一句话“何不将皇上家之马用轿

① 《清实录·太宗文皇帝实录》卷28，第369页。

② 《满文老档·太祖》卷3，癸丑年六月，第22页。

③ 《清实录·太宗文皇帝实录》卷7，第12、14—16页。

抬去？”被刑部论拟“正法，籍没家产”。[①]

正白旗郎球因没有执行皇太极传召睿亲王多尔衮的口谕，以“藐视上命”等罪，被论拟正法，籍家。[②]

可以看出，改元崇德以后，维护皇权至上已成为刑法的重要职能之一。

二、逃叛罪

“法律所载，叛者必诛”，始见于天聪八年（1634 年）的敕谕。至崇德元年（1636 年）四月，“逃叛”正式列入“十恶”，仅次于“犯上”和“烧毁宗庙、山陵、宫阙”等罪。

逃叛罪是针对满洲内部的反叛行为。在四境皆敌的严峻形势下，如何维系以建州女真为主干的新形成的民族共同体，是满洲统治者十分关注的问题，因而严惩“首倡叛逃者”。崇德四年（1639 年）十月发生的对清廷纳贡称臣的喀克笃礼等逃叛朝鲜熊岛一案，是牵连颇广的大狱。

天聪年间，漠南蒙古各部相继降服，列为清外藩，为了维护国家的统一，强化对外藩的控制，皇太极颁布了外藩蒙古逃叛“以军法往追”的法令[③]，从而扩大了逃叛罪适用的范围。

三、逃人罪和容隐逃人罪

逃人，主要是指被掳掠来沦为奴仆，因不堪忍受压迫而冒死逃走的汉人和朝鲜人。逃人严重地动摇了满洲贵族统治的社会秩序和经济、政治基

① 《盛京刑部原档》，第 27 页，172 号档。

② 《盛京刑部原档》，第 138 页，216 号档。

③ （清）会典馆编，赵云田点校：《乾隆朝内府抄本〈理藩院则例〉》，中国藏学出版社 2006 年版，第 184 页。

础，成为当时困扰满洲统治者的严重社会问题。以至缉捕逃人，也是八旗兵的主要职能。“逃人罪”和“容隐逃人罪”是清入关前的特有罪名，伴随着对明战争的开始，便已出现。例如，天命八年（1623年）初，辽东半岛南部汉人为反抗残暴统治，纷纷逃亡。为此努尔哈赤下令：“治逃人以潜逃罪，其收留之人治以盗人罪。”[①] 逃人及容留逃人者，一律照战争俘虏论，没为奴仆。

天聪六年（1632年）二月，皇太极再谕兵部：“至独身行路之人，令详查之，若查出者系逃人，仍以擒获逃人例给赏，倘不详查，独行之人，其人出尔家后，为他人擒获，仍以容纳逃人例罪之。”[②] 清入关后的一段时间继续实行逃人法，可以说是关外时期民族压迫政策在更大范围的推广。

四、通敌罪

所谓通敌罪，是针对身陷满洲统治下的汉族官民的某种行为而言。往往不问有无“通敌”事实，只要“身在本朝，而心犹在明国”，便构成通敌罪。

天聪初年，生员岳起鸾上书皇太极，希望与明朝讲和，否则“恐我国人民散之殆尽。若与明和应将汉人速行放还”，便以“蓄谋向敌”被杀。[③] 这说明满洲统治者对这个问题是何等敏感！

崇德三年（1638年）八月，礼部承政祝世昌奏请“禁止阵获良人妇女卖与乐户为娼”，对此皇太极大不以为然，说：“朕观祝世昌身虽在此，心之所向，犹在明也”，[④] 遂下部鞫讯。经刑部会同各汉官公议，以祝世昌“身

---

① 《满文老档·太祖》卷43，天命八年正月，第391页。

② 《满文老档·太宗》卷49，天聪六年二月初三日，第1229页。

③ 《清实录·太宗文皇帝实录》卷2，第33页。

④ 《清实录·太宗文皇帝实录》卷42，第554页。

在大清，而心犹在明国，策应明国，显系奸细”，[①] 发遣席北地方安置。为祝世昌改写疏稿的启心郎孙应时，以“同谋”即行正法。通过类似大案，借以制造恐怖气氛，震慑归附的汉族官生人等。

第二节　一般刑事犯罪

一、窃盗罪

窃盗，是早期满族统治者最早立法禁止的。《清太祖武皇帝实录》丁亥年（1587 年）记载：“六月二十四日，定国政，凡作乱，窃盗、欺诈悉行严禁。”汉生员胡贡明在向皇太极条奏时所说“奸、盗二事，我国最重”[②]，反映了窃盗与奸情在刑事犯罪发案中占有较大的比重。天命四年（1619 年）六月规定：“微贱者窃大物，黯其耳鼻；次者射骲箭十；窃小物者，打脸十次。”[③]

天命后期，天灾频仍，物资匮乏，盗贼蜂起，社会秩序动荡，努尔哈赤遂以严法弭盗。天命八年（1623 年）七月十六日宣示：“今后如果男人为盗，要女人脚踩赤红的炭，头顶灼热的铁锅，处以死刑。如果畏刑，就要很好地规劝各自的男人；不听劝规就要告发。”在努尔哈赤看来“男盗之财，女不取，何人取之”[④]？因而采取了“夫盗妻死”的原则，企图借以杜绝窃盗之源。据《满文老档》所载案例，窃盗罪的法定刑罚是：白身人鞭责贯耳鼻；有世职者照例拟罪，但准许纳银折赎。崇德年间，刑部对一般

① 《盛京刑部原档》，第 56 页，186 号档。

② 《天聪朝臣工奏议》，第 14 页。

③ 《满文老档 · 太祖》卷 10，天命四年五月至六月，第 96 页。

④ 《满文老档 · 太祖》卷 58，天命八年七月二十六日，第 553 页。

盗窃罪俱拟鞭八十二，贯耳的刑罚，有时加罚银 9 两。

由于对窃盗罪的刑罚有例可依，因此《盛京刑部原档》中，凡贪取不义之财统统比照窃盗例治罪。

此外，“受贿”[①]“不纳骡税”[②]“私隐俘获”[③]“扶同隐匿（盗米之事）”[④]“领取库中财物……私自赊买”[⑤]等也均以窃盗罪论处，情节严重的鞭一百并贯耳鼻，监守自盗者往往拟死。崇德三年（1638 年）正月三十日，刑部以承政韩大勋以下 11 人合谋盗取户部大库中的金银财物，俱拟死罪[⑥]。同年十二月十三日，礼部守卫叶伯书窃盗本部 500 领纸，正法。[⑦]至于民间偷窃细物，则由本牛录额真审结。

二、奸情罪

1. 通奸罪。据满文档案所载案例，对通奸罪的处罚轻重不一。天命十年（1625 年）六月，为努尔哈赤“讲授事例”的图沙，“因与汗子乳母私通”被处死。[⑧]号称“满洲圣人”的达海也曾与努尔哈赤院内的女人纳扎通奸，结果纳扎被杀，达海免死，原因是，如杀了他，“则再无如达海通晓汉文汉语者”。[⑨]这两次通奸案直接触犯了汗的权威，故而处罚严厉。一般犯者减轻。崇德元年（1636 年）八月，镶黄旗薛大湖与镶白旗孙得功所管金英的儿媳通奸，皇太极命薛大湖革职，鞭一百，准折赎；通奸女人鞭

① 《盛京刑部原档》，第 68 页，190 号档。
② 《盛京刑部原档》，第 90 页，200 号档。
③ 《盛京刑部原档》，第 107 页，205 号档。
④ 《盛京刑部原档》，第 42 页，181 号档。
⑤ 《盛京刑部原档》，第 93 页，201 号档。
⑥ 参见《盛京刑部原档》，第 10 页，162 号档。
⑦ 参见《盛京刑部原档》，第 87 页，198 号档。
⑧ 《满文老档・太祖》卷 65，天命十年六月初六日，第 634 页。
⑨ 《满文老档・太祖》卷 14，天命五年三月初十日，第 133—134 页。

一百，贯耳鼻，还给其夫。[①] 至于平民奴仆通奸，家主及本管牛录章京大都采取视而不见，告而不理的放任态度，如控于法司，才立案受理。崇德年间，对通奸罪的刑罚是男女俱鞭一百，贯耳鼻；有世职者准折赎。

2. 强奸罪。按满洲旧例，强行奸淫妇女论罪。天命七年（1622 年）正月，八旗兵占领辽沈地区之初，法克什茂海夺去汉民妇女奸淫，努尔哈赤命将其处死后，“按八旗裂尸八段，悬八门以示众”[②]，以示警戒。皇太极时颁布的军令及敕谕中，也有“奸淫妇女者死”的规定。[③]《盛京刑部原档》不乏强奸者处死的案例，但如身份地位不同，处刑也有差异。如超品公塔瞻奸淫满洲缝衣女人古达吉，法司仅拟罚银 50 两，上奏后，皇太极命“饿禁两昼夜”了事。[④]

三、欺诳罪

欺诳也是最早为立法所严禁的。由于情节不同分为“一般欺诳罪”和“大言欺诳罪”。天命四年（1619 年）五月汗谕规定：“谎报小事，则治罪降职，谎报大事，则定杀身之罪也。”[⑤]

崇德四年（1639 年）正月，刑部以镶白旗阿玉石“诳称上命”，又“诳称王命”，论死。[⑥] 崇德三年（1638 年）五月，刑部以正黄旗满都虎“大言欺诳”，论死。[⑦]

至于一般欺诳罪多处鞭一百，或罚银。

① 参见《满文老档·太宗》卷 25，崇德元年八月二十四日，第 1572 页。
② 《满文老档·太祖》卷 34，天命七年正月二十六日，第 308—309 页。
③ 《清实录·太宗文皇帝实录》卷 11，第 161 页。
④ 《盛京刑部原档》，第 49 页，183 号档。
⑤ 《满文老档·太祖》卷 10，天命四年五月，第 92 页。
⑥ 《盛京刑部原档》，第 84 页，198 号档。
⑦ 《盛京刑部原档》，第 33 页，178 号档。

四、杀人罪

改元崇德以后，将民间“谋杀”“故杀”“杀伤祖父母、父母”俱列入“十恶”。但如杀死包衣奴仆，不论是“故杀”还是“过失杀人”，家主一般都能得到皇太极的宽宥。

天聪五年（1631 年）七月颁布的《离主条例》规定：“擅杀人命者，原告准其离主，被害人近支兄弟并准离主，仍罚银千两。”① 这是对满洲贵族杀害属下包衣的一种限制和对劳动力使用价值的重视，过去将奴仆视若牛马任意屠戮的旧观念已被宣布为非法。

五、蛊毒厌魅罪

崇德元年（1636 年）四月将“蛊毒魇（厌）魅”正式列入“十恶”之内。据《唐律疏议》解释，“蛊有多种，罕能究悉，事关左道，不可备知”。“厌”指对所憎嫌的人，“或图画形象，或刻作人身，刺心钉眼，系手缚足”。“魅”指“或假鬼神，或妄行左道之类，或诅，欲以杀人者”。清入关前仿此意制定蛊毒厌魅罪。对蛊毒厌魅罪一经审实，即便是贵妇也处死。即使使用巫术，并无害人之意，虽不以蛊毒厌魅论，也要处以死刑。

入关以后，旗人中间厌魅之风一直未息。

六、左道惑众罪

满洲统治者对于宗教的态度是弘扬黄教，有条件地保留佛、道两教，此外一切教派道会，概视为旁门左道，以“惑世诬民，紊乱纲常”为由，严厉镇压。

---

① 《清实录·太宗文皇帝实录》卷 9，第 125 页。

七、赌博罪

天聪六年（1632 年）正月，皇太极谕刑部："近闻游惰之民，多以赌博为事。夫赌博者，耗财之源，盗贼之薮也。嗣后凡以货物赌博者，概行禁止，违者照例治罪。其赌饮食者勿禁。"[①]

当时在官场震动颇大的有宁完我赌博案。出身奴仆而被超拔为皇太极近臣的宁完我，于首次征明时，因与人赌博，为仇家检举，皇太极宥其罪。天聪十年（1636 年）二月，又与人赌博，为家人首告，"论罪，革世职，凡钦赐诸物俱没入，解任，仍给萨哈廉为奴。同时籍没刘士英家，发尚阳堡为民"。[②] 这个处分不可谓不重。但在清入关前尚未形成对赌博罪的法定刑罚。

八、私卖武器与汉人及蒙古罪

进占辽沈地区以后，在民族矛盾、阶级矛盾日益激化的形势下，努尔哈赤下令将汉民的兵器、马具一律集中到该管官员处。[③] 后又下令，满人打造的兵器，只能卖与满人，不准卖与汉人，否则，卖者、买者一律治罪。

天聪初年，漠南蒙古各部叛服无定，皇太极又下令："合硕亲王以下，八分内公以上，蒙古亲王、郡王、加沙贝勒、台吉差来的人，不许私与枪箭，若与弓刀，须问知该部方与。众官及民与蒙古等国交易，不许卖与弓箭刀枪，若私自卖者，问应得之罪。"[④]

---

① 《清实录 · 太宗文皇帝实录》卷 11，第 155 页。
② 《清实录 · 太宗文皇帝实录》卷 27，第 354 页。
③ 参见《满文老档 · 太祖》卷 52，天命八年五月二十五日，第 494 页。
④ 《清太宗实录稿本》卷 14，第 12 页。

第三节　经济犯罪

一、隐匿壮丁罪

壮丁是国家与各旗王贝勒争夺的主要对象。国家认为“八旗皆朝廷之人”①，并把对八旗旗分牛录的控制，视为集权的基础；而各旗王贝勒从本家的利益出发，千方百计蚕食国家户口，以壮大自己的私属——包衣牛录。因此，编审壮丁是君权重振的需要和表现。天聪四年（1630年）十月编审壮丁时，皇太极特颁谕说：“此次编审时，或有隐匿壮丁者，将壮丁入官，本主及牛录额真，拨什库等，俱坐以应得之罪。”②可见对隐匿壮丁罪的科罚是较重的，除罚银外并坐以应得之罪。

二、隐匿俘获罪

按照满洲传统，对外征战所获，无论牛、马、羊、驼、人、衣物、金银、财宝以至一切杂物俱为公有，按军功进行分配，所余则在全军均分。但上至王公官将，下至披甲跟役，无不视出兵为利薮，所以很早便以严法禁止隐匿俘获。

天命四年（1619年）萨尔浒战役大败明军后，一些将领隐藏俘获，努尔哈赤令将其“盗取的财物”及按功次品级赏给的俘获，一律收回，分配给没有隐藏掳获的公正大臣。③

① 《清实录·太宗文皇帝实录》卷34，第445页。
② 《清实录·太宗文皇帝实录》卷7，第106页。
③ 《满文老档·太祖》卷10，天命四年五月，第96页。

以后则按窃盗罪惩罚隐匿俘获之人，或鞭、贯耳鼻，或夺赏赐的俘获，或革去官职，或处死。总之，视具体情节而定。

三、擅行畋猎罪

畋猎以及采集人参、珍珠、蜂蜜、松籽等是“八家”和国家的重要经济来源之一，因此立法严禁私自采猎。《崇德会典》规定：“八家有私自采猎者，将本年采猎物件，八家公分，告主拨于别固山。”① 但经过国家特许的功臣，享有一定限度的采猎特权。例如，开国元勋额亦都经努尔哈赤准许，他的三个牛录“专管采参之役”。② 清入关前夕，皇太极谕令：“凡戮力行间，勤敏素著者，准令其部下人自行采参。”③

除上述享有有限特权的贵族、大臣可以采猎外，凡擅行畋猎，即使是三貂两兔，也要受到惩治，或鞭，或贯耳，但准折赎。

四、走私罪

由于国家统管对外贸易，所以严禁违法对外贸易。凡违禁私与朝鲜、明朝及蒙古贸易，即按走私罪惩处。皇太极曾颁发谕令：“若往外国贸易，亦当告知诸贝勒，私往者罪之。”④ 天聪中期设立六部时又降谕：凡诸贝勒“不奉谕旨和遣人与外国贸易”，罚银 200 两。⑤ 从而将对外贸易的批准权集中到皇太极一人之手。即使私自与跟随使者前来盛京的朝鲜商人贸易者，也以走私视之，按窃盗例治罪。

---

① 《清太宗实录稿本》卷 14，第 10 页。
② 《历朝八旗杂档》第 48 号，中国第一历史档案馆藏。
③ 《清实录 · 太宗文皇帝实录》卷 65，第 904 页。
④ 《清实录 · 太宗文皇帝实录》卷 1，第 26 页。
⑤ 《清实录 · 太宗文皇帝实录》卷 9，第 125 页。

五、行贿与受贿罪

天命八年（1623 年）二月，努尔哈赤命令："凡诸申汉人蒙古官员，除受汗之颁赏外，勿受汉人馈赠之物。……如有馈赠则罪其所赠之人，收纳则罪其所受之人。"[①] 不久，努尔哈赤又对上述法令作了补充说明："汉人官员，各所分管之汉人若有馈赠，可受其鱼、野鸡、野鸭、果子等，勿受牛、羊、山羊、猪、钱财、银两、粮草，受即罪之。"[②]

皇太极统治时期，满汉官员贪索属下汉民之事所在多有，很少受到查处，真正以"受贿"处死的较为罕见。崇德末年，刑部启心郎王廷选收耿仲明粮 10 斛、银 30 两，刑部审实，皇太极命于笃恭殿数其罪，诛之。[③]

六、种烟、食烟罪

天聪时以吃烟"无益于国亦无益于人"，曾下令禁革，当时虽有人提出弛禁，许民种植，以平抑烟价的主张，但在相当长的时期内实行的是重治种烟的政策，并禁民间吸食。崇德四年（1639 年）户部重颁禁烟令："照得丹白桂（即烟）一事不许栽种，不许吃卖……近日王府贝勒贝子等俱已禁止，间有梗法愚民竟不遵守，仍旧栽种吃卖。……自今以后，务要禁革，若复抗违，被人捉获定以贼盗论，枷号八日，游示八门，除鞭挞贯耳外，仍罚银九两赏给捉获之人。……若有栽种丹白桂者，该管牛录章京及分得拨什库纵不知情，亦被问以应得之罪。"[④] 从《盛京刑部原档》看，崇德四年（1639 年）下半年以后，因种烟而被治罪的案件急剧增多。但私种与偷食的现象并未因

① 《满文老档·太祖》卷 45，天命八年二月十九日，第 420 页。

② 《满文老档·太祖》卷 48，天命八年三月二十八日，第 447 页。

③ 《清实录·太宗文皇帝实录》卷 62，第 852 页。

④ 罗振玉：《松翁近稿（外十种）·车尘稿》，上海古籍出版社 2013 年版，第 535 页。

此而消失。至崇德六年（1641 年）二月，皇太极命户部变通禁令："前所定禁止用烟之令，其种者与用者俱经屡行申饬矣，近见大臣等犹然用之，以致小民效尤违禁，嗣后凡欲用烟者，惟许各人自种而用之，若出卖货买者，处死。"[①] 实际等于宣布政府着眼于保护农业而严行禁烟政策的失败。

第四节 刑 罚

努尔哈赤统治初期，尚无正规刑罚，所谓"奴酋不用刑杖，有罪者，只以鸣镝箭，脱其衣而射其背，随其罪之轻重而多少之，亦有打腮之罚云"[②]。"有罪则或杀，或囚，或夺其兵器，或夺其妻妾，奴婢、家财，或贯耳，或射胁下。"[③] 经过数十年的实践，努尔哈赤最终摸索出一套与汉族封建法制中"五刑"有别的刑罚体系。皇太极即位后，革除了努尔哈赤时代某些落后、残忍的刑罚，并从多方面使刑罚统一和规范化。

当时的刑罚可归纳为死刑、身体刑、自由刑、财产刑、革职、削爵、解任几类。

一、死刑

死刑有斩头、烧杀、炮烙、磔杀。

斩头——努尔哈赤初起兵时，便勒令属众："从令者馈酒，违令者斩头。"[④] 这是首见于记载的"斩头"之刑。此后，凡死刑而不附加说明者，

① 《清实录 · 太宗文皇帝实录》卷 54，第 728 页。
② 《建州纪程图记》，第 443—444 页。
③ 《建州闻见录》，第 44 页。
④ 《朝鲜李朝实录中的中国史料》第 4 册，第 1530 页。

一律是斩头，可以说是清入关前常规的死刑处决方法，其他都属特例，或法外酷刑。

烧杀——明万历三十七年（1609 年）以舒尔哈齐欲率众叛离，将其属下武尔坤蒙古吊在树上，下堆柴草烧死。[①]

炮烙——天命八年（1623 年）七月定：男人为盗，其妻要“足蹈炽炭，头冠红锅刑而杀之”。[②]

磔杀——在和硕大贝勒莽古尔泰阴谋案中，同谋者屯布禄、爱巴礼，并其亲支兄弟子侄“俱磔于市”。[③] 这是清官书中有关“磔”刑的最早记载。

二、身体刑

努尔哈赤时代，身体刑主要有“打腮”、“射鸣镝箭”、“贯耳鼻”和鞭责四种。“射鸣镝箭”在《满文老档》中被称为“射骲头箭”“射骲头”，是鸣镝的箭镞，无锋刃，但有时也能使人致死。“贯耳鼻”即以箭穿耳鼻。鞭责则笞以马鞭。

皇太极即位后，身体刑开始规范化，只有贯耳鼻与鞭责两种。“打腮”和“射鸣镝箭”仅偶尔用之。

贯耳鼻：通常贯耳与贯耳鼻分开，以区别轻重。也有“贯一耳及鼻，割一耳”之类的特例。由于贯耳鼻是在人身上最明显的部位留下终生难以消失的痕迹，故一般用于引起社会成员警惕的诸如奸盗之类的罪犯和无世职的白身人与奴仆婢妾。

鞭责：以 27 下为起点，最高至 100 下。鞭责常用于某些不适宜用贯耳鼻刑的犯人。鞭责与贯耳鼻反映出清开国时期特有的刑罚体系。直到清入

---

① 参见《满文老档·太祖》卷 1，已酉年三月十三日，第 8 页。

② 《满文老档·太祖》卷 58，天命八年七月二十六日，第 553 页。

③ 《清实录·太宗文皇帝实录》卷 26，第 335 页。

关后，仍在八旗内沿用一段时间后才革除。

三、自由刑

清开国时期，甲士与壮丁极为短缺，势不容许将人身长期禁锢，故当时没有徒刑，常见的是“圈禁”。

圈禁是将犯人囚禁于“木栅高墙之内”，①多适用于贵族、大臣。圈禁没有固定的刑期，或宥免开释，或终身监禁。例如，和硕大贝勒阿敏获罪后，被判为“勉死幽禁”。从天聪四年（1630 年）六月禁于高墙，至崇德五年（1640 年）十一月“卒于幽所”②，可视为“终身禁锢”。圈禁犯也有加重处死者，如努尔哈赤长子褚英，圈禁三年之后又被处死。被圈禁的要犯要戴铐镣，或用绳捆缚。

圈禁之外，还有所谓“饿禁”。就是在拘禁期间不准吃饭，一般不超过三昼夜。既无固定的执行地点，也没有十分严格的监视防范措施，只能算是闭门思过的薄惩。例如，“希尔艮罚银一百两，饿禁三日”③。

自由刑中还有“发边外安置”“发尚阳堡为民”，这种处置与入关后的流刑、发遣相近。

四、财产刑

清入关前实行的财产刑，一是“罚”，如籍没家产、罚银、罚物、罚“土黑勒威勒”等；二是“赎”，即纳银赎罪，如折赎、赎身等。

籍家——分籍没全部，籍没三分之二，籍没二分之一，籍没三分之一

① 《满文老档 · 太祖》卷 27，天命六年九月十八日，第 242 页。

② 《清实录 · 太宗文皇帝实录》卷 53，第 710 页。

③ 《盛京刑部原档》第 43 页，181 号档。

不等，是最严厉的财产刑。籍没的家产包括牛录属人、牲畜、奴仆、财物等。妻妾子女（已分家子除外）一般也属于籍家的范围，因此，往往注明“妻子入官”或“没为奴”。

牛录属人是努尔哈赤在世时分给诸子（也有个别“公主”）的主要“家产”，因此夺牛录属人对管旗贝勒及在旗下领有牛录的宗室贵族来说，是仅次于终身圈禁的处罚。崇德四年（1639 年）豫亲王多铎因临阵败逃等罪，夺其所属牛录的三分之一。被削夺的牛录户口一般不“入官”，而是分给在本旗或别旗领有牛录的同胞兄弟。

在削夺宗室贵族牛录的同时，也往往籍没其他家产的一部分或全部。

罚银——也是清开国时期常见的财产刑。但在具体执行上，努尔哈赤与皇太极时期有所不同。

在努尔哈赤时代，物资极其匮乏，因此罚银往往以“削功”的形式取代。天命九年（1624 年）努尔哈赤下谕：凡战争中负伤的功臣，可依伤的轻重确定功次，分别免罚银的罪。根据《满文老档》统计，免罚银的数目分为 3 两、5 两、7 两、9 两、11 两、13 两、15 两、17 两、19 两、21 两、23 两、25 两、27 两、29 两、31 两、33 两、35 两共 17 等，犯罪时，根据罪的情节，削去某一等罪银若干两。

至皇太极时代，罚银不再用功臣的“功”抵销。罚银的数量视罪的轻重由法司斟酌判定，由几两至上万两不等。

罚物——主要是罚牲畜、财产。天命时期对朝见、聚会失误，“罚贝勒羊，罚总兵官银四两，副将三两，参将、游击二两，备御一两”[①]。

崇德末期，重新制定“失误朝会处分例”，“凡常朝之期，有一次不到者，和硕亲王罚大牛一，多罗郡王罚中牛一，多罗贝勒罚中次牛一，固山贝子罚小牛一，公等罚大羊一”。[②]

---

① 《满文老档·太祖》卷 74，第 720 页。

② 《清实录·太宗文皇帝实录》卷 65，第 901 页。

总的看来，皇太级即位后，罚物已不多见。

包衣奴仆因是家主的财产，有时也作为罚物的对象。此外，赔偿人口是另一种变相的罚物。奉国将军席特库“将本牛录下朱喇喀家人硕萨纳责毙，下法司讯实，议席特勤应革职，鞭一百，罚赎，仍偿一人”[①]。

罚“土黑勒威勒”——所谓“土黑勒威勒”，即对不同身份的罪犯罚以不等银两（或打不同数目鞭子）。

“土黑勒威勒”源于满文，其完整的意思是“照例定罪”。这个“例”的具体内容如何？据《满文老档·太祖》所载有关案例分析，在努尔哈赤时代，凡有世职者犯了轻微之罪，俱照以下细则罚银：

总兵官	50两
副将	30两
参将	25两
游击	20两
备御	15两

凡照此定例拟罪即为罚“土黑勒威勒”。天聪八年（1634年）皇太极把世职名称改为满语，依次为牛录章京、甲喇章京、梅勒章京、昂邦章京四级。与此相应的罚“土黑勒威勒”的细则也做了如下的改变：

牛录章京	15两
甲喇章京	30两
梅勒章京	45两
昂邦章京	60两
公	75两

① 《清实录·太宗文皇帝实录》卷54，第725页。

超品公	90两

从这个规定可以看出：每一世职15两。按品罚银较之努尔哈赤时代规范简明，易于法司掌握。至于宗室王公罚“土黑勒威勒”的规定如下：

和硕亲王、多罗郡王	200两
多罗贝勒	150两
固山贝子、公、将军	100两

根据《满文老档》罚“土黑勒威勒”仅仅适用于“过误得罪”的轻微违法行为。“世职愈高，惩罚愈重”，这反映了早期满洲社会特有的经济、政治关系和本民族的传统。

折赎——纳粮赎罪。明万历四十三年（1615年）创设八旗时，努尔哈赤整顿围猎规则，规定“视其获罪者，若系有财者，则准其赎罪，以所罚物与拿获者。若系不能赎罪者，则杖其身以抵罪”[①]。这里把违法者有无赎罪的财力作为是否准予纳赎的根据。至皇太极时代，只有有世职、爵号者才允许纳银赎罪，而且所赎之罪仅限于鞭责与贯耳鼻。具体说来，鞭责31鞭折赎银1两，鞭责100鞭折赎银33两3钱3分。贯耳（双耳）折赎银6两，贯耳鼻折赎银9两。有时，鞭责与贯耳鼻合并折赎，但总数与定例相符。

凡允准折赎，以罚代刑，要由皇太极决定，刑部只有依律例拟罪之权。

赎身——是罚赎身银的简称，只用于死罪赎身，不是对身体刑的“折赎”。

五、“革职”、“削爵”与“解任”

八旗大臣、官员有世职者得罪，革去世职或降职；宗室有爵号者得罪，

---

① 《满文老档·太祖》卷4，乙卯年十二月二十日，第34页。

削去爵号或降爵，是清入关前对八旗贵族、大臣、官员犯法通常采取的处分。

“解任”指解除实任，与革职、削爵不同。在六部二院被解除任事者称“解部任”；在八旗被解除任事者称“解固山任”“解梅勒任”“解甲喇任”“解牛录任”；管旗王贝勒被解除任事者称“不令管理旗务”；有议政责任被解除任事者称“罢议政”。解任往往施之于婪赃、渎职、年老、疲软、才力不及等。

第五节 科刑原则

一、区别重罪与轻微违法行为

清入关前的文献档案，出现“恶罪”“重罪”“大罪”三个特定概念，并处以相应的刑罚。

凡威胁汗权、动摇国本的严重犯罪为“恶罪”。皇太极时代，法司一般不用“恶罪”，而用“重罪”的概念。它包括危害皇权、国家和社会等严重犯罪，重罪是必死之罪。

《盛京刑部原档》中还出现了“大罪”。“大罪”一般是与犯“土黑勒威勒”即“照例定罪”的轻微犯罪相对而言的。“大罪”罚银，数额巨大，亦似有定例，但因案例太少，尚难作出确断。

二、刑的加重

刑的加重可归纳为罚重于上、首犯加重、累犯加重、不服罪加重、不以实供加重五种情况。

罚重于上——清入关前对于轻微犯罪，历来就有“罚重于上”的传统。这种传统还带有原始民主的某种遗风。天命八年（1623 年）正月，努尔哈赤对扎鲁特蒙古巴克台吉说：“当令尔国之人等，凡逼人饮酒者，皆以治罪，殷实之人罚马，中等人罚牛，末等人罚羊。”[①] 天聪七年（1633年）十一月，皇太极谕随猎大臣、官员、军士说：“凡行猎处，有擅入围者，贝勒罚良马一匹，甲喇额真罚银十五两，旗长罚银十两，闲散人罚银九两。”[②] 特别是罚“土黑勒威勒”，世爵愈高，罚银愈重。

首犯从重——崇德五年（1640年）三月，睿亲王多尔衮以下王贝勒、大臣等以悖旨贻误军机，获重罪。皇太极命领兵主帅多尔衮“降为郡王，罚银一万两，夺两牛录户口”；领兵副帅肃亲王豪格“降为郡王，罚银八千两，夺一牛录户口”；贝勒阿巴泰、杜度“各罚银二千两”；贝子及固山额真“罗托、硕托、屯齐、谭泰、阿山、叶克书，各罚银一千两”。

累犯加重——崇德六年（1641年）六月，皇太极集群臣议判处对明战争失利的班布里死刑，理由是：班布里曾犯死罪，蒙上恩宥，谕以立功赎罪，现又“畏避不出”，故论死。[③]

不服罪加重——崇德六年（1641年）六月，众议多罗贝勒多铎“应革贝勒爵，解部任，罚银五千两”，但多铎不服罪，结果加倍罚银一万两，革贝勒爵，解部任，夺五牛录户口。[④]

不以实供加重——凡“据实吐供的罪犯，处罚较轻，拒不实供者加重处刑”。

三、数罪并罚

在努尔哈赤时代，一般是一罪一案。至皇太极，法司对两种以上的过犯分别判刑，但更多的是以分别定罪量刑为基础，而总其刑罚。例如《盛

① 《满文老档·太祖》卷44，天命八年正月二十五日，第402页。
② 《清实录·太宗文皇帝实录》卷16，第218页。
③ 《清实录·太宗文皇帝实录》卷56，第758页。
④ 《清实录·太宗文皇帝实录》卷56，第756页。

京刑部原档》中镶白旗贝子和托一案，法司审定："贝子和托围内马上射兽，反诬并未骑马射兽之贝子博洛及俄罗塞臣，应罚一马；围内骑马射兽，应再罚一马。"[①]

四、刑的减轻

"宗室贵族免死"：满洲以宗室为天潢贵胄，不诛宗室贵族是努尔哈赤于天命六年（1621年）正月定下的"铁则"。皇太极即位后也严格遵守这一誓言。和硕大贝勒阿敏犯16大罪，众贝勒大臣"合词请株，以彰国法"，他不同意，遂"从宽勉死，幽禁之"。[②]

"以贵宥免"：宗室觉罗及异姓公等贵族得罪可以宥免。例如，刑部以礼亲王代善之子巴布赖攘夺塔拜阿哥果园论死，皇太极以礼亲王年老，巴布赖自幼相随，故判定巴布赖免死赎身，今后立功赎罪。[③]

"以功宥免"：从努尔哈赤时起，功臣除自身享有法律特权外，有时还可以使有罪子弟得到宥免。天命五年（1620年），雍舜用骲头箭射人死，法司定赔偿人的罪，降其参将为游击。努尔哈赤"念其兄阿兰柱阿哥之功，俱并免之"[④]。

皇太极即位后"以功宥免"案例大量增加，借以鼓励将士用命。但清开国时期，并非任何人得罪均可援"以功宥免"例。减罪或免罪的权力，实际由皇太极掌握，视需要而定。

"新人宥免"："新人"是早期满洲社会中通行的一个概念，指加入满族共同体较晚的女真人或入旗在后的汉人、蒙古人。努尔哈赤曾明定："新人

① 《盛京刑部原档》，第21页，170号档。

② 《清实录·太宗文皇帝实录》卷7，第104页。

③ 《盛京刑部原档》，第58页，188号档。

④ 《满文老档·太祖》卷17，天命五年九月，第160页。

不谙满洲律令，故遇罪从轻论拟，以徕远方。”

皇太极对新附的汉、蒙上层分子，也常以“新人”为由，宥其过犯，以达到笼络、羁縻的政治目的。崇德三年（1638年）正月，刑部拟合谋盗取库金的首犯——户部承政韩大勋死刑，皇太极命“暂行收监，待朕再思”。[①]经过两个半月的斟酌，于四月十五日降旨“免韩大勋死”，[②]仅革世职，理由就是“因彼系新人（按韩大勋为明大凌河归降将官），诛之，恐伤恩养盛名”。[③]

“愚昧无知者宽宥”：“愚昧无知”有的指未识律令，有的指愚痴冥顽。努尔哈赤和皇太极都常以“冒昧无知”“愚蒙无知”作为宥罪的理由。

总括上述，清入关前并没有“八议”“三宥”之例，对特殊身份之人或宥罪，或免死，由努尔哈赤、皇太极因时、因事权衡利弊作出决断。

---

① 《盛京刑部原档》，第18页，168号档。

② 《盛京刑部原档》，第18页，168号档。

③ 《清实录·太宗文皇帝实录》卷41，第543页。

第六章　清入关前的军律

第一节　关于行军宿营

初创八旗时，便制定行军规则："行军时，若地广，则八固山（八旗）并列，队伍整齐，中有节次；地狭，则八固山合一路而行，节次不乱。军士禁喧哗，行伍禁纷杂。"① 在对明朝开战前夜，努尔哈赤又向全军宣谕："自出兵日，至班师日，各军勿得离本牛录旗，违者执之，详问其由。若五牛录之主不申法令于众，罚五牛录主及本牛录马各一匹；若谕之不听，即杀梗令之人。"②

至皇太极征明所颁军律，继承和发展了努尔哈赤时代的军律。如："凡大军起营时，各按牛录旗纛整队而行。若有一二人离队往来，寻索遗物及酗酒者，俱贯耳。自出城门，务遵军律，肃静行伍，毋得喧哗。……今后有喧哗者，该管章京坐以应得之罪。喧哗者责惩。""军行时如有一二人离旗行走者，许同行人即执送本固山额真……若见禽兽驰马追射者，兵丁射以鸣镝，贝子大臣坐以应得之罪。"

至于宿营则强调鸣金巡警，毋或稍怠。采薪取水须集众而行，"如有一二人妄取粮草被杀者，罪与离伍抢掠者同"，妄致失火者斩。现存《盛京刑部原档》中就记录了崇德三年至崇德四年（1638—1639 年）惩罚征明

① 《清实录·满洲实录》卷 4，第 183—184 页。
② 《清实录·满洲实录》卷 4，第 197 页。

之役违律离营乱行的30余案例。

第二节　关于按汛击敌，协同作战

满洲崛起之时，四面皆敌，战无虚日，而本民族人口有限，因此，努尔哈赤、皇太极把“不损己兵”放在首位。同时又要充分发挥八旗的战斗力，所以制定了“按汛击敌，协同作战”的军律。努尔哈赤曾指出：“当征战之际，最上者莫过于不损己兵，而能胜敌者也。”①皇太极恪守其父遗训，一再告谕：“凡行军之际，克城多而我兵俱全者为上；克城多而我兵稍有损伤者为中；至克城少而我兵大损伤者为下，宜罪之。”②“临阵若七旗王贝勒贝子败走，一旗王贝勒贝子拒战，七旗获全，即拨败走七旗之七牛录人员给与拒战者。若七旗王贝勒贝子拒战，一旗王贝勒贝子皆败走，即革败走旗分，以所属人员七旗均分。”“野战时，王贝勒贝子大臣不按队伍轻进，或见敌寡，妄自冲突者，夺所乘马匹及俘获人口。凡两军相对，必整齐队伍，各按汛地，从容前进。如擅离本队，随别队而行；擅离本汛，由他汛而入；及众军已进而独却立观望者，或处死，或籍没，或鞭责，或革职，或罚银，酌量治罪。”③

第三节　关于“戒杀”“戒淫”

早在努尔哈赤时的军律便规定：“阵中所得之人，勿剥其衣，勿奸其妇，

① 《清实录·满洲实录》卷4，第197页。
② 《清实录·太宗文皇帝实录》卷65，第897页。
③ （清）鄂尔泰等修，李洵、赵德贵主点校：《八旗通志》卷32，东北师范大学出版社1985年版，第593页。

勿离其夫妻，拒敌者杀之，不与敌者勿妄杀。”[①] 其后，皇太极更颁军律：“勿妄杀平人，抗者戮之，顺者养之，俘获之人不许褫衣侵害。”

在军律中，每条犯者皆有处分，唯独“妄杀平人”仅冠一“勿”字而已。从现存的数百件违反军律案来看，找不到因妄杀平民而受到严惩的事例。在以蹂躏敌国以自富的战略方针下，横杀敌国平民，是不可避免的。

关于“戒淫”，天聪六年（1632 年）四月，皇太极往征察哈尔途中发布军令：“勿离散人夫妇，勿淫人妇女，有离人夫妇及淫妇女者，死。”在《满文老档》中这条军令的记载是：“分赏俘虏之前，勿淫妇女。若有离人夫妇及淫妇女者，论死。”[②] 因为俘获（指牲畜和人）分配前，归属未定，其所有权尚属于公有，所以不得侵犯，而不是着眼于保护妇女人身权利。

第四节　关于俘获的分配

抢掠是八旗兵将参加战争的推动力，以至天命年间，凡“出兵之时，无不欢跃，其妻子亦皆喜乐，惟以多得财物为愿。如军卒家有奴四、五人，皆争偕赴，专为抢掠财物故也”。[③] 天聪年间出兵之时依然是“俱欣然相语曰：‘去抢西边’”。[④]“西边”指明帝国。为了保证俘获的“公正”分配，特规定：“入八分”宗室贵族享有抢掠俘获不必归公的特权，“不入八分”宗室贵族以下，俘获全部集中交本旗固山额真登记入册。这是努尔哈赤时的旧例。为防止私自隐藏俘获，努尔哈赤特下令：“凡遇无汗之印信用马驮载财物或乘马由西返家者，扎喀关守将可执而审定其罪。”[⑤]

① 《清实录 · 满洲实录》卷 4，第 201 页。
② 《满文老档 · 太宗》卷 52，天聪六年四月二十八日，第 1275 页。
③ 《建州闻见录》，第 44 页。
④ 《天聪朝臣工奏议》，第 18—19 页。
⑤ 《满文老档 · 太祖》卷 10，天命四年六月十六日，第 97 页。

所有俘获先按官职、功次进行分配，所余平均分给各牛录，但“送的少的牛录”不得参与平分俘获。崇德元年（1636 年）攻明之役出师前，皇太极谕领兵主帅等说：“此行若多所俘获，每牛录派取男妇六人、牛二头。……如无一所俘获者，毋得派取。”[①] 这种按官职、功次分配与各牛录平均分配相结合的方式，使全军均沾战争利益，有助于鼓励争取军功。然而尽管军律森严，私自隐藏战利品者仍所在多有，皇太极就曾说过：“多罗武英郡王（阿济格）领兵征明，克昌平州，尔等如渔人入水捕鱼，擒之以手，挟之以胁，又后衔之以口，似此贪取，以致获罪者甚多。”[②]

第五节　关于甲胄、军器、马具的管理

根据军律，“胄两旁皆用圆铁叶，无甲者衣帽后亦书号记。一切军器自马绊以上，俱书姓名，马必系脾印烙，不印烙者罚银二两。箭无姓名者，罚银二十两。如得他人箭隐匿不出者，亦罚银二十两”。“盗鞍鞯及辔络马绊者，按法治罪”。

这项军律从努尔哈赤时开始实行，迄至入关一直未变。

第六节　以军律部勒围猎活动

围猎在女真人中有着悠久的历史，但至皇太极时由国家组织、八旗分派兵员参加的大规模例行围猎，已经成为平时操练军队的主要形式，所谓

① 《清实录·太宗文皇帝实录》卷 30，第 378—379 页。

② 《清实录·太宗文皇帝实录》卷 43，第 571 页。

“蒐苗弥狩，原以讲习武事”。[①] 因此以军律部勒围猎事宜。例如“法令森严，不得喧哗作声”[②]；“各按汛地，分围驻守”[③]；凡不随甲喇、牛录者治罪；严禁盗窃马具[④]；等等。但行围有其特殊性，是军律不能调整的，按其分类应属于畋律。如“自军士以至贵族不得擅入围内射兽，有擅入围中者，贝勒罚良马一匹，甲喇额真罚银十五两，旗长罚银十两，闲散人罚银九两”。“不得倚势强夺他人射中之兽，有争论者，付审理官验”。行猎时误射他人，按轻重处刑。崇德七年（1642 年）闰十一月，皇太极特命兵部议定《围猎误射处分条例》：误射者视其身份或罚银，或幽禁，或鞭，或贯耳鼻，或处死。行围时不得侵扰屯民，砍伐山林，“违者必究”。[⑤]

---

① （清）乾隆官修:《清朝通志》卷 45，浙江古籍出版社 1988 年版，第 7015 页。

② 《满文老档 · 太祖》卷 4，乙卯年十二月二十日，第 33 页;《清太宗实录》卷 12，第 41 页。

③ 《满文老档 · 太祖》卷 4，乙卯年十二月二十日，第 34 页;《清太宗实录》卷 21，第 11 页。

④ 《满文老档 · 太祖》卷 4，乙卯年十二月二十日，第 34 页;《清太宗实录》卷 12，第 42 页。

⑤ 《清实录 · 太宗文皇帝实录》卷 12，第 177 页。

第七章　清入关前的司法制度

第一节　司法机关的演变

在后金国建立以前，尚无严格意义的司法机关，遇有犯罪，由努尔哈赤直接处以军中之刑。努尔哈赤之下，设有断事官“扎尔固齐”。扎尔固齐并非专职司法官，他出则统领军队，入则参预国政，兼军、政、司法大权于一身。万历四十四年（1616年），努尔哈赤建“后金国”，加紧法制建设，司法机关始具雏形。《满文老档》乙卯年（1615年）十一月记载：“遴选审理国事之公正贤能人士擢为八大臣，继之委四十名为审事官，不食酒馔，亦不贪金银。每五日集诸贝勒、大臣入衙门一次，协议诸事，公断是非，著为常例。”①

天命时期，八旗内部案件大致分两级审理：凡旗下人轻微犯罪，可在基层军政组织——牛录中审理。牛录以上，由诸贝勒、大臣组成最高一级司法机关，承受上诉或依汗命审理的罪案，其程序是：“凡事都堂（扎尔固齐）先审理，次达五臣（理政听讼五大臣），五臣鞫问，再达诸王。如此循序问达，令讼者跪于太祖前，先闻听讼者之言，犹恐有冤抑者，更详问之，将是非剖析明白，以直究问。故臣下不敢欺隐，民情皆得上达矣。”②对于努尔哈赤亲属违法案件，经常由汗亲自审断。

① 《满文老档·太祖》卷4，乙卯年十一月，第36页。

② 《清太祖武皇帝实录》卷2，乙卯年十一月。

天命六年（1621年），金国统治区扩大到辽沈以后，对于纳入八旗的归降汉民的诉讼，采取逐级审理。天命七年（1622年）正月廿六日，谕汉人："……诸凡案件，先交守堡、备御。守堡、备御审讯后，交参将、游击。参将、游击审讯后，交都堂、总兵官。都堂、总兵官审讯后，告于八贝勒。小事则由八贝勒共同审理结案。大事则奏闻于汗。"[①]然而至天命十年（1625年）十月，由于将汉民全部编入八旗，上述适用于汉民的司法体系与审理制度，一律撤销。

努尔哈赤时期，强调诉讼须"经众审理，而后入告，勿独自入告"，[②]这不仅是为了防止偏袒，也是对贵族传统特权的一种约束。他曾谆谆告诫主持司法的诸贝勒、大臣，务必"公平地审断"，"正确地审断"，并把这说成是"顺天意……使国家太平"的"大功""大福"。

天命十一年（1626年），皇太极继汗位以后，参照明制，使司法机关进一步系统化。主要是确认牛录为基层司法机关，有关债务纠纷、斗殴、侵犯他人财产等案件，"俱令各该牛录额真，即行审结；事有大于此者，送部审理"[③]。

此外，八旗各旗也握有一定的司法权力。天命十一年（1626年）九月初八日议定：除八大臣（即八固山额真）外，设十六大臣，"佐理国政，审断狱讼"，又设十六大臣"出兵驻防，以时调遣，所属词讼，仍令审理"。[④]然而，随着汗权的加强，大事一律送刑部审理，这就在事实上取消了旗一级的司法权。

天聪五年（1631年）七月，皇太极与诸贝勒、大臣议定设立刑部，作为中央正式司法机关。刑部审拟的案件，一般需奏闻取旨，由皇太极裁决，

---

① 《满文老档·太祖》卷34，天命七年正月二十六日，第308页。

② 《满洲秘档》，第70页。

③ 《清实录·太宗文皇帝实录》卷9，第126页。

④ 《清实录·太宗文皇帝实录》卷1，第27页。

奏闻时间定于每月逢五之日。但由于当时的法制建设还处于摸索阶段，因此在司法实践中还有以下各种行使审判权的临时性机构，如诸王、贝勒、大臣会议，这种会议一般是奉旨举行的，所审议的是涉及王、贝勒或是其亲属的案件，有时也审理情节极其严重的大案。会议拟罪后，仍需奏闻，由皇太极裁断。此外，还有觉罗会议，审理事涉宗室觉罗犯罪。有时各部会议也审理违犯本部所颁法令的案件。

第二节　诉　讼

关外时期还不存在有关诉讼的成文法，习惯法仍起着重要的作用。

一、告诉的权利

清入关前，只有“民”（诸申、伊尔根）才有告诉权。妇女和家下奴仆婢妾，当家主在世时，不过是家主的一份特殊财产，并不具有独立的人格和诉讼权利，只有在特定的条件下，才允许甚至鼓励家下奴仆婢妾首告家主。

所谓“民”，实际上是指家主。家主无论年龄，还是身份，都完全具备诉讼当事人的法定资格。家主还可以作为妻妾奴仆的诉讼代理人。但家下人犯法，家主也负连带之责。由于家下人和本主有着直接的利害关系，因此，涉及家下人的案件，家主往往亲自出庭旁听，加以辩护。至于妇女的告诉权利，也受到限制。妇女不能作为诉讼的一方，充当诉讼的合法当事人。奴婢不仅完全没有告诉权，有时还要代家主受罚。

二、告诉的方式与限制

清初，告诉的方式大致分为自诉、举首和参劾。努尔哈赤效法古人，立“诽谤之木”给自诉于汗者提供条件。天命五年（1620年）六月初四，汗谕：“国人有何言欲诉于汗者，无需亲至汗前，可将欲诉之言，书写成文，悬于门外所立之二木上，阅其诉词，酌情审理。”① 至皇太极时期，“凡在下大小官民人等下情，有应在六部申诉者，有应在皇上陈奏者，六部有六部贝勒代为转奏，皇上有书房榜什（即巴克什）代为转奏”。②

举首，在努尔哈赤统治时期较为常见。朝鲜人李民寏在《建州闻见录》中说：即使首告失实，也不反坐其罪。皇太极即位以后，极力稳定努尔哈赤统治后期动荡不安的社会秩序，对首告加以限制。天命十一年（1626年）九月规定：“凡有告讦，所告实则按律治罪，诬者反坐。”③ 但从控制和削弱八旗诸贝勒及强宗大旗的权势出发，凡首告本主违犯国法者，一般断离本主。有的奴仆告主，获准后可以开户为民。若首告谋危社稷等大罪审实，首告者加授世职，并可取得抄没的犯人家产。

参劾，既不同于自诉，也不同于首告，而是以国家官员的身份，行使其对违法情事的检举职责。努尔哈赤时任命八大臣负责纠参八和硕贝勒。皇太极时期，八固山额真被赋予规谏、参劾本旗贝勒的权力。为了加强对六部及诸王、贝勒的监察，皇太极于崇德元年（1636年）要求都察院诸臣敢于直陈，强调参劾者“所言非，亦不加罪，必不令被劾者，与尔面质”。④ 但遇有都察院官员以参劾小事塞责时，皇太极立予申斥：“若止奏在下细民之事，将在上之人之事匿不奏闻，非忠直之道也。”⑤ 显而易见，皇太极设立都察院，并要求都察院官员着重监督、参劾所谓“在上之人”，就是为了借以削弱各旗旗主、贝勒的权力，强化专制主义的皇权。

关外时期对告诉也有限制，如禁止越诉。崇德元年（1636年）五月规

① 《满文老档·太祖》卷15，天命五年六月初四，第145页。
② 《天聪朝臣工奏议》卷上，第38页。
③ 《清实录·太宗文皇帝实录》卷1，第26页。
④ 《清实录·太宗文皇帝实录》卷29，第376页。
⑤ 《清实录·太宗文皇帝实录》卷30，第382页。

定："凡人在部控告，该部王及承政未经审结，又赴告于尔衙门者，尔等公议，当奏者奏，不当奏者公议逐之。"[①]借以发挥各级司法机关的职能。同时，也禁止诬告，天聪六年（1632 年）三月初一日规定："凡讦告之人，务皆从实。"皇太极特别指出："所以严禁（诬告）者，以此乃古圣王之成法，故今仿而行之耳。"[②]

第三节　审　讯

清入关前，对审讯颇为重视。天聪五年（1631 年）三月，大贝勒莽古尔泰曾说："臣等虽居私第，每据三次供词，覆加详阅，以断是非，未有明知而敢枉断者。"[③]关外时期的审判制度，有些仿效明制，如审判时原、被告必须出庭，审讯重视口供，同时也重视证据。皇太极在建立刑部时，便谕令："听讼务持其平，谳狱贵得其实。尔司刑诸臣，审理民事，于两造未陈，当即拘见证，同众面鞫，庶有实据。若不速问见证，两造知觉，潜相嘱托，支饰避罪，则审断安得公平？自今以后，不先取见证口供，致事有冤抑者，即按事之大小，坐以罪。"[④]在这个谕令中，皇太极非常明确地表达了他的证据观念。崇德元年（1636 年），在议定的《会典》中，又重申了这个审讯重证据的谕令。但由于满洲社会的特有传统和习惯，使得关外时期的审判制度也带有明显的特点。

1. 审讯下人，家主参预。天聪六年（1632 年）正月，刑部承政高鸿中奏称："见得我国中，下人犯事，或牛录，或家主，就来同审事官坐下，正

---

① 《清实录·太宗文皇帝实录》卷 29，第 376 页。
② 《清实录·太宗文皇帝实录》卷 11，第 156—157 页。
③ 《清实录·太宗文皇帝实录》卷 8，第 115 页。
④ 《清实录·太宗文皇帝实录》卷 9，第 125 页。

犯未出一语，家主先讲数遍，旁边站立者纷纷滥说。切思暗中属托公事者，尚且有罪，况明明坐在一处讲事，不系属托，此系势压，而法纪安在？”①如前所述，家主和家下人利益攸关，因此审讯下人，家主参与。尽管高鸿中向皇太极奏陈此事，情况也并没有改变。

2. 断事官公议于公所。后金政权建立之初，努尔哈赤便规定了公议之制："天命元年（1616年）丙辰七月己巳，上谕议政大臣五人曰：凡事不可一人独断，如一人独断，必致生乱。国人有事，当诉于公所，勿得诉于诸臣之家，其有私诉者，曾付以鞭索俾执而责之。前以大臣巴图鲁额亦都有私诉于家者，不执送，已治以罪。兹更加申谕，传于国中。"②崇德三年（1638年），刑部副理事官得特违法在家中独自听讼，被罚以规定之罪，可见努尔哈赤在天命初年制定的承审官公议于公所的制度，至崇德年间，仍具有效力。

3. 据誓词断案。关外时期，生产力水平、科学文化知识的落后，使得敬天畏神的观念仍然笼罩着整个社会，并具有相当的约束力。它在司法上的表现就是据誓词断案。在审判中如两造各执一词，又无其他证据，则令誓于神。天聪五年（1631年）二月二十七日，代青父子诬告阿济格一案，代青第一款罪即由宣誓而定："代青言：我兵在遵化时，额驸古尔布什谓曰：阿济格欲遣人杀尔，具闻于上。及讯古尔布什，古尔布什云：实无此言。代青犹执前说。因中无证佐，令誓于神。古尔布什誓云：若我实有此言，身死，妻孥仆隶及所属之人，皆归于阿济格。"③有时奴婢、属人犯罪，家主和上司立誓表示确不知情，可免连坐之罪。但立誓必于公所，或得到皇帝特许，私下立誓，则为法律所严禁。

4. 审讯有限度地公开，但议罪则是秘密进行的。由于清代官书、档案

① 《天聪朝臣工奏议》，第3页。

② 《清实录·太祖高皇帝实录》卷5，第66页。

③ 《清实录·太宗文皇帝实录》卷8，第113页。

不记议罪情状，所以难言其详情，但有一点是肯定的，即不得事先泄露任何情况于被告。例如，崇德七年（1642年）十月辛丑，“又多铎曾语詹代曰：多罗武英郡王事，业已奏闻，命我等议罪。尔可告于王，任其自辩，有罪无罪，待议时方知……。多铎系管摄部事之王，乃于未质讯之先，徇庇通信，应罢部任，仍罚银三千两……”①

5. 议罪错误，要负刑责。努尔哈赤天命六年（1621年）二月，重审达尔汉一案，断事官相信伪证，有误，受到努尔哈赤的训斥：“‘尔等不善加核审，何以非为是？’乃定为首诸审事官各罚银十两，末等诸审事官各罚银五两。”② 天聪五年（1631年）刑部建立时，皇太极进一步定为法令：“凡诸贝勒审事，枉断人死罪者，罚银六百两。枉断人杖、赎等罪，……罚银二百两。”③ 皇太极时期，刑部官员从管部贝勒济尔哈朗以下，至启心郎以上，因认定事实，定罪量刑有误，而被治罪者，并非个别的现象。

6. 汗、皇帝亲自裁断案件。据《满文老档》记载，努尔哈赤时期的多数案件是经过努尔哈赤最后决断的。皇太极继承了这个传统，法司分别审拟奏闻后，由他亲自裁决，作为终审判决，付诸执行。至于涉及王、贝勒、贝子、公及其亲眷以及有世职者的案件，即使是微不足道的细事，也要由该管法司审拟后奏闻请旨。

皇太极躬亲善断的作风，一直持续到晚年病重以后。崇德七年（1642年）十月，皇太极接受都察院诸臣“以圣躬为重”“息虑养神”的奏议，下谕：“今后诸务，可令和硕郑亲王、和硕睿亲王、和硕肃亲王、多罗武英郡王会议完结。”④ 这一天是十月二十七日，据《清太宗实录稿本》卷38记

① 《清实录·太宗文皇帝实录》卷63，第859—860页。

② 《满文老档·太祖》卷17，天命六年二月，第163—164页。

③ 《清实录·太宗文皇帝实录》卷9，第125页。

④ 《清实录·太宗文皇帝实录》卷63，第868页。

载，十月二十九日刑部共审理十二案，只有两件未奏闻请旨，一件审实议杀遇赦释之，而经太宗断结的九案也不尽是大案。努尔哈赤和皇太极认真对待和处理司法案件的言与行，对入关以后的清朝皇帝是很有影响的。例如，对于秋审重案，皇帝多亲自审阅招册，其批语或详或略，有的纠正了在法律适用上的偏差，有的照顾到情理民俗，这在《秋谳纪要》一书中是有所记载的。被称为大典的秋审，虽然存在着形式主义、文牍主义的弊病，但对法律的统一适用也有一定意义。

第八章　顺治、康熙时期的行政法

第一节　完备行政立法

一、敕修《康熙会典》

康熙二十三年（1684年），经内阁会议议定，颁诏组成典馆、开始制定法典。总裁为伊桑阿，副总裁为阿世坦，另有撰修13人，翻译16人，时经6年，于二十九年（1690年）完成，共162卷，取名为《康熙会典》。康熙亲自作序说：

我太祖高皇帝肇造区宇，戡乱救民，当草昧缔构之初，而法制惟新，规模大定。太宗文皇帝，式廓丕基，聿纬以武，聿经以文，典则科条，次第整举。世祖章皇帝，同风六合，遍德万邦，府修事和，声教洋溢，凡所以黼藻至化润色鸿业者，郁郁彬彬，粲乎备矣。朕嗣历服三十年，于兹夙夜竞竞，缵承祖考，宪章前谟，以仰溯乎尧舜、禹汤，文武致治之隆轨，时饬群臣，勤修职业，每建一事，布一令，务期上弗戾于古，下克诚于民，酌剂讨论，芸难其填，然后付所司奉行。夫朝廷之规制，损益无一不关于黎庶，大中之轨立则易而可循，画一之法行，则简而可守，制治保邦之道，惟成宪是稽，不綦重欤。由是特命儒臣，纂辑会典，纲维条格，甄录无遗，终始本末，犁然共贯。庶几大经大法，炳耀日星，而遵道路者，咸得有所据依矣。诗不云乎："不愆不忘，率由旧章有之。"其尔典常作之师，我国家典章弘备，视前代加详悉，皆本之实心，以相推准，而非缘饰虚文铺张治具，惟兹良法美意，相与世世恪遵，无斁官治民察，以跻斯世于隆平万年无疆之休。将于是乎在矣，可不念哉。

《康熙会典》是清朝入关后正式颁行的第一部会典，所具有的封建行政法典性质，不同于入关前的《崇德会典》。它所包括的内容比较明确，"凡职方、官制、郡县、营戍、屯堡、觐享、贡赋、钱币诸大政于六曹庶司之事，无所不隶"[①]。把国家的典章制度上自清初，下至康熙二十六年，统统规定于其中，可具体划分为以下六个方面：

1. 行政领导中枢为内阁制。职能是协助皇帝处理国家政务，并有权作出或实施国家的重要决策。

2. 行政执行机构为六部制。具体划分为：吏部包括文选、考功、验封、稽勋诸司；户部包括州县、田土、户口、赋役等十四司；礼部包括仪制、祠祭、主客、精膳诸司；兵部包括武选、职方、车驾、武库诸司；刑部包括十四司、律例、罪名、分呈词讼、旗人犯罪、朝审、热审等各部；工部包括营缮、虞衡、都水、屯田各司，与历代比较，这是最完备的行政机制。

3. 监察机关为科院制。都察院，负责全国的行政与司法监察，包括风宪总例、督抚建置等多项；六科给事中，针对吏、户、礼、兵、刑、工各部的监察，此外还有临时性的监察机构及派遣使节。

4. 司法部门为部、寺并行制。刑部独立行使全国的司法审判和刑狱管理权力；大理寺掌管重大案件的审判与复核。

5. 内务机关分立制。所谓内务，《康熙会典》规定为三种成分，即管理皇族事务的宗人府，太子事务的詹事府，皇宫事务的内务府，都是与六部并行且独立执权的皇室内务机构。还有寺、监机构，负责具体的某些内

---

① （清）允陶等：《钦定大清会典》卷首《御制序》，第 2 页。

务，如太常寺、光禄寺、鸿胪寺、通政使司等，皆是礼仪、祭祀、外交等职能部门，也系皇廷的内务；监有国子监与钦天监，前者负责教育，培养贡生和监生，为国家选拔高级文官，后者是负责天文律令的科学机关，仍属文教与科学事务部门。保卫机关是极重要的宫廷安全部，主要是针对京都和皇宫的警卫，包括五城兵马指挥司、銮仪卫和金吾卫等。

6. 宗教机构为特设行政部门。负责管理各民族的宗教事务，主要有司经局、道录局、僧录司等。

《康熙会典》中所规定的各类行政机关的职责与职能，不仅具备了封建国家的基本结构规模，而且具有法典保障实施的权威性，因此，对于会典的执行也正如清朝官员们所说："夫会典所载，皆百臣奉行之政令，诸司分列之职掌，即官礼诸制，无不条悉其中。"[①] 使之真正成为国家行政管理中的大法。

二、制定《六部则例》

在行政法典与法规的制定方面，康熙朝确立了一个基本原则：将指导总体的法律制度立为典，如《崇德会典》《康熙会典》等；把具体的实施细则定为例或则例，如《吏部则例》《礼部则例》等。凡典均以六部为纲，经国家制定颁发实施；例按部门分立，经钦准颁行，其法律效力等同法典。这样，清代的行政立法就达到了以典为纲、以例为目的规范化，尤其对例的定制和发展，是行政立法中的一大重要成就。史学家们在评论它的历史意义时曾说："清以例治天下，一岁汇所治事为四季条例，采条例而为各部署则例。新例行，旧例即废，故则例必五年一小修，十年一大修。采则例以入会典，名为会典则例或事例。"[②] 清代先后修例 100 余种，其中最重要

① （清）魏象枢：《寒松堂集》卷 1，中华书局 1985 年版，第 4 页。

② 邓之诚：《中华两千年史》卷 5，中华书局 1958 年版，第 531 页。

的是《六部则例》，现保存下来的汉、满两种文字的则例有50多种，其中较具代表性的有《六部现行则例》和《六部则例》。

(一)《六部现行则例》

又称《新纂更定六部现行则例》，颁布于康熙五十年（1711年）。它是在颁布会典的基础上，将清初至康熙四十一年的各级官府办事规则，违制处分条例，分门别类作为定例颁发实施。

则例的条款共计1557条，按六部及督捕衙门顺次排列，吏部331条，户部309条，礼部103条，兵部257条，刑部371条，工部54条，督捕衙门132条。它详细规定了各部的办事规则、行政活动程序和权限，以及对越权行为的制裁，对各级官员履行职责的规定与违反职责的惩处。如刑部规定，官员凡因公私借饷银，玩忽职守造成罪犯越狱潜逃，或者监毙人命，通贼叛卖，京官失察，私自出海贸易，以及诬告等多种行为，都属于违反刑事规定，应当追究刑事责任。在督捕衙门款内还规定有买卖人、出首逃人、解役疏脱逃人、错行夹讯、文武官员失察等各种成例，是清朝建立以后较为详尽的各部具体执行公务的实施条例。制定这个则例，无疑对保持政府有效的行政效率与官员的清廉具有重要意义。《六部现行则例》后来又进一步修定为《六部处分则例》，对各级官员违反规定的处罚就更为详尽严密。

由于该则例在清初影响较大，雍正时，又对《六部现行则例》进行过修订，并于雍正八年（1730年）颁行。现存汉文16卷，书内题作《新增六部题定现行则例》，是清初至雍正三年六部官员的办事规定以及违制处分条例。因这次修订，只是对康熙五十年所颁布的《六部现行则例》的增修，其体例遵循前者未变。

(二)《六部则例》

又称《六部则例全书》，首于康熙五十五年（1716年）颁行。这是根据清初到康熙五十五年颁行的六部官员办事遵循规范以及违制处罚定例修订而成的一部则例。它的内容比康熙时期修订的《六部现行则例》有所增加，但同《六部现行则例》不是续补关系。其共计1934条，其中吏部505条，新增有内阁官员的升转、检尸、不许擅委武职、典吏等内容；户部416条，新增有文武官员违例起解、私犯盐务违法处分等；礼部185条，新增有科场作弊、诰敕过限等；兵部178条，增兵部办事限期、京城盗案处分新例；刑部463条，增加了加减罪例、流徒配折责等条款；工部54条，增加河银记录，黄、运两河的冲决处罚等。此外还有刑部督捕衙门133条，包括热审减刑、滥禁违例处罚等条款。同《六部现行则例》比较，它在内容上重点突出了吏部条款，这反映出清朝初期重典治吏的基本原则。

第二节　确立中枢机构

清王朝运用行政法律手段，对国家行政机构进行了精心的设计，形成了决策中枢、六部机制、御史监察、地方行政的完备体系，从而保证了封建国家机器最后200多年的运转机制。

清朝的决策中枢，先后经历过议政王大臣会议、内阁、军机处和责任内阁等四种形式。议政王大臣会议是早期的权力中枢，始创于努尔哈赤，结束于康熙时代；内阁始于明朝永乐时期①，在顺、康两朝得到进一步加强，成为国家的最高决策机构；军机处是雍正时期的产物，它由军事职能转向参与机要、决策国政大事；仿照西方机制而建立的总理衙门，最终结束了封建国家的行政中枢，伴随着清王朝走向没落。

① 《明史·职官志》载：解缙等人入值文渊阁，“以其授餐大内，常侍天子殿阁之下，避宰相之名，又名内阁”。《明史》卷72，中华书局2000年版，第1157页。

一、援用内阁制

清朝内阁先后有两种形式：在顺治、康熙时期，是由议政的王和大臣所组成的议政处性质内阁；宣统时进行了一次改革，称责任内阁，但其成员仍是皇族亲贵，依然是皇宫内阁的性质。

内阁前身的议政王大臣会议，出现在努尔哈赤肇基东土的时代，“置八旗总管大臣、佐管大臣董统军旅，置议政五大臣、理事十大臣厘治政刑”，开创了王和大臣参与议政的制度。[①] 其执行程序规定为：凡有听断之事，先经理事十大臣审问，然后由五大臣复审，最后报告贝勒，作出裁决。天命七年（1622 年）又明确规定：皇子八人为和硕贝勒，共议国政。之后又设八大臣为副职，观察贝勒们筹划国事的成败得失。[②] 这时八贝勒和八大臣的关系是：贝勒负责管理国政，八大臣参与议政，二者的权力并不等同。

直接服务于议政的机构叫文馆。天聪三年（1629 年），朝廷令儒臣翻译汉族书籍，记载帝王得失及国家重要政事，这时的文馆始具有了早期内阁的性质，但还不是职权的内阁组织。天聪十年又将文馆改为内三院，即内国史院、内秘书院、内弘文院，分别负责为皇帝起草诏令，办理事宜，撰写来往国书，注释古今政事。这样，内三院的职权超过了文馆，已经初具内阁的规模，即它的权力相较于并行的议政王大臣会议，也不在其下了。

入关以后，顺治二年（1645 年），翰林院合并进内三院，分别称内翰林国史院、内翰林秘书院、内翰林弘文院，三院设满、汉大学士共六人，以下设学士、典籍、侍读、中书等官，这时，已经完全具备了内阁的规模。于顺治十五年（1658 年），正式参照明制改内三院为内阁，大学士加殿、

① 《清史稿》卷 114，《职官志一 · 内阁》，第 3263 页。

② 《清实录 · 太祖高皇帝实录》卷 8，第 117 页。

阁衔，构成了三殿三阁大学士衔，这时的内阁已成为名副其实的最高中枢机关。康熙初年，虽又将内阁改回内三院，但已经不适应形势发展的需要，于是，康熙九年（1670年）又将内三院再改为内阁，制度依照顺治十五年而定，从此，内阁的建制稳定下来。

内阁作为决策中枢拥有极大的权力，并由法典给予确认。据《大清会典》规定，内阁“掌议天下之政，宣布丝纶，厘治宪典，总钧衡之任，以赞上理庶务。凡大典礼，则率百寮以将事”①。《清史稿·职官志》更明确地将内阁的职责划为四项：钧国政，赞诏命，厘宪典，议大礼。②

其一，“掌议政事，宣布纶音”。内阁为正一品衙门，大学士位殿、阁之臣，侍奉皇帝左右，既充当皇帝的顾问，又为皇帝草拟旨令、处理公文，具有极大的权力。

其二，办理本章。内阁的日常事务是为皇帝办理本章，大学士赞理庶政，奉宣纶音，将皇帝的旨令随时报转六科，抄发各部院执行。

其三，典礼祭祀。凡是隆重的典礼与祭祀，如皇帝登基、立后、祭天、祭祖等，都由内阁一手办理。对此《大清会典》规定：“内大祀、中祀，前期书祝版。奉神位于坛庙，则视镌，与其饰青。制册宝亦如之。皇帝登基则奉诏，授受大典，奉宝亦如之。册立册封则授节。命将出师，授敕印亦如之。文武传胪则奉榜。凡大朝会，进表，则展表以听宣焉。”③

其四，组织修书，修整档案。内阁的另一使命，是翰林院所掌管的撰修史籍，整理和保存皇室的档案。据《大清会典》规定：“凡纂修实录、圣训、会典诸书，皆由内阁题请监修、总裁等官。书成，于皇史宬及内阁各尊藏一部，并送一部至盛京尊藏。”④

① 《光绪会典》卷2，文海出版社1973年版，第4页。

② 《清史稿》卷114，《职官志一·内阁》，第3267页。

③ 《光绪会典》卷2，第4页。

④ 《钦定大清会典》卷2，第40页。

二、另立南书房

内阁从成立时即面临着同议政王大臣会议的关系调整问题。据《啸亭杂录》载:“国初定制，设议政王大臣数员，皆以满臣充之。凡军国重务不由阁臣票发者，皆交议政大臣会议。”显然这是为防止内阁专权而采取的削弱和抑制措施。康熙十六年(1677年)又专门设立了南书房，挑选词臣优者入房值班，撰拟谕旨和以备顾问。由于南书房是康熙亲自设立，因此对它十分信任，“凡撰述谕旨，多属南书房诸臣。非特供奉书面和诗句而已也。亲既亲切，权势日崇”。使南书房的权力在一定意义上可和内阁抗衡，是内阁中的小内阁。这一并行的局势一直拖延到雍正设立军机处。

第三节　划定六部职能

在《大清会典》中，明确规定了国家的行政结构实行部、院、寺、监制。凡是国家的一切行政活动，通过六部、六寺、三院和二监具体实施，在行使国家权力的进程中，相应形成一套独立的中央行政系统。

一、六部机构定制

六部即吏、户、礼、兵、刑、工六大行政部门。初建于唐，原为尚书省管辖的行政职能机构。明太祖朱元璋实行高度的君主专权，于洪武十三年(1380年)下令罢丞相、废三省，六部直属皇帝，使其成为最高的行政管理机构，皇帝也成了名副其实的最高行政首脑。

清袭明制，六部仍为国家的最高行政机关，各部的职能在行政法典中做了严格的划分。

（一）吏部

主管全国官吏的任免、考绩、调动、升降，最高长官为吏部尚书，副长官为侍郎，下设文选、考功、验封、稽勋四清吏司。法典中规定的该部职能是：

“掌天下文职官吏之政令，以赞上治万民。凡品秩铨叙之制，考课黜陟之方，封授策赏之典，定籍终制之法，百司以达于部，尚书侍郎率其属以定议，大事上之，小事则行，以布邦职。”①

各级官员的职责是：

“尚书掌铨综衡轴，以布邦职。侍郎贰之。堂主事掌文案章奏。司务掌出纳文移。文选掌班秩迁除，平均铨法。……考功掌考课，三载考绩。京察、大计各听察于长官，著迹计簿。……稽勋掌勋级、名籍、丧养，兼稽京朝官廪禄，汉司官员数，八旗世职继袭。验封掌荫叙、封赠、酬庸、奖忠。核赠、荫当否。袭封则辨分合，别宗支等。”②

（二）户部

掌管全国的土地、户籍、赋税、财政收支，下辖十四清吏司。据《大清会典》规定，其职能是：

“掌天下之地政，与其版籍，以赞上养万民，凡赋税征课之则，俸饷颁给之制，仓库出纳之数，川陆转运之宜，百司以达于部，尚书侍郎率其属以定议，大事上之，小事则行，以足邦用。”③

各级官员的职责是：

“尚书掌军国支计，以足邦用。侍郎贰之。右侍郎兼掌宝泉局鼓铸。十四司，各掌其分省民赋，及八旗诸司廪禄，军士镶糈，各仓，盐课，

---

① 《清会典》卷 4，中华书局 1991 年版，第 28 页。

② 《清史稿》卷 114，《职官志一・吏部》，第 3272—3273 页。

③ 《清会典》卷 13，第 108 页。

钞关，杂税。”[①]

（三）礼部

主管典章法度，礼仪教育，下辖典制、祠祭、主客、精膳四清吏司。其职能是：

“掌考五礼之用，达于天下，以赞上导万民，凡班制论材之典，达诚致慎之经，会同职贡之政，燕飨饩廪之式，百司以达于部，尚书侍郎率其属以定议，大事上之，小事则行，以布邦教。”[②]

各级官员的职责是：

“尚书掌五礼秩叙，典领学校贡举，以布邦教。侍郎贰之。典制掌嘉礼、军礼。稽彝章，辨名数，颁式诸司。三岁大比，司其名籍。四方忠孝贞义，访懋旌闾。祠祭掌吉礼、凶礼。凡大祀、中祀、群祀，以岁时辨其序事与其用等。日月交食，内外诸司救护；有灾异即奏闻。凡丧葬、祭祀，贵贱有等，皆定程式而颁行之。勋戚、文武大臣请葬祭、赠谥，必移所司核行。……主客掌宾礼。凡蕃使朝贡，馆饩赐予，辨其贡道远迩、贡使多寡、贡物丰约以定。颁实录、玉牒告成褒赏。稽霍茶岁额。精膳掌五礼燕飨与其牲牷。赐百官礼食，视品秩以为差，光禄供膳羞，会计其数而程其出纳，汇核各司。铸印局题销铸印，掌铸宝玺，凡内外诸司印信，并范冶之。”[③]

（四）兵部

主管全国的军政和军令，下辖武选、车驾、职方和武库四清吏司。其具体职能是：

---

① 《清史稿》卷114，《职官志一·户部》，第3275页。
② 《清会典》卷26，第213页。
③ 《清史稿》卷114，《职官志一·礼部》，第3280页。

“掌中外武职官之政令，以赞上卫万民。凡除授封荫之典，乘载邮传之制，甄核简练之方，士籍军实之数，百司以达于部，尚书侍郎率其属以定议，大事上之，小事则行，以整邦枢。”①

各级官员的职责是：

“尚书掌厘治戎政，简核军实，以整邦枢。侍郎贰之。武选掌武职选授、品级、封赠、袭荫。并典营制，暨土司政令。职方掌各省舆图。绿营官年老三载甄别，五年军政，叙功核过，以待赏罚黜陟，并典处分、叙恤、关禁、海禁。车驾掌牧马政令，以裕戎备。凡置邮曰驿、曰站、曰塘、曰台、曰所、曰铺，驰驿者验邮符，泄匿稽留者论如法。武库掌兵籍、戎器，乡会武科，编发、戍军诸事。”②

（五）刑部

主管全国的刑事案件、刑罚政令，以及监狱，下设清吏司，并有司务厅、提牢厅、满汉档房、赎罪处、督催所、当月处、律例馆等部门。其具体职能是：

“掌天下刑罚之政令，以赞上正万民，凡律例轻重之适，听断出入之孚，决宥缓速之宜，赃罚追贷之数，各司以达于部，尚书侍郎率其属以定议，大事上之，小事则行，以肃邦纪。”③

各级官员的职责是：

“尚书掌折狱审刑，简核法律，各省谳疑，处当具报，以肃邦纪。侍郎贰之。十七司各掌其分省所属刑名。督捕司掌八旗及各省逃亡。提牢厅掌检狱圄。司狱掌督狱卒。赃罚库掌贮现审赃款，会数送户部。别设律例馆，由尚书或侍郎充总裁。……掌修条例。五年汇辑为小修，十年重编为

① 《清会典》卷 43，第 387 页。

② 《清史稿》卷 114，《职官志一・兵部》，第 3286 页。

③ 《清会典》卷 53，第 491 页。

大修。秋审处，主核秋录大典。录各省囚，谓之秋审；录本部囚，谓之朝审。岁八月，会九卿、詹事、科道公阅爰书，核定情实。凡大辟，御史、大理寺官会刑司录问，案法随科，曰会小三法司。录毕，白长官。都御史、大理卿诣部偕尚书、侍郎会鞫，各丽法议狱，曰会大三法司。谳上，复召大臣按覆，然后丽之于辟。”①

（六）工部

主管全国的科学技术与工程建设，下辖营缮、虞衡、都水和屯田四清吏司。其具体职能是：

“掌天下造作之政令，与其经费，以赞上奠万民。凡土木兴建之制，器物利用之式，渠堰疏障之法，陵寝供亿之典，百司以达于部，尚书侍郎率其属以定议，大事上之，小事则行，以饬邦事。”②

各级官员的具体职责是：

“尚书掌工虞器用，辨物庀材，以饬邦事。侍郎贰之。右侍郎兼掌宝源局鼓铸。营缮掌营建工作，凡坛庙、宫府、城郭、仓库、廨宇、营房，鸠工会材，并典领工籍，勾检木税、苇税。虞衡掌山泽采捕，陶冶器用。凡军装、军火，各按营额例价，计会核销，京营则给部制。颁权量程式，办东珠等差。都水掌河渠舟航，道路关梁，公私水事。岁十有二月，伐冰纳窖，仲夏颁之；并典坛庙殿廷器用。屯田掌修陵寝大工，办王、公、百官坟茔制度。”③

同时规定，在古都盛京还设有户、礼、兵、刑、工五部。户部掌盛京财赋，礼部掌朝祭，兵部掌戎政，刑部掌谳狱，工部掌工政。其设置虽同于中央的形式，但职权仅限于盛京一城，显然是一种历史的遗制。

---

① 《清史稿》卷 114，《职官志一 · 刑部》，第 3288—3290 页。

② 《清会典》卷 58，第 536 页。

③ 《清史稿》卷 114，《职官志一 · 工部》，第 3292 页。

二、寺监机构分立

寺监并非清的创造。但在其职能的调整上，清因时制宜，却功效显著。

寺，起源于秦汉的九卿，北齐改为寺，始称九寺；南梁又增设太仆寺，并改少府为少府监，由此产生了寺监机构。到唐代，九寺的构置日益庞大，官员的总数比六部高数倍，只是其地位略低于六部。这时，九寺与六部的职能也有了明确的划分，一般是：六部为全国最高行政执行机关，九寺为事务机关，但部、寺均属职能部门。

五监原是从九卿中分化出来的机构。如国子监，是由太学发展而来，西晋始建国子学，北齐独立为国子寺，唐改为国子监；少府，原为汉代皇帝的私府，隋代始改为少府监，变成管理手工业的专门机构；军器监，虽为唐所建制，溯其源，也是从汉代的将作大匠演变而来；都水监，源于汉代的水衡都尉，隋文帝时才改称都水监，唐沿袭未变。

顺治、康熙两朝则根据国家行政管理需要，对传统的寺、监进行了大幅度的调整，定制为五寺、二监。五寺包括：大理寺，负责复查和审核案件，与都察院的监察职能做了明确的划分；太常寺，主管宗庙祭祀和礼乐；光禄寺，负责外廷宴会和祭品；太仆寺，掌管马政；鸿胪寺，承担殿廷的朝会和外交。这类机构主要为朝廷服务，后成为一些礼仪性的机构，虽同六部分庭抗礼，但作为国家行政执行机构的职能已逐渐削弱。

监，只有国子监和钦天监，前者成为贡生读书的最高学府；后者是天文科学机关，对天文科学的研究，以及与其相关的数学、物理学、化学的发展都做出过重要的贡献。

此外，还设有专管皇族事物的宗人府，专管宫廷事务的内务府，以及皇太子的参谋机构詹事府等。这三府的性质同寺接近，也是直接服务于朝廷的事务性机构。由此可以看出，在行政机构的执行机制方面，清初的行政法规比较明确地划分了六部与寺监之间的相互关系，把国家行政的管理与实施同宫廷的礼仪事务的管辖作了较为严格与合理的划分，这是加强六部、调整寺监职能的重要措施，对强化国家行政管理职能具有重要的作用。

三、调整三院结构

顺康时期的三院是一个特殊的结构形式。都察院是集司法与行政于一身的监察部门，翰林院成为文史官员的荟萃之地，理藩院则是有别于历代的一个特设的民族行政管理机关。因此，清初的三院，一为监察机关，一为学术团体，能够划入行政机构之内的也只有理藩院。

理藩院的建立，取决于民族关系日益复杂化的特定环境。满族入主中原，同其他曾统治过中原的少数民族政权一样，都面临着同汉、回等民族的激烈矛盾，并且逐渐由流血抗争转化为根深蒂固的政治歧视，辽、金、元各朝都为此付出过沉重的代价。鉴于历史的教训，清朝统治者为进一步处理好满汉以及同边境各族，尤其是蒙古族、回族的关系，特地设立了理藩院。

该院的前身，是崇德三年（1638 年）设置的蒙古衙门，当时，只负责处理草原地区民族，主要是蒙古族的行政事务，并明确规定不得插手关外与塞外的少数民族政务。之后，又同六部、都察院合为八大衙门，这便形成了清朝初期行政机构的基本规模。随着对西北、西南各地区的政治统一，理藩院的管理逐步由蒙古扩大到新疆、青海、西藏、四川、云贵等少数民族地区，对于这些地区的行政、司法、税赋、贡纳、文字等各种与中央政权有关的事项，以及各个民族地区的具体行政事务，悉有权处理。此外，涉及民族的外交事务也直接由理藩院处理。从性质上说，六部主要面向中原地区，即以满、汉为主体的地区，理藩院则是面向少数民族地区，二者有着明确的分工，并逐步成为在王权直接控制下的两大行政体系结构。

对于理藩院的具体职能，行政法典规定为六个方面：（1）掌蒙、回诸藩部王公土司官员的封袭、进贡、宴飨、给俸事务；（2）办理满蒙联姻事务；（3）管理喇嘛事务，保护各种宗教活动；（4）管理蒙古各旗的回蒙划界、驿道以及商业事宜；（5）修订少数民族的法律，参加审理刑案；（6）掌管民族地区的外交以及对外通商事务，尤其对沙俄的通商贸易和外交。

中国是个多民族的国家，历代统治者为了加强对各民族的统治，都曾殚精竭虑，但没有类似康熙朝在管理上的组织系统和相应的法律，也没有像理藩院这样切合实际的管理机关。理藩院的成立，对稳定和发展多民族的和睦关系、促进各民族间的经济文化交流都具有重要的意义。

第四节　强化司法监察机器

按照《康熙会典》的规定，司法与监察分离，职权各成体系。这就是：司法设刑部与大理寺，主管司法审判和刑狱；监察设都察院与科道，负责司法监督与行政监察。

一、司法机构——刑部与大理寺

中央的最高审级是三法司，由刑部、大理寺和都察院组成。刑部“掌天下刑罚之政令，以赞上正万民”[①]。凡是属于“律例轻重之适，听断出入之孚，决宥缓速之宜，赃罚追贷之数”，均归刑部。具体说，审理中央官员的违法犯罪案件，京师的笞杖以上的案件，审核地方的重案，管理地方的诉讼案件与秋审，主持修订律例等，都属刑部的职掌范围；而大理寺“掌平天下之刑名，凡重辟则率其属而会勘。大政事下九卿议者则与焉，与秋审、朝审”[②]。其主要职能是复审死刑案件，平反冤狱。

在三法司中，刑部主管审判起主导作用；大理寺管复核案件；都察院

① 《清会典》卷53，第491页。

② 《清会典》卷69，第639页。

管监督，并参与重刑案件的三法司会审。三法司的相互关系是：如刑部审理不当，大理寺可以驳回复审，都察院对错审案件有弹劾权。这种不同于历代的制约关系，对提高司法机构的职能极为有效。

二、监察机构——都察院与科道

清的监察体系实行都察院、科道制，与历代相比较，在职能结构上作了较大幅度的调整，使之更加适应封建国家机器的运行机制。

都察院，原称御史台，洪武十四年（1381 年）改称都察院。清代的都察院，初设于崇德元年（1636 年），是中国御史监察制度的最后一代，又是最完备的一代。它设有最高长官左都御史、左副都御史，以行政法典明确规定了它的职责："察核官常，参维纲纪。率科道官矢言职，率京畿道纠失检奸。"[①] 下辖六科十五道、五城察院和御史处，机构层次十分严密。后来又增加新疆、甘肃、辽沈三道，共为十八道。

（一）六科给事中

明洪武年间撤销三省，将行政权力分划六部，为加强对六部的监督，特设立六科给事中。顺治十八年（1661 年），继明制特设与都察院并行的六科，以吏、户、礼三科为左，以兵、刑、工三科为右，作为言谏机构，负责对六部的行政监察。其具体任务是：主持科抄，接受内阁题本，交有关衙门承办。另外，还有一项稽察庶政的任务，具体内容是：

1. 吏科：稽核人事。注销吏部、顺天府文卷。

2. 户科：稽核财赋。注销户部文卷。

3. 礼科：稽核典礼事务。注销礼部、宗人府、理藩院、太常寺、光禄寺、鸿胪寺、国子监、钦天监等衙门文卷。

---

① 《清史稿》卷 115，《职官志二 · 都察院》，第 3302 页。

4. 兵科：稽核军政。注销兵部、銮仪卫[1]、太仆寺等衙门文卷。

5. 刑科：稽核刑名案件。注销刑部文卷。

6. 工科：稽核工程。注销工部文卷。

同时规定，六科还负责考绩，凡六部官员的京察考课均属六科，直到光绪三十二年（1906 年）实行官制改革，六科才完成其历史任务。[2]

（二）十五道监察御史

六科之外又设道。顺治元年（1644 年），初设河南、江南、浙江、山东、山西、陕西、湖广、江西、福建、四川、广东、广西、云南、贵州、京畿十五道，以河南、江南、浙江、山东、山西、陕西为六掌印道，领辖其余各道。对各道的领衔御史，明确规定了职责：

"监察御史，掌纠察内外百司之官邪，在内刷卷、巡视京营、监文武乡会试、稽察部院诸司；在外巡盐、巡漕、巡仓等，及提督学政，各以其事专纠察，朝会纠仪，祭祀监礼，有大事集阙廷预议焉。"[3]同时，协管各部、寺、院、监，其分工如下：

1. 京畿道——内阁、顺天府及大兴、宛平二县；

2. 河南道——吏部、詹事府、步军统领衙门及五城察院；

3. 江南道——户部、宝泉局、三库、税务衙门及京十三仓；

4. 浙江道——礼部、都察院；

5. 山西道——兵部、翰林院、六科、中书科、户部仓场衙门；

6. 山东道——刑部、太医院；

7. 陕西道——工部、宝源局；

8. 湖广道——通政使司、国子监；

---

① 宣统元年（1909 年），为避皇帝溥仪名讳，改銮仪卫为銮舆卫。

② 《清会典》卷 69，第 632—635 页。

③ 《钦定皇朝文献通考（二）》卷 82，载《钦定四库全书》第 633 册，第 917 页。

9. 江西道——光禄寺；

10. 福建道——太常寺；

11. 四川道——銮仪卫；

12. 广东道——大理寺；

13. 广西道——太仆寺；

14. 云南道——理藩院、钦天监；

15. 贵州道——鸿胪寺。

可见，在清朝初年，六科给事中与各道的权责范围远远超过宋、元、明三代，正如雍正元年（1723 年）的上谕所说："科道诸臣，原为朝廷耳目，与朕最亲，与国家最切。凡有所见，自应谒诚入告。"而且，科道权也越来越重，后来发展出握有决定权臣命运的"劾、察、鞫、辨"四权：

1. 劾，指弹劾。监察官员有权对违法失职官吏进行监察弹劾，这是科道官员的基本职责。

2. 察，即纠察考核官吏。凡京察、大计皆由都察院与吏部会同考核，如有黜陟失当，可立即纠察。

3. 鞫，是会谳重案。死刑必须经刑部、大理寺、都察院三法司会同复核，才能执行。

4. 辨，指辨明、甄别司法案件。凡官民有冤狱，允许赴都察院申诉，除重大案件外，一般案件由都察院裁决定夺。

（三）五城察院

顺治元年（1644 年），首设五城兵马司。顺治三年，设五城御史，发展为五城察院，又称五城御史衙门。这是专司稽察京都的机构，分作东、西、南、北、中五城，每城为一监察区，设立一察院。长官称巡城御史，由科道中派遣，一年更换一次。其下属机构有五兵马司和十坊。顺治十年，规定其职责为："五城御史所率所属，办理地方之事，厘剔奸弊，整顿风俗。"康熙年间，进一步明确规定："五城兵马司指挥、吏目专司京师访缉逃盗、稽察奸宄等事。”在顺、康、雍三朝，又先后颁行了“六谕文”“上谕十六条”“圣谕广训十六条”等监察规范，至此，清代对京师官吏的监察职责便完全交付五城察院承担。

（四）京都御史处

御史处是指宗室御史处和稽察内务府御史处。宗室御史处又称稽察宗人府衙门，初设于康熙末年，定制在雍正五年（1727 年），由十五道监察御史中的宗室御史二人兼管，专门负责稽察宗人府的事务，包括银库、钱粮、册籍及宗室官员的违法乱纪行为等。

稽察内务府御史处，又称稽察内务府御史衙门，首创康熙年间，定制于雍正四年（1726 年），设御史四人，主要稽察内务府各寺、院的钱粮数目、库存资财等，并进行法纪监督。

（五）督抚监察区

清初的督抚兼带都院衔，作为朝廷的特派部院大臣，行使监察权。后来由于兼掌地方的军事和行政，权力超越监察御史之上，其职能也开始向地方转化。

顺治八年（1651 年）规定：“御史巡方，职在安民察吏……并详督抚纠举。”[①]总督一律任都察院右都御史衔，通称为部堂，职务也高于巡抚，是管辖两省或两省以上地域内监察权行政权集于一身的地方大员。清初设有 10 处总督：

1. 直隶总督，驻保定，亦驻天津，辖直隶省；
2. 湖广总督，驻武昌，辖湖北、湖南两省；
3. 闽浙总督，驻福州，辖福建、浙江、台湾三省；
4. 陕甘总督，驻兰州、辖陕西、甘肃、新疆三省；
5. 两江总督，驻南京，辖江苏、安徽、江西三省；

---

① 《清史稿》卷 5,《世祖本纪二》，第 124 页。

6. 两广总督，驻广州，辖广东、广西两省；

7. 云贵总督，驻昆明，辖云南、贵州两省；

8. 四川总督，驻成都，辖四川省；

9. 漕运总督 1 人，驻江苏淮安，督办漕粮运输；

10. 河道总督 2 人，一为江南河道总督，驻江苏清江浦（今淮阴市），简称南河总督，1858 年裁撤；一为山东河南河道总督，驻山东济宁，简称东河总督，1902 年裁撤。

巡抚由巡按演化而来，顺治元年（1644 年）五月，向河南、顺天等地派出巡按，初系临时派遣地方视察吏治、监察法纪、处理民政的要员，直到康熙末年才固定为每省一员，成为一省之长。清初，共设有 15 省区巡抚；1884 年清政府又增置五巡抚，即构成江苏、安徽、河南、浙江、湖北、福建、广西、贵州、山西、山东、陕西、江西、湖南、广东、云南、新疆、台湾、奉天、黑龙江等 20 巡抚的规模。因其职能逐渐向地方转化，最后成为地方的最高行政长官，结束了监察使命。

第五节　系统规划地方行政体制

封建历史的发展证明，中央集权的强化必须建立一套适应维系集权运行的地方权力机构。康熙在汲取这一历史经验基础上，对清朝的多民族地方行政体制进行了厘定，并在《康熙会典》中规定：在历代地方政权建制的模式上，调整地方的行政机构为省、道、府（厅）、县（州）四级体制，从而进一步强化了封建集权下的地方行政权力。

一、省

省始于元朝行省制，明朝初期沿用，中期改为布政使司，明末又恢复行省，到清初才将行省定制为省，并设有最高长官总督和巡抚监理军政。在全国共设 10 个总督，每个总督管辖二省或三省；总督之下设巡抚，一省派遣一员，顺康时期定制为 15 个巡抚。省是地方最高一级的行政单位，负责地方的行政管理，又是对中央负责的派出机关，这是经过秦汉的郡县制、隋唐的郡州县制和两宋的路府制等多种形式的进化，最终形成一级自我独立的体系，对进一步有效调整中央和地方的关系，具有实际意义。

二、守道与巡道

省之下设道，这是省级的调节渠道。道的长官称道员，或尊称观察。可划为两种性质：一种道以若干府、县为辖区，道员管辖该行政区的政务，称分守道。如清初的山西省行政区，便划为冀宁、河东、雁平和归绥四道，相当于后来的地级单位；另一种只管辖某一部门的事务，称作分巡道，如提学管教育，河工管水利，驿传管邮政等。地方的主要行政权力，大都由分守道掌管，而分巡道多是一些专业性官员。按行政法规定，道作为省的派出机构，只负责调解省与基层的关系，而实际上，它早已成为基层的太上皇，这对于省更有效地行使行政权力，是一大障碍，因此道的设废曾经有过数次反复。

三、府与厅

府是道之下的行政单位，与厅及直隶州同级。府的长官称知府，所管辖的地理行政包括各州和县的行政事务，如山西冀宁道，就辖有太原、泽州、汾州和潞安四个府。知府负责自己辖区的军政，包括财政、税赋、粮饷、司法、海防、水利以及民事审判等。知府作为隶属于道台的属员，还负责协调与县的相互关系。但在某些时间内，县直接向道台请示公务，报告行政实施状况，府在一定意义上形同虚设。厅的设置与府同，只是根据地区的不同而设厅。从清朝的地方行政体制看，府、厅一级在行政上的作用弊多利少，直接造成了地方行政机构的膨胀，对地方行政体制的运行是一个重要教训。

四、州与县

州在隋唐以前与郡同级，是县的上级单位，但在明末清初已逐渐走向州、县同级。州又分作直隶州和散州，直隶州与府同级，散州与县同级。而直隶州较小，其长官称作知州，尊称刺史；县的长官称知县，下有县丞、主簿等官员，负责一县的行政司法和治安。县以下有最基层的乡和里。

清政府为加强基层行政的权限，对县的建制比较重视，县的基层长官均由中央直接派遣，并规定遇有重大案件，可越级直报中央，虽从行政关系上隶属于道、府，但对道、府的不法行为则有向省和中央直接检举权。因此，知县的行政权力在顺康时期并不亚于厅、府官员。

中国的行政体制及其机构的设置，经过 2000 多年的发展，到清朝初期基本定制，其规模包括四大成分：

其一，内阁制。它的形成进一步强化了皇权，同时对皇权的无限膨胀又有一定的约束力。它以集体决策的形式保证皇权的执行，又运用多元途径来调整皇权和国家行政权力的分割关系，在一定意义上突破了唐宋时期皇权独揽的格局。

其二，部院寺监制。依照法典的规定，按照政务、行政、事务等性质而设立，形成一个纵横衔接的国家行政管理网络，使封建国家机器的运转达到最有效的机能。

其三，都院制。负有对行政机构及其权力的全部法律监督职能，尤其是院、台、科、道分合体制的形成，使监察效能得到强有力的保障。

其四，省道府县制。历代为加强中央对地方的管理，一直努力寻求最佳方略，调整地方的行政机构，以保证中央权力的实施和国家管理秩序的稳定。清政府集历代经验，最终定制为省、道、府、（州）县四级体系，完善了地方的管理机构，使中央和地方的政治关系处于更为协调的发展阶段，这是在行政法建设上的一个成就。

附：清代行政结构与官制概况

根据《大清会典》的规定，清代的行政结构及其主要官制划分如下。

〔中枢机构〕

一、内阁（雍正前总理全国政务）：

1. 大学士（也称相国、中堂）：

（1）三殿大学士（保和殿、文华殿、武英殿）

（2）三阁大学士（文渊阁、东阁、体仁阁）

（3）协办大学士（各部尚书兼任）

2. 大学士以下官员：

（1）内阁学士（例兼礼部侍郎衔）

（2）侍读学士

（3）典籍

（4）中书

二、军机处（雍正后总揽全国军政）：

1. 军机大臣

2. 军机章京

三、总理衙门（外交、洋务机关）：

1. 总理大臣

2. 章京

3. 南洋大臣

4. 北洋大臣

〔行政机构〕

（部）

一、六部（最高行政机关）：

1. 吏部尚书

2. 户部尚书

3. 礼部尚书

4. 兵部尚书

5. 刑部尚书

6. 工部尚书

（寺）

二、大理寺（复查、审核案件）：

1. 大理卿

2. 少卿

三、太常寺（宗庙、祭祀、礼乐）：

1. 太常卿

2. 少卿

四、光禄寺（筵席、祭品）：

1. 光禄卿

2. 少卿

五、太仆寺（马政）：

1. 太仆卿

2. 少卿

六、鸿胪寺（朝会、宴飨、祭礼）：

1. 鸿胪卿

2. 少卿

（院）

七、翰林院（编修国史、代皇帝起草文件）：

1. 掌院学士

2. 学士

3. 修撰

4. 编修检讨

5. 庶吉士

八、理藩院（少数民族事务）：

1. 部务大臣

2. 尚书与左、右侍郎

九、都察院（监察、司法）：

1. 左都御史

2. 左副都御史

3. 六科给事中

4. 十五道监察御史

（监）

十、国子监（贡生读书最高学府）：

1. 祭酒

2. 司业

3. 监丞

4. 博士

十一、钦天监（天文律历最高机关）：

1. 监正

2. 监副

3. 五官正

4. 五官灵台郎

5. 五官挈壶正

（府）

十二、宗人府（皇族事务）：

1. 宗正令

2. 左、右宗正

十三、内务府（宫廷事务）：

1. 总管大臣

2. 派出官员：江宁、苏、杭织造监督

（司）

十四、通政使司（校阅各省题本送内阁处理）：

1. 通政使

2. 副通政使

〔地方机构〕

一、府尹（特设）：

1. 顺天府尹

2. 奉天府尹

二、督抚（省官）：

总督

巡抚

1. 直隶总督

2. 两江总督

3. 陕甘总督

4. 闽江总督

5. 湖广总督

6. 两广总督

7. 云贵总督

8. 四川总督

9. 东三省总督

10. 漕运、河道总督

三、道：

1. 分守道台

2. 分巡道台

四、府：

1. 知府

2. 知州

3. 同知司马

五、州、县：

1. 知州刺史

2. 知县县令

〔军事机构〕

一、北京守卫官：

别称大金吾、九门提督

二、八旗（统辖旗兵）：

1. 将军

2. 副都统

3. 守尉

三、绿营（统辖汉兵）：

1. 提督

2. 总兵

四、东北驻防将军：

1. 盛京将军

2. 吉林将军

3. 黑龙江将军

五、外蒙驻扎将军：

1. 定边左将军

2. 科布多参赞大臣

3. 库伦办事大臣

六、新疆驻防将军：

1. 伊犁将军

2. 乌鲁木齐都统

3. 喀什喀尔大臣

七、西藏办事大臣

第六节　确立文官制度

一、职官铨选制度化

清代的职官管理制度，大致包括四个方面：一是选拔任用，二是行政考绩，三是法纪监察，四是违法惩处。它所执行的程序，也是一个严格进行的法律程序。

（一）科场考选

顺治、康熙时期的科场考选，始于顺治三年（1646 年），清朝一建立，就把科举选官放在首位，为整个清代科举考试的良好始端。到康熙朝中期职官选拔制度日趋完备，制定了系统的法规，实施了严格的考试程序与监督方式，形成了一套完善的考选制度。此后，直到光绪三十年（1904 年），所取进士计 26391 人，总考生达几百万人，都沿用了顺康时期制定的规则、程序及考试内容。

依据《科场条例》的规定，科举考试主要有乡试、会试和殿试三级，此外还有一种非科举形式的童试。

第一级，乡试。每三年举行一次，即逢子、午、卯、酉年举行，为一科。因一律在八月进行，故又称秋闱。参加者一般是经过州县级童试的人员。考试在省城举行，考中者，第一名称解元，其余称举人。这是一种获得任职资格的试级。

第二级，会试。一般在乡试的次年，即辰、戌、丑、未年进行，因安排在二月，故又称春闱。投考者一般是乡试考中的举人。考试在京城举行，考中者第一名称会元，其余称进士，这是一种国家认定的入仕资格。

第三级，殿试。在会试发榜后十日举行，一般由皇帝亲自主持，在故宫保和殿举行，录取者为三甲：第一甲 3 名，头名状元，二名榜眼，三名探花，统赐进士及第；第二甲约 100 名，头名称传胪，均赐进士出身；第三甲约 200 名，统赐进士出身。这三鼎甲的荣誉和入仕待遇，曾经强烈地吸引了社会的各个阶层之士，促进了国家教育和选举制度的发展，对清代的行政法律建设产生过巨大的影响。

（二）分科铨选

科举考试只是取得一种入仕资格，凡考中者，即可承认其具有了入官的资格，但要取得实际的官位官品，还得经过吏部的重新选拔考试，这就是入仕铨选。但是，铨选的主要对象是已在任官员，通过对这些官员的资历、政绩、法纪的考核，决定是否升降，这就是职官铨选，或称品官铨叙。

铨选，分为文武二部。规定文官归吏部，武官属兵部。凡初选者叫听选，凡升任者叫升迁。听选有双月大选、单月集选、三年间选等不同的划分；升迁必须待考满后方可进行。若因官吏缺员或应补，对于不足考满者则要采取特别的程序。此外，对高级官吏的铨选，基本上采取廷推和吏推两种方式：廷推，包括内阁大学士、各部尚书等官职，由朝廷推举产生，侍郎以下到祭酒级差的官员，由吏部主持的廷推选出；所谓吏推，是指太常卿以下的官员，由吏部推定，驻外的官员，除督抚廷推外，布、按员缺，得由三品以上官员推举，但必须经过铨选。寺、监的官员则实行序选，其他在外的府州县正佐，在内的大小九卿属员皆常选官，选授迁除一律归吏部。

为保证铨选的质量，又制定了不少法规，如《铨选满洲官员则例》《铨选汉官则例》等，明确规定：如进士虽定有三甲，但除一甲当廷授职外，其他人必须在朝考后，始能分别授官，朝考实际上就成为铨选进士的一种特别考试。翰林院庶吉士的选任也由朝考录取；此外则分发六部为主事，再次则授内阁中书，或各省的知县。即使进士选为庶吉士者，仍须经过三年学习，经过散馆考试，方可授编修、检讨等职，其次则改用各部主事或州县等官。因此，翰林院的散馆考试也是铨选的形式之一。此外，几年进行一次的“考翰林”，也是铨选的性质。

作为高级官吏，任命直接由皇帝决定，不受任何法律限制；由大臣们互相推举的“会推”官员，则要受法律的限制。而其他各种获得进士出身后再考为官者则有严格的法律条文规定，任何人不得随意更动和破坏，如有违背者将受到法律惩处。与此同时，对于荐举和推举的官员，包括向皇帝推举或是大臣间的“会推”，也实行“得人者优加进贤之赏，舛谬者严行连坐之罚”[①]，《大清律例·吏律》中也规定了相当的处罚条款。

（三）捐纳与恩荫

除正途的科举考试之外，法典中还规定有两种异途入仕的方式：捐纳与恩荫，即通过捐钱买官或依靠父兄的官位受荫而做官。这是对考试制度的破坏，对吏治清明的浩劫。

1. 捐纳

捐纳，头绪纷繁。按《捐纳法》规定，既可捐在任的官缺，也可捐国子监的贡生和监生出身，或者捐官衔、捐封典等荣誉，甚至靠捐纳使罢官复任，减免职官考课，等等。既可买官，又可买名，还可买出身或荣誉，凡能买到的都可办到。捐纳又分作两种：一是常行捐，凡捐贡监出身、官衔、封典等为常行，清朝从未间断；二是暂行捐，凡捐实官为暂行。原规定只有遇到特殊情况和特别恩典才可捐，实际上从康熙十四年（1675年）到光绪三十二年（1906年），捐达60多次，竟成了清朝的一个重要财源和吏源。

捐纳可以捐金银，可以捐粮，捐草料，也可捐牛马，捐骆驼。标价因时而异。清初的捐纳开始于康熙十三年（1674年），因为三征噶尔丹和平

① 《清史稿》卷109，《选举志四·荐擢》，第3182页。

三藩的叛乱，军费开支浩巨，靠捐纳以补财政不足，但三年捐知县500余人，不过得银200万两，不久便停止。到乾嘉年间则将其规定为一种入仕手段；咸丰以后大开捐例，约有50%的生员资格都靠捐纳获得。嘉光时期，捐纳之风泛滥，如在嘉庆三年，捐一个知县要用5090两银，而在光绪末年只用999两银，便宜了几千两。如此的捐纳也只是对富商大贾，以及权势之徒开启了做官的门扉。

2. 恩荫

恩荫，行政法典规定只适于官员子弟，尤其是三品、四品以上的高级官宦子弟，同捐纳相比，它还是一种低廉的荫封制度。

清代的荫生制远远超过明代的荫叙制，它竟作为一种官职分配制度正式得到法律的确认。所谓荫生，分为恩荫、难荫和特荫。首先是恩荫。顺治十八年（1661年）规定：文官在京四品、在外三品，武官二品以上，各送一子入国子监读书，学习期满根据父辈的品级分别授予官职[①]。其次是难荫。顺治三年（1646年）规定：凡官员殁于王室者，依应升品级赠衔，并荫一子入监读书，读书期满候选。最后是特荫。乾隆三年（1738年）规定："其旁求贤良子孙无仕宦者，或品级卑微者，各都统、督抚，择其嫡裔，品行材质可造就者，送部引见加恩。"[②] 显然这是根据特定的政治需要，为一些名臣勋卿的后裔封官加恩。

荫生的授官，按照《荫生授官例》：公、侯、伯一品官，荫生以部院衙门五品缺用；二品官，荫生以六品缺用。雍正三年（1725年）规定有《考试之法》，令荫生到部年二十以上者，奏请考试引见。乾隆十一年（1746年）又规定：凡"文理优通者，交部引见；荒谬者则发回原籍读书，三年再试"。此风一开，各贵族官员可由后裔继任，尤其是八旗子弟，皆以先祖的功勋地位不劳而获，得官比魏晋南北朝的世族门阀还轻易。这一特权培养了一

① 《清史稿》卷110，《选举志五·封荫》，第3198页。
② 《清史稿》卷110，《选举志五·封荫》，第3203页。

大批纨绔官僚，又为自身的吏治败坏埋下祸根。

二、政绩考核法律化

明朝的考绩有考满与考察二法，前者重点是政绩，后者重点在法纪。清立国后，曾继续实行考满法，但也作了一些局部更改。

考绩时间，顺治朝规定：每年进行一次，称为一考，三考为满。考核的管辖，规定三品以上归皇帝审核，四品以下由各衙门呈吏部和都察院审议，报皇帝裁决。但定不久，考满法已不适应现实需要，于是又定京察、大计二法，“岁听京察、大计，另行考满”。康熙四年（1665 年），明确停止考满，从此京察、大计成为清代的考绩法。

（一）京察法

对京官的考绩称作京察，每三年举行一次，逢子、卯、午、酉年进行。初创于顺治八年（1651 年），初定六年举行一次，后改为三年。其主要内容可概括为三式、三等、四格及六法。

三式是京察的核心。第一为列题。主要适用于三品以上大臣。其程序先由大臣本人自陈，再由吏部填写履历列题，等候皇帝敕裁。尚书侍郎、左都御史、副都御史为一本；总督、巡抚为一本。这是京察中最重要者。总督和巡抚虽非京官，但由于督抚二职对中央政府具有特殊的重要性，因此，依然把他们列入与尚书、侍郎同级的三品以上官员行列。

第二为引见。适用于三品以下官员。其程序先由吏部填写履历清单，等待皇帝接见，故称引见。这类官员，多系皇帝的左右亲近，包括京堂、内侍读学士、翰林院侍读学士、侍讲学士、左右春坊及庶子等诸官。此外对奉天府的府尹、府丞，也于奉文内写明可否引见，听旨实行。

第三为会核。适用于四品以下京官，包括翰詹、科道、司官、小京官、中书、笔帖式等。这些官员先由各衙门注考，然后由吏部会同大学士、都察院、吏科、京畿道，实行复议，决定其考核等第，再造册上报皇帝，因此称作会核。

京察三式，既有事先的调查、注考，又有逐级的审核、上报。为严肃考核，康熙时还特别规定：凡各官自陈，须将在任内何事加级，何时记功，何事曾经镌罚，何日曾被纠弹，何项应罚而蒙宽宥，一一开列，不宜侈张勤劳任事之浮词，以混淆澄叙[①]。

三等是京察的考核标准。一等为称职，二等为勤职，三等为供职。根据考核等级，最后经皇帝批准，分别对官员给以升降或奖惩。

（二）大计法

对外官的考核称作大计，于寅、巳、申、亥年进行，仍是三年一次。它初行于顺治二年（1645 年），定制于康熙四年（1665 年）。其考核程序为：先由藩、臬、道、府察其贤否，申报督抚；督抚审核后送部。其考核形式有两种：

第一为考题。凡布政使、按察使由督抚考核后，送吏部会府具题造册，通行审察，然后上报皇帝，为考题。由于这是对布政、按察驻外监司使节的考核，从吏部到皇帝都很重视。

第二为会核。主要面向府尹以下官员，其程序为：先由府尹分别考绩，上报上属的都府官员，都府审核后上报吏部，由吏部汇总送都察院复审，并报知皇帝。这种会核层次低于京察。

州县官的考核程序比较简单："例由州、县正官申送本府、道考核；教官由学道，盐政官由该正官考核；转呈布、按复考，督、抚核定，咨达部、院。"[②]

大计考核的等第有卓异与供职两等。所谓卓异，即政绩卓越，成绩突出。按《大清会典》规定，"如无加派，无滥刑，无盗案，无钱粮拖缺，

---

① 《清实录·圣祖仁皇帝实录（一）》卷 6，第 113 页。

② 《清史稿》卷 111，《选举志六·考绩》，第 3226—3227 页。

无亏空仓库银米，境内民坐得所，地方日有起色”等，均属卓异之列；所谓供职，指无过也无功，政绩平庸。对成绩卓著者，均要特报督抚，并转呈吏部，上报皇帝，给予奖赏和晋升，有的甚至破格晋升为中央官吏。

（三）四格六法

清的京察、大计实行统一的考绩标准，称为四格六法。四格六法的前身是四格八法，于嘉庆八年（1803 年）在之前的基础上修订、颁行，一直实行到清末。后人通称京察、大计的法律标准为四格六法。

据顺治四年所制定的四格八法是：

四格：“填注考语，用才守政年四格：才则或长或平或短，守则或廉或平或贪，政则或勤或平或怠，年则或青或中或老。”

八法：“其八法处分，贪、酷革职提问，罢软、不谨革职，年老有疾休致，才力不及、浮躁者降调。虽有加级纪录，不准抵销。大计处分官员，不准还职。”[①]

嘉庆八年更改了四格六法。四格定制为：守、才、政、年；六法为：一不谨，二罢软无为，三浮躁，四才力不足，五年老，六有疾。

四格的考评向来以守为重，其次为才，而年仅限于青、壮、健，老不在考核之内。

六法中的处罚重点为不谨与罢软。凡京察大计中发现官员有六者之一，均按下列四种程序处置：一是对不谨、罢软者革职；二是对浮躁者降三级调用；三是对才力不及者降二级调用；四是对年老有疾者令其退休。[②]

在清朝的考绩中，四格属于行政职守及行政职能的考核范畴，与三等级的划分密切相关；而六法则侧重对官员的过失纠劾，其主旨在于惩治不法，属于法纪的监察范围。是此，二者相互结合，构成清代职官考绩的基本制度。

① 《钦定皇朝文献通考（二）》卷 59，载《钦定四库全书》第 633 册，第 452—453 页。
② 《清会典》卷 11，第 98 页。

（四）考绩的奖惩

清代考绩根据京察、大计的标准，对应考核的每个官员都作出明确的奖惩处理。其奖赏方式有五种：

第一是引见，属于声誉的褒奖。如京察题奏引见，一般是升级、加等，而且令堂官记名，加考银，以备将来升调；若大计优异者，则注册，引见者，加一级，回任候升。这属于最高奖赏。

第二是升官、晋级或加俸。一般对称职和尽职者都升任，晋级加俸，对政绩卓异者可晋升二级。

第三是入旗或改旗。即特别批准加入旗籍，或升格旗籍。

第四是赏赐衣物或赐匾、赐字、建立祠堂等。这也是清代官员非常重视的一种荣誉奖赏。

第五是封赠上代，荫及子孙。按荫封法使先世受荣，子孙受荫，光宗耀祖，这是清代官吏们所追求的最高境地。

官员处分有三等：

第一是罚俸。规定有罚一月、二月、三月、六月、九月、一年和二年七等。

第二是降级留任。有降一级留任；降二级留任；降三级留任。同时，对调用者另有降一级至五级调用之差。

第三是革职。若革职有余罪，则交刑部以律治罪；有疾病的年老官员，则令其休致。①

三、强化官纪监察

清王朝以清除腐败为出发点，大力进行整饬吏治，严惩贪官、污吏，

① 《清会典》卷11，第98页。

在实践中又建立了一套职官的法纪监察与惩处职务犯罪的制度，史称之“吏律”或“官法”。

（一）巡按与十察法

在顺治一朝中，先后派出巡按163人，计197人次，进行了长达18年的职官法纪监察，在中国历史上曾产生过巨大的影响。清初的巡按，作为察吏安民、澄清吏治的耳目之官，“内宣朝廷德音，外察督抚贤否，上考百官善忍，下问万民疾苦”，其职责十分重大，因此，授予他广泛的监察权，对地方一切军政官员均依法监察；凡司道府衙，贤能必举，贪赃必纠；州县访恶，私派必参，蠹役必拿；与督抚虽同职共事，唯有他有权监察督抚。由于巡按把察吏作为第一职任，大批的贪官污吏都受到了朝廷的重惩。如江南巡按秦世祯，弹劾巡抚土国金；山东巡按程衡参巡抚耿焞，包括江南按察使、布政使等均因不法和贪污而被劾察。又有陕西巡按王继文，一年内弹劾布政使黄纪等文武官40余人，对其政务废弛，滥擅职权，徇庇私党，祸及百姓等罪行均进行了严肃的查处。

为确保法纪监察的实施，又强化了御史监察的职权，规定了四劾权；明确了巡按监察的法律权限，制定了《十察法》，这就是：一清地亩，二察亏欠，三蠲免钱粮，四革除苛役，五兴水利杜河患，六招流移，垦荒田，七除民害，八捕盗贼，九清刑名，十兴文教、课农桑。

顺治十八年（1661年），又在十察基点上，颁布了《巡方事宜十款》，进一步明确规定：“纠参大贪，应首严于藩臬道府”，“访拿衙蠹，必先本衙门奸恶，其次督抚司道府厅州县分司衙门及地方棍豪。实系大奸大恶之人，务须严拿，毋致巧脱漏网。其该管官隐溺，即行参处”。进而又规定了监察官员的责任，如果“巡按于属官内，清廉贤能者不举而反劾，贪酷阘茸者不劾而反举，被臣衙门及科道访察纠参，革职，从重处分”。如御史有徇情贪贿等弊，一律纠参，革职治罪，“原欲彼此觉察，纵然未有督抚指参一巡方者；今后御史尚有不法，而督抚明知不纠者，一并议处”。

这些法律措施，对刚入主中原的清王朝稳定政治秩序、发展经济发挥了积极的作用。

（二）严惩职官犯罪

顺治、康熙两朝为了保证新兴王朝的健康运行，极为重视御史监察和严以惩吏。康熙曾说过："治国莫要于惩贪"，对待玩忽职守、违法犯罪的各级官吏必依法严惩，对此，除制定了《六部处分则例》《吏部处分则例》《王公处分则例》《钦定台规》外，《大清律例》中又专制"吏律"，对各级官员的违法行为作出具体的刑罚规定，主要有以下八种：

1. 对谋反大逆罪的惩罚规定：

"凡谋反及大逆，但共谋者，不分首从，皆凌迟处死。""凡谋叛，但共谋者，不分首从，皆斩。妻、妾、子、女，给付功臣之家为奴。财产并入官。"①

2. 对结党揽权罪的惩罚规定：

（1）交结朋党："凡奸邪进谗言，左使杀人者，斩。"

"若犯罪律该处死，其大臣小官巧言谏免，暗邀人心者，亦斩。"

"若在朝官员，交结朋党，紊乱朝政者，皆斩；妻子为奴，财产入官。"②

（2）交结内官："凡诸衙门官吏，若与内官及近侍人员互相交结，漏泄事情夤缘作弊，而符同奏启者，皆斩；妻子流二千里安置。"③

（3）擅权揽权："凡除授官员，须从朝廷选用。若大臣专擅选者，斩。"

"若大臣亲戚，非奉特旨，不许除授官职。违者，罪亦如之。"④

（4）变乱成法："若官吏人等，挟诈欺公，妄生异议，擅为更改，变乱

---

① 《大清律例》卷23，《刑律·贼盗上·谋反大逆》，《刑律·贼盗上·谋判》，张荣铮等点校，天津古籍出版社1993年版，第358页。

② 《大清律例》卷6，《吏律·职制·奸党》，第173页。

③ 《大清律例》卷6，《吏律·职制·交结近侍官员》，第173页。

④ 《大清律例》卷6，《吏律·职制·大臣专擅选官》，第165页。

成法者，斩。”①

3. 对贪赃贿赂罪的惩罚规定：

“官吏受财，凡官吏受财者，计赃科断。有禄人，枉法赃……八十两，绞。”②

4. 对失误军机罪的惩罚规定：

“凡飞报军情，……失军机者，斩。”③

“若临敌缺乏，及领兵官已承调遣，不依期进兵策应，若承差告报军期。而违限，因而失误军机者，并斩。”④

“凡守边将帅，被贼攻围城寨，不行固守而辄弃去，及守备不设，为贼所掩袭，因而失陷城寨者，斩。”⑤

“凡牧民之官，失于抚字，非法行事，激变良民，因而聚众反叛，失陷城池者，斩。”⑥

“若弃城而逃者，斩。”⑦

5. 对泄露军机罪的惩罚规定：

“凡闻知朝廷及总兵将军，调兵讨袭外番，及收捕反逆贼徒机密大事，而辄漏泄于敌人者，斩。”

“若近侍官员漏泄机密重事于人者，斩。”⑧

6. 对玩忽职守罪的惩罚规定：

“应请旨而不请旨及应论功上议而不上议，当该官吏处绞。”⑨

---

① 《大清律例》卷 7,《吏律 · 公式 · 讲读律令》，第 175 页。
② 《大清律例》卷 31,《刑律 · 受赃 · 官吏受财》，第 529 页。
③ 《大清律例》卷 19,《兵律 · 军政 · 飞报军情》，第 305 页。
④ 《大清律例》卷 19,《兵律 · 军政 · 失误军事》，第 306 页。
⑤ 《大清律例》卷 19,《兵律 · 军政 · 主将不固守》，第 308 页。
⑥ 《大清律例》卷 19,《兵律 · 军政 · 激变良民》，第 311 页。
⑦ 《大清律例》卷 19,《兵律 · 军政 · 不操练军士》，第 311 页。
⑧ 《大清律例》卷 19,《兵律 · 军政 · 漏泄军情大事》，第 305 页。
⑨ 《大清律例》卷 7,《吏律 · 公式 · 事应奏不奏》，第 177 页。

"凡弃毁制书，及各御门印信者，斩。"①

"凡官司故出入人罪，全出全入者，以全罪论。若增轻作重，减重作轻，以所增减论；至死者，坐以死罪。"②

7. 对诈伪欺夺罪的惩罚规定：

"凡诈传诏旨者，斩；皇后懿旨、皇太子令旨、亲王令旨者，绞。"③

"凡诈伪制书及增减者，皆斩。未施行者，绞。"④

"若咨肆虐民，占人庐舍，夺人田土，扰害地方者，该督抚掣回官札，照民例治罪。其入伍给札官员有犯，交部议处。"⑤

8. 对科场作弊罪的惩罚规定：

"乡会试，考试官、同考官及应试举子有交通、嘱托、贿买、关节等弊，问实斩决。"⑥

不难看出，清朝惩治腐败和贪赃枉法是其立法的重心所在，对于依法治吏收效自然非浅。

对一些权臣大吏的处刑，也需要行动上的果敢坚决。如惩治噶礼案，因干扰极大，数换司法审判大臣，几经诬告与反坐的反复，最终还是康熙"逆潮流"而决，惩处了噶礼及其一伙，打击了真正的罪犯。惩治顾仁案也旷日持久，罪犯逍遥法外，举发官反被诬陷，最后还是礼部侍郎章冕刎颈上告，顺治决裁，才将赃官处斩正法。

清代统治者倡导并在一定时期内实行的重典治吏，其主体导向又是针对握有权柄的政府高级官吏的不法犯罪，曾给大清王朝带来过短暂的吏治清明，甚至出现过"康乾盛世"的繁荣，这毋庸置疑。但是，由于封建制

① 《大清律例》卷 7,《吏律·公式·弃毁制书印信》，第 175 页。

② 《大清律例》卷 37,《刑律·断狱下·官司出入人罪》，第 621 页。

③ 《大清律例》卷 32,《刑律·诈伪·诈传诏旨》，第 541 页。

④ 《大清律例》卷 32,《刑律·诈伪·诈伪制书》，第 540 页。

⑤ 《大清律例》卷 4,《名例律·职官有犯》，第 96 页。

⑥ 《大清律例》卷 6,《吏律·职制·贡举非其人》，第 167 页。

度本身的痼疾，自清朝的中后期，吏治极其松弛，赃官污吏嚣恶，八旗子弟横行，还有最高统治阶层的昏庸腐朽，不去触动封建制度的深层，仅靠惩治几个不法官吏，妄想改变国家的命运，确已无济于事，最终，依然无法挽救清王朝的灭亡。

第九章　顺治、康熙时期的民事经济法律

第一节　土地立法

一、垦荒法令的制定与实施

明末至清初长达数十年之久的长期战乱，给当时的社会经济造成极大的破坏，许多地区的农民为逃避战祸，纷纷携家口，逃往他乡。“兵燹之后，无人佃种”[①]“庐舍丘墟，田土荒废”[②]的现象处处可见。直隶、河南、山东等受战祸影响较深的地区情况最为严重，“山东地土荒芜，有一户只存一二人，十亩田只存一二亩”[③]。据统计：明末崇祯年间全国土地总数为7.8亿亩，而清顺治十二年的全国垦田总数仅为3.8亿亩，[④]两个时期垦田总数相差达一半以上。虽然这个统计数字未必十分准确，但仍清楚地反映了清初人口流散、土地抛荒的现象是非常严重的。

人口流散与土地荒芜的现象长期持续下去，会造成两个不良的后果：一是大量农民与土地相分离使社会秩序极不稳定；二是直接影响到清政府

① 《清实录·世祖章皇帝实录》卷11，中华书局1985年版，第108页。

② 仁和琴川居士辑:《皇清奏议》卷9，文海出版社1967年版，第92页。

③ （清）蒋良骐撰，林树惠、傅贵九点校:《东华录》卷五，顺治二年正月条，中华书局1980年版，第73页。

④ 梁方仲编著:《中国历代户口、田地、田赋统计》，上海人民出版社1980年版，第10页。

的财政税收。对刚刚入主中原的清王朝来讲，让流民和土地紧密地结合在一起，以维持社会秩序的稳定，以及扩大田赋收入，为连续不断的镇压农民起义与统一全国的战争筹措足够的经费，都是亟待解决的重要问题。因此，一些大臣纷纷上书，建议招抚流民，开垦荒田。

顺治六年（1649 年），清政府颁布了鼓励流民垦荒的法令："著户部都察院，传谕各抚按，转行道府州县有司，凡各处逃亡民人，不论原籍、别籍，必广加招徕，编入保甲，俾之安居乐业。察本地无主荒田，州县官给以印信执照，开垦耕种，永准为业。俟耕至六年后，有司官亲察成熟亩数，抚按勘实，奏请奉旨，方议征收钱粮。其六年以前，不许开征，不许分毫佥派差徭，如纵容衙官、衙役、乡约、甲长，借端科害，州县印官无所辞罪。务使逃民复业，田地垦辟渐多。各州县以招民设法劝耕之多寡为优劣，道府以责成催督之勤惰为殿最。每岁终，抚按分别具奏，载入考成，该部院速颁示遵行。"[①] 这一法令主要有以下几项内容：（1）负责该法令执行工作的主管机构是户部和都察院，由其将法令传谕至各省，再由各省转发到各道、府州、县等地方机关。（2）各地的流民，不论原籍、别籍，广加招徕，统一编入保甲，防止其继续流动。（3）让农民就地开垦无主荒田，由州县官吏发给印信执照，永准为业。（4）为了提高农民垦荒耕种的积极性，规定新垦荒地六年以后，才可征收赋税与差派徭役。如果出现官府衙役及乡里首领违反规定擅征赋役的情况，则对州县长官治罪。（5）把招徕流民与开垦荒地数量的多少作为评定地方官吏政绩的一项重要标准，年终考核，赏优罚劣，以保证法令能够得到认真贯彻与执行。其主要目的是，"务使逃民复业，田地垦辟渐多"。

但是，由于清初战事不休，军旅繁忙，开支巨大，所以，许多地区对垦荒农民允诺的六年以后起征赋役的法定优惠条件并未兑现，"开种之初，

① 《清实录·世祖章皇帝实录》卷 43，第 348—349 页。

杂项差役仍不能免"。[①] 再加上新垦荒田多属贫瘠薄地，收获量有限，故出现"此官虽劝垦，而民终裹足不前"[②] 的情况。针对这种局面，康熙帝下令，各地荒田，"限自康熙二年为始，五年垦完。六年秋，请旨遣官严查。各省垦过地亩，如荒芜尚多，督抚以下分别议处"[③]。此诏令是企图用强制性的行政命令手段，迫使各级地方官吏完成督民垦荒的工作，但仅靠这种方式并不能解决阻碍垦荒工作顺利进行的实际问题，故收效亦甚微。

至康熙十二年（1673 年），对顺治六年的法令作了一些修改，将对垦荒者起征课赋的年限由六年放宽至十年。"见行垦荒定例，俱限六年起科，……嗣再加宽限，通计十年，方行起科。"[④] 新法令在调动广大农民的垦荒积极性方面，起了很大的作用，使全国耕地的总数，与顺治年间相比有了大幅度的增长，[⑤] 有力地推动了清初农业经济的恢复与发展。

二、更名田

明朝的王公贵族，占据着大量的土地，拥有许多王庄、田庄。在明末农民战争和清初的统一战争中，大批明室的王公勋贵被消灭，他们原来占有的大量土地，一部分归入新的满、汉权贵手中，另一部分仍为原来的佃户所耕种。康熙八年（1669 年），清政府下令，将明朝王公贵族的庄园土地，"给与原种之人，改为民户，号为'更名地'，永为世业"[⑥]。至此，原来依附于明代权贵的佃农正式转为国家编户下的自耕农，其对原耕地不仅享有使用权，还获得了所有权，这一权利得到了法律的承认和保护。"更名田"

① 《钦定皇朝文献通考（一）》卷 1，载《钦定四库全书》第 632 册，第 23 页。
② 《钦定皇朝文献通考（一）》卷 1，载《钦定四库全书》第 632 册，第 23 页。
③ 《大清会典（康熙朝）》卷 20，《户部·开垦》。
④ 《清实录·圣祖仁皇帝实录（一）》卷 44，第 580 页。
⑤ 参见《中国历代户口、田地、田赋统计》。
⑥ 《清实录·圣祖仁皇帝实录（一）》卷 28，第 391 页。

令的颁布与实行，调动了大批重新获得土地的农民的劳动热情，对生产力的解放与经济的发展，具有十分积极的意义。

三、圈地令

清入关后，为解决大量涌入京城的满族贵族及驻扎在京畿附近的八旗官兵对土地的需求，顺治元年（1644 年）十二月下令，在京城附近圈占土地："我朝建都燕京，期于久远，凡近京州县民人无主荒田，及明国皇亲、驸马、公、侯、伯、太监等死于寇乱者无主田地甚多，尔部可概行清查，若本主尚存，或本主已死而子弟存者，量口给予，其余田地，尽行分给东来诸王、勋臣、兵丁人等。此非利其地土，良以东来诸王、勋臣、兵丁人等无处安置，故不得不如此区画。……今年从东先来诸王、各官、兵丁，及见在京各部院衙门官员，俱著先拨给田园，其后到者，再酌量给与之。"① 这是第一次圈地令，顺治二年和四年，又两次下令圈地，并将圈占土地的范围扩大到距京城方圆数百里之内。随着这三次圈地法令的颁布，掀起了三次大规模的圈地高潮，京城数百里以内的大片田土，几乎尽被满族的贵族、兵丁所强占。

据统计，清初三次圈地，共近 20 万顷，集中分布在直隶的数十个州县。所圈占的土地，多为丰腴良田，贫瘠薄地都强令调换给汉人。如顺治四年的圈地令中规定："去年八旗圈地，止圈一面，内薄地甚多，以致秋成歉收。""应于近京府州县内，不论有主无主土地，拨换去年所圈薄地，并给今年东来满洲。"② 圈地一举给广大汉族百姓带来深重的灾难，一些地区调换给汉人的拨补土地根本不能耕种，以固安等五县为例："其固安等五县圈内民用，虽经兑补，乃腴产之疆界非故，匀住之屋舍无几，搬移不易，耗费已空，兼永清县东卫屯地二千余顷，堪种者十之二，余皆一望汪洋，

① 《清实录 · 世祖章皇帝实录（一）》卷 12，第 117 页。

② 《清实录 · 世祖章皇帝实录（一）》卷 30，第 245 页。

未保何年方得耕植，此皆兑补民田之数。”[①] 被强迫迁移的汉人处境之悲惨，由此可见一斑。

因圈地运动导致近百万人民失去自己原有的田产，大量的农民倾家荡产，衣食无援，所以，激化了汉族人民与满族贵族之间的阶级矛盾与民族矛盾。为了缓和这些矛盾，维护刚刚确立的清王朝的统治秩序，顺治四年，不得不下令暂停圈占土地。以后，又陆续有过几次小规模的圈地活动，至康熙前期，才最终停止圈占土地。

第二节　赋役法

一、废除明末三饷加派

废除明末三饷加派，是清政府的一项重要经济法令。

三饷，指“辽饷”“剿饷”“练饷”，是明朝政府借口筹集军费，向人民加派的赋税。万历末年，首以辽左用兵，令各地每亩加征田赋银 9 厘，全国共加赋银 520 万两。[②] 崇祯三年（1630 年）辽东军事再度吃紧，每亩又加田赋银 3 厘，共加赋银 140 万两左右。两次加派，每亩共增派银 1 分 2 厘，全国加征田赋银 660 万两。因辽东军费而加，故名“辽饷”。崇祯十年（1637 年），为镇压农民起义，增派“剿饷”，全国每年多派田赋银 280 万两。两年后，每亩又加“练饷”银 1 分，共约银 730 万两。这样，三饷银总数每年达 1670 余万两，超过其时正常赋税年收入的一倍以上。三饷之外，还有其他名目繁多的需索、课征。

三饷加派成为人民难以承受的主要负担，也是导致明末各地农民大规

① 故宫博物院明清档案部编：《清代档案史料丛编》第 4 辑，中华书局 1979 年版，第 55 页。
② 《明史·食货志·赋役》，第 1270 页。

模起义的直接原因。这个事实，清统治者看得十分清楚，所以从进占北京后的第二个月，即顺治元年（1644 年）六月开始，根据各地的不同情况，相继减免田赋，或全免，或免二分之一、三分之一；有免一年、二年以至三年不等。七月间，摄政王多尔衮正式下令，免除最苛重的三饷加派：

“谕官吏军民人等曰：……前朝弊政，厉民最甚者莫如加派辽饷，以致民穷盗起，而复加剿饷，再为各边抽练，而复加练饷。惟此三饷，数倍正供，苦累小民，剔脂刮髓，远者二十余年，近者十余年，天下嗷嗷，朝不及夕。更有召买粮料，名为当官平市，实则计亩加征，初议准作正粮，既而不肯销算。有时米价腾贵，每石四、五两不等，部议止给五分之一，高下与夺，惟贿是凭。而交纳衙门，又有奸人包揽，猾胥抑勒，明是三饷以外，重增一倍催科，巧取殃民，尤为秕政。兹哀尔百姓困穷，夙害未除，恫瘝切体。徼天之灵，为尔下民请命。自顺治元年为始，凡正额之外，一切加派如辽饷、剿饷、练饷，及召买米豆，尽行蠲免。各该抚按即行所属各道、府、州、县、军卫衙门，大张榜示，晓谕通知。如有官吏朦胧混征暗派者，察实纠参，必杀无赦。倘纵容不举，即与同坐。”①

这份“大清国摄政王令旨”，作为经济法令，除明白要求地方，明末的一切加派尽行蠲免，赋税完全按照明末加派前的正额征收外，还警告各地官吏，如不遵行，“杀无赦”。

清政府非常关心废除三饷加派令的执行情况，故此后又在不同时间，不同场合，三令五申，屡严禁律。顺治元年（1644 年）十月，多尔衮在顺治帝登极的诏书中重申：“地亩钱粮俱照前朝《会计录》原额，自顺治元年五月初一日起，按亩征解。凡加派辽饷、新饷、练饷、召买等项，悉行蠲免。”② 顺治五年（1648 年）十一月诏谕全国，“派征钱粮，俱照万历年间则例，其天启、崇祯年加增，尽行蠲免，通行已久。如有贪官污吏例外私派，

① 《清实录·世祖章皇帝实录》卷 6，第 68—69 页。

② 《清实录·世祖章皇帝实录》卷 9，第 95 页。

多征扰民者，该抚按官纠参重处”。[①]

明末三饷在清初相当长的一段时期内并没有彻底废除，清统治者自己也曾承认，“蠲免赋税，有名无实”。[②]一项政策法律的实施，总要受到主观和客观两大因素的限制。顺治年间，战争未断，军费开支几乎占全国赋税收入的三分之二以上，清政府财政捉襟见肘，这必然影响赋役法的制定与推行。因此，一些地区三饷虽除，但又“易剿、练等税为草豆名色，加征如故”[③]。中央政府的态度也略有改变。顺治四年（1647 年），闽浙早定，所颁恩诏中说：“今浙东八府并福建全省，俱自顺治四年正月初一日起，俱照前朝万历四十八年则例征收，天启、崇祯时加派尽行蠲免。”广东初定之后，清政府也做了类似的规定，包括前文所引顺治五年十一月诏谕。这就是说，万历末年的加派，即首加辽饷每亩 9 厘，清初称之为“九厘地亩银”，在上述地区不再蠲免。至顺治十四年（1657 年）编纂《赋役全书》时更定为：“九厘银原系明时额征，旧书未载，今应补入。”[④]将此作为永久遵行的法律载入《赋役全书》，实施于全国。

二、制定《赋役全书》

清政府在免除三饷，推行招集逃亡人口、开垦荒田等一系列恢复发展生产的经济法同时，开始编修《赋役全书》，作为各地赋役征派的准则，健全因战争而受破坏的赋役法。

中国封建社会的赋役包括“田赋”和“丁役”两大部分。“田赋”，是土地所有者每年按亩向封建政府交纳的一定税额；“丁役”，为 16 岁至 60

① 《清实录·世祖章皇帝实录》卷 41，第 329 页。

② 《清实录·世祖章皇帝实录》卷 42，第 336 页。

③ （清）琴川居士辑:《皇清奏议》卷 2，上海古籍出版社 2002 年版，第 26 页。

④ 光绪朝《钦定大清会典事例》卷 177,《户部·田赋·赋役全书》。

岁的男丁，又称壮丁，每年无偿承担的政府的一定徭役。在封建社会初期，这两项税收皆以实物的形式出现，“田赋”交纳粮食，“丁役”提供劳役。至封建社会末期，随着商品经济的发展，赋税的征收渐以货币取代实物，除仍交收部分粮食以保证军队及各级封建政府的日常消费外，大部分则改为交收银钱。

清朝的赋役法沿袭明制，仍以“田赋”和“丁役”作为封建国家的“正赋”。“田赋”主要根据土地所有者实际掌握的耕地数量计算征收。土地质量不同，单位面积所应纳的赋税量也不相同。封建国家把地分成“田”“地”“山”“塘”各类。显然，灌溉条件良好的水田，农作物收获量远较旱地、山坡、塘地丰厚，而旱地、坡地、塘地的亩产量也高低不等。因此，耕地的质量是决定土地所有者“田赋”数量的另一因素。“丁役”是根据每户实有的男丁数量计算。由于人们负担徭役的能力因经济力量的大小而不同，所以，计算“丁役”时，男丁所有的财产情况也被考虑在内。田多丁多，则“丁役”多；田少丁少，“丁役”也少。“丁役”因已改用货币形式支付，故清代又称“丁银”。

《会计录》《赋役全书》是明代征派赋役的法律依据，内载每个地区每一人户实有的土地数量、种类，人丁数量，以及“田赋”“丁银”的数量。土地经常被买卖典当，人丁不断地生死老病，故《会计录》《赋役全书》定期重修，以期所载内容与随时变化的实际情况相符合。

清代废置《会计录》不用，专任《赋役全书》为全国征册。它的制定开始于顺治三年（1646 年）。“特派大学士冯铨前往户部，与公英俄尔岱彻底察核，在京各衙门钱粮款项数原数若干，如今如何收支销算；在外各直省钱粮明季加派，三饷蠲免若干，现在田土中民间实际种若干，应实征、起解、存留若干。在内责成各该管衙门，在外责成抚按，严核详稽，拟定《赋役全书》”[①]，进呈御览，颁行天下。但此时全国战事仍紧，清统治者重

① 《清实录·世祖章皇帝实录》卷 25，第 217 页。

编《赋役全书》的计划被迫搁置。

事隔六年，清政府再度催令编纂全书。“各省全书，责令布政使司刊造，某项系明末加增应去，某项系原额应存，每州县各发二本，一存户房，备有司查考，一存学宫，俾士民检阅。”[①]责成各省布政使司修订《赋役全书》，并规定了其发行范围和使用原则。此后，编修工作全面铺开。顺治十一年（1654年），又以“赋役全书开载州县土田、户口、赋役，有关国计民生”，令户部“会同户科酌定，务期永远遵行”[②]。实行严格的自下而上，先地方后中央的编纂原则。经过近十年的努力，至顺治十四年（1657年），各地《赋役全书》基本告成。中央政府又对体例和一些细节做出最后更定。

全书内载：“地丁先开原额，继开荒亡。地丁既清，次开实征。又次开起存，如起运则分别部寺仓口，存留则详载款项细数。九厘银原系明时额征，旧书未载，今应补入。宗禄银，昔入存留，今改起运。漕白二粮，确稽旧额。运丁行月，遵议均平。衬甲、盔甲，昔解本色，今均改折。南粮本折，昔留南用，今抵军需。官员经费，定有新规，会议裁冗，改归正项。本色绢布颜料银硃铜锡茶蜡等项，已经改折者，照督抚题定价值开列，仍解本色者，照书载价值如数办解。务令纲目毕张，总散相符。后有续增地丁，督抚岁终汇题，听部查核。”[③]

据上述法令，登载土地、人丁的等则及数量，计算和确定田赋、丁银的数量，是《赋役全书》最主要的内容之一。全书中所开列土田、人丁之原额，皆“以明万历年间刊书为准”，即转抄明万历朝《赋役全书》地丁数额；入册而不再交纳赋税的荒芜土地，“以覆奉谕旨为凭”；田赋、丁银的课征则例，“俱照明万历间，其天启、崇祯时加增，尽行蠲免”[④]。纳税对

① 光绪朝《钦定大清会典事例》卷177，《户部·田赋·赋役全书》。

② 光绪朝《钦定大清会典事例》卷177，《户部·田赋·赋役全书》。

③ 光绪朝《钦定大清会典事例》卷177，《户部·田赋·赋役全书》。

④《钦定皇朝文献通考（二）》卷41，载《钦定四库全书》第633册，第41页。

象和数额被规定得明明白白。

《赋役全书》记载的另一重要内容是地方所征赋税的分配与使用原则。清代地方赋税大部分必须上交中央政府。部分称“起运”，数额是定死的，而且交送于哪个部门都非常具体，不容丝毫混淆。留存地方，供地方政府支配的部分，称“存留”。“存留”部分，地方官无权任意使用，它的每一项开销及数量，都经由中央政府认可，并固定下来，如官役俸薪工食，办公笔墨杂费，学校、文庙祭祀，孤贫口粮费用，驿站之工食、马料等，详明款项细数。

另外，《赋役全书》还记载着各地承办内廷、中央政府的本色物料，即粮食以外的实物供赋的种类、数量，譬如，建筑用的砖木灰石，宫内用的锦缎丝绸，等等，以至各地的土特产。“正赋”之外的田房契税、当税、牛税、牙税、茶课银、纸价银等工商税也备载在案。

由此，清初制定的《赋役全书》不仅是赋税征派的法则准绳，而且是规范地方政府财政收支的法律文本。顺治十四年（1657 年），清政府正式颁发全国遵照执行，这标志着清代地方财政经济法日臻完善。

康熙二十四年（1685 年），清政府又令编修《简明赋役全书》。“赋役头绪繁多，易于溷混”，恐吏胥借机苛索百姓，故有是令。《简明赋役全书》“止载起运、存留、漕项、河工等切要款目，删去丝秒以下尾数”，[①] 立意简明扼要，易识易辨。康熙二十七年（1688 年），《简明赋役全书》成，但以旧《赋役全书》遵行年久，成法难以变更，“新编全书，停其颁发”，[②] 而没有使用。至雍正十二年（1734 年），才又对《赋役全书》进行重修。此时距全书初颁已有 77 年，各地情况都已发生极大变化，重修势在必行。所以“悉以雍正十二年为准，凡额征地丁钱粮、商牙课税，内应支官役俸工、驿站料价，及应解本折绢布颜料银硃铜锡茶蜡等款，各分晰原额、新增、

① 《清史稿》卷 121，《食货志二 · 赋役》，第 3530 页。

② 光绪朝《钦定大清会典事例》卷 177，《户部 · 田赋 · 赋役全书》。

开除、实在，并司府具卫所总散数目，详细考核，纂辑成书送部”[①]。考虑到赋役课征则例应尽可能地符合于时刻变化的实际状况，特别做出《赋役全书》以后每10年纂修一次的定例。

三、从“滋生人丁永不加赋”到“摊丁入亩”

清代赋役法在承袭明代旧制的过程中，也不断地进行自身的改革，使之更适合于社会需要。其丁役法的变革，具有划时代的意义。

中国封建社会赋役法历来实行土地、人丁双重征税标准，而以丁役形式出现的人头税，在封建社会初期赋税中则占有更大的比例。汉代赋税主要依据人口征收，口赋、算赋、更赋、户赋都是不同形式的人头税。唐代实行的两税法，考虑到纳税户的负担能力，土地税的重要性日益增加。人头税作为封建国家对劳动者人身不完全占有的体现形式，至封建社会末期，人身依附关系松弛，商品经济、租佃关系日渐发展，而愈益不能适应社会的需要。由于土地频繁转手，贫富变迁无常，有田无丁，有丁无田的情况非常普遍，负担能力与赋税数量严重脱节，导致实际的税收难以全部兑现。加之在编查统计人丁的过程中，地方豪强往往与官员吏胥勾结串通，营私舞弊，隐匿人口，逃避编丁，或将丁税转嫁到贫苦农民身上，人为地造成田多者丁税少，田少者丁税多的局面，因而直接向农民征收人头税更加困难，赋役法趋于紊乱，统治者赋税收入不仅无所增加，反倒激化了阶级矛盾。

取消人头税，实行以土地为凭据的单一赋税标准，这种变革在明末就已经开始，不过是在那些编丁矛盾异常尖锐的地区，自发地、零星地进行的。真正以法律形式确定下来，并实施于全国，是清代康熙朝以后的事情。

康熙朝人口猛增，大批人员逃避编丁，摆脱政府户籍控制，玄烨对此非常关心，长时期地酝酿改革办法。康熙五十一年（1712年）二月，他在

---

① 光绪朝《钦定大清会典事例》卷177，《户部·田赋·赋役全书》。

给大学士和九卿等朝廷要员的谕旨中说："朕览各省督抚奏编审人丁数目，并未将加增之数尽行开报。今海宁承平已久，户口日繁，若按见在人丁加征钱粮，实有不可。人丁虽增，地亩并未加广。应令直省督抚，将见今钱粮册内有名丁数，勿增勿减，永为定额。其自后所生人丁，不必征收钱粮，编审时止将增出实数察明，另造清册题报。"① 即用固定丁银总数不变的方法，解决编丁征银中的矛盾，打消人们审报丁口的顾虑。这是著名的"滋生人丁，永不加赋"法令的雏形。

康熙五十二年（1713 年）三月十八日，康熙帝以"恩诏"形式，正式向全国颁布实行："嗣后直隶各省地方官遇编审之期，察出增溢人丁，只将实数另造清册奏闻，其征收钱粮，但据五十年丁册定为常额，续生人丁永不加赋。"② "续生人丁"也就是后来人们所说的"滋生人丁"。这项法令包括了两项内容，其一，以康熙五十年的在册人丁数为常额，作为以后派征丁银的依据；其二，康熙五十年（1711 年）后的新长成人丁作为"滋生人丁"不再交纳丁赋。但是，按照生老死衰的自然法则，常额中的人丁必然日益减少。因而康熙五十五年（1716 年），清政府又做出了用新增人丁抵补开除人丁的规定。其办法是：

"新增人丁补足旧缺额数，除向系照粮照地派征了银外，至于按人派丁者，如一户之内，开除一丁，新增一丁，即从新增之丁抵补开除之缺。倘有开除二、三丁，本户抵补不足，即查明亲友，新增之丁多者抵补。若亲友抵补不足，并无亲友抵补者，即推查于同里同图之中粮多者顶补，余丁归入滋生册内造报，庶于康熙五十年丁册之原额毫无亏缺，与续生人丁永不加赋之诏款相符。"③

---

① 《清实录 · 圣祖仁皇帝实录（三）》卷 249，第 469 页。

② 档案：《前三朝题本》，雍正十一年五月六日，"直督李绂条奏停止编审户口一案"。原件藏中国第一历史档案馆。

③ 档案：《前三朝题本》，"造报编审人丁原额及新增花名册"。

这是为保持所定康熙五十年人丁常额，使赋税不致亏损，而做的“滋生人丁永不加赋”法的补充规定。由此可见，所谓“滋生人丁”，并不是康熙五十年以后增殖的全部成丁，而只是其中的抵补缺额后的剩余部分。“永不加赋”的，也只是这部分人。

“滋生人丁永不加赋”的法令在一些地区未能执行。如广东省，在清初曾是战事最为激烈的地区之一，又实行过严厉的“海禁”，因而“沿海人民多有迁徙逃缺”，自康熙元年（1662年）至五十年各届人丁编审，全省共报逃缺人口73417丁口。按照新颁法令，上述逃缺人口应不再追究。但康熙五十四年（1715年）八月，户部议准，广东省“未复丁口，嗣后有递年垦复丁口及遇编审增溢人丁，俱照例编征，以符原额。俟原额补足之日，应遵恩诏免其派征”。[①] 所以，康熙五十二年后，广东省新增加人丁继续派征丁银。

东北是清朝的“龙兴”之地，一向实行封严。该地区发展极度落后，到康熙末年，仍人烟稀少，府州县两级地方政府寥寥无几。为加速这一地区发展，清政府规定，凡于康熙五十二年恩诏颁布后建置的州县，一律不准实行“滋生人丁永不加赋”措施。例如，复州、永吉、宁海三州县分系属雍正四年、五年和十二年新设，编审中察出的新增人丁“照例征粮”。[②]

“滋生人丁永不加赋”法令并没有取消人头税，但由于把全国的丁税总额固定下来，不再随人口的增加而增税，这对无地少地的劳动人民有一定好处，然而却没有解决丁役负担不均的问题。因为每次的“擦丁”“补丁”，为地方豪强绅衿、官府吏胥留下了可乘之机。“无田无地，赤手穷民则现丁当丁，而田连阡陌之家，粮册在手，公然脱漏，浸淫成习”[③] 的现象非常普遍。所以在康熙朝末年至雍正初年，赋役法的改革继续深入进行，

① 档案：《乾隆朝户科题本》，《田赋地丁户籍类》，乾隆元年十二月十九日宋筠奏“钦奉恩诏事”。中国第一历史档案馆藏。

② 档案：《乾隆朝户科题本》，《田赋地丁户籍类》，乾隆元年十二月十九日宋筠奏“钦奉恩诏事”。

③ （清）戴舒菴：《天台治略》卷2，成文出版社1970年版，第211页。

推出了“摊丁入亩”法。

所谓“摊丁入亩”，即把丁银均匀派入赋税地亩，不再按人头征税。对于纳户来讲，土地数量决定丁银的数量，谁的土地多，交纳的丁银也多，土地卖出，丁银相应减裁，土地买进，其也随之增加。无地者则无丁银。

清朝较早提出实行“摊丁入亩”法的是御史董之燧。康熙五十五年（1716年），他上书朝廷，请“行令直隶各省地方官，确查各县地亩若干，统计地丁、人丁之银数若干，按亩均派”。[①] 此建议当时虽被户部否定，但不久经康熙帝默许，同年于广东率先试行。“广东所属丁银，就各州县地亩摊征。每地银一两，摊丁银一钱六厘四毫不等”[②]。稍后，四川也开始行动。“康熙末年，四川……先以行之。田载丁而输纳，丁随田而卖买，公私称便”[③]。

全国大规模实行“摊丁入亩”法，是自雍正登极之后，雍正元年（1723年）七月，根据直隶巡抚李维钧的建议，直隶次年全面展开。随之，各省纷纷效尤，题请“摊丁入亩”。计在雍正年间先后“摊丁入亩”的，除直隶外，还有福建、山东、河南、浙江、陕西、甘肃、云南、江苏、安徽、江西、湖南、广西、湖北等13省。稍晚的是山西和贵州两省，开始于乾隆年间，而山西省直至光绪五年（1879年）才全部完成。个别地区，如盛京、吉林，因情况特殊，到清末才进行。比起“滋生人丁永不加赋”法，这后一步改革实施所用的时间实为漫长，历经雍正、乾隆、嘉庆、道光、咸丰、同治、光绪七朝150余年。

变法步履的艰难，从一个侧面反映了它对于旧制旧法的重大冲击。实行“摊丁入亩”，变赋税的双重征税标准为单一标准，其意义远不止简化征税手续，减轻劳动人民负担。就性质而言，变革本身虽未超出封建范畴，

① （清）黄之隽等编纂，（清）赵弘恩监修：《乾隆江南通志》卷68，广陵书社2010年版，第1151页。

② （清）王庆云：《石渠余记》卷3，北京古籍出版社1983年版，第115页。

③ 《石渠余记》卷3，第117页。

但人头税的取消，却以法律形式，承认了封建国家对劳动者人身束缚的放松，削弱了人们与土地的依附关系，人口流动也因此而扩大。由于城镇工商业者也免除了丁银，客观上还有利于工商业的发展。很显然，新法的颁行，有利于新的社会经济因素的成长。就法律本身的发展来看，由于“摊丁入亩”的实行，中国封建社会传统的赋役法向近代社会的财税法迈进了一大步。

第三节　工商立法

一、废除明朝的匠籍制度

中国的手工业者历来都被强制性地向封建国家提供无偿劳役，人身也受到特别严格的控制，以保证统治者生活和统治的需要。明初，全国工匠另立户籍，叫匠籍，又称匠户，以区别于普通的民籍。入匠籍者，子孙承袭，世守其业，不得私自改入民籍，违者按脱漏户口律治罪。匠籍内，又因居住地及服役形式的不同，而分成“住坐”“轮班”“存留”三种。籍隶南、北两京，就近当班的工匠为“住坐”，享有月粮、直米待遇。籍隶各行省赴京应役的工匠为“轮班”，分期分批轮班役作。凡留于地方政府服役的工匠为“存留”。明代匠籍的负担十分沉重，不仅要定期提供无偿徭役，大多数工匠还需长途跋涉，耗资费时，苦不堪言。因而，工匠在夏季换班，解送京师的途中，大批逃亡，直接影响了工程用工。为此，成化二十一年（1485 年），明政府改变工匠轮班服役制，准许轮班匠出银代役。嘉靖四十一年（1562 年），更正式规定轮班工匠每人每年征银 4 钱 5 分，称“匠班银”，又叫“匠价银”，“不许私自赴部投当”。[①] 匠班银制度仅限于轮班

① （明）申时行等重修：《明会典》卷 189，商务印书馆 1936 年版，第 3803 页。

工匠，住坐与存留工匠仍照旧定期服役。

清统治者入关后，鉴于原有工匠大批脱籍逃亡，实际隶籍者寥寥无几，于顺治二年（1645 年），下令“除匠籍为民”，[①] 匠户编入民籍，与民人一体纳税当差。清代的手工业者在法律上，获得与农业劳动者相等同的社会地位。这在封建社会，无疑是一种进步。不过，匠班银后来又恢复征解。顺治十五年（1658 年），以“工程尚繁，需用不赀”为由，奏准“匠价仍照经制征解”。[②] 匠班银的征解，使工匠们处于一身两供的困境，既要与民丁一样交纳丁银，又要负担匠价。直至康熙三十六年（1697 年），匠班银才首先在浙江并入地银征收。此后，特别是雍正二年（1724 年）“摊丁入亩”在全国普遍推行，各省陆续将匠班银摊入地亩或地丁银内征收，工匠们始得以舒肩。

二、国家对工商业专断的变化

随着商品经济的发展以及官营手工业的衰落，封建国家对工商业的控制力削弱。为适应社会生产发展的需要，清政府采取了放宽对工商业垄断的政策，在较大范围内，允许民间商人、手工业者自行经营，自行生产。封建统治者工商政策的变化，给商品经济的发展以影响。例如，大批工匠摆脱匠籍樊笼，可以集中人力物力，从事于满足市场需求的匠作，民间工商业因此而较前代繁荣。

清代对工商业垄断的放松，直接地表现为官营手工业范围和规模的缩小。清代官营手工业只局限在铸造兵器和钱币，供应宫廷用的织造和瓷窑，以及内务府造办处所属各类作坊。明代官营手工业的范围则十分广泛，规模庞大。仅以织造业为例。明中央政府在南京、北京等地设有四个染织局，而各省地方政府，也分别设立了二十二个染织局。清代只有中央政府在江

① 《清史稿》卷 4,《世祖本纪一》，第 96 页。

② 《钦定皇朝文献通考（一）》卷 21，载《钦定四库全书》第 632 册，第 451 页。

宁、苏州、杭州和北京四处设立织染局。不仅如此，官营手工业内部的管理也发生了较大变化。织造局内的劳动者一改前代强制性的匠户应役，而大都使用雇佣来的工人，“买丝招匠”，从民间招募工匠，在局按式织造。制瓷业中，官厂御厂也多采用工匠物料，按工给价，市价采买的办法。

与民间手工业相比，清代官营手工业显得阵容狭小，力量微弱。在丝织业，苏州、南京、杭州三地官营织造的工匠不过5000人，而三地的民间织匠超出其十余倍。大量的清廷需用丝织品，不得不以“领机给帖”的办法，交民间机户，雇匠包织。官窑、御窑则经营不善，生产萎缩，大批瓷器实行“官搭民烧”，依靠民窑来完成生产任务。官营手工业在清代手工业中所占比例和起的作用，日见缩小。

明代对矿业控制很严，官营矿坑随处可见，民营矿冶处于政府的严密控制之下，而且劳动者多是缺乏人身自由的卫军、匠役以至囚犯。清代官矿极少，大都由商民自行开采，实行放宽民间采冶经营的政策。

铜是铸造钱币不可缺少的原料，作为主要产地的云南铜矿，在平定“三藩”以后，得到清政府的大力扶植。“听民开采”，仅抽取20%的矿税，鼓励民间冶铜。后因需铜数大增，又改行“放本收铜”政策，官府预借铜本，发给各厂，所采之铜，由政府收购，是为“官铜”，而进入市场的“通商铜”骤减，只占全部产铜的极少部分。由于政府收购铜的价格很低，造成大批矿厂亏本，严重影响了生产发展。在清代的矿业中，云南铜矿可以说是被政府控制最严的。尽管如此，矿场的经营主权仍属于个人而不属于政府。

其他省份民间铜矿及铅矿的发展，要比云南铜矿自由得多，矿的开采、冶炼以至销售，政府不予插手。康熙十四年（1675年），清廷定开采铜铅之例，“凡各省产铜及黑白铅处，如有本地民人具呈愿采，该督抚即委官监管采取”。[①] 康熙十八年（1679年）进一步规定，“产铜铅厂，任民采取，征税银二分，按季造报，八分听民发卖。先尽地主报名开采，地主无力，

① 《钦定皇朝文献通考（一）》卷30，载《钦定四库全书》第632册，第636页。

许本州县民采取，雇募邻近州县匠役。如别州县越境采取，及衙役搅扰，皆照例治罪。”[①]

铁矿的情况与铝矿相似，一概由商民开采、冶炼，官府征收铁税20%。清代的采煤业也极为普遍，各地有许多民间煤窑，政府除按照一般田赋则例征税外，并设有特殊的煤矿税，管制比铝、铁矿松弛。

清代对矿冶业控制的放松，并不意味着可以自由发展，不加干涉。清政府既希望矿业的一定发展，以满足社会生活的需求，同时又担心矿工聚集一处，滋生事端，甚至用冶炼的金属打造兵器，危及封建统治，所以力图将矿业的生产、流通置于严密的监视之下。以铁矿为例，不仅在各矿派遣监采官，而且要求各厂将冶炉数目、产量，以及工场主、雇工的姓名、履历，详细报官，领照经营。所产铁斤，卖与某商若干，运往何处何店，也均须填单报关检验，严禁私铁流行。

清代四川盐井的经营，也发生了很大变化。在以前，盐井作业的基本生产资料井灶，皆由官置，生产的经营，产品的销运，完全由官府一手掌握。清代则废除了官府对盐井的直接垄断，“任民自由开凿”，[②] 使其变成民间的一个产业，盐井的发展状况大大改观。

三、限制手工业发展的法律

放松对工商业的垄断与限制手工业的发展，这是清初工商立法不可分割的两个方面。作为国家的管理者，清政府非常清楚，工商业的发展不仅能满足社会对某些产品的需求，更重要的，它是清初社会经济恢复发展必不可少的组成部分，农业生产的发展，在一定程度上依赖于工商业的恢复发展。但是，作为封建政府，清统治者又无时无刻不在提高警惕，主要是

① 光绪朝《钦定大清会典事例》卷247，《户部 · 杂赋 · 禁例》。

② （清）丁宝桢等纂修：《四川盐法制》卷20，1882年刻本。

出于政权稳固的考虑。封建社会末期，商品经济日显其旺盛的生命力，一旦束缚减少，政策放宽，有了合适的生长土壤，就将以较快速度活跃起来。随着新经济因素的不断成长壮大，不可避免地要与压制、剥削它的旧势力、封建官府发生冲突，这方面的例子已很多。因此，清政府采取的政策也就非常矛盾，在放宽甚至鼓励工商业发展的同时，却又不时予以限制，以至用强硬的行政手段实施禁锢。

康熙四十年以后，清政府一改从前鼓励、放任民间开矿的政策，实行禁矿。康熙四十三年（1704 年）谕令，“开矿事情，甚无益于地方，嗣后有请开采者，俱不准行”[①]。所谓开矿无益，实指“矿徒易聚难散，小则争掠，大则啸聚，关系地方不小”[②]。担心矿徒聚众闹事。康熙五十年（1711 年），又以湖南产铝地方，“山深谷邃，境通黔粤，苗、瑶杂处，开采不便”，决定“永为封闭”。[③] 康熙五十二年（1713 年），清政府对禁矿事宜做出进一步规定，“开矿一事，除云南督抚雇本地人开矿，及商人王纲明等于湖广、山西地方各雇本地人开矿不议外，他省所有之矿，向未经开采者，仍严行禁止”。[④] 云南督抚代表官方政府，王纲明则是著名的皇商，直属内务府，他们开矿经营，康熙比较放心。一般商人、地主、贫民另设矿坑，找矿开挖的活动，则予严格禁止。考虑到原有矿工的生计问题，“其本地穷民现在开采者，姑免禁止，地方官查明姓名记册，听其自开。若别省之人往开及本处殷实之民有霸占者，即行重处”。[⑤] 康熙五十三年（1714 年），“豫省有矿地方，停其刨挖”。[⑥]康熙五十七年（1718 年），“川省各厂，通行停止”。[⑦]

---

① （清）俞正燮撰:《癸巳存稿》卷 9，商务印书馆 1937 年版，第 264 页。

② 乾隆朝《汾州府志》卷 31，谢汝霖“永宁州开矿详文”。

③ 《大清会典（雍正朝）》卷 53,《户部・矿课》。

④ 《清实录・圣祖仁皇帝实录（三）》卷 255，第 521 页。

⑤ 《清实录・圣祖仁皇帝实录（三）》卷 255，第 521 页。

⑥ 《大清会典（雍正朝）》卷 53,《户部・矿课》。

⑦ 《大清会典（雍正朝）》卷 53,《户部・矿课》。

禁矿政策严重地制约了清代矿业的发展。

对于那些既重要而又有利可图的手工业，清政府采取高额征税，低价收购，无偿摊派政策，如云南铜矿的“放本收铜”，江南织造业实行的“领机给帖”，食盐销售的“票引”制，等等，客观上都给工商业以极大限制和摧残，致使其发展步履艰难。

四、限制对外贸易的禁海令

清代是中国封建社会末期闭关锁国政策的集大成者，禁海令是其最重要的法令之一。禁海令给人民社会生活，特别是海外贸易带来的影响难以估量。

顺治十二年（1655年），清政府为对付东南沿海的南明抗清势力，迫使据守台湾的郑成功就范，首颁禁海令，不许片帆下海，不许舟楫往来，禁止民人出海捕鱼、贸易，违者治以通敌重罪。于是，上起自江北，下迄于闽粤、长江则自镇江以下，皆在禁中。后又数严禁令，对犯事所在地方官，也从重处置。康熙十一年（1672年）题准：“凡官员兵民私自出海贸易及迁移海岛，盖房居住耕种田地者，皆拿问治罪。该管州县知情同谋故纵者，革职治罪；如不知情，革职永不叙用。该管道府，各降三级调用。总督统辖文武，降二级留任。巡抚不管兵马，降一级留任。”[①]

在禁海的同时，又于顺治十八年（1661年）、康熙元年（1662年）、康熙十七年（1678年）三次下达“迁海令”。清将黄梧在疏请迁海的奏本中称：“金、厦两岛弹丸之区，得延至今日而抗拒者，实由沿海人民走险，粮饷油铁桅船之物，靡不接济。若从山东、江、浙、闽、粤沿海，居民尽徙入内地，设立边界，布置防守，则不攻自灭也。将所有沿海船只，悉行烧毁，寸板不许下水。凡溪河监桩栅，货物不许越界，时刻了望，违者死

① 光绪朝《钦定大清会典事例》卷120，《吏部·处分例·海防》。

无赦。如此半载，海贼船只无可修葺，自然朽烂。”[①] 迁海的范围与禁海基本相同，致使数千里海岸线，一片焦土，船只被毁，房屋倒塌，粮田荒芜，人烟绝迹。

禁海令、迁海令实行了近 30 年，直至康熙二十二年（1683 年）清朝统一了台湾，才于次年宣布开海禁：“今海内一统，寰宇宁谧，满汉人民相同一体，应令出洋贸易，以彰富庶之治，得旨开海贸易。”[②] 康熙二十三年（1684 年）还宣布，“山东、江南、浙江、广东各海口，除夹带违禁货物，仍照例治罪外，商民人等，有欲出洋贸易者，呈明地方官，登记姓名，取具保结，给发执照，将船身烙号刊名，令守口官弁查验，准其出入贸易”[③]。康熙二十四年（1685 年）又规定江苏的苏松、浙江的宁波、福建的泉州、广东的广州为对外贸易港口，并分别设立了江海关、浙海关、闽海关和粤海关四个海关，负责管理外贸事务。

康熙二十三年（1684 年）的开海令，使长期中断的海外贸易得以恢复。然而时隔不久，清政府又相继颁布了诸多出海禁条，寓“禁”于“开”之中，限制海外贸易。

首先，禁止部分货物出口。粮食、兵器、木板、铁器、火药、土硝、硫黄、水酒等都被视为违禁物品。康熙三十三年（1694 年）议准：驱驾出海的船只，不准将违禁物品卖与外洋，若“原坐去船损坏，更换船来者，到关时禀明地方官并海关监督，验看相符，准其进关。如坐去船不曾损坏，竟造船带来”，禁之入关，“海关监督并防守海口地方官不行查出，皆降一级调用”[④]。此令在康熙五十六年（1717 年）更加严厉：“如将船卖给外国人，造船人与卖船之人皆立斩。”[⑤]

---

① 江日升：《台湾外记》卷 5，中华书局 1960 年版，第 201 页。

② 《钦定皇朝文献通考（一）》卷 33，载《钦定四库全书》第 632 册，第 693 页。

③ 光绪朝《钦定大清会典事例》卷 120，《吏部·处分例·海防》。

④ 光绪朝《钦定大清会典事例》卷 120，《吏部·处分例·海防》。

⑤ 《清实录·圣祖仁皇帝实录（三）》卷 271，第 658 页。

其次，限定海船式样规模，不准越官私造。康熙四十二年（1703年）定，渔船“止许用单桅，梁头不得过一丈，舵水人等不得过二十名，取鱼不得越出本省境界。未造船时，先行具呈州县，该州县询供确实，取具澳甲、户族、里长、邻佑当堂画押保结，方许造成。造完报县验明，印烙字号、姓名，然后给照”。商船则“许用双桅，其梁头不得过一丈八尺，舵水人等不得过二十八名；其一丈六、七尺梁头者，不得过二十四名；一丈四、五尺梁头者，不得过十六名；一丈二、三尺梁头者，不得过十四名”。[①]造船之前，也必须同渔船一样，禀报官府，取具乡里，履行一切注册保结手续。

出洋人员，不论渔船还是商船，都要随时受到严格的稽查。“商船、渔船，前后各刻商、渔字样，两旁刻某省、某府州县、第几号商船、渔船及船户某人。”“商、渔各船船户、舵工、水手、客商人等，各给腰牌，刻明姓名、年貌、籍贯，庶巡哨官兵易于稽查。”[②]

最后，绝对禁止民人留居国外。“出洋人留在外国，将知情同去之人枷号三个月；该督行文外国，令将留下之人解回立斩。”[③]同时，严格限制出海人员随船携带的食米数量，“每日每人准带食米一升，并余米一升，以防风阻。如有越额之米，查出入官，船户、商人一并治罪”[④]。

清政府还特别规定，渔船不准海外行商。康熙五十三年（1714年）规定：“渔船出洋，不许装载米酒，进口亦不许装载货物，违者严加治罪。其守口各官不行盘查者，照失察奸船出入海口例，罚俸一年。”[⑤]

清统治者颁布上述诸多禁条，其本意是为了戒备沿海日益昌炽的“海盗”活动，以及西方殖民主义者的叩关，防范内地民人与洋人串通一气，

① 光绪朝《钦定大清会典事例》卷120，《吏部·处分例·海防》。

② 《清实录·圣祖仁皇帝实录（三）》卷271，第550页。

③ 《清实录·圣祖仁皇帝实录（三）》卷271，第658页。

④ 《清实录·圣祖仁皇帝实录（三）》卷271，第658页。

⑤ 光绪朝《钦定大清会典事例》卷120，《吏部·处分例·海防》。

危及封建统治。在客观上，它却给刚刚开始复苏的海外贸易和沿海人民的生活以极大打击，致出现“土货滞积，而滨海之民半失作业”[①]的现象。

五、禁止贵族、官僚掠夺商贾

工商业的发展直接关系清初战后社会经济的恢复与繁荣，所以，清政府极为重视“利商”“恤商”，入关不久即颁令，“明末一切加增税额，尽行豁免”[②]，废除明季商税的苛派。“自时厥后，凡市籴皆因商民所便，时地所宜，度物货，平市价，劝商贾，敦节俭，抑豪强，禁科派。”[③]同时注意提高商人的社会地位，康熙帝曾说：“商人为四民之一。”[④]故此，禁止勒索商贾，保护工商业者正常经营活动不受干扰，也就成为一项重要经济法律。

清政府最担心的是王公贵族、朝廷要员。他们依势欺压商旅，肆虐横行，地方无人敢管，危害最大。顺治五年（1648 年），下令禁止诸王府商人及旗下官员之家人到外省贸易，与民争利，致“商不聊生”。[⑤]但没有起多大作用，王公大臣们仍我行我素，纵嘱家人，强占关津要道，敲诈过往客商。康熙六年（1667 年），进一步立法，“嗣后王公以下文武大小各官家人，强占关津要地不容商民贸易者，在原犯之地，枷号三个月。系民，责四十板；旗人，鞭一百。其纵容家人之藩王罚银一万两，公罚银一千两，俱将管理家务官革职。将军督抚以下，文武各官俱革职”。[⑥]对贵族官僚掠夺商贾的惩处律，到雍正三年（1725 年），不得不使用极刑，“凡内府人员

---

① 《方望溪先生全集》卷 10，《广东副都统陈公墓志铭》。

② 《钦定皇朝文献通考（一）》卷 26，载《钦定四库全书》第 632 册，第 509 页。

③ 《钦定皇朝文献通考（一）》卷 32，载《钦定四库全书》第 632 册，第 664 页。

④ 《清实录·圣祖仁皇帝实录（一）》卷 97，第 1223 页。

⑤ 《清实录·世祖章皇帝实录》卷 137，第 1062 页。

⑥ 《清实录·圣祖仁皇帝实录（一）》卷 23，第 313 页。

家人，及内外王、贝勒、贝子、公、大臣、官员家人，领本生理，霸占要地关津，倚势欺凌，不令商民贸易者，事发，将倚势欺凌之人，在犯事处所，即行出斩示众。如民人借贷王以下大臣官员银两，指名贸易，霸占要地关津，恃强贴累地方者，亦照此例治罪。又内府人员家人，及王以下大臣官员家人指名倚势，网收市利，挟持有司，干预词讼，肆行非法，该主遣去者，本犯枷三月，鞭一百；本犯私去者，照光棍例治罪”[①]。

税卡关津是向商人科派商税的专门机构，守卡官员往往借机勒索，徇情舞弊。为此，顺治六年（1649 年）定出明律，严禁收税额外多征，“各关满汉官员，以后俱照原定则例起税，如有徇情权贵，放免船只，乃于商船增收，或希充私囊，例外多征，以病商民者，一经查出，立行重处”[②]。防止关差对商贾的层层盘剥。对于地方豪强恶棍在集市中胡作非为，欺行霸市，累商病民的情况，清政府也非常重视。这方面的法律定得很详细："凡买卖诸物，两不和同，而把持行市，专取其利，及贩鬻之徒，通同牙行，共为奸计，卖己之物以贱为贵，买人之物以贵为贱者，杖八十。若见人有所买卖，在旁混以己物，高下比价，以相惑乱而取利者，虽情非把持，笞四十。若已得利物，计赃重于杖八十、笞四十者，准窃盗论，免刺；赃轻，仍以本罪科之。”[③]康熙二十五年（1686 年），开始整顿市场秩序，建立牙行五年编审换照制度，随时清查牙行执照，“若有光棍顶冒朋充，巧立名色，霸开总行，逼勒商人不许别投，拖欠客本，久占累商者，该地方官不时严行查拿，照律治罪。如地方官有意徇纵者，降二级调用。如有受财故纵者，计赃以枉法论”[④]。清政府的上述法律，在一定程度上起到了维护工商业者利益，促进商品经济恢复发展的作用。

---

① 光绪朝《钦定大清会典事例》卷 765，《户部 · 户律市厘 · 把持行市》。
② 《钦定皇朝文献通考（一）》卷 26，载《钦定四库全书》第 632 册，第 510 页。
③ 光绪朝《钦定大清会典事例》卷 765，《户部 · 户律市厘 · 把持行市》。
④ 光绪朝《钦定大清会典事例》卷 106，《吏部 · 处分例 · 清查牙行》。

第四节　漕运及其立法

一、漕运对清朝社会经济的重要作用

漕运，是指中央政府将征收到的大批粮食，由水路定期输往京都或某一地区的长途运输。中国漕运的历史源远流长，早在秦始皇时代，就曾将山东粮食运往北河一带（今内蒙古乌拉加河）。西汉至唐代，历届封建政府也大都经由黄河运送东南粮食于关中或洛阳。宋代更有汴、黄、惠民、广济四河运粮之举。元代重海运。明朝则自洪武元年（1368 年）北伐时，即“命浙江、江西及苏州等九府，运粮三百万石于汴梁”。成化八年（1472 年），运粮京师“始定四百万石，自后以为常。北粮七十五万五千六百石，南粮三百二十四万四千四百石”。[①] 清承明制，顺治二年（1645 年），“户部奏定，每岁额征漕粮四百万石”，[②] 直至清末。

漕运对于清朝社会经济具有稳定和协调的作用。北京作为全国的政治中心，人口稠密，万方辐辏，其粮食的巨额消耗，使华北地区生产能力无法承受。大批外粮调入，可以保证京畿数百万居民乃至政府百官、驻京八旗、内廷皇室的用粮。漕粮根据不同用途，分为“正兑米”“改兑米”“白粮”“麦”“黑豆”等种类，征自全国 8 个省份。山东，28.4471 万石；河南，17.7920 万石；江苏，123.7884 万石；安徽，42.5861 万石；江西，50.3353 万石；浙江，61.0865 万石；湖北，9.4574 万石；湖南，9.5531 万石。[③] 如此长时期、大面积、大数量地征调解运粮食，就全国粮食市场而言，在一定程度上，

① 《明史》，第 1279 页。

② 《清史稿》卷 122，《食货志三·漕运》，第 3566 页。

③ 《大清会典（乾隆朝）》卷 13。

缓解了北方严重缺粮，供需日趋尖锐的矛盾，有利于南方农业发展，稳定华北市场，保证社会经济的正常发展。在政治上，则还具有稳定政局，巩固统治，发挥中央政府职能及全国政治中心的作用。

漕粮依靠运河输转，而运河流经黄、淮两大水系，所以，要确保运河的畅通，就必须对其所经水系，特别是黄河进行治理。漕运与治河的这种不可分割的依赖关系，使清政府始终以治河为要务。康熙帝即位之初，就"以三藩、河务、漕运为三大事，书宫中柱上"，[①] 每年为此花费大量的人力物力。由此给社会经济带来的效益是难以估量的。不仅可以大大减少因洪水经常泛滥而给下游人民造成的巨大的人员伤亡和经济损失，安定社会生活，同时促进了农业生产，农作物免除冲淹灾涝之害，河水又可用于农田灌溉。河道的挖掘，堤堰闸坝的维修，使航运得以畅通，各地物资穿梭往来，加强了经济文化的交流。

事实上，漕运本身就是一次南北物资的大交流。每年秋季，数千艘漕船结队北行，除满载粮食外，运军水手还随船带来许多南方土特产品，沿途售卖，或载至北京、通州易手。至春天回空南返之际，又携回北方商品。所以，运河沿岸漕船的停泊地及其终点北京、通州的卸粮码头附近，都有较大规模的贸易市场，万物汇聚，八方辐辏，极为繁荣。在交通不便，工具简陋的清代，漕运不仅是全国粮食运输的主要渠道，也成为南北物资交流不可缺少的经济大动脉。

二、漕运法规的制定

清初漕运法大体承袭明制，但在具体做法上，结合实际情况，进行了许多修改，形成具有清代社会特点的漕政经济法规。

漕运首重漕船的建造。考虑到运途的安全及河道航运能力，康熙

① 《清圣祖仁皇帝实录（二）》卷154，第701页。

十七年（1678 年）议准，“漕船载米不得过四百石，入水不得过六捺，空船不得过四捺”。[①] 二十二年（1683 年），改定漕船式样，“船身长七丈一尺，宽一丈四尺四寸，载重量五百六十石”，令“各省遵照新式”，“一律成造”。[②] 漕船的使用期限为十年，若十年内无特殊原因而朽坏，或“失风漂没火毁无存者，”则乘驾漕船之运军水手“照造船料价银数分别年分追赔”。[③]

完整的漕政体制是漕粮运输的保证。清代设漕运总督一员，专管全国的漕运事宜，“凡佥选运弁，修造漕船，派发令单，兑运开帮，过淮盘掣，催攒重运，查验回空，核勘漂没，督追漕欠，并随漕轻赍、行月等项钱粮，皆其专责”[④]。开府淮安，下辖直隶、山东、河南、安徽、江苏、江西、浙江、湖北、湖南九省综理漕务的所有文武官员。为保证运河畅通，还特设了河道总督，驻济宁，负责运河及相关水系河道的疏濬、闸坝的建造维修等。雍正年间，将其一分为三，设山东、河南河道总督，江南河道总督，直隶河道总督。各省则设粮道一员，综理全省一切漕务。此外，各省还特设专管兑漕的监兑官，督责运输的押运官，选委府同知、通判充任。

运粮的运丁是漕运的直接完成者。清初，裁撤明代的卫所，有漕地区的原有卫军，一律改作运丁，承运漕粮。其世代耕耘的屯田，继续领种，以藉赡运。原卫所军官，则改为守备、千总、把总职衔，作为漕船运官，统领运丁。直接承领运船的运丁，每年佥选一次，初由各官自行遴选，康熙五十一年（1712 年），为防止运丁逃跑或运粮迟误，及出现其他问题，严格佥丁制度，“佥选运丁，必须千总保结，呈报卫备府厅等官验看，加具印结，如有挂欠，千总、守备仍照例参处。一帮挂欠，将府厅等官罚俸

① （清）杨锡绂：《漕运则例纂》卷 2，清乾隆刻本。
② 《漕运则例纂》卷 2。
③ 《漕运则例纂》卷 2。
④ 《漕运则例纂》卷 5。

一年，粮道罚俸半年。几帮挂欠，按照此例递加罚俸”[①]。运丁躲避差役，弃船逃走，则要处以重刑，“发边卫充军”。[②]对于运官也定有严格禁条，若“领运赴次违限者”，革职；“运官佥选运粮，抗违规避误漕者”，革职；如有不法行为，运途中“纵丁生事勒索，折乾偷盗，以及停泊耽延致误抵通者，即行参处”[③]。

漕粮的征收，直接关系漕运的成败。这方面，清廷要求纳粮户，必须呈交颗粒饱满，干燥洁净的粮食。征粮时间，每年十月开征，十二月兑完，不得延期拖欠。“漕欠不入赦款”，[④]必须追欠完足。对于征粮官吏，则严禁勒索粮户，滥收浮费，“如有蠹役侵蚀飞派无辜者，该督抚即将州县指参”[⑤]。催征州县拖欠漕粮时，也只能“严檄行催，不得差役，致滋勒索，违者该督抚即题参”[⑥]。

在整个漕运过程中，运输是关键。清政府最重漕船到通口返回时间。因为许多地区的漕船，是秋季开行，冬春季到岸，若过于迟晚，则北方河流封冻，重船不能进港，空船无法及时南返，直接影响下一年运粮。故此，严定漕船路途行走时限，不得违期。如自淮安府山阳县黄铺地方起，北至天津卫止，计程2350余里，所限航行日期，“山阳县境内运河一百一十里，限八日。清河县黄、运河共四十八里，限五日。桃源县黄河九十里，限五日。宿迁县黄、运河共一百五十里，黄河内限五日，进骆马湖口运河内限三日。……”[⑦]为保证漕船正常航行，还特别制定漕运季节河道通行规则，严禁兵船、贵族官僚家船恃强闯闸，阻塞航道。运途中，如出现覆船或失

① 《漕运则例纂》卷6。
② 《漕运则例纂》卷6。
③ 《漕运则例纂》卷6。
④ 《漕运则例纂》卷8。
⑤ 《漕运则例纂》卷8。
⑥ 《漕运则例纂》卷8。
⑦ 《漕运则例纂》卷13。

火等致漕粮受损，“沿途催攒各官及汛地文武官员亲临确查，各出保结，取具运官结状，该督抚具题豁免”[①]。若谎报船沉，乘机侵盗，则贪赃六百石以上者，照律拟斩，不及六百石，发边充军。对于运丁偷盗漕粮，清律处罚极重，其罪“不准援赦”，[②]惩罚的范围也不限于偷盗者，顺治十三年（1656年）定：“重运盗卖漕粮，拿获日，卖主、买主照偷盗漕粮例从重议处。”[③]

收贮是漕运不容忽视的部分。为此，顺治初年建立仓场衙门，设仓场总督职衔，一切漕仓事务专责料理。又于通州新城，设坐粮厅，由满汉司官各一员掌管，监督漕粮起卸，及负责“通济库收支钱粮，兼核漕船程限”。[④]收贮漕粮的仓库，在北京有“京仓”，共计13座，通州有“通仓”，计2座，每仓派仓监督一员，掌该仓一切事务。京通各仓收受粮米，例有定限，顺治十三年（1656年）题准，“以红本到日为始，中间晒飏收受，定限十日报完。如过限不完，即系留难措勒，仓役提究，监督听参”[⑤]。仓场不仅负责漕粮的接收和贮存，还直接掌管发放。官兵俸饷米石，每年春季自二月，秋季自八月在各仓发放。偷盗仓粮者，不论仓役还是附近居民，照例重处，“数满三百两者，为首之犯，即行处斩；为从者，拟斩监候，秋后处决。不及三百两者，为首之犯，拟斩监候，秋后处决；为从者，在仓门首枷号三个月，放日，另户之人鞭一百，发黑龙江、宁古塔等处当差，奴仆，鞭一百，民人，责四十板，俱刺字，发黑龙江、宁古塔等处给披甲之人为奴”[⑥]。

清代漕运法规堪称其经济诸法中之大法，款项浩繁，条目众多，康熙

① 《漕运则例纂》卷14。
② 《漕运则例纂》卷16。
③ 《漕运则例纂》卷16。
④ 《钦定大清会典》卷8，第96页。
⑤ 《漕运则例纂》卷20。
⑥ 《漕运则例纂》卷20。

初年曾汇编为《漕运议单》一书，备官吏翻查检索。但记载约略，漕政又不断变化。雍正十二年（1734 年），经御史夏之芳奏准，纂成《漕运全书》一部，是为漕运法规集大成者，并定每 10 年续增编辑一次之例，添新录旧。此后，《漕运全书》即成为清代一切漕运事务所遵行依据的法律准则。

第五节　清初民事经济立法的基本特点

清初的民事经济立法正处在革创阶段，因而该时期法律本身带有较强烈的因袭前代成法的承继性。不论土地立法，还是赋役、工商法，我们都能从中看到深深的明代法律印迹。清统治者入关前，满族社会刚刚进入封建社会，经济、文化远较关内落后，即政治、法律制度也相去甚远。从一个发展落后、人口稀少的边疆民族，到统治文化先进、幅员辽阔、人口众多的大国，作为统治者，在主观上，必须接受并吸收进步民族的文化，提高本民族的素养，以逐步适应新的社会环境；在客观上，落后民族也必定受到先进文化、制度的巨大影响，并逐步与之融合，而不可能将本民族原有的生产方式、社会制度长久地强加于被统治民族。这是清承明制的根本原因。

然而，也正因于此，清初民事经济立法又不可避免地与满族社会自身的发展阶段相适应，而带有一定的落后性，与明代相比，出现了某些倒退。如土地法中的"圈地令"，用最野蛮最原始的手段，掠夺抢占他人土地；在官庄、皇庄实行农奴制，强迫自由农民从事奴隶式的耕作和劳动。在一段时期内，这些落后的法律给中原社会经济造成极大破坏和混乱，遭到汉族人民强烈反对，清政府不得不予修改，但部分律条一直实行到了清末。

清政府在沿用明法的过程中，结合社会实际情况，对旧制做了许多变通。这大体包括两个方面。其一，革除明季弊政。那些严重阻碍清初社会经济恢复发展，激化阶级矛盾的经济法，一律废止不行。其中，豁免了明末三饷加派，放松对工商业的垄断控制，同时，颁布“更名田”令，承认明朝王公贵族庄田为农民占有的既成事实，实行垦荒法，给予垦荒主及投诚官兵所开荒地的土地所有权。这些法令，在清初民事经济法中占有很重要的地位。其二，改革行之已久的旧制旧法。一些经济法规并非明朝首创，在中国封建社会已经实行了数百年，甚至更长的时间。确立之初，它们还符合当时社会进步的需要，而到了明清之际，已明显落后于时代，再也难以维系。清初政府不得不顺应历史发展趋势，对这些历代相沿的经济法律做了变革。在赋役法中，颁布“滋生人丁，永不加赋”法令，推行“摊丁入亩”于全国，因而取消了有近 2000 年历史的人头税，成为具有划时代意义的经济法，使中国封建社会的赋役制度跨入新的发展领域。工商立法中，废除明朝的匠籍制度，客观上改变了历代封建王朝对手工业者人身强制性束缚的做法，大大削弱工匠对官府的依附关系，在一定程度上使之获得了生产经营的自由。此举客观上不仅对后世工商法律制度产生了深远影响，而且有利于清代社会商品经济的繁荣活跃，有利于新的经济因素的萌芽成长。

但是，清初民事经济法律并没有超出封建立法的范畴，代表的仍然是封建地主阶级的利益，任何变革都以服务于这一根本利益为前提。而限制手工业发展及对外贸易等法律的实施，则更是直接地运用法律手段，保护封建社会赖以生存的经济基础和生产方式，抑制压迫工商业的发展速度，阻碍新的社会力量登上历史政治舞台。

第十章　顺治、康熙时期的刑法

第一节　顺治、康熙时期刑法的指导思想与原则

一、顺治时期的刑法指导思想与原则

自八旗铁骑叩关南下，顺治帝定都北京以来，清朝统治者面临着极其复杂的政治、经济以及社会形势。这不单表现在满洲贵族统治集团内部的政治经济矛盾，而且在原有汉族活跃的广袤地域内，政治的、经济的、社会的、民族的、阶级的各种矛盾冲突也交织在一起，使清朝入关后处于相当窘困的境地。然而，满洲民族毕竟是善于学习汉文化的古老而又新生的民族，其统治者在采用刑法手段维护多民族的统一秩序上，远较元朝蒙古统治者富于统治经验，具有更加成熟的刑法指导思想与原则。以下分别加以概述：

（一）因时制宜，承袭明制

顺治帝亲政以来，着眼于清朝的久安长治，一改睿亲王多尔衮的临时设置，特别是纠正了多尔衮“于明之弊政，未能厘正”的缺陷。嗣后，顺治帝经常“幸内苑，阅《通鉴》”，并与范文程、陈名夏等近臣讨论汉唐与明代的经验教训。他痛切指出：汉明两代宦官寺人“典兵干政，流祸无穷”，

“足为鉴戒”，“虽有英毅之主，不觉堕其术中”。[①] 为此，急切需要从明代旧有制度的弊政入手，作一番改革。本着这一思想，他立即着手废除明代沿袭已久的厂卫干预司法与朝堂杖责大臣的弊政。

顺治帝并不像元代那样简单轻率地否定前制，而是从实际统治需要出发，力主承袭明代有益的刑法内容。顺治十年（1653 年），他在与臣下讨论前代刑制时，明确得出“明太祖立法可垂永久，历代之君皆不及也”[②] 的论断，从而确定了清承明制的原则。顺治这种思想的产生，并非偶然。而是有鉴于明代刑法统治数百年，其影响已渗透到社会生活的各个领域，骤然以落后的满洲刑制加以取代，非但不利于清朝稳定统治，反而会激起更加激烈广泛的民族反抗。

（二）禁“盟社”，惩异端的原则

作为满族封建政治家的顺治帝深感“抚临中夏”是件极其艰难的事业，不仅“人民既众”，而且“情伪多端”。[③] 为此，他在礼优明朝降臣与开科取士笼络汉族地主阶级的同时，一再强调严行禁止一切反满抗清的思想、言论、行为，并为清初的刑事镇压确立了禁“盟社”，惩异端的原则。这反映出清初统治者既需联合汉族地主阶级，又对汉民族，特别是士大夫阶层心怀猜忌的复杂心理。顺治九年（1652 年），福临以京师义民李应试广招宾客，“恐其有异谋”下诏“而捕杀之”。顺治十七年（1660 年），继而下令：“约束士子不得妄立社名，纠众盟会，其投刺往来，亦不许用同社同盟字样，违者治罪。”[④] 这种防微杜渐的统治思想和镇压措施，对于明末清初启蒙民族民主思潮起到桎梏作用，对于反满抗清斗争则发挥了镇压作用，

① 《清实录·世祖章皇帝实录》卷 76，第 602 页。

② 《清史稿》卷 5，《世祖本纪二》，第 132 页。

③ 《大清律例》，《附录一·世祖章皇帝御制大清律原序》，第 667 页。

④ 《清实录·世祖章皇帝实录》卷 131，第 1016 页。

并导致文人学士最终潜心经史，而聚集论讲之事不复发生。

（三）维护满洲贵族特权的原则

清兵入关后，满洲贵族以征服者自居，贪赃枉法，为非作歹之事屡有发生。顺治八年（1651 年）冬，满大臣谭泰因“婪索赃钱”被汉族御史张煊劾奏。摄政王多尔衮出于狭隘的民族偏见，不究赃官之责，反坐张煊以死，以此维护满洲贵族特权。顺治十年（1653 年），福临察览汉官李呈祥有关裁去贪墨满官的条议，曾严厉斥责为：“大不合理！”并强调说：“夙昔满臣，赞理庶政，并有畋猎行阵之劳，是用得邀天眷，大业克成。彼时可曾咨尔汉臣为之耶？……首崇满洲，固所宜也。”[①] 拘于满汉畛域之见，顺治帝非但不采纳，反而革去李呈祥之职。清初统治者在规定刑事政策上注重维护满洲贵族的特权，反映了民族统治的某些色彩。但同时还须指出，清初统治者孜孜以求的目标，是清朝的长久统治。对于满洲权贵特权的规定，必须服务于统治阶级全面治吏的根本要求，一切特权只具有相对的意义。

二、康熙时期的刑法指导思想与原则

康熙皇帝是我国历史上少有的几个在位久且有作为的封建政治家。他晚年总结了自己波澜壮阔的一生，曾说：“朕自幼读书，寻求治理，年力胜时，挽强决拾，削平三藩，绥辑漠北，悉由一心运畴……，幸得粗致谧安……”[②] 正是因为他熟读儒学律例，所以能够借鉴以往，具有丰富的法律思想，特别是刑法思想。康熙在位期间削藩平叛，在全国范围内确立统一的法律统治，所以，他的刑法思想较之他的先辈更趋于成熟完善，更富于

① 《清实录·世祖章皇帝实录》卷 72，第 570 页。

② 《清史稿》卷 8，《圣祖本纪三》，第 293 页。

实践性。

（一）“满汉参差”“协和于中”

康熙帝即位不久就强调“国家法度，代有不同”[①]，并主张适应当时变化的形势，对清初初创的刑法制度进行变革。他对变革提出的指导思想是“满汉参差”“协和于中”，[②] 指出“太祖、太宗创制定法，垂裕后昆”[③]，其重要目的就在于首先保持满族的风格与特点，用以维护满族，特别是满族权贵的优越地位。但同时要善于汲取汉族以往刑律中的成熟内容与指导原则，以期达到“协和于中”境界。他认为刑法之弊，或失之于“严苛”，或失之于“宽纵”，惟今之计，首先要在立法上“务期除尽积弊”；[④] 其次要在司法上凡“有情可矜疑”者，“罪未允协者，皆驳令复审”[⑤]，而刑法的制定与实施，只有达到“未有忠不赏而逆不罚者”，或“必功罪分明”，“予夺精确”者，才能称之为“允协”。[⑥] 康熙帝本于《尚书·大禹谟》“明于五刑”“民协于中”的思想，确立了刑法“允协”“适中”的原则，以期在刑事立法与实施过程中达到封建时代的理想程度。尽管由于时代的、阶级的、民族的局限，在实施“满汉参差”“协和于中”的原则时，不可避免地存在着弊端，但对清代刑法指导思想与原则的成熟与完善却起到了推动作用。

（二）“禁暴止奸”“敷治戡乱”

康熙帝在建立统一封建法律秩序的过程中，既面临着各民族人民的

---

① 《清史稿》卷 6，《圣祖本纪一》，第 165 页。
② 《清实录·圣祖仁皇帝实录（一）》卷 41，第 553 页。
③ 《清史稿》卷 6，《圣祖本纪一》，第 165 页。
④ 《清实录·圣祖仁皇帝实录（一）》卷 82，第 1053 页。
⑤ 《清实录·圣祖仁皇帝实录（二）》卷 125，第 326 页。
⑥ 《清实录·圣祖仁皇帝实录（一）》卷 99，第 1245 页。

正义反抗，也面临着破坏国家统一的地方割据与叛乱。这使得当时康熙提出的“禁暴止奸”“敷治戡乱”[①] 的原则不能不深刻着时代的烙印。反映出当时刑法的民族统治色彩与阶级镇压性质，以及维护国家统一平息地方叛乱的内容。康熙十八年（1679 年），玄烨针对社会上各种形式的反抗，降谕刑部：国家设立法制，原以“禁暴止奸”“安全良善”为主旨，但“因人心滋伪轻视法网”，以及“强暴之徒，凌虐小民”，所以在定律之外，复严设条例，“俾其畏而知儆”[②]。与此同时康熙又指出：“忠逆实臣节之大防”。凡有违“君为臣纲”，策动叛乱的逆臣，都须从“敷治”出发，予以“戡乱”，[③] 绝不能稍有宽贷。由上可见，在运用刑法手段镇压反抗与禁戢内部叛乱时，康熙皇帝无论从指导思想上，或者原则上都力主“从重治罪”，[④] 从而反映出前清统治者在对付严重犯罪上采用重刑主义原则的主要倾向。

（三）“以德化民，以刑弼教”

玄烨作为有远见的封建政治家，从以往治国成功的模式出发，坚决主张：“以德化民，以刑弼教”，[⑤] 反对无论何种犯罪一律重刑处断的绝对做法。他认为发挥伦理道德的教化职能，既可有效地控制臣民的思想，起到预防犯罪的积极作用；同时以刑法手段强制推行教化措施，补充教化职能的不足，这是维护封建统治的两个方面，缺一不可。他的这一思想原则，既源于汉唐明代的经验，又有自身的根源。他以为：除开“十恶不赦”的重罪外，“愚民无知，身陷法网”，皆根源于“教化未孚”，“或为饥寒所迫”。因此，对待一般犯罪，首先要从教化的与经济的两方面入手，不能单一地强调严

① 《清实录 · 圣祖仁皇帝实录（一）》卷 99，第 1245 页。
② 《清实录 · 圣祖仁皇帝实录（一）》卷 84，第 1073 页。
③ 《清实录 · 圣祖仁皇帝实录（一）》卷 99，第 1245 页。
④ 《清实录 · 圣祖仁皇帝实录（二）》卷 123，第 301 页。
⑤ 《清实录 · 圣祖仁皇帝实录（一）》卷 94，第 1187 页。

刑峻法。如此，方能“安民”，“劝善”，“移风易俗”。但这不等于放弃刑法手段，相反，是为了更有效地发挥它的镇压作用。正如康熙自己所说：“劝善莫先惩恶，必咨询廉访，责有专官，而后民隐得以上闻，奸顽为之敛戢。”[①]康熙皇帝对刑法思想的认识和对刑法原则的归纳，反映了清朝统治者刑事镇压经验的丰富与积累以及日趋成熟化的发展趋势。康熙帝融精神与物质统治力量为一体的思想原则影响了有清一代，成为统治阶级治理国家的重要理论武器。

（四）贯彻思想高压政策惩治异端

康熙作为满洲民族统治整个中国的代表，当然具有封建地主阶级代表人物的长远观念与整体观念，但囿于满汉畛域之见，对于汉民族，特别是对汉族官吏与知识分子又怀有深深的猜忌。为此，在实行安抚与收买政策的同时又规定实施思想高压政策，以及保障其实施的各项刑事原则。以期“恩威并施”，遏制兴起于明清之际的民族民主启蒙思潮，巩固君主专制统治。

康熙皇帝在总结历代镇压经验，特别是镇压妖书妖言罪的基础上，首先，确立以思想、言论、文字作为定罪量刑标准的原则。即不问主观动机与社会效果，凡对皇权专制构成直接威胁的思想、言论、文字均视为犯罪。其次，通过“擅称”明朝皇室成员，或“妄题诗句”，或“悚动人心”，[②]用以动摇清朝社会统治基础的，同样采取重刑处罚的方针。最后，采取编写前朝历史的形式，在言词中影射清朝“卑微”，颂扬亡明“正统”的，同样实行严厉处罚的方针。诸如严惩戴名世《南山集》案，以及庄氏家族的《明史》案[③]。所有这些，都对清朝大兴文字狱，禁锢舆论思想，导致社会

---

① 《清实录·圣祖仁皇帝实录（二）》卷103，第40页。

② 《清实录·圣祖仁皇帝实录（三）》卷236，第365页。

③ 《清实录·圣祖仁皇帝实录（三）》卷249，第465页。

与文化的僵化起到了恶劣作用。

（五）整饬吏治，“端本澄源”

康熙皇帝积治世多年的成功经验，总结出“朝廷致治，惟在端本澄源”；欲达此目的，又须从整饬吏治入手。所谓“臣子服官，首宜奉公杜弊。大臣为小臣之表率，京官乃外吏之观型。大法则小廉，源清则流洁，此从来不易之理”。[①] 把治吏作为正本清源的关键来认识，无疑是有远见的。因为，在封建时代，皇权统治最终要通过各级官吏来实现。所以，吏治的清明有效与否，就成为封建国家能否安民致治的首要前提。康熙十九年（1680年），曾谕吏部等衙门：“致治安民之道，首在惩戒贪蠹。严禁科派，而后积弊可清，闾阎不扰。”[②] 他主张：凡“诈索害民”“肆意横行”[③] 者，或“朘削”小民，“借端营私”者，“定行严加处分”，并“著通行申饬遵行”。[④] 康熙年间运用刑事手段（兼采行政处罚）整饬吏治的原则和设施，尽管存在不少问题，但在当时的社会历史条件下，对封建国家由乱到治仍发挥了重要作用。并且对清朝后世产生了不可低估的影响。

综上可见，顺治、康熙二帝在位时期形成了各自的刑法指导思想与指导原则。这中间，在强调发挥封建刑法的镇压职能，主张严于治吏以及采取思想高压政策惩治异端上，都表现了一脉相承的历史连续性。但相对而言，康熙较顺治更能适应变化了的社会形势，并切合时局提出了更富于远见、更趋于成熟的思想原则。顺治、康熙时期的刑法思想与原则，必然深刻着时代的烙印，带有一定的局限性。但毕竟发挥了开创与奠基的作用，其主要精神一直为清朝后世皇帝所继承，并在新的历史条件下得到发展。

① 《清实录·圣祖仁皇帝实录（一）》卷90，第1136页。
② 《清实录·圣祖仁皇帝实录（一）》卷90，第1134页。
③ 《清实录·圣祖仁皇帝实录（一）》卷90，第1134页。
④ 《清实录·圣祖仁皇帝实录（一）》卷73，第939页。

第二节　《大清律集解附例》及《现行则例》的制定与刑法体系的初步形成

一、顺治朝《大清律集解附例》的制定

清入关后不久便认识到：关外立法已满足不了需要，制定一部普遍性经常性刑事性的国家大法，已经被提上重要的议事日程。顺治三年（1646 年），清世祖在为《大清律集解附例》所作序文中也指出："太祖太宗创业东方，民淳法简，大辟之外，惟有鞭笞。朕……抚临中夏，人民既众，情伪多端。每遇奏谳，轻重出入，颇烦拟议。律例未定，有司无所禀承。"为此，他要求臣民对"详译明律，参以国制，增损裁量"而成的《大清律》，必须"世世守之"，[①]不得随意违犯。顺治皇帝结合司法实践的诸多弊端，进一步阐述了修订常法的迫切性与必要性。由此可见，清朝入主中原以后，伴随中原先进法律文化的渗透与影响，以及满洲民族封建化程度的提高，采用国家常法的统治形式，替代原有的习惯法与简单成文法的统治形式，不仅是清朝统治阶级谋求长治久安的战略意图对刑事立法的必然要求，同时也是刑事法律规范发展的必然趋势。

应当指出，上述转化的完成，并非一蹴而就。相反，从顺治元年（1644 年）福临即位，到顺治十三年（1656 年），先后费时 10 余年，才得以实现。以下从顺治朝刑事立法的实际状况出发，拟将《大清律集解附例》的制定分为三个阶段加以说明：

（一）"准依明律"

顺治元年（1644 年）六月，先行进驻北京的摄政睿亲王多尔衮即令"问

① 《清史稿》卷 142，《刑法志一》，第 4183 页。

刑衙门，准依明律治罪”。[1] 这是入关后，清朝统治集团首次发布命令，公开认可《大明律》在司法实践中的法律效力。同时也是清朝直接沿用明律的起始。多尔衮之所以规定“准依明律”的方针，除开忙于战事，对修律无暇顾及之外，又充分考虑到：“以夷制夷”是最易于为被征服民族接受的统治方式。相反，骤然改变行用已达200余年的明律统治方式，不仅于稳定中原政局不利，而且会引起汉民族更为激烈的反抗。但出于临时应急，简单地沿袭明律，虽可以行用于一时，却不能作为长期奉行的指导方针。同年八月，刑科给事中孙襄结合实践中的问题提出：“今法司所遵及故明律令”，因“科条繁简，情法轻重”并不完全符合当今需要。为此，亟待“稽往宪，合时宜，斟酌损益”，以便对旧有明律作出统一刊定，使之“布告中外，俾知划一遵守”。[2] 多尔衮采纳了这一合理意见，遂令“法司会同廷臣详译明律，参酌时宜，集议允当”，以便裁定成书，颁行天下。[3] 同年十月，顺治入京，即皇帝位。刑部左侍郎党崇雅再次申奏：尽管当前“不无凭臆舞文之弊”，但大清律尚未制定，因此只能“暂用明律”。[4] 顺治据此降旨：“在外仍照明律行，如有恣意轻重等弊，指参重处。”[5] 从顺治元年（1644年）六月多尔衮下令“准依明律治罪”起，清廷数次颁布命令要求各地“暂用明律”，使《大明律》成为《大清律》制颁前的过渡性法律。这种状况，一直延续到顺治三年（1646年）五月《大清律集解附例》颁布。清初直接沿用明律的做法，反映了同质法律的延续性与继承性。但作为少数民族入主中原的代表——满族统治者，仅于沿用前代法律两年后就将《大清律》颁行中外，实在是难能可贵的。同时也反映了一个新生民族善于学习先进法律文化的特有热情。

① 《清史稿》卷142，《刑法志一》，第4182页。
② 《清史稿》卷142，《刑法志一》，第4182页。
③ 《清史稿》卷142，《刑法志一》，第4182页。
④ 《清史稿》卷142，《刑法志一》，第4182页。
⑤ 《清史稿》卷142，《刑法志一》，第4183页。

（二）修订本朝刑律

清初统治者在沿用明律的过程中，不仅洞悉明朝法律的弊端，而且为制定本朝的大法提供了正反两个方面的借鉴。顺治二年（1645 年），福临降谕："修律官参稽满、汉条例，分轻重等差"，[①] 统一纂修大清律。这实际上厘定了有清一代修纂大清律的基本方针与总的模式，不能不对后来的承继者产生至关重大的影响。这一方针的基本要求是：大清律作为国家大法既要体现满族统治者的要求和满族的风格特点，同时又要适应满汉地主阶级联合专政的需要，尽可能地汲取明朝刑律的成功之处，使之成为统一适用的刑事性法典。

自顺治二年至三年五月的一年多的时间中，修律官与朝臣秉承福临旨意的基本精神，在"详译明律，参以国制"的前提下，"广集廷议"，"增损裁量"，终于草拟出《大清律》的初稿。进奏后，顺治皇帝十分重视，曾"再三覆阅"。其后，又令"内院诸臣校订妥确"，才以《大清律集解附例》之名，诏颁中外。自此，清代第一部刑事性的国家大法正式问世。同时标志着完全袭用明律的时代结束。

（三）复颁满文《大清律》

顺治八年（1651 年），福临亲政后，有鉴于睿亲王多尔衮"专横擅权"及拜尹图、巩阿岱、锡翰、席纳布库、冷僧机等满族八旗权贵相继依附为党的教训，从加强封建君主专制主义中央集权的需要出发，在首正多尔衮（已故）及其党羽之罪的同时，愈益感到以统一的国家大法对满族统治集团成员实行约束的必要性。可实际状况却与顺治本人的想法相悖。因满人多有不识汉文者，《大清律集解附例》又以汉文形式刊刻颁行，虽行用五年，人多不知所云，更难于进行守法教育。与此同时，司法实践中暴

① 《清史稿》卷 142，《刑法志一》，第 4183 页。

露出来的问题变得更加突出。《大清律》这部国家大法竟对违法犯罪的满族官吏起不到约束作用。据同年太子太保吏部尚书、宗室韩岱等奏称："处分满官，臣部未有一定律例，具系酌量事情轻重，公同议处。"[①]针对以上弊端，顺治皇帝为强化皇权专制，控制满族臣民，巩固清朝长久统治，于其后不久，即令臣下将汉文的《大清律集解附例》，全部译为满文，以便不识汉文的关内外满族贵族、百姓有所遵循，不致触犯刑宪。顺治十三年（1656 年），经过君臣反复审阅核校，终于复颁满文《大清律》。[②]从而将全国的满汉臣民都置于《大清律》的约束之下，巩固了多民族国家统一的法律秩序。

综上所述，顺治元年至顺治十三年，清廷集中了满汉熟谙儒学律意的朝臣，特别是集合了深通明律的吴达海、党崇雅、范文程、冯铨、洪承畴、宁完我、毛永龄等明时旧臣，在《大明律集解附例》的基础上，迅速制定颁布了《大清律集解附例》。但因其产生于清朝入关不久，社会矛盾、民族矛盾、阶级矛盾异常尖锐的历史环境下，统治阶级不可能集中本阶级的全部智慧与力量，促使刑律臻于完善。相反，却表现出简单抄袭明律的明显弊端，以致某些条文完全不适应清初的社会实际情况。其情有如谈迁《北游录 · 记闻》所说："大清律即大明律改名也……，如内允依大诰减等，盖明初颁大诰……，其后不复纳……，今清朝未尝作大诰，辄引之，何也。"此外，因天下未定，即便国家大法也不可能认真贯彻。如当时朝臣赵进美在奏疏中所说："今律例久颁，未见遵行。"[③]总之，尽管《大清律集解附例》存有诸如此类的缺陷，但它毕竟标志了清朝第一部刑事法典的问世和国家以常法统治的开始。

① 《文献丛编》第 2 辑，《吏部处分过之满官员事件文册》。

② 《清史稿》卷 142，《刑法志一》，第 4183 页。

③ 《清实录 · 世祖章皇帝实录》卷 54，第 428 页。

二、康熙朝《现行则例》的制定

康熙在位60年，不但在政治上实现国家统一、军事上止息边疆之乱，在法制建设上也有新的建树。这无疑和康熙本人重视立法休戚相关，同时也是清朝统治辽阔地域调整复杂社会关系所必需的。

（一）制定《现行则例》的社会条件及主要原因

康熙八年（1669年），玄烨以智谋除去“专横乱政”的鳌拜①。不仅统治地位得到巩固，而且腾出更多精力治理社会，研究立法与司法提出的至关重大的问题。同年六月，康熙皇帝根据近年“水旱频仍，盗贼不息，兼以贪吏朘削，民力益殚”，要求各部院科道诸臣，从法律角度“各抒所见”，提出整治意见②。康熙十一年（1672年），又根据掌狱官吏不依律例轻毙人命，“诏治狱勿用严刑轻毙人命，违者罪之”③。康熙十二年（1673年）进一步指出：“近见引律烦多，驳察诬良，时见参奏，出入轻重之间，率多未协于中。”④立法与司法出现的法条繁杂不便引用的矛盾日趋尖锐化，促使康熙下决心整理并制定法律。此外，伴随清朝统治地域的拓展，理藩院受理的少数民族案件愈益复杂化，急需一种因地制宜且灵活便利的法律形式。据理藩院奏：“（蒙族）盗马罪犯阿毕大等五人，应立决，家产妻子，请给失马之人。”康熙皇帝根据蒙族“以牧为业”，地广人稀的具体情况，降谕“人命关系重大，每于无可宽贷之中，示以法外得生之路……，阿毕大等家产妻子，既给失马之人，若本犯免死，给与为奴，则失马者得人役使，于法未为不当，嗣后著为定例”⑤。这一事实表明，康熙在治世中已充分认

---

① 《清史稿》卷6，《圣祖本纪三》，第177页。

② 《清史稿》卷6，《圣祖本纪三》，第178页。

③ 《清史稿》卷6，《圣祖本纪三》，第183页。

④ 《清实录·圣祖仁皇帝实录（一）》卷41，第553页。

⑤ 《清实录·圣祖仁皇帝实录（一）》卷98，第1237页。

识到：制定统一的法律是必需的，但适合少数民族需要的灵便条例也必不可缺少。兼顾此二者，便可使法律既有统一性与原则性，又具有因地制宜的灵活性。既适应了清朝多样化社会生活的实际需求，同时也反映了满汉地主阶级统治的需要。

（二）《现行则例》的制定与并入律文的过程

康熙皇帝总结以往立法经验教训，认为则例能否“因革损益，期于尽善”，第一，要遵循“参酌时宜，归于可久”的原则。康熙深刻总结了“明末一切事例游移不定，上无道揆，下无法守，以致沦亡”的教训。要求刑部及其他参与者根据现实需要，“务加详酌”。一旦制定，就须一体遵行，“不宜议论纷纭，朝更夕改”[①]。第二，康熙认为制定则例必须以“严设条例”“谨防遗奸”为指导思想。他指出：“国家设法定例，原期章程尽善”，但原有律例不足以“惩奸”，新例须防范周密，镇压得力，“俾其畏而知儆，免罹刑辟”[②]。第三，康熙皇帝认为则例能否修订成功，关键在于是否遵循“详加酌定，确议具奏”的原则。他指出：修例官对现行例文所存之弊，不能“曲为弥缝”。[③]相反，对所有条例须逐条审议精当，向皇帝据实奏报。即所谓“所有条例，如罪不至死而新例议死，或情罪原轻而新例过严者，应去应存，著九卿詹事科道，会同详加酌定，确议具奏”。由上可见，伴随清朝统治的日趋稳固，康熙愈益重视皇帝在立法上的绝对支配权以及对臣下立法的监督权，以期使封建刑事立法保持稳定性、连续性、权威性，维持巩固清廷的长期统治。

康熙十八年（1679 年），刑部依据康熙皇帝规定的修例原则，对清朝建立以来所有行用的例文开始了艰巨的刊定工作。凡属宽严适中有行用价

① 《清实录 · 圣祖仁皇帝实录（一）》卷 83，第 1063 页。

② 《清实录 · 圣祖仁皇帝实录（一）》卷 84，第 1073 页。

③ 《清实录 · 圣祖仁皇帝实录（一）》卷 73，第 938 页。

值的例文，均按“名例、职制、公式、户役、田宅、婚姻、仓库、课程、钱债、市厘、祭祀、仪制、宫卫、军政、关津、厩牧、邮驿、贼盗、人命、斗殴、诉讼、受赃、诈伪、犯奸、杂犯、断狱、营造”等目，① 系统编定。凡属前后抵牾、应去不留的一并删除。其后又与九卿詹事科道一起，对应留条例逐条酌定，会同确定。第二年经康熙皇帝核准，“别自为书”，② 全称为:《钦定六部现行则例》，简称《现行则例》。③《现行则例》参照宋明以来修例传统，比照《大清律》六部分律的体例，对律文规定以外的各类犯罪作出轻重不同的处罚规定，标志着清朝以例补律，律例相互为用的立法时期自此开始。

至康熙二十八年（1689 年），《现行则例》经过近 10 年的实行，逐渐暴露出难与《大清律》并行的问题。同年台臣盛符升以“律例须归一贯，乞重加考定，以垂法守”④ 为由，上奏康熙皇帝，要求对律、例并行的体例重新加以考虑。玄烨据此降谕：“特交九卿议准，将《现行则例》附入大清律条”，⑤ 并任命大学士图纳与张玉书为总裁官，主持这项工作。

在修订过程中，诸臣又对难解律文加注解作勘校。所谓“律文昉自唐律，辞简意赅，易致舛讹。于每篇正文后，增用总注，疏解律义。次第酌定名例四十六条”⑥。正因为如此，《现行则例》分门别类并入《大清律》后，拖至康熙三十四年（1695 年），才缮呈皇帝审阅。康熙三十六年（1697 年），又发回刑部，令“将奏闻后更改之处补入”。主持修订工作的朝臣，在康熙四十六年（1707 年），再次将修订本上呈皇帝。但康熙皇帝一直“留览未发”，⑦ 直至

① （清）陈梦雷编纂:《古今图书集成·明伦汇编·祥刑典》卷 59,《律令部》，中华书局 1985 年版。

② 《清史稿》卷 142,《刑法志一》，第 4183 页。

③ 《清史稿》卷 142,《刑法志一》，第 4183 页。

④ 《清史稿》卷 142,《刑法志一》，第 4183 页。

⑤ 《清史稿》卷 142,《刑法志一》，第 4183 页。

⑥ 《清史稿》卷 142,《刑法志一》，第 4183 页。

⑦ 《清史稿》卷 142,《刑法志一》，第 4183 页。

他去世。

康熙皇帝如此慎重地对待立法工作，是有其良苦用心的。康熙继顺治之后即位，孜孜以求的目标是“章程尽善，垂之久远”。[①] 为此，他不惜在戎马倥偬之余，与臣下反复校勘律例。他反对与鄙视急功近利的仓促立法，企求适于长治久安的法制。尽管他在位60年未能颁行律例合编的刑事法典，但为雍乾时期完善律例提供了重要原则，奠定了坚实的基础。同时也说明，少数民族入主中原以后，确立完善的长期行用的刑事法典的艰难性及其探索过程。

三、刑法体系的初步形成

纵观封建刑事法律制度的形成发展过程，人们不难发现，封建刑法体系的产生是封建刑法制度发展到一定阶段的产物，它与统治阶级刑法观念发达，以及运用刑法手段的成熟水平密切相关。具体讲：（1）对封建刑法的性质作用有系统周密的阐发和规定；（2）对刑事法规的形式及其联系与区别有明确的理解与规定；（3）为封建国家认可的刑事法典形成严密合理的体例结构。当然，类似的内容还可列举出一些，但主要的似应为上述三者。以下就此三者对顺治康熙时期刑法体系的初步形成略加说明：

（一）刑法观念从启蒙到开化的转变

清朝入关后的顺治、康熙两朝，社会进入相对稳定的封建君主专制集权的统治时期。国家活动亦由军事征服转而走向“以法治世”的轨道。为适应社会性质与国家统治方式的转变，统治者必须在观念上实行根本性的转变。否则，便无法维护以满族为主体的清王朝统治。顺治、康熙两朝则毅然从太祖太宗时期“民淳法简”的习惯意识与传统的羁绊中解脱出来，

① 《清实录 · 圣祖仁皇帝实录（一）》卷73，第938页。

积极倡导因袭明朝研求以法治世的长久之术，以及“定刑书”[①] 的根本大计。清初统治者一再表明“刑之有律，犹物之有规矩准绳也”[②]，“子孙臣民，其世世守之”[③]，既是在强调刑书“禁暴止奸”[④] 的刑事镇压性质，又是在宣扬它的普遍性与经常性，以便使其成为规范臣民的“万世之常法”。

应当指出，由于顺治、康熙两朝在刑法观念上及时完成了从启蒙到开化的转变，从而避免了元初固守漠北传统的弊端，推动与促进了清朝刑事法规的建设以及刑法体系的初步形成。

（二）刑事法规的形式及其区别与联系

从文献档案与史料的记载看，清初顺治、康熙年间封建刑事法律规范主要有谕旨、条例、刑律等三种法律形式。下面结合顺康时期的刑法实际状况对三种形式的关系略加说明。

清代谕旨，简称谕，是皇帝针对特定对象或特定事件临时颁发的命令。在刑事法律规范的范畴中，谕旨多表现出惩治特定犯罪或特定犯罪事件的制裁性。其中，在顺康之交大兴文字狱时，谕旨多表现为制裁思想言论文字方面“犯罪”的法律内容。谕旨作为皇帝发布命令的一种形式，在君主专制的清朝具有至高无上的法律效力，甚至可以置律例的规定于不顾，随意制裁统治者心目中的犯罪。因此，谕旨无疑构成封建刑法的重要渊源之一。同时又成为统治者紧急治罪的灵便武器。

律，通称刑书或刑律，主要以刑事法典的形式出现。律在清初享有国家大法的重要地位。顺治、康熙异乎寻常地重视制定和宣传刑律就很说明问题。清世祖在《大清律》制成后曾亲撰序文，严申“敬此成宪，勿得任

① 《清史稿》卷 142，《刑法志一》，第 4182 页。

② 《清史稿》卷 142，《刑法志一》，第 4182 页。

③ 《清史稿》卷 142，《刑法志一》，第 4183 页。

④ 《清实录·圣祖仁皇帝实录（一）》卷 84，第 1072 页。

意低昂”，以期臣民“畏名义而重犯法”。[①] 康熙在位期间曾令各地广设“讲约处”，每逢朔望，定期宣讲钦定律条，以期家喻户晓，使人知法、守法。在比较重视法治的顺康时期，尽管有些时候有些地方谕旨可以凌驾于刑律之上，但从整体上看，《大清律》仍不失为封建刑法的主要渊源之一，并起到了维护封建经济基础、加强中央集权的君主专制的作用。

例，又称条例或定例。它在明清之际成为应用广泛的一种法律形式。当例表现为刑事法律规范时，它时常被用来补充刑律规定之不足，或者被用来变通伸缩已经停滞僵化了的律文，带有临时的、权宜的性质。因此，例往往不循刑律规定之常轨，不但创设新的刑法适用原则，而且对律文未规定者作出处罚性的决定。顺康时期不但承继了《大明律》的有关规定，而且吸收了明代条例的重要内容。从而丰富了统治者刑事镇压的手段。例与律相比，更灵活便利，具有适应性。因此，在司法活动中受到清初统治者更多的青睐。

总括以上，谕、律、例三者，以谕的地位最高效力最优。这不仅因为清代皇帝总揽立法权，其谕旨可以超越一切法律，还在于名为国家大法的大清律较明代地位又有所下降。

与谕旨相比较，律例间的关系则表现出相对的复杂性。一般说，清朝政局相对稳定时，刑律的国家大法地位往往得到统治阶级较为充分的认可和尊重。律的地位与效力理所当然地优于例。相反，每当出现内忧外患，统治阶级考虑更多的是摆脱大法的严格约束，依靠例的灵活形式和便于使用的特长，实施广泛有效的刑事镇压。《大清会典》所谓“律不尽者著于例”，“有例则置其律”，则反映了政局动荡导致律例地位倒置，以及例的效力高于律的真实状况。但同时因例的地位提高和灵活性增加，又产生了为统治者所料不及的后果。苟营私利的胥吏常假“则例纷绘”之便，“欲轻则有轻条，欲重则有重款，事同法异，总缘多立名色，便于

① 《大清律集解附例 · 御制序文》。

高下其手”。[①] 这一切，无疑增加了刑事制裁的随意性与擅断性。

与此同时还须指出，在顺康时期君主专制主义中央集权的历史条件下，谕、律、例三种形式只能是维护封建皇权和国家统治的手段。调整社会关系与确立封建秩序的一致性，决定了它们之间相互依存相互为用的依赖关系；社会犯罪的复杂性与多样性，则决定了它们在行用上的分工。总而言之，清朝顺康时期谕、律、例等多种形式的并用，不但表明封建刑事法规发展与刑法体系的初步形成，而且反映了专制的封建国家权力的巩固和皇帝支配立法权的加强。

（三）刑事法典的体例结构

1. 律例合编的体例结构

中国封建时代采用律例合编体例编纂刑书的，最早起自明朝。顺治、康熙年间以“清承明制”为宗旨，在因袭明律的基础上略加损益，完成了《大清律集解附例》的纂修与刊定工作。因此，《大清律集解附例》在制定伊始便具有较为系统的体例结构。从整体结构上看，《大清律集解附例》将律文作为国家大法的正文，例文则作为律的附文和补充，采取律例合编的体例。《明史・刑法志》所谓“律者，万世之常法；例者，一时之旨意”，就是在概括以往的基础上得出的律例关系的简要结论。它对于承袭明律的清律来说，也是适合的。顺治时期在修律过程中，只触动了《大明律》的一些律文，而没有删修其中的例文。所以，顺治三年（1646 年）的《大清律集解附例》与《大明律》相比，在体例结构上并无大的变化。只是律文条目比《大明律》减少两条，为 458 条。即删除原有的“漏用钞印”“钞法”“伪造宝钞”三条，另增“边远充军”一条。此外，又将原《公式》门的“信牌”条移入《职制》门，将“漏泄军情”条移入《军政》门，而没有改变律的实际条目。

应当指出，《大清律集解附例》是清代开国之初在匆忙之中形成的“急

---

① 《清实录・圣祖仁皇帝实录（一）》卷 33，第 441 页。

就章”。“律文昉自唐律，辞简义赅，易致舛讹”，[①]有鉴于此，康熙二十八年（1689年）修律大臣们“于每篇正文后，增用总注，疏解律义。决第酌定名例四十六条”[②]。因此，造成清代律注多于明代的特点。但《大清律集解附例》的律注往往增加数字，却使律意明晰易解，而不改变刑律的内容。譬如，明、清刑律中的《名例律》，同有“别籍异财”一条，内中云：“若居父母丧而兄弟别立户籍分异财产者杖八十。”据此明律附注说：“须期亲以上尊长亲告乃坐。”清初修律犹感解注语意未尽，于是以《明律纂注》“须期亲以上尊长亲告乃坐者，恐或奉（父母）遗命，非外人所知，此又制律之微意也”为修律注的根据，在“须期亲以上尊长亲告乃坐”一句后，加注“或奉遗命，不在此律”。[③]清初修律通过增加律注的方式，使律的规定和律的理解执行有机地统一起来，不仅严密了律文内容和结构，同时也为习法者与执法者提供了便利。

此外，康熙在位期间，又通过立法程序，将现行实用的条例汇编整理，定名为《现行则例》。后经康熙帝核准，全部附入《大清律》。这是清代增加例的比重，改变刑律结构的开始，对雍正、乾隆以后各代均产生了重要影响。实际上，把律文视为“成宪”不允许丝毫更变的想法，根本无法实行。这使得清朝初期统治者不得不另谋解决之策。适应现实统治需要便产生了“引律比附”，或者增加例文的形式，扩大律的调整幅度增强适应变化的能力。于是，统治者重新调整刑事政策，不断作出新的规定。其中，既有沿袭明朝，又有清朝自己创设的。譬如继承明朝而规定的引律比附制度：“凡律令该载不尽事理，若断罪无正条者引律比附，应加应减，定拟罪名，议定奏闻。”[④]即允许司法官吏在履行正常程序后，可以比照律文规定判决同

① 《清史稿》卷142，《刑法志一》，第4183页。

② 《清史稿》卷142，《刑法志一》，第4183页。

③ 《大明律》卷4，《户律·户役·别籍异财》；《大清律集解附例》卷8，《户律·户役·别籍异财》。

④ 《大清律例》卷5，《名例律·断罪无正条》，第138页。

类或类似的案件。另外，还创设比照例文规定判决同类或类似案件的制度。即“律与例无正条者，得比而科焉，必疏闻以候旨”。[①] 这种制度的实施，必然增强例的作用和地位，并反过来影响于律。

另外，为有效镇压犯罪与维护王朝统治，清初在援引律例发生矛盾时，一反常制，规定例优先于律的制度。正如当时刑部所说：“凡五刑之属三千著于律，律不尽者著于例，……有例则置其律。”[②] 清朝顺治、康熙年间确立“有例则置其律”的原则，自然有利于统治者随意变更例文，以满足现实的需要。但是，由于例的作用超过律，执法者又多“有例不用律”，形成“律既多成虚文”[③] 的状况。以至于清末胡林翼发出“大清律易遵，而例难尽悉”[④] 的哀叹。

2.“名例律居首”与“六部分律”的体例结构

从微观上讲，顺治三年（1646 年）颁布的《大清律集解附例》，标志清朝“刑制简陋”时代的结束，以及系统编律时代的开始。顺康时期的《大清律集解附例》，在体例结构上采取“名例居首”和“六部分律”。这无论在当时，还是在以后，都具有重要意义。康熙五十四年（1715 年），清朝初期著名律学家沈之奇在《大清律例通纂》的辑注中，充分肯定了名例律的总则地位与作用。他指出：“名例固诸律之通例”，“名例为诸律之准则，故列为首”。[⑤]《大清律集解附例》在名例篇以下，按吏、户、礼、兵、刑、工六部的顺序构造刑律的分则体系。上述编纂封建刑书的体例结构，对于清末的变法改律，以及完成由“诸法合体，民刑有分”的旧律体例向近代部门法体系转化，提供了重要条件。下面通过《大清律》分则六篇的剖析，具体说明清朝刑律体例结构的发展变化。

第一，《大清律·吏律》篇在全文中排列第二，它根据封建国家行政

① 《清会典》卷 54，第 501 页。

② 《清会典》卷 54，第 500 页。

③ 《清史稿》卷 142，《刑法志一》，第 4186 页。

④ （清）胡林翼：《胡文忠公遗集》卷 57，《宦黔书牍·致左季高》。

⑤ （清）沈之奇撰，怀效锋、李俊点校：《大清律辑注》，法律出版社 2000 年版，第 1 页。

管理的需要，汇集《职制》16 条，《公式》14 条。[①]《大清律》将吏律置于分则各篇之首，虽主要依据六部体制的先后顺序而定，但在内容上却多少反映了统治阶级行政立法意识的增强。

第二，在户律中汇集了户役 15 条，田宅 11 条，婚姻 18 条，仓库 23 条，课程 8 条，钱债 3 条，市廛 5 条，[②]破除了唐时户婚、厩库、杂律的界限，使有关封建民法、经济法的内容相对集中。

第三，礼律汇集了祭祀 6 条，仪制 20 条。[③]清朝出于强化精神统治的需要，加强了思想控制，礼律对违犯纲常的犯罪，较明处罚显然加重。

第四，兵律汇集了宫卫 16 条，军政 21 条，关津 7 条，厩牧 11 条，邮驿 16 条，[④]冲破了唐时卫禁、厩库、职制、擅兴律的界限，使封建军事、政治保卫以及社会治安管理方面的法律相对集中。

第五，刑律集中了贼盗 28 条，人命 20 条，斗殴 22 条，骂詈 8 条，诉讼 12 条，受赃 11 条，诈伪 11 条，犯奸 10 条，杂犯 11 条，捕亡 8 条，断狱 29 条。[⑤]刑律是内容多且有重要突破的律文。它冲破了唐代“贼盗”、斗讼、职制、诈伪、杂律的界限，使封建刑事法律内容相对集中；它打破了唐时捕亡与断狱律的界限，使诉讼法的内容相对集中。从而使封建刑律体例向着更加严密与合理的方向跨进了一大步。

第六，工律汇集了营造 9 条，河防 4 条，[⑥]打破了唐朝擅兴律与杂律的界限，使律文规定更符合营造土木工程与防范水患的立法本意。

综上可知，明清之际“六部分律”的刑律体系，是对魏晋隋唐以来旧

---

① （清）吴坤修编撰，郭成伟主编：《大清律例根原》附《大清律例根原吏律目录》，上海辞书出版社 2012 年版，第 1994—1995 页。

② 《大清律例根原》附《大清律例根原户律目录》，第 1996—2000 页。

③ 《大清律例根原》附《大清律例根原礼律目录》，第 2001—2002 页。

④ 《大清律例根原》附《大清律例根原兵律目录》，第 2003—2006 页。

⑤ 《大清律例根原》附《大清律例根原刑律目录》，第 2007—2016 页。

⑥ 《大清律例根原》附《大清律例根原工律目录》，第 2017 页。

有格局的巨大冲击。它虽然保留着“诸法合体”的外壳，但经过内部结构调整，已于刑律之中初步实现了“诸法并用”与“诸法有分”。尽管这同确立部门法体系尚存有漫长遥远的距离，但毕竟预示了这一辉煌时代的到来。这不仅是中国，也是世界法典编纂史上的重大成就。尽管清朝封建刑律向部门法的转化经历了复杂的过程，但人们依然可以透过各种表面现象，窥见依次更替的两类法律制度发展变化的内在联系。

总结顺康时期封建刑法的发展过程，不难看出清初统治者对刑事立法的重视程度和对先进法律善于学习的态度。惟其如此，在入关后经过几十年的探索，形成了本朝的刑事法律制度与刑法体系，完成了军事征服到以法治世的转化，在清代刑法史上起到开创与奠基的重要作用。毋庸讳言，顺康时期由于条件所限，只能初步构造刑事法律制度和刑法体系，存在着粗糙和缺乏系统性的缺陷。又因清代已进入末代王朝的统治时期，封建社会制度、法律制度的痼疾积久不易，必然会对封建刑法造成不可磨灭的影响。

第三节　顺治、康熙时期刑法的基本内容

清初刑法制度与明朝既有共同的特征，又存在一些差异。所谓共同特征，即在维护极端的君主专制镇压政治性犯罪及思想、言论、文字犯罪上，均较唐律要严酷许多。所谓的差异，即清初统治者在沿袭明代“重典治乱世”的前提下，更多地运用封建伦理道德与宗法家族的精神统治力量，严密镇压的罗网，严厉制裁违犯礼教与宗法的各类犯罪。这一切，不仅引起清代刑名与罪名的变化，也引起封建刑法适用原则等方面的某些变化。

《大清律集解附例》是上升为国家形式并体现为统治阶级整体意志的国家大法。康熙年间根据刑事镇压需要整理汇编颁布的《现行则例》，构

成封建刑事法律规范的重要部分。不仅应用较律更广，实际效力也较律更高。此外，顺治、康熙二帝针对特殊犯罪行为与犯罪事件颁布的临时命令或紧急谕旨成为刑事法律规范的重要补充。如从效力看，皇帝的命令与谕旨则凌驾于律与例之上，各级官吏必须照此遵行。因其如此，研究顺康时期的刑法内容，必须综合三者进行。

一、犯罪构成理论

应当指出，犯罪构成理论是资产阶级概括总结的刑法理论。确切地说，即结合犯罪主体、犯罪主观方面、犯罪客观方面、犯罪客体综合考虑人们行为是否构成犯罪的理论。中国古代无论是秦汉隋唐，还是宋元明清都没确切地规定。但为准确有效地制裁犯罪，总结立法与司法上的成熟经验，相继作出类似于现今犯罪构成的某些规定。

（一）犯罪主体

犯罪主体系指达到法定年龄有责任能力并实施犯罪的人。也只有达到法定刑事责任年龄并有责任能力的人，才能够作为犯罪主体对自己的犯罪行为负担刑事责任。《大清律集解附例 · 名例》“老小废疾收赎”条规定：“凡年七十以上，十五以下及废疾，犯流罪以下收赎。八十以上，十岁以下及笃疾，犯杀人应死者，议拟奏闻，取自上裁。盗及伤人者亦收赎，余皆勿论。九十以上，七岁以下，虽有死罪，不加刑。”“犯时虽未老疾，事发后老疾者，仍依老疾之例，犯时幼小，事发后长大依幼小论”。根据《大清律》，70 岁以下、15 岁以上为法定刑事责任年龄；10—15 岁、70—80 岁为限制刑事责任年龄，承担刑事责任，但减轻处罚；7—10 岁、80—90 岁为限制刑事责任年龄，承担杀人罪责，但可以通过议赎程序获得减免；7 岁以下、90 岁以上者，基本上属于不承担刑事责任年龄。但据《大清律》“老小废疾收赎”条注：“犯反逆者不用此律。”即 7 岁以下、90 岁以上的人有“反逆”行为，也要承担一定的刑事责任。

又据《大清律》老小废疾条注云：“（废疾），瞎一目，折一肢之类”；“（笃疾），瞎两目，折两肢之类”。废疾者与笃疾者因生理上与身体上存在着严重缺陷，与老小“皆少智力”，缺乏完全的行为能力相似，亦属限制责任能力的人，部分承担刑事责任。

由上可知，清初刑事法律规范中只存在法定责任年龄、限制责任年龄与限制责任能力的相似规定，却几乎没有完全免除刑事责任的年龄与免除责任能力的人的规定。即便是嗷嗷待哺的婴儿，如父母犯有反逆罪，也得按律缘坐配没官府为奴。从而反映出封建刑法的野蛮与暴虐。统治者之所以对上述人减轻或免除刑事处分，主要是因为对老小废疾犯罪稍加宽容，不仅构不成大的损害与威胁，相反，会博得“行政以仁”的美名。这与现代刑法的出发点与归宿完全不同。现代刑法以人是否具备独立辨别是非的能力与成熟的思想，作为确定刑事责任年龄的尺度，以期达到教育改造之目的。

（二）犯罪的主观方面

犯罪的主观方面指行为人对自己的危害行为与结果所具有的一种故意或过失的心理状态。清初封建刑事法律规范中也有类似现代刑法的某些规定。这些规定主要渊源于唐明两代，同时又有自身的特点。

1. 主观上的故意与过失及其二者的区分

《大清律集解附例・刑律》“戏杀误杀过失杀伤人”条规定：“若过失杀伤人者，各准斗杀伤罪依律收赎，给付其家。”同条律注认为过失杀者主观上“原无相害之心，非堪以杀人之事，正所谓过失杀也”，虽“偶致杀伤人者”，“皆准……依律收赎”，不再刑罪。譬如“驰车下坡势不能止，或共举重物力不能制”，“损及（同乘与）同举物者”。这类因“思虑所不到”引起的过失犯罪，同“谋杀故杀人”的故意犯罪有着性质上的不同。谋杀人与故杀人都是主观上“（明）知而犯之”，[①]或“明有害人之心矣”[②]。故《大清律》对预谋杀人、故意杀人者，皆处以死刑。

2. 关于“刑法上的错误”

现代刑法认为：“刑法上的错误”系指行为人对自己行为的法律性质和事实情况的不正确的理解。这属于犯罪主观方面的特殊问题。清初刑事法律规范中有类似于这样的规定。

（1）事实上的错误。《大清律集解附例》规定：“其本应重，而犯时不知者，以凡论。本应轻者，听从本。”律注举例解释说：“本应重者，假有叔侄别处生长，素不相识，侄打叔伤，官司推问始知，听依凡人斗法。本应轻者，父不识子，主不识奴，殴打之后，然后知悉，须依打子及奴本法，不可以凡斗而论。”

此外，还有客体的错误。《大清律》：“数人共谋杀甲，夜中匆遽，乃误杀乙者，科以故杀罪。”即因共同预谋杀人，错置杀人对象，导致误杀结果者，以故杀人论罪。

（2）法律上的错误。《大清律集解附例·刑律》“诈教诱人犯法”条规定：“凡诸人设计用言教诱人犯法”，犯者不知而犯，“却行捕告或令人捕告，欲求给赏，或欲陷害人得罪，皆与犯法之人同罪”。这就是说，行为人虽不知其行为违法、犯法，仍依法处罚。

清初刑事立法在承袭以往的基础上，明确地区分了故意与过失的界限，作出有关“刑法上的错误”的规定，反映了统治者汲取以往的经验，以完善刑事立法的意图。

3. 有关存在故意与过失的心理而不构成犯罪的特殊规定

现代刑法把行为人是否存在故意与过失心理，以及是否实施了危害社

① 《晋书·刑法志》，引张斐律表，中华书局2000年版，第604页。

② （清）胡肇楷、周孟邻编:《大清律例通纂·人命》沈之奇辑注，清嘉庆十三年（1808年）刻本，国家图书馆藏。

会的行为作为认定犯罪的重要依据。但在清朝出于政治统治的某些需要作出了与之相反的规定。

（1）为维护尊卑等级秩序，规定尊长决罚卑幼奴婢致死不为罪。《大清律集解附例·刑律》规定："诸主殴部曲，……其有愆犯，决罚致死及过失杀者各勿论"；父祖因子孙违犯教令，而"决罚致死者，勿论"。这是封建犯罪构成理论屈从于尊卑等级制的明显反映。

（2）为维护刑讯的合法性，规定审判官依法拷讯致死者不为罪。《大清律·刑律》规定："凡官司决人……，若于人臀腿受刑去处依法决打。邂逅致死及自尽者，各勿论。"官吏依法刑讯犯人致死不论罪，反映了封建刑法维护野蛮刑讯制度的特点。

（3）为维护夫为妻纲，规定本夫杀奸夫、奸妇者不为罪。《大清律·刑律》"杀死奸夫"条规定："凡妻妾与人奸通，而于奸所亲获奸夫奸妇，登时杀死者，勿论。"律注补充说："发于义愤，事出仓卒，故特原其擅杀之罪。"允许本夫亲杀奸夫、奸妇而不追究责任，反映了封建犯罪构成理论屈于纲常礼教的特点。

（4）为维护国法与家法的统一，违律嫁娶只处罚主婚家长。清初承袭明制，奉行家国相通的治国原则，强调国法与家法的统一。家长代表国家统治家庭成员，具有对子女婚姻的支配权。但家长违律主婚，破坏了国法，也损害了他作为家长的权威，按清律规定：违律嫁娶，独坐父母、祖父母及期亲尊长、外祖父母主婚者。至于嫁娶双方当事人并不治罪。

由上可见，封建刑法犯罪构成理论归根结底要服从统治阶级的政治需要与封建伦理道德的要求。在二者之间发生矛盾冲突之时，宁可实行"伸礼屈法"，即便存有故意与过失心理并实施了危害社会行为的人，也不予刑事处罚，反映了中国封建刑法的固有特点。

4. 强化君主专制，惩办不存有故意与过失心理的缘坐者

清朝顺治、康熙皇帝为强化封建君主专制，彻底根除反对势力，扩大缘坐与连坐制适用对象与株连范围，凡不具有故意与过失心理的亲族一律

严惩。清末光绪年间修订法律大臣在《奏请变通现行律例内重法数端折》中亦有所披露："《唐律》惟反叛恶逆不道，律有缘坐，他无有也。今律则奸党、交结近侍诸项皆缘坐矣，反狱邪教诸项亦缘坐矣。……夫以一人之故而波及全家，以无罪之人而科以重罪。"

（三）犯罪客观方面

现今刑法认为：犯罪客观方面系指犯罪行为以及由这种行为所引起的危害后果。现将《大清律集解附例》中的有关规定列举如下：

1. 有关"不作为"的规定

依据现代刑法，犯罪行为可分不作为与作为两种。《大清律集解附例》与前此各代刑书一样，没有形成"不作为"的科学概念。但在律文中常常出现"应作而不为""应为而违限"等提法。凡属上述行为都被《大清律》视为犯罪。其中，不遵律令的不作为犯罪有：应品尝御膳，而不品尝；失妻一方犯义绝，应离异而不离异；监候死刑犯应留待秋审朝审而违限；等等。此外，《大清律》还有关于有作为义务而不作为的科刑规定。诸如行路人对追捕罪犯能助之而不援助；邻里被盗或被杀，已被告知或已闻而不救助者，都同样要依律治罪。

2. 有关"不能犯"的规定

在现代刑法中，不能犯系指将不能造成危害后果的行为规定为犯罪。中国封建刑事立法中出现过类似的规定。自汉唐宋明以来，为维护皇权和国家统治，历代刑书都把不能造成危害后果的造厌魅、符书、咒诅等封建迷信行为当成重大犯罪予以惩处。《大清律集解附例》承袭明律，把造厌魅、符书、咒诅等列入十恶大罪的"不道"条，"凡厌魅、符书、咒诅欲以杀人者，各以谋杀论；欲令人疾苦者，减二等；其子孙于祖父母、父母各不减等；语而无直求爱媚而厌咒，流二千里"。上述行为在科学文化发达的现今，显然不被认为具有危害后果与构成犯罪。但在迷信充斥的清朝，则不仅被认为危害严重，而且要加以严惩，反映出封建刑事立法者的愚昧。

3. 有关“保辜”的规定

在现今刑法看来，只有行为人的危害社会行为和危害结果之间存在必然的因果关系，才能构成犯罪。中国封建制刑法有关“保辜”的规定就包含了类似的性质。按《大清律例·刑律·斗讼》“保辜期限”条注：“保、养也；辜，罪也。保辜，谓殴伤人未至死，当官立限以保之，保人之伤，正所以保己之罪也。”由上可知，所谓保辜，即令殴伤他人者保养被殴伤之人，不令出现死亡后果，以保肇事者不承担杀人后果。反过来说，如果肇事者与被殴伤人的死亡之间不存在必然的因果关系，就不承担杀人后果。为此，《大清律集解附例》规定：“凡保辜者责令犯人医治（被伤者）”并确定“手足及以他物殴伤人者，限二十日；以刃及汤火伤人者，限三十日；折跌肢体及破骨堕胎者，无问手足他物，皆限五十日。”如果在“限外及虽在限内，（被伤者）以他故死者，肇事者各依本殴伤法”。[①] 但“辜限内，皆须因伤死者，以斗殴杀人论”。尽管规定保辜期限，从现今看来不够科学，但在当时的历史条件下，却有利于判明肇事人与被殴伤者的死亡之间是否存在因果关系，从而较为准确地处理斗殴案件。

4. 有关“正当防卫”的规定

现代刑法普遍规定“正当防卫”，认为它是维护公共利益、本人或他人人身安全和其他权利免受正在进行的不法侵害而加以反击的合法行为。我国古代封建制刑法也有类似的规定。以《大清律集解附例》为例，可以归纳出以下几种：

（1）对于不法侵害尊长而进行的“正当防卫”。《大清律》规定：祖父母、父母遭人殴击，子孙出于维护尊长，“即时救护而还殴，非折伤者，勿论”；若“祖父母、父母为人所杀，……其（子孙）即时杀死者，勿论”。清律强调的是“正当防卫”，对于防卫过当者，还是要追究刑事责任的。譬如同是父母遭殴击而进行防卫，但“（将对方）折伤者，减凡人斗三等。至

① 《大清律例》卷27，《刑律·斗殴上·保辜期限》，第474页。

死者，依常律”。[①] 可见，上述规定还是有一定的科学性与合理性的。

（2）对于夜晚侵害住家的“正当防卫”。《大清律》对于夜晚发生的正当防卫行为，作有严格规定：“凡夜无故入人家内者，主家登时杀死者，勿论。”即须为“一更三点以后也”，同时必须是“无故入”，以及“登时杀死”，才视为正当防卫，不予追责。但防卫过当者，同样要追究刑事责任。譬如同为“夜无故入人家内者”，主家在其“已就拘执”后，擅杀“至死者”，要判处“杖一百徒三年”[②]。

（3）司法人员在执行公务中的“正当防卫”。《大清律》规定：“凡犯罪逃走，……持杖拒捕，其捕者格杀之，及囚逃走捕者逐而杀之，若囚窘迫而自杀者，（捕者）皆勿论。”但同样规定了防卫的限度。凡因“已就拘执及不拒捕而杀或折伤者，各以斗杀伤论，罪人本犯应死而擅杀者，杖一百”。[③] 这表明封建刑法理论强调正当防卫的合法性，以及防范过当防卫和非法擅杀的发生，从而维护司法人员的正当防卫与国家统一行使刑杀权的一致性。

5. 有关“紧急避险”的规定

现代刑法认为：紧急避险系指为使公共利益、本人或他人人身安全和其他权利免遭正在发生的危险，不得已采取损害他人权利的行为。《大清律集解附例》有类似的规定，譬如《大清律 · 兵律》“宰杀马牛”条中有“若官私畜产毁食官私之物，因而杀伤者，各减故杀伤三等，追赔所减价，畜主赔偿所毁食之物”，“若畜产欲触抵踢咬人登时杀伤者，不坐罪，亦不赔偿”的条款。

（四）犯罪客体

现代刑法认为，犯罪客体系指为刑法所保护的而为犯罪所侵害的社会

① 《大清律例》卷 28，《刑律 · 斗殴下 · 父祖被殴》，第 501 页。
② 《大清律例》卷 25，《刑律 · 贼盗下 · 夜无故入人家》，第 428 页。
③ 《大清律例》卷 35，《刑律 · 捕亡 · 罪人拒捕》，第 574 页。

关系。清初对于封建社会关系的保护也有着全面而严格的规定。概括起来讲有以下几方面：

第一，严厉镇压侵夺官私财产的各种犯罪行为，全面维护以地主土地所有制为核心的封建经济基础，以及统治阶级成员与一般社会成员的财产安全不受侵犯。

第二，严厉制裁威胁、损害、侵犯皇权与封建国家统治的政治性犯罪，保护以皇权制度为核心的封建君主专制制度。

第三，严厉镇压侵犯统治阶级成员与一般社会成员生命安全的恶性犯罪，维护封建社会的安定。

第四，严厉打击违犯纲常礼教的各种犯罪，维护封建社会赖以生存的理论基础——三纲五常的正统地位，以及以尊卑贵贱为核心的封建宗法等级秩序。

与此同时，又分别赋予封建贵族官僚地主以"议""请""减""赎""官当""免"等各项特权。但须以不犯"十恶"罪为前提，违者则不适用特权法，还要受到处罚。

综上所述，清朝初期的封建刑法由于承袭以往立法上的成熟经验，在犯罪构成的理论上有所发展，在具体内容上亦具备了一定的规格，为清末向近代刑法犯罪构成理论与规定的过渡提供了重要前提。但同时还须指出，这种封建形态的犯罪构成理论与内容浸透了封建君主专制的精髓，以及封建国家统治与宗法家族统治的重要内容。

二、主要社会犯罪

清初《大清律集解附例》因袭明律，在律文之首规定"常赦不原"的十恶大罪；在刑律部分规定犯罪有谋反、谋大逆、谋叛、不道、造妖书妖言、强盗、窃盗、谋杀人、斗殴、骂詈、官吏犯赃、诈欺、伪造、犯奸等；在吏律部分规定犯罪有奸党、交结近侍官员等；在礼律有合和御药不如本方等犯罪，在军律有私越冒度关津等犯罪；在工律中有盗决河防等罪。与此同时，清朝顺治、康熙年间又通过增修条例等形式，对犯罪作出新的规定与解释阐发，形成与明代的差异。由于清代刑法定型于乾隆年间，有关犯罪的法律规定将在第十四章中详细论述。

三、刑罚体系

顺治皇帝进驻北京后，立即明令废除关外时期经常行用的某些落后野蛮的刑罚方式。诸如割脚筋、射鸣镝、贯耳等。与此同时，又通过承袭明制，修订《大清律集解附例》的形式，规定了清朝的法定刑。但是，无论是顺治帝，还是其后的康熙帝，适逢危害皇权与国家统治的严重犯罪，往往不顾法定的刑罚制度，滥施非法酷刑。由此便导致了清朝封建刑罚体系中的法定刑与非法之刑的长期并存以及日益加剧的矛盾冲突。

（一）法定刑制——五刑

清初法定刑罚制度直接源于明代，但又有所不同。

《大清律集解附例》在总则——名例律中，规定笞、杖、徒、流、死为法定的刑制，以供官吏制裁犯罪时援用。

笞刑是以笞板击打人的腿臀部的一种身体刑，为五刑中最轻的一种，包括笞十、笞二十、笞三十、笞四十、笞五十等五种。清代笞刑与明不完全相同。明代允许笞刑可改赎铜 600 文到 3 贯文不等。而清律规定“笞、杖皆用竹为之，但有大小之别，拟定罪名而后决之也”。[①] 笞板规格小于杖刑之杖。若改杖刑之板行刑，笞刑可分别折为杖四、杖五、杖十、杖十五、杖二十等五种。这是康熙朝《现行则例》改《大清律》“以五折十”

---

① 《大清律辑注》，第 2 页。

的原则为“四折除零”后，而作出的换刑规定[①]。

杖刑“重于笞，两笞折一杖，凡其所犯重于笞五十，即出笞以入乎杖”。[②]杖刑因重于笞刑，故以大竹板行刑，为较重的一种身体刑。其刑罚共有杖六十、杖七十、杖八十、杖九十、杖一百等五种。同样，根据《现行则例》的规定，若改换更大号的竹板行刑，可分别折为杖二十、杖二十五、杖三十、杖三十五、杖四十等五种。[③]这与明律允许杖刑赎铜3贯600文到6贯不等的制度有所不同。

徒刑又重于杖刑，是剥夺人身自由，加杖而又强制劳役的一种奴役刑。所谓“徒者，奴也，盖奴辱之”。徒刑依罪行分别规定徒一年杖六十、徒一年半杖七十、徒二年杖八十、徒二年半杖九十、徒三年杖一百不等。按照康熙年间沈之奇辑注解释：“凡民人犯军流徒罪者俱至配所照应杖之数”行刑不等。清朝徒刑因袭明律规定，比只徒不杖的唐律严酷许多。但于律文中去掉准赎12贯到24贯不等的字样，又与明律有异。

流刑仅次死刑，是将犯人押送到边远荒漠之地，加杖并强制劳役的酷刑。按照《大清律集解附例》的规定：流刑为三等，即“流二千里杖一百，强制劳役一年；流二千五百里杖一百，强制劳役一年；流三千里杖一百，强制劳役一年”。如果流刑犯愿意准折徒刑，按规定：“三流为一等，准徒皆四年”[④]，即所谓加徒役之法。此外，依据顺治皇帝在“三流”之余另增“边远充军”[⑤]的旨意，《名例律》五刑部分增添了新的更为苛酷的规定。所谓“流不足以尽其罪，又不可即坐以死，故令充军，流止远地为民，终身不返；军则入卫当差，且有永远、极边、烟瘴地方者”[⑥]。这些规定，显较以往为苛。

① 《大清律例通纂·名例律上》。
② 《大清律例通纂·名例律上》附注。
③ 《大清律例通纂·五刑》沈之奇辑注。
④ 《大清律例通纂·五刑》沈之奇辑注。
⑤ 《清史稿》卷142，《刑法志一》，第4184页。
⑥ 《大清律辑注》，第3页。

尽管充军名为“贷死”之罚，实质上与死刑相去不远。人犯不仅被迁徙安置于极边烟瘴之地，而且服役终身。故有殒于途中者，有死于苦役者，即有生存者亦苦不堪言。

死刑以剥夺生命为特征，为五刑中最重的一种。清代法定死刑分为绞、斩两种。但死刑的执行却有所区别：一类是“决不待时”的斩立决与绞立决；另一类则是“监固候秋审朝审，分别情实、缓决、矜、疑、奏请定夺”，[①]即绞监候与斩监候案件待每年秋审与朝审后再确定行刑与否。为明确起见，顺治初在定律时，又“于各条内分晰注明，凡律不注监候者，皆立决也；凡例不言立决者，皆监候也”。[②]

由于顺治初年修律，在五刑二十等中均“不列赎银数目”[③]，故给司法审判带来难以解决的困难。至顺治十八年（1661 年）始定“官员犯流徒籍没认工赎罪例”[④]。这是清朝允许罪吏认工赎罪的首次规定。康熙十八年（1679 年）制定的《现行则例》又有“承问官滥准纳赎交部议处之条”[⑤]。这表明康熙年间“照例纳赎”之制又开始盛行。此外，顺治、康熙年间又沿袭明律，规定了“照律收赎”之制（又称律赎、收赎之制）。[⑥]清朝赎刑的三种形式由此形成。赎罪适用于罪吏及亲属，是身份较高的层次；纳赎适用范围广，有力者具资照例纳赎，无力者照律决配；收赎则适用于“老幼废疾、天文生及妇人折杖”者等。从实质上看，除犯“十恶不赦”[⑦]等重罪外，官绅权贵及有钱者阶层的一般犯罪行为可采取不同的赎刑形式，而免受刑罚之责，或者逃避刑事制裁。贫困无告的劳苦群众却因经济拮据而遭刑责。

---

① 《大清律例通纂·五刑》沈之奇辑注。

② 《清史稿》卷 143，《刑法志二》，第 4194 页。

③ 《清史稿》卷 143，《刑法志二》，第 4197 页。

④ 《清史稿》卷 143，《刑法志二》，第 4197 页。

⑤ 《清史稿》卷 143，《刑法志二》，第 4197 页。

⑥ 《清史稿》卷 143，《刑法志二》，第 4197 页。

⑦ 《清史稿》卷 143，《刑法志二》，第 4198 页。

由此可见清初法定五刑的矛头所向。

（二）非法之刑

非法之刑是相对于法定刑而言的。即非为国家大法（刑律）所规定的刑罚。清朝顺康时期封建国家经历了“天下大乱”的复杂局面。统治者为确立封建统治秩序，借鉴明初“治乱世用重典”的经验，不仅加重了法定刑，而且使用了大量的非法之刑。

1. 凌迟斩刑

凌迟斩刑简称凌迟刑。据《荀子·宥坐》解释：“陵迟，言丘陵之势渐慢也。”沈家本《刑法分考》据此以为凌迟本义是“言山之由渐而高，杀人者欲其死之徐而不速也”。据历史文献记载，凌迟刑起源于五代，法定于辽朝，行用于宋元朝。明代凌迟斩刑演变为最为残酷的生命刑，其情形如《读律佩觿》所说：“凌迟者，其法乃寸而磔之，必至体无完肤，然后为之割其势，女则幽其闭，出其脏腑以毕其命，支分节解，菹其骨而后已。”清朝多尔衮入关之初，“死刑以斩罪为极重”，至“顺治年间修订律例，诏用前明旧制，始有凌迟等极刑”。[①] 这成为有清一代沿袭凌迟斩刑，用以“惩儆凶顽”[②] 的开端。康熙在位期间为遏制明清之际的民族民主启蒙思潮，强化专制，大兴文字狱。康熙四十八年（1709 年）降旨，曾对“擅称大明天德年号，妄题诗句，摇惑人心”的朱永祚，“著即凌迟处死”。[③] 康熙五十一年（1712 年），以戴名世著《南山集·孑遗录》“内有大逆等语”，下令“即行凌迟”。[④] 凌迟斩刑“已为至惨”，而清初顺康时期仍旧援用，以至不顾这些非法之刑对法定刑制的冲击。这一事实表明，即在较为重视

---

① （清）沈家本：《寄簃文存》卷 1，《内阁奉上谕：请先将律例内重刑变通酌改一折》，第 2072 页。

② 《寄簃文存》卷 1，《内阁奉上谕：请先将律例内重刑变通酌改一折》，第 2072 页。

③ 《清实录·圣祖仁皇帝实录（三）》卷 236，中华书局 1985 年版，第 362 页。

④ 《清实录·圣祖仁皇帝实录（三）》卷 249，第 465 页。

“以法治世”的清初，也不可能存在一般意义上的法制状况。相反，“法令和条例彼此矛盾，结果让完全不法的状态代替了‘法制状态’”[①]。

实际上，清代凌迟刑的使用比法律规定更加残酷。如张文麟《端严公年谱》所载：“凌迟剐割约三千刀，历时三日”，使人备受折磨苦楚而死。甚至特制铁丝网衣，紧束人犯身躯，以刀力割突出部位，直至肉尽方止，名之曰“鱼鳞碎剐”。从而进一步暴露出凌迟刑的残忍与野蛮。

2. 枭首

枭首亦称枭示。许慎《说文解字》说：“枭，不孝鸟也，日至，捕枭磔之，从鸟，头在木上。”即说母枭捕食哺幼，幼枭待母枭目盲力尽时群起啄食，只余枭首悬于竿上。用于刑杀，则以“枭首者恶之长”，[②]“斩其首，暴其罪，著其名，标之以竿，……用以示警乎众”。[③]带有明显的刑罚报复主义与威胁主义。康熙年间沈之奇为《大清律例通纂》注释时说：“枭示起于周兴之时，所谓枭示之令，本乎有周，武王伐纣，悬纣之首于白旄，示天下以罪。”秦汉至南北朝相继沿袭不废。隋删除其法，唐至元，“皆无此名”。明朝恢复枭首之刑，严厉惩治强盗首犯。“今之斩枭，仍明制也。”[④]顺康时期对强盗首恶者，亦实行了枭首之刑。

3. 戮尸

戮尸按《国语 · 晋语》解释：“杀其生者而戮其死者。”其下注云：“陈尸为戮。”即因生前犯罪未被追究，死后被开棺碎尸骨示众。据《辽史 · 刑法志》载：太康二年（1076 年）辽道宗“始发（耶律）乙辛等墓，剖棺戮尸”。其后，明万历十六年（1588 年）神宗恢复戮尸旧制，并制定《戮尸条例》，对谋杀祖父母、父母而生前未被追究者，实行戮尸。清承明制并有所发展，

---

① ［德］恩格斯：《英国状况》，载《马克思恩格斯全集》第 1 卷，人民出版社 1956 年版，第 702 页。

② 《晋书 · 刑法志》，引张斐律表。

③ （清）王明德撰，何勤华等点校：《读律佩觿》，法律出版社 2000 年版，第 136 页。

④ 《寄簃文存》卷 1，第 2024 页。

凡强盗重犯及杀期亲尊长、外祖父母、夫及夫之祖父母者，一律实行戮尸。康熙时期又将戮尸之制扩大到惩办思想言论文字犯罪的范畴。康熙五十一年（1712 年），查出已故方孝标在《滇黔纪闻》中有“大逆等语”，降谕“剉其尸骸”[①]，以示惩处。戮尸刑罚之酷，如清末沈家本所说：“气久消亡，刀锯犹难幸免。”[②] 这类非法之刑的行用不仅影响法定刑的稳定，而且反映了封建刑罚制度的落后野蛮。

4. 发遣为奴

发遣为奴是顺治年间满族统治者参照关外旧制而创设的一种非法之刑。即将流徙人犯发遣为某地官奴隶，或私奴隶，如《清史稿·刑法志二》所载：“（国）初，（徒流人犯）第发尚阳堡、宁古塔，或乌喇地方安插，后并发齐齐哈尔、黑龙江、三姓、喀尔喀、科布多，或各省驻防为奴。”[③] 清初有时也把发遣为奴称为“给披甲人为奴”。至康熙二十一年（1682 年）降谕：“反叛案内应流人犯，仍发鸟喇地方，令其当差，不必与新披甲之人为奴。”[④] 从而使发遣为奴制度暂时停用了一阵。但事隔不久，“因事惩创”，“复行为奴之制”，“有发黑龙江者，有发新疆者，有发各省驻防及八旗兵丁者，渐增至百数十条”。[⑤] 清初统治者不顾国家大法的有关规定，随意将流徙人犯更为奴隶，反映了关外习惯法的强烈影响。发遣为奴刑的实施使徒流刑的规定几成具文，严重影响了法定刑罚的稳定性。

5. 枷号

枷号作为惩罚手段，始创于明朝。枷杻原为羁押人犯的刑具。明初太祖重惩贪墨，李溱奇为官犯赃被“斩趾枷令驿前”。[⑥] 明朝《问刑条例》又

① 《清实录·圣祖仁皇帝实录（三）》卷 249，第 265 页。
② 《寄簃文存》卷 1，《删除律例内重法折》，第 2025 页。
③ 《清史稿》卷 143，《刑法志二》，第 4196 页。
④ 《寄簃文存》卷 1，《禁革买卖人口变通旧例议》，第 2042 页。
⑤ 《寄簃文存》卷 1，《禁革买卖人口变通旧例议》，第 2042 页。
⑥ 《明大诰·三编》四十二。

规定："于本罪外或加以枷号"，[①]枷号便成为带有耻辱性质的附加刑。清初承袭明制又有变化，把枷号改为优待旗人犯罪的替代刑。所谓"旗人犯罪，……军、流、徒免发遣，分别枷号。徒一年者，枷号二十日，每等递加五日。流二千里者，枷号五十日，每等亦递加五日。充军附近者枷号七十日，近边、沿海、边外者八十日，极边、烟瘴者九十日"。[②]但旗人罪犯如属"寡廉鲜耻"的累犯，则"销除旗档，一律实发"[③]。其后，枷号刑的适用不仅扩大范围，而且打破了旗汉间的界限。所谓"窃盗再犯加枷，……犯奸加枷，赌博加枷，逃军逃流加枷，"以至"一切败检逾闲、不顾行止者酌量加枷"。[④]康熙八年（1669 年）确定："囚禁人犯止用细链，不用长枷，枷号遂专为行刑之用。"[⑤]枷号的期限也改为数年或"永远枷号者"，重量也有 60 斤与 70 斤的区别。[⑥]清朝顺治、康熙年间广泛适用非法之刑——枷号，并没有达到统治者预想的效果。相反，枷号之制却愈益紊乱严酷，冲击了五刑的法定地位，并给后世造成了恶劣影响。

6. 刺字

刺字在奴隶社会称墨刑，在封建制秦汉称黥刑，五代宋元明清则相继以"刺面"或"刺字"名之，是一种耻辱刑与肉刑结合使用的酷刑。清顺治年间刺字，起初只适用"窃盗"与"逃人"。[⑦]后来，应用愈加广泛，有所谓"刺缘坐，刺凶犯，刺逃军、逃流，刺外遣、改遣、改发，有刺事由者，有刺地方者，并有分刺满、汉文字者"[⑧]。此后，刺字的部位亦因犯罪性质

---

① 《清史稿》卷 143，《刑法志二》，第 4196 页。
② 《清史稿》卷 143，《刑法志二》，第 4196 页。
③ 《清史稿》卷 143，《刑法志二》，第 4196 页。
④ 《清史稿》卷 143，《刑法志二》，第 4196 页。
⑤ 《清史稿》卷 143，《刑法志二》，第 4196 页。
⑥ 《清史稿》卷 143，《刑法志二》，第 4196 页。
⑦ 《寄簃文存》卷 1，《删除律例内重法折》，第 2026 页。
⑧ 《清史稿》卷 143，《刑法志二》，第 4196 页。

不同而有不同规定，所谓“初刺右臂，次刺左臂，次刺右面、左面”。[①]清朝初期因袭前制，在五刑之外又规定刺字之制，不仅使法定刑制更趋动摇，而且使人犯“有过无由自新”，转而激化社会矛盾影响社会秩序的稳定。

总结顺康时期封建刑罚体系确立及其变化可以看出：

第一，清初统治者出于“变乱为治”的需要，既建立了法定的五刑制度，又使用了许多非法之刑。交替使用两类刑罚手段的目的在于，迅速稳定民心和政局，同时防范“法外遗奸”。但是，这不仅加剧了刑罚体系内部的矛盾，而且影响法定刑制的稳定，给立法、司法带来无穷的后患。

第二，法定刑与非法之刑并存，是封建刑罚制度的通病，历代莫不如是。但清初二帝效法明太祖，以非法酷刑惩治大案要案及文字狱案，又有末代王朝统治的特点。虽然有康熙“盛世”之说，但仅就刑制而言，远非“文景之治”与“贞观之治”可比。其与地主阶级从整体上走向衰落有直接关系。

第三，尽管顺治康熙统治时期极力推行法律封建化的政策，促进了封建刑法体系与刑罚制度的建立。但是，清王朝毕竟是由满族建立的地主阶级政权，他们对关外时期的习惯法怀有传统的依恋，发遣为奴制不仅得到顺治本人的首肯，而且盛行于康熙以后各代，直至清末法律改革时才告废止。可以说，清朝刑罚制度深深刻着满族习惯传统的印记。

四、刑法适用原则

刑法适用原则在封建刑书中具有重要地位，它对通篇律文的定罪科刑都起着指导作用。《大清律集解附例》承袭明律，又有发展，它的刑法适用原则既具备相同功能，也有自身特点。简要说明如下。

---

① 《清史稿》卷143，《刑法志二》，第4196页。

（一）处罚犯罪的从重从新主义原则

伴随明清两代刑事政策的改变，“重典治世”理论获得广泛传播与应用，反映到刑法领域中，则突破以往传统，萌生了处罚犯罪的从重从新主义原则。清初因袭明律，在《大清律·名例律》中规定：“凡律自颁降日为始，若犯在已前者，并依新律拟断。”律文附注云：“此书言犯罪在先，颁律后事发，并依新定律条拟断，盖遵王之制，不得复用旧律也。”《大清律》步《大明律》之后，一改以往刑法从轻主义原则，公开肯定从重从新主义原则，从而导致封建刑法适用原则的重大变化。

（二）关于“化外人犯罪”的处刑原则

我国封建制时代，“化外人”的称谓，系指“蕃夷之国，别立君长者，各有风俗，制法不同”[①]的外国侨民。盛唐制律将刑法的属人主义与属地主义巧妙结合，规定“诸化外人，同类自相犯者，各依本俗法；异类相犯者，以法律论”。[②]对同为一国的侨民犯罪，由唐朝司法机关按其出生国法律处断；对不同国籍的侨民犯罪，则按唐律处理。清承明制，在《大清律集解附例》中有了重大更改。“凡化外人犯罪者，并依律拟断”；“凡本条自有罪名，与名例罪不同者，依本律科断；若本条虽有罪名，其有所规避，罪重者自从重论”。[③]律后附注云：“规避二字见于唐律”，“规，有所求探；避，有所回避”，“二字活看”，“以规专为求利，（以）避专于脱罪”。[④]清律承明律之后，抛弃自唐以来适用外国侨民的属人、属地相结合的原则，对外国侨民犯罪，规定只适用属地主义原则，防止其逃避罪责，并针对犯罪行为科以重刑。《大清律》在刑法适用原则上的变化，反映了清代所处的时

① 刘俊文点校：《唐律疏议》卷6，《名例·化外人相犯》，法律出版社1999年版，第144页。

② 《唐律疏议》卷6，《名例·化外人相犯》，第144页。

③ 《大清律例通纂·名例律·化外人有犯》。

④ 《大明律集解附例·名例律·化外人有犯》附注。

代背景和统治者强化君主专制的政治需要，同时又是晚期封建社会整个刑法制度变化的必然产物。

（三）同罪不同罚的原则

清朝初期注重维护民族与等级压迫制，贯彻同罪不同罚的处刑原则。其中，既有和前朝相似之处，又具有自身的特点。

1. 别满汉之异，维护统治民族的优越地位。顺康时期把“旗人生则入档，壮则充兵，巩卫本根，未便离远”[①]作为“立法之意”，[②]规定满人有优于汉人的法律地位，享有“减等”与“换刑”的特权。按《大清律》规定：旗人犯充军流徒罪可以免发遣，充军极边可换枷号九十日，流三千里可换枷号六十日，徒一年可换枷号二十日，死刑斩立决，可减为斩监候；盗罪刺面只适用汉人，满人则改刺面为刺臂；笞、杖身体刑只适用汉人，满人则可折合鞭责。依据民族地位的差异规定同罪不同罚的原则，为清初刑法有别于汉唐宋明的显著特征。

2. 别良贱之差，维护尊卑贵贱的等级秩序。据《大清会典》卷53载：“凡良贱相殴，良贱相奸，良人有犯，减凡人一等科罪；奴婢有犯，加凡人一等科罪。”依据人的身份差异规定同罪不同罚的原则，反映了清朝纲常礼教对法律的渗透与影响。

3. 别服制之异，维护父权家长制。据《大清会典》卷53载：“凡亲属相殴相告，各按服制远近，尊长有犯，比凡人减等科断，卑幼有犯，比凡人加等科断。”清律因袭前代之制，将“五服图”载于律首，以为司法官实行同罪异罚提供依据。此外，子孙得罪尊长，父、祖不但具有惩诫之权，而且可送子孙于官府，官府必定有罚。区别服制之异，维护父权家长制，是巩固君主专制的需要。父权家长制的稳固，反过来又强化了皇权专制的

① 《清史稿》卷143，《刑法志二》，第4196页。

② 《清史稿》卷143，《刑法志二》，第4196页。

社会基础。这便是清初之所以依据服制实行异罚的真实原因。

（四）关于“自首”的原则

清朝“自首”原则在唐明规定的基础上有所发展。一方面，在《大清律·名例律》中规定“犯罪自首”条，对犯罪未发自首与犯罪已发自新、享受自首待遇的条件以及自首不实不尽作有严格区分；另一方面，康熙年间又修订《督捕则例》，对犯罪自首作了重要补充。其一，为稳固八旗制，在惩处旗下家人出逃的同时，又鼓励在逃人“自回自首”。所谓“旗下家人初次逃走一年内投回者，免罪；一年以外投回者，鞭六十；二次逃走六个月内投回者，免罪；六个月以外投回者，鞭八十；三次逃走三个月内投回者，免罪；三个月以外投回者，鞭一百免其刺字；三次后复行逃走者，虽自行投回，即照初步拿获例治罪”[①]。从而扩大了自首免罪的范围与期限，减少了司法人员缉捕逃人的困难。其二，鼓励亲属出首逃人。“凡逃人被伊祖父母子孙出首者，将逃人照自首自回例科断，仍着地方官取具实系亲属甘结加具印结申送。”[②]这样就加强了亲属之间相互监督，以及对出逃人的举告。

（五）关于共犯的处理原则

清律承袭明律，规定了关于共犯的处理原则。其核心内容是区分首犯、从犯关系，一般共犯，以造意者为首；家人共犯，以尊长为首。但取消共监临主守为犯，以监主为首条，并规定擅入皇城宫殿、私越度关、避役在逃、犯奸者不分首从以正犯科罪，同唐律规定相异。此后，清朝结合司法实践[③]中经常发生家人共犯的严重问题，对该原则又作了补充修改。“凡父兄子弟共犯奸盗杀伤等案，如子弟共意，父兄同行助势，除律应不分首从

① 《督捕则例·逃人自回自首》。
② 《督捕则例·亲属首逃》。
③ 《大清律例通纂·名例律·共犯罪分首从》。

及其父兄犯该斩绞死罪者，仍按其所犯本罪定拟外，余视其本犯科条加一等治罪，概不得引用‘为从’定案”[①]。由此可见，清代“共犯罪分首从”的原则，是依“重典治重罪”的统治需要为转移的。一般共犯，适用区分首从的原则；严重侵犯皇权、国家统治秩序的共犯，则不分首从以正犯科罪，反映了封建晚期刑法原则屈从于专制统治，以及被人为扭曲导致畸形发展的状况。

（六）关于“数罪并罚”原则

《大清律集解附例·名例律》“二罪俱发以重论”条规定：“凡二罪以上俱发以重者论罪；各等者从一科断；若一罪先发已经论决，余罪后发其轻若等，勿论；重者更论之，通计前罪以充后数。”这种以重者为标准，合并处罚俱发各罪的原则直接源于唐明律。反映了古代中国合并论罪原则的固有特点。与唐明代不同的是，清朝初期统治阶级并不局限于固守前制，往往通过制定条例加以补充和发展。譬如规定：“人命案件按律不应拟据，罪止军流徒。人犯除致死二命照律从一科断外，如至三命者，于应得军流徒本罪上各加一等；三命以上者，按照致死人数递加一等，罪止发遣黑龙江，不得入于死。……杀至数命者，按死者名数，各追银十二两四钱二分给各亲属收领。”[②]上述规定弥补了抽象概括的不足，既维护了“二罪俱发以重论”的本意，又适当解决了命案中三罪以上的处断，以及它们与二罪处理的差别。

（七）关于公、私罪的处罚原则

中国封建刑书历来都有区分公、私罪的原则规定。按《唐律疏议》解释：公罪为“缘公事致罪，而无私曲者”；私罪为“不缘公事，私自犯者”。《唐律·名例律》据此归纳出“公罪处理从宽，私罪处罚从严”的刑罚适

---

① 《大清律例通纂·名例律·共犯罪分首从》附条例。

② 《大清律例通纂·名例律·二罪俱发以重论》附例。

用原则。清承明制，在《大清律 · 名例律》中规定："凡同僚犯公罪者，并以吏典为首；首领官减吏典一等，佐贰官减首领官一等，长官减佐贰一等；若同僚官一人有私，自依故出入人罪论；其余不知情者，止依失出入人罪论。"此外还具体规定：文武官犯公罪者减罚有等，"该笞者，一十罚俸一月"，直至"（杖）一百降四级调用"。因为"得罪由于公错，在事有罪，于己无私，无心过误，失于觉察"[①]。但文武官犯私罪者，笞十罚俸两个月，直至杖一百革职离任，较公罪处理明显加重。因为"得罪出于私意，有心故犯，未因公错事"。[②]清律对公、私罪的严格区分，以及反映在量刑原则上的差异，都充分表明统治者试图通过从轻处理公罪的方式，使官吏明察公、私罪的界限，用以调动他们行使职权的主动性与创造性，从根本上提高封建国家的统治效能。与此同时，封建国家不惜使用重典，严惩各种私罪，用以维护地主阶级的整体利益。

（八）关于比附类推的原则

清初适应司法实践的需要，因袭明律，在本朝刑书中确立了比附类推的原则。《大清律 · 名例律》规定"凡律令该载不尽事理，若断罪无正条者，引律比附，应加应减定拟罪名议定奏闻，若辄断决致罪有出入，以故失论。"可见，清朝比附类推受控于封建国家与最高统治者——皇帝，应用比附类推须在"断罪无正条"的前提下引律比附。此外，为适应新情况，又规定了引例比附的制度。但必须在"律例无可引用"时，"援引别条比附"，并由"刑部会同三法司公同议定，……详细奏明恭候谕旨遵行"。[③]清朝初期注重维护刑律的国家大法地位，对引律比附与引例比附作有严格限制，这无疑有利于地主阶级长久统治。但是，延续明末而来又活跃于清朝府衙的

① 《大清律例通纂 · 名例律 · 文武官犯公罪》附注。

② 《大清律例通纂 · 名例律 · 文武官犯公罪》附注。

③ 《大清律例通纂 · 名例律 · 断罪无正条》附例。

胥吏，凭借多年经验，常常通过“比附”舞文弄法，从而使律文规定几成具文，导致立法与司法的严重脱节。

第四节　顺治、康熙时期刑法的实施概况

顺康时期刑法实施，是指当时的刑法理论、原则、制度的付诸实行。刑事立法是统治阶级为使惩治犯罪“有法可依”的关键步骤，但不是全部目的。刑法实施则是运用刑法手段，惩治社会犯罪的全部实践。它与刑事立法之间存在着某些差距，在封建时代则存在着立法与司法的严重脱节。顺康时期的刑法实施，一方面受到统治阶级刑事政策与刑法规定的影响，特别受到封建皇权的制约；另一方面，封建刑法依靠各级官吏来实施，吏治的清明与腐败则影响并决定刑法实施的成功与失败。以顺治为首的清初统治集团，在10年左右的时间里，不但对明朝弊政与多尔衮的措施不当“多有厘正”，而且“清赋役以革横征，定律令以涤冤滥”，[①] 在刑法实施上取得相当可观的成就，从而促进了政局的迅速稳定。但宥于满汉之畛域与奉行“首崇满洲”的政策，曾重惩士子结社订盟，给刑法实施蒙上了一层阴影。

以玄烨为首的康熙朝统治集团，是有清一代最富于创业精神与最有作为的政治领导集团。不但实现了封建国家的“大一统”，迅速恢复发展了社会经济，而且使封建刑法的统一实施达到前所未有的深度与广度。这与康熙极富治国经验，善于审时度势，灵活引导封建国家调动法律手段，充分发挥刑法职能具有直接关系。但刑法的实施，同时又受到迭兴“文字狱”的严重影响，导致思想文化领域封建皇权专制的空前加强。

因此，全面认真总结顺康时期刑法实施的状况及其经验教训，是有重要价值和借鉴意义的。以下综合顺康时期刑法实施的主要内容略作说明。

---

① 《清史稿》卷5,《世祖本纪二》，第164页。

一、“依法而治”与“持之以平”

封建最高统治者积极倡导并身体力行“依法而治”“持之以平”的原则，是清初顺、康两朝刑法得以实施的关键。

顺治十年（1653 年）五月，福临结合自己亲政两年多经验，对清初刑法实施作了总结：“刑法者，天下之平，非徇喜怒为轻重也。”而法司往往“私心揣度，事经上发，则重拟以待亲裁”，同时“援引旧案，又文致以流刻厉，……陷兹冤滥”。为此，他严格规定：“自后法司务得真情，引用本律，钩距罗织，悉宜痛革。”[①] 顺治不仅严令督促司法官吏“依法治世”“持法以平”，而且身体力行，以期上行下效。他得知刑部违犯“大清律……强盗无籍没之条”，并导致“地方签解盗属，株累无辜”后，严令刑部“依律处斩（强盗死犯），免其（亲属）籍没”。[②] 顺治十二年（1655 年）六月，福临亲览法司奏章，发现每日斩决死刑犯，“五六人，或至十余人”之多，他认为这是“朝廷德教未敷，或谳狱者有失入欤”，为此要求“嗣后法司其明慎用刑，务求平允。”[③] 正因为封建最高统治者强调惩治犯罪要统一适用律例，坚持“持之以平”，所以，顺治朝与康、雍、乾各朝相比，冤假错案相对少些，刑法实施亦相对好些。

康熙不但本人强调“依法而治”，而且大力支持官吏依法治罪。因他只论是非，不问亲疏，从而促进了官吏秉公执法。康熙在位 60 余年，多能以国事为先，以法为治。他重视发挥封建法律对统治阶级的自我约束力，支持官吏依法治罪。康熙中叶，京城发生御史任蔡尊杖责不法优伶触怒王侯案。玄烨闻知后斥责某王曰：“彼非凌汝，行者吾法，汝庇优，亏吾法”，[④]

---

① 《清史稿》卷 5,《世祖本纪二》，第 134 页。

② 《清实录 · 世祖章皇帝实录》卷 75，第 590 页。

③ 《清史稿》卷 5,《世祖本纪二》，第 142 页。

④ （清）徐珂编撰:《清稗类钞 · 正直类 · 任葵尊叱缚千金旦》，中华书局 1984—1986 年版，第 3020 页。

使某王惊惧，俯首请罪。其后，任蔡尊巡城执法愈坚，常不避权贵。

康熙二十四年（1685 年），刑部枷号鞭责辱骂顺天府丞的旗下恶棍史书等。勒德洪为其说项，奏曰：“其主乃康亲王杰书也。”玄烨立斥曰：“朕止论事之是非，不论其为何人也。”并降谕说：“此情最为可恶，著从重治罪，伊主一并察议。”并表彰顺天府丞王维珍“不顾情面举首”，实为“可嘉，著议叙”。[①] 正因为封建最高统治者对依法治罪的官吏予以必要支持，不偏袒权贵势要，所以，康熙年间涌现出不少正直的执法官，诸如：被苏州百姓立坊，铭之为“民不能忘”的汤斌与王繻；[②] 被康熙评价为：“民与诸生讼，彼必袒民；诸生与缙绅讼，彼必袒诸生”[③] 的施世纶；以及善于微服私访的官拜两江总督的于成龙与有“陈青天”之称的陈鹏年[④]；等等。他们的依法而断，尽管意在维护专制王朝，但却有力地维护封建刑法的稳定性与权威性，对于形成有利于封建经济发展的正常社会秩序，作出了极大的努力。

二、“依法治吏”与刑法实施

强调与贯彻“依法治吏”的原则，是顺、康两朝刑法得以顺利实施的另一关键。在严惩百姓犯罪的同时，非常强调和重视贯彻“依法治吏”的原则，顺治亲政之初，京师义民李应试因广交权贵豪绅，有反满复明之嫌。福临“恐其有异谋，捕杀之”。在处理此案的时候，顺治发现朝廷重臣陈名夏、宁完我、陈之遴等，均与李应试有过从，致李得以“势通王公，广招宾客”。此外，他还认识到“土贼啸聚，或因饥馑所迫，或为

---

① 《清实录·圣祖仁皇帝实录（二）》卷 123，康熙二十四年十二月甲辰，第 310 页。

② （清）陆以湉撰，崔凡芝点校:《冷庐杂识》卷 3，中华书局 1984 年版，第 171 页。

③ （清）陈康祺:《燕下乡脞录》卷 4，文海出版社 1973 年版。

④ （清）顾公燮:《消夏闲纪摘抄》上卷，商务印书馆 1924 年版。

贪官虐害”。[①] 据此，他认为刑法既应有治民职能，又应有治吏作用。而治吏得宜，不但可起到约束执法者的效能，而且可以督促官吏守法和依法治民，从而保证刑法的顺利实施。此后，他又降谕刑部，明确指出：“贪官蠹国害民，最为可恨。向因法度太轻，虽经革职拟罪，犹得享用赃资，以致贪风不息。今后内外大小官员，凡受赃至十两以上者，除依律定罪外，不分枉法与不枉法，俱籍没家产入官。”[②]

由上可知，顺治亲政后适应形势的变化，从根本上改变了多尔衮任官“邪正兼收”[③] 的政策，进而对官吏采取了“犯赃不法”“立正典刑”的原则。有鉴于“明季吏治惰窳，民生困悴”的教训，顺治多方整饬吏治，以正为吏之风。凡内外百官犯赃舞弊，绝不徇私情，一概“绳之以法”。[④] 其下有四个案例可资佐证：

1. 任吏部尚书的满官谭泰，乘顺治亲政之初，“把持六部，干预万机”，“威权专擅，广纳贿赂”。[⑤] 在顺治八年（1651 年），被革职交内院刑部审议核实，诏令“正法”，籍没其家。与此同时又对揭露谭泰而遭诬陷致死的御史张煊，宣布平反昭雪，“厚加恤典”。[⑥] 顺治九年（1652 年），福临为使满汉吏民周知谭泰之罪，并引以为鉴，下令“将谭泰罪款并张煊启状详为刊示，暴之天下”，[⑦] 以明惩罪无偏无倚。

2. 同年年底，江宁巡抚土国宝因贪污被劾，诏令革职严讯。其后，土国宝畏罪自缢身死。

3. 顺治十一年（1654 年），宁完我列议政大臣，弹劾大学士陈名夏父

① 《清实录·世祖章皇帝实录》卷 84，顺治十一年六月庚辰，第 664 页。

② 中国第一历史档案馆编：《清代档案史料丛编·第 9 辑》，中华书局 1983 年版，第 4 页。

③ 《清实录·世祖章皇帝实录》卷 19，第 173 页。

④ 《清实录·世祖章皇帝实录》卷 144，顺治十八年正月丁巳，第 1106 页。

⑤ 《清实录·世祖章皇帝实录》卷 62，顺治九年正月壬午，第 485 页。

⑥ 《清实录·世祖章皇帝实录》卷 62，顺治九年正月壬午，第 485 页。

⑦ 《清实录·世祖章皇帝实录》卷 62，顺治九年正月壬午，第 485 页。

子“居乡暴恶，士民怨恨”，“说人情，纳贿赂，掣肘各官”，且与已死谭泰等“结党怀奸，情事叵测”。[①] 经部院议查，“会鞫大学士宁完我劾奏：陈名夏诸款俱实。陈名夏论斩，家产籍没，妻子流徙盛京”，顺治下旨诸王、贝勒、大臣再行会议，议得：“陈名夏情罪重大，仍应论斩，妻子家产分散为奴，伊子陈掖臣提到另行审结。”[②]

4. 顺治十三年（1656 年），户科都给事中王祯等劾奏大学士陈之遴，“市权豪恣”，并“以贿结内监吴良辅”，鞫讯得实，“以原官发盛京地方居住”，[③] 后卒于贬所。

顺治亲政后，曾在议处多尔衮擅权专横罪时，连坐其党羽拜尹图、巩阿岱等多人，并将为之昭雪的彭长庚、许尔安等，具以忤旨罪徙边。

纵观顺治亲政的 10 年，在依法治吏上很有建树。他从满汉地主阶级的长远利益着眼，总结明末吏治腐败而致灭亡的教训，坚持治世以治吏为先，治吏须始终如一，对“暴横有司，以酷济贪”[④] 的种种不法行为，坚持依法问罪。史书所谓“世祖亲政之后，任法严肃，凡大臣专横（不法），如陈名夏、谭泰、陈之遴、刘正宗之辈，无不立正典刑。以后人各知畏，夙弊尽革，以成一代雍熙之治”，[⑤] 这自然有旧史家的溢美之词。但是，字句行间里仍能反映出顺治朝严于吏治的功有所成，以及刑法顺利实施的大致状况。

康熙朝因社会经济迅速得到恢复与发展，城乡用于交换的产品愈益丰富繁盛。满汉官吏则因受到商品经济的刺激，愈益变得贪婪与富于掠夺性。以致官场贪墨之风愈演愈烈，出现屡禁不止的严重局面。这不仅影响到清朝刑法的贯彻实施，而且危及王朝专制统治的长久。康熙对官吏贪黩误国与害民的种种不法行径，表示深恶痛绝，并对内外百官发出警告：“今设有

① 《清实录·世祖章皇帝实录》卷 82，顺治十一年三月辛卯，第 640 页。
② 《清实录·世祖章皇帝实录》卷 82，顺治十一年三月辛丑，第 644 页。
③ 《清实录·世祖章皇帝实录》卷 99，顺治十三年三月乙未，第 770 页。
④ 《清实录·世祖章皇帝实录》卷 85，顺治十一年七月壬子，第 670 页。
⑤ （清）昭梿撰，何英芳点校：《啸亭杂录》卷 1，中华书局 1980 年版，第 3—4 页。

贪污之臣，朕得其实，亦必置之重典。”[①] 康熙不但口上说，而且认真实行。以下三例可为佐证：

1. 康熙二十三年（1684 年），全国发生一起特大贪污案。侍郎宜昌阿、巡抚金儁借查抄尚之信家产之机，侵蚀兵饷及入官财物，共计 89 万余两银，并将知情商人沈上达谋害灭口。康熙认为“此系大案”，降谕宜昌阿、金儁斩立决，并令“议政大臣九卿詹事科道三法司衙门，会议使众知之”。[②]

2. 康熙二十五年（1686 年），总督蔡毓荣侵吞吴三桂入官家资人口，恐其败露，相继以 9000 两银贿赂奉差滇南的侍卫纳尔泰。事发后，吏、户、刑三部会同审问。康熙最后以蔡毓荣“居官贪酷，品行污秽”，下令“立斩”，并将所侵人、资“照追入官”。[③]

3. 康熙二十八年（1689 年），湖北巡抚张汧，在任福建布政使司时，亏空帑款，勒迫属员胡载仁等出银抵补，又勒派盐商垫还 9 万余两。荆南道台祖择清勒索民人李二扬等银 8 万两，一并交部议处，受到严惩。[④]

以上所举各例均为康熙朝突出严重的贪黩案件，反映了清代盛世之下贪风已然兴起的状况。富于治世经验的康熙皇帝深知吏治腐败于国于民的危害，以及对于法律实施的影响。为此，不惜采用重典，严惩贪官污吏。他的“必先吏治澄清，而后民生安遂”[⑤] 的论述，表达了统治阶级通过实施刑法，澄清吏治，“以致民安”的长治愿望。

三、禁盟社与迭兴文字狱

顺康时期严惩士子盟社与迭兴文字狱，反映出末代王朝强化思想文化

① 《清实录·圣祖仁皇帝实录（二）》卷 154，康熙三十一年正月丙子，第 700 页。
② 《清实录·圣祖仁皇帝实录（二）》卷 144，康熙二十三年正月乙未，第 177 页。
③ 《清实录·圣祖仁皇帝实录（二）》卷 126，康熙二十五年十二月戊辰，第 377 页。
④ 转引自萧一山：《清代通史》上，中华书局 1962 年版，第 793 页。
⑤ 《清实录·圣祖仁皇帝实录（二）》卷 134，康熙二十七年三月己亥，第 456 页。

领域的封建专制，造成刑法实施偏离法制的正常轨道，从而进入滥施酷刑的非法状态。按照《大清律》规定：上书奏事犯讳与上书奏事有误，以及造妖书妖言者，才构成犯罪，予以惩处。此外，再无禁止士子结盟立社的条文，以及依据思想、言论、文字定罪的条款。顺康时期严惩士子结社订盟的规定，以及迭次兴起的文字狱，都超出刑律规定的范围。“法令和条例彼此矛盾，结果让完全不法的状态代替了‘法制状态’”①。

以顺治为首的满族统治者对汉族封建士大夫阶层，既要收买利用，又怀有深深的猜忌。至于那些以反满复明为宗旨的文人义士，则更为统治者所不容。他们因结社立盟宣传启蒙民主思潮与民族意识，动摇清朝统治基础而惨遭镇压。顺治十四年（1657年），福临以“永绝朋党之根”为名，首先将矛头指向士子拜门生与结社订盟。他谕令内外大小各官，“不许投拜门生”，“彼此图利，相扇成风”。② 他下令：科考“揭榜后，有仍前认作师生者，一并重处不贷”。③ 顺治十七年（1660年），礼科右给事中杨雍建结合实情，对结社与朋党的演进关系向皇帝奏明：“朋党之害，每始于草野，而渐中于朝廷，拔本塞源尤在严禁结社订盟。今之妄立社名，纠集盟誓者，所在多有，而江南之苏松，浙江之杭嘉湖为尤甚。其始由于好名，其后因之植党，相习成风，渐不可长。”为此，他建议，“请敕部严饬学臣，实心奉行，约束士子，不得妄立社名，纠众盟会……，违者治罪”④。顺治览奏后降谕旨说：“士习不端，结社订盟，……深为可恶，著严行禁止”，如再发生，“学臣即行革黜参奏，如学臣徇隐，事发一体治罪”。⑤ 宋明以来，士子结社会盟相习成风，推动了学术与文化发展，而统治者“从无以刀锯斧钺随其后者”⑥。

① 《英国状况》，第702页。
② 《清实录·世祖章皇帝实录》卷106，顺治十四年正月戊午，第827页。
③ 《清实录·世祖章皇帝实录》卷106，顺治十四年正月戊午，第827页。
④ 《清实录·世祖章皇帝实录》卷132，顺治十七年二月辛巳，第1016页。
⑤ 《清实录·世祖章皇帝实录》卷132，顺治十七年二月辛巳，第1016页。
⑥ 《清代通史》卷上，第392页。

清朝自顺治起极力强化思想文化专制，不但对士大夫结社订盟严加惩处，就连聚集讲论之事亦在禁止之列。清初文人为避身祸，埋首经史，致烦琐的考据之学逐渐替代了颇具生气的论讲之学。

应当说明，顺治朝因国家未实现全面统一，所以不可能在全国范围内统一适用刑法。在征战地区，军政长官借口战争需要，往往临时处置、就地正法，根本谈不到司法程序与依法治罪的问题。在实行法律统治的地区，统治者在一般情况下，是依照刑律的规定处罚犯罪的。但是，凡涉及传布反清思想，或者建社立盟危及满族统治与皇权专制的，统治者一律严加惩处，毫不顾及刑律的有关规定。这表明清初的刑法实施，最终取决于统治阶级的意志与维护君主专制的需要。

康熙朝适应政治统一的需要，强调排除异端，实行思想上的大一统，用以巩固君主专制。从而迭次兴起文字狱，强化思想文化领域的封建专制，镇压清初以反对封建专制主义为核心内容的启蒙民主思潮与反清的民族意识。当时在康熙一朝较为突出的文字狱有以下几次：

1. 庄廷钺《明史》案

康熙二年（1663 年），浙江发生庄廷钺组织编印朱国祯《明史》而遭告发的案件。因书中不称清太祖而标建州都督，不书清帝年号而标南明隆武、永历年号，而招致清廷忌恨，受到严刑镇压。揭发处治时，尽管庄廷钺已死，仍被开棺戮尸，并牵连其弟兄、子侄、读者、保存者以及不知情的地方府州长官 70 余人，一并处死。[①]

2. 朱永祚擅称大明天德年号案

康熙四十八年（1709 年），朱永祚散发假写的文札，内中称“大明天德年号”，并“妄题诗句，摇惑人心”。玄烨闻得刑部奏题，旋降谕旨：“朱永祚，著即凌迟处死。”[②]

① 《清稗类钞 · 狱讼类 · 庄廷鑨史案》，第 999—1001 页。

② 《清实录 · 圣祖仁皇帝实录（三）》卷 236，康熙四十八年正月丁酉，第 362 页。

3. 戴名世著《南山集》案

康熙五十年（1711 年）冬，赵申乔弹劾新科编修戴名世“恃才放荡……语多悖逆”。康熙帝降谕“这所参事情，该部严察审明具奏”。[①] 康熙五十一年（1722 年），刑部等衙门题奏：“戴名世所著《南山集·孑遗录》内有大逆等语。”[②] 次年，康熙下令：“编修戴名世以著述狂悖弃市”[③]，妻子充发黑龙江；“汪灏、方苞为戴名世悖逆书作序”，本人“免死入旗”，同时“令其家口入旗”；方正玉、尤云鹄闻拿自首，“应将伊等妻子一并发宁古塔安插”；“方登峄、方云旅、方世樵俱从宽免死，并伊妻子充发黑龙江”。[④] 此外，“编修刘岩虽不曾作序，然不将书出首，亦应革职，佥妻流三千里”[⑤]。

4. 方孝标著《滇黔纪闻》案

已故方孝标因生前曾著有《滇黔纪闻》一书，书内有“大逆等语”。康熙皇帝依据刑部题奏，下令“（方孝标）应剉其尸骸，……将方孝标同族人，不论服之已尽未尽，逐一严查，有职衔者尽皆革退，除已嫁女外，子女一并解到部，发与乌喇、宁古塔、白都讷等处安插”。[⑥]

康熙皇帝出于维护皇权专制的需要，超出刑律这一封建国家大法的范围，采用强制手段，将宋明以来的程朱理学奉为正统，以此规范全体臣民的思想、言论和著书立说。他迭兴文字狱，以思想、言论、文字作为衡量犯罪的标准，而不顾及是否构成犯罪，以及有无危害社会后果。这对封建刑法的正常实施产生了巨大冲击，并使之偏离法制的轨道，形成滥施酷刑

① 《清实录·圣祖仁皇帝实录（三）》卷 248，康熙五十一年十月丁卯，第 455 页。

② 《清实录·圣祖仁皇帝实录（三）》卷 249，康熙五十一年正月丙午，第 465 页。

③ 《清史稿》卷 8，《圣祖本纪三》，第 283 页。

④ （清）沈家本撰，邓经元、骈宇骞点校：《历代刑法考·明律目笺一》，中华书局 1985 年版，第 1818 页。

⑤ 《历代刑法考·明律目笺一》，第 1818 页。

⑥ 《历代刑法考·明律目笺一》，第 1818 页。

的不法状况。同时以酷烈的刑罚手段威胁恐吓封建士大夫阶层，又造成“学者渐惴惴不自保”，[①] 以及“士子不敢治史，尤不敢言近代事”[②] 的万马齐喑的局面，终致我国近代文化的中途落伍。

① 梁启超:《清代学术概论》，中华书局 1954 年版，第 22 页。

② 鲁迅:《朝花夕拾》，载《买〈小学大全〉记》，中国言实出版社 2016 年版，第 124 页。

第十一章　顺治、康熙时期调整民族关系的法律

第一节　清初统治者“夷夏之防”思想的演变与政策、法律

一、从剃发令到“视同一体”

清朝入主中原之初，为了进一步强制汉人在政治上“归顺”，进一步推行满族旧俗，首先颁布了剃发、衣冠与禁缠足等方面的一系列法令。剃发的对象，先是“为首文武官员”与“投诚官吏军民”，不久又扩大到一般汉族百姓。顺治元年（1644 年）五月，多尔衮谕兵部：其为首文武官员必须剃发，否则便是“虽称归顺”又“有狐疑观望之意”；不久又谕故明内外官民人等，“凡投诚官吏军民，皆著薙发”。[1]顺治二年（1645 年）六月，清朝进一步重申剃发令时，范围已经很广，对象已及百姓、期限亦很严格紧迫了。丙寅日，令下礼部，规定：“京师内外，限旬日；直隶各省地方，自部文到后，亦限旬日，尽令薙发”，并且申明：“遵依者，为吾国之

①《清实录·世祖章皇帝实录》卷 5，第 57 页。

民；迟疑者，为逆命之寇，必置重罪。”[①] 关于衣冠，虽是顺治元年（1644 年）五月下令“遵本朝制度”，但较剃发的要求，尚属缓和，直至顺治二年（1645 年）六月，还“许从容更易”。[②] 不过，清朝统治者并未放弃这种“更易”，七月仍“禁中外军民衣冠不遵国制”。[③] 顺治十年（1653 年）二月，再令“汉官人等，衣带服色”，“务照满式，不得异同”。关于禁缠足，顺治元年（1644 年）孝庄皇后有谕：“以缠足女子入宫者斩。”[④] 可见也先在上层，后渐扩及中下层。禁令直至康熙二年（1663 年）始稍放宽；[⑤] 康熙三年（1664 年）又进一步规定禁止对象与刑罚范围：“康熙元年以后所生之女，禁止缠足”，“若有违法裹足者，其女之父，有官者交吏、兵二部议处；兵、民，交付刑部责四十板流徙；家长不行稽查，枷一个月、责四十板；该管督、抚以下，文职官员疏忽失于觉察者，听吏、兵二部议处”。[⑥] 禁妇女缠足，虽有进步意义，但清朝的用意，与剃发、衣冠之令一样，是在于强制汉人从心理上消除“夷夏之防”，依从满俗、表示政治上的“归顺”。

经济法令方面，为了保障满洲贵族的特权，清朝自入关之后，主要颁布了圈地法、投充令，并进一步加强了逃人法。为了满足满洲贵族的土地需求，顺治元年（1644 年）十二月，朝廷谕令户部：查圈近京各州县“无主荒田”，“本主尚存或本主已死而子弟存者”，只“量口给与”之外的“其余田地尽行分给东来诸王、勋臣、兵丁等”，并令“各府、州、县乡村，满、汉分居”。[⑦] 顺治四年（1647 年），又因“地薄歉收”，下令拨换圈地，“近京府、州、县

① 《清实录·世祖章皇帝实录》卷 17，第 151 页。
② 《清实录·世祖章皇帝实录》卷 17，第 151 页。
③ 《清史稿》卷 4，《世祖本纪一》，第 84 页。
④ 九钟山人：《清宫词》注。
⑤ （清）王士禛撰，勒斯仁点校：《池北偶谈》卷 3，中华书局 1982 年版，第 55 页，“八股”条：康熙“宽民间女子裹足之禁”。
⑥ 《清稗类钞·礼制类·禁妇女裹足》，第 500—501 页。
⑦ 《清实录·世祖章皇帝实录》卷 12，第 117 页。

内，不论有主无主土地，拨换去年所圈薄地，并给今年东来满洲”。[①] 被圈、被换土地的汉人，均被勒令迁移他处。为了保证耕种土地和充供杂役的劳力，清朝统治者还颁布了投充法、重申和完善了逃人法。投充法规定：土地被圈后生活无着落者，不愿迁往他处者，可以投充旗下；土地未被圈而愿并入旗下者，亦许作为投充之人；甚至“暗以他人之地投充”[②] 的无赖之辈，同样可以成为投充人。逃人法，入关之前已有，入关之后更加严密、完善。顺治十一年（1654 年）定制：（逃人）“第二次逃者，仍鞭一百，归主；第三次逃者，本犯正法。”[③] 后又规定：“凡逃人，无论男女，七十以上，十三岁以下者，俱免责，逃三次者亦免死。逃人逃出，自娶之妻，仍应归给逃人，若强娶霸占者，释放还家。”[④] 而对于隐匿逃人或雇觅逃人做工者的惩治，则相当重，尤其是对于“民人”（非旗人）窝主的刑罚极苛。具体规定有：

隐匿逃人者正法，家产入官；其两邻各责四十，流徙；十家长责四十。……如运船隐匿逃人，……即将船家正法，船内财物入官。

见（现）任文武官员，并有顶带闲官、进士、举人、贡生、监生及休致回籍闲住各官，隐匿逃人，将本官并妻、子流徙，家产入官。文武官员赴任之后，有家人隐匿逃人者，……其隐主如系另户者，即将隐者正法，家产入官；如系同居者，……家产财物入官。

如满洲家人隐匿逃人，鞭一百，罚银五两，其本主不论官、民，罚银十两；或另户人隐匿逃人，鞭一百、罚银十两。……宗室、公以上，家下庄头等人窝隐逃人，鞭一百，罚银五两。……生员隐匿逃人，与平民一例正法。

如满、汉雇觅逃人做工，或赁房与住，如有人作保，其保人不分满、汉，

---

① 《清实录·世祖章皇帝实录》卷 30，第 245 页。
② （清）刘余祐:《清革投充书》，载《皇清奏议》卷 5。
③ 《清实录·世祖章皇帝实录》卷 86，顺治十一年九月壬辰，第 676 页。
④ 《清实录·世祖章皇帝实录》卷 86，顺治十一年九月壬辰，第 677 页。

即坐以隐匿之罪，……若无保人，留住过十日者正法，家产入官。……

僧、道隐匿者，照民例治罪。[①]

顺治时期，对逃人与窝主的刑罚，窝主重；对民人窝主与旗人窝主的惩治，旗人窝主轻。而且，顺治十一年（1654年）规定："其送到逃人或窝主，如攀引他人，应暂羁候，提到彼人，再行质审。"[②]而对于诬陷、讹诈，则无惩治之文，所以造成了许多无谓的牵连。故顺治十五年（1658年）五月，朝廷又有关于"逃人事例"的"更定"，规定"民人首告逃人，如系挟仇诬害者，即将原告仍照定例；责四十板、枷号一个月，流徙宁古塔"。[③]

清朝统治者的剃发令、圈地令等的颁布与实施，激起了各族（如回族）尤其是广大汉族人民的强烈反抗，因此，清朝统治者不得不在坚决镇压和"首崇满洲"的前提下，一再宣布："满汉官民俱为一家"[④]，"满、汉语言虽异，心性自同"[⑤]，"无分中外""咸吾赤子"[⑥]，日益力图消除汉族人的"夷夏之防"，消弭其反抗意识，同时也进一步利用汉人来巩固统治。为此，顺治、康熙时期，朝廷也颁行了一些调整各族关系的法令。

二、调整满、汉关系的法令

顺治、康熙两朝，调整满、汉两族关系的法令甚多，撮其要者有：

---

① 《清实录·世祖章皇帝实录》卷86，顺治十一年九月壬辰，第677—678页。

② 《清实录·世祖章皇帝实录》卷86，顺治十一年九月壬辰，第677页。

③ 《清实录·世祖章皇帝实录》卷117，顺治十五年五月庚戌，第913页。

④ 皇太极时，即一再宣布："满、汉之人，均为一体"（见《清太宗实录》）。"朕于满洲、蒙古、汉人，不分新旧，视之如一"（见王先谦撰：《东华录》天聪九年七月，载《续修四库全书》第369页，上海古籍出版社2002年版，第121页）。

⑤ 《清实录·世祖章皇帝实录》卷42，顺治六年正月戊辰，第336页。

⑥ 《清实录·圣祖仁皇帝实录（二）》卷112，康熙二十二年九月丁丑，第147页。

顺治二年（1645年），多尔衮接受了范文程关于“士心得则民心得”“再行乡、会试，广其登进”[①]的建议，于顺治三年（1646年）下令开科取士。而早在顺治元年（1644年），朝廷即已加封孔子，顺治二年（1645年）又予加谥，并定了祭孔之例。此外，还一再下诏，招揽、录用汉族知识分子和各类“真才”。[②]

顺治五年（1648年），下令允许满、汉联婚。

顺治八年（1651年），福临亲政后，继续颁布了许多争取汉族人心的法令，如许满、蒙、汉军子弟科举令[③]，宣布投充人与民一起治罪令，[④]许入关前被获为奴的汉人探亲，[⑤]等等。顺治时期较重要的此等法令，有十三年（1656年）颁布的“禁逃捕株连”令、十五年（1658年）颁布的禁止“假冒诬诈”令、十八年（1661年）颁布的“满汉参差集议”令。定例：匿逃人者，本人受刑之外，两邻与十家长流徙、杖责。李裀上书论其弊，改为免杖，两邻安置尚阳堡。顺治十五年（1658年）也由于李裀的建议，朝廷决定禁止诬告，宣布对于诬告陷害者，“许督抚逮捕，并本主治罪”。[⑥]满汉参差集议令规定：“嗣后奏进本章”，“满汉侍郎、卿以上参酌公同来奏”，[⑦]“各衙门印务”，“受事在先”之官掌管，“不必分别满、汉”。这条法令说明，除了汉人在地方机构里享有相当的行政权之外，从此，在中央各级机关里也享有一定的权力了。

在调整满、汉关系上，康熙帝进一步制定和颁行了一系列法令。诸如

① 《清史稿》卷232，《范文程传》，第9353页。

② 《清实录·世祖章皇帝实录》卷19，第174页。

③ 《清史稿》卷5，《世祖本纪二》，第124页。

④ 《清实录·世祖章皇帝实录》卷58，第458—459页。

⑤ 《清实录·世祖章皇帝实录》卷55，第441页。

⑥ 《清史稿》卷144，《李裀传》，第9623页。

⑦ 据《清代职官表》统计：顺治帝在位的18年中，共任命总督212人次，其中汉军166人、汉人46人，无满人、蒙古人。

崇儒祭孔之令，开博学鸿词科之令，承顺治十五年（1658年）例满汉官员品级划一令，尊从汉俗“宽民间女子裹足之禁”令，等等，但尤其重要的是停止圈占土地之令和对于逃人法的修订改革。

停止圈地之令，始颁于康熙亲政之时。康熙亲政时，即宣布：“自后圈占民间房地，永行停止。”[①]二十四年（1685年），康熙帝进一步宣布“永免圈占”[②]。时大学士明珠佐领下人户指圈民人坟地，格尔古德即依法疏劾，使圈者与包庇者（宛平知县王养廉）均被惩处。[③]二十五年（1686年），康熙帝还谕禁旗下庄头扰民，谕直隶总督于成龙：“若旗下各庄人户不守法度，尔须执法严治，亦不得瞻徇顾忌。”[④]于成龙于是建议“旗人与民户同编保甲，与拨什库与乡长互相稽察”[⑤]。圈地令的颁行，无疑在调整满汉关系中发挥了积极的作用，而对旗下人的法律约束，也同样减弱了满汉之间的矛盾，减轻了汉人的负担，客观上还有利于整个社会生产力的发展。

圈地令的废除，停止圈地的结果，还事实上废除了投充法。随着圈地活动的基本结束，以人投充、带地投充或“暗以他人之地投充”的现象，也随之而基本结束。这种情况，对满汉关系的调整，对满汉矛盾的减弱，对生产力的发展，同样具有积极的意义。

对于逃人法的修订和改革，也体现了康熙时期对于满、汉两族关系的调整。其内容主要有：第一，用法律形式正式规定窝主的流徙地。康熙元年（1662年）宣布：只流尚阳堡、免流宁古塔，[⑥]汉人窝主对尚阳堡的地理环境自然较对宁古塔适应。第二，具体规定了对诬陷讹诈者的惩罚。康熙四年（1665年）宣布：“借逃行诈，……审实……正法”，“借逃报仇、诈

① 《清实录·圣祖仁皇帝实录（一）》卷30，第408页。
② （清）吴振棫：《养吉斋余录》卷1，上海古籍出版社2002年版。
③ 《清史稿》卷275，《格尔古德传》，第10058页。
④ 中国第一历史档案馆整理：《康熙起居注》第2册，中华书局1984年版，第1444页。
⑤ 《满洲名臣传》卷25，“于成龙传”，黑龙江人民出版社1991年版，第706页。
⑥ 《清实录·圣祖仁皇帝实录（一）》卷7，第127页。

害良民者，……俱照光棍例治罪”。[①] 第三，法定了对于窝主、邻右、十家长、地方官的轻处：窝主免死，废刺字例、停给旗下为奴，只流徙尚阳堡；邻右、十家长、地方官“免其流徙”[②]；流徙处（宁古塔、尚阳堡）的窝主，康熙十一年（1672年）也定了处分之例——“不便复拟流徙，应枷号三个月、责四十杖”。[③] 第四，赋予了督、抚对于逃人的审判权，缩小了“在外王公、将军”的“察审”权。康熙十一年（1672年）八月以后，直隶各省王公、将军所属逃人，由就近各该督抚审理；奉天将军所属逃人，由盛京刑部审理；只有宁古塔地方，“仍听该将军审理。”[④] 事实上将逃人情事，由旗务变成了“民事”。第五，加强了对于隐匿反叛抄扎入官人口者和疏纵遣犯脱逃的官民的惩治。康熙九年（1670年）规定：“凡隐瞒反叛抄扎入官人口者，……五口以上……杖一百，流徙宁古塔；四口以下，杖徙。如旗下有犯此等之罪，例应枷号发落。遵为定例。”[⑤] 康熙二十六年（1687年），蔡毓荣隐瞒逆女，即被籍家产、枷号三个月、鞭一百、“并分家子发往黑龙江”[⑥]。康熙四十一年（1702年），朝廷更具体地规定了宁古塔遣犯脱逃而对于疏纵的官、民的处罚：逃走一名，官罚俸三个月、平民鞭责；逃走至二、三名者，计人数加罪，其该管将军、副都统、协领、佐领、骁骑校等亦分别降、罚，小拨什库鞭责，打牲总管照协领治罪、副总管照佐领治罪；押解中逃脱，官员降二级调用、兵丁枷号一个月。宁古塔的“官”“民”，主要是旗官、旗民；押解遣犯的“官员”“兵丁”，也主要是旗官、旗兵。由此可见：对旗人的处分已相当严格，为了维护整个清朝的利益，满汉执法官员的法律地位，差别已逐渐显现了某种程度上的缩小。

---

① 《大清会典（康熙朝）》卷108，《督捕二·光棍结党行诈》。

② 《大清会典（康熙朝）》卷107，《督捕一·窝隐》。

③ 《清实录·圣祖仁皇帝实录（一）》卷38，第513页。

④ 《清实录·圣祖仁皇帝实录（一）》卷39，第530页。

⑤ 《清实录·圣祖仁皇帝实录（一）》卷32，第437页。

⑥ 《清实录·圣祖仁皇帝实录（二）》卷129，第383页。

第二节 调整各族关系的法律

一、有关东北各族的法律

清朝发祥于东北，最先得到东北各族贵族的支持，因而，入关后对东北各族采取了较其他各地、各族远为优惠的政策。除了继续执行努尔哈赤、皇太极的“恩威并重”、视为“一国（部）”的方针之外，清朝统治者还颁行了一系列优待东北各族的法令。

对于最先归顺后金政权的蒙古诸部，顺治时规定了护卫服色例，康熙时延展了会盟之期。顺治十年（1653 年）规定：“外藩蒙古亲王以下，公以上，随从人员服用貂皮、猞狸狲、蟒妆缎。亲王应准十六人，郡王十二人，贝勒八人，贝子六人，公四人。……其服色，准照在内亲王、郡王、贝勒、贝子、公随从人例。”[1] 这种待遇，为以前所没有。太宗时，“外藩蒙古”是无护卫的。会盟制度，肇始于皇太极，当时规定“三年一次，遣大臣会盟”。[2] 这种会盟，对于加强清朝与蒙古诸部及蒙古诸部之间的联系、团结有利，但过于频繁也不免劳民伤财，故康熙四十九年（1710 年）十一月丙申日，玄烨宣布“昔皆三年一会盟，今五年始一会盟”[3]，从此形成了新的制度。

对于东北其他各族，由于自皇太极以来即被视为“一国（部）之人”，[4] 因而，顺治时期虽也曾派兵征讨过库尔喀人，[5] 但顺治元年（1644 年）四月

① 《清实录 · 世祖章皇帝实录》卷 71，第 563 页。
② 《清实录 · 圣祖仁皇帝实录（三）》卷 242，第 404 页。
③ 《清实录 · 圣祖仁皇帝实录（三）》卷 244，第 423 页。
④ 《清实录 · 太宗文皇帝实录》卷 21，第 280 页。
⑤ 《清实录 · 世祖章皇帝实录》卷 3，第 42 页。

戊辰日又颁布了永停察解瓦尔喀人民令。[①]康熙九年（1670年）十月辛巳日，召宁古塔将军巴海等谕："瓦尔喀、胡尔哈人、皆暴戾奸诡，尔其善布教化"，[②]说明清朝统治者对这些部族的方针，已彻底由努尔哈赤确定的"逆者以兵临"[③]转变为注重"教化"了。同年同月壬辰日、二十二年（1683年）九月戊寅日，康熙帝还谕令对"飞牙喀""黑折"等族人和乌喇地方的"土人""广布教化、多方训迪"[④]，"俾识理义"[⑤]，也是这种方针的继续。在这种方针的指导下，清朝统治者对东北各族制定和颁布的法令，主要是保护东北各族统治集团的利益的。这些法令，主要有：

（一）保证"新满洲"的利益，披甲人等可获奴

崇德五年（1640年）皇太极派兵征服索伦部，将降户分编为八佐领之后，黑龙江上游各族的编旗设佐即开始了。这些被编入旗佐的人，俗称"新满洲"[⑥]。顺治、康熙时期继续在黑龙江上游地区各族中推行了这种编旗设佐的政策。康熙六年（1667年），将未编佐领的1100余名达斡尔人编为11个佐领；[⑦]十年（1671年），再将墨尔根墨尔哲勒氏屯长所部，一次编为40个佐领。[⑧]这些新编入佐者，与那些"畸零不成一佐领者"，统统被称为"新满洲"。[⑨]新满洲主要包括索伦族（鄂伦春、鄂温克等）、达斡尔族等族。这些族"骁勇善战"，效力于清朝，清朝统治者于是不仅视之为"同族"（不列于理藩院），还格外补充其劳动力，一再将那些免死、减等发落的强盗

---

① 《清实录·世祖章皇帝实录》卷4，第53页。
② 《清实录·圣祖仁皇帝实录（一）》卷37，第494页。
③ 《清实录·太祖高皇帝实录》卷1，第25页。
④ 《清实录·圣祖仁皇帝实录（一）》卷37，第495页。
⑤ 《清实录·圣祖仁皇帝实录（二）》卷112，第149页。
⑥ 《清实录·太宗文皇帝实录》卷36，第468页。"始于康熙十年"之说不确。
⑦ 《清实录·圣祖仁皇帝实录（一）》卷22，第310页。
⑧ （清）阿桂等修：《盛京通志》卷57，台湾"商务印书馆"1986年版，第309页。
⑨ 《盛京通志》卷57，第309页。

从犯、太平时期的盗马犯、“叛苗”从犯、“鸠党抢夺”的从犯等，统统发往黑龙江给了新满洲“为奴”。[①] 康熙三十七年（1698 年）四月己酉日，玄烨曾说，这么做，“不但全活甚众，且新满洲资益良多”。[②] 而康熙五十六年（1717 年）二月丁未日，玄烨更谕道：“嗣后各省大盗案件”，“为首者一、二人正法”，“余俱减等，发往黑龙江等处。著为令”。[③] 从此，新满洲获奴更加合法化了。

（二）轻徭薄赋的法令

清朝政府对黑龙江下游的各少数民族（如赫哲、费雅喀、库页、鄂伦春等族），编为“民户”，设乡长、姓长管辖，因此，其贡输较上游各族还要轻。上游以丁计，每丁年贡貂皮 1 张，下游以贡计，每户年贡貂 1 张（或无狐皮、水獭皮 1 张）。上游送至齐齐哈尔（ “卜魁”）；下游，顺治十六年（1659 年）才规定“送至宁古塔”，[④] 以前或就地收取，或送至奇吉湖。贡貂皮的时间是每年五月。康熙三十四年（1695 年）十二月丁未日，户题：乌喇打貂不足额，该管官应议罪，玄烨谕曰“数年来因常捕，故貂少，但得足数而已，以此议处是无辜获罪”[⑤]，并责令行文吉林将军议定章程。次年，终于议定了打牲丁所纳貂皮分别有赏无赏章程，规定貂皮入等者有赏，等分一、二、三，不入等而足数者虽无赏，不但不罚，还许自将其余出售；只有无饷牲丁、墨凌阿鄂伦春例贡貂皮才无赏银。貂皮之外，东三省须进贡鹰鹞，其鹰鹞数目，只在嘉庆二十二年（1817 年）才“按原进数目减半呈进”。[⑥] 在徭役方面，清政府虽然常征东北各族为兵征战，但对于从驿人

① 《清实录 · 圣祖仁皇帝实录》卷 188、卷 201、卷 194、卷 248、卷 278 等。
② 《清实录 · 圣祖仁皇帝实录（二）》卷 188，第 998 页。
③ 《清实录 · 圣祖仁皇帝实录（三）》卷 271，第 660 页。
④ 《清实录 · 世祖章皇帝实录》卷 124，第 959 页。
⑤ 《清实录 · 圣祖仁皇帝实录（二）》卷 169，第 838 页。
⑥ 《清实录 · 仁宗睿皇帝实录（五）》卷 333，第 393 页。

的爱护却是始终一贯的。从驿者基本不贡貂，贡貂不足数亦不议处。此外，康熙七年（1668 年），还制定了驿递给夫例，规定："凡有驿处，设夫役以供奔走，视路之冲僻为衡，日给工食。"[①] 康熙二十七年（1688 年）三月，朝廷还规定："差往盛京、宁古塔驰驿人员，有骚扰驿站者，照直隶各省骚扰驿站例处分；其管驿站官员，不将骚扰情由申文报部者，照徇庇例降二级调用。"[②] 这些，也都是对东北各族有益的。

（三）有关发遣人犯惩治的法令

康熙三十七年（1698 年）和五十六年（1717 年），玄烨相继宣布：相从为盗者，分给新满洲为奴。而在这之前，朝廷即已颁行了对于发遣人犯的惩治条例。康熙三年（1664 年），刑部遵旨议复：嗣后佥妻流徙人犯，夫死，其妻仍遣；妻家为免犯妻随遣而杀死流犯、恶棍图占犯妻而杀死流犯，分别"以杀人论"和"照光棍例立斩"；地方官徇庇犯属，"伪以（犯人）病故闻者"，"从重治罪"。[③] 其目的在于保证东北各族获得遣犯的来源，也一改了过去"夫死，其妻免流"[④] 的惯例。同年，户部又遵旨议定：对发遣东北各地的叛逆家属，不得私行买赎。对私行买赎者：系官，交该部革职；系旗人，交刑部枷号二个月、鞭一百；系民，杖一百、流三千里。原人并价，交户部察收；盛京、宁古塔等处未管之官及拨什库，也"一并从重议处"。[⑤] 康熙四十一年（1702 年），朝廷还规定："发遣人犯逃走，若缉拿时有拒捕者，即行正法；又，或拐卖人口或为窃盗等事发觉"，亦"审明""即行正法"。[⑥] 这些法令，也保证着获奴者对于遣奴的法定占有。因此，东北齐齐

① 《清史稿》卷 121，《食货志二・赋役》，第 3545 页。
② 《清实录・圣祖仁皇帝实录（二）》卷 134，第 458 页。
③ 《清实录・圣祖仁皇帝实录（一）》卷 12，第 184 页。
④ 《清实录・圣祖仁皇帝实录（一）》卷 11，第 179 页。
⑤ 《清实录・圣祖仁皇帝实录（一）》卷 12，第 192 页。
⑥ 《清实录・圣祖仁皇帝实录（三）》卷 210，第 130 页。

哈尔旗人所得奴仆之数已“倍于兵”，[①]“至数千人”[②]了。

（四）封禁令

为保证“国家肇兴之地”的人民“务守满洲本习”[③]，为将东北荒地留作“本地官兵及京旗官兵随缺地亩”或作“退军兵丁”的“恒产”，以及为了保证清朝最高统治者对于东北特产（参、貂）与其他资源（矿）的独占，朝廷实行了对于东北的长期封禁政策，颁布了一系列封禁令。为了防止汉人进入东北垦荒，清廷于康熙七年（1668 年）宣布废止了顺治十年（1653 年）颁行的《辽东招民开垦例》，随后又一再圈占牧场、围场，一再宣布严禁汉族流民进入东北，还于康熙九年（1670 年）至康熙二十年（1681 年），把顺治年间构筑的“盛京边墙”从开原之北的威远堡延筑至吉林之北的法特哈，长 690 里，即“柳条边”，不准汉人逾越。康熙十四年（1675 年）、十八年（1679 年）、二十五年（1686 年）、三十六年（1697 年），清廷还多次下令：将此“边墙”向西扩筑，以防止汉族流民从蒙古地区进入东北。为了独占东北特产人参，康熙十八年（1679 年）朝廷又命吏、户、兵、刑四部，会议私采人参条例，规定：“为首者绞，从者枷责”，玄烨还命“驻防官兵，中途缉察”[④]。康熙二十一年（1682 年）更规定了巡缉官兵议叙给赏例，只是对于诬拿无辜和抢夺财物的官兵才给予处分[⑤]。凡采参者，必须先向官府请领“牌票”。对无牌票和出边口者，康熙二十六年（1687 年）规定：“将妻、子一并发往……山海关外辽阳等处安插。”[⑥]清朝对东北封禁

① 方式济撰：《龙沙纪略 · 饮食》，中华书局 1991 年版，第 17 页。

② （清）徐宗亮撰，李兴盛、张杰点校：《黑龙江述略》卷 3，黑龙江人民出版社 1985 年版，第 43 页。

③ （清）长顺修、李桂林纂：《吉林通志》卷 1，吉林文史出版社 1986 年版，第 9 页。

④ 《清实录 · 圣祖仁皇帝实录（一）》卷 85，第 1085 页。

⑤ 《清实录 · 圣祖仁皇帝实录（二）》卷 102，第 23 页。

⑥ 《清实录 · 圣祖仁皇帝实录（二）》卷 129，第 386 页。

的结果，造成了东北生产的落后，故实际上不符合东北各族要求发展生产、社会进步的根本利益。

二、关于蒙古“藩部”的立法

（一）顺治年间的对蒙立法

顺治初年，清与漠南蒙古诸部的关系发展很快。赏赐、联姻频频实行，进一步密切了与漠南蒙古之间的关系，赢得了漠南蒙古的大力支持。所以，魏源认为，“世祖当草创初，冲龄践阼，中外帖然，繄蒙古外戚扈戴之力”。[①] 漠北蒙古三汗在顺治初年，与清曾有过争执。经过清的征抚并行，在顺治五年（1648）八月，土谢图汗和车臣汗遣使为侵夺巴林部落人畜事前来谢罪，遵旨进贡马千匹、驼百头。随之，札萨克图汗也遣使朝见进贡，表明与清和解。但漠北蒙古真正统一于清朝盟旗制度之下，是到康熙时期才实现的。漠西厄鲁特蒙古诸部在顺治初年与清廷的关系基本上是保持贡赐关系。其中，和硕特部的顾实汗和清廷建立了更为密切的联系，但他是作为西藏的最高统治者之一与清廷往来的。顺治初年，清廷对漠北、漠西蒙古的戒备尚多。清廷曾专门下令禁止王公大臣等擅给漠北喀尔喀部落贡使甲胄和兵器。[②] 并下令户部和兵部，严格限制购买喀尔喀和厄鲁特的驼只马匹，对居庸关内购买其驼马的官吏军民，依贼律惩处。[③]

顺治初年，清对蒙古各部的立法是在皇父摄政王多尔衮的主持之下进行的。顺治七年（1650 年），多尔衮病故后，顺治帝在前代对蒙立法的基础上，强化了对漠南蒙古的立法。十一年（1654 年）正月，定外藩王、贝勒、贝子、公元旦来朝给赏例。十二年（1655 年）六月，定赐恤外藩蒙古

① （清）魏源：《圣武记》卷 3，世界书局 1936 年版。

② 《清实录·世祖章皇帝实录》卷 41，第 377—378 页。

③ 《清实录·世祖章皇帝实录》卷 47，第 378—379 页。

王公例。规定蒙古亲王去世，赐牛一头，羊八只，酒九瓶，纸一万张。郡王以下各有差。十三年（1656 年）八月，谕内蒙古诸部："尔等心怀忠直，毋忘太祖太宗历年恩宠，我国家世世为天子，尔等亦世世为王，享富贵于无穷，垂芳名于不朽。"[①] 十五年（1658 年）九月，降旨议政王贝勒大臣等议定理藩院大辟条例：凡平人与蒙古王、贝勒福金通奸者，福金处斩，奸夫凌迟，其兄弟处绞；凡发掘蒙古贝子等坟墓者，截杀来降人众之为首者，劫夺死罪人犯为首者，公行抢夺他人财物者，与逃人通谋给马遣行者，挟仇行害放火烧死人畜者，临阵败走者，故意杀人者，以上八款俱处斩；凡夫私杀其妻者，盗人口及驼马牛羊者，误伤人命应择本旗人令其发誓，如不发誓应坐故杀偿命者，均处绞。又斗殴伤重于 50 日之内死者，行殴者处绞。以上均永著为例。[②] 此项单行条例的内容，后来经过修订分类吸收入《理藩院则例》之中，适用对象也超出漠南蒙古的范围。十八年（1661 年）八月，定理藩院等级与六部同。理藩院尚书照六部尚书例，入议政之列，衔名列二部之后。设四司（录勋、宾客、柔远、理刑），各司郎中共 11 员，员外郎共 21 员。[③] 此项立法提高了理藩院的地位，充实了理藩院的机构。

顺治后期，清廷与漠北喀尔喀蒙古和漠西厄鲁特蒙古的联系有所发展。顺治十二年（1655 年），清廷在喀尔喀设八札萨克，分左右翼。[④] 这是清朝政府在喀尔喀蒙古地区的最早的行政立法，它强化了喀尔喀蒙古与清朝中央政府的政治联系。十五年（1658 年）七月二十三日，敕谕喀尔喀蒙古车臣汗等："尔于使臣前不违诏旨，诚心誓好，遂每年贡献方物，遣使来朝，朕甚嘉悦。"[⑤] 同年十二月初三日，敕谕厄鲁特部车臣台吉等："尔其恪遵约

① 《清实录 · 世祖章皇帝实录》卷 103，顺治十三年八月丙子，第 798 页。
② 《清实录 · 世祖章皇帝实录》卷 120，第 932 页。
③ 《清实录 · 圣祖仁皇帝实录（一）》卷 4，第 83 页。
④ 何秋涛:《朔方备乘》卷 3，《喀尔喀内属述略》，文海出版社 1964 年版。
⑤ 《清实录 · 世祖章皇帝实录》卷 119，第 924 页。

束，慎守疆圉，副朕怀柔至意。”[1]

（二）康熙年间的对蒙立法

康熙帝在皇太极统一漠南蒙古的基础之上，又统一了漠北喀尔喀蒙古，并部分统一了漠西厄鲁特蒙古。对漠南蒙古，康熙帝除了继续实行联姻加强政治联盟之外，还对反清的察哈尔部采取了特殊措施。康熙十四年（1675年）三月，察哈尔部亲王布尔尼反清，被平定之后，察哈尔八旗遂退列于蒙古四十九旗之外，“官不得世袭，事不得自专，与各札萨克蒙古君国子民者不同”[2]。从此，察哈尔八旗与皇太极时反叛的归化城土默特蒙古二旗一样，不设札萨克（旗长），没有王公封爵，由清廷直接任命官吏进行统辖，属总管制旗，被称为“内属蒙古”。漠南蒙古其余各部则称为“外藩蒙古”，属札萨克旗。其土地和属民由札萨克支配。札萨克世袭，根据清廷的政令处理旗务，并接受清廷的监督。

对漠北喀尔喀蒙古，皇太极时曾拟按照四十九旗蒙古（内蒙古）例设置盟旗，但未及实行即去世。[3] 康熙时期统一了喀尔喀蒙古，完成了在喀尔喀蒙古设置盟旗的历史任务，确立了对喀尔喀蒙古的行政管辖权。先是康熙二十五年（1686年），在库伦伯勒奇尔举行会盟时，康熙帝将喀尔喀原设八旗拆为十四旗。随后在康熙二十八年（1689年）和康熙三十年（1691年）的多伦会盟时，将内附的喀尔喀蒙古“俱照四十九旗，编为旗队”，“其名号亦与四十九旗同”。[4] 康熙末年，在喀尔喀蒙古已设六十九旗。

在喀尔喀蒙古编旗设盟的实现，是康熙时期对蒙行政立法的重大成果。

---

① 《清实录·世祖章皇帝实录》卷122，第944页。

② 《圣武记》卷3，《国朝绥服蒙古记一》。

③ 《清实录·圣祖仁皇帝实录（二）》卷142，第558页。

④ 《清实录·圣祖仁皇帝实录（二）》卷142，第563页；卷152，第679页。

除此之外，康熙帝把额附制度也推行到喀尔喀蒙古。康熙三十六年（1697年），康熙帝以第六女和硕恪靖公主下嫁喀尔喀蒙古土谢图汗部，“命土谢图汗部札萨克多罗郡王敦多布多尔济，尚和硕恪靖公主，授和硕额附，旋晋和硕亲王。会其祖察珲多尔济卒，诏袭土谢图汗”[①]。随后，康熙帝又把孙女——允祥之女和惠公主下嫁喀尔喀左副将军，亲王丹津多尔济长子多尔济色布腾。札萨克图汗策妄札布尚县主，为多罗额驸，旋晋和硕额驸。康熙第十六女和硕纯悫公主下嫁喀尔喀蒙古赛音诺颜部策凌，授策凌和硕额驸。策凌之弟恭格喇布坦尚郡主，为固山额驸。[②]额驸制度在外蒙古的推行，强化了清廷与喀尔喀蒙古的政治联盟。

对漠西厄鲁特蒙古，康熙帝分别采取了不同措施，对噶尔丹直属部下归降者，都安插在张家口外，编入察哈尔旗分佐领，对其中的重要人物则授以官衔，如授噶尔丹手下重臣丹济拉为散秩大臣，授其子一等侍卫，“俱安插张家口外，编入察哈尔旗分佐领”。[③]对一度为噶尔丹控制的部落，仿照内、外蒙古，采取分编旗队，原地驻牧的方式管辖。如封丹津阿拉布坦“为多罗郡王，令于洪郭尔阿济尔罕地方游牧”。[④]允许策妄阿拉布坦继续与清廷保持称臣纳贡关系。康熙帝还把额附制度推行到漠西厄鲁特蒙古。如康熙四十三年（1704年），康熙帝命和硕特蒙古的“阿宝尚郡主，授和硕额驸”。[⑤]

康熙时期，尊重蒙古的宗教信仰，利用黄教安抚蒙古。但对喇嘛犯法者，仍“按律治罪，令知惩戒”。[⑥]

---

① （清）祁韵士:《皇朝藩部要略》卷4，文海出版社1965年版，第206页。

② 《皇朝藩部要略》卷4，第208—209页。

③ 《清实录·圣祖仁皇帝实录（二）》卷185，第976页。

④ 《清实录·圣祖仁皇帝实录（三）》卷210，第137页。

⑤ 《皇朝藩部要略》卷10，第531页。

⑥ 《清实录·圣祖仁皇帝实录（三）》卷198，第8页。

三、有关西南苗、蛮的法律

苗、蛮，是清朝统治者对西南各少数民族的统称。按《清史稿·土司传》：无君长、不相统属者（如广东、广西的僮、黎，贵州、湖南的瑶，四川的保罗、生番，云南的野人等）谓之“苗”；各长其部、割据一方者（如湖广的田、彭二姓，四川的谢、向、冉等姓，广西的岑、韦二姓，贵州的安、扬以及云南的刀、思二大家族之类）谓之“蛮”。[①]这些少数民族，长期受到汉族统治者的压迫，因而，整个明朝统治期间，他们，尤其是湘西、黔东、黔南等地的各族，反抗斗争始终未停，明朝的武力镇压亦始终未止。[②]

顺治、康熙年间，清朝统治者对于西南各族的政策，虽有沿袭明朝的一面，但又有很大不同。其法令有：

1. 禁止扰苗之令。福临、玄烨对于西南苗、蛮的看法，比明朝统治者有了进步。顺治十六年（1659年）五月辛巳日，福临在发内帑银15万两赈济云、贵两省“真正穷民”时说：“云、贵……百姓，皆朕赤子。”[③]康熙二十五年（1686年）正月甲戌日，玄烨在批评云贵总督蔡毓荣请征苗时谕：“苗蛮赋性朴实，不敢生事”，[④]只因地方官一味苛责才生事端。因此，尤其是玄烨，特别禁止官吏扰苗生事，一再敕谕云、贵、川、湘督抚“务须殚心料理、抚绥得宜”[⑤]，“平情抚恤”[⑥]，“不可见才……生事”[⑦]，并允许边官大吏互相题参。康熙三十八年（1699年），四川巡抚于养志疏参四川提督岳

① 《清史稿》卷512，《土司列传一·湖广》，第14203页。

② 《明史·湖广土司传》及《明史·贵州土司传》。

③ 《清实录·世祖章皇帝实录》卷126，第977页。

④ 《清实录·圣祖仁皇帝实录（二）》卷124，第313页。

⑤ 《清实录·圣祖仁皇帝实录（三）》卷239，第385页。

⑥ 《清实录·圣祖仁皇帝实录（二）》卷124，第313页。

⑦ 《清实录·圣祖仁皇帝实录（三）》卷223，第245页。

升龙，罪之一就是岳升龙受革职天全土司、“专杀土民”的高一柱之贿[①]；次年，岳升龙题参于养志的罪状，也是“交结藏番”“苛虐土司”[②]等。而康熙四十年（1701年），广东的白旗副都统唐光尧的被革职，总督石琳、巡抚肖永藻之“降级留任”，即因为“平日不严约束文武官弁，以致骚扰黎岐”[③]。

2. 土司投诚可以袭封、立功可被升赏之令。顺治十四年（1657年）三月癸丑日，福临进一步下诏：

各处土司，原当世守地方，不得轻听叛逆招诱，自外王化。凡未经归顺今来投诚者，开其原管地方部落，准与照旧袭封；有擒执叛逆来献者，仍厚加升赏。

已归顺土司官，曾立功绩及未经授职者，该督抚按官通行查明具奏，论功升授。[④]

在顺治帝这类法令的影响下，顺治、康熙两朝，湖广、四川、云南、贵州、广西及至北部的甘肃，土司归附、投诚者甚多，他们或以原职世袭，或以有功被升赏，或被授与宣慰使印信（如湖南容美土司田光宝、永顺土司彭宏海），或领有清朝颁发的“号纸”“委牌”，或一年，或三年一贡土产，大多数基本上“遵约束”（尤其是广西各土司）。

3. 编保甲、裁卫所而隶（改）州、县与设流官之令。顺治十六年（1659年）五月，贵州巡抚赵廷臣疏请“其作梗衢路，宜仿保甲之规”[⑤]后，朝廷乃有编制户口牌甲之令。“其法：州、县、城、乡十户立一牌长，十牌立一

① 《清实录·圣祖仁皇帝实录（二）》卷193，第1046页。
② 《清实录·圣祖仁皇帝实录（三）》卷197，第1页。
③ 《清实录·圣祖仁皇帝实录（三）》卷205，第89页。
④ 《清实录·世祖章皇帝实录》卷108，第848页。
⑤ 《清实录·世祖章皇帝实录》卷126，第978页。

甲长，十甲立一保长。户给印牌”，“出则注所往，入则稽所来”。[①] 顺治、康熙时期，这种保甲制度，尚只实行于各省“内地”与“夷、民错处”之所，但对于加强清朝的行政管理却是有益的。清朝的裁撤卫、所，将土司纳入府、厅、州、县；取消安抚司、长官司，代之以州通判、州同知、县丞、巡检、主簿、吏目、经历、弹压、汛之类的改革，也始于顺治、康熙时期。顺治十八年（1661 年）闰七月己卯日，朝廷批准了云贵总督赵廷臣的疏请，将贵州省马乃土目的属地改为普安县，设流官。这是最早的行政体制的改革。康熙四年（1665 年）、五年、十年、二十一年、二十六年、四十三年，清朝又相继在贵州省将水西地置黔西府，比喇地置平远府，大方地置大定府；将乌撒土府改为威宁府；将龙里、清平、平越、普定、都匀之卫改为县；将湖广之镇远、偏桥二卫改隶贵州；裁偏桥等十五卫、修文行等十所，入各厅、州、县；设铜仁理苗同知，隶铜仁府，专理苗务。康熙四十五年（1706 年）十二月甲辰日，朝廷又以贵州凯里土司杨国兴“贪婪”及“土、苗人民俱愿改土归流”[②] 为由，下令将凯里所属之地并归清平县管辖。湖广的金峒安抚司、广西的思明府，也相继于康熙四十三年（1704 年）、五十八年（1719 年）改为流官。顺治、康熙时期的改土归流，是雍正时期大规模改土归流的前奏。

4. 轻、重罪的处置律令与审拟办法。重罪莫过于“叛逆”。叛逆的土司，不是被诛就是被徙。康熙三年（1664 年），临西宣慰司安坤叛，被诛；康熙二十四年（1685 年），土司韦有能等参与何新瑞的叛乱，被徙，黎平之地归入永从县；[③] 康熙四十五年（1706 年），容美土司田舜年，因为曾经附和于吴三桂之乱而被拘押，庾毙于武昌府，其子田昞如，也因“暴

① 《清史稿》卷 120，《食货志一・户口》，第 3481 页。

② 《清实录・圣祖仁皇帝实录（三）》卷 227，第 281 页。

③ 《清史稿》卷 515，《土司列传四・贵州》，第 14271 页。

戾虐民，抗不赴审”而被朝廷下令“应枷责，佥妻安插内地”[①]。至于命、盗重案的惩治及审判办法，则又因地有别。贵州省：熟苗为盗，与生苗潜入内地行劫者不同，文、武官员均可处分，“照汉民为盗之例”；生苗为盗，地方官“仍照苗蛮侵害旧例处分”[②]。湖广省：“（苗）犯命盗重罪者，土司拿解道、厅审明拟罪”[③]，五寨司土官应听厅官管辖，只有苗犯轻罪时，“听土司发落”[④]。苗案，康熙四十三年（1704年）十二月乙酉日规定：“武职不得干预”；但康熙四十八年（1709年）四月乙丑日又规定：“嗣后，如有凶苗不法，依恃伙众，潜匿不服者，地方官访确，即移咨营将……拨兵缉获正法，然后奏报。”[⑤]看来，武职不但有权缉苗，而且可以先斩后奏。

5. 严禁私贩军器、火药令。为防止苗族人民的反抗，康熙二十五年（1686年）闰四月丁巳日，朝廷规定：“嗣后，土司番蛮交界处，有将军器禁物贩卖者，杖一百，发边远充军。该管官知情故纵者，一例治罪；如失于觉察，州、县官并专汛武职，俱降四级调用，府、道及兼辖武职官，俱降二级，该总兵官降一级，督、府、提各罚俸一年。”[⑥]康熙三十九年（1700年）十月庚辰日，朝廷再次重申：“严禁奸民私贩火药、军械”，并决定将禁令刻之于石，令各永遵。[⑦]清朝统治者规定的这些禁令，严重影响了苗族等少数民族的打猎生计。

6. 贸易与婚姻方面的法令。苗、番的贸易，清政府规定于打箭炉地方进行；镇箪地区苗、民的贸易，朝廷规定“每月三日（指逢三之日）”进行，

① 《清实录·圣祖仁皇帝实录（三）》卷228，第290—291页。
② 《清实录·圣祖仁皇帝实录（三）》卷206，第96页。
③ 《清实录·圣祖仁皇帝实录（三）》卷218，第207页。
④ 《清实录·圣祖仁皇帝实录（三）》卷218，第207页。
⑤ 《清实录·圣祖仁皇帝实录（三）》卷237，第373页。
⑥ 《清实录·圣祖仁皇帝实录（二）》卷126，第335—336页。
⑦ 《清实录·圣祖仁皇帝实录（三）》卷201，第57页。

并且“限时集散”[①]。康熙四十七年（1708年）十二月己未日，兵部在议复湖广总督郭世隆的条奏时，重申了苗、民的婚禁，规定为：“内地奸民与苗人结亲，……嗣后……应断离异，仍按律定罪。”[②]对于失察官员，还规定了相应的处罚。这种法令，加深了民族隔离。

① 《清实录·圣祖仁皇帝实录（三）》卷201，康熙三十九年十月庚辰，第57页。

② 《清实录·圣祖仁皇帝实录（三）》卷235，第355页。

第十二章　顺治、康熙时期社会主要的宗族法

第一节　宗族及宗族法

清代社会，普遍存在各种类型的宗法性社会共同体——宗族。各宗族多各自制定在本宗族内部具有强制性约束力的宗族法，以维持宗族秩序，调整宗族内部的社会关系。

宗法制度，在我国源远流长。奴隶制国家建立之初，即吸取原始社会末期父系氏族的血缘性组织原则。西周统治者使宗法血缘关系与国家政治关系高度结合，形成严密而完备的宗法制度。在这种制度下，家国一体，国是家的扩大。周天子在政治上是天下共主，在血缘上是天下大宗。小宗拱卫大宗，诸侯效忠君主，整个社会以血缘、政治二重原则相联结，构成典型的宗法国家。春秋战国，诸侯力征，地主阶级登上历史舞台。秦始皇统一六国，建立起专制主义中央集权国家。宗法因素进一步与封建制度相结合，封建皇帝继续实行家天下统治。皇位世袭，品官荫亲，血缘上的亲疏嫡庶关系在国家政治生活中具有重要意义。

汉初，经济实力迅速增长的地主乡绅利用宗法关系，建立自我中心的共同体组织，到西汉中、后期，发展成为对国家政权产生重要影响的宗法性豪强势力。汉武帝为了加强对地方的控制，首订“六条”，派出刺史，

监察各级官吏及地方豪强。但宗法性豪强势力却屡裁不衰。昭宣时期，涿郡“大姓西高氏，东高氏，自郡吏以下皆畏避之，莫敢与牾，咸曰：‘宁负二千石，无负豪大家。’”[①]王莽改制失败以后，南阳大豪强刘秀利用宗法性豪强的武装力量，建立东汉政权。魏晋南朝，宗法性豪强势力继续扩张。西晋实行占田制，为增强豪强地主的经济实力提供了条件。各地豪强还通过荫户庇亲，联络同姓族人，收容异姓流民。南梁沈众，以宗法联族，口数逾万。侯景乱时，“（沈）众率宗族、义附五千余人，入援京邑”[②]。北朝统治下，十六国混战，一些汉族大地主聚族而居，扩田庄，筑坞壁。北魏统治者因势而治，承认宗法性坞壁统治的合法性，确立“宗主督护制”。隋唐两代，封建社会进入鼎盛时期，在政治、经济制度上有诸多变革。隋废九品中正制，开科取士，堵绝了产生门阀世家的一条主要道路。隋唐继续实行自北魏开始的均田制，使中央政府直接控制了全国大多数农户，保证了朝廷的财政赋税收入，从经济上削弱了豪强地主的力量。唐中后期，中央政府开始注意压抑、打击宗法性豪强势力，破坞壁，散田庄。唐末农民起义，藩镇割据及五代时小国征战，整个社会再次陷入极度混乱之中。从南北朝后期就已开始衰退的宗法性豪强势力屡经打击，终于在社会舞台上销声匿迹。

唐中后期，随着商品经济的发展，社会私有化程度加深，地主阶级逐渐改变剥削方式。武则天时期，部曲、佃客制基本废除，人身依附关系比较松弛的租佃制代之而起。进入宋代，租佃制普遍推行，地主阶级通过契约关系和高利贷手段剥削农民。大批获得一定程度人身自由的封建小农作为社会游离成分，重新寻找自己的物质依附。尤其是北宋中期以后，社会矛盾激化，个体小农不仅在财产上，而且在人身上也缺少安全感，更加需要有自己的物质依附和精神寄托。同时，造纸及雕版印刷术的推广，使理

① （汉）班固撰：《汉书》卷90，中华书局2000年版，第2716页。

② 《陈书》卷18，中华书局2000年版，第167页。

学中的纲常伦理思想作为一种大众文化，在基层社会传播，激发起个体小农对于以伦理原则结合而成的宗法性群体的需求。在统治阶级看来，游离性增强的个体小农必然形成社会不安定因素，可能对国家统治造成一定的破坏性作用。因此，需要建立新的社会组织，并将游离小农容纳于其中，从而达到稳定社会秩序、巩固国家统治的目的。适应这种社会历史条件，宗法组织改变自身形态，深入乡间基层，形成封建社会后期所特有的宗族共同体。从北宋开始，在地主阶级的提倡和扶持下，长江流域及华南各地地方性宗族组织迅速发展。范仲淹置义田族产，欧阳修、苏洵修谱收族，一时为各地效法。进入清代，宗族组织更是普遍建立，“天下直省郡国，各得是数百族，落落参错县邑间”[①]。乾隆二十九年（1764 年），江西巡抚辅德巡查本省建有宗祠的宗族，一省之中，竟达 8994 族。[②]

区别于前，宋代以后的宗族是民间自发组成的、以男系血统为中心的亲属集团。宗族成员同祖共宗，并出一门；同时，全体族人又是国家政权统管下的编民。宋以后的宗族既不像夏商周三代政治关系与血缘关系高度统一的宗法政治制度下的一级权力机构，也没有像东汉以后讲究身份门第的门阀世家及割据一方的宗法豪强那样，与封建统治阶级上层势力紧密联系；它通过联宗收族，在政治、经济和思想文化各个方面满足同姓族人的群体要求，进而达到在宗族内部稳定封建关系、维持社会秩序的目的。国家统治者借重宗族组织在维持基层社会秩序方面的积极作用，允许宗族部分地代行国家基层行政组织的某些职能，包括催办钱粮，维持治安，处理户婚田土、殴骂窃赌等民事纠纷和轻微刑事案件，实行有限度的自治。

“治家犹如治国”，“家之有规犹国之有典也，国有典则赏罚以饬臣民，家有规寓劝惩以训子弟，其事殊，其理一也”[③]。宗族权贵在长期的治族过

① 《庐江章氏义庄记》，《皇朝经世文编》卷 58。

② （清）辅德：《复奏查办江西祠宇疏》，《皇清奏议》卷 55。

③ 安徽《仙源东溪项氏族谱》卷 1，《祠规引》。

程中认识到，无法不足以统族。早在东汉时期，宗族法作为个别现象就已存在。三国时魏人田畴率族聚居，“为约束相杀伤、犯盗、诤讼立法，法重者至死，其次抵罪，二十余条”[①]。宋代开始，宗族组织在基层社会普遍建立，并相应制定宗族法，以调整宗族内部的各种社会关系。

宗族法是封建国家法律的重要补充形式。宗族权贵为了维持宗族社会秩序的安定，同时也为了保护自己的特殊利益，以国家法律、民间习惯及纲常礼教为原型，删减增补，加工整理，使其成为宗族内部具有普遍约束力的宗族法，并以宗族自身力量和国家力量作为其强制执行的保证。宗族法以维持既定的宗族秩序为直接目的，因而起到支持国家政权、维持封建统治的重要作用，与国家法律一起，共同组成封建的法律体系。

宋代以后的宗族法有一个演变、发展的历史过程。宋元时期，宗族组织初步建立，对于内部社会关系的调整，一般停留在以习惯与礼为准则的阶段。即使某些宗族已开始制定宗族法，其内容也极不完备，多为原则性规定，缺少对社会生活各个方面的具体规定；其文字形式缺乏法律化加工，而以伦理性说教和习惯原型为主。北宋皇佑二年（1050 年），吴中范氏宗族制定《义庄规矩》，全文仅 13 条。由于内容不完备，在具体的执行过程中常感不足，因而不断对其加以增补。从皇佑二年到政和七年（1117 年）的六十余年间，范氏宗族对《义庄规矩》先后修订 11 次，其条文增补到 41 条。[②] 号称“东浙第一家”的浦江郑氏宗族于北宋期间即已建立，但一直没有制定通行本族的成文宗族法。直到元代至元四年（1267 年），六世孙大和（顺卿）有感于宗族“基之难，而成之、守之者甚为不易”，因而制定《家规》58 条。而此 58 条又仅“正大严肃、总持大纲而已”，后人不得不修订增补，达到“纤委周密，无微不著”。[③]

---

① 《三国志・魏书》卷 11，中华书局 2000 年版，第 257 页。

② 《范文正公全集》,《义庄规矩》。

③ 浦江郑氏《义门规范》。

明清两代，各地宗族法在内容和形式上都有了长足的进步，清代尤其如此。清朝统治时期，宗族组织在国家政权的特殊保护下，迅速发展。宗族法也在几百年的发展基础上，进一步自我完善。与前此相比，清代宗族法具有自己的特点。在内容上，其调整范围由小到大，由窄到宽，几乎涉及族内生活一切领域。财产纠纷、婚姻继承、买卖租赁、窃盗赌博、祭祖祀宗、忠君孝亲、宗族机构的职责、宗族成员的身份，甚至关于森林的保护、田间茬口的安排等，各种活动在宗族法中都有相应的规定。在文字形式上，清代宗族法更加体系化、规范化。大多数宗族法皆设款分项。每一条文，基本都设有主体、客体、行为及后果。而且清代宗族法吸取了国家法律中的某些内容，包括一些具体的法律制度的应用，在立法技术上有较大的进步。就宗族法本身来看，清代宗族法堪称中国封建时代，尤其是宋代以后宗族法发展的典型形态。因此，通过对清代宗族法的剖析和研究，可以更深刻地认识整个封建时代的宗族法及其在封建政治生活中的作用。

清朝统治时处封建社会末期，封建制度自身存在的各种矛盾趋于激化：商品经济的发展，推动资本主义经营方式在手工业及农业生产中以萌芽状态出现，从而引起两种生产方式的矛盾冲突；统治阶级中满族贵族始终居主要地位，阶级矛盾与民族矛盾互相交织。在这种特定的社会历史条件下，国家统治者对于包括宗族法在内的各种辅助性统治手段给以更多的注意，以充分利用它们在维持封建秩序方面的积极作用。

第二节　顺治、康熙时期宗族法的基本内容

一、确立宗法性等级身份制

封建社会以等级性著称。全体社会成员按照一定标准划分为不同等级，享受不同权利，履行不同义务。宗族共同体吸收封建国家的等级结构原则，

以理学为指导，致力于在宗族内部构造一个稳定的微型金字塔社会。

（一）族籍

宗族作为一个社会共同体，与其所有成员皆结成一定的权利义务关系。社会个体只有获得族籍，才能进入共同体，成为宗族一员。族籍的获得，主要通过出生及婚姻两条途径。

宗族以血缘关系为其内部构成的联结纽带，因此，出生是获得族籍的最主要途径。会稽章氏宗族规定："凡子生三日，告于宗长而书其行；弥月抱之以见于庙及宗长。"[①] 苏州彭氏宗族制定族规，规定："族中生产，不论男女，一体报庄注册，载明年月日时及父母名氏。"[②] 宗族血统以男系为准，母亲不论为何方人氏，从其婚姻成立之日起，即成为夫所在宗族成员，故婴儿父母永远处于同一宗族，所生后代自然获得相同族籍。

对于非婚生子女，宗族法给以歧视对待。只要没有合法的婚姻关系，新生儿皆不得获取本宗族籍。萧山来氏宗族规定："野合于外妇与宣淫于族妇，及下乱于家人妇而有子，俱为奸生子，不得入谱。"[③] 舒城余氏宗族也规定："奸生、妓生……者不书（于宗谱）。"[④] 宗谱家乘是用来设定立族宗旨、展延宗族脉系、记录宗族大事的纲领性文件，隔世修订，历代相传，在宗族社会生活中具有重要意义。宗族成员只有姓氏入谱，才算真正获取族籍。生前入族，死后归宗，有着物质和精神的双重依托。宗族法禁止非婚生子女姓氏入谱，不承认其"族人"身份，以维护婚姻的严肃性。

宗族法吸取古代成人冠礼的传统方法，以行冠礼之时为限，划分成年与未成年，分别设定不同的权利与义务。各地宗族大多以十六周岁断限。

① 浙江会稽《章氏家乘》卷首，《书法》。
② 江苏苏州《彭氏宗谱》卷12，《庄规》。
③ 浙江萧山《来氏家谱》卷9，《赈米条款》。
④ 安徽舒城《龙舒余氏宗谱》卷2。

苏州范氏宗族规定："子孙年十六岁，本房房长同亲支、父兄于春秋祭祀时，同往祠中，具申文正位验实，批仰典籍注籍。"[①]冠礼之行，盛于西周时期。清代宗族重兴旧礼，不是简单的幽情思古，而是借此增强自身的宗族意识，提高对宗族共同体的责任感，进一步理解宗族首领的权威地位。有些宗族对成人冠礼还提出法定附加条件。环山余氏宗族规定："凡子弟年十六已（以）上，许行冠礼，须能谙记四书一经，通晓大意，方许行之，否则直至二十一岁。"[②]

女性婴儿出生时，同男性一样，取得本宗族籍，受宗族法的保护。但女子成年即嫁与外姓，因此，本宗女子只能以未成年人身份在宗族内享受权利，承担义务。以领取赈济粮为例，会稽张氏宗族规定：子孙"十六岁以上作大口，不及十六岁作小口；室女无论长幼作小口算。大口每日贴钱十文，小口每日贴钱五文"[③]。润州赵氏宗族称："女子以夫家为内，以父族为外，故不书其生年月日。"[④]女子出嫁外姓，即取得外姓族籍，同时亦丧失本宗族籍，不再与父姓宗族发生关系。

婚姻关系的成立，也引起族籍问题的发生。宗族成员同姓聚居，除了男性子孙，真正能在宗族内长久居住、成为本宗固定成员的，只能是外姓女子。各地宗族普遍实行族外婚制。国家法律禁止同姓为婚，而同宗男女源自同一祖宗，同辈之中皆有亲疏不等的兄弟姐妹关系，故族内婚更受到宗族法的严厉禁止。由于婚姻的成立，外姓女子嫁入夫家，而获得夫所在宗族的族籍。宗族共同体以血缘关系为唯一的联结纽带。外姓妇女能够进入本宗，获取本宗族籍，不在于婚姻关系本身，而在于她能为本姓繁衍子孙，传宗接代。宗族法在婚姻之初，即已设定新妇与其尚未诞生之子孙的

① 江苏苏州《范氏家乘》卷15，《主奉能浒增定规矩》。
② 安徽黟县《环山余氏宗谱》，《家规》。
③ 浙江会稽《重修登荣张氏族谱》卷19，《义田条规》。
④ 江苏《大港赵氏族谱》。

血缘联系，故给予入族资格。

除本宗女子因出嫁而丧失族籍外，其他成员在宗族法上永远保留族籍，包括死后。然而，由于某些特殊事件的发生，已获族籍者会受到剥夺族籍的处理。首先，族人触犯族规的某些条款，受到宗族法“黜革”的处罚，即被开除出族，不再保留族籍，而沦为“异姓人”。其次，族人出继外姓，为他姓承嗣，获得他姓族籍，同时也就丧失本宗族籍。各地宗族法皆不允许双重族籍身份的存在。

宗族成员取得族籍，即获族人资格。族人与宗族共同体在血缘联系之外，存在着一定的法律关系。遵守宗族法，接受宗族首领的管教，这是族人首先应尽义务。宗族共同体既非营利性团体，亦非具有一定政治目的的组织。它以维系子孙生存、展延祖宗血脉为立族宗旨。因此，稳定宗族社会关系，维持宗族秩序，以求得宗族自身的存在与发展，这就是目的。全体族人按照统一的规范，自行约束行为举止，则成为达此目的的先决条件。

一般说来，族人对于宗族没有法定的经济义务，宗族无权对族人征收常设性捐税。当然，这得视具体情况而定。年代久远的殷富宗族，经过历代为官子孙的捐献及田亩自身的增值，多少具有一定的经济实力，以其租息即可维持宗族日常开支。也有一些宗族因为族史短暂，或因其他事变，专设几种捐税，以供宗族组织开销。捐税形式多种多样，包括官品钱、中试钱、分阄钱、添口钱、置产钱等。族人必须按照宗族法规定，履行捐纳义务。另外，宗族遭受外人攻击，或者宗族成员受到外姓欺侮，全体族人皆有义务上前救护。

族人承担义务，同时也享受一定权利。男性族人年满 16 周岁，即获得议事权，可以参与族、户、房各级组织对宗族大事的讨论，及对宗族首领的选举权和各级执事的被选举权。麻溪姚氏宗族规定：“公事聚商，房长传出知单，凡毕姻成丁之子俱须齐到。”[①] 宗族妇女及未满 16 周岁之男性族

① 安徽桐城《麻溪姚氏宗谱》卷首，《家规》。

人则无此权利。全体族人皆有权享受族产救助。宗族成员婚丧嫁娶、孤寡鳏独，或者入塾应试，皆可从宗族产业中获得一定数量的无偿补助。族人受外姓欺侮，有权请求本姓宗族的保护。族人与外人发生纠纷，在官府引起诉讼，宗族要利用自己的力量和影响，为本姓族人胜诉而努力。族人另一重要权利是祭祀权。根据宗族法，成年男子获得祭祀权。未成年男子可入祠助祭，但无正式权利。妇女能否入祠，各地规定不一。大部分宗族皆禁止妇女参与祠祭或墓祭。南方部分宗族赋予妇女与未成年男子在祭祀上的同等资格，允许入祠，但不得正式参与祭祀。族人寿满而终，其祭祀权则转化为受祭权。神主入祠，按昭穆次序，分班排列。接受后世子孙的岁时祭祀。

（二）伦常秩序

宗族法规定，在宗族内，具有尊卑长幼、嫡庶亲疏不同伦常身份的人，处于不同的地位。

首先，尊长对卑幼拥有管教权，卑幼的言谈举止不得与尊长的意愿相违背。龙溪俞氏宗族规定："子孙受长上诃责，不论是非，但当俯首默受，毋得分理。"[①] 宗族内部，"子孙"与"尊长"皆作广义解释。对于每一个族人来说，辈分高于己者曰尊，辈同而年龄大于己者曰长，故凡同祠共族，任何两人之中必有一定的伦常称谓。"族内绅耆、伯叔、兄辈，均属一家尊长。"[②]

宗族法处理族人纠纷。确立处罚程度时，纠纷双方当事人的伦常身份起到重要作用。昆陵费氏宗族《宗规罚例》规定："伯叔皆父行也。其有诸侄孙干犯伯叔父、伯叔祖父者，责二十板，锁祠内十日；再犯责三十板，锁祠内二十日；三犯公革出祠。其或恃祖、父行欺凌卑幼者，量事缘由，重者议责，轻者议罚。兄弟有序。以弟犯兄，不恭，责三十板，以兄凌弟，

---

① 安徽《龙溪俞氏宗谱》,《家规》。

② 广东南海《廖维则堂家谱》卷 1,《家规》。

不友，责十板。”[①] 国家法律对于亲属相犯，根据血缘身份的不同而给以区别性处理。但国家法律同时规定，亲属关系以五服断限，“五服之外不为亲”，若有相犯，以凡人论。宗族法则扩大了尊卑长幼关系的适用范围，凡属同宗族人，“纵五世亲尽，相去似远，然自祖宗视之，犹是一人之所分”[②]，皆得一体遵行宗族法规定的尊卑次序。

宗族首领统率一族之事，掌理宗族财产，执行宗族法。族有族长，房有房长。享有出任族长、房长资格的，首先必须具备伦常条件。张川胡氏宗族规定，“以各房高祖以下照齿、德最尊一人为房长”[③]，卑幼无法染指。

宗族法规定尊长在伦常关系中的特殊地位，其考虑因素是多方面的。首先，封建社会以等级性为其特征，各种社会关系无不充斥着等级的区别，宗族共同体也不例外。其次，中华民族以崇尚礼义著称于世，尊敬长者，作为优秀的民族传统，历代相沿。宋元以后，传统的道德信念遭受了各种力量的冲击。清代宗族以法的强制性保证道德规范的实现，自有一番良苦用心。另外，任何一个社会，长者都以其稳健的思想风格和丰富的社会经验构成社会存在与发展的核心成分，而在以耕作农业为主要生产形式的农业社会中，经验的积累尤其具有重要意义。

应该看到，在宗族社会生活中，尽管以亲疏嫡庶、尊卑长幼的血缘关系为标准而确立的伦常性身份等级具有重要意义，但对于宗族等级身份制来说，血缘标准没有也不可能起到最终的决定性作用。隐藏在血缘标准背后的，是扎根于社会深层的政治、经济标准。

（三）富人与乡绅

血缘关系上的尊卑长幼是宗族等级身份的一条重要标准。然而，宗族

① 江苏昆陵《费氏重修宗谱》卷1,《宗规罚例》。

② 山西灵石《何氏族谱》卷7,《家训》。

③ 浙江山阴《张川胡氏宗谱》卷20,《大宗祠祭祀规例》。

毕竟不是一个单纯的血缘共同体。封建社会，“政治的权力地位是按照地产来排列的”，[①] 财富的增加又以政治地位的提高为充分条件。宗族是封建社会的缩影，在等级框架的结构原则上，宗族与国家不仅颇多相似之处，而且紧密联系。宗族成员拥有财富的多寡以及在国家政治生活中地位的高低，都直接影响他们在宗族内的身份等级。

宗族内部，各家庭同居共财，独立地享有对私有财产的所有权。脉脉温情的血缘联系阻挡不住与私有制结伴而行的贫富两极分化，贫者日贫，富者益富。族人之间经济实力的强弱不同，必然要通过法律形式，形成社会地位的高下区别。安阳马氏宗族规定：“庄田总理一人，名曰庄正，族中公举老成、殷实、明白事理者为之，田租、银钱、簿册俱归掌管。……庄正历久勤劳，洁己奉公，大有益于庄务，殁后附祀本身。”[②] 庄正主持义庄，掌管宗族经济大权，而且区别常人，死后入祠附祀，享有特殊身份。根据宗族法，庄正职务非殷实人家莫属，一般贫苦族人无此资格。会稽张氏宗族规定：宗族义田“归殷户房收租，族中公举数房，按年轮值。倘殷户不公及家计渐绌，即酌量另举收花，其房不得强霸。族中亦不得徇情缄默”[③]。宗族产业一般来自祖上传留、族人捐纳及族产自身的花息繁衍。宗族法鼓励族人捐献产业入族归公，赋予捐献者一系列特权，包括入祠附祀，事迹入谱等。捐献者直系子孙尚可沐浴祖恩，享有特殊身份。苏州陆氏宗族《义庄条规》设立掌理义庄的机构是：“掌庄一人，稽庄两人，主奉一人。至掌庄、稽庄永远归建庄后裔三房后各长房，每当三年，递相轮换承担。主奉则归建庄后裔之最长者，均世守勿替。”[④]

清承明制，科举与学校仍是国家选拔官吏的一条重要途径。通过乡试、

---

① 《马克思恩格斯全集》第 4 卷，人民出版社 1972 年版，第 179 页。

② 河南安阳《西蒋马氏宗谱》卷 2,《义庄条规》。

③ 浙江会稽《登荣张氏族谱》卷 19,《义田收放章程》。

④ 江苏苏州《陆氏葑门支谱》卷 13,《义庄条规》。

府试的举人与秀才以及加入国学、府县学的监生和生员们在地方上自成势力，再加上一些年老退任的文武官员和通过封赠、捐买的虚衔人员，共同组成一个乡绅集团。各地宗族法都赋予本族乡绅某些特权。姚江沈氏宗族《宗规》第十四条规定："尊贤与亲亲并重，故出仕、受封绅衿更加优待。"何为绅衿，该《宗规》专门解释："绅衿系正途生、监、佾生及援例职名乡宾、武职正途、军功、九品以上者。"[①] 南海廖氏家规设"藐视绅老罪"，犯者受"停胙一年"处罚。[②] 即使祭品的分配，也按身份等级不同而区别对待，有功名者总是待遇从优。京江柳氏宗族规定："祭毕，管年者分胙。议定：进士、举人猪胙三斤、羊胙三斤；生员、贡监猪胙二斤、羊胙一斤；无职者猪羊胙各一斤。"[③] 桂林张氏宗族确定讨论重要族务的参与者身份，其中包括"罢官在籍者"及"生员以上"者。[④]

乡绅集团上达官府，下连乡里，具有较强的活动能力。对于宗族成员来说，乡绅们能够比较准确地把握国家的统治意图以及各级官府的具体需要，因而能够更好地融洽宗族与官府的关系，对宗族的自身建设起到积极作用。各地宗族法赋予乡绅们特殊的等级身份，其着眼点正在于此。

清代宗族法确立并保护血缘、经济、政治三重标准，规定了严格的等级身份制度。宗族所有成员皆根据其在血缘关系、经济关系、政治关系中的地位而取得等级身份。在封建国家的政治生活中，官僚与地主作为封建等级中的特权阶层，受到国家法律的特殊保护。宗族等级身份制采纳经济标准与政治标准，既说明官僚地主对宗族社会的影响，也表明国家政策在宗族内的延伸。

① 浙江姚江《梅川沈氏宗谱》卷6，《宗规》。
② 广东南海《廖维则堂家谱》卷1，《家规》。
③ 江苏丹徒《京江柳氏宗谱》卷10，《宗祠条例》。
④ 广西桂林《张氏家乘》卷6，《族规》。

二、维持宗法性社会秩序

清承前制，地方实行保甲制度，由保正、甲长及牌头催索钱粮，协助官府维持地方治安。但各地农村，尤其在南方，农民多聚族而居，保甲组织实际上常常是形同虚设。维持地方治安的任务多由宗族组织承担。宗族法立足本族，在行为方式上对全体族人给以细密的限制性规定。

（一）维持宗族秩序

全体族人虽同祖共宗，源出一门，但各自作为社会成员，在更广的范围内结成复杂的社会关系。私有制度下的各种社会问题无不在宗族内存在。赌博、窃盗、斗殴、诈骗等危害社会秩序的活动在宗族内不时发生。宗族法以大量篇幅规定了各种罪名以及处罚。其中，对于危害宗族秩序最直接、发生程度最频繁的所谓“乡里双恶”，即赌博与窃盗行为给以最详细规定。“赌为盗源，最坏风俗”，[①] “倾家荡产由是而起”。[②] 魏氏《宗式》“禁赌博”条规定，族内子弟参与赌博者，责三十板；引诱教唆者同罚；父兄参与赌博者，“每赌一夜罚银二两，入祠修理；再犯呈官”。[③] 黟县叶氏宗族规定：“族中邪僻之禁至详，而所尤严者赌博。赌博之禁业经百余年，间有犯者，宗祠内板责三十。士庶老弱概不宽贷。”[④]

宗族法严厉禁止盗窃行为。明经胡氏宗族称：“天地之间，物各有主，乃有不轨之徒，临财起意，纳履瓜田，见利生心；整冠李下，鼠窃狗偷，此等匪人宜加惩戒。如盗瓜、菜、稻草、麦杆之属，罚银五钱；盗五谷、薪木、塘鱼之属，罚银三两，入公堂演戏示禁。其穿窬夜窃者，捉获有据，

① 广东南海《廖维则堂家谱》卷 1，《家规》。

② 浙江归安《嵇氏宗谱》，《条规》。

③ 江西南昌《豫章黄城魏氏宗谱》卷 11，《宗氏》。

④ 安徽黟县《南屏叶氏族谱》，《祖训家风》。

即行黜革。"[1] 南海廖氏宗族也区别情节，对窃盗者给以不同处罚：第一，入室偷窃财物，罟刮鱼塘，偷盗猪、牛、田禾，赃数逾贯者，允事主禀官究治；第二，赃数不及一贯或虽超过一贯但已退赔者，不告官府，族内罚停胙三年；第三，偷窃园中瓜果、圈内鸡狗、晒晾衣物、池塘鱼虾等，罚停胙一年。[2] 窃盗行为破坏了宗族秩序的稳定，尤其是对受宗族重点保护的殷富人家威胁最大，因此，宗族法作了详细的禁止性规定。

男女有别，这是封建礼教基本原则之一。各地宗族都对男女交往严加防范。环山余氏宗族禁止本族妇女出外观会、看戏、游山、谒庙等。并且规定："男不言内，女不言外，礼也。凡男子言辩有议及闺内、妇人有出堂言及闺外之事，议罚。本族男妇接见自有常礼。但居室密迩，而道路往来仓卒相遇，务照旧规，各宜回避，毋许道问玩狎，违者重罚。"[3] 南海廖氏《家规》"禁淫秽"条分列三款，第一，服属内乖戾失伦，送官按律治罪，当事人永远革籍；第二，言语调戏妇女而生出事端，小则停胙三年，大则送官惩治；第三，夜入人家，妄思无礼，或隐匿窥探，或恃酒胡闹，本人停胙十年。[4] 宗族法一般设有"奸淫罪"。即使是双方自愿，没有任何强迫行为，只要男女双方没有正当的婚姻关系而发生性交行为，奸淫罪即告成立。《刑案汇览》载族人徐某与其远房侄女通奸事发，族长令将徐某"推溺毙命"。[5] 安徽寿县罗汉寺王姓于清中期数次用软绢勒死族内通奸之人。渑池曹氏宗族规定："女子有所作非为、犯淫狎者，与之刀绳，闭之牛驴房，听其自死。其母不容者，出之；其父不容者，陈于官而放绝之，仍告于祠堂，于宗图上削其名，生不许入祠堂。既放而悔改

① 安徽《明经胡氏龙井派宗谱》，《祠规》。

② 广东南海《廖维则堂家谱》卷1，《家规》"强盗"条。

③ 安徽黟县《环山余氏宗谱》，《家规》。

④ 广东南海《廖维则堂家谱》卷1，《家规》。

⑤ （清）祝庆琪等编：《刑案汇览三编》第一编卷27，《刑律人命·杀死奸夫》，"听从亲属纠邀杀奸以擅杀论"，北京古籍出版社2004年版，第970页。

容死其女者，复之。”[1] 宗族法对于奸淫罪的处罚遵循“越亲越重”“不同辈加重”的原则。五服之外的男女发生不正当关系，只作为一般奸淫罪加以处罚。五服之内或辈分不同的男女之间发生性关系，如子与父祖之妾相奸，伯侄翁媳相奸，加重处罚，因其破坏了尊卑长幼的伦常秩序。

自力救济是宗族共同体一项重要的社会功能。宗族自力救济包括暴力和经济两个方面。在暴力方面，宗族法要求全体族人同仇敌忾，步调一致，共同对付族外力量对本族利益的侵蚀。东阳潘氏宗族规定：“族属同气，休戚与共，凡遇水火、盗贼、诬枉（等）一切患难，须协力相助，……族人果系长弱为势豪侵陷，或为横事连累者，宗族长酌议资助，代为申雪。”[2] 清代各地宗族常为鼠牙雀角小事，终年结怨，广东、福建两省更是频繁出现宗族械斗，酿成人命大案。

封建制度下，国家不采取任何社会性福利措施，充其量也不过是对于重大自然灾害地区短时间减轻或者免除赋税。至于处在社会底层的平民百姓个人，即使由于社会或自然的原因而破家荡产，生活无着落，也必须照例交粮纳税，很少能从政府获得经济救助。清代宗族一定程度上承担起经济上自力救济的任务。宗族公产除了支付祭祀费用及日常事务性开支以外，抽取一部分用于宗族内部的福利事业，包括开办义学，提供考试补助，对于族内孤寡幼弱难于维持生计者，或者由于天灾人祸、一时陷于贫窘者，宗族会给予适当的救济。宗族权贵懂得，仓廪实则知荣辱，“盗贼多为饥寒所迫，故耳使族人以时赈济，必不至此”。[3] 因此，将一部分公产用作赈济之用，既可联宗收族，又可消弭盗贼，多利而少害。宗族法中的“赡济法”主要规定各种赡济原则及具体方法。江夏陈氏宗族《义庄规条》中“赈恤”条规定：“天行无常，间有水旱，如遇大祲之年或连年被灾，虽素丰之家亦

① 河南渑池《曹氏宗谱》,《家规》。
② 浙江东阳《潘氏宗谱》卷 1,《家规》。
③ 安徽桐城《桐陂赵氏宗谱》卷首,《家约》。

不免饥寒。族中如有因灾贫乏、不能自为存活者，十五岁以上男妇（日）给米一升，十五岁以下日给米三合，未三岁者不给。”[①]宗族法规定，本宗成员无力婚娶、丧祭、就学、入试、营生等，皆可获得一定数量的经济救助。当然，这种救助一般都附带某项条件。洞庭席氏《义庄规条》规定了不得享受宗族赡济的几种人：作奸犯科者，崇奉异端者，本有恒产因游荡破家者，出嗣他姓及乞养异姓者，不遵家规者等[②]。

宗族法作为在宗族内具有普遍约束力的行为规范，其中不少内容反映了劳动人民在长期的生产、生活中形成的优秀传统和善良习俗。不少宗族皆规定：禁酗酒、禁溺女婴、禁指腹为婚、禁吃洋烟、禁入异教、禁婚娶贪财、禁浪费侈奢、禁私宰耕牛、入林以时、和睦乡里等。这些规定对于培养民族感情、革除社会陋习、促成整个社会的进步，起到重要的积极作用。

（二）维护国家统治

宗族法要求宗族成员作为国家编户齐民，自觉履行国家法律所规定的各项义务，首先是完粮纳税、应役出差。赋税是国家财政收入的重要来源之一，也是封建的国家机器得以正常运转的物质保证。历代统治者对此国家生命线都极为重视，以严刑峻法保证其施行。宗族法作为国家法律的补充，也把保障这条生命线作为自己的任务。各地宗族法大都设“急征课”“供赋税”“重国课”“尽输纳”等专条，要求族人按照国家规定的期限、品种、数量和质量，完成课税差役任务。香山戴氏宗族规定：“钱漕乃天庾正供，凡族中有田亩者，每年夏税秋粮，早为完纳，毋得逋欠致干差追。如敢违抗，概治以家法，并速令清完。”[③]湘潭《陈氏家规》列“尽输纳”为首条：“每岁国课尤宜及时早完，毋俟催科追迫，致累多金。如有故违拖

---

① 江西《江夏陈氏义庄规条》。

② 见江苏洞庭《席氏世谱》卷12，《义庄规条》。

③ 安徽桐城《香山戴氏宗谱》卷首，《计开条规》。

欠，该亲房严查，饬令输纳。”[①] 宗族法对入仕之族人也强调，“居官者当靖共（供）尔位”[②]，克忠克敬，报效皇君。谯国曹氏宗族诫其族人曰：“君臣之义通于天地。凡我族有登科第、跻膴仕者，无论资格，但有一命之托寄，务为忠良，上不负天子，下则不负庶民。”[③] 官吏为国效力，胜职尽忠而受朝廷谕奖，其宗族也看作本门户的荣誉。各地宗谱家乘皆尽数收入族内成员为官而受到皇帝谕奖的内容。六安《潘氏宗谱》设有“录行”篇，专门记载潘氏族人为历朝服务、躬行尽职的事迹，多加溢美之词。反之，官吏有过而受到国法惩处，其本宗亦受牵连，或者声望大减。因此，各地宗族法皆强制入仕的族人尽臣职，守国法，违者处罚。仙源崔氏宗族规定：“吾族世事诗书，必有间出而为当时录用者，当以不爱财为先，……若犯赃滥者，则不得复归本家。”[④]

对于基层平民来说，服从国家统治的重要表现形式之一是恪遵国法，无犯科条，这也是宗族法对族人的基本要求。谯国曹氏《家训》“守法度”条规定：“朝廷法度，是人宜守。吾族幸赖祖宗训教，颇有一个忠厚家声，倘或违法，不惟身家难保，抑且玷辱先人。”[⑤] 安阳马氏宗族规定：“庶民得安田里，皆官法有以镇抚保护者也，宜何如遵敬奉守。若拖欠钱粮、躲避差徭、匿漏契税以及贩卖硝磺、私钱、私盐等类，皆为犯规。”[⑥] 对于违反国家法律，受国法徒、流处罚者，宗族法一般都规定，不得继续享受宗族公产的经济赡助，甚至从谱中除名，生不入祠，死不与祭。南海廖氏宗族规定：“族内有犯军、流、出罪者，照例革胙。”[⑦]

---

① 湖南湘潭《白沙陈氏支谱》卷首，《家规》。

② 湖北新州《叶氏家谱》，《修省斋公家规》。

③ 安徽《谯国曹氏族谱》，《家训》。

④ 安徽《仙源崔氏支谱》，《族规》。

⑤ 安徽《谯国曹氏族谱》，《家训》。

⑥ 河南安阳《马氏祠堂条规》。

⑦ 广东南海《廖维则堂家谱》卷1，《家规》。

维持宗族秩序与维护国家统治是宗族法的两大任务。但此二者不是平列的。大多数宗族权贵不可能像地主阶级思想家那样充分认识到统治阶级整体利益与自身利益休戚与共的连襟关系，他们所看重的是周围的田庄屋宇、祖宗的烟火血食以及子孙的财产地位，其联宗收族、立规制训的目的也正在于此。宗族法中设立维护国家统治的条文，其直接目的在于要求族人安守本业，避国法之追究，以维护宗族自身的生存和发展。

三、调整宗法性财产关系

中国古代，调整以土地为主的财产关系的法律规范，既包括国家制定法，也包括一些得到统治者认可的民间习惯和礼的规定。

宋代以后，宗族法参与调整宗族内部的财产关系，并且不断吸收传统的习惯和礼，扩大自己在经济生活中的作用。清代宗族法已成为调整宗族内部财产关系的主要法律依据。宗族共同体中有两种性质不同的财产：族人私产与宗族公产。基于两种产业而形成的财产关系，宗族法分别加以不同形式的调整。

（一）辅助国法，对宗族内部的私人财产关系给以特殊调整

族人私产在性质上属于私有经济范畴，其运营遵循私有社会的经济规律，并接受国家法律及民事习惯的一般性调整。但族人私产又属于宗族共同体内部的私产，在整体上属于宗族产业的一部分，故必须接受宗族法的特殊调整。

族人独立地占有、使用属于自己所有的财产，一般情况下，不受同宗成员及宗族组织的干涉。但族人对于私产的处分权，则普遍受到宗族法的限制。景定张氏《家规》第四条规定：“先人手置产业，艰辛备尝。倘有不肖子弟废弃正业，荡毁家产，族人宜恺切劝导，或设法阻其典卖田宅。”[①]

① 河北景定《张氏族谱》，《家规》。

私有制度以所有权人独立地占有、使用和处分自己的财产为特征。宗族法立足宗族共同体，授权宗族，限制族人对于私产的处分权。

兄弟分家析产，这是私有制社会私产所有权再分配的重要形式。宗族法肯定国家法律及传统习惯所确立的“诸子均分”“长孙承重”原则，并严格规定析产程序，以确保该原则的实行。善化周氏宗族规定：“族中析箸承继两事，虽隔居窎远，必经鸣族立约，始足为凭。”[①]丹阳尹氏宗族修订《祠规》，其第二条规定：兄弟分家，对于父祖遗产，“各照分关执行。如恃强侵占，以不孝论，拘祠重惩，公押清产”[②]。

根据国家法律，分家析产后的同胞兄弟各自独立户籍，分占财产，形成新的生产经营单位。但宗族法却规定，兄弟别籍异财后，仍须在生产经营上互相照顾，尤其要求兄弟在经营规模上的同步发展，以避免贫富两极分化。勾吴华氏续订《家劝》，其中规定：“增拓田产、置买诸物，宜使兄弟通知，辏合收售，无力愿让方可独为。切不可彼此瞒昧而务营私。”[③]

封建社会普遍流行的“亲族先买权”在宗族法中，受到特别保护。合肥邢氏《家规》第六条规定：“族中有变卖祖居产业或坟山毗连之房屋田地者，宜先尽亲房、本族，而后外人。若挟私怀隙，故卖外人、拖累本族者，勒罚赎回，仍议减价。”[④]族人出卖房屋田产，必须首先通知同姓宗亲，不得擅自卖与外人。桐陂赵氏宗族规定：“凡族人田宅如有卖者，先尽本房，次及族人。族人不买，然后卖与外姓。族人互相典买，其价比外姓稍厚，不得用强轻夺，违者具告宗子，合众处分。如偷卖外姓，不通族人知者，罚之。若有意先卖，破族人产者，以不孝不弟论。族人备价，责令赎回。”[⑤]

公平买卖，平等交易，这是私有社会正常的市场交换必须遵循的原则。

① 湖南善化《周氏三续族谱》卷2，《族规》。
② 江苏丹阳《云阳尹氏重修族谱》卷14，《祠规》。
③ 江苏《勾吴华氏本书》，《家劝》。
④ 安徽合肥《邢氏宗谱》卷1，《家规》。
⑤ 安徽桐城《桐陂赵氏宗谱》卷首，《家约》。

宗族法对于不动产买卖强调产不出族，田不外流，以确保宗族共同体的经济实力。而对于一般产品的市场交易，宗族法又要求全体族人公平持正。昆陵陈氏《家规》第八条规定："族人凡有交易，斗秤平准，出入如一，尤戒银钱使用搀低搭假。其有轻出重入、暗侮愚弱者，初戒，再处责，三犯首官。"[①] 南海廖氏宗族制定族规，严禁族人欺行霸市，其中规定："自恃血气，于街市河旁辖买、辖卖、辖借及辖收船头钱、辖收买婢步头钱、占据柴草埠、虾蟹鱼蚬埠及一切讹诈生事者，停胙一年。"[②] 宗族法也要求当事人双方履行一定的交割程序。州山吴氏《家教》第十五条规定："凡买产业，各宜平估价值，随契交完，毋以财货逋负相准。"[③]

宗族法对族人私产给以特殊规定，使得族人基于私产而发生的社会关系具有浓厚的宗法性。

（二）重点保护宗族公产

宗族从其产生之日起，即兼有经济共同体性质。北宋名臣范仲淹首倡在宗族内设立义田祀产，各地宗族纷纷响应。清政府通过国家立法，对族产实行区别于其他财产的特殊制度。一方面，对族产免除一切杂派差役，只要求缴纳正赋，以鼓励宗族增设族产。另一方面，对族产所有权给予特殊保护，严禁族人对宗族公产的侵犯。[④] 族产来源，一为先世遗留，二为后世增置。设置途径主要有三：

其一，既存族产的花息收入。清初族产，一般皆已有相当规模，宗族法规定，田地房屋的租赁所得，归宗族公有。临海屈氏宗族规定：每年义田租息，除纳国赋、充公用外，"再有赢余，加置义田，滋生租息，仍应

① 江苏昆陵《陈氏宗谱》卷1，《家规》。

② 广东南海《廖维则堂家谱》卷1，《家规》。

③ 浙江山阴《州山吴氏族谱》，《家教》。

④《大清律例汇辑便览·户律·田宅·盗卖田宅》附例。

立案勒石，并入义庄公产”[①]。

其二，族人为官晋品，必须向宗族捐纳一定的“喜金”，以充族产。香山何氏《族规》第一条即规定：族人为官，必须捐送田产入祠，以作公用，“四品以上送田一顷，尚书二顷，拜相三顷，五品以下谅其家业厚薄，多则一顷，少则五十亩”[②]。大港赵氏宗族规定了出仕升品者捐纳银钱的数量：“贡士出仕输银三两，科出仕输银二十两，甲出仕输银五十两；文武出仕者每升一级送祠俸银拾两；锦旋之日，一品者出银百两，二品者出银九十两。”[③]

其三，族内捐输，所谓“朝廷立纳粟之条，以充国用；而私家亦可开捐输之例，以为祠需”[④]。族内出现某些重大事务，尤其是家庭内部财产关系发生某种变动时，当事人必须向宗族缴纳一定税金。该税金即充公，列入族产。昆陵承氏宗族《祠墓规》规定，本族“遵凡族大例”，对继嗣之产征税，“继嗣之产，九归嗣子，一分入祠”[⑤]。桂林张氏宗族对族人征收“析产税”，“族人析产，以产二十之一作家祭产”[⑥]。

所有这些宗族收入皆列入宗族公产，用于购置田地房屋以及祭祀、赡济和其他日常费用。

根据宗族法的规定，族产所有权人是先世祖宗，“田亩既捐在宗祠，即系祖宗之产”[⑦]。祖宗通过遗训遗规，将族产的占有、使用和收益权授予子孙后代，同时，委托宗族机构代行管理职能。宗族权贵利用手中的管理权，常常是高下其手，中饱私囊。清代地方政府所受理的族产纠纷中，由

① 江苏常熟《临海屈氏世谱》，《义庄规条》。

② 广东香山《何曷环堂重修族谱》卷 1，《族规》。

③ 江苏《大港赵氏族谱》卷 6，《祠规》。

④ 安徽《许氏宗谱》卷 18，《议捐配》。

⑤ 江苏昆陵《承氏宗谱》卷首，《祠墓规》。

⑥ 广西桂林《张氏家乘》卷 7，《族规》。

⑦ 浙江《续修山阴张川胡氏宗谱》，《祭祀规则》。

族人出面，控告族内尊长侵渔族产的案件占相当数量。聂尔康冈州知府任内，就先后处理了十几起涉及尊长侵渔族产的案件。①

从宗族法的条文可以看到，族产所有权人——先世祖宗没有将族产处分权授予子孙，因而宗族机构也无权代行处分，使得现世族产永远处于半冻结状态。吴江施氏宗族规定："义庄房屋田亩以及器具物件，施氏子孙世世永当保守，不得有变卖损坏等事。"② 南昌魏氏宗族制定《宗式》，专设"禁侵食醮产"条，"如有将醮产自肥者，一经发觉，俱赴祠重责三十，追价"③。嘉庆姚氏宗族规定："世守族产，不准变卖、抵押，倘有不肖后人私自盗卖或抵押者，阖族之人先请族长到庄，将此不肖徒严责，罚速着赎回。"④ 常州"族人某者，以攘义田租为众所疾，遂群击之，丧所而死"⑤。

为保护族产所有权，宗族法除了利用自身的强制性，还借重国家法律。乾隆二十一年定例："凡子孙盗卖祖遗祀产，至五十亩者，照投献、捏卖祖坟山地例，发边远充军。……其盗卖历久宗祠，一间以下杖七十，每三间加一等，罪止杖一百徒三年。"⑥ 此条例颁行后，各地宗族在修订宗族法时，皆增立专条，要求将本族族产的数量、种类、分布等情况报官备案，以求得官府的保护。江夏陈氏宗族规定：每有捐田入族，"庄正等将所捐之田赴县呈明立案"。⑦

族产买卖是一条单向流动渠道。宗族法确定族产的流动原则：买进而不卖出。宗族机构可以买进田地房屋，列入宗族公产；但不得用任何借口卖出族产。海宁查氏宗族规定："不准将义庄田亩及所存银钱擅自变卖、妄

① 参见《冈州公牍》"张升批""黄永龄批""陈廷龙批"等判词、公文。
② 江苏吴江《施氏义庄汇录》,《赡族规条》。
③ 江西南昌《豫章黄城魏氏宗谱》卷 11,《宗式》。
④ 浙江嘉兴《姚氏家乘》,《赡族规条》。
⑤ 康熙朝《常州府志》卷 25,《义行》。
⑥《大清律例汇辑便览・户律・田宅・盗卖田宅》。
⑦《江夏陈氏义庄条规》。

废，如有犯者，听合族公举惩罚。”[①]

宗族法绝对禁止卖出族产，同时，对于族产的买进也有一定的条件限制。首先，宗族不得购买本宗族人私产。族产的功用之一是赡济族内贫急者。族人将私产卖给宗族，成为宗族公产，而失去生活保障的族人必然进一步需要宗族公产的接济，这种财产循环对于宗族自身建设毫无意义。同时，无论是宗族公产还是族人私产，总体上皆属于宗族产业，代表着宗族整体的经济实力。宗族欲加强自身的经济力量，只能将财产扩张的矛头，伸向宗族以外。

其次，宗族法规定，买进族产，只准绝买，不准活买。清代社会，商品经济进一步发展，买卖关系也更加活跃。在不动产买卖中，典押形式较为流行。宗族法禁止以典押形式收纳族产，以确保族产所有权的稳定。太原王氏宗族规定："凡田俱买绝产，不准擅买典产。"[②] 苏州彭氏宗族也规定："凡置田，只许买绝，不得典押，以断葛藤。"[③]

族产中土地田亩的经营方式，以出租为主。绝大多数宗族实行族外租，本族成员不得承租本族土地。山阴徐氏宗族规定："佃户勿使族人。"[④] 苏州程氏宗族也规定："族中不准租种庄田。"[⑤] 族外租方式的确立，可追溯至北宋元丰六年，苏州范氏义庄。范氏《义庄规矩》增补第二条为"族人不得租佃义田，诈立名字同"[⑥]。范氏宗族为何确立此原则，后人有很好的解释。《陈龙正家矩》称："义田本赡亲友，然亲友不得承种，恐他日有擅行侵扣者，纵则非义，惩则伤恩，谨之于初，可以无弊。"[⑦] 防止本宗成员利用血

---

① 浙江海宁《查氏族谱》卷16，《酌定规条》。
② 江苏常熟《太原王氏家乘》卷7，《王氏怀义堂义庄规条》。
③ 江苏苏州《彭氏宗谱》卷12，《庄规》。
④ 浙江山阴《安昌徐氏宗谱》卷2，《义仓规条》。
⑤ 江苏苏州《程氏支谱》卷1，《成训义庄规条》。
⑥ 《范氏义庄规矩》，转自《古今图书集成·明伦汇编·家范典》卷100，《宗族部》。
⑦ 《陈龙正家矩》，转自《古今图书集成·明伦汇编·家范典》卷101，《宗族部》。

缘身份吞租夺息，同时，避免由于催逼田租引起族内矛盾，这是实行公田族外租制度的目的所在。

四、保护宗法性婚姻、家庭和继承制度

婚姻、家庭和继承制度是国家法律制度的重要内容。清朝国家立足于维系封建性、宗法性社会关系，从法律上确立了较为完备的婚姻、家庭和继承制度。宗族法则具体而微，进一步从细节上对婚姻、家庭和继承关系加以规定，并且突出其宗法性，从而起到补充国家法律的作用。

（一）婚姻

《礼记》说："婚礼者，将合二姓之好，上以事宗庙，而下以继后世也。"[①]婚姻之目的首先在于传宗接代，次则沟通异姓间联系，这一观念为宗族普遍接受。为此目的，各地宗族皆严格实行族外婚制。族内通婚，直接影响下一代的体格和智力，"同姓为婚，其生不蕃"，早已为古人所注意。而异族之间通婚联姻，可以由个别成员之间的婚姻关系推而广之，发展成两姓之间多方面的社会交往，从而各自加强本宗族的力量。明清两代，浙江嘉兴出现一批名门望族，其中联姻异族，是大多数望族扩充自身势力的重要途径之一。嘉兴平湖沈氏宗族与21个异姓宗族联姻，使本族力量大为加强，世系绵延18世，前后延续400多年。[②]

婚姻当事人的年龄条件，国家法律没有明文规定，各地宗族一般遵行传统习惯。某些宗族将婚龄习惯引入宗族法，因而有强制约束力。归安嵇氏宗族重修宗谱，其"遵祖训"第三条规定："男子二十以上皆可婚，女子

① 《礼记》，《婚义》。

② 潘光旦：《明清两代嘉兴的望族》，商务印书馆1947年版。

十六以上皆可嫁。”[①] 对于婚姻对象的选择，宗族法力倡“重门第、轻财富”原则。泾川万氏《家规》第十二条规定：“嫁娶不拘贫富，惟择阀阅相当。若贪财贿以淆良贱，有玷门户多矣。吾族除以往不究，今后凡议婚纳配，须鸣族商议，果系名门，方许缔姻。如不鸣众或门户不相当者，合族共斥，谱削不书。”[②]

在宗族婚姻中媒妁被当作必经程序。即使是双方父母已当面谈妥，或者是指腹婚、襁褓婚，[③] 也必须通过媒妁说合。合肥邢氏宗族规定：婚姻“不因媒妁而私合，未成者责令退免，已成者送官请离”[④]。

经过媒妁之言、签订婚约并举行婚礼，婚姻关系即告成立。国家法律规定，婚姻关系成立后，妻犯“七出”之条，夫有权“出妻”，解除婚姻关系；妻若犯“义绝”，夫则必须与其离异。宗族法对于夫的“出妻权”作了一定的程序限制。新市李氏宗族《宗规》第八条规定：“族人出妻，本房房长、户首即宜苦谏力阻，或该妻实系犯出，亦必经鸣房长、户首，会同查议。公论无饰，方许从权，否则断乎不可。”[⑤]

（二）家与家长

国家法律规定：家庭以家长为其代表。所谓“一户人口，家长为主”[⑥]。家长在家庭中享有教令权、掌财权、主婚权、立嗣权等。与其相应，在某些法律关系中，家长也单独承担整个家庭应向国家负担的义务。如果家内

① 浙江归安《嵇氏宗谱》，《条规》。
② 安徽《泾川万氏宗谱》，《家规》。
③ 指腹、襁褓婚：我国封建社会民间流行的两种婚姻习俗。指腹婚为母亲怀孕期间，即与他人达成协议，若所产婴儿性别符合条件，待其长大成人，即与对方缔结婚姻。襁褓婚与指腹婚同，但达成协议时间在婴儿襁褓时。
④ 安徽合肥《邢氏宗谱》卷1，《家规》。
⑤ 湖南新市《李氏宗谱》卷2，《宗规》。
⑥ 《大清律例汇辑便览 · 户律 · 田宅 · 欺隐田粮》“辑注”。

某成员触犯法律，其行为者本人不负法律责任，而由家长承担。[①] 宗族法仿效国家法律，对家长的权利与义务给以特殊规定。首先，家长拥有对家内财产的支配权。《礼记·内则》说："子妇无私货、无私蓄，不敢私假，不敢私予。"为各地宗族推崇为家范楷模的浦江郑氏《义门规范》第十七条明文规定："子孙倘有私置田业，私积货泉，事迹显然彰著，众得言之家长。家长率众告于祠堂，击鼓声罪。"家长主持家庭的生产经营，全权处理经营所得。家庭成员不但无权支配共同劳动所得，即使是单独外出经营，其收入也必须交由家长处理。

家庭所有成员皆处于家长监护之下。会稽顾氏宗族制定《家范》，其"重家长"条规定："凡为家长，所以总治一家之务。……其下有事，事无大小必先禀，无得专行。"[②] 云阳涂氏宗族申明家长"教令权"，"子孙不听祖父母、父母教训，或奉养有差，应令入祠重责"。[③]

宗族法中的"家长"是一广义概念。对于子孙，它代表父母、祖父母；对于奴婢佃仆，它代表主人；对于妻妾，它则代表丈夫。[④] "在家从父，适人从夫，夫死从子"，这是女子必须遵循的基本行为准则。《顾氏家范》分设"示女教"与"示妇教"条目，规定："大凡女子立身异乎男子，有屈伏之道，无专制之义，正如阴之从阳，无敢得以擅成"；"妇人者，人家之内助也。……奉舅姑以孝，事夫主以礼"。[⑤]

家长对家庭成员的监护，既是权利，也是义务。宗族法保护家长的监护权，反过来，如果家庭成员违规触法，干扰正常的宗族秩序，不仅行为

---

① 清律规定：嫁娶违律，罪坐主婚之家长，当事人无罪；家人共同犯罪，不论谁为首谋，独坐家长，卑幼无罪；脱漏户口，完粮纳税违限，罪坐家长；服舍违式、丧葬违律，皆罪坐家长。

② 浙江会稽《顾氏族谱》卷2，《家范》。

③ 《云阳涂氏族谱》卷11，《族范志》。

④ 宗族法对于"家长"的解释，从国家法律。

⑤ 浙江会稽《顾氏族谱》卷2，《家范》。

者本人要受到宗族法的惩罚，家长也会因其监护不力而受牵连。翔风朱氏宗族规定：“子孙贤否，关于父兄教训。……其有不肖子孙入于非类者，皆由父兄不能预禁之故。被族长觉察实情，赴祠禀告祖先，公议，将父兄议罚，其不肖者重责。”① 某些宗族甚至规定，家庭成员触犯族规，单独处罚其家长，行为者本人反而免受追究。梁津孙氏宗族规定：“祖、父不规教子孙及家长不约束奴仆、雇工，纵其非为，干犯尊长，凌侮众人，《祠规》议定责三十。”② 柳峰朱氏宗族称：子弟“越礼犯分，皆由父兄，如不安分守己者，即以父兄是究。”③ 麻城鲍氏宗族规定：“父兄不能禁约子弟为盗者，杖一百。”④

（三）宗祧继承与财产继承

宗族内的家庭继承包括宗祧继承和财产继承。宗是近祖之庙，祧是远祖之庙，联称表示祖庙祭祀，引申为对祖宗血脉的延续，对宗统的继承。一家之中，每一世系只能有一人享受宗祧继承权。宗族法严格规定了宗祧权的继承顺序。在方法上，宗祧继承权又分为两种：承继与立继。承继是对祖宗血脉的正宗继承。宗族法规定承继顺序：嫡长子，嫡长孙，嫡次子，嫡次孙，庶长子，庶长孙，庶次子，庶次孙，挨次承继。如果嫡庶子孙全无，则进行第二种宗祧继承——立继。立继是对祖宗血统继承的法律拟制，但又是一种不彻底的法律拟制。在立继中，继承人与被继承人之间仍具有一定的血缘关系，只是从血缘上说，继承人不具备继承宗祧的正宗身份。法律正是对这种身份进行拟制，授权继承人继承宗祧。立继又分为两种：应继（序立）与爱继（爱立）。在应继阶段，按照由亲及疏的原则，从五服

---

① 浙江萧山《翔风朱氏宗谱》卷 2，《家则》。

② 江苏梁津《孙氏家乘》卷 1，《祠堂条规》。

③ 安徽《柳峰朱氏宗谱》卷 1，《计开条规》。

④ 湖北麻城《鲍氏宗谱》，《户规》。

亲属中选择昭穆相当之子孙继承宗祧。服内亲属中仍然选立不到合适的继承人，则进入最后一轮——爱继，从五服之外同宗亲属中选立昭穆相当之子孙作为宗祧继承人。在应继程序中，必须遵循由亲及疏原则；而在爱继程序中，只要昭穆相当，可自由选择中意的继承人。无论是应继还是爱继，独子皆不得出继。大港赵氏宗族规定："继嗣有应继，有爱继。先应继而后爱继，礼也。故立继之道，自应继始。除一子不宜继与应继子不肖外，而爱继之例始通。"① 潜阳吴氏宗族规定："凡立继者，立本宗昭穆之子，或序立，或爱立。"② 归安嵇氏宗族也规定："子孙有无嗣者，择应继者嗣之，否则听其立爱。"③ 承继、应继与爱继三顺序，既为宗祧继承人的选立提供了较宽松的余地，也尽可能近地保证了继承人与被继承人之间的血缘关系。

被继承人死亡，宗祧继承即开始。继承人在被继承人所有直系子孙中获得宗祧权，以宗子身份主持家祭，并代表本家参加祠祭和宗祠其他祭祀活动。在本家内，宗祧继承人有权代祖宗立言。即使同胞兄弟分家析产，各自独立户业，宗祧继承人仍是兄弟群中的当然精神领袖。

财产继承是一种概括继承。继承人不仅从被继承人那里获得对财产的权利，包括所有权和债权，同时也必须承担财产义务，履行被继承人的债务。我国封建社会，在财产继承上历来实行"诸子均分"制。宗族法也采纳此制。"诸子均分"制较大程度地限制了被继承人对遗产的处分权。尽管被继承人可以通过"遗命"，或者直接分割遗产，但他既不能破坏继承顺序，也不能过度地违背"诸子均分"制。

女子没有继承权。女儿外嫁他姓，法律上获取他姓族籍，不得回父家继承。外姓女子嫁入本家，即处于夫权监护之下，没有独立的法律人格，不能成为独立的所有权人。即使丈夫死亡，妻也不能以自己的身份继承夫

① 江苏《大港赵氏族谱》，《凡例》。

② 安徽《潜阳吴氏宗谱》卷1，《凡例》。

③ 浙江归安《嵇氏宗谱》，《条规》。

的遗产，而只能作为家庭成员，接受新家长——一般是长子——的监护，生活上也受其供养。夫亡无子而能守志者，作为例外，妇女可以独立地占有原属于夫或子的财产。但若改嫁外姓，则丧失该项财产权。

财产继承的发生时间，一般在被继承人死后，[①]但也有被继承人生前直接划分遗产，让子孙分居异财，独立家业。在多子家庭中，财产继承与分家析产实际上是同一过程。继承人各自取得一份遗产后，原来以被继承人为中心的"家"在法律上即告消失。每一继承人以自己为中心，组建新的"家"，形成新的"家长权"。

子孙在家长权监护下，不允许独立地享有财产所有权，因此，家内财产的继承关系具有不可逆性。一般情况下，只有子孙对父祖财产的继承，而没有父祖继承子孙财产的现象。

宗祧继承与财产继承是宗族内家庭继承的主要内容，二者紧密联系。宗族法规定，对于继承宗祧的嫡长子，在其取得均分的遗产以外，还可以另外获得一份，以作家祭之用。嫡长孙日后有承祧大任，一般也可获得一份财产，由嫡长子暂时代管。嫡庶子孙承继无人时即进入立继程序。"立继"不仅具有宗祧继承意义，也有财产继承意义。通过"应继"和"爱继"选定的继承人对于被继承人享有宗祧与财产的双重继承权。

第三节　宗族法的制定与执行

一、宗族法的指导思想

清代宗族法的制定与执行，以理学为基本指导思想。理学家关于人生哲学的一个重要观点是"存天理，去人欲"。朱熹强调"人之一心，天理

---

① 父母死亡，兄弟必须居丧期满，方许继承。

存则人欲亡，人欲胜则天理灭”，“学者须是革尽人欲，复尽天理”[①]。人们只有泯灭一切物质欲望，才能在道德修养上达到尽善尽美的境界，进而实现治国平天下。这种宗教性禁欲主义思想为宗族法所吸收，作为一项指导原则，贯穿在宗族法的条文之中。倪氏宗族告诫子孙：“衣服不必华美，饮食不必肥甘，俭朴二字是儒者本色，不特省费，且可绝非分之求。”[②]望江刘氏宗族要求族人“不求华饰，不慕丰腴、布衣蔬食，乘蹇策羸”[③]。宗族法要求宗族成员将自己的物质生活维持在最低水平上，既有俭朴持家、立业永久的目的，同时也希望通过压抑物质欲望，在思想上达到清心寡欲、无所追求的境地。

宋明时期，思想界兴起义利之辨，出现一批重功利、讲实效的进步思想家。但恪守正统儒学“正其义不谋其利、明其道不计其功”原则的理学家，在统治阶级的支持下，对功利主义思潮发动强大攻势。理学的主流仍是崇“道”“义”，抑“功”“利”。宗族法以理学为指导思想，特别重视在实际生活中约束族人的行为方式，使其符合理学家崇道义、抑功利的主张。桐城余氏宗族训谕族人：“惟利是视，古人所鄙。自天子以至于庶人均戒趋利。”[④]泾口刘氏宗族强调：“吾族世事诗书，子孙当以仁义立身，勿趋小利而忘本根。”[⑤]天理与道义相通，人欲与功利相连。宗族法从“存天理，去人欲”出发，必然导致“崇道义，抑功利”的逻辑结果。只有从日常进退应答、执事谋生等具体的活动中戒利去欲，才能在思想上光大“天理”，从而完成理欲关系上“正心诚意、修身齐家”的道德修养过程。

孔孟儒学重视以礼治天下。礼是差别性行为规范，不同身份享受不同的礼，这是封建等级制的重要特征。以礼治国，要求臣忠民从；以礼主家，

① （宋）黎靖德编，王星贤点校：《朱子语类》卷13，中华书局1986年版，第225页。
② 《读易楼合刻》，《倪氏家规》。
③ 安徽望江《刘氏族谱》卷2，《家训》。
④ 安徽桐城《余氏宗谱》卷2，《谕族》。
⑤ 安徽泾口《刘氏宗谱》，《祖训》。

则要求子孝妇顺。宗族法重视对礼的维持。不仅强制推行等级身份制，还强调宗族成员应在整体上把握礼的内容，全面遵守礼的规定。会稽顾氏宗族强调："礼者，人之大端也，得之则为君子，失之则为小人。有礼则安处善、乐循礼，无礼则失常度、陷危机，此皆出于自然。"① 礼的精神，广泛渗透于宗族法的条文之中。有些宗族直接引用礼的内容，包括著名理学家对礼的教条性阐发。朱熹的《朱子家礼》在各地宗族受到普遍推崇，很多宗族赋予其强制性约束力，要求宗族成员一体遵行。灵石何氏"采文公《家礼》，兼随时俗，设立仪节，合族遵行"②。顾氏宗族称"《家礼》一书实立身之正道，正家之大法"，子孙应"知而好之，准而行之"③。

根据礼的精神，在等级性社会框架中，每一个人都有一个与自己身份、地位和财产相对应的节点。安分守己，不越等次，既是礼的基本要求，也是宗族法的基本要求。番禺简氏宗族认为，"人生自有定分，尽其在我，俟命于天，苟不安分循礼而曲意求盈，欺人欺天有所不顾，为非至此，则利未得而害且随之"，因此，该族规定："子弟营生，必须安分循礼，不可为非。"④

法律的重要作用之一是"以罚示惩"，宗族法反复强调这一原则。山阴胡氏宗族认为，"未有规制不善而能流传永久，亦未有立法不严而能慑服人心"，要求严家罚，惩顽梗。⑤ 泾口刘氏宗族《祖训》首条即提出："国法以治其国，家教以齐其家。家之所以不齐，由教之不立、罚之不严也。"⑥ 惩罚犯者，威慑余众，起到特殊预防与一般预防相结合的作用。

另一方面，正统儒学历来提倡"明刑弼教"，重视教育感化作用。宋

① 浙江会稽《顾氏族谱》卷 2，《家范》。
② 山西灵石《何氏族谱》卷 7，《家训》。
③ 浙江会稽《顾氏族谱》卷 2，《家范》。
④ 广东番禺《简氏大同谱》卷 8，《训言》。
⑤ 浙江山阴《张川胡氏宗谱》卷 20，《大宗祠祭祀规例》。
⑥ 安徽泾口《刘氏宗谱》，《祖训》。

明理学家更是以教化天下为己任，力图通过对封建礼教的哲理化探索和通俗性宣传，“教天下之士，使之知所以修身齐家治国平天下之道”[①]。各地宗族法也在严惩罚的同时，主张“罚教并用”，“以罚辅教”。《余氏家规》明确宗旨：“家规之设专主于教，宜无事于法，然不能不借法以行教。”[②]太平李氏宗族“拟定《家法》一篇，以示后人，犯者惩之；且能改者，恕焉，亦明刑弼教之意也”。该《家法》制定者于“引言”内，系统阐发“明刑弼教”的指导原则，提出：“情以宽君子，法以惩小人；……寓情于法之中，法不苛而情不滥，弱者怀德，暴者畏刑。”[③]

宗族权贵懂得，宗族不同于国家，不能过多地依赖暴力维持社会秩序，维持自己的统治地位。应利用宗族内部同祖共宗、一脉相传的血缘关系，为统治与被统治关系披上一层温情脉脉的宗法关系面纱，惩罚与教化两手并用，迫使族人就范。

二、宗族法的制定

自宗族组织普遍建立的宋代算起，到清初已有600多年的历史。在这600多年中，宗族法在内容和形式上都经历了一个由简单到复杂、由不完备到较为完备的过程。清代宗族法在制定程序及修改方式上进一步严格化，并且确立某些专门制度，表现出宗族法在制定技术上的明显提高。

宗族法的制定机构，多数情况下，即全体族民大会。梁津孙氏宗族“合众通议，严立规条，使知戒忌”[④]。景定张氏宗族制定《族规》十条，并附加说明：“以上各条系参酌族中情形而定，经全族议决，即当视为家族公法，

---

① 《朱文公文集》卷75，《送李伯谏序》。

② 安徽黟县《环山余氏宗谱》，《家规》。

③ 安徽太平《馆田李氏宗谱》，《家法引》。

④ 江苏梁津《孙氏家乘》卷1，《祠堂条规》。

不可违犯。”[①]

宗族法的起草，常由族内“贤达”“族望”们组成临时机构来主持，族长与族副是当然成员。大榄《梁氏族规》十三条，“经合族绅耆、宗子、值理酌议妥决，集祠订立”[②]。

族长为一族之领袖，在宗族法的制定上，拥有较大权力。即使是“合族议决”也必须经族长签署，方能生效。族长代表全体族人。族长的意志即被视作全族意志。麻溪姚氏宗族《计开》尾署：“顺治十四年二月初一日，户长姚孙枢率合族姚孙等立约。”[③] 张川胡氏宗族《大宗祠祭祀规例》结尾也署有“康熙五十四年岁次乙未桂秋谷旦宗长升俊、协理祠事升雍暨通族人等公议”字样。[④] 古歙许氏宗族则自明洪武十四年至清同治年间，对于宗族法制定、增补，皆由族长一人全权处理。[⑤]

宗族内部，以政治、经济、血缘三重标准，完成身份性等级划分。所谓“公推”的族长，“共举”的“贤达、族望”，只能是由此三标准而划分出的权贵阶层。他们掌握着族内行政、经济大权，并进一步需要使自己的意志上升为全宗族意志，以法的形式表现出来，以宗族组织的强制力量，巩固自己的权贵地位，保护自己的特殊身份。因此，他们必然要牢牢抓住立法权，把持宗族法的制定机构。血缘关系上的尊长地位为宗族权贵掌握立法权提供了极便利的条件。正是由于血缘、政治、经济三重优势的存在，宗族权贵才有可能在“公议立规”的原始性部落民主制名义下，制定出对自身利益给以特殊保护的宗族法。

宗族法本身有一个由不成文到成文的演变过程。早期宗族一般没有成文族法。但是，调整族内社会关系、具有强制性约束力的宗族法仍以不成

① 河北景定《张氏族谱》,《家规》。

② 广东大榄《梁氏宗谱》,《族规》。

③ 安徽桐城《麻溪姚氏宗谱》,《计开》。

④ 浙江山阴《张川胡氏宗谱》卷 20,《大宗祠祭祀规例》。

⑤ 参见安徽《古歙东门许氏宗谱》。

文形式存在。进入成文法阶段，原有的不成文法常以“祖宗遗训”形式，录入成文法之中。康熙五十四年（1715年），张川胡氏宗族制定十八条《族规》，文内附加说明：“以上规例不出前人遗辙，诚恐年深月久，渐致舛错，后世漠无成法，败坏前规，故特重行整饬议定，立牌悬示，各宜遵守毋违。”[①] 归安嵇氏宗族也在族法中说明：“今将先世所遗家训录于谱，以期世世凛遵勿替。”[②] 乾隆年间，南屏叶氏宗族将《祖训家风》“敬录于谱，以垂不朽”[③]。

在宗族大会上，通过宗族法草案的仪式，照例必须于祭祖之日在祠堂大厅内举行，借祖宗之名，立现世之法。宗族法一旦通过，即付诸一定的文字形式。常见的宗族法文字形式有三种。第一，大字书于木牌上，并将木牌悬于祠堂入口的醒目处。如前引张川胡氏宗族将其族规18条“立牌悬示”。第二，将宗族法条文雕刻在石碑上，石碑亦树于祠堂之中。这种形式，一般为人口较多，或者有二级分支祠堂的巨户大族所采纳。“勒石刻碑，以垂永久”。第三，刊刷入谱。宗谱家乘是宗族共同体存在的文字表现。宗谱中关于族人血系、辈分的记载，直接决定了该族人在等级血缘关系中的伦常身份。宗谱中对于本族田土疆界、房屋祠庙及祖茔方位，皆有详细记载。一旦与外族发生疆界纠纷，宗谱可作为重要书证，供官府裁断之用。各地宗族极端重视宗谱的编纂和保护。宗谱中专设“宗族法”一栏，收录本族各项单行法，并作为遵守、执行的原始依据。“刊刷入谱”，是成文宗族法最普遍的表现形式。大多数宗族在将宗族法“立牌悬示”或“勒石刻碑”的同时，仍将其收录入谱。

宗族法制定机构认为某些成案具有一定的代表性，或者具有某种特殊意义，也可将该成案录入谱中，作为宗族法附件，或直接写于条文之中。

① 浙江山阴《张川胡氏宗谱》卷20，《大宗祠祭祀规例》。

② 浙江归安《嵇氏宗谱》，《条规》。

③ 安徽黟县《南屏叶氏族谱》，《祖训家风》。

洪洞刘氏宗族《阖族公约》第三条规定，每年正月初二，全体族人入祠，先拜祖，后互拜，违者罚。该条末尾录一成案：“（明）天启丙寅，承鼒等五人不到，曾各罚银五两，置买祭田。”[①]宗族法录入成案，其用意有二，首先，它以生动的处罚实例表明自身的严肃性，如若再犯，严惩不贷。其次，它可作为一种先例加以援引。对于某些违法行为，宗族法并没有规定具体的处罚幅度。而成案中的处罚，则可以作为先世祖宗执法典范，加以效仿。

发生效力的宗族法一般皆刊刷入谱，以作为执行依据。因此，对宗族法的增补或修改，只能在重新编纂、刊刻宗谱时进行。清代地方习惯：30年为一世。各地宗族多以30年为谱牒重修期。晋陵奚氏宗族规定：“古人以三十年为一世，盖时过三十年，子又生孙，孙又生子。年日远，丁日蕃，若不重修谱牒，必致多所遗漏。嗣后续修宜以三十年为定例。”[②]

由于宗族法的制定常以祖宗名义，而在宗法性伦理教条的约束下，变动祖宗成法，在宗族内是一桩极为严肃、极为重要的大事。很多宗族法均注明，后世子孙应以守成为主，变易为辅，非不得已不许变更成法。萧山管氏宗族《祠规》十九条，其中规定：“《祠规》既成，子孙各宜遵守，不许擅自改易。如有不合事宜，不妨邀请宗族斟酌损益，或增定，或删去，务须尽善方可。但有妄生异议、违背家规者，祖宗谴之，宗族弃之。”[③]苏州彭氏宗族规定：“我族后有读书明理、老成谨慎之人，原可与时增损（族法），惟增损之间或无大益，不如谨守成规较为持重。”[④]正因如此，很多宗族法皆代代相传，少有变动。

---

① 山西洪洞《刘氏宗谱》卷7，《阖族公约》。
② 江苏晋陵《奚氏宗谱》卷1，《义例志》。
③ 浙江萧山《管氏宗谱》卷4，《祠规》。
④ 江苏苏州《彭氏宗谱》卷12，《庄规》。

三、宗族法制定技术的发展

清代宗族组织根据自身特点，吸收国家法律的某些规定，确立了一些专门制度，不仅丰富了宗族法的内容，也使宗族法在制定技术上有明显的提高。

首先，宗族法确立以“不孝罪”为核心的罪名体系。古代社会重伦理，倡孝道，国家法律历来重视对不孝罪的处罚。北齐定“重罪十条”，将不孝罪列入其中；隋唐定不赦之“十恶”，包括不孝罪；宋元明清各代承沿唐制。《清律》解释“不孝”：“谓告言、咒骂祖父母、父母、夫之祖父母、父母，及祖父母、父母在别籍、异财，若奉养有缺，居父母丧，身自嫁娶，若作乐、释服从吉，闻祖父母、父母丧匿不举哀，诈称祖父母、父母死。”① 从《清律》的规定可看出，不孝罪的成立，必须是子孙对父母、祖父母的直接侵害，以及对待父母、祖父母丧事的忤逆行为。而子孙的其他犯罪行为，如子孙违犯教令。同居卑幼私擅用财等，皆作为一般犯罪处理。不属于“不孝罪”。② 宗族法中，“不孝罪”在构成上具有特殊性。一方面，“不孝罪”的客体范围被扩大。根据国家法律，只有直系三代的亲属关系才能成为不孝罪的客体。而根据宗族法，宗族共同体内部的所有尊卑关系都可成为不孝罪的客体。豫章魏氏宗族法规定，族人对于父母、伯叔及尊长的侵害，皆可构成不孝罪。③ 南海廖氏宗族法设罪名八种，分别为：忤逆（不孝）、淫秽、强盗、凶暴、赌博、窝赃、打架、诬扳。其中“忤逆罪”的侵害对象包括父母（祖父母）、胞伯叔、服伯叔。同时，“族内绅耆、伯叔兄辈均属一家尊长”，与前者一样，亦可成为忤逆罪的侵害对象。④ 另一方

① 《大清律例·名例律》。

② 司法实践中，各级官吏常以“不孝”之名重惩忤逆子孙，其中涉及一些一般意义上对家长权的侵害行为。但根据法律规定，这些行为不属于十恶之中的“不孝罪”。

③ 江西南昌《豫章黄城魏氏宗谱》卷 11,《宗式》，第一条“禁不孝不悌”。

④ 广东南海《廖维则堂家谱》卷 1,《家规》。

面，构成不孝罪的行为本身，也被作广义解释。不仅直接侵害尊者的行为被定性为不孝罪，很多宗族对于并不直接侵害尊者的愆过行为也以不孝罪定性。谯国曹氏宗族法规定：子孙博弈、酗酒，皆属不孝，须严惩。[①]临川孔氏《家规》设“诛不孝”条，规定：“游惰、博弈、好酒、私爱妻子、货财与好勇斗狠纵欲，皆不孝之大。一经父母喊出，族长察出，重责，革饼。”[②]“孝”是道德伦理概念。“不孝”成为一种罪名，体现了法律规范与道德原则的结合。宗族法对不孝罪给以扩张解释，确立以不孝罪为核心的罪名体系，使得宗族法自身带有更浓郁的道德伦理色彩。宗族法规范深深扎根于宗族社会的道德评价之中。因此，以宗族法为根据的各种强制处罚不仅合法，也合“情”、合“理”，从而能产生更好的约束效果。

其次，宗族法采用了以特别法补充普通法的制度。宗族法体系包括族规、祠规、学规、庄规等具体的部门，分别对于某一方面的社会关系加以调整。宗族共同体是一个复杂的社会有机体，各种社会现象、社会关系皆不同程度地存在。宗族内部常出现一些特殊的社会关系，对于整个宗族来说，它不具备普遍性，因而不能以宗族法的一般规定对之加以直接调整。因此，某些宗族于具有一般意义的宗族法之外，制定具有特定调整范围、特定效力的特别法，专门调整特定的社会关系。元至正十八年（1358 年），朱元璋攻克安徽的徽州与池州，就地招募民兵守城，歙县吴氏宗族不少人皆应募为兵。至正二十六年（1366 年），吴氏宗族续纂宗谱，将所有应募入兵、充当“红巾贼”的族人于谱上削名。明朝统治确立以后，划分民人为军、民、匠、灶四户，吴氏宗族将元末投奔朱元璋为民兵的人，皆列为军户。自明初至清中期的 400 多年中，削名及军籍两个问题在吴氏宗族内一直未形成统一的处理意见，直接影响到有关者后世子孙在宗族内的身份

① 安徽谯国《曹氏宗谱》,《家训》。

② 江西临川《孔氏支谱》,《家规条例》，转自《曲阜孔府档案史料选编》第三编第 1 册，第 52 页。

及其他权利。嘉庆十二年（1807年），吴氏宗族终于对此二事达成一致的处理意见，并以特别法的形式，书入宗谱，[①]并规定：子孙后代必须遵行，不得持有异议。

安徽桐城祝氏宗族下分七房，其中，大房、二房及四房合有一处公共坟地。康熙初年，本族个别族人侵占坟地大树，“致构讼，浪费公赀”。为防止此类事件再发生，康熙三十七年（1698年）清明节前，各房房长会同户长（族长）、户尊及户众，“酹酒立禁，永行严禁”，对于侵犯祖墓、盗葬盗伐者，“缴死不赦”，“恐后无凭，立此议约，请行刊石，永垂不朽”[②]。祝氏宗族共有七房，宗族立有通行全族的《计开规条》，但此“禁约”只于大房、二房及四房内有效，而且该禁约内容只涉及三房共有之特定的坟地，因此不具备普遍约束力。

通过特别法制度，宗族组织可根据宗族内部不同范围的不同情况，实行区别性统治，更有效地稳定社会关系，维持秩序。但同时，由于特别法制度会直接造成族人在伦理性等级身份制以外的不平等，不符合“祖宗子孙，一体对待”的血缘原则，因此，各宗族对特别法制度的具体实行，皆取慎重态度。

宗族法的效力，基本上采取属人主义。凡属同族之人，无论是经商异土，还是为官于府衙，都得遵守宗族法。桐陂赵氏宗族规定：“凡出仕在外者，每春：由科甲者寄祭分一两，不由科甲者（寄祭分）五钱。不寄者，鸣其不孝，罚之。”[③]香山何氏宗族规定：“祠内不许打禾放秆，不许放牛畜马，不许赌博宿娼。外人犯者送官，子孙犯者责罚。”[④]本族子姓侵犯外族

① 该特别法最后说：“元末扰攘之际，不妨避讳其名，及前明既定之余，须与复通其谱，保身之智与亲族之仁两全无憾，识者所当详察而明辨焉。”见《歙县吴氏永墓集》卷末《继沅叔军籍辨》。

② 安徽桐城《祝氏宗谱》卷6，《戊寅年议禁合同》。

③ 安徽桐城《桐陂赵氏宗谱》卷首，《家约》。

④ 广东香山《何写环堂重修族谱》卷1，《族规》。

利益，一般由外族送官或交本族处理。豫章魏氏宗族规定：“嗣后如有乱砍本族及外姓竹木松梓茶柳等树及田野草者，山主佃人指名投众，即赴祖堂，重责三十板，验价赔还。”① 如果外族既不送官，也不通知本族，擅自根据外族规训处罚犯者，本族则视此为侵犯主权，常可引起族际纠纷。当然，宗族势力之强弱在这种情况下起到重要作用。

宗族法管辖上的属人主义与宗族共同体的构成原则相适应。宗族共同体所有成员皆因其血缘身份而联结成族。② 这种血缘身份与尊祖教及宗族公产等因素共同作用，促成宗族成员在观念上对宗族法的无条件服从。

四、宗族法的执行

宗族成员必须将自己的言谈举止限制在宗族法允许的范围内，否则要受到处罚。监督宗族成员，及时将违规触法者投入宗族法的处理程序，这是保证宗族法施行、维持宗族社会秩序的一项重要措施。各地宗族皆根据本族实际情形，设立监督机构，执掌宗族监督权。

宗族监督机构可分为两类：专职监督机构与兼职监督机构。专职监督机构的名称，各地不一，有称“监视”“通纠”“宗纠”，也有称“司正”“司直”，其人数一般在三人以下。在遴选标准上，宗族法规定，必“刚方正直、果毅干练”方可为之。萧山管氏宗族规定：族中“立通纠二人，以察一族之是非，必选刚方正直、遇事能干者为之。凡族人有过，通纠举鸣于家长”③。临海屈氏宗族规定：“子族中遴择品行端方者，公聘为司正，专司

① 江西南昌《豫章黄城魏氏宗谱》卷11，《宗式》。

② 巨户大族内，通常有一些从事各种所谓低贱职业（例如，看坟、守祠、打更等）的异姓人。对于这些异姓，宗族组织一般制定有专门的规训，令其遵守，普通的宗族法对他们不发生效力。

③ 浙江萧山《管氏宗谱》卷4，《祠规》。

申明约束。”[①] 环山余氏宗族规定：“监视纠一家之是非，所以齐一家之则，务秉性公正，无所顾忌、容忍。在上者有过则当反颜直谏，求其必改；在下者有过则责以大义；其有凶狠不奉规教及有凭借而故肆梗者，必当行之勇决，毋得淟涊巽懦，阻畏而止。”[②]

一般情况下，只有户众人繁、事务驳杂的大姓宗族方才设立专门监督机构。在大多数宗族内，皆由宗族行政机构兼掌监督权。新市李氏宗族规定：“如有不肖子弟私地打牌赌钱及淫人妻女者，族、房长宜据所见闻会议责罚。”[③] 白沙陈氏宗族要求各房房长“时行查访”，严禁本房子弟违规触法。善化周氏《族规》规定：“凡我族中有不顺父母者，亲房送至宗祠，投族处理。”[④]

在职能上，专职监督机构专司监督权，发现族人违法，必须投告宗族行政机构，自身没有独立的处理权。而兼职监督机构本身即行政机构，集行政权、司法处理权、监督权于一身，发现族人违法，可当即决定给予处罚，只是在形式上必须履行“集祠众议”程序。

族人违法，除宗族监督机构有权利，也有义务投告宗族领袖外，受到该违法行为侵害的被害人也可直接投告宗族，要求依据宗族法处理。泾口刘氏宗族规定：“子弟窃人财物，事主投之祠堂，罚其父兄。”[⑤] 族人之间发生纠纷，当事人亦可投告宗族，由宗族首领裁决。对于五服之内亲属相犯案件，由于当事人血缘关系较近，宗族法常规定实行“亲告乃坐”制度，监督机构不直接投告宗族。如桐陂赵氏《家约》第二十二条：“亲属相盗，……须被盗之亲具告方坐。”[⑥]

---

① 浙江萧山《管氏宗谱》卷4,《义庄规条》。
② 安徽黟县《环山余氏宗谱》,《家规》。
③ 湖南新市《李氏宗谱》卷2,《宗规》。
④ 湖南善化《周氏三续族谱》卷2,《族规》。
⑤ 安徽泾口《刘氏宗谱》卷6,《族规》。
⑥ 安徽桐城《桐陂赵氏宗谱》卷首,《家约》。

根据国家法律，在受到不法侵害，或发生重大纠纷时，受害者或当事人应入官府提起诉讼，由国家司法机关作出判决或裁定。但各地宗族法皆要求本族成员在发生侵害行为或纠纷时，首先必须投告本族，由宗族出面处理。馆田李氏《家法》规定："倘族人有家务相争，投明族长。族长议论是非，从公处分，必合于天理，当于人心。轻则晓谕，重则责罚，财产为之分析，伦理为之整顿。"[①] 根据黄城魏氏《宗式》，凡涉及户婚田土、买卖继承、犯奸窃盗、伤害斗殴等方面的轻微案件，均得先经宗族处断，"不得径往府县诳告滋蔓，如不经投族而妄告官府者，先罚银一两入祠，方依理公断"[②]。

族内发生民事纠纷和轻微刑事案件，当事人首先投告本房，一般情况下，不得越房而投族。六安潘氏宗族规定："各房有事先向本房房长说明，如不能结，方可投鸣户长，不得越房长而投户长。"[③] 这种逐级投告，只适用于一般纠纷。对于较大的违规触法行为，已有监督机构稽察，宗族法也允许受害者或当事人直接投告宗族。黄城魏氏《宗式》设"禁小事妄投"条，区别大事与小事，规定了级别不同的管辖权限："如犯规大事，必须通鸣族众绅衿。至于小事，先当经本房至亲、房长剖决，不可遽遍投多人。如本房房长决断不开，然后通投可也。嗣后如有混帐小事轻事妄报，希图借势压服懦弱者，公罚。"[④]

民事纠纷及其他触法行为经当事人或监督机构投告到族，如果在程序上不违反"由房而族"的规定，宗族首领都必须受理。根据宗族法，对于性质不同的纠纷和案件，其处理方法也有区别。凡属分家析产、买卖租赁、田界屋址等民事纠纷及一些轻微的口角争斗，其处理以调解为主。由宗族

---

① 安徽太平《馆田李氏宗谱》,《家法》。
② 江西南昌《豫章黄城魏氏宗谱》卷 11,《宗式》。
③ 安徽六安《潘氏宗谱》,《祖训遗规》。
④ 江西南昌《豫章黄城魏氏宗谱》卷 11,《宗式》。

首领及公认“正直”且“明理”的族耆绅衿会同当事人，协商解决。蒋湾桥周氏宗族规定：“族内昆仲叔侄或因财产争论，应听族长及公正者调处，不得偏执己见。”① 江都卞氏宗族内部，“族有争忿，告知族长，随当传唤该分分长、房长，谕令调处”②。在某些地方，调解方法还适用族际纠纷的解决。西林岑氏宗族确立了与外姓争执的解决途径，“若与他姓有争，除事情重大始禀官公断，倘止户婚田土、闲气小忿，无论屈在本族、屈在他姓，亦以延请族党委曲调停于和息”③。调解意见一旦成立，即具有强制性效力。调解主持人中，族长代表“权力”，族耆代表“公正”。如果当事人对于由“权力”和“公正”二者结合所作出的处理意见仍不接受，其行为本身即已触犯宗族法。至此，事件性质发生转化，顽梗不遵“公议”者将直接受到宗族法的处罚。不论其在原纠纷中是否有理。

各种触规违法案件投告到族，并由宗族受理后，即进入审理程序。宗族审理不设专职机构，由宗族行政机构兼理。谯国曹氏宗族每逢族人触法，投告到族，即由“宗子、宗相及各分长并以家法治之”④。对于审理机构与审理程序，各地宗族法多有具体而细致的规定。下面摘引三例。

第一，全城章氏宗族：“有事诉祠，用全柬一个，上书‘禀启’二字，内诉原因。启到三日，值年即传唤族众到祠，户长上坐，户评旁列。其伸理不平者各陈实情，或是或非，悉听处分。务必从公起见，断不偏护徇情。倘不经祠处断竟自讦讼者，公具一呈，鸣鼓攻之，虽有理亦不予之分剖也。”⑤

第二，合肥邢氏宗族：“凡族中有事，必具呈禀于户长，户长协同宗正批示：某日讯审。原被两造及词证先至祠伺候。至日原告设公案笔砚，户

① 江苏晋陵《蒋湾桥周氏续修宗谱》卷 1，《家规》。
② 江苏江都《卞氏族谱》卷 1，《祠堂条约》。
③ 广西西林《岑氏族谱》卷 3，《祖训》。
④ 安徽谯国《曹氏宗谱》，《家训》。
⑤ 江苏润城全城《章氏宗谱》卷 1，《祠规》。

长同宗正上座，各房长左右座。两造对质毕，静听户长宗正剖决，或罚或责，各宜凛遵，违者公究。”①

第三，州山吴氏宗族：“各支卑幼因事争辩者，本支之长即为处分，如有不明，词禀祠中，帖付宗使唤知。至朔望，行香坐定，二人立阶下各言其情，公议曲直，白于宗长，质之宗正。是非一定，不得再争，其曲者量轻重以加责罚。”② 审理时间，一般皆由宗族首领自行确定，不少宗族于朔望日例行开祠，因此，审理时间就近定于朔望日较为普遍。徽州婺源流行“三八会”，“每遇初三、十八日，聚子弟于祠，申以孝悌姻睦之义，有不法者惩之”③。届时，宗族机构传出知单，着当事人入祠。如果被告数传不到，宗族机构除实行缺席判决、依原告人提供的情况审断外，对不到之被告可以“藐视族法”为名，给予处罚。④

对于重要案件或纠纷的审理和执行，常召集全体族人参加。其目的不仅在于提高审断规格，造成对被审、被罚者心理上的压力，同时，也在于以生动的实例，向全体族人宣传宗族法，重申宗族法的严肃性。无论是重要案件的审理、执行，还是细小纠纷的调解，一般皆于祠堂内进行。祠堂为祖宗神灵栖息之地，在笃信尊祖教的族人看来，现世子孙的一言一行在祠堂内都受到先世祖宗的直接监视。而以“祖宗规训”名义制定的宗族法正是在祖宗神灵的授意下，由宗族首领代为执行。宗教教条和道德伦理的精神约束力使得强制性宗族法在适用过程中，更加合“情”合“理”。

---

① 安徽合肥《邢氏宗谱》卷1，《家规》。

② 浙江山阴州山《吴氏宗谱》，《家法》。

③ 抄本：《婺源县志稿》，转自张海鹏等编：《明清徽商资料选编》，安徽人民出版社1985年版，第85页。

④ 南海廖氏《家规》第十六条：“被人到祠投称，自应一唤即到。若实有事外出，推下次祭日分处。若仍唤不到，显系情虚，藐视族法，将该人停胙一年，即照原人投称情节公断；不得以被投未到为言。”（广东南海《廖维则堂家谱》卷1，《家规》。）

宗族首领根据宗族法，对案件作出判决，即发生效力。应责应罚，立时执行。如果当事人不服判决，无论是原诉人还是被诉人，宗族法皆允许其诉诸国法，到官府提起诉讼。但实际上，宗族法仍会采取措施，竭力避免诉讼入官。宗族法规定，如果当事人不服宗族判决、向官府提起诉讼时，宗族首领代表宗族共同体，也直接参与诉讼。一方面，可以证人身份，向官府提供不利于诉讼提起人的证据，以争取官府对宗族原判的支持，进而"掷纸"销案。东阳潘氏宗族对于不服宗长、房长判决的族人，"听告理到官。干证必须知会宗、房长，一遵私下公议，不许徇私偏证，以起讼端"[①]。另一方面，宗族也可向官府提起反诉，要求官府对不服宗族判决的族人治以违反教令或对尊长不尊罪。而地方政府为追求辖区内的低发案率，以标榜"治邑有方"，也乐意默认或支持宗族处理意见，对不服宗族判决之族人所告事项，常不予受理。聂尔康任冈州县令时，对于族内纠纷案件，多次批示：由族理处，"所控不准，词掷还"。这样，如果族人不服从宗族判决而投诉官府，实际上就使自己陷入极不利的地位，不仅被诉之人，甚至全体族人及官府皆有可能站到自己的对立面。众叛亲离的结局，迫使该族人不得不放弃诉诸国法的打算，无条件接受宗族判决。

对于已发生效力的判决，当事人必须遵守，其他族人也必须支持，不得提出异议。梁津孙氏宗族以严罚维持宗族判决的严肃性，"尊长公议已定，而族中有恃舌剑唇枪、淆乱是非、颠例成案者，责三十，罚银两入祠祀祖"[②]。

在处罚方法上，各宗族不尽相同。一般较常见的处罚方法自轻及重有以下 11 种：

训斥——由族长或其他宗族首领对犯者当众训诫、斥责，令其悔过。

罚跪——令犯者跪于祠堂内祖宗牌位前，向祖宗请罪，罚跪时间以燃

① 浙江东阳《潘氏宗谱》卷 1,《家规》。

② 江苏梁津《孙氏家乘》卷 1,《祠堂条规》。

香计算，一炷香至三炷香不等。

记过——于宗族“功过簿”上记录，并用大字书其名于祠内照壁或特制木牌上，知晓族众。屡被记过，则给予较重处罚。

锁禁——令犯者居祠内专设之黑屋，限制自由。时间由两个时辰至六个时辰不等。个别亲族锁禁时间高达 10 日。

罚银——犯者交纳银两，充作公用。数额从 5 钱至 3 两不等；无力出银者易以劳役，修葺祠屋祖坟。

革胙——剥夺犯者领取祭品的资格，一年起算，高至十年、终身，严重者永远革胙。①

鞭板——以特制竹鞭或木条抽打犯者臀腿部，10 次起算，每 5 次为一等，高止 40 次。

鸣官——由族众扭送官府，族长族望出面，既作为家长要求官府办罪，又作为证人提供证言。

不许入词——犯者生前不许入祠参与祭祀及其他公共活动，死后不准入祖宗之神主牌位。

出族——对犯者于谱上除名，族内削籍，不准同姓，不准居住族属土地。

处死——有些宗族法规定，对于乱伦奸淫、不孝忤逆等犯者，直接处以活埋、勒死、令自尽等极刑。

上述 11 种常见处罚方法中，以“革胙”“鸣官”“出族”三种出现率最高。某些宗族法所规定的整个处罚体系，只包括此三种。

春祀夏禴，秋尝冬烝，各宗族每年照例要进行几次比较大的祭祖活动，怀念祖宗，联络后代。祭祀活动中，宗族机构拿出大笔公产，奉各类食物供祖宗享用，再以祖宗名义，恩赐族众，分而食之。以表示先世祖宗在冥冥之中仍保佑后世子孙营谋生计。族人在祭祀后所分得的酒肉祭品被称作

① 终身革胙，止于己身，永远革胙，罚及子孙后世。

“胙”。有些宗族以聚餐会饮形式“分胙”。“革胙”是在一定期限内，剥夺违犯族法的族人领取份胙，或参与祭后聚餐会饮的资格。“革胙”的着重点不在于经济处罚，而在于一种精神处罚，一种宗教处罚。族人被革胙，实际上是部分地被剥夺了祭祀权。被罚之人不仅在生计上得不到祖宗的保佑，而且作为不肖子孙，在感情上也受到祖宗的歧视。因此，宗族成员对于享受祭胙权非常看重，一旦受革，总是想方设法争取恢复，甚至不惜诉讼入官，要求政府出面，帮助复胙。①

“鸣官治罪”，不仅具有程序意义，它本身同时也是一种实体意义的处罚。对于某些既违族规又犯国法的重要犯罪，或者当事人不服族内判决，宗族组织无力解决，则处以“鸣官”之罚。宗族首领以家长之名义将犯者送交官府，由官府办罪。宗族首领则运用自己的势力影响官府，包括支用宗族公产作讼费、送礼等项开支，要求官府给以严罚。鸣官治罪，作为宗族处罚的最终手段之一，保证了宗族法的严肃性，同时也使宗族法与国家法律两套处罚系统互相衔接，互相利用。

大多数宗族法皆以“出族”作为最重处罚。被罚者谱上除名，族内削籍，其房屋被没收作为宗族公产，所有与宗族有关的各项权利，包括选举权、被选举权、祭祀权、赡济权等，尽被剥夺。在宗族法的处罚中，“鸣官”，“不许入祠”，甚至包括“处死”，皆是对犯者本人的处罚，惟有“出族”，不仅罪罚本人，同时涉及同居共财的家庭成员。在宗族制度盛行的清代农村，异姓人是极端受歧视的。一般情况下，被“出族”的族人携其妻子儿女，流落异乡，投靠他族，从事守坟、看祠、剃头、修脚等所谓“贱役”。

封建的国家法律为强化对人民的控制，对于某些重大犯罪，实行连带

① 同治年间，冈州陈氏族人陈如彬被处革胙之罪，多次要求复胙，皆未同意。不得已，陈如彬投诉县衙。该县回批：“革胙、复胙，系由合族公议，非陈兆半一人所能自专。现在该生丁胙日久未复，可见事非无因……”（《冈州公牍》，《陈如彬批》）

性处罚制度。唐明清律皆规定：谋反、谋叛、谋大逆等罪，犯者本人及其家庭其他成员一并受罚。宗族法也吸收这种制度。新市李氏宗族严格禁止族人充任皂快门隶、娼优吹手等各种贱役，违者“除公处本人父兄外，咎归各房长、户首”[①]。宗族成员按户、房合居，朝夕相处，关系较为密切。宗族法要求全体族人互相监视，对于某些宗族监督机构不易察觉的触犯族法行为，犯者之左右亲邻负有向宗族举告的责任。知而不举，与犯者同时受罚。在连带性处罚的另一面，宗族还实行以后世之功补先世之过的制度。据宗法观念，五服之内，同出一祖，所有成员在精神、财产及血统上都具有紧密的一体关系。而直系亲属中的父祖与子孙更是在人格与道义上高度一体化。从这种观念出发，宗族法允许子孙以自己的贤良品性和丰硕功绩为由于触犯族法而受“不许入祠”处罚的直系父祖赎罪补过，撤案销罚。古冈宋氏《祠款》允许“推恩”，“犯黜者，革出，不入于族，不登于谱。若其子孙贤良，为祖宗光，以二世、三世为率，明究其世系，许宗族推恩，收复谱图”[②]。

宗法社会，重男轻女。妇女不具备独立的人格，必须依附于男子。宗族内部，妇女由生至死始终处于家长权监护之下，在某些社会关系中，既不独立地享受权利，也不独立地承担义务。宗族法的处罚，一般不直接及于妇女本身。山阴徐氏宗族对“妇人得罪尊长者，罚其夫男”[③]。江都孙氏宗族严禁妇女烧香、看戏，“犯者罚其夫，寡妇则罚其子，如夫男俱无罚其房长”[④]。

宗族法对族人施行处罚，具有自身独立性，一般情况下不受外界干扰。即使族人之行为因违反国家法律已受到国法的处罚，如果其行为同时也触

---

① 湖南新市《李氏宗谱》卷 2，《宗规》。

② 广东古冈《宋氏族谱》卷 2，《祠款》。

③ 浙江山阴《安昌徐氏宗谱》卷 2，《家法》。

④ 江苏江都《孙氏宗谱》卷 1，《祠规》。

犯宗族法，宗族机构不会由于其已受国罚而免予族罚。各地宗族都规定，本宗子弟外出为官，若因贪赃枉法、徇情失职而玷辱祖宗者，将受到“出族”或者“不许入祠”的处罚。昆陵费氏宗族对于“赌博打降、犯官究处者，再责四十板”[①]。

① 江苏昆陵《费氏重修宗谱》卷1，《宗规》。

第十三章　顺治、康熙时期的涉外法律

第一节　调整中朝关系的法律

清朝离朝鲜最近，而且，朝鲜又是明朝的一个藩属国，因而，双方不但最早发生关系，并且也是最早由纠葛转至友好的。

在努尔哈赤、皇太极时期，后金与清和朝鲜的交涉，主要是追索逃人、要求“互市”和称臣纳贡等问题。早在明万历三十七年（1609 年），努尔哈赤即已通过明朝，要求朝鲜“归我千余户”“瓦尔喀部众”[①]；天聪七年（1633 年），皇太极遣使致书朝鲜国王、再索瓦尔喀部逃人，朝鲜国王则复函称“其凡民之入于我境者，俱已一一送还”[②]，但实际上并未全部送还，也没有申禁逃人[③]。为了弥补一些因明朝罢市而造成的某些物品的不足，皇太极曾于天聪二年（1628 年）、七年（1633 年）等多次请求与朝鲜恢复“互市”，朝鲜国王的态度亦均不甚积极。其主要原因，在于朝鲜是明朝的属国，而清朝当时既未推翻明朝、更未最后征服朝鲜。鉴于朝鲜屡次派兵支援明朝对后金和清作战，同时也为解决上述问题，并最

① 《清实录·太祖高皇帝实录》卷 3，己酉年二月癸丑，第 51 页。

② 《清实录·太宗文皇帝实录》卷 16，天聪七年十月乙酉，第 215 页。

③ 参见《清实录·太宗文皇帝实录》卷 32，崇德元年十二月乙未，第 412—413 页。清军此次在朝鲜，即遇百余户瓦尔喀人“来归”。

终解除进攻明朝的后顾之忧，后金和清朝的统治者曾多次对朝鲜进行武力征服。天聪元年（1627 年）、崇德元年年底（1637 年年初），清军先后两次攻入朝鲜国都，终于逼迫朝鲜国王去明年号而奉清正朔，称臣纳贡。质国王李倧之二子（溰、淏），在义州、会产、应源三处“互市”，并规定：年贡一次，如有调兵必须扈从，不得擅筑城垣、不得擅收逃人、不得复与逃人贸易，还敕谕朝鲜国王将“所有瓦尔喀俱当刷还”[①]。这些敕谕，实际上已将朝鲜变成了清朝的藩属国。从此以后，两国的关系，实际上已是宗主国与附属国的关系了。崇德四年（1639 年），清军征库尔喀部落，皇太极谕“军行往返，俱不可经朝鲜之地致有侵扰”[②]；次年，朝鲜应命派兵平库尔喀叛乱，并“擒叛首加哈禅、额益都里至”[③]；同年，又遣朝鲜国王质子李淏“归省其父李倧疾”，并敕谕朝鲜刷送瓦尔喀人户和所有逃亡者[④]，以及将朝鲜之民 6 人“命户部移咨给还”[⑤]等，都说明了两国关系开始正常化。

顺治时期，两国的关系得到了进一步的发展。顺治元年（1644 年），清朝宣布：瓦尔喀人民在朝鲜境内未经察解者，“永行停止”察解[⑥]；并遣李溰归国，敕减岁贡，宣布嗣后将元旦、冬至、万寿节的庆贺贡物附于朝正时贡。二年（1645 年），又遣李淏归国。三年（1646 年），免其贡米。如此等等，都说明清朝对朝鲜的态度已经缓和，而朝鲜对于清朝的谕令也已奉行唯谨：顺治十一年（1654 年），朝鲜遵谕于三月派咸境道兵马虞侯边岌率乌铳手 100 名、小通司 2 名、军官旗手火丁 48 名，开赴宁古塔“会

① 《清实录·太宗文皇帝实录》卷 33，崇德二年正月戊辰，第 431 页；《清史稿》卷 526，《属国列传一·朝鲜》。

② 《清实录·太宗文皇帝实录》卷 48，崇德四年八月甲午，第 637 页。

③ 《清实录·太宗文皇帝实录》卷 49，崇德四年十月己丑，第 651 页。

④ 《清实录·太宗文皇帝实录》卷 50，崇德五年正月甲子，第 663 页。

⑤ 《清实录·太宗文皇帝实录》卷 52，崇德五年六月丁卯，第 690 页。

⑥ 《清实录·世祖章皇帝实录》卷 4，顺治元年四月戊辰，第 52—53 页。

师清国兵，征伐罗禅"[①]；顺治十五年（1658年）三月，朝鲜又应命派北道虞侯申浏率哨官2名、乌铳手200名、标下鼓手火丁60名，带三月粮开赴宁古塔[②]，再次共同抗击俄国侵略者。

康熙时期，继续推行了中朝关系正常化的一系列法律。撮其要点，有下列三个方面：第一是减轻朝鲜的进贡负担。三十二年（1693年），宣布停贡黄金、木棉；五十年（1711年），又宣布减免贡物内的白金1000两、红豹皮142张，并修筑朝鲜使节沿途馆舍；五十七年（1718年），朝鲜国王李焞谢赐空青恩，附贡方物，玄烨命作下次正贡，至此，凡朝鲜奏谢附贡方物均留作正贡，迄于光绪朝亦未改变。第二是屡谕禁止边民、渔民侵扰朝鲜。为防止渔采船并贸易人等侵扰朝鲜，康熙四十年（1701年），玄烨谕令查验船票、人数、姓名、籍贯，开明报部，倘有侵扰，转行原籍地方官从重治罪，又严饬沿海地方官，严禁贩卖违反朝鲜禁令的货物；五十年朝廷又复准朝鲜的请求，令盛宗将军、奉天府尹，严饬沿海居民，不许往朝鲜近海渔采，"别地渔采人到朝鲜，并皆捕送"[③]；同年，令查中朝边界；五十四年（1715年），又决定将土门江沿的安都立、他木努的房屋悉行拆毁，规定"嗣后沿边近处，不得盖屋种地，军民违者重罪之"[④]。第三是抚恤朝鲜海上遇难船只、从轻发落越界的朝鲜罪犯。三十九年（1700年）、四十九年（1710年），朝鲜船只漂入琉球，漂至海州，不仅获救，而且船员均被护送回国；二十五年（1686年），朝鲜民韩得完等28人越界偷刨人参，枪伤中国官役，清朝只斩其为首者6人，余皆免死而减等发落。朝鲜

① （朝鲜）郑昌顺编：《同文汇考》原编卷76"军务鸟铳手越江前进咨"，参见（朝鲜）金庆门撰：《通文馆志》卷9"纪年"，孝宗五年甲午及《承政院日记》顺治十一年甲午二月二日癸亥。

② 《同文汇考》原编卷76"军务鸟铳手越江前进咨"，参见《通文馆志》卷9"纪年"，孝宗九年戊戌。

③ 《清史稿》卷526，《属国列传一·朝鲜》，第14585页。

④ 《清史稿》卷526，《属国列传一·朝鲜》，第14586页。

国王李焞闻知，“奉表谢罪”，并附贡方物，玄烨不仅以此贡物充作年贡，而且谕令“嗣后谢罪贡物著停止”[①]。

第二节　调整中俄关系的法律与《尼布楚条约》

清朝与俄国的关系也发生得较早。皇太极改国号为“大清”、改纪元为“崇德”的当年（崇德元年，1636 年），俄国人莫斯克维金、戈布洛夫就分别从通古斯人和布里亚特人的口中得知了黑龙江；崇德三年（1638 年）和崇德六年（1641 年），俄国地方当局即派人闯入了兀的卫并寻找黑龙江。崇德八年（1643 年），俄国雅库茨克督军派遣了以波雅科夫为首的武装队伍，闯入黑龙江北岸的达斡尔村屯，然后又窜扰了黑龙江中、下游沿岸，直至顺治三年（1646 年）才回到雅库茨克。顺治七年至九年（1650—1652 年）和顺治十年（1653 年）以后，俄国政府又相继派出了以哈巴罗夫和斯捷潘诺夫为首的武装队伍，对黑龙江的上、中、下游沿岸和松花江沿岸进行了大肆骚扰。而且，在斯捷潘诺夫大规模骚扰黑龙江的同时，俄国政府又派人在顺治十三年（1656 年）强占了中国的尼布楚地区，怂恿与支持罪犯切尔戈夫斯基构筑了雅克萨贼堡。在斯捷潘诺夫被中朝军队击败而葬身鱼腹之后，盘踞尼布楚和雅克萨的俄国军队，不仅派人窜扰黑龙江中、下游，[②]还窜扰到呼伦贝尔草原策动了达斡尔头目根特木尔背叛清朝，逃入俄国占领下的尼布楚；康熙二十二年（1683 年），还烧死了索伦、达斡尔、鄂伦春的打貂人额提儿克等 20 人[③]。俄国这种肆意践踏与掠夺中

① 《清史稿》卷 526,《属国列传一·朝鲜》，第 14584 页。

② 《俄国历史文献补编》卷 12，第八件，第 97 页，并见《哈萨克在黑龙江上》，第 53 页。

③ 此据《清实录·圣祖仁皇帝实录（二）》卷 112，康熙二十二年九月丁丑，第 147 页。《俄国历史文献补编》卷 15，第 239 页，则云在 1682 年“冬天”，“额提儿克”为“奥季尔基”。

国领土、疯狂屠杀与抢劫中国人民的行为，自然引起中国人民和清朝政府的强烈反抗。因此，除了达斡尔、索伦、费雅喀等民族头人领导的各族人民的武装反抗之外，清朝政府也先后于崇德四年（1639 年）[①]和顺治九年（1652 年）、十年、十一年、十四年、十五年、十六年以及康熙三年（1664 年）派出官兵，在乌扎拉、松花江、呼玛尔、尚坚乌黑、松花江口、古法坛和黑喇乌苏进行了反击，捍卫了中国的领土主权，保卫了中国人民。顺治十一年（1654 年）、十五年（1658 年）的松花江之战和松花江口之战，还有朝鲜军队参加。清朝政府之所以诉诸武力，原因在于俄国“无端犯我索伦边疆，扰害虞人，肆行抢掠，屡匿根特木儿等逃人”，又“屡行晓谕”却“执迷不悟”，“藐不畏法”；而清朝政府在中俄关系上的原则，则是要求俄国“将根特木儿等逃人送来，急回本地”[②]以及“收回雅克萨、尼布潮、罗刹”，“分立疆界”[③]。

为了贯彻这样的原则，清朝政府除了使用武力之外，还力图通过外交途径和平解决争端。顺治十一年（1654 年）至康熙十五年（1676 年），清朝政府先后接待和邀请了俄方使者巴依科夫、米洛瓦诺夫、米列斯库（尼果赉）等人，并通过他们致书沙皇；康熙二十二年（1683 年），清朝又“遣招降罗刹内宜番、米海罗莫罗对执书晓谕”雅克萨、尼布楚的俄国侵略头目[④]；康熙二十五年（1686 年），玄烨还谕议政王大臣等“以屡谕情节，备悉作书，用兵部印，付荷兰使臣转发鄂罗斯察汉汗处”[⑤]以求维持与恢复中国边境地区的和平。这一系列的和平要求与努力均归失败，清朝政府被迫于康熙二十四年（1685 年）进行了第一次雅克萨之战。而且，在清军逼临

① 《清史稿》卷 153，《邦交志一 · 俄罗斯》，第 4482 页。
② 《清实录 · 圣祖仁皇帝实录（二）》卷 112，康熙二十二年九月丁丑，第 147 页。
③ 《清实录 · 圣祖仁皇帝实录（二）》卷 127，康熙二十四年七月己酉，第 355 页。
④ 《清实录 · 圣祖仁皇帝实录（二）》卷 112，康熙二十二年九月丁丑，第 148 页。
⑤ 《清实录 · 圣祖仁皇帝实录（二）》卷 127，康熙二十四年七月己酉，第 355 页。

雅克萨之前，玄烨仍谕令彭春等人“再以朕谕旨，遣人宣布罗刹”[①]，托尔布津率部乞降后，清廷亦允其安然撤走。当尼布楚俄军头目随即命令托尔布津率部重占雅克萨之后，清廷才下令于康熙二十五年（1686 年）重新围攻雅克萨，而当俄国被迫同意谈判时，清军又立即奉命“还至黑龙江、墨尔根”[②]。

在与俄国进行谈判之前，玄烨对中国方面的首席代表索额图等人，谕示了谈判的原则：第一，尼布楚、雅克萨、黑龙江上下及通此江之一河一溪，皆为我所属之地，因此，“不可少弃之于鄂罗斯”；第二，我之逃人根特木尔等三佐领以及续逃之人，“悉应向彼索还”。如果俄国同意这两个原则，就可以归还其逃人、俘虏和被招降者，与之划定疆界，答应其通使贸易的要求，“否则，尔等即还，不便更与彼议和矣”[③]。后又谕示，“彼使者若恳求尼布潮，可即以额尔古纳为界”[④]。这种为了改善两国关系的让步，实际上是中俄双方谈判成功并最后签订尼布楚条约的基础，也表明了清朝政府谋求两国关系的改善的诚意。

康熙二十八年（1689 年）八月二十二日至九月初七，中俄双方经过反复的谈判，终于签订了《尼布楚条约》。这个条约用满文、汉文、蒙古文、俄文和拉丁文等五种文字，准确载明：

一、将由此流入黑龙江之绰尔纳，即乌伦穆河，相近格尔必齐河为界，循此河上流不毛之地，有石大兴安，以至于海，凡山南一带，流入黑龙江之溪河，尽属中国，山北一带之溪河，尽属鄂罗斯。

二、将流入黑龙江之额尔古纳河为界，河之南岸属于中国，河之北岸

① 《清实录·圣祖仁皇帝实录（二）》卷 119，康熙二十四年正月癸未，第 247 页。
② 《清实录·圣祖仁皇帝实录（二）》卷 130，康熙二十六年七月戊子，第 403 页。
③ 《清实录·圣祖仁皇帝实录（二）》卷 135，康熙二十七年五月癸酉，第 466 页。
④ 《清实录·圣祖仁皇帝实录（二）》卷 135，康熙二十八年四月壬辰，第 543 页。

属于鄂罗斯；其南岸之眉勒尔客河口，所有鄂罗斯房舍，迁移此岸。

三、将雅克萨地方鄂罗斯所修之城，尽行除毁；雅克萨所居鄂罗斯人民及诸物，尽行撤往察汉汗之地。

四、凡猎户人等，断不许越界。如有一、二小人擅自越界捕猎偷盗者，即行擒拿，送各该管地方官，照所犯轻重惩处；或十人、或十五人相聚持械捕猎、杀人抢掠者，必奏闻、即行正法，不以小故沮坏大事，仍与中国和好，毋起争端。

五、从前一切旧事不议外，中国所有鄂罗斯之人，鄂罗斯所有中国之人，仍留不必遣还。

六、今既永相和好，以后一切行旅，有准令往来文票者，许其贸易不禁。

七、和好会盟之后，有逃亡者，不许收留，即行送还。①

《尼布楚条约》不仅用法律的形式确定了中俄两国东段的边界，维持了这一地区百余年的和平②，而且促进了两国之间的经济交流和文化交流。条约签订后，俄国“贸易之使每岁、间岁一至，未尝稍违节制”③，俄国还被允许派人到中国学习佛教经典和满、汉语言文字。

第三节　调整中英、中法、中荷等关系的法律

顺治、康熙时期，首先与清朝发生关系的西方国家，主要是法国、

① 《清实录·圣祖仁皇帝实录（二）》卷143，康熙二十八年十二月丙子，第578—579页。

② 1775年、1720年，俄国曾侵入我西北额尔齐斯河中、上游和斋条湖，并曾构筑寨堡，均被我准噶尔部击败而拆除；雍正、乾隆年间，俄国在我新疆地区亦有破坏和平的行为。

③ 《清史稿》卷153，《邦交志一·俄罗斯》，第4483页。

荷兰、意大利和英国；清朝政府对于这些西方国家的政策，也主要是同意他们在指定地点“互市”或入京“朝贡”。如法国在顺治四年（1647 年）来广东“互市”，广东总督佟养甲疏请“仍禁深入省会”[①]；荷兰侵占台湾之后，才于顺治十年（1653 年）向清朝政府提出在广东贸易的请求，顺治十三年（1656 年）又遣使赍表请“朝贡”，朝臣议准五年一贡，福临诏准八年一贡，康熙二年（1663 年）则准其由广东“入贡”，康熙二十二年（1683 年）又因其“助剿”郑氏有功，“首开海禁通市”[②]；意大利于康熙九年（1670 年）遣使“入贡”，其使居京达九年，玄烨待之以礼，临回国还曾赐宴；英国于康熙三十七年（1698 年）置定海关时始来“互市”，朝廷对之亦无限制。

然而，顺治末年至康熙二十二年（1683 年），清朝政府发布的迁海令和禁海令，对于中国与西方以及东方各国的贸易往来，不能不说是不利的。

顺治、康熙时期，清朝与西方各国关系中最主要的问题之一，是朝廷关于对待天主教和西方传教士的法律问题。

顺治时期，朝廷不仅允许德国的汤若望、比利时的南怀仁、葡萄牙的安文思以及汤若望的助手意大利人利类思等西方传教士供职于钦天监，而且，顺治二年（1645 年）采用并颁行了汤若望等人编制的《时宪历》，废止了回回历、回回科，而当秋官正吴明烜诬告汤若望等人旨在谋反时，竟被判罪为绞监候。朝廷还允许汤若望等人在中国传习天主教，福临尊称汤若望为“麻法”（满语“可敬之父”）、赐地建立教堂，并晋其官爵[③]。

玄烨即位之初，辅政大臣鳌拜等人虽曾废止了《时宪历》而恢复了大统历与回回历，并将汤若望等人判刑收监，下令驱逐西方传教士，但是，在经过比较而认定西法精确之后，玄烨却又重用南怀仁、徐日升（葡萄牙

---

① 《清史稿》卷 155，《邦交志三・法兰西》，第 4561 页。

② 《清史稿》卷 159，《邦交志七・和兰》，第 4651 页。

③ 徐宗泽：《明清间耶稣会士译著提要》卷 9，上海书店出版社 2006 年版，第 287 页。

人）等人，命其供职钦天监，还于十五年（1676 年）下令：所有钦天监官员，必须学习新法，“习熟之人方准升用，未习熟者不准升用”[①]。

康熙时期，被重用的西方传教士还有法国的白晋、张诚、安多和意大利的闵明我等，康熙三十七年（1698 年），玄烨命白晋专程去见法国国王路易十四，要求征募具有“技艺”即科学知识和才能的传教士来中国效力；康熙五十六年（1717 年），又命意大利教士德理格赍书罗马教皇，“特求教化王选极有学问天文、律吕、算法、画工、内科、外科几人来中国效力”[②]。所有在中国的传教士，均被用为宫中数学、天文、地理教师或医生，战时设计与制造大炮的工程师、中俄交涉中的外交官以及被“分赴蒙古各部、中国各省”“用西学量法绘画地图”，并由部派干员“随门照料”、地方各级官员“供应一切需要”[③]。玄烨制定和实行上述法令的基本点，是尊重西方的科学知识。

然而，康熙时期朝廷对于天主教的态度，却与顺治时期有所不同。玄烨虽然不反对在中国的西方人信奉天主教，却于康熙八年（1669 年）下令禁止中国人信奉天主教；廉熙三十一年（1792 年）才取消了这一禁令[④]。是年，浙江巡抚张鹏翮奏请禁止天主教，玄烨谕云，“现在西洋人治理历法，前用法之际制造军器效力勤劳，近随征俄罗斯亦有劳绩，并无恶乱之处”，因此，“各处天主堂，俱照旧存留；凡进香供奉之人，仍许照旧行走，不必禁止”[⑤]。显然，康熙帝关于天主教的立法，首先是从西方传教士对朝廷的贡献考虑的。也正是根据这一谕令的精神，康熙四十二年（1703 年），北京西什库教堂才得以建成。但是，康熙帝对于天主教的立法，还有另一个

① 《钦定皇朝文献通考（七）》卷 256，载《钦定四库全书》第 638 册，第 6 页。

② 《康熙与罗马使节关系文书影印本（六）》。

③ （清）黄伯禄辑：《正教奉褒》，第 128 页。此中“地图”，即康熙五十六年绘成的《皇舆全览图》。

④ 《明清间耶稣会士译著提要》卷 9。

⑤ 《正教奉褒》，第 115 页。

重要原则，那就是不许教会干涉中国内政、不许违犯中国固有的习俗。当康熙四十三年（1704 年）罗马教廷稽查异端部认为中国的信奉者祭祖、祭天、祭孔即为异端，应予禁祭，并于康熙四十六年（1707 年）、五十九年（1720 年）两次派遣使节来华干涉时，都曾遭到了朝廷的严厉拒绝。其使铎罗被逐至澳门。朝廷决定：给传习天主教“定一规矩”，以免“后来惹出是非”[①]。这一规矩是：第一，合乎利玛窦原则，即“平安无事，未犯中国法度”[②]；第二，教士须持有内务府颁发的执照；第三，教士在中国传教，须定居于中国，“永不西归”[③]。康熙五十六年（1717 年）、五十七年（1718 年），广东碣石镇总兵官陈昂、两广总督杨琳先后疏请禁习天主教后，玄烨均表示同意[④]；而康熙五十九年（1720 年）教士德里格“妄行陈奏”，玄烨不仅下令治之以罪，而且还下令重申：各国教士“如仍以前次各出己见、乱寄书信者，即系乱法之人”；各国教士“除会技艺人留用”，“年老有病不能回去之人仍准存留外”，“其余众西洋人，务必逐回，断不姑留”[⑤]。天主教的传习，至此就被正式禁止了。不过，即使如此，西方的科学技术却仍不在清朝的法禁之列，“年老有病不能回去之人”也受到了清朝法律的保护而不在被驱逐之列。

第四节 调整中日、中暹、中越等关系的法律

清朝与日本往来的想法很早就已经有了。早在崇德二年（1637 年）正月，皇太极在敕谕朝鲜国王李倧时即说过：“日本贸易，听尔如旧。当导其

① 《康熙与罗马使节关系文书影印本（二）》。
② 《康熙与罗马使节关系文书影印本（二）》。
③ 《康熙与罗马使节关系文书影印本（二）》。
④ 《钦定皇朝文献通考（七）》卷 298，载《钦定四库全书》第 638 册，第 709 页。
⑤ 《康熙与罗马使节关系文书影印本（十）》与《康熙与罗马使节关系文书影印本（十三）》。

使来朝，朕亦将遣使与彼往来也。”[①] 然而，由于日本的锁国政策限制着日本商人的来华，又由于清朝自入关后忙于统一并未曾下令迁海和禁海，因而，中日两国的政治、经济往来，直至康熙十二年（1673年）才算正式开始。是年，平南王尚可喜致书日本长崎奉行，请通商之后，福建、广东的商人才较多赴日，居长崎贸易，但货运每年只限额于8000贯。康熙二十四年（1685年）至五十三年（1714年），中国的商船赴日本贸易达到高峰，每年不下70艘。但是，康熙末年至雍正、乾隆时期，中国抵日商船数量锐减。其原因在于：德川幕府禁止日商来华、禁止金银外流、限制中日贸易银额，其贸易法又无一定（凭丝执照收买法、相对商买法、商人投标法或市法商卖均不固定），进口税亦名目较多（如常例置银、船别置银等），中国商人不能自由处置货物，货价亦由日本方面操纵，致使中国赴日商人锐减。总之，顺治、康熙时期，清朝与日本的关系不甚密切，既没有政事往来，也没有订立某种法律保护中国商人在日本的贸易[②]。

琉球本是明朝的藩属，因此，顺治三年（1646年）其使请封之时，朝廷即以明印未缴而未允；十一年（1654年），琉球再次入贡，缴出明朝敕印，朝廷才决定：封其为“琉球国中山王”[③]，定其每二年一贡，贡使正、副二人，人员不得超过150人（康熙二十五年定为不得超过200人），入京人数除正、副使外只许从人15名。康熙二十年（1681年），免其贡马，著为例；次年，准其王派子弟入学国子监；二十五年（1686年），免其货物征税。

对于暹罗，清朝的立法亦颇为得宜。自顺治九年（1652年）暹罗入贡以后，清廷即给以印敕；康熙三年（1664年）朝廷又禁止边境督抚收受暹罗馈遗，后又进一步定例：暹罗三年一贡，贡船三艘，每艘不逾百人（入

① 《清实录·太宗文皇帝实录》卷33，崇德二年正月戊辰，第431页。

② 《清史稿》卷158，《邦交志六·日本》，第4617—4644页。

③ 是年因“海路未通”，康熙元年封使方抵其地，正式封其为“琉球国王”，且此后“凡王嗣位，先请朝命”。见《清史稿·属国志一》及《钦定皇朝文献通考·四裔三》。

京的贡役 20 名为限),“永以为例”[①];康熙二十三年(1684 年),还取消了其货物至广东先入库存,俟礼部文到后方许贸易的成例,规定一边呈报朝廷一边即可贸易,不必候至批文到达,以免货物霉烂;康熙四十七年(1708 年),又宣布暹罗货入,免税;康熙六十一年(1722 年),进一步宣布:其米,可在福建、宁波、广东三处销售,30 万石以内免税。

安南原是明朝的属国,清因之。顺治十七年(1660 年),其国王黎维祺奉表贡方物;次年,朝廷派通事序班一员送至广西,并敕曰,“尔受此宠命,其益励忠节,永作屏翰,恪守职责”,同时根据广西巡抚于时跃之请,决定颁赐其“安南国王”敕印。康熙五年(1666 年),其子黎维禧缴出明桂王颁敕给他的敕印,清廷于是册封黎维禧为安南国王。以后,其嗣者均由清朝册封。例如,康熙二十二年(1683 年)册封黎维正为国王,五十八年(1719 年)册封黎维裪为国王。其一,是册封其国王,是清朝对安南的法律内容之一。其二,是调解其国内的纷争:顺治初,清朝曾封莫元清为安南都统使,黎维禧继位后,逐莫元清至中国的广西南宁,玄烨曾令黎维禧还莫元清地、罢兵,使莫元清归国;莫元清归国后,请清廷令黎维禧归还所夺地,清廷未许,意在调解其矛盾。其三,是不收叛逃:康熙十年(1671 年),阮福禄叛后逃至中国,玄烨即命将其遣回安南处置。[②]其四,是增赐表里、减其贡赋:康熙二十一年(1682 年),安南进贡金银器皿少缺,玄烨谕“不必深求,其余贡物亦宜酌减”[③];二十五年(1686 年),朝廷还决定破除原赐表里二十的陈例,而定例赐其五十。其五,是禁其非分要求,坚持中国领土的管辖之权:康熙朝,黎维正奏牛羊等三处土地原归安南所有,后被云南土司“侵占”,玄烨当即命云南官员查核,证明其本属开化府辖地,乃断然加以拒绝,并传旨申饬之。清初对于安南的政策、法

① 《清史稿》卷 528,《属国志三 · 暹罗》,第 14690 页。
② 《钦定皇朝文献通考(七)》卷 296,载《钦定四库全书》第 638 册,第 669 页。
③ 《钦定皇朝文献通考(七)》卷 296,载《钦定四库全书》第 638 册,第 670 页。

律，不仅保证了安南国内的安定，也保证了中国与安南两国的和平。

清初，海外贸易之所以隆盛一时，是因为康熙帝统一台湾以后立法较为宽松。玄烨不但撤销了迁海令，允许500石以下的商船出海，批评那些认为“海外贸易不行”的总督、巡抚是“自图射利”[①]，而且，康熙二十四年（1685年）开设粤海（澳门）、闽海（漳州）、浙海（宁波）、江海（云台山）四个“榷关”，作为外国商人在华贸易的口岸；康熙二十三年（1684年），广东已有十三行经营出口货，二十五年（1686年）又设洋货行、金丝行于广东，专门经营洋货的进口。对于私人出海贸易，康熙中期限制亦不多，致使奉天、天津出海贸易者日趋增多，天津的郑尔端、蒋应科等还是声蜚海内外的大商人，而福建的额课，已“半藉梁头杂税，半赖发洋货船”[②]。但是，由于清初的对外贸易的法律原则，一是坚持传统的“朝贡”制度，二是以“外衅不作”“培养元气”作为“根本要务”[③]，因而限制仍很多，如只准内商赴日本、暹罗等国家，不许去西洋各国贸易；康熙五十六年（1717年）甚至规定不许内商去南洋、吕宋、噶罗巴等处贸易，并规定：嗣后洋船初造时，须先关官验印、取甘结，将船尺丈、役员姓名、货物名色填单在案；还规定，“如将船卖给外国者，造船与卖船人立斩”，其人逗留外国，咨解回国立斩，知情同去者亦枷号三个月，私卖粮米者及失察官并罪。玄烨的这类谕令，缩小了其在位中期海外贸易的势头，限制了清朝经济的外向发展。

① 《清实录·圣祖仁皇帝实录（二）》卷116，第205页。

② 中国第一历史档案馆藏:《康熙题本·杂课类》第一函第二件。

③ 《清实录·圣祖仁皇帝实录（二）》卷160，康熙三十二年十月丁酉，第761页。

第十四章　顺治、康熙时期的司法制度

第一节　司法机关体系的建立

“清承明制”，清代司法机关是仿照明代“三法司”建立的。明代的“三法司”指刑部、都察院、大理寺，这三个机关在皇帝的直接掌握下，分掌司法审判事务。一般来说，刑部主要负责审判，都察院掌监察，大理寺掌复核。三法司以刑部为主，既分工，又合作，重大案件共同会审。当然，三法司都是统一的中央集权制国家机关的组成部分，除三法司外，内阁、九卿、詹事、科道，以及宗人府、内务府等机关也都参与一定的司法审判事务。所以，三法司并不是“司法独立”的机关，只不过是在封建君主独裁的政治体制中，主管司法审判而已。

顺治元年（1644 年）五月初二日清军“定鼎”北京。清由一个偏居一隅的地方性政权，转变为全国性政权。摄政王多尔衮当即发布令旨，命令亡明“各衙门官员，俱照旧录用，可速将职名开报”[①]。清朝新政权全部接收了明朝的降官和国家机器，包括三法司在内。同时命令地方有司受理民刑狱讼案件。

清朝不但三法司机关承袭明朝，司法审判制度也沿用明制。摄政王多尔衮和顺治帝在诏令谕旨中一再申明这一原则。早在当年六月，多尔衮答

---

① 《清实录·世祖章皇帝实录》卷 5，顺治元年五月庚寅，第 57 页。

复明降臣的启奏时就明确“自后问刑，准依明律”，[①] 即按照明律来审理案件。七月又宣布对“五月初二日昧爽以前”的大小罪行，“悉行宥免”，以后的民刑案件，仍按照明朝的制度，由地方道府州县逐级审理，“听断归结”。[②] 八月又确定了制定《大清律》的方针是“详绎明律，参酌时宜，集议允当，以便裁定成书”。[③] 十月顺治帝的即位诏中又再次宣布“赦免以前的犯罪”。[④]

清初统治者采用沿袭旧制的方针，确定自己的司法制度，是为了保持政权的稳定和“法统”的连续性，具有重要的意义。

第二节　皇帝的最高司法审判权

皇帝作为国家的最高统治者，全面掌握一切权力，司法审判权是最重要的权力之一。历代皇帝都极力亲自掌握司法审判权，秦始皇就曾经“昼断狱，夜理书”。清朝皇帝更是将专制集权制度推向了登峰造极的地步，“从来生杀予夺之权操之自上”，[⑤] 威柄绝不下移。

一、批复裁决死刑案件

清朝普通的死刑案件习称为“寻常命盗案件”，各省审理后，须由督抚题奏朝廷，经皇帝批复裁决后，才发生法律效力。

各省奏报朝廷的命盗案件题本，即“结案报告”，报至通政司。通政

---

① 《清实录 · 世祖章皇帝实录》卷 5，顺治元年六月甲戌，第 63 页。
② 《清实录 · 世祖章皇帝实录》卷 6，顺治元年七月辛丑，第 68 页。
③ 《清实录 · 世祖章皇帝实录》卷 7，顺治元年八月丙辰，第 75 页。
④ 《清实录 · 世祖章皇帝实录》卷 9，顺治元年十月辛酉，第 94 页。
⑤ 乾隆语，见光绪朝《钦定大清会典事例》卷 847，《刑部 · 刑律断狱 · 有司决囚等第四》。

司再转致内阁，由内阁“票拟进呈”，[①] 即草签处理意见，进呈皇帝裁决。票拟通常是“依议”（同意）、“三法司核拟具奏”（交三法司核议后再奏报）、“该部知道”（发交有关的部照章办理）等字样。一般是一签，如内阁大学士有异议者，也有双签，甚至三签的。

票签连同题本一起，呈送皇帝。皇帝批阅题本时，同意或选择一个票签作为自己的批示，有时也对票拟作些改动，有时也将一些一时拿不定主意的留在宫中不发，待御门听政时与臣僚们斟酌。死刑案件一般均批三法司核拟具奏，三法司核拟后，再次题报皇帝，由皇帝作出最后裁决。

清朝的皇帝，如康熙、雍正、乾隆等都是勤政的，尽管各种各样政务的题本案积如山，皇帝都亲自裁决。据现存清代档案，每年有3000多件死刑案件，虽然皇帝不可能详览每个案件的报告，但这案件的题本必定要送达御前，由皇帝自己决定是否选用内阁的票拟。这一点与明朝大不相同，明朝虽然也实行内阁票拟制度，但明朝皇帝大都不处理本章事务，而由司礼监太监代皇帝批答。宦官由此擅权干政。清朝从未有此情况。所以，可以说，清朝皇帝牢牢地将死刑最终裁决权掌握在自己手中，换句话说，清朝只有皇帝才有杀人权。

值得说明的是，清朝的命盗死刑案件是“专案”具题，即每案专门单独奏报皇帝裁决，而不是集中汇报；每案的题本中包括案由、供词、证词、查赃、拟律（定罪量刑意见）等详细内容，而不是简单的提要。因此，死刑案件送达御前的题本往往篇帙浩繁，题本的件数也非常多。

二、掌握钦案大狱

钦案大狱是指皇帝亲自过问和审理的一些重大案件，历代的皇帝作为

① 《钦定皇朝文献通考（二）》卷80，载《钦定四库全书》第633册，第895页。不只是刑事案件，清朝的各种公务正式上报皇帝均用题本，均经票拟。奏报题本称作“具题”。

独裁者往往绕过法定的程序，不受法司的掣肘，自己随意生杀，如汉的诏狱，隋、明的廷杖。清朝的皇帝也以钦案大狱作为自己掌握最高审判权的一种重要手段。《大清律例》虽然规定了案件自下而上逐级审理的程序，但并没有禁止皇帝在任何一个环节从中干预。当然，“寻常命盗案件”一般称不上钦案大狱，皇帝也无兴趣过问，钦案大狱往往是“政治性”案件，反映了当时政治统治的深刻矛盾。

清初，顺治朝第一件钦案大狱当推多尔衮案。多尔衮是顺治帝的叔父，封睿亲王，顺治帝幼年继位，多尔衮摄政。清军入关，定鼎北京，统一大江南北，都是在多尔衮亲自指挥下进行的，多尔衮是清朝开国元勋，清初实际上的最高统治者。清初一切军政命令都是以摄政王“令旨”形式发布的，多尔衮“代天摄政”，“赏罚等于朝廷”。

顺治元年（1644 年）多尔衮即晋封为“皇叔父摄政王”，五年（1648 年）又尊为“皇父摄政王”，他“大权在握，关内外咸知有睿王一人”。[①] 顺治七年（1650 年）十二月多尔衮逝世，顺治帝追尊多尔衮为“成宗义皇帝”，缅怀他“扶立朕躬，平定中原，至德丰功，千古无二”的丰功伟绩。[②]

但是，未几何时，顺治帝就拘禁了多尔衮的兄长英亲王阿济格和睿王亲信罗什、博尔惠、何洛会等人。不久又有人首告多尔衮“阴谋篡逆”，顺治下令追查，很快就追论出多尔衮的罪状。顺治诏告全国说“多尔衮逆谋果真，神人共愤”，罢撤了对他的追封和一切荣誉，处死了何洛会、刚林一大批多尔衮党徒。[③]

影响清初政局的这一大案，结束了多尔衮长达七八年的摄政，开始了顺治亲政的格局。这一案件，从始至终，都是顺治亲自处理的。兴此大狱，贬黜镇压多尔衮及其党羽，以宣泄少年天子顺治积蓄胸中多年的愤恨。

① 《清实录 · 世祖章皇帝实录》卷 88，顺治七年十二月癸丑，第 699 页。

② 《清史稿》卷 4,《世祖本纪一》，第 119 页。

③ 《清实录 · 世祖章皇帝实录》卷 53，第 423 页。

康熙朝也兴起过多次钦案大狱，如康熙亲政时铲除鳌拜集团的案件，因废立皇太子而引起的案件，“朱三太子”案，庄廷鑨《明史》案等文字狱。这些案件都是康熙亲自过问，关系当时政治形势的。

清初的钦案大狱都带有皇帝浓厚的个人色彩，如顺治亲政后，常常一发怒就将负罪的文武大臣“免冠带锁”发到城门上“枷示”。以至于有人上书说，使功贵大臣，“寒天冻夜，冷锁三重”，面对通衢大路，让百姓万目观睹，实在是“亵辱难堪，非所以广皇仁而存国体也”。①

三、监督司法事务

皇帝主要以汇题汇奏的形式，对全国的司法活动进行监督。

1. 死刑案件的年终汇题。虽然每一案件已“专案”具题，但年终各省仍须向皇帝汇题。由刑部办理，分省造册，即《黄册》，② 称为各省《题结命盗斩绞等案清册》。

2. 徒流军遣案件的年终汇题。清代刑罚，比死刑轻的是徒刑和流刑，以及流刑派生出来的充军与发遣。这些案件分别由省级和刑部批准，但年终要向皇帝汇题，以便皇帝监督。③

3. 京师案件的汇题。京师在辇毂之下，皇帝当然特别注意这里的治安状况。因此，京师的案件，包括笞杖类的“细事”也要定期汇题。康熙二十二年（1683 年），定“十日内所结事件，造册奏报”，④ 后来乾隆时改为按季汇题。而徒刑以上案件则每月汇奏一次。⑤

4. 其他司法事务的汇题。如斩绞监犯病故；京师五城赃罪款项；官犯

---

① 《清实录·世祖章皇帝实录》卷 71，顺治十年正月癸酉，第 561 页。

② 黄册，黄绫封面，故名。清代各种公务，年终均须造报黄册。

③ 《清会典》卷 57，《刑部》。

④ 《清实录·圣祖仁皇帝实录》卷 111，康熙二十二年八月丙辰，第 140 页。

⑤ 《清会典》卷 56，《刑部》。

军流以下罪名；各省命盗案已、未破获；各省盗案赃款收缴多少；发遣罪犯有无逃脱及拿获；有无私设班房及刑具；破获窃案已否记功过等均应汇题，其中有的属于审判事务，更多的属于司法行政事务。此外，还有关于某些地方的特定事务也应向皇帝汇题，如回疆（新疆）“邪教异端生事”；新疆各城回民命案；四川匪徒强抢伤人；福建民人私渡台湾；等等。①

上述情况说明，凡是有关司法审判事务，可以说是事无巨细都要向皇帝报告。皇帝个人虽不可能亲自逐件审阅，但是，按照清朝制度，这些题本、黄册必须“恭呈御览”不误。因为，刑部及三法司不过是皇帝授权分管某一方面事务的机关，并不能单独以中央政府（朝廷）的名义行事，只有皇帝才能代表国家权力，接受各种政务报告，以朝廷的名义批准执行。所以，刑部关于司法审判事务的汇题汇奏是必不可少的一项法律程序，从而最终表明其合法性。尽管皇帝不可能，也不必要详览，然而这种“例行公事”却在制度上保证皇帝对一切司法事务的最高监督权。

四、行使赦免权

赦免是对罪犯的宽恕，免去或减轻其刑罚。赦免权通常是由国家元首掌握的。清代的赦免均由皇帝发布诏令，下达执行。清朝统治者认为赦免是“法外之仁”，执行刑法应“协中，毋枉毋弛”，只有遇到“庆覃大典，或逢水旱偏灾”，才实行赦免。②或者“岁辄屡下，或间岁而一下”③，没有明确的规定，只看实际的需要。一般来说，清朝的赦免实行得不滥不紧，可以充分起到“执法原情”而又不使“触法觝禁”者存“幸免”之心的作用。

皇帝每次发布赦免的“恩诏”并不是一切罪犯都适用，一般情况下，根

① 《清会典》卷57,《刑部》。

② 《清朝通志》卷80,《刑法略六》。

③ 《钦定皇朝文献通考（五）》卷210，载《钦定四库全书》第636册，第800页。

据《律例》规定，十恶、杀人、强盗、放火、犯赃等犯是所谓“常赦所不原”的，通常得到赦免的是误犯、受人连累坐罪、官吏“公罪”一类的情况。皇帝特令减免从轻的特赦，不在此限。可见清代皇帝运用手中的赦免权是很灵活的。

从以上所述的情况看到，皇帝全面地、切实地掌握着最高司法审判权。

清朝的皇帝，自顺治而下，康熙、雍正、乾隆、嘉庆、道光、咸丰，以至同治、光绪，都受过良好的教育，咸丰以上诸帝大多身体健康，又勤于政务。这些个人素质，使他们中出现了顺治这样英俊的少年天子，康、雍、乾这样雄才大略、博学多识、文治武功的皇帝。

因此，清朝多数皇帝都能稳固地行使自己的权力，牢牢地握有实权，切实控制着全国的司法审判活动。不仅亲自制造、处理了一些钦案大狱，还审批裁决了每一件死刑案件，其他的司法事务也都在监督掌握之中，可以说真正做到了“生杀予夺出自君上”。

顺治初年多尔衮摄政时期，康熙初年鳌拜等四大臣辅政时期，皇帝年幼都没有掌握权力，皇权与皇位分离。甚至发生了一些以皇帝的名义，但违其本意的案件。如多尔衮借故幽死顺治的同胞兄长肃亲王豪格，鳌拜逼迫康熙处死辅政大臣苏克萨哈等。

总的来说，清朝没有出现过历史上宦官、后妃（慈禧太后是唯一的例外）、外戚、权臣等擅政的危害，皇帝始终是乾纲独断的。

第三节　三法司的组织及职权

一、刑部

（一）刑部的职官和机构设置

刑部是皇帝掌握下的全国最高司法审判机关，号称“刑名总汇”。刑部的体制如下：

刑部尚书，刑部长官，习称“大司寇”。顺治初年设满、汉尚书。无定员。五年，定满、汉尚书各1人，初定满尚书一品，汉尚书二品，屡有变化，雍正后定满、汉尚书均为从一品。

刑部侍郎，刑部副长官。顺治元年设满，汉左右侍郎各1人。定制，侍郎为正二品。

尚书、侍郎同为部里的“堂官”，凡以部的名义上奏的公文均需全体堂官签署，共同负责部务。同时，每个堂官又有权单独向皇帝陈奏自己的意见。

清朝制度，常设亲王、大学士等亲贵重臣“管理部务”，称为管理部务大臣，其地位、权力在本部堂官之上。这项制度从皇太极时期以八旗贝勒分别“总理”各部事务的制度发展而来。但是，管理部务大臣的设置无定制，时设时停。顺治时期，长期管理刑部事务的是受到多尔衮排斥的另一位摄政王郑亲王济尔哈朗。在多尔衮死后，充分利用自己手中的权力穷治多尔衮一党的就是管理刑部事务的郑亲王济尔哈朗。

在管理部务大臣和本部堂官以下，设有“司官”，分为郎中、员外郎、主事三级。

郎中，顺治元年初设，24人，后屡有增减，定制为38人，正五品。郎中满、汉缺兼用，汉缺略多于满缺，并设宗室缺、蒙古缺各1人。郎中分管各司事务。

员外郎，顺治元年初设，34人，后定制为46人，从五品。员外郎各官缺比例与郎中相似。员外郎在各司属下，分管各种事务。

主事，顺治元年初设，34人，后定制为44人，正六品。主事各官缺比例与郎中相似。主事分别各司办理公务。

清代的刑部是中央国家机关中最大的一个，官吏法定编制为407人，其中尚包括书吏98人，实际上却大大超过了法定人数，各级司官都设有许多“编外”的人员，称为“额外主事”“候补员外郎”“学习主事”“帮稿郎中”等，书吏则更是超编。清代档案史料表明，清末光绪时期，刑部各级官员已达 653 人，书吏 444 人。①

刑部初设江南、浙江、福建、四川、湖广、陕西（兼管甘肃、新疆）、河南、江西、山东、山西、广东、广西、云南、贵州等 14 个清吏司。后增直隶（今河北）、奉天二清吏司，又分江南为江苏、安徽二司，共 17 个清吏司，在尚书、侍郎的领导下，分管相应各省的司法审判事务。② 同时，各司也兼管部内的各种司法行政事务和其他事务，如刑具、囚粮、拟稿及考核部内司员等。

刑部还设：

督捕司，初隶兵部，康熙三十八年（1699 年）改隶刑部，并分为前、后二司，后又并为二司，专掌追捕“逃人”。

秋审处，办理秋审事务。

律例馆，顺治二年初设，为独立机构，乾隆后并入刑部，专司修订《大清律例》。

提牢厅，管理刑部南、北两所监狱。

此外，还有减等处（办理赦免事务）、赎罪处（官员以银罚罪）、赃罪库（定期收缴赃款）、司务厅（收发文件）等十几个部门，各有分工，但职责也互有交错。

（二）刑部的职责

刑部主持全国最高级别的审判和管理全国性的司法行政事务，在这种意义上，可以称为“最高司法审判机关”。但是，刑部并非“独立审判”，它所审理的案件都要以不同形式奏准皇帝，死刑案件，刑部核拟后须报皇帝裁决；流、军、遣案件，刑部可以批结，但年终仍须汇题。《大清会典》

① 李鹏年等编著：《清代中央国家机关概述》，黑龙江人民出版社 1988 年版，第 388 页。

② 《清史稿》卷 114，《职官志一·刑部》，第 3290—3291 页。

规定：刑部“掌天下刑罚之政令，以赞上正万民。正律例轻重之适，听断出入之孚，决宥缓速之宜，赃罚追贷之数，各司（刑部各司）以达于部。尚书、侍郎率其属以定议，大事上之，小事则行，以肃邦纪”。[①] 具体来说，刑部职责可分为以下六个方面：

第一，核拟全国死刑案件。各省死刑案件，专案向皇帝具题，经内阁票拟，皇帝照例批“三法司核拟具奏”。据此，刑部领衔，会同都察院、大理寺核拟此案。名义上是三法司核拟，实际上是刑部办理。刑部在收到皇帝批转的题本之前，就已收到了省里直接报送的题本的副本“揭帖”。刑部有关司核拟该案的定罪量刑后，拟出“谳语”（判决词），呈尚书、侍郎批示。如无异议再分送都察院、大理寺参核。如均无异议，则由刑部办理正式题本，向皇帝具题。

第二，办理秋审、朝审事宜。清朝的死刑案，分为两类：立决（立即执行）、监候（缓期执行）。监候的死刑案件，留待第二年秋天再次复核审录，以决定生杀，这种程序称为秋审。刑部主持秋审事务，“九卿”等参加秋审会审大典。[②]

第三，审理京师地区的“现审案件”。京师地区徒罪以上案件，由刑部直接审理，称为现审案件。

第四，批结全国军流遣罪案件。各省的充军、发遣、流刑审理完毕后，行文咨呈刑部，由刑部批复。刑部批复后，即可执行。但是，年终须向皇帝汇题。

第五，主持修订律例。《大清律例》是清朝的基本法典，颁行后经常修订，所谓“五年一小修，十年一大修”，主要是修订其“例”的部分。主其事者，即刑部。具体办理的是律例馆，平日收集例案资料，编辑研究，

① 《清会典》卷 53，第 491 页。

② 九卿，清代习称六部尚书、左都御史、通政使、大理寺卿为“九卿”。参加秋审的还有詹事、科道及内阁、军机处等。

正式修律时则由刑部堂官主持。顺、康时期，律例馆独立于刑部之外，修律时特简王大臣为总裁。

第六，司法行政事务。刑部这方面的事务很繁杂，比如办理各种汇题、造册，实际上也就是一种司法统计；考核司法官员的功过，执法情况，以定其升降功过；管理狱政，掌点刑具，定其规格，查劾非法用刑；管理本部的书吏、禁卒、杂役；刊刻颁发经奏准皇帝通行的《律例》、案例、事例、章程；筹集秋审经费等。

二、都察院

（一）都察院的职官与机构设置

清于皇太极崇德元年（1636 年）设都察院于盛京。入关后，都察院的体制如下：

左都御史，都察院主官，号称“总宪”。顺治元年（1644 年）初设，无定员。五年（1648 年）定左都御史满、汉各 1 人。十年（1653 年）定左都御史为正二品。雍正八年（1730 年），升为从一品，与六部尚书平级。

左副都御史，都察院副主官，顺治元年始设，无定员。三年，定左副都御史满、汉各 2 人，正三品。

左佥都御史，都察院副主管，初设汉 1 人，乾隆十三年（1748 年）裁撤。

都察院内不设右都御史、右副都御史的专员，以其为各省总督、巡抚的兼衔。

在左都御史、左副都御史以下，都察院内的主要职能机构为六科和十五道，分别由给事中和御史负责。

六科，即吏、户、礼、兵、刑、工六科，顺、康时期，沿袭明制，为独立的监察机关，主要监督六部政务。雍正元年（1723 年）将其并入都察院。六科设给事中，顺治初年设，无定员。顺治十八年（1661 年）定六科满、汉都给事中各 1 人，又设左右给事中满、汉若干人。康熙五年（1666 年）后定制，六科各设掌印给事中满、汉各 1 人；给事中满、汉各 1 人，共 24 人。

掌印给事中、给事中，定制均为正五品，品级并无高下，一般以资深者为掌印。

与司法审判事务较密切的是刑科给事中。

十五道，顺治初年即设河南、江南、浙江、山东、山西、陕西、湖广、江西、福建、四川、广东、广西、云南、贵州、京畿等十五道。十五道设监察御史若干人，具体人数屡有变化，乾隆二十年（1755 年）定制，设御史宗室 4 人、满 22 人、蒙古 2 人、汉 28 人（兼用汉军），共 56 人。各道御史人数不等。[①]

顺、康时期只在十五道中的河南、江南、浙江、山东、山西、陕西六道设掌印监察御史，其余各道分附在六道中。备省刑名分在六掌印道稽察，以河南道为首，参治院事。即某道并不一定专管某省的刑名事务。这种名不符实的情况，在乾隆年间才得到调整，按省分派各道的事务，并改京畿为首，且各道均设掌印御史。

十五道分掌有关省刑名，但京畿道管顺天府、直隶省，兼管盛京；陕西道管陕西，兼管甘肃、新疆；江南道管江苏、安徽；湖广道管湖南、湖北等。此外，十五道还分别稽察京内各衙门事务，如京畿道稽察内阁，河南道稽察吏部、詹事府、步军统领衙门等。

掌印御史、御史，定制均为从五品，无高下之分，惟掌印御史以资深者任之。

（二）都察院的职责

都察院号称"风宪衙门"，是皇帝掌握下的法纪监察机关。《大清会典》规定：都察院"掌司风纪，察中外百司之职，辨其治之得失与其人之邪正。

① 《清史稿》卷 115，《职官志二 · 都察院》，第 3303—3304 页。

率科道官而各矢其言责，以饬官常，以兼国宪。……凡重辟则会刑部、大理寺以定谳，(参)与秋审、朝审”[①]。从《会典》的规定看，都察院主要的职责是监察，考核、检举、弹劾官员，及向皇帝建言，提出谏议，有关司法事务仅是其职责的一个方面。

归纳起来，作为都察院的日常活动的司法事务，有以下两方面：

第一，会谳。即与刑部、大理寺共同复核、拟议全国的死刑案件。

京师的死刑案件，由刑部承办“现审”，都察院、大理寺参加会审，分为“会小法”与“会大法”两步。《清史稿·刑法志》曰：“大理寺委寺丞或评事，都察院委御史，赴本司（按指刑部承办司）会审，谓之‘会小法’。狱成呈堂，都察院左都御史或左副都御史，大理寺卿或少卿，挈同属员赴刑部会审，谓之‘会大法’。”[②]

顺治初年三法司的“会法”只是刑部将案牍分送院、寺阅看，“事不同审，稿不面议”，顺治十五年（1658年）奏准，“嗣后凡三法司核拟事情，御史会同大理寺官（与刑部）面审同议”。[③]

各省的死刑案件，奉旨“三法司核拟具奏”者，刑部拟定出谳语意见，“送都察院参核”，都察院参核无异再转送大理寺审核。[④]

第二，参加“秋审”及“朝审”。都察院作为“九卿”之一，参加秋、朝审的会审大典。除此之外，都察院在秋、朝审中单独的职责有二：一是复奏，二是勾到。

复奏，是古已有之的一项制度，在死刑决定后，执行前，再次奏请皇帝指示，以示慎重。唐朝有三复奏、五复奏，明朝有三复奏。清朝初期也是三复奏，乾隆定制，秋审一复奏，朝审三复奏。办理复奏事宜的是刑科

① 《清会典》卷69，第632页。

② 《清史稿》卷144，《刑法志三》，第4206页。

③ 故宫博物院编：《钦定台规二种》第1册，海南出版社2000年版，第134页。

④ 光绪朝《钦定大清会典事例》卷1043，《大理寺·谳狱·会题》。

给事中。复奏实际上不过是一种形式，仓促奏上，也很难起到慎刑的作用。

勾到，即由皇帝亲自（一般由大学士代笔）主持在应决死刑犯人名单上画勾，也称勾决，实际上是签发死刑执行命令。这种犯人名单，是由各道御史分别拟办的，称为勾到题本，各道御史缮写好，奏上皇帝。

都察院的给事中和御史合称“科道”，在给事中并入都察院后（即所谓台省合一），二者的职责性质更无大区别。

应该说明的是，“科道”在执行职责时，如上条陈，参劾官员，办理复奏、勾到题本，都不必呈报都察院主官左都御史。他们有“独立的”监察权力，可以直接上书皇帝，这一点其他部院司官是不行的。所以，在清朝的文牍中，科道常与九卿并列。

三、大理寺

（一）大理寺的职官和机构设置

清入关前不设大理寺，入关后，顺治元年始设大理寺于北京，实际上接受的是旧明的机关。

大理寺的机构和职官设置较简略：

大理寺卿，大理寺长官。满、汉各 1 人，康熙后定制为正三品，地位低于刑部尚书和左都御史。

大理寺少卿，大理寺副长官。满、汉各 1 人，康熙后定制为正四品。

在卿、少卿之下，大理寺机关分为左、右二寺。左寺、右寺各设寺正，满、汉、汉军各 1 人。分别受理复核各省刑案及在京机关咨呈公文。

此外，还有寺副、评事、司务、笔帖式等官员。

（二）大理寺的职责

作为三法司之一的大理寺，其主要职责就是“平反”冤狱，即复核死刑案件有无冤错。《大清会典》规定：大理寺“掌平天下之刑名，凡重辟则率其属而会勘。大政事下九卿议者则与焉，（参）与秋审、朝审”①。

大理寺参与秋、朝审，作为“九卿”之一，并没有因其是“法司”而起到单独的作用。大理寺在秋、朝审中不过是出席一种典礼仪式。

大理寺的主要司法活动，与都察院类似，是参加三法司“会谳”，即京师的死刑案件的会审和外省死刑案件的会复。京师的死刑案件，大理寺官员与都察院官员先后赴刑部“会小法”，“会大法”，共同面审。外省死刑案件，待刑部将拟定的谳语送都察院审核后，再送大理寺按复，即看刑部定罪量刑与本寺所拟是否吻合。如大理寺发现有所不妥，可将刑部拟稿退还。

另外，大理寺还会同刑部各司、都察院各道审决“热审”案件。热审在每年夏季小满后、立秋前举行，对在押笞、杖罪犯八折决放，枷号罪犯疏枷释放，徒、流、军、遣罪犯酌量减等。热审是一项所谓“恤刑”制度，所以例由大理寺主持。顺、康时期，热审多有实行，乾隆后渐渐停止。

四、三法司之间的关系

三法司在司法审判事务中，以刑部为首，虽有会审，但实际上几乎是刑部独操审判权。正如《清史稿·刑法志》云：“清则外省刑案，统由刑部核复。不会法者，院、寺无由过问，应会法者，亦由刑部主稿。在京讼狱，无论奏咨，俱由刑部审理，而部权特重。”②

刑部权特重，院、寺参加的会审、核拟成为一种形式主义。都察院另有监察职责，司法不过是其职责之一端。而大理寺的衰落则是不可逆转的，简直似刑部的一骈支机构，所以到清末戊戌变法时一度被裁撤。大理寺作用的不被重视，大约与其历史沿革有关，清朝入关前就不曾设置过。在顺

① 《清会典》卷69，第639页。

② 《清史稿》卷144，《刑法志三》，第4206页。

治十年（1653年），任大理寺卿的魏琯上条陈于亲政不久的顺治帝，申明大理寺的作用是“取其所问者（按指刑部所审）而平反之也”。他进一步解释：“持天下之平者（刑）部也，执法纠正者（都察）院也，办理冤枉者大理（寺）也。”他清楚地指出，刑部审判，都察院监察，大理寺核复的关系。[①] 但是，他的意见并没有得到重视，清代三法司关系沿着既定的道路发展下去。

从法律规定上讲，三法司在会审时可以有不同意见，如果复核时仍不能统一，可以将两种意见分别具奏，由皇帝裁决。不过，在实际中，绝少有这种情况发生，都是以刑部意见为准，三法司会审徒有其名而已。

但是，三法司体制的确立仍有一定的意义，毕竟有一定的制约作用。在某些情况下，都察院、大理寺的参与，也会对刑部掌握的审判权起到某种保证作用。

第四节　地方政权的司法职能

一、地方审级的设置

一般说来，地方审级与地方行政区划相一致，有一级行政（政权），便有一级司法审判，地方政权机关也就是审判机关。

清代地方行政区划一般认为有省、道、府、县（厅、州）四级。其中厅、州两种建制又有“直隶”与“散设”的区别，直隶厅、州的地位相当于府，散厅、州的地位与县相等。[②] 直隶厅、州也有属县。地方区划与职官设置如下：省（总督、巡抚，布政使、按察使）；道（道员）；府（知府），直隶州（知

① 《皇朝经世文编》卷93。

② 直隶厅、州，直隶属于省，故名。直隶厅、州与府的区别在于，府只辖州县，而不“亲民”（直接治理百姓）；而直隶厅、州既辖县，又“亲民”。

州），直隶厅（同知、通判）；县（知县），州（知州），厅（同知、通判）。

由于地方行政区划的历史演变，清代地方审级与四级政权不完全相符，而是院（督、抚）、司（按察使）、府、县四级。考虑到直隶厅、州的情况，可作如下图示：

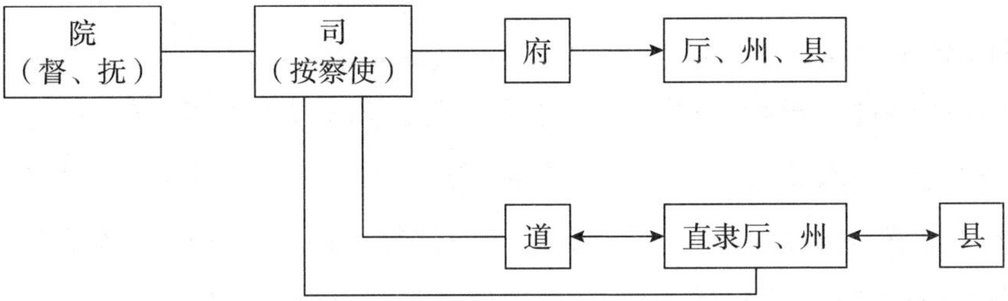

基本审级是：院、司、府、县四级；[①] 直隶厅、州的审级是：院、司、道、直隶厅州四级；直隶厅、州属县的审级是：院、司、直隶厅州、县四级[②]。

形成这样四级审判的历史原因有二：一是省级长官的变化，明朝时以布政、按察、都指挥三司同为省级长官，而总督、巡抚则是临时差遣的职务，且重于军事。清承明制，但渐将督、抚固定为省级长官。布政、按察二司保留（清代撤了都指挥司），督、抚又是长官，所以省的审级一分为二。二是直隶厅、州的地位既与府等同，其案件就不便于再申报府，只好经道审转，才能保四级审判。

二、地方审级的管辖

（一）第一审级——厅、州、县

以县为基层政权，自秦汉以降，历代不易。清代在一些冲要地方设州，

① 清代总督习称督院，巡抚习称部院，所以督抚级称为院。

② 曾有中外学者认为直隶厅、州属县有院、司、道、直隶州、县五级。近从档案发现，此类案件并不经道，而是由直隶州报司审转，也就是四级。

一些边远少数民族聚居、杂居地方设厅，其地位大致与县相等。清代全国共设有县及厅、州1500个左右。

《大清律例》规定："军民人等遇有冤抑之事，应先赴州县衙门具控。如审断不公，再赴该管上司呈明，若再屈抑，方准来京呈诉。"① 明确规定了县级作为诉讼中第一审级的地位，州县统管境内一切案件，可分为民事与刑事两个方面。

民事案件，包括轻微刑事或治安案件，州县有全权管辖，称为州县"自理案件"，限20日完结。《清史稿》云："户、婚、田土及笞、杖轻罪，由州县完结，例称'自理'。"又云："对败检逾闲（按指破坏法纪，伤风败俗），不顾行止者酌量加枷。"② 也就是说，州县有权审判这一类案件，最大权限是处以笞、杖、枷刑。当然，州县也可以不处刑，而进行训诫和调处。

归纳起来，州县自理案件即常说的"田土、户婚、斗殴细事"，细分又有户籍、差役、赋税、田租、土地、婚姻、继承、债务、水利等纠纷，以及斗殴、轻伤、偷窃（40两以下）等。

刑事案件。凡是境内发生的人命、强盗、窃盗、棍骗、邪教、私盐、光棍、窝赌、衙蠹等应判处徒刑和徒刑以上的刑事案件，特别是人命、强盗两大类，清朝最视为严重犯罪，州县都有其责。州县管辖刑事案件，有两方面的职责：

侦查，州县对刑事案件的侦查职责，包括缉捕、查赃、勘验现场、检验尸伤、采取强制措施等。

初审，州县对捕获的人犯径行审理，称为"初审"。其性质不仅是治安机关的"预审"，也是初等法院的"一审"。州县初审刑案，要根据和引用《大清律例》的条款来定罪量刑，称为"拟罪"或"拟律"。但是，拟

① 《大清律例》卷30，《刑律·诉讼·越诉》，第508页。

② 《清史稿》卷144，《刑法志三》，第4207页；《清史稿》卷143，《刑法志二》，第4169页。

罪不是发生法律效力的判决，州县初审完毕，应按期（如命案是4个月）将案卷、拟罪意见和案犯一起解送上司复审。

（二）第二审级——府、直隶厅州

清朝在全国设有府80多个，直隶厅、州100多个。府一般辖有五六个至八九个州县，直隶州一般辖有二三个县，直隶厅一般不辖县。

府有"决讼检奸"的职责①，是州县的上一审级。直隶厅州既辖县又亲民，所以既是所辖县的上一审级，又是本州民、刑案件的直接受理者。

府级的司法职责主要是复核州县上报的刑事案件，复审州县解来的人犯，查核有无翻供，查验人证、物证，审查州县初审案卷有无错谬，州县"拟罪"是否妥当。如果府级复核无异议，就作出自己的"看语"，② 即本级的"拟罪"意见，再上报省按察司。如有异议，可驳回。而直隶州的案件，则报本管道台审转。对于这一点，清代法学家薛允升说："州县一切案犯，由府审转解（按察）司，直隶州一切案犯由道审转解（按察）司，此定章也，而刑律并无明文。" ③

府级还接受军民百姓不服州县审判的上诉和申诉。

（三）第三审级——按察使司

按察司又称臬司，在明代与布政司、都指挥司同为省级长官之一，主管司法审判，为全省最高审级。而清代由于总督、巡抚已成为省级长官，作为全省"刑名总汇"的按察司实际上已降为督、抚的属吏了。

按察司复审府级上报的刑案，对徒刑案卷进行复核（徒刑人犯不解

---

① 《清史稿》卷116,《职官志三·府》，第3356页。

② 清代各级审判结案时，所做的判决语（拟罪）开头都用"卑职看得"（州县）、"该司看得"（按察司）、"该臣看得"（督抚、刑部、三法司），所以称"看语"。

③ （清）薛允升:《读例存疑》卷49。

省），对军流、死刑人犯进行复审。如无异仪，便可加上“审供无异”的看语，上报督抚。如发现上报的案情有疏漏，供词、证据不符，可以驳回“重审”，或者改发其他州县（常常是发省城的首县）“更审”。

军、流人犯，按察司复审后，就可将人犯发回原审州县关押待罪。而死刑人犯，按察司审后，尚不能发回，要报督抚复审。

按察司还主办全省秋审事务，管理狱政。

（四）第四审级——总督、巡抚

清代每省设 1 个巡抚，二三省设 1 个总督，有的总督又兼任巡抚。总督比巡抚级别略高（总督为从一品，巡抚为正二品），但并非上下级关系。清代全国设 8 个总督，光绪年间又增设东三省总督，总督一般下辖二三省：

直隶总督，辖直隶省；

两江总督，辖江苏、安徽、江西三省；

闽浙总督，辖福建、浙江二省，兼辖台湾省；

湖广总督，辖湖北、湖南二省；

两广总督，辖广东、广西二省；

陕甘总督，辖陕西、甘肃二省，兼辖新疆省；

四川总督，辖四川省；

云贵总督，辖云南、贵州二省；

东三省总督，辖奉天、吉林、黑龙江三省。

全国设山东、山西、河南、江苏、安徽、江西、福建、浙江、湖南、陕西、广西、贵州等省巡抚 12 人；直隶、四川、湖北、广东、云南等省巡抚由总督兼任。光绪年间增设新疆、台湾、奉天、吉林、黑龙江等省巡抚。

大部分省都分隶于各个总督，但是有的省，如山东、山西、河南三省不隶于总督。督、抚职权虽有别，却同为省级长官。督、抚同城（如闽浙总督与福建巡抚同驻福州）者，由总督主事，不同城者，各自主事。按察司虽综理全省刑名事务，但不能代表省级权力，仍须报呈督、抚，所以督、抚是全省最高审级。

督抚有权批复徒刑案件，按察司复核无异的徒刑案件，呈报督抚，督抚审核后，如无异议即批复执行。徒刑人犯由督抚决定服刑地点，一般是在本省内的州县，人犯由犯罪所在州县起解。督抚对军流刑的案卷复核，如对按察司的看语无异议，则咨报刑部，听候批复。对死刑案件，由督抚进行复审。按察司将案卷和人犯一起解督抚，督抚应该当堂亲审。如“与司、府、县审供相同”，[①]就作出看语，专案向皇帝具题，同时应抄写副本（题本的副本）咨送都察院、大理寺等。

三、地方司法官员

（一）负责司法审判的地方长官

在古代，司法审判一直是地方各级长官的主要职责之一，清朝也不例外。除司法审判外，地方长官还统管本地的财政、赋税、农田、水利、户口、礼教、学校、治安等，省级长官还兼统本省地方武装力量（绿营中的督标、抚标）。由此看来，司法审判是地方长官诸多政务中的一种，是地方长官的一种“本职工作”。当时并不存在专门的“法官”和单独的审判组织（“法院”）。所以，说当时的政治体制是“司法与行政合一”并不确切，因为并没有与“行政”相对的“司法”。

负责司法审判的地方各级长官，情况如下：

知州（六品）、知县（七品）——国家基层政权的代表，代表国家权力直接治理百姓，号称“父母官”或“亲民官”。知州、知县以科举考试进士、举人出身者为“正途”，捐纳（缴钱捐官）、吏员出身等为“异途”。知县的职责是：“掌一县之政令，平赋役，听治讼，兴教化，励风治，凡养

① 刑科题本中督抚惯用语。

老、祀神、贡士、读法，皆躬亲厥职而勤理之。”①

州县官事务虽多，但以刑名（司法）、钱谷（赋税）为其两大基本职责。司法审判，坐堂问案是州县官无可替代的工作。

知府（从四品）多由州县官晋升或京官外放，主持本管有关司法事务。知府，也以科举出身为正途，捐纳为异途。

厅的同知、通判本是府的佐贰官，在厅，则是长官，主持本厅的政务，包括司法审判。由于厅多设于少数民族区域，所以其同知、通判多由旗员（八旗官员）担任。

道员（正四品）分为守道和巡道，原是布政、按察二司的副职和派出机构，顺、康年间，道员兼二司的参政、参议、副使、佥事衔，乾隆年间罢兼衔，渐演变为实际上的一级地方行政长官，辖三四府。道员负有一定的监察职责，对司法审判管得较少，只是审转直隶州案件。冬季还有巡道巡历所属州县的制度，查核案件。

按察使（正三品）全称是按察使司按察使，主持全省刑名事务，还兼管监察、驿传、监考官等。

总督（从一品）均带兵部尚书、都察院右都御史衔，以此表示是朝廷大员出掌地方，可以全权行事。同时表明，总督与中央部院平级，所以司法案件等公文都是题奏皇帝，而不是向部院报告。总督行使全省最高司法审判权。

巡抚（正二品）均带兵部侍郎、都察院右副都御史衔，其职责与总督略同。

（二）地方各级佐杂官员

佐贰、杂职官员是地方长官的副职和属员，但清代的政治体制中，佐杂官设置较少，有的长官还不设佐杂。

① （清）高宗敕撰:《清朝通典》卷 34，商务印书馆 1935 年版，第 2211 页。

清代的总督、巡抚、道员衙门因其历史上是由临时派遣发展而来，没有规定任何属员，衙门中办事的是胥吏和幕友，而并非佐杂。

按察司（布政司亦同）衙门中的属员有经历、知事、照磨、司狱（布政司无）等佐杂官，主司文书事务。

知府设有佐贰官员是同知、通判，无定员，辅佐知府分掌粮、盐、江海防、水利、抚民和捕盗。但是同知、通判无权坐堂审案，没有审判权。知府衙门还设有经历、知事、照磨等文书事务官员及司狱。

知州设州同、州判为佐贰官，无定员，分掌粮务、水利、海防、管河等。州设吏目一员为杂职，主管捕盗、司狱。但是州同、州判和吏目等佐杂都无权代替知州审案决狱。

知县设县丞、主簿为佐贰，其职掌大致与州同、州判相同。县设典史一员为杂职，主掌捕盗与监狱，但无权断狱决讼。[①]

清代的府、州、县的佐贰官如同知、县丞等设置很少，不是每个府、州、县都设，大部分府、州、县不设佐贰。全国1500多个州县，设佐贰官的不过400多个。[②]州的吏目，县的典史是州、县必设的，成为州县官的主要助手。

值得注意的是，按清朝制度，严禁“佐杂擅理词讼”，“官非正印者（长官），不得受民词”。[③]也就是说，审判权只授予地方长官。历史上，如唐朝设的司法参军、司法佐史，明朝设的推官等承担专门司法审判职责的佐贰官，在清朝已不存在了，各种佐杂官均不得受理案件。

（三）地方特设的司法官吏

清初沿袭明朝制度，在地方上有一些特设的官员，负有相当的司法审

① 《清史稿》卷116，《职官志三·县》，第3357页。
② 《清会典》卷4。
③ 《清会典》卷55，第509页。

判职责。

巡按，即巡按御史。明朝盛行巡按制度，由监察院御史中派出，“代天子巡狩”[①]。巡按是天子的代表，权力极大，可以便宜行事。地方长官布政、按察使见了巡按要叩拜（布、按二司级别均高于巡按御史），地方军政大员巡抚、总督对巡按也要退让。

清初，地方上保留巡按一职，特别注重于审判事务，每省 1 名。凡案件由按察司复核后，报巡按审核，巡按审核无异，再联衔督、抚上奏。顺治十七年（1660 年）废巡按。[②]

推官，明代府、州设推官，专理刑名事务。清初，府、州也设有推官、理刑官、理刑同知等。推官、理刑官之设，不见于官书记载，但在现存顺治司法档案中有所反映，推官、理刑官的职责是专司问案，似乎是专职的“法官”。但康熙后的档案中不再见有推官之设，当已废之。

巡按、推官等废后，康、雍、乾历朝都有人建议恢复“恤刑”（巡按）一职“详察”各省已结命案有无冤抑，或为州县增设副职专司命案，但都被驳斥，没有实行。[③]

清朝将司法审判权集中于地方各级长官手中，少设或不设副职，更无专门“法官”，是中央集权制极端强化的结果。各级权力统一集中于长官，全省权力集中于督抚，全国权力集中于皇帝。清朝统治者实行这种体制时，考虑的唯一一点是如何维护专制集权制度。至于从州县到督抚各级地方长官有无能力来“独任”审判，则是顾及不到的了，实际上地方长官是不可能对每一案件事必躬亲的，于是不可避免地产生了胥吏和幕友代行其权的现象。

---

① 《明史》卷 73，第 1180 页。

② 《清史稿》卷 244，《朱成性传》，第 9614 页。

③ 康熙十六年曾有御史奏请恢复“恤刑”一职，没有结果，事见《皇朝经世文编》卷 93，陵作蕃：《请复差恤刑之官疏》。又，雍正七年有人奏请州县应添设副职专司检验命案，遭诸疆吏反对，未果，事见《皇朝经世文编》卷 18，鄂尔泰等奏疏。乾隆初又有人奏请复设“恤刑”，乾隆斥为“多事，甚迂”，事见档案《朱批奏折》。

第十五章　雍正、乾隆时期的行政法

第一节　重修雍、乾两朝会典与则例

一、修撰《雍正会典》

《雍正会典》是继《康熙会典》之后修订颁布的第二部清会典。雍正二年（1724年）4月，下谕纂修《大清会典》，当时确定修典的基本原则是，接续康熙二十六年（1687年）至雍正五年（1727年）的典章制度，基本体例仍遵循《康熙会典》所规定的内阁、六部、院寺监制。主持人是允禄和兆华。允禄是康熙第十六子，兆华是盛京户部侍郎。到雍正十年（1732年）修毕呈报，命之为《雍正会典》，并于次年刊布。

雍正特为之作序，他说："朕缵承宝位，体皇考之心以为心，法皇考之政以为政。其有因时制宜，更加裁定者，无非继志述事之意。绍闻衣德之思，爰允礼臣蒋廷锡所请，命阁臣开馆纂修，自康熙二十六年至雍正五年，所定各部院衙门礼仪条例，悉行检阅，照衙门分类编辑。凡经九载，篇帙告竣，于是圣祖仁皇宗临御六十余年，立纲陈纪之端，命官敷政之要，首末完具，灿然如日星之炳照，与虞书周礼并垂不刊。"①

《雍正会典》并没有突破《康熙会典》的基本范畴，只是增加了近40

① 《大清会典（雍正朝）》御制序。

年的一些行政法规法令和典章，完全是一部续修性质的行政法典。

二、修订《乾隆会典》与会典则例

乾隆十二年（1747 年），又下令修订会典，主持人为允裪，是康熙第十二子，他具体负责满文本；另一位是翰林院侍读学士顾汝修，负责汉文本。按照乾隆的诏令，这次会典的修订是继康熙二十六年、雍正十一年《大清会典》的重新修订编纂，其上源溯及清太祖努尔哈赤、太宗皇太极和顺治三朝的典章制度，其下限至乾隆二十七年（1762 年），是清建国百年后最完备的一部会典。它包括典 100 卷，分作宗人府、内阁、六部、理藩院、都察院和其他寺监门类，对其职责及执行程序都作了详尽的规定，如刑部内有叙官、刑制、律纲、听断、秋审、朝审、钦恤、督捕等条目，凡涉及庙坛、职方和地理，均附有图表，此外又有则例，这是《乾隆会典》有别于康熙、雍正两朝会典的主要方面。

首次制定的大清会典则例，或称作《乾隆会典则例》，这是康、雍、乾三朝会典中最富有特色的成分。则例的主持制定人是来保和张廷玉。来保曾任吏、礼、刑、工四部尚书，后任军机大臣；张廷玉是著名的学者，曾任吏、礼、户三部尚书，后晋升为文华殿大学士和保和殿大学士。会典则例的制定，自乾隆十二年（1747 年）开始，到二十九年（1764 年）完成，历时 17 年，其内容主要为补充大清会典的不足，原规定每修成会典一卷即附则例一卷，以典为国家的定制，不容更动，则例因其事而有增损，但也只能限于事例内增改。会典则例共包括 44 项，详目如下：

（1）宗人府；（2）内阁；（3）吏部文选清吏司，内有官制、月选、遴选、升补、除授等目；（4）吏部考功清吏司，内有考绩、举劾、降罚、归籍、书役等目；（5）吏部稽勋司，内有守制、改籍等目；（6）吏部验封清吏司，内有世爵、土官等多目；（7）户部，内有户口、田赋、漕运、钱法、盐法、关税、蠲恤等多目；（8）礼部仪制清吏司，内有嘉礼、登极、册封、进表、冠服、贡举、学校等多目；（9）礼部祠祭清吏司，内有吉礼、大祭、凶礼、恤典等多目；（10）礼部主客清吏司，内有宾礼、宾馆等目；（11）礼部精膳清吏司，内有饩廪、牲牢等目；（12）乐部；（13）兵部武选清吏司，内有官制、职制、大阅、恩恤等多目；（14）兵部职方清吏司，内有营制、军政、关禁、海禁、公式等多目；（15）兵部车驾清吏司，内有马政、邮政等目；（16）兵部武库清吏司，内有兵籍、发配等目；（17）刑部，内有刑制、律纲、听断、秋朝审、钦恤、督捕等目；（18）工部营缮清吏司，内有宫殿、公廨等目；（19）工部虞衡清吏司，内有鼓铸、采捕等目；（20）工部都水清吏司，内有河工、水利、器用等多目；（21）工部屯田清吏司，内有匠役、制造库等目；（22）盛京，内有户部、礼部、兵部、刑部、工部等目；（23）理藩院，内有旗籍清吏司、王公清吏司、典属清吏司、柔远清吏司、徕远清吏司、理刑清吏司等目；（24）都察院；（25）通政使司；（26）大理寺；（27）太常寺；（28）翰林院；（29）詹事府；（30）光禄寺；（31）太仆寺；（32）顺天府；（33）奉天府；（34）鸿胪寺；（35）国子监；（36）钦天监；（37）太医院；（38）内务府，内有广储司、会计司、掌仪司、慎刑司、营造司等多目；（39）八旗都统，内有旗制、兵制、授官、优恤等多目；（40）前锋统领；（41）护军统领；（42）步军统领；（43）火器营；（44）圆明园护军营。

乾隆朝所开创的会典体制，既丰富了大清行政法典的主体内容，又为以后修订会典则例提供了依据。同时，与当时各国制定法典的情况相比较，可以认为这种典例结合的形式，既是行政立法中独有特色的内容，又具有较强的时代性和适用性。

但是，会典中附以则例的形式，仅乾隆一朝使用，其后嘉庆和光绪朝修订会典时，将则例改为事例，只是事例的编选范围和方式依然参照则例，并且由此规定，凡则例仅限于在各部的具体法规名称中使用，会典中只用事例，这就是后人所说的“采则例以入会典，名为会典则例或事例”。[①]

---

① 《中华两千年史》卷5，第531页。

三、系统续修各部则例

在完善则例的续修过程中，雍正和乾隆都曾亲自过问，御批指令，详加斟酌，使则例的续修与制定有了很大的进展，系统完备了有清一代的部门行政法规的规模。综合清代行政立法的成就而言，雍、乾两朝的修例最富有特色，不仅开创了会典则例的先河，而且包容了全部则例门类与内容的总和。

（一）《钦定吏部则例》

这是雍乾时期制定的最有影响的第一个吏部的实施细则。它所规定的内容主要是吏部的办事规范以及有关违制处罚事例。原是康熙末年的一个吏部立法，因内容过于简略，实行中问题较多，雍正三年（1725年），下诏全面修订和增补。其后，在雍正十二年（1734年），进行过一次修订，但因则例本身内容分类不明、前后矛盾诸原因，于乾隆四年（1739年）重新系统修订，于七年刊印，现存满文70卷，汉文66卷，包罗内容分五个部分，即满、汉官员品级考、满汉官铨选、处分则例等，是清代立国后最重要的一部行政法规。

现存有代表性的修订本有两种：乾隆五十五年（1790年）续修的《吏部则例》，现存35卷，系和珅等修订，体例依照旧例，成为《吏部则例》的定制规范本。道光十九年（1839年）奏准、二十三年（1843年）颁行的《吏部则例》，现存72卷，恩桂等奉敕修，其内容除包括前五部分外，又增加了稽勋验封等则例。原书增至87卷，因失铨选则例、稽勋则例、验封则例15卷，现存72卷。

（二）《钦定吏部处分则例》

现存满、汉文各种版本，并有历朝的续补，是清朝则例中最为完备详尽的一部则例。原为康熙初年制定，雍正三年（1725年）复修，同年刻满文本；后于乾隆七年（1742年）重新刊布，并有汉文版问世，两种文字的内容完全一致。

《吏部处分则例》是根据成案、通行和钦准的条奏，把各部官吏办事违制应受的处分，按六部定制，共分 49 项：

（1）吏部——由公式、降罚、升选、举劾、考绩、赴任、离任、本章、印信、限期、归旗、事故、旷职、营私、书役 15 项；

（2）户部——由仓场、漕运、田宅、户口、盐法、钱法、关市、灾赈、催征、解支、盘查、承追 12 项；

（3）礼部——由科场、学校、仪制、祀典、文词、服饰 6 项；

（4）兵部——由驿递、马政、军政、军器、海防、边防 6 项；

（5）刑部——由盗贼、人命、逃人、杂犯、提解、审断、禁狱、用刑 8 项；

（6）工部——由河工、修造 2 项。

《钦定吏部处分则例》制定后，为各级官员的行政处罚提供了法律根据，因此，历朝都非常重视，新制颁行，先后有雍正、乾隆、嘉庆、道光、同治、光绪等各朝的处分则例问世。它同刑律中的吏律相配合，对职官行使职责中的犯罪行为及其违法违纪行为形成了一套系统的惩罚规定，这是清王朝在治吏中的一个重大成就。

在修订的这部则例中，现存较有代表性的有以下五种：

雍正朝的《钦定吏部处分则例》，颁行于雍正三年（1725 年），现存满文、汉文本各 47 卷，是很珍贵的一个法律文本。该则例是根据成案、通行及钦准的条奏而汇集的各级官员的办事程序，以及违犯程序所应受的处分则例。虽称之吏部处分则例，实则包括对吏、户、礼、兵、刑、工六部官员的处罚规定，所分类别与六部处分则例相同，实际上就是六部处分则例的一种并行法律文本。

嘉庆朝的《钦定吏部处分则例》，颁行于嘉庆十二年（1807 年），现存满、汉文本各 47 卷，包括嘉庆四年到十二年对各级官员不法违制行为的处分条款，实际上也包括对吏、户、礼、兵、刑、工六部官员的处分规定。后于嘉庆十八年（1813 年）再次修订的《裁减吏、兵二部处分则例》，又是对吏部处分则例的删节。

道光朝的《吏部处分则例》，现存两个文本：颁行于道光四年（1824 年）的则例，48 卷本，是继嘉庆十二年《吏部处分则例》的修订本；之后，于道光二十三年（1843 年），根据鸦片战争的形势，对《吏部处分则例》再次作了修订和删节，定为 52 卷本，对六部官员的处分规定得更为具体。

光绪朝的《钦定吏部处分则例》，制定于光绪十二年（1886 年），现存 52 卷。所含内容包括道光二十三年至光绪十一年（1843—1885 年）的政府官员活动中违制应受处分的规定。这是最后一部《吏部处分则例》，但依旧保存了清朝初期吏部处分则例的结构，由此反映出清朝在行政立法中严以治吏的基本原则。

（三）《钦定六部处分则例》

现存汉文本 24 卷，满文本吏、刑、工三部各一册。该则例于康熙初年制定，康熙十二年（1673 年）曾修订过，后于雍正三年（1725 年）又做过增删，于乾隆七年（1742 年）刻印颁行。它所包括的主要内容即六部办事章程和违制惩处规定：吏部包括公式、降罚、升选、举劾、考绩、赴任、离任、本章、印信、限期、归旗、事故、旷职、营私、书役等项；户部包括仓场、漕运、田宅、盐法、钱法、关市、灾赈、催征、解支、盘查、承追等项；礼部包括科场、学校、仪制、祀典、文词、服饰等项；兵部包括驿递、马政、军政、军器、海防、边防等项；刑部包括盗贼、人命、逃人、杂犯、提解、审断、禁狱、用刑等项；工部包括河工、修造等项。这是一部较为重要的惩治职务犯罪的法规，与《大清律例》的吏律互为补充。道光二十七年（1847 年），又有《钦定增修六部处分则例》，这是在《吏部处分则例》的基础上，对六部官员违制、不法行为的处分作了进一步的规定，比以往的所有处分则例更为严谨。

此外，还有光绪十三年（1887 年）的《重修六部处分则例》，现存 52 卷，也是颁行的综合性的办事规章和违反规定的处罚条例。

（四）《钦定吏部铨选官员则例》

又称《钦定吏部铨选则例》。制定于康熙末年，雍正三年（1725 年）颁行。原有满、汉两种文本。它所规定的内容包括满汉官员的推举、考察、提拔以及重要使节的人选和边塞官员的任用，并有具体的选拔程序。后来，又将它进一步具体化，分作满族官员的铨选和汉官的铨选，由此《吏部铨选官员则例》基本上停止使用，因此它对职官铨选制度的建设影响不大。

雍正朝的《钦定吏部铨选官员则例》现仅存满文 4 卷，系雍正三年制定，乾隆七年（1742 年）重新刻印。吏部铨选官员的则例，包括各部官员铨选的标准、程序等内容。

此外，还有道光朝的《钦定吏部铨选则例》，修订于道光二十三年（1843 年），光绪朝的《钦定吏部铨选则例》，修订于光绪十三年（1887 年），包括铨选汉官、满官两部：（1）铨选满洲官员和蒙古官员品级考，铨选满洲官员；（2）铨选汉宫品级考，铨选汉官。同时，又分设有铨选汉官则例与铨选满官则例。

（五）《钦定吏部铨选汉官则例》

制定于雍正三年，同年刊布颁行。现仅存汉文 8 卷、满文 4 卷，是由康熙朝的吏部铨选则例中分立成规，专用于吏部选拔汉官。其铨选标准与程序规定，包括 7 项：（1）开列，有大学士以下候补开列、科道升转，注明条奏事件等；（2）月选，有京外官员候选，取文到部、投供验到等；（3）升补，有汉军司官归并、汉缺升补，加级食俸、捐级请封等；（4）除授，有进士授职、举人授职、捐纳候补等；（5）拣练，有行政官员考选，吏部司官和刑部司狱官员铨选等；（6）拣选，有题缺定限、官员升迁、佐贰首领的升转等；（7）杂例，有京官告假、考职各项领照限期、太常侍官员升补等。

铨选汉官则例，又经乾隆初年、嘉庆十二年（1807 年）、道光二十三年（1843 年）、光绪十二年（1886 年）四次反复修订，尤为光绪朝变动较大，它将7项改为6项，包括：（1）开列，有大学士以下候补开列、督抚候补开列；（2）月选，京外官员候补；（3）升转，汉军司官、汉军典籍中书升转等；（4）除授，有举人除授、大挑各省举人等；（5）拣选，有吏部司官、刑部提牢、再升再调；（6）杂例，有外官请假、考职、九卿会议事件等。

铨选则例虽包括部分考选内容，但与科举中的学子考选则完全不同，前者是针对在职文武官员的考核晋升而定，后者是步入仕途的资格考试。从这一方面，已可看出，清政府在行政立法方面，既继承了历代的选官经验，又独辟蹊径，开始了新的尝试。

（六）《钦定吏部铨选满洲官员则例》

现存汉文、满文各4卷[①]，颁行于雍正三年。是根据吏部则例所作的有关铨选满洲官员的具体规定，包括四个部分：一为开列，有翰林官员开列引见，参领佐领开列京堂等；二为月选，有科甲除授、荫生录用等；三为拣选，有步军统领衙门郎中等缺、内务府官员等缺的铨选；四为杂例，有官员回避、官员患病请假等规定。

铨选满洲官员则例，同铨选汉官则例一样，经乾隆、嘉庆、道光和光绪四朝的修订，使其日臻完备，其条款结构变化较大的是光绪十二年（1886年）的修订本，由原4项改为5项，主要包括：（1）开列，有大学士至三品京堂候补开列，协办步军统领刑名事务等；（2）月选，有满洲官员改公缺、科甲除授等；（3）拣选，有国子监司业、盛京刑部蒙古主事等；（4）杂例，有满族官员掌印、官员回避、武官兼职等；（5）笔帖式，有关考试翻译、盛京将军衙门蒙古笔帖式任用等规定。满洲官员的铨选规定与汉官则例比较，尺度较宽，具体条件也不甚严格，带有一定的民族歧视倾向。

此外，还同时颁行了《钦定吏部铨选满洲官员品级考》与《钦定吏部

① 该则例在乾隆朝和光绪朝另有一种汉文5卷本存世。

铨选汉官品级考》各四种。

（七）《钦定吏部稽勋司则例》

原为吏部则例的一个部分。现仅存汉文8卷，乾隆年间制定与颁行。它主要包括吏部稽勋司的行政活动规定与程序，内容包括7项：（1）公式，有满汉京官丁忧分别题奏、无关铨选人员丁忧起复等；（2）丁忧，有丁忧治丧定制、官员承重丁忧开明嫡长、居丧不嫁娶等；（3）回籍，有外任汉官丁忧起程回籍到籍限期，废员丁忧不准回籍等；（4）服满，有官员呈报起复、官员服满无丁忧原案等；（5）旗员事故，有京职旗员丁忧服满、八旗官员治丧等；（6）终养，有外任旗员停止终养、汉官呈请终养等；（7）杂例，有官员呈报出继、独子出继、汉官呈请入籍等。后来，各朝又经多次修订，现存文本中较重要者为嘉庆十二年（1807年）、道光二十三年（1843年）和光绪十二年（1886年）的复修本。

（八）《钦定吏部验封司则例》

现存汉文6卷，于乾隆年间制定并颁行。它是吏部下属机构验封司的主要办事规定，根据成案和钦准条奏编辑而成。内容包括6项：（1）世爵，有功臣封爵、世爵袭替、世爵犯罪、禄营世职等；（2）封典，有请封品秩、封赠妻室、丁忧官给封等；（3）恩荫，有承荫次序、荫生考试、荫生录用等；（4）难荫，有难荫录用、殁于王事赠衔等；（5）土官，有土官承袭、土官降罚、土官请封等；（6）书吏，有充补书吏、书吏调缺等。以后各朝曾有修订。

以上的吏部两个司的公务则例，是针对某一行政部门制定的活动与办事规范。在清的六部二十四司中，各司大都有类似的规定，这说明清朝的部门职能立法也具有了一定的规模。

（九）《钦颁磨勘简明条例》

现仅存汉文本2卷，其中有世宗雍正的御撰，但颁行于乾隆二十一年

（1756年）。由此可知，该则例最早制定于雍正以前，而修订在乾隆时期。它所包括的内容，为顺治到乾隆二十一年吏部考核、磨勘各级官吏的具体规定，是清朝重要的考绩法规之一。

于乾隆四十四年（1779年），敕令曹秀先等对磨勘条例进行修订，增为4卷，其中包括7项：（1）磨勘官；（2）复勘大臣；（3）收发试卷官；（4）稽察御史；（5）磨勘事例；（6）磨勘事例例案；（7）磨对亲供首艺。这次修订使磨勘的程序及责任更为系统化，为清初的考绩立法奠定了基础。

此外，道光三年（1823年）又专门增补过磨勘条例，计5卷，于道光四年公布，所增内容主要有乡试、会试和科岁考，由此，该条例成为定制。

（十）《户部则例》

现存汉文126卷，乾隆四十一年（1776年）修订。它是有关户部收支钱粮和办事的规定，其内容包括例文516条，分16项：（1）户口，有清厘旗档、豁除贱籍等；（2）田赋，有直省田额、违禁置买等；（3）库藏，有库贮款、法马等；（4）仓庾，有稽查直省各仓、各省社仓章程等；（5）漕运，省征收漕粮、造船额式等；（6）盐法，有正馀引票、巡缉私盐事例等；（7）茶法，有额颁引目、茶商禁令等；（8）参课，有刨夫票数、山海关缉私章程等；（9）钱法，有监铸、官商承办洋铜章程等；（10）关税，有严禁关市弊混、夷船起码征税等；（11）税则，有崇文门税则、天津关税则等；（12）廪禄，有中外文职官俸、核支旗员养廉等；（13）兵饷，有营中公费、直隶粮饷事例等；（14）蠲恤，有普蠲地赋、矜恤罪犯事例等；（15）杂支，有户部支款、刑部支款等；（16）通例，有奏留、现审田房词讼等。

《户部则例》规定五年续修一次，至光绪朝已是一部庞大的经济行政法规。现存的续修户部则例共七部：（1）乾隆四十一年（1776年）则例，现存126卷；（2）道光元年（1821年）的修订则例，现存99卷；（3）道光十一年（1831年）的修订则例，现存99卷；（4）道光十八年（1838年）的修订则例，现存15卷；（5）咸丰元年（1851年）的修订则例，现存99卷；

（6）同治四年（1865年）的修订则例，现存100卷；（7）同治十三年（1874年）的修订则例，现存101卷。

其中，同治四年、十三年修订的《户部则例》，分别由承启、载龄领衔，户部各司主要官员参与修订而成，它汇集了清朝开国至同治时期百年的户部办事则例，完整地体现了清朝经济行政立法的规范，是当时世界上难得的一部经济行政法规大全。

（十一）《户部续纂则例》

清户部制定于光绪末年，现存31卷，是对原七部则例的补充修订，从体例到内容都作了较大的变动。在体例结构上，由原来的16项，缩为13项，即户口、田赋、库藏、仓庾、盐法、漕运、钱法、关税、廪禄、兵饷、蠲恤、杂支、通例，删去了参课、茶法二门，税则独立成法。这次修订，使户部则例的具体施用更为方便灵活。

（十二）《增修筹饷事例条款》

同治五年（1866年），户部制定，现存2卷91条，主要是关于捐官筹饷的各项规定，其中包括咸丰到同治朝初期户部官员的各项奏案、章程，详列了官员报捐与分缺补官的规定，内分条款、分缺先银数、分缺间银数、捐加级记录、降革留任、降革离任、捐复原衔、捐入补班、捐免坐补、捐免试俸、捐离、职衔、封典等20项。

同治末年，又有《增修现行常例》16条问世，作为补充法规，进一步明确规定了捐加级、捐复降革留任、捐复原职、捐离任、捐职衔、封典等项的捐银数目，是赤裸裸的捐官卖爵的法律条款，足以表明在鸦片战争之后，清朝政治走向腐败没落的状态。

（十三）《漕运则例》

又称漕运全书。现存满、汉两种文本。首次制定于雍正十三年（1735

年），由户部奉敕修，主要是京都用粮和军事用粮的有关规定，其中包括14门39卷，包括漕粮原额、通漕运艘、督运职掌、凑销考成、征纳兑运、京通粮储、官丁廪粮、漕运河道、白粮解运、漂流挂失、通漕禁令等，形成了一部重要的水运法规。

之后，于嘉庆十六年（1811年）重修，分18门84卷，增加了征收事例、兑运事例、拨船事例、挽运失防等内容。于道光二十四年（1844年），增加到92卷、143项、5710条，所增内容有通漕禁令、接运、海运、渡运等。于光绪二年（1876年）最后全面修订，增至96卷。因此时河运已多改海运，重新全面修订该则例已无必要。

（十四）《户部军需则例》

现存汉文15卷（户部9卷、兵部5卷、工部1卷），乾隆四十一年（1776年）由军机大臣会同户、兵、工三部共同制定。是在乾隆十四年（1749年）的《进剿金川旧例》、二十五年（1760年）的《平定西陲条款》、四十一年的平定金川有关条款基础上增删而成，内含户部64条，包括俸尝行装、盐菜口粮、骑驮马驼、运送脚价、整装安家工食口粮、采买办解、杂支等；兵部40条，包括廪粮车马、夫马工料、军功浅叙、阵亡伤亡等；工部15条，包括配制火药、杂项等。

于乾隆五十年（1785年），又进行了一次全面的修订，户部增两条（车马、人夫），兵部仍为40条，工部15条，包括行政方面的俸赏、行装以及口粮、盐菜、驮骑、脚价、采办、杂支等多项内容，是一部专用于军事财政供给的特殊法规。

（十五）《钦定礼部则例》

现存满文194卷，汉文173卷，乾隆三十五年（1770年）修订，包括清朝开国到乾隆中期的各种礼仪规定，属《六部则例》中的单行法规之一。

礼部则例源于《大清通礼》。通礼制定于乾隆二十一年（1756年），为

50 卷，作为清入关后由满礼向汉礼过渡的一种法律认定，初步规定了清朝开国以后的礼仪制度，但其中也掺杂着不少落后的民族习俗，这对于清朝的统治不利。为此，在乾隆二十九年（1764 年），又敕令礼部在《大清通礼》的基础上纂修《礼部则例》，于三十五年颁行，并规定此后每 10 年续修一次，到光绪朝已有五种《礼部则例》。

它的体系结构，以礼部四司分为 4 门 220 目：（1）仪制，有朝贺通例、圣训、玉牒、颁诏、尊封、册封、大婚、婚礼、经筵、冠服、仪仗、仪卫、接见、亲征、献俘、旌表、赏赐、酒礼、乡约、教习、学政、考试、科举场规、磨勘条例、拣选任用、内监禁令等 92 目；（2）祠祭，有祭祀通例、太庙、奉先殿、社稷坛、朝日坛、夕月坛、先农坛、神祠、功臣祠、阙里祭典、耕耤、躬桑、陵寝通制、丧仪、家祭、恤典、贡使、五经博士、僧官道官、阴阳学、医学等 85 目；（3）主客，有朝贡通例、四译馆事例、贡使商民贸易、边关禁令、实录告成赏赐、玉牒告成赏赐、岁进芽茶等 21 目；（4）精膳，有太和殿宴、皇后宴、大婚宴、婚礼宴、修书宴、凯旋宴、朝贺赐茶、会试宴、恩荣宴、宴衍圣公、宴外藩贡使、除岁宴、祭祀牛羊、恤赏牛羊等 22 目。

《礼部则例》曾先后经四朝修订：乾隆四十九（1784 年）194 卷，嘉庆九年（1804 年）200 卷，道光二十四年（1844 年）202 卷，此外，还有同治和光绪两朝续修。其中道光二十四年（1844 年）的修订较大，同治、光绪两朝依旧沿袭前规，基本结构未有变化。自清乾隆修礼入例，原在封建社会中用于调整人伦道德关系的礼，已正式被纳入单行法规的范畴。至此，礼作为一种行政部门法律也得以确认，这正是《礼部则例》的重要意义。

（十六）《钦定国子监则例》

现存满文 30 卷，乾隆三十五年（1770 年）颁布；汉文 44 卷，于乾隆六十年修定，嘉庆二年（1797 年）刊布，由此成为一部重要的教育法规。

《国子监则例》，最初修撰于乾隆三十四年，以后每 10 年续修一次，该则例就是一个续修本，所辑范围包括乾隆朝六十年对国子监的诏令、谕旨，题奏科场事宜，以及国子监的官员设置、职责、培养制度等内容。它分为以下几大门类：（1）临雍，皇帝亲临国子监讲经问道的有关规定；（2）亲诣释奠，朝廷及监生纪念先圣先师的仪式规范；（3）绳愆厅，关于匡正品行、纠正过失的教育规范；（4）博士厅，学业的教授、考核方面的具体要求与人才选举方面的规定；（5）典簿厅，学籍管理规定；（6）典籍厅，史籍文稿的编修规范；（7）六堂，设率性、修道、诚心、正义、崇志、广业六堂的国学课程规制；以及八旗学、档子房和钱粮处的管理规定。

另有道光四年（1824年）修订的《国子监则例》，除增加算学一门外，其他体例未变。

（十七）《科场条例》

现存60卷，乾隆六年（1741年）始修，乾隆四十四年（1779年）续修，共54卷，28门，嘉庆十九年（1814年）增至60卷38类，道光十四年（1834年）和二十九年（1849年）又重修，其后咸丰二年（1852年）、光绪十三年（1887年）均再次增删。前几朝只有条文规定，光绪朝在60卷的基点上并附事例。所包括的内容有乡试会期、科举、起送会试、考官、钦定题目、阅卷、回避、关防、禁令、坐号、揭晓、宴席、闱墨、解卷、殿试、朝考、翻译等各项规定，是整个科举考试的内容方式及其录取、待遇的法律程序。唐以后尤重科举考试，因此该条例成为封建时代的重要法律之一。

（十八）《钦定学政全书》

现存汉文80卷，始修于乾隆二十一年（1756年），初为80卷，后于乾隆三十九年（1774年）由礼部制定，虽取学政全书一名，实则是乾隆二十一年到三十八年礼部所颁学政教育的则例。它包括学政事宜、学校条规、采访遗书、颁发书籍、厘正文体、考试事例、讲约事例、学政事宜、考试场规、贡监事例、官学事例、书院事例、录送科举、阅卷关防等80门，完全是种则例性质的文教法律。

乾隆五十八年（1793年），又重新修订，改动了体例，定制为临雍事宜、召试事宜、学政事宜、学校条规、书坊禁例、考试事例、旗学事例、商学事例、官学事例、书院事例、义学事例等，计82门。这次的修改，尤其增加了商学、义学、律学等内容，显然是根据扩大对外贸易、加强国际交往的需要而增进的。之后，嘉庆、道光、咸丰、同治各朝都曾修订增删，直到光绪二十九年（1903年）张之洞主持制定的《学堂章程》颁行实施后，该法规才停止使用。

（十九）《钦定兵部则例》

始修于康熙末年，雍正三年（1725年）复修，原为鄂尔泰等纂。鄂尔泰是雍正时的重臣，曾经参与制定了不少军事法规。该则例主要适用于军事官员的选拔、考核以及违纪处分。后来又具体制定了实施细则即《钦定兵部事务则例》。这两部则例是清朝早期的两部重要军事行政法规。

满文16卷的兵部则例，于乾隆七年（1742年）刊布。主要是有关兵部的编制、官员职责以及办事程序等，包括主要的军事行政法内容，于乾隆五十四年又增兵部现行则例，可能是对前者的修订。

（二十）《钦定兵部事务则例》

现存满文31卷，乾隆三十七年（1772年）刊布。主修人是华山。这是对兵部则例的具体实施规定，其主要内容包括兵部行政建置，日常活动规则，以及兵部与各朝廷和各部的相互关系准则等。该规则同兵部则例一样，现只存满文本，其汉文本称之为《钦定中枢政考》。

（二十一）《钦定中枢政考》

现存31卷，初制在乾隆十一年（1746年），是兵部则例的汇辑，因兵部习称中枢，故取名中枢政考。可能由乾隆七年的满文的《兵部则例》翻译、修订而成，其中包括《八旗财例》与《绿营则例》。八旗则例以八音分类，即金、石、丝、竹、匏、土、革、木八种，具体目录有职制、公式、户役、仓库、田宅、仪制、军政、宫卫、邮驿、马政、关津、盗贼、营造、杂犯等14类；绿营则例以干支十部分类，共15目，与前者基本相同，只是删去宫卫，增加了漕运和土番两项，这是清代兵部则例的集大成文本，也是一部重要的封建时代的军事法规。

中枢政考曾经多次修订。仅乾隆一朝即在二十四年（1759年）、二十九年（1764年）、三十四年（1769年）、三十九年（1774年）、四十四年（1779年）、四十九年（1784年）先后修订过六次。另外，各朝也都多次增删，使该法规日臻完善。其中修改体例较大的是道光五年的八旗、绿营分立以及道光十二年的续修文本。

（二十二）《钦定（八旗）中枢政考》

现存汉文本32卷，道光五年（1825年）修订，是对嘉庆二十二年（1817年）的《钦定中枢政考》的一次全面修订，并将原则例中的八旗抽出，单成则例。主要规定了兵部的武选、武库、车驾和职方四司在处理八旗政务方面的则例，具体划分为29类：品级、开列补放、奏派、封荫、改武、世职、通例、仪制、公式、禁令、宫卫、仓库、俸饷、户口、田宅、承催、营伍、军政、议功、关津、巡洋、缉捕、杂犯、八旗马、驻防马、训练、兵制、学政、营造。从其内容看，于军事法规之外，又含有民族行政法规的成分。

（二十三）《钦定绿营中枢考》

现存汉文40卷，道光五年修订，是在嘉庆二十二年《中枢政考》的基础上，将绿营则例单独抽出分立，主要规定汉营的兵制与事务。因清代的汉兵用绿旗，故称绿营。细目，包括52项：品级、营制、铨政、题调、拣选、保举、考拔、封赠、仪制、通例、公式、禁令、户口、田宅、承催、营伍、军政、议功、关津、缉捕、杂犯、马禁、驿递、邮禁、坐台、兵制、考试等。

（二十四）《钦定八旗则例》

现存满、汉文本各12卷，乾隆七年（1742年）修订。这是有关八旗的行政管理，职官责任，办事程序，以及礼仪、学校、兵制、禁令、军事等综合性的管理法规，分忠、孝、廉、节四部分12项：（1）职制；（2）公式；（3）户口；（4）俸饷；（5）仓库（有查产不得提讯妇女等项）；（6）学政；（7）典礼；（8）兵制；（9）马政；（10）禁令（有兵丁犯罪、隐藏犯罪、勒索外任、私典兵米、禁止火化等项）；（11）训练；（12）驻防。是八旗制度形成过程中极重要的民族军事法规之一。

在乾隆三十九年（1774年），又进行过全面修订，但体例未做变更。

（二十五）《钦定旗务则例》

又称作《钦定户部旗务则例》，现存满、汉文各12卷，乾隆三十四年（1769年）修订刊布，这是对八旗则例的补充规定，主要包括乾隆初年到乾隆三十年的所有八旗行政事务的管理法令，共含7类：（1）俸禄；（2）俸饷；（3）户口；（4）恤赏；（5）公式；（6）仓库；（7）经费。该则例在户部又被视作办理八旗俸饷的法律根据。

（二十六）《钦定中枢政考续纂》

现存40卷，于道光十二年（1832年）续修。在道光五年（1825年）分别制定八旗中枢政考、绿营中枢政考之后，又续修了嘉庆二十二年（1817年）至道光十一年（1831年）的兵部则例，称之续纂。仍包括八旗则例、绿营则例两大法规，其具体内容分立。八旗则例中有不识满洲蒙古文不准选总管、兵丁闲散逃走、旗人收回田产限制、新疆税课不准减免等项；绿营中包括直隶、广东、甘肃、陕西、河南的绿营营制，失事停升，军营奏升人员，水师轮缺，边俸升转，年老残废弁兵请给养赡限制等项，此外还有员额编制、官兵调迁等规定。至光绪朝又做过进一步修订。

（二十七）《钦定兵部处分则例》

现存满文 76 卷，即在《兵部则例》的基础上于雍正年间制定，乾隆七年（1742 年）刊布，后来又有文福等的译本，别称《钦定兵部议处则例》，主要是针对军事官员违反军纪或军务方面的处罚规定，它的基本内容遵循《钦定吏部处分则例 · 兵部》中的基本规定，又增加了具体的处分、量刑、流放等条款，似前者的施行细则。

《续纂兵部处分则例》，现仅存满文 4 卷，刊布于乾隆朝末期，道光五年（1825 年）又修订过。

兵部处分则例最重要的一次修订是嘉庆二十五年（1820 年）。但由于某种原因，修成后尚未公布，直到道光三年（1823 年）才正式公布实行。这次修订是依据《钦定中枢政考》中的八旗、绿营处分则例，重新加以酌定的。现存《八旗处分则例》37 卷，《绿营处分则例》39 卷，共 76 卷。八旗分 37 类，包括公式、选举、考劾、关禁、海禁、仪式、军政、禁卫、议功、火禁、缉逃、缉私、杂犯、刑狱、提解等。绿营分 38 类，基本项目内容与八旗相同。

《续纂兵部处分则例》，现仅存满文 4 卷，制定在道光五年（1825 年），之后又修订数次。其中包括八旗 2 卷，绿营 2 卷，具体内容及体例依仿前处分则例。

（二十八）《钦定军器则例》

现存 24 卷本和 60 卷本各一种。最早制定于乾隆十六年（1751 年），后于嘉庆十三年（1808 年）、嘉庆二十一年（1816 年）重修，定为 60 卷。光绪朝又进行了部分修订，其主要内容包括配备、制造军事器械、军器的保存与修理，以及各省的水陆营伍的军器管理规定等。分为 5 门，即盔甲、帐篷、器械、衣帽、旗帜的制作，以及工料价值规定等。

（二十九）《刑部新定现行令》

刑部则例，是刑法与行政法内容的合体，前者是惩治刑事犯罪的规定，后者是有关吏律和司法行政的内容。但在结构上，早期以令，之后又以例或则例的形式出现。这是一种较为特殊的则例形式。为了解则例的演变过程，现仍收录于此。

现行令，是顺、康时期的刑部的一个重要则例，现仅存满文 2 卷。由大臣黄机等奉命修订，于康熙十九年（1680 年）内务府刊布实行。主要内容为刑法，其中也有有关刑部的职责规定，刑事审判原则以及司法行政方面的具体规定。

（三十）《钦定刑部则例》

制定年代不详，刊行于乾隆年间，主要条款已经亡佚，是根据康熙十九年的刑部新定现行则例所修订，主要是有关刑部的职责、审讯、狱讼等方面的规定，包括部分司法行政内容。

（三十一）《督捕则例》

又称《兵部督捕则例》。现仅存满、汉文各 2 卷，乾隆八年（1743 年）修订，名为《兵部督捕则例》，实则为专门惩治满人及其家丁奴隶逃亡的处罚规定，初制定在顺治时期，后于康熙十五年（1676 年）修订，乾隆又将其增为 2 卷，其主要规定有：另户旗人逃走、旗人私出境外、边外屯庄窝逃、官庄壮丁脱逃等。

（三十二）《磨勘刑部新例》

制定于嘉庆六年（1801 年），主要是针对刑部官员履行职责和政绩考核的规定。在清朝关于磨勘新例仅有两种：一是对吏部的磨勘，二是对刑部官员的磨勘。

（三十三）《复秋审失入失出处分例》

制定于嘉庆十年（1805 年），也是针对刑部官员、其他司法官员，在审判中有失出失入过失的具体惩处规定，可视为《磨勘刑部新例》的补充规定。

（三十四）《吏律条例》

现存 51 卷，乾隆年间颁布。雍正五年（1727 年）颁行了《大清律例》，共 1049 条，其中的《吏律》对惩治官吏犯罪作出了具体规定。此后，于乾隆年间，专门制定了《吏律条例》，进一步完善了吏律的内容。主要包括职制、公式二门，详目 22 种。职制有官员袭荫、大臣专擅选官、滥设官吏、贡举非其人、举用有过官吏、擅离职役、赴任过限、无故不朝公座、奸党、交结近侍官员，计 10 种；公式有读讲律令、制书有违、毁弃书印信、上书奏事犯讳、事应奏不奏、出使不复命、官文书稽程、照刷文书、代判署文案、增减官文书、封赏印信、漏使印信，计 12 种。以后各代又有修订，但多纳入律例的吏律之中。

（三十五）《户律则例》

现存 34 卷，乾隆年间颁布，同时颁行的还有吏部与兵部二部则例，但后者称条例。是根据雍正年间的《大清律例 · 户律》修订而成，包括户役、田宅、婚姻、仓库、课程、钱债、市廛七门，计 50 种，主要内容有脱漏户口、立嫡违法、赋役不均、逃避差役；欺隐田粮、盗卖田宅、荒芜田地；居丧嫁娶、娶亲属妻妾、强占良家妻女、嫁娶违律；收粮违限、揽纳税粮、虚出通关朱钞、挪移出纳、冒支官粮、损坏仓库财物、隐瞒入官家产、拟断赃物不应；匿税、人户亏欠课程；违禁取利；私充牙行埠头、把持行市、私造斛斗秤尺等。户律后收入修订本《大清律例》中，不再单行使用。

（三十六）《钦定工部则例》

乾隆朝最初制定于雍正十二年（1734年），后经乾隆、嘉庆、光绪几朝多次修订，雍正时的文本已失传，现存世者尚有如下几种修订本：

1. 乾隆朝《工部则例》。乾隆十三年（1748年）修订，十四年刊布颁行，现存50卷。当时，修建坛庙、宫殿、仓库、城垣、府第、田宅等建筑物和油画装饰等工程，均按雍正时制定的法则办理。而制造乘舆仪仗、金银器皿等，尚无定制，于是由工部奉敕制定新的工程规范，命名为《工部则例》。共包括25项：有金银作；镀金作；铜、铁、锡、玉、木、竹、藤、漆、泥、毡、缨作；绣制等工艺规范。这是《工部则例》的雏形。

之后，于乾隆二十四年（1759年），又进行过一次修订，即《钦定工部续增则例》，三十三年又重修，其基本体例仍遵循十三年的规格。

2. 嘉庆朝《钦定工部则例》。主要是根据乾隆三十三年（1768年）的修订本重修，共进行过两次，即嘉庆三年（1798年）和嘉庆十七年（1812年），前者现存汉文本98卷，后者存满文和汉文各142卷，主要是有关工部的职责及其技术规范，其中包括工部的办事规章，主要包括四类：（1）营缮，有城垣、公廨、仓敖、营房、物料；（2）虞衡，有钱法、军需、杂料；（3）都水，有河工、漕河、水利、海塘、江防、关税；（4）屯田，有陵寝、薪炭、慎库、通例等。末年又有《钦定工部续增则例》，但只是对前者的增订。

3. 光绪朝《钦定工部则例》及续增则例。光绪十年（1884年）续修，现存116卷，主要是有关工程建设、科技法规，以及工部的办事章程。在体例上由工部的四类增加到七类，有制造、节慎、通例。在内容上依如前朝，只是新增了制造、桥道、船政、恭理事宜等。

光绪朝的《工部续增则例》，只有46卷，以三司分为三类，即营缮、虞衡和都水。

（三十七）《工程做法》

这是工部则例的前身。工部会同内务府制定于雍正九年（1731年），包括《工程做法》74 卷、《内庭工程做法》8 卷、《简明做法》2 卷，共 84 卷，主要是对宫殿廷陛、仓库城垣，以及各种工艺技术规范与工程管理方面的规定。后经乾隆三十三年重修，光绪朝又做了较大的修改，成为一部中国科技行政管理方面的重要立法。

（三十八）《钦定物料价值则例》

现仅存汉文 12 卷，乾隆三十三年（1768 年）刊布，主要是有关工部的物料价值方面的规定，属于技术行政立法。早在雍正元年（1723 年）即有《物料价值》。《九卿议定物料价值》的立法，于雍正七年和八年又再次重议修订，但因当时物价大涨，而未能统一，于次年，在修订《工程做法》的基础上，同时规定了物料的价值，形成了一部与工程立法合署的专门立法。到乾隆三十三年，初步定制。它根据各省府州县共计 1557 处，所开采的石料、砖瓦、灰石、土方、杂料价值及运送物价等，逐一审实核定，始以单行则例颁行。与六部并行的，还有一些寺监的则例，其法律效力等同《六部则例》，只是在施用范围上仅限于寺、院、监、府等行政机构。

（三十九）《钦定宫中现行则例》

原是乾隆初年，由敬事房制定，现存 4 卷，包括康熙十八年（1679 年）至乾隆七年（1742 年）的宫中事务规范，列为 18 门。在光绪初修订，把清代宫廷事务的法令、规则自康熙十八年续修至光绪五年（1679—1879 年），整整 200 年的宫廷事务规范，并增至为 22 门，包括皇帝皇后驾临各宫的礼仪及管理宫内事务的规定，如训谕、名号、玉牒、礼仪、宴仪、册宝、典故、宫规等；有宫廷门卫的守卫、开闭管理规定，如车舆、铺宫、进春、门禁、谢恩等；有太监的服侍规程及处罚规定，如太监、处分等。

（四十）《钦定王公处分则例》

初名为《王公处分成案》，制定在乾隆年间，后又在同治时重修，收辑乾隆至同治年间的王公行为规范及违制处罚规定，有 340 项，如公式、选举、考劾、封荫、文移、营私、仓库、户口、仪式、考试、禁卫、缉捕、旷职、审断、刑狱、赌博、犯赃、盗窃等。后修订为处分则例，仍分 34 项，但更为详尽，如“公式”中，即规定有议处旧章、引律议处、处分条款、降级兼议罚俸、降革奉旨留任、交部严议处分等内容。这部法规对限制王公贵族的不法行为起过一定的作用。

此后，又有《钦定宗室觉罗律例》。这就是由宗人府根据《王公处分则例》和《大清律例》所制定的对清室亲属不法行为的惩处法令，内有诉讼章程、折拟办法、死罪实缓、监候减发等内容。刊布于宣统二年（1910 年），次年因清朝灭亡，未及实施。

（四十一）《钦定总管内务府现行则例》

初修于雍正年间，直到咸丰二年（1852 年），才进行了全面修订，现存 4 卷，是内务府及其所属七司三院的办事规则与违制处分规定。后又有同治九年（1870 年）续修本和光绪十年（1884 年）重修本，其内容体例依如咸丰朝，主要包括四个部分：（1）建置衙门事宜，如堂司三院职掌、奏事、礼仪、收本红本、站班事宜、监守印信、巡幸事宜等；（2）职官选补，如选补官员、考察任官、盛京内务府官员，丁忧条例等；（3）各种事宜，如接圣驾、庆贺、奏请、折奏等；（4）稽察陈设，如管理乡试、会试、翻译进士、分部行走、吸食鸦片处分、赏罚功过、接收各国贡物章程等。

在各司，又分别制定有《总管内务府（掌仪司）现行则例》《总管内务府（广储司）现行则例》《总管内务府（御书处）现行则例》三部，是比较有代表性的具体职能部门的办事法规。

（四十二）《宗人府则例》

现存满、汉文各 31 卷，制定于乾隆年间，刊布于嘉庆时期。主要是处理皇室宗族的各种事务与事件。包括命名、婚姻、继嗣、封爵、封号、仪制、教养、考试、职制、律例等项目，其中律例中规定，王以下至一般官员斥革后免其责打、宗室觉罗犯罪按例分别折罚科断、宗室犯斩绞罪名分别实缓、宗室不准抗传不到、宗室觉罗不知自爱者以凡论、示谕宗室觉罗禁例、府署例禁、王等不应擅传、宗室犯寻常案件不准拟革去宗室、宗室觉罗呈送忤逆、宗室不准在外州县呈控地亩等26条款。是宗室、行政、民刑合体的行政法规。之后，于嘉庆十六年（1811年）、道光十九年（1839年）、道光二十九年（1849年）和光绪二十四年（1898年）、三十四年（1908年）多次修订。其中光绪朝的修订最为重要，它系统规定为八种：即天潢宗派、封爵、仪制、教养、授官、优恤、职制、律例，由此成为定制。

（四十三）《光禄寺则例》

最早制定于乾隆四十年（1775年）。原有8门84卷，是有关礼仪、宴飨及管理供应皇室祭品的法规。后经嘉庆八年（1803年）续修，有10门83卷，嘉庆二十年（1815年）增为102卷，道光十八年（1838年）再次修订，增至12门，则例90卷，丧仪14卷，共104卷。其主要内容包括祀礼、庆宴、宴飨、供应、制造、支用、移取、官职、职掌、库贮、田赋、丧仪等12门，是王宫中的重要部门法规之一。

（四十四）《太常寺则例》

初制于乾隆三十四年（1769年），分10门120卷，是有关宫廷礼乐祭祀方面的法规。在康熙四十一年（1702年）的《太常纪要》的基础上修订，后于道光年间重修，增加为10门129卷，主要包括大祀、中祀、群祀、告祭、兴工告祭、祀赋、工程、库贮、官属、另辑等10门，是清代宫廷的重要部门法规之一。

（四十五）《太仆寺则例》

最早制定于乾隆中期，现存汉文1卷，是有关宫廷养马、畜牧管理方面的法规，具体包括太仆寺官员编制、职掌、办事程序与赏罚等规定。它与光禄寺则例、太常寺则例统称为宫廷三大法规。

则例修订的最盛时期，是康熙和乾隆两朝，当时针对的重点是《六部则例》，以及各部的具体实施则例，对清朝一代则例的制定有着积极的影响。而到嘉庆、道光时期，则例制定的重点转向刑部、吏部和民族方面，主要在于填充空白和修改增补。但自乾隆会典始修以后，则例巨增，典例混杂，因此对各部院寺监的则例的修订依然是行政法立法中的首要任务。光绪时期全面地修订则例，使之更为系统化，到清末基本上形成了典例分立、各司其法的完备的封建行政法律体系。

第二节　丰富科技立法体系

中国是一个科学技术很发达的国家。为保证科学技术的不断进步，历代都制定了一些科技法规，在清代的康、雍、乾三朝，其立法成就尤为突出，这主要体现在行政管理体制的确立和一些重要法规的制定方面。

一、科学行政体制及管理

成文科技法产生于国家机器诞生之后。伴随着国家机器的产生、发展和完善，要增强科学生产活动的能量，首先就需要科学行政管理制度与法制的健全。

科学管理体制的定型，始于六部、隶、监体制的形成。六部从隋唐时期开始形成，一直到清初大都沿袭了这一建制。六部科学体制有专职的科研、生产部门与知识传授机构，包括三个层次：

1. 工部主管。这是最高的科学行政机关，它直接统辖科学研究、工程建造、科学技术人才的选拔培养，以及制定科学技术部门的法令法规。尤其在封建时代，工部作为一个科学行政管理机关，担负着立法计划和管理的职责，它对封建时代科学立法的发展，自然起着前导作用。

2. 寺、监专营。关于寺、监，历代的设置稍有不同，但就其主体而言，大多属于科研与生产的具体部门。寺，有农务司和太仆寺，前者为农林畜牧技术管辖的职能司，后者是主管印染、冶炼与货币制造技术的职能寺。所谓监，主要有少府、军器、将作、都水、钦天五监，他们分别负责制定矿冶、染织、工艺、武器制作、舟船建造、河泊运输等技术规范，以及有关科学技术的传播与研究。其中钦天监尤具有较高的科学地位，观测天文，确定历律，并定期作出科学的总结，以历律形式颁行全国。

3. 专门化科研体制。清朝末年，在工部的基础上成立了农工商部，原工部所掌管的工程技术，以及原外务部的机器制造，原户部的农桑、屯垦、畜牧、树艺等科学事务，一体归入其中，成为封建社会末期掌管全国科学技术的最高机关。在农工商部内，首次将科学行政事务与科学研究分别管理，其分工是：

（1）行政管理，设农务、工务、商务诸司；

（2）科学研究，分三种类型：①综合科研，有工业试验所和农事试验场；②科研教育，有京师工业学堂、京师实业学堂、高等农业学堂；③单项科研，有化分矿质所、工艺局、商标局等。

针对当时较为先进的科学项目，如轮船制造、铁路铺设、电讯传译等，又批准设立了特别的研究所，如交通研究所、交通传习所、电讯科研室等，它们承担起有关交通电讯科学的研究，我国历史上第一批现代科学意义上的研究所由此正式诞生。

在各主管科学技术部门中，同时还设有专门的“法科”或典章局，负责制定有关科学与技术法规，由此产生了突破六部体系的工业科技法规。

二、科技法规的制定与发展

清代主管科技机关的任务之一就是立法。它所制定的科技法，包括限定性技术规范和法律规范两个部分，限定性技术规范是国家颁行的各类科学技术应用传播方面的规定；法律规范则是各个科技部门的法令法规，从其法律性质看，古代的科技立法大致包括天体科学、数理科学、农业科学、工业科学、卫生环境科学及知识产权等。其形式之多样，内容之浩瀚，为近代的科学立法开创了先例，同时极大地丰富了古代行政法。在清代制定并颁行的科技法规主要有以下数种：

清代科技立法简表

类型	法律名称	颁行年代	制定者	要　目
天文历法	《历象考成》	康熙十三年	康熙御定钦天监	一部运用近代天文学和数学知识的历法典
	《历象考成续编》	乾隆三年		
	《仪象考成》	乾隆九年至道光二十五年		
地理行政	《大清一统志》	乾隆八年至道光二十二年	官修	中国较为完整的地理行政典
	《皇舆全图》	康熙五十七年乾隆二十六年重修		
农桑	《御制耕织图》《江南催耕课稻篇》	嘉庆年间	官修	
计量	《度量衡画一制度》	光绪三十四年	官制，法部颁行	
运输	《漕运则例》	乾隆年间	官修	
	《钦定户部漕运全书》	雍正二十年		
工典	《钦定工部则例》	雍正十二年、乾隆十四年	虞衡司史贻直奉旨，初编 50 卷，续增 95—120 卷官修	
	《钦定工部续增则例》	乾隆二十四年		
	《工程做法》	雍正年间		

三、清代科技法的特点

我国科技法的历史发展，体现了我国古代法律的特有形式，可以看出它具有以下几个突出的特点：

1. 具有独特的体系。清代的科技法是法律体系的组成部分之一，同时又具有自己的独特体系。它既不同于强制性的刑罚、惩治犯罪的刑律，也不等同于行政法典。它的独特就体现为对最新科学研究成果首先运用法律加以确认，制定为某种法规法令，使其成果社会化，促进科学事业的进一步发展。

2. 管理体制健全。行政机构的建制，是通过国家行政机关的正式批准，并具有明确详尽的职责程序，对其职能的规定，均有法规法令或法典的确认。因此，其职能的行使有较大的权威性，对科学技术的引导与发展具有决定权，加强了国家对科学技术的统一指导，在一定程度上，保障和促进了科学技术的进步。

3. 以法律形式对科学技术作出规范性规定。这主要体现为：一是通过法规法典对科学研究成果予以认定，以有利于推广传播；二是采用一定的法律形式，使其规范得以普遍执行；三是运用刑律的有关规定，惩处违制不法，以保证技术规范的应用与科学价值，保证科学技术规范的法律效力。

4. 技术规范比较发达。科技法的内容，包括历法、农林法、建筑营造法、医药法、环境法、度量衡法、算学制度、矿冶法、手工业法、水利漕运法等，系统而丰富。这些对科学技术的认定和保证实施的众多规范，充分体现出内涵的多样性及其科学价值，在古代科技立法中，是一项巨大的成就。

5. 以法律调整科技法与其他部门法的制约关系。清代的科技立法虽自成一家，但与行政法、经济法又有着久远的历史联系，与刑法也有深刻的依存关系。前者是纵向的，后者是横向的，这种纵横关系既相互依存又相互制约。这样使各部门法之间在立法上相对独立，实施上相互协调，不断丰富自身的体系。

清朝的早期行政立法，在总体上有两个突出的特点：首先是确立了行政立法的典例体系。从顺治末年到乾隆朝，即以六部为体，以会典为经，以则例为纬，围绕着国家机器的布局结构、行政活动的职责效能、监督考察与违法追究四个方面进行立法，因此，这些法规法典对国家各级行政机关的职权划分，对各级官吏的直接约束，以及各部最高行政长官权力的限定都比较具体，从宏观方面突破了旧有行政立法的范畴，比唐代的典、令、格、式更富有实效，使其更能适应国家行政管理的需要。这种典例的有机结合，是因为行政法典规定了国家的体制，行政机关的组织与职责，以及行政活动的程序等，它所调整的对象是整个国家的组织活动和行政管理所产生的一切法律关系，尤其是中央和地方政府的权力关系，它的主旨在于维护中央集权统一，稳定封建社会正常运行，并在这一前提下，保障社会生产、文化艺术以及创造领域各种活动的实施；而则例所规定的，重点在于调整各部僚间的相互关系、官员的各自职责，以及所应承担的法律责任，这使六部和君权的关系形成经纬交错的特征，但在实质上它依然为进一步强化皇权服务。

其次是重治吏。从《五朝会典》到《六部则例》《六部处分则例》的另一个重心即惩治职务犯罪，严惩贪官污吏。尤其是顺治和康熙两朝，都清楚地认识到，凡立国行政"孰司立久无弊"，尽管用严格的行政法约束官吏，但年长日久总不能避免弊乱发生，出现贪官污吏。因此对各级贪官污吏违反办事原则，擅离职守、荒芜政绩，或践踏法纪、败坏官风等行为，均要依法予以监察，以法处治。这些法令对顺、康时期惩奸举贤，察吏宜民，都曾经发挥过重要作用，出现过半个多世纪的吏治清明。

第三节　创建特别权力机构军机处

设南书房以后，内阁的政治作用已大大减弱，到雍正即位，内阁已经接近名存实亡。如何更好地发挥君主统治的权威，自然需要一个替代内阁的机构。雍正七年（1729年），因用兵宁夏，往来军事频繁，急需设置一个特别的权力机构，在这一形势下，首先出台的便是军机房。据雍正的谕旨说："两路军机，朕筹算者久矣，其军需一应事宜交与怡亲王（允祥），大学士张廷玉、蒋廷锡密为办理。"[①] 从军机房设立日起，内阁处理军政大事的权力，南书房处理军机的权限，一律由军机房替代，当时朝野皆说它是内阁的分局。雍正十年（1732年），军机处因办理机要事件需要专门的印信，于是奏请雍正批准，将军机房更名为办理军机处，自此，军机处宣告正式成立。乾隆一登位，便废军机处，将其事务改为总理事务处经办，原来的军机事务大臣也调回本任，军机处宣告终止。但乾隆二年（1737年），又下令恢复，直到宣统二年（1910年），军机处最终由责任内阁所替代，先后执政达180余年。

按行政法典的规定，军机处只设首席长官军机大臣和军机章京，正如《枢垣记略》所说："枢廷义取慎密，有官而无吏。"[②]

军机大臣，俗称大军机，由满汉大学士、尚书等各部长官兼任，初设为3人，以后增至4人或5人。军机大臣虽是兼职，但职重权大。设立军机处时，就是由雍正之弟怡亲王允祥主持军机处，所以，军机处的地位相应得到提高，有大学士非兼军机处不得为真宰相的说法，由此可见军机大臣地位的重要。

---

① 《清实录·世宗宪皇帝实录（二）》卷82，第83页。

② （清）梁章钜纂：《枢垣记略》卷22，文海出版社1973年版。

军机章京，又称作小军机或枢曹。初建时无定额，由军机大臣在各部寺中挑选任用，分作满、汉章京，作为军机大臣的副手协助处理军政要务。

军机处的具体职责，据《大清会典》规定："军机大臣掌书谕旨，综军国之要，以赞上治机务，常日值禁庭，以待召见。"①

据《清史稿》记载："掌军国大政，以赞机务，常日侍值，应对献替，巡幸亦如之。"②其职责具体划分，包括以下几项：

1. 撰拟皇帝御旨，处理官员奏折。凡是皇帝特颁的御旨和需要恢复奏请的御旨，以及其他奏折，都一律由军机大臣秉承皇帝旨意，撰写呈阅，凡公开宣示的交内阁颁发，机密的由军机大臣封寄。

2. 办理皇帝交议的军政。凡遇重要的施政方针、军事谋略等大事，皇帝不能裁决，特交军机处或由军机处会同有关衙门议奏后，提出"应因、应革、应上、应行"等具体意见，报皇帝裁夺。

3. 办理重大狱案。凡遇重大案件，需交军机处审办的，即由军机大臣会同三法司审断。

4. 重要官员的考试任免。各部尚书、侍郎，各省督抚，以及地方重要官员、驻防将军、都统等的补放，均由军机大臣开列名单，交皇帝批准择用。凡遇科考，也由军机大臣开列主考名单及考试题目，奏请皇帝批准选用。

5. 侍从皇帝出巡。凡遇皇帝外出巡查或者有军事行动之时，一切山川道里、兵马钱粮的具体设施及其准备，均事先应考察确实以备咨询。

6. 可以钦差身份奉旨巡查或处理重要的军政事务。

此外，日值禁廷也是首要任务之一。凡是皇帝出宫巡幸，所住的行宫一律由军机大臣值班。可以认为，凡国家的政务军务、皇帝个人事务，均成为军机处的职责范围。

---

① 《清会典》卷3，第20页。

② 《清史稿》卷114，《职官志一·军机处》，第3270页。

军机处的设立，目的在于办理机要军政，从它的设立上看具有两个鲜明的特点：既具有严密精练的机构，又具有严格的机密性质，机构的简练与康熙时期主持军政的内阁比较，既突出了权力的中心，又大大简化了办事程序。从其机构职属的比较即可窥见一斑：

内阁与军机处机构职属比较

内　阁	军机处
1. 典籍厅	1. 汉屋（汉军机处）
2. 满本房	2. 满屋（满军机处）
3. 汉本房	3. 内翻书房
4. 蒙古房	4. 方略馆
5. 诰敕房	（1）纸库
6. 稽察房	（2）书库
7. 饭银处	（3）档案库
8. 收发红本处	（4）校对处
9. 副本处	（5）纂修处
10. 批本处	（6）文移处
11. 修书务馆	
（1）实录馆	
（2）三礼馆	
（3）三通馆	
（4）一统志馆	
（5）明史纲目馆	
（6）满洲氏族通谱馆	

自雍正设立军机处之后，一切要务皆系军机大臣每日召对承旨遵办，“而满洲大学士、尚书向例俱兼虚衔，并无应办之事，殊属有名无实。……

所有议政空衔，著不必兼充。”[①] 至此，议政王大臣被明令停止，其职权均由军机处接替。

内阁更是江河日下。据王昶的《军机处题名记》说：“内而六部、卿寺及九门提督、内务府、太监之敬事房，外而十五省，东北至奉天、吉林、黑龙江将军所属，西南至伊犁、叶尔羌将军、办事大臣所属，迄于回裔诸属国，有事无不综汇。且内阁、翰林院撰拟有弗当又下军机处审定，故所任最为严密繁巨。”[②] 显然这时的内阁已无任何实权，成为附庸机构，“军国大计，罔不总揽，自雍、乾后百八十年，威命所寄，不于内阁而于军机处，盖隐然执政之府矣”[③]。只是为了维护其声誉，才保留了内阁的外壳而已。

至于军机处的机密性质，在封建王朝中也唯此一例，由此决定，国家的最高权力决策，处于高度的垄断状态，更加剧了封建国家行政的自我封闭，同时也加速了自身的衰亡。

鸦片战争以后，中国社会走向半殖民地化的进程日益加深，到1860年签订《中英北京条约》《中法北京条约》《中俄北京条约》时，清政府与侵略者办理议和、处理同外国的“善后事宜”，以及正常的外事往来，频繁叠加，原有的“抚夷局”已不能适应形势的需求，因此，负责外务的恭亲王奕忻，于1860年年末特上奏设立总理衙门：

“各国事件，向由外省督抚奏报，汇总于军机处。近年各路军机络绎，外国事务，头绪纷繁，驻京之后，若不悉心经理，专一其事，必致办理延缓，未能悉协机宜，请设总理各国事务衙门，以王大臣领之。”[④] 咸丰十一年（1861年）一月正式设立“总理各国事务衙门”，简称总理衙门或总署，命恭亲王奕忻、大学士桂良、户部左侍郎文祥为总理衙门大臣。

---

① 《枢垣记略》卷1。

② 《枢垣记略》卷22。

③ 《清史稿》卷176,《军机大臣年表一》，第6229页。

④ 《筹办夷务始末》（咸丰朝）卷71，中华书局1979年版。

总理衙门设置后，凡属对外交涉、通商贸易，悉均总理衙门执掌，而变成了包罗万象的洋务衙门，因此被称为“洋务内阁”。它与军机处的关系，在《大清会典》中也予以明确划定，凡对内事件，一律归军机处，对外属总理衙门，犹如清朝前期军机处同内阁的关系，但这时的内阁已是“虚设内阁”了。

第四节　以法治吏与重典惩贪

康熙末年，由于片面追求所谓的“政尚宽仁”，中央集权削弱，统治阶级内层争权夺利加剧，贪赃之风肆虐，吏治严重败坏。再加上隐匿土地，地方官目无中央和法纪，肆意亏空国库，残酷掠夺人民财产，大大加剧了各层次的社会矛盾。自康熙五十年（1711 年）起，台湾等地就不断发生农民起义，给大清王朝的统治蒙上了一层阴影。就在这种种弊端丛生的时期，雍正授命于帝位，开始了他励精图治的政治生涯。之后乾隆继位，又继续了雍正的谋略，加强调整行政机构的职能，整顿吏治，严打贪官赃吏，曾出现过一度的“盛世”繁荣。概括这一时期的行政法制建设与吏治的关系，集中体现为两点，即以清理财政为支点，以法治吏，重典惩贪，清除王朝的腐败现象，强化中央集权，达到提高国家行政管理的效能。

一、清查亏空是整顿吏治的首要因素

康熙末年，仅户部的亏空就达 250 万两白银，地方政府的亏空数字更为惊人。为此，雍正于元年（1723 年）元旦连下 11 道诏书，历陈官场的积弊和官员侵吞钱粮的罪行，指令采取一切强硬手段，惩治犯罪的官吏。由雍正最信赖的怡亲王允祥主持清查，在中央成立了特别机构，在地方指令组成以督抚为主体的清查部门，并对问题严重的省份派出钦差大臣督办，

把清查亏空的优劣作为能否实现励精图治的根基。

清查历时 9 年，先后清理了户部和各府寺监的库存，地方府州县的钱粮，并建立了告发制度，奖掖举报贪赃官吏的人员。这期间，查出并惩办了几千名贪赃官吏。如内务府官员李英贵，勾结他人冒支正项钱粮计 100 余万两，雍正立即下令将他抄家、处死；河道总督越世显克扣治河工料，侵吞钱粮，一经查出立即严惩；雍正的十二弟允裪主管过内务府，为了补偿府内的亏空，竟被迫变卖了全部家财；他的十弟也因涉及亏空数万金，只得交出所有家产作为补亏。由于清查态度坚定，执法严明，终于收到了极大的成效，刷新了雍正朝的吏治。

二、实行火耗归公是整顿吏治的大政

所谓火耗，就是政府部门借口弥补所征收的银两在熔铸时的损耗而增收的税，属于一种不成文的附加税性质。火耗税在明朝已有，到清时竟变成了朝廷和地方官吏掠夺人民财富的合法手段。一般情况下，火耗每两加收 4 钱至 5 钱，但若经州县逐级加派，其税额更重，造成了严重的社会危机。雍正下决心削减火耗，并据此以解决国家的税收问题。雍正元年五月，湖广总督杨宗仁提出以火耗节余充作公费，雍正欣然支持。接着，陕西巡抚诺岷提出把州县所得的火耗银一律提交司库，一部分用于补空，另一部分作为公费和地方官的养廉银。对此，雍正不顾内阁和九卿的反对，立即批准实行。于雍正五年，正式立法，规定火耗节余为政府附加税，每两税额不超过 2 钱。事后，雍正评论说："与其州县存火耗以养上司，何如上司提火耗以养州县乎？"[1] 这样一来，既加强了中央对地方的财政监督，又彻底改变了由经济关系所牵制的官员的贪赃枉法问题，在一定程度上，堵住了营私舞弊、豪夺强取的歪风。

---

① 《清实录·世宗宪皇帝实录》卷 22，第 351 页。

雍正把限制火耗与整饬吏治结合起来，不仅扭转了康熙末年横征暴敛的问题，使火耗率大幅度下降，如山西原来的火耗率由30%降到20%，河南、山东竟由80%降至18%，人民的负担减轻了数倍。由于立法为绳，不法官吏也不敢任意盘剥，再加上实行了摊丁入亩等其他经济政策，终使雍正朝的财政状况得到了改观。康熙最盛时的库存不过7000万两，到雍正六年（1728年），库存就已逾6000多万两。可见，雍正推行的清查理财和惩贪治污，在封建时代的吏治史上确有奇功异树之美。

三、惩贪立法与重典治贪

雍正、乾隆二朝尤重御史监察和重典治贪。康熙曾说过："治国莫要于惩贪。"雍正进一步说："治天下，首在惩贪治吏。"乾隆即位后，继承了这一传统，详尽修订了各部官员违纪的处分条款，严以治吏，重惩贪酷，他曾说过："劣员多留一日则民多受一日之残，国多受一日之蠹"，"斧锧一日未加，则侵贪一日不止"[①]。乾隆早期因贪赃而被杀的二品以上大员就达30余人，以法治吏收到了巨大的成效。

严以察吏的基础是强化有关立法，仅以乾隆朝为例，即为便于御史监察而制定了10多种惩贪治吏法。于乾隆六年（1741年）制定了《京察滥举处分条例》，八年（1743年）制定了《开复革职办法》，十二年（1747年）制定《侵贪犯员罪名》，十五年（1750年）钦定《侵亏案条例》，十八年（1753年）制定《三品京堂京察例》，十九年（1754年）制定《查实委员处分例》，二十四年（1759年）定《考察内外大员例》，二十八年（1763年）制定《职官犯罪脱逃治罪例》，三十三年（1768年）定《议处官员以公私罪为断例》，四十五年（1780年）增改《吏部旧例》，四十八年（1783年）增定《武职处分例》等。

这些改定和新修的职官条例，规定了察吏和惩处的八条标准，凡是"奢

① 《清朝通志》卷78，《刑法略》。

侈无度”“逸乐游畋”“荒耽酒色”“不勤国事”“荒弃职业”“黩货偷安”“审谳淹迟”“挟仇劾人”者[①]，均要受到监察和处罚。

乾隆朝的立法，对康雍时期的惩贪立法作了重要补充。如乾隆四年（1739年）将八法改为六法，宣告“贪、酷二者，不应待三年劾”，对于贪官污吏的惩处定为经常性的法律；又如六年补充规定：凡官员有侵贪等罪行者，均发往军台惩处；于二十三年（1758年）规定：侵贪官知法者在所不赦，同时废止《重犯捐赎例》；三十年（1765年）规定：凡侵贪千两以上者，照旧执行斩监候；三十七年（1772年）也特别规定：凡犯赃刺字例，是以杜绝“日久事冷，钻营复职”；于四十一年（1776年）再次规定：凡亏空银两入己，限内完赃，不准减；于四十五年又特别规定：督抚衙门官员，犯有索贿受贿罪，照例杖一百，按私罪革职论处，即督抚本人也不得免。并且严格规定，孔氏家族官员，犯有贪赃枉法罪者，也依律决断。这些立法的内容，不仅加强了惩贪立法的权威性，也进一步完善了封建社会吏治的法律内容，是行政立法发展中的重要贡献。

① 《清实录·太宗文皇帝实录》卷29，第376页。

第十六章　雍正、乾隆时期的民事经济立法

第一节　所有权关系的发展

一、土地所有权

雍正、乾隆时期（1723—1795 年）清代的土地制度已基本定型，土地所有权关系也已基本明确。清代的土地大体上可分为私有土地（民田）和国有土地（官田、官庄等）两大类。

（一）颁布稳定私有土地所有权的法令

清初统治者通过“更名田”“垦荒令”等法律手段，使明末清初因战乱所废置的土地重新得以开垦，扩大了耕地面积，并以不准旧主“认业”和放宽“起科”年限等措施，承认了新垦耕地的所有权；对无地、少地的农民所开垦的土地发给“印信执照”，使其私有土地的所有权得到法律上的承认。

雍正、乾隆时期，继续贯彻顺治、康熙以来“招民垦荒”的基本政策。雍正帝一登基，就发布敕令：“水田以六年起科，旱田以十年起科，永著

为令。”①

雍正五年（1727年）又发布上谕，对农民自行开垦的荒地“隐匿未报”或“垦多报少”者，“准各省官民自行出首，将从前侵隐之罪，悉从宽免；其未纳之钱粮，不复追问。定限一年，令其首报，于雍正七年入额征解”。其后又“展限六个月”。②这样，一方面承认了农民的私有土地所有权，另一方面也是为了扩大国家田赋的来源。

雍正七年（1729年）又规定：由国家供给牛种口粮而新开垦的荒地，成熟“五六年后，按则起科”。③这些法令刺激了农民的开荒热情，加速了荒地的开发。到乾隆时，可垦荒地已有限。乾隆二年（1737年）定《承垦荒地之令》，其基本原则是：凡开垦荒地者必先呈报，无论土著居民还是流寓者，皆以呈报在先为准，国家承认其土地所有权。④此后，又陆续颁发、批准了一系列地方性的“垦田科则”，这些科则的主要内容是：凡开垦的荒地，必须以向国家纳税为前提，国家承认垦田者的私有权。

乾隆二年（1737年）御史薛馥及乾隆八年（1743年）前漕运总督顾琮上书建议实行“限田制”，一户占有土地最高不得超过30顷（即3000亩），高宗考虑到，限田虽可均贫富，抑兼并，但这样一来，必然使刚刚建立起来的民田土地私有秩序被打乱，下层官吏再借此扰民，“于贫民无补”，认为“断不可行”，拒绝了“限田”的建议。⑤由此可见，乾隆时期，清廷的主要宗旨，仍是保持现有民田所有权的稳定。这一政策，由于保护了私有土地的所有权，因而推动了垦荒的进展，对清前期社会的安定和经济的发展起了重要作用。

---

① 光绪朝《钦定大清会典事例》卷166，《户部·田赋·开垦一》。

② 《钦定皇朝文献通考（一）》卷3，载《钦定四库全书》第632册，第52页。

③ 《清实录·世宗宪皇帝实录（二）》卷80，第51页。

④ 《钦定皇朝文献通考（一）》卷4，载《钦定四库全书》第632册，第68页。

⑤ 《钦定皇朝文献通考（一）》卷4，载《钦定四库全书》第632册，第79页。

（二）制定保护国有土地所有权的法令

清代的国有土地，名义上都是国有，但根据其具体的所有者不同，用途不同，以及后期的变化，又可分为官田、官庄与屯田三类。

1. 官田。官田系清政府所有的土地，按其用途又可分为：籍田，如各省公田及天子亲耕之地；学田，以其收入供贫士修学之用的土地；祭田，赐给所谓“圣贤”后裔，用作祭祀费用的土地；牧地，使壮丁开垦，附于牧场的荒地，以供马粮料之用。这些官田的经营方式是，国家以地主的身份，将地租给农民耕种，征收地租，作以上各项专用。

2. 官庄。官庄系指清初“圈占”所得并赐与满族皇族、贵族的土地。其经营方式采用庄园制，使用“奴仆”从事生产，故称官庄。官庄土地因其占有者不同，又分为皇室庄田、宗室庄田与八旗庄田。

皇室庄田为皇室自身所保留的庄园。其来源一是承继明代的皇庄及收夺剩余地，称“承领地”官庄；二是汉人“带地投充”的官庄。

宗室庄田为王公贵族的庄田。其来源或为受赏地，即圈占或分封的土地；或为汉人“带地投充”；或为私设的官庄。

八旗庄田即旗地，是国家拨给在籍之人的土地，基本上在直隶省和东三省。其来源主要仍是“圈拨地”和“投充地”。

3. 屯田。屯田亦称军田或赡军田，本为官地，由兵卒、旗人或商民等屯垦，以助军饷。屯田按地区分为：直省屯田、新疆屯田、南路屯田和北路屯田四类。屯田的土地所有权也归国家所有。

上述官田的土地所有权名义上都属于国家。土地的实际主人只有占有权和长期经营使用权，而没有处置转让权，法律禁止或限制其买卖、典当等。康熙时期就已规定：“官员甲兵地亩，不许越旗交易；其甲兵本身种地，不许全卖。”[①] 康熙十五年（1676 年）还颁布了《侵占屯田惩罚条例》，禁止

① 《光绪会典》卷 20。

并打击隐匿、盗卖屯田的行为。

雍正时，重申上述禁令，七年（1729年）上谕："八旗地亩，原系旗人产业，不准典卖与民，向有定例。"[①] 九年（1731年）又对屯田规定："屯卫田准典与军户，不得私典与民。违者将田归卫，典价入官，仍照例治罪。"[②]

（三）从旗地回赎到官田私有化

从康熙时期就出现了旗人因不习耕作，将旗地私自典押、转卖的现象。雍正即位后，始着手整顿旗地。一方面重申禁止典卖旗地的禁令；另一方面对业已典卖的旗地，由官方付给一定的地价，强行取赎。雍正十三年（1735年）规定：凡红契典卖的旗地，可全价予以回赎；而白契典卖之旗地，则仅付半价或不给价"回赎"。[③] 所谓"红契"即经官方验契纳税后加盖官府印鉴的契约，"白契"即未经官方认证纳税，没有官印的契约。因清代严禁"旗民交产"，旗地又为禁止"私有质鬻"者，典卖旗地即属不合法交易，一般都不可能经官方验契加印，故可以全价回赎的红契典卖旗地就微乎其微了，而"回赎"白契所典卖的旗地，国家仅付给半价或不给价。这实际上是以部分剥夺或完全剥夺承典人与买方利益的手段来维护旗人的经济利益。所以，对白契典卖旗地的"回赎"，基本上也只能是"回收"了。

乾隆九年（1744年），修改了上述办法，改定为："民典旗地，不论契载年限，总以十年为率，在十年以内者，照原典之价；十年以外者，减原价十分之一；五十年以外者，以半价取赎。"[④] 这次修改，已无红、白契之分，而以年限为据。乾隆十一年（1746年）又规定："应以十年为率，十

---

① 《钦定皇朝文献通考（一）》卷5，载《钦定四库全书》第632册，第105页。

② 《钦定皇朝文献通考（一）》卷10，载《钦定四库全书》第632册，第208页。

③ 嘉庆朝《钦定大清会典事例》卷135，《户部·田赋·畿辅官兵庄田》。

④ 光绪朝《钦定大清会典事例》卷159，《户部·田赋·畿辅官兵庄田一》。

年以外者，每年递减，至五十年以外者，仍以半价取赎。其原价较时价过重者，饬令地方官随时体察，务使地亩价值，两得其平。”[①] 此际的“回赎”政策，已由单纯保护旗人的利益，转向“两得其平”，即既要保护卖方（旗人）的利益，也要保护买方的利益。

乾隆三十四年（1769 年）以后，又推行“新地价政策”，内容为“无论年份远近，契价多寡，总以现在租息为断。如核计租银，可得一钱者，量给价银一两，均就租息之轻重，定价银之多寡”。[②]

乾隆三十七年（1772 年）又定《典卖旗地追价之例》，对以前所卖旗地达不到上述地价标准的，“本人业已物故及家产全无之人”可予以“请豁”。[③]

乾隆朝大规模“回赎”旗地共有四次，前后总计回收旗地 37611 顷。但回赎旗地并未能按预期目的解决旗人生计问题。贫苦的旗人无力购买政府“回赎”的旗地，而贵族、官僚及富裕旗人却乘机买进廉价土地。连乾隆上谕亦说：“赎地一事，恐未必于贫乏旗人有益。”[④]

八旗土地之所以能被旗人广泛典卖，有所谓“旗人生计”问题，但更重要的是，这些名为“官田”的旗地，实际上已逐步私有化。清初分配给旗丁的土地，规定业主只有使用权，没有所有权。但随着时间的推移，这些常年使用的土地逐渐成为旗人心目中的自有土地，在生活拮据时，不免“私有质鬻”。雍正、乾隆时期，一方面为旗人回赎田产，另一方面反复申明禁令。嘉庆、道光直至咸丰初，仍不断重申，旗地“无论旧圈自置，概不准售与民人”，“若典鬻旗地，从盗卖官地律，授受同惩”。[⑤] 从这屡禁不止的局面中，我们可以看出八旗土地已在无形之中私有化了，清廷已无力挽回。

① 光绪朝《钦定大清会典事例》卷 159，《户部 · 田赋 · 畿辅官兵庄田一》。

② 乾隆朝《永清县志》奏议一。

③ 《钦定皇朝文献通考（一）》卷 5，载《钦定四库全书》第 632 册，第 114 页。

④ 《钦定皇朝文献通考（一）》卷 5，载《钦定四库全书》第 632 册，第 108 页。

⑤ 《清史稿》卷 120，《食货志一 · 田制》，第 3495 页。

咸丰二年（1852 年），清廷颁布《旗地买卖章程》正式以法律的形式允许“变通旗民交产”，规定：“除奉天一省旗地盗典盗卖，仍照旧例，严行查禁外。嗣后，坐落顺天、直隶等处旗地，无论老圈、自置，亦无论京旗、屯居及何项民人，俱准互相买卖，照例税契升科；其从前已卖之田，业主、售主，均免治罪。一切应办事宜，仍著该部妥议章程具奏。”[①] 从此，“旗民交产”正式合法化。同时，以往旗地因“官有”而“免粮”的特权也被取消，变成一般私有民田，八旗土地制度基本瓦解。

同样的情形也出现在屯田中，雍正、乾隆时，已出现“军屯田地，典卖与民，相沿年久”[②] 的局面。乾隆时也多次颁令，要求各卫将典卖的屯田“备价取赎”，虽也取得一定收效，但到清末，仍避免不了屯田的普遍私有化。光绪二十八年（1903 年）下谕：“将各省屯田地亩，逐一彻底查明，悉令该屯户报官税契，听其管业将屯饷改为丁粮。”[③] 这次屯田制的改革内容，是将国有屯田出售，定价三等，上等田每亩银 3 两，中等田 2 两，下等田 1 两；购买者自行管理，报官税契，按亩升科。从此作为官田的屯田也完全私有化。

雍正、乾隆两朝，为保护国有土地所有权，尽管颁布了一系列法令，采取了许多措施，但最终也挽回不了官田私有化的历史趋势。

二、其他生产资料的所有权

除耕地外，清政府以传统的“溥天之下，莫非王土”为基本信条，认为一切土地的所有权都应该是封建国家所有。如产盐的盐滩，产矿的矿山等，其所有权皆归国家。生产者只有使用权，没有所有权，要想利用其从

① 光绪朝《钦定大清会典事例》卷 160，《户部・田赋・畿辅官兵庄田二》。

② 光绪朝《钦定大清会典事例》卷 165，《户部・田赋・屯田》。

③《清实录・德宗景皇帝实录（七）》卷 494，第 524 页。

事生产，必须向官府申领文凭执照，并照章纳税，然后才得以开采。有的矿场，官给工本；或本由民办，官府入股，经营稍好，即夺归官有。矿业在清初时开时禁，矿主对矿山也没有所有权，官府说关即关，说收即收，使矿业发展严重受到阻碍。盐业生产基本上完全由官方垄断，盐商从官府购买盐引，按引纳课，方得经营，对盐场也没有所有权。

在手工业方面，清政府承认手工业场主对各种手工机械的所有权，但多少也有一定的限制。如清初就曾限制机户拥有织机不得超过百张，后虽取消，但各种苛捐杂税仍对手工业的发展起着制约作用。

制瓷业在康熙二十年（1681 年）左右，正式恢复明代的官窑制度。以内务府或工部官员任督陶官，在景德镇设窑制作、烧造瓷器。许多名窑也多以督造官之姓为名。如康熙后期江西巡抚郎廷极所建窑称“郎窑”；雍正时年希尧为最高督造官，所建窑称“年窑”；乾隆时唐英为驻厂督造官，其时之官窑称“唐窑”。此时之民窑也有相当发展，官府承认民窑窑主的私人所有权，使景德镇的制瓷业出现“商贩毕集，民窑二三百区，终岁烟火相望，工匠人夫不下数十余万，靡不借瓷资生”[①] 的局面。官窑还与民窑相互交流技术，如著名熊窑烧造的软彩瓷器，就为雍、乾官窑所摹仿，甚至官府还在民窑搭烧瓷器。刘坤一记载：“查景德镇厂署御窑，乾隆年间即已塌毁，数十年来，均系附于民窑搭烧。”[②] 官府搭烧民窑，按市场平均价值付钱，民窑的所有权得到官府的承认和保护。类似的情况，在冶炼业中，如对冶铁炉和铸铁炉、冶铜炉的所有权，也同样得到官府的承认和保护。但封建官府及胥吏的其他干预，仍阻碍着手工业主正当行使其所有权，使这些行业不能正常发展。

对于其他一般中、小型生产工具，如农具、手工业生产工具、车船、碾磨、耕牛、牲畜等，清政府承认其私人所有权，一般可随意买卖、处置，

① 唐英：《陶冶图说》，中国书店 1993 年版，第 14 页。

② （清）刘坤一：《刘忠诚公遗书》卷 9。

有的只要经官府契税，亦可随意典卖，若受他人不法侵害，如盗卖、毁弃、私自借用都将受到法律追究。

三、对侵犯所有权行为的制裁

清政府首先重视保护的是封建国家的所有权，及封建皇帝所拥有的一切特权与财富。凡侵害国家利益与皇权统治的行为，即以“十恶”论罪。相反，国家与皇帝可根据自身的需要，随意侵害各类私人所有的权益。清初“圈地”运动，不仅无偿剥夺了一般农民的土地，同时也侵占了部分汉族地主的土地和财产。这时的清政府是谈不上什么保护私有财产、保护所有权关系的。

雍正、乾隆时期，清朝统治已稳定，各种所有权关系也基本重新确定。清政府必须通过保护新的所有权关系来巩固自身的统治秩序，从而也采用法律武器，对一切侵犯现存所有权秩序的犯罪行为予以法律制裁。

清政府承认土地的私人所有权，像保护官田一样，同样对私田予以保护。对于盗卖他人田宅、盗种他人田者及换易、冒认、侵占他人田宅等行为，皆要科罪。[①] 若对田土产权有争议，除须验查文凭印契外，还要对实地进行勘查，方得确认。如乾隆三十三年（1768年）增例：“凡民人告诉坟山，近年者以印契为凭；如系远年，须将山地、字号、亩数及库贮鳞册并完粮印串，逐一丈勘查对，果相符合，即断令归己；如勘查不符，又无完粮印串，则所执远年旧契、碑谱不得为凭，照滥控侵占罪治之。”由此可见，清政府对所有权的保护不是无条件的，而是与完粮、纳税等义务相协调的。

清政府对八旗所“圈占”的土地，用法律严加保护，汉人不准典买旗地、旗产。雍正、乾隆时期多次颁令、定例，禁止民人典买旗地、旗产，违者产主、售主均照“隐匿官田律”治罪，失察的官吏也要负连带责任，

① 《大清律例》卷9，《户律·田宅》，第204页。

严加议处。

对于其他公私财产的侵犯，如毁弃器物、稼穑，擅食田园瓜果，私借官车船、私自动用官府仓库的钱粮、财物者皆须治罪。

雍正、乾隆时期，清政府比较重视保护手工业工场主的利益，一方面禁止工匠叫歇（罢工）、毁占场主财物，另一方面也严禁胥役、地保违禁派值，勒索业主。

总之，清政府对所有权关系的保护，是从维护封建统治秩序出发，保护封建皇权、政权的权益，保护私有财产的所有权，同时也具有民族统治的色彩，注重保护满族贵族的特殊利益，确保旗人的经济利益。但雍、乾时期，社会政治、经济秩序刚趋稳定，清政府在这时对所有权的保护，对保障经济发展、社会繁荣无疑是有积极作用的。

第二节　人身权利

一、农民人身依附关系的削弱

雍正、乾隆时期，社会安定，经济增长，在农业方面，粮食及经济作物生产进一步商品化，从而导致了农业生产领域内的生产关系的变化。具有资本主义性质的雇佣关系开始在农业生产领域中普遍出现，并在法律上得到政府的承认。这就是农民人身依附关系的削弱。

（一）农民对封建国家人身依附的削弱

农民人身依附关系的削弱，首先也是最主要的方面表现在对封建国家人身依附关系的削弱上。

康熙五十一年（1712 年）开始实行的“圣世滋丁，永不加赋”措施，并没有真正解决丁银负担不均与隐匿户口的问题。

雍正元年（1723年），直隶巡抚李维钧奏请，“将丁银均摊地粮之内”，[①]于是雍正正式向全国颁发诏令，推行“摊丁入亩”政策，实行地税与丁银合一的税制。乾隆年间，“地丁合一”制推行到全国，它将以人丁、土地二者为依据的赋税制度改为单以地亩为征收依据的税制。这不仅在中国赋税制度发展史上具有划时代的意义，同时也反映了农民对封建国家人身依附关系削弱的事实。

农民对国家的人身依附关系的削弱还可从清代“编审人丁”制度的变化中看出。

自顺治五年（1648年）始定“三年一次编审天下户口”之制，到顺治十五年（1658年）改为“各省编审人丁，五年一次”。这一制度在清初一直沿用，直到康熙末实行“圣世滋丁，永不加赋”，仍强调编审人丁，必以实数上报。乾隆元年（1736年）又重申：“滋生户口，每逢五年，务须据实造报，实力奉行，不得视为具文，脱户漏口。”但到乾隆三十七年（1772年）终于改变编审之制，下谕：“编审人丁旧例，原因生齿繁滋，恐有漏户避差之弊，是以每届五年，查编造册，以备考核。今丁银既皆摊入地粮，而滋生人户，又钦遵康熙五十二年皇祖恩旨，永不加赋，则五年编审，不过沿袭虚文，无裨实政。……嗣后，编审之例，著永行停止。”[②]编审户口制度的废止，说明与之相应的丁役、杂差已被取消。这样，《大清律例》中的“脱漏户口”罪也成虚文，相沿数千年之久的人头税便在名义上消除。广大农民和手工业者以及其他劳动者，既不必为逃避丁役、差徭而隐匿户口，“游手”（失去土地的流民）与“末作”（手工业者、商人）也有了相对的迁徙自由，可以流入资本主义萌芽发展的较繁华市镇、矿区，或充当雇佣劳动者，或经商及从事其他力所能及的手工业劳作，从而促进了身份较为自由的雇佣劳动者、工商业者队伍的发展、壮大。

---

① 《雍正朱批谕旨·李维均奏折》，雍正元年十月十六日折。

② 光绪朝《钦定大清会典事例》卷157，《户部·户口·编审》。

（二）禁止将佃户“欺压为奴”“随田转卖”

清代农业租佃制已普遍发展，但清初租佃制中有一种佃仆，其地位与农奴相当。他们一部分是明代延续下来的，也有一些农民由于自己没有生产资料、口粮、住房等，投靠地主，沦为佃仆，成为地主的依附农民。他们被束缚在地主的土地上，地主可将他们随田买卖。当然，这种做法对稳定佃户对土地的佃权并非无益处，但随田转卖的佃户往往被新主欺压为奴，而佃户担心新主夺佃，只得屈从。他们不仅要向地主缴纳田租，而且其人身也要受地主的支配、奴役，不但要为地主家服各种杂役，甚至还得忍受地主的“板棍擅责”，成为地主的奴仆。

雍正五年（1727 年），河南巡抚田文镜鉴于绅衿地主将佃户视为奴婢，任意欺凌，甚至私刑拷打，淫其妇女，请求朝廷明令禁止。雍正命吏部与刑部议定条例，并作为“钦定例”收入《大清律例》，其文为：

> 凡地方乡绅私置板棍，擅责佃户者，照违制律议处。衿监革去衣顶，杖八十，照例准其纳赎。如将佃户妇女强行奸占为婢妾者，绞监候。如无奸情，照略卖良人为妻妾律，杖一百，徒三年，妇女给亲完聚。该地方官不预行严禁，及被害之人告理而不即为查究者，照徇庇例议处。至有奸顽佃户拖欠租课，欺慢田主者，杖八十，所欠之租照数追给田主。[①]

这个条例的前一部分是针对绅衿地主讲的，禁止他们私刑责打佃户、奸占佃户妻女等，保护佃户的人身权利。反映了佃户对地主人身依附关系的松弛化。后一部分又针对佃户，要求佃户履行租课义务，不得欺慢田主，以维护地主阶级的经济利益和尊严。这个条例成为各级地方政府处理主佃关系的基本准则。此外，清律还规定了佃户与地主“并无主仆名分”，“平

① 《大清律例》卷 27，《刑律 · 斗殴 · 威力制缚人》附例，第 482 页。

日共坐同食，彼此平等相称，不为使唤服役”的“平等”地位。

乾隆六十年（1795 年）“湖南宜章县曹戍昌承佃尹申开田亩耕种‘并无主仆名分’”案，[①]乾隆三十二年（1767 年）“直隶宝坻县地主王铨柱板责佃户并勒逼该县典史差拘佃户”案，[②]乾隆三十三年（1768 年）“江苏奉贤县金胜章勾结差役锁押欠租佃户致使受寒猝毙”案，[③]乾隆三十六年（1771 年）“江西崇义县地主周光絺串通县差强索欠租逼死佃户”案，[④]都从不同角度反映了地主勾结地方官吏穷凶极恶地欺压佃户的面目，但也在一定程度上反映了当地主分子的行为超出限度，如逼死人命等，触犯了封建国家的法律，国家也要适当地保护佃户的利益，禁止地主压佃为奴。

当然，封建法律的本质仍是保护地主阶级利益，如乾隆十八年（1753 年），“广东罗定州梁上携依‘奸顽佃户拖欠租课欺慢田主’例论处”[⑤]一案，其判决即引雍正五年例：“梁上携抗欠租谷，赶殴田主，合依奸顽佃户，拖欠租课，欺慢田主杖八十例，杖八十，折责三十板。”尽管如此，封建法律中毕竟有了在与地主“平等”基础上的保护佃户权益的例文，佃户与地主不是以“主仆”相称，而是以“凡人”相论。这一历史的进步，反映了农民对地主人身依附关系的削弱。

农民的这一权利，不是封建皇帝良心发现的赐与，而是他们自明末到清初连续不断的反抗斗争中得来的。虽然在现实生活中地主对佃户的经济掠夺与人身迫害仍比比皆是，但佃户毕竟从法律上为自己争得了值得称道的一席之地（凡人）。封建国家须直接以法律的形式强制佃农向地主交租，并不得“欺慢田主”，也足以说明地主对佃户超经济强制权力的削弱，农民独立地位的强化。以至于一些地主无可奈何地哀叹道：“近者，百姓凌辱

---

① 《清代地租剥削形态》，中华书局 1982 年版，第 798 页。
② 《清代地租剥削形态》，第 768 页。
③ 《清代地租剥削形态》，第 775 页。
④ 《清代地租剥削形态》，第 781 页。
⑤ 《清代地租剥削形态》，第 757 页。

荐绅，此乱世之事也。”[①]

（三）禁止“役身折酬”

中国封建时代一直有当债务人无力偿还债务时，则以为债权人家从事劳务的方式折抵债务的惯例，称作“役身折酬”。如南朝刘宋就有郭世道父子，借债安葬父母，以佣赁还债，史称“孝子”。[②]民间传说中的董永卖身葬父，其实质也是“役身折酬”。

隋唐赋役实行“租庸调”制，其中对不服劳役者实行“输庸代役”，即将一日劳役折绢三尺，纳绢免役。因此，民间债务也出现了“计庸以当债直”的做法，并得到法律认可，唐律议曰：“谓计一日三尺之庸，累折酬其债直。”[③]《宋刑统》进一步明确规定，对无力偿还债务者，“家资尽者，役身折酬；役通取户内男口，又不得回利过本”。[④]也就是说，法律允许以男口“役身折酬”，但未言及妇女。在现实生活中，贫苦之人以妻女到债权人家从事家务劳动以代偿债务是常见的现象。债权人也常借此之便，奸占负债人妻女。

清雍正年间定《大清律例》，明令禁止“役身折酬”，规定：“若准折人妻妾子女者，杖一百；强夺者，加二等；因而奸占妇女者，绞；人口给亲，私债免追。”[⑤]这个规定，虽在一定程度上保护了债务人的人身权利，使地主不得随意奴役佃户及其妻子。但封建时代地主与佃户，债权人与债务人的经济地位本身是不可能平等的，从而使这种法律保护也显得苍白无力。如河南省汝南地区地主对佃户“肆行役使，过索租课。甚至呼其妇女至家

---

① （清）陈瑚：《确庵日记》卷6。

② 《宋书》卷91，《孝义传 · 郭世道及子传》，中华书局2000年版，第1492页。

③ 《唐律疏议》卷26，《杂律 · 以良人为奴婢质债条》，第523页。

④ 薛梅卿点校：《宋刑统》卷26，《杂律 · 受寄财物辄费用门》，法律出版社1999年版，第468页。

⑤ 《大清律例》卷14，《户律 · 钱债》，第269页。

服役，佃户不敢不从”[①]。尽管如此，清代禁止“役身折酬”的法律，毕竟能对地主起到一定的约束作用。

（四）雇工与雇工人的法律地位

清代“雇工”与“雇工人”在法律上的概念是不同的，具有不同的法律地位。

雇工主要是由失去土地或部分失去土地的农民，因无法维持其小生产的经济和基本的生活，必须靠出卖劳动力过活，所谓“无田可耕则力佃人田，无资充佃则力佣自活”。[②]雇工对雇主无人身依附，可以自由选择雇主，雇主也可自由选择雇工。雇工的工作、工钱以及雇佣的时间长短全由双方议定，任何一方认为不合适者可不成交，是一种较自由的买卖关系。雇工出卖的是劳动力而不是人身。

应该说明的是清代与明代的“雇工”在概念上是不同的。明万历十年（1582 年）刑部尚书李世达等题：“申明律例未尽条款凡六事：一、奴婢、官民之家，凡佣工作之人，立有文券，议有年限者，以雇工论。只是短雇，受值不多者，以凡人论。其财买义男，恩养年久，配有家室者，同子孙论；恩养未久，不曾配合者，士庶之家以雇工论，缙绅之家以奴婢论……”[③]万历十六年（1588 年）颁布的《新题例》将上述条款作为法令颁布实施，明确身份与贱民相当的“雇工人”与同凡人的“短工”的区别。雇工人与主人“立有文契”，“议定年限”，具有“主仆名分”；而短工与主人“无主仆名分”，与地主的关系仅是单纯的买卖关系，具有人身自由。

清代的“雇工”与明代的“短工”在意义上相近，但其受雇时间长短可以不论，判定其身份的唯一标准是看是否立有文契。清人陆耀说：“查雇

---

① 金镇：《条议汝南利弊十事》，嘉庆朝《汝南府志》卷 21。

② 刘方霭：《请修补城垣勿用民力疏》，《皇清名臣奏议》卷 45。

③ 《明实录》，万历十年正月条。

工人例，以文契为凭，……乃有服役数年后，犯事到官，仍以未立交契论平平人者。”[①] 这在当时是符合法律规定的。雍正五年（1727 年）定：“官民之家，凡雇倩工作之人，立有文契，议有年限者，以雇工人论。只是短雇月日，受值不多者，依凡论。”[②] 乾隆五年（1740 年）又重新肯定了这条法律。这时关于雇工与雇工人相区别的基本原则与明万历时的规定是一致的。但民间往往自立契约，专设有关主仆名分的条款。如乾隆二十五年（1760 年），浙江富阳县沈庆祚雇柴加禄耕种田地，议定：“每年工银四两，不立工票，亦不议定年限，是同桌同吃，没有主仆名分。”[③] 在这里，雇主与雇工用契约方式议定雇佣关系，从而以契约方式否定了万历以来只要“立有文券”“议定年限”即为雇工人的法律规定。乾隆五十一年（1786 年），修订《雇工人法》，正式将这一内容规定在法律条文中，以“有无主仆名分”作为区分雇工人与雇工身份的标志，并在乾隆五十四年（1789 年）将此作为“新增例”收入《大清律例》，规定：

至典当人家隶身长随，若恩养在三年以上，或未及三年配有妻室者，如有杀伤各依奴婢本律论。倘甫经典买或典买隶身未及三年，并未有妻室，及一切车夫、厨役、水火夫、轿夫、打杂受雇服役人等，平日起居不敢与共，饮食不敢与共，并不敢尔我相称，素有主仆名分共无典卖字据者，如有杀伤，各依雇工人本论。若农民佃户雇倩耕种工作之人，并店铺小郎之类，平日共坐、共食，彼此平等相称，不为使唤服役，素无主、仆名分者，如有杀伤各依凡人科断。[④]

---

① （清）陆耀：《切问斋集》卷 13。

② （清）薛允升著，胡星桥、邓又天等点注：《读例存疑点注》卷三二《刑律八 · 人命一》“谋杀祖父母父母”条附删除例，中国人民公安大学出版社 1994 年版，第 550 页。

③ 档案，乾隆三十二年三月二十四日舒赫德题。

④ 《大清律例》卷 28，《刑律 · 斗殴下》，嘉庆六年修并例，第 488 页。

这次修改的《雇工人法》，不再用是否立有文契、年限来判断受雇者是否属于“雇工人”，而强调以受雇劳作的工种性质与实际关系区分“雇工人”与一般雇工。凡从事家内劳动的“受雇服役者”，可能是由于他们平日与主人及其家属接触较为频繁，封建礼教对他们也就要求控制得更严厉一些，故与雇主“素有主仆名分”，属于“雇工人”。法律规定，雇工人殴杀家长较常人相殴为重，而较奴婢殴杀主人则罪为轻；反之，家长殴杀雇工人则较殴杀奴婢之罪为重，而较“凡人”相殴杀为轻。奴婢只要有殴骂主人的行为即处死刑，若杀死主人则不问是殴杀，还是故杀，一律凌迟。雇工人骂家长杖八十，徒二年；殴罪分有伤、无伤及折伤，分判满徒、满流及绞。[①] 由上可见，雇工人的身份与奴婢是有所区分的，但在受雇期间，与雇主毕竟仍有主仆之名分。主人即家长，雇工人平时受家长管教，如有过失，家长可加以责罚，所以一般折伤可勿论；且因违犯教令而依法决罚，邂逅致死者，及过失杀死者，亦得勿论。[②] 由此可见，雇工人与奴婢无大差异。

雇工人与主人的关系是基于双方同意的一种“契约关系”，只受雇佣，其人身并未典卖与人，仍保留其自由及人格，法律不以贱民及私属视之，与非雇主的其他良民发生法律冲突纠纷时，互以凡人论，一旦契约终止，“工满即同凡人”，与原主也不再有主仆关系。

对于从事农业劳动、商业服务的雇工（即佃户、雇倩耕种工作之人、店铺小郎之类），在实际生活中与雇主“共坐共食，彼此平等相称，不为使唤服役，素无主仆名分”，不再属“雇工人”范围，即便是立有文契、年限的长工，也在法律上和雇主处于平等地位，在刑律上以“凡人”科断，不受契约与风俗的影响。如清档案记贵州大定府案例，记当地风俗“凡是佃种田主田地，写有佃约，就同工人一般，听凭田主差唤”，即风俗认为

① 《大清律例》卷 28,《刑律・斗殴》; 卷 29,《刑律・骂詈》。

② 《大清律例》卷 28,《刑律・斗殴》; 卷 29,《刑律・骂詈》。

有佃约的雇佃者身份等同雇工人。但在发生争佃事件，雇佃者殴杀田主，“合依共殴人因而致死，以下手伤重者绞监候律，拟绞监候，秋后处决”。[①]此案判决是依“凡人”科断的，若依雇工人判则当处斩。也就是说，地方官府断狱，仅依朝廷《律例》，不受地方风俗，私人契约的左右。

综上所述，我们可以看出，清代雇工与雇主在法律上已取得了形式上的“平等”地位，雇工的人身依附关系是较为松弛的。而雇工人与雇主在法律上地位就是不平等的，雇工人在受雇期间，与雇主有主仆名分，具有一定的人身依附。但若将清代乾隆年间的《雇工人法》与明代万历年间关于雇工人的《新题例》相比较，在此200余年的发展中，农业雇工人已基本摆脱“雇工人”身份，摆脱对雇主的人身依附关系，向自由的雇佣劳动者过渡，这不能不说是历史的进步。

二、奴婢、贱民身份的变化

（一）奴婢身份的变化——出旗为民

清代满汉地主蓄养奴婢之风极盛，这既与历代封建社会的奴婢制度有关，又与满族社会的奴隶制残余有着直接联系。由于生产力的发展以及广大奴婢斗争的冲击，从康熙时起，清政府开始着手改变这种落后的奴婢制度，其具体措施大体可分为三种：允许奴婢“赎身为民”，“开户”，“放出为民”。

1.“赎身为民”

所谓“赎身为民”，就是奴婢通过向奴主交纳一定的“身价银”，以取得其同意，并得到官方认可，从而获得一般民人的身份地位。

康熙二十一年（1682年）定出最早允许奴婢赎身的法令，“定旗下印券所买之人及旧仆内有年老、疾病，其主准赎者，呈明本旗，令赎为民。

① 《清代地租剥削形态》，第763页。

若将年壮旧人，借名赎出者，照买卖例治罪”[①]。这时所规定的奴婢赎身，还仅限于“年老疾病”者，否则将予治罪。

康熙五十三年（1714 年）又定：“准四十三年以前白契所买之人，俱断与买主；四十三年以后，若给原价，仍准赎出为民。”[②]

而雍正元年（1723 年）所定《白契买人例》，改康熙五十三年例为：“自康熙四十三年起至六十一年止，白契所买之人，俱不准赎身。雍正元年以后，若给原价，俱准赎为民；其妻亦准赎出；若卖身后，买主配有妻室者，不准赎。”[③]其后，此例编入律例，规定：“雍正元年以后，白契所买单身及带有妻室子女之人，俱准赎身；若买主配有妻室者，不准赎。是红契即为家人，白契即为雇工。”[④]

乾隆三年（1738 年）又定：“自乾隆元年以前，白契所买作为印契者，不准赎为民。”[⑤]此间对奴婢赎身的限制是相当严格的，并非奴婢只要积攒够了身价银钱即可要求赎身，还要受到契约年限及是否配有妻室等诸多方面的限制，即使是已经赎身为民者，亦“止许耕作谋生，不准考试”，[⑥]其民事权利仍受到严格限制。

乾隆二十四年（1759 年），清廷正式颁布《八旗家人赎身例》，将赎身制度法律化：

二十四年，定八旗户下家人赎身例：凡八旗户下家人，不论远年旧仆，及近岁契买奴仆，如实系本主念其数辈出力，情愿放出为民；或本主不能养赡，愿令赎身为民者，呈明本旗，咨部，转行地方官，收入民籍，

① 《钦定皇朝文献通考（一）》卷 20，载《钦定四库全书》第 632 册，第 437 页。
② 《钦定皇朝文献通考（一）》卷 20，载《钦定四库全书》第 632 册，第 438 页。
③ 《钦定皇朝文献通考（一）》卷 20，载《钦定四库全书》第 632 册，第 438 页。
④ 《钦定皇朝文献通考（五）》卷 198，载《钦定四库全书》第 636 册，第 564 页。
⑤ 《钦定皇朝文献通考（一）》卷 20，载《钦定四库全书》第 632 册，第 439 页。
⑥ 光绪朝《钦定大清会典事例》卷 155，《户部·户口·分析户丁》。

不准求谋仕宦。至伊等子孙，各照该籍民人办理。倘有借他人名色认买，私自出旗；或将子孙改姓，潜入民籍者，照例治罪，断归本主。有钻营势力，欺压幼孤，赎身为民者，倍追身价给主，将人口赏给各省驻防将军、副都统为奴。如系本身得银放出，潜入民籍，止科其不行呈报之罪，仍准为民。[①]

这个条例，解除了奴婢赎身在契买与年限方面的限制，对于是否配有妻室也未提及，将准否赎身的主动权完全交给奴主。对奴婢赎身，只要求奴主“呈明本旗，咨部，转行地方官”，即须经官方手续认可；若未经官方，也承认奴婢赎身为民的效力，但须科以“不行呈报之罪”，所禁止的仅仅是奴婢“欺主”，强迫允其赎身。这些规定，使我们得知，乾隆时期奴婢赎身已正式法律化。解除奴籍，取得民籍的奴仆已取得了与一般民人大体相当的社会地位。“赎身制”的法律化，其实质是封建蓄奴制向雇佣劳动制度过渡的开始。

2. 奴仆“开户”

所谓“开户”，又称为“开档”，特指八旗所属奴仆，通过自立户籍，取得半独立的身份。八旗的户籍，每户系于佐领名下，丁系于户，书其家长之名氏及其子弟，奴仆没有独立的户籍，仅附着于主人名下。清入关之初，为鼓励旗下奴仆丁壮努力作战，以“首先登城壮丁准其开户”为奖赏。[②]从此，开户奴仆日增。开户奴仆，虽已单立户籍，不属“奴籍”，但不能归入一般民籍，仍只能开在原属旗档内，甚至不能“越佐领开档”。因而，他们仅具有半独立的身份，比原来的旗人仍低一等。乾隆时期，清廷又对奴仆开户作了新的规定，使奴仆开户的内容发生了新的变化。如乾隆三年（1738年）颁布的《旗下开户例》规定：“凡八旗奴仆，原系满洲、蒙古，

① 《钦定皇朝文献通考（一）》卷20，载《钦定四库全书》第632册，第439页。

② 光绪朝《钦定大清会典事例》卷154，《户部·户口·旗员壮丁著绩分户》。

直省本无籍贯，带地投充人等，虽有本籍，年远难考，均准其开户，不得放出为民。”①

乾隆四年（1739年），又议准：“八旗户下家人开户，向由各该旗声明，本主念其世代出力，情愿准其开户，该参、佐领、族长、族人，列名具保，咨部，无论何项人等，复明上次丁册有名，并册内注系陈人者，即准开户。”②在此规定了开户的具体程序。

乾隆六年（1741年），对开户奴仆的范围又作了具体的规定：“凡从前盛京带来的奴仆，并带地投充奴仆及虏掠人等，准其开户，不准为民；印契所买奴仆内，有从盛京带来及带地投充人等，亦止准开户，不准为民。”③此时的奴仆开户已与军功劳绩无关，带有奴婢身份部分解放的性质。

开户奴仆，已基本上脱离了奴籍，取得了部分独立人格，但又必须附于原主所在旗的佐领下开户，不得“越旗开档”。因此，奴仆开户后仍与原主人保留着一定的隶属关系，其身份可以说是由奴仆转变为依附农民，仅具有半独立的地位。

3.“放出为民”

所谓“放出为民”，是指奴仆被允准解除奴籍，收入民籍，从而取得了一般民人的地位和权利。也就是说，身为奴婢，一旦“放出为民”，即取得较完全的独立地位，比之“开户”前进了一步。

放出奴婢，编为民户的行动，虽在清初即有，但毕竟是个别事例，清政府对此的限制一直远比“赎身”与“开户”严格。一些放出为民的事例，仅是个别奴主的个人行为，不具有法律上的普遍意义。

乾隆四年，在议决“开户”问题时曾提及对已入民籍的奴仆的处置：

---

① 《钦定皇朝文献通考（一）》卷20，载《钦定四库全书》第632册，第428页。

② 光绪朝《钦定大清会典事例》卷155，《户部·户口·分析户丁》档案，朱批奏折，乾隆四年十月四日，议政大臣允禄奏，文与此略同，《会典事例》当由此批奏引录。

③ 《钦定八旗则例》卷3，《家人开户为民》。

“乾隆元年以前，八旗家奴，经本主放出，已入民籍者，准其为民。若系乾隆元年以前放出，至元年以后始入民籍者，令归旗作为原主户下开户壮丁；至于赎身之户，均归原主佐领下作为开户。”[①] 国家仅承认乾隆元年本主放出并已入民籍者的民之身份；对其前未入民籍者，无论是“放出”，还是赎身者，国家只准其为“开户壮丁”，不承认其“民”的身份。与此同时，又对“放出为民”的范围和条件作了较为严格的规定：首要条件是“本主情愿”；其次是“效力过三辈后”，也就是“数辈出力，勤劳年久”；最后是“乾隆元年以前白契所买壮丁”，“实系民人印契，买与旗人，契内有籍贯可稽者”，也就是本人或其前辈为奴以前是民人身份，并有案可稽者。[②] 这些规定，都使奴婢“出旗为民”的可能性限制在最狭小的范围内。

乾隆九年（1744 年），始放宽规定，对“其愿为民之壮丁，准该庄头陆续呈报，复咨户部，转令该州县改入民籍在案”[③]，即允许旗下从事农业的壮丁奴仆，直接入州县民籍，成为国家编户齐民。从此，原来仅为奴主所为的“放出为民”，成为国家直接的“出旗为民”行动。这次共将 1.6 万余名壮丁“拔出为民”。

乾隆二十一年（1756 年），颁诏：“将见今在京八旗，在外驻防内，别载册籍，及养子开户人等，皆准其出旗为民。其情愿入籍何处，各听其便；所有本身田产，并许其带往。”[④] 次年，户部奏请，对“本身田产”解释为：“出旗为民，另记档案人等，凡契买民地，并开垦地亩，系伊本身田产，应遵旨准其带往为业。”[⑤] 这样，“出旗为民”者，不仅有了较自由的身份和较独立的社会地位，还有了较独立的经济地位，具有财产权。这表明原建

① 《钦定皇朝文献通考（一）》卷 20，载《钦定四库全书》第 632 册，第 428 页。

② 光绪朝《钦定大清会典事例》卷 155，《户部 · 户口 · 分析户丁》。

③ 《清实录 · 高宗纯皇帝实录（一四）》卷 1067，乾隆四十四年九月癸卯，第 453 页。

④ 《钦定皇朝文献通考（一）》卷 20，载《钦定四库全书》第 632 册，第 430 页。

⑤ 《钦定皇朝文献通考（一）》卷 5，载《钦定四库全书》第 632 册，第 109 页。

立在八旗田制上的农奴制生产关系已开始瓦解。

八旗奴仆放出为民后，其社会身份已与一般民人大体相当，但仍有一定区别。如乾隆二十七年（1762年），“又议准，八旗户下人等，伊主情愿放出为民者，除本身不准居官考试外，其子孙各照该籍民人例办理”[①]。也就是说，奴仆为民后，本身不得居官考试，但子孙即可与民人一般无二。乾隆四十八年（1783年），又进而规定：“准其与平民一体，应考出试，但京官不得至京堂，外官不得至三品，以示限制，著为令。”[②]此令一方面说明放出为民者除本人不得居高官外，所有平民法律确认的权利其皆已具备；另一方面，之所以颁令限制，正说明奴仆放出为民后，已有人跻身高官，有可能为京堂及三品，朝廷不得不以法令加以限制。当然，封建的主仆名分，仍是罩在他们身上的无形的网。他们与旧主仍保持一定的隶属关系，主仆名分使其在旧主面前的实际地位仍比法律地位要低下。

综上所述，清初具有奴隶制残余和农奴制性质的蓄奴制度，在雍正、乾隆时期发生了重大变化。这些变化反映了奴婢人身依附关系的逐步松弛。但直到清末宣统年间，奴婢制度才正式宣告完结。宣统元年（1909年），颁行新律，禁止置买奴婢，并规定：“凡从前旗下家奴，不论系赏给、投充及红契、白契所买，是否数辈出力，概听赎身，放出为民。……其未经放出及无力赎身者，概以雇工人论。”[③]这可谓从法律上正式宣布，在中国沿行了两千年之久的奴婢制度的终结。

（二）贱民身份的变化——除贱为良

清代社会是有严格等级身份的社会。一般将官吏与平民的身份区别称

---

① 光绪朝《钦定大清会典事例》卷155，《户部·户口·分析户丁》。

② 《钦定皇朝文献通考（一）》卷20，《户口考二·奴婢》，载《钦定四库全书》第632册，第441页。宏按：《大清会典事例》卷155载，此谕发布时间为乾隆四十二年；然《皇朝政典类纂》卷34，引《会典事例》系于乾隆四十八年下，故当从《通考》。

③ 《大清现行刑律》卷5，《户役》。

为贵贱之分或官民之别，而“民”又有良贱二等，即分为良民与贱民。民的良贱之别是有严格的法律意义的，良民与贱民是法律概念。

清代良民在户籍上有四种，分别为：民、军、商、灶，此“四民为良”。贱民有因其职业身份而为贱者，如“奴仆、倡优、隶卒为贱”；还有因其所服职役而为贱者，“衙门应役之人，除库丁、斗级、民壮仍列为齐民外，皂隶、马快、步快、小马、禁卒、门子、弓兵、仵作、粮差，及巡捕番役，皆为贱役”。[①] 此外，山西、陕西的乐户，由于特殊的历史、社会和政治等原因，在清初被列入贱籍，社会地位极低，不与平民相等，只能从事世人认为低贱的行业，深受压迫、歧视与欺凌，更不得与平民通婚，被剥夺了种种权利，地位近于农奴。

自雍正元年（1723 年）起，清廷下令，准山西、陕西的乐户，浙江绍兴府的惰民，“令其改业得为良民”，“与编民同列”。

雍正时期，清廷多次发布谕令，先后将江南徽州府的“伴当”，宁国府的“世仆”，广东地区的“蛋户”，苏州府常熟、昭文二县的“丐户”“豁免为良”，削除贱籍，“同列编氓”。[②]

雍正以来颁布的一系列谕旨，废除了众多人的“贱籍”，使他们在法律上取得了与一般平民同等的地位。乾隆三十六年（1771 年）又规定，乐户、丐户、惰民、蛋户等，经颁旨豁除贱籍，如报官改业后，经过四世“方准报捐应试”，安徽的“世仆”放出三世后子孙“方准报捐考试”。这说明贱民虽经开豁，也须经三四代后才能取得与良人同等的待遇。但实际上，直到 20 世纪初，各地仍保留有少部分贱民。

“除贱为良”对残留的农奴制是一次决定性的打击和削弱，标志着超经济剥削的削弱。这对生产力的解放和社会的发展起了相当积极的作用。

---

① 《清会典》卷 17《户部》。

② 光绪朝《钦定大清会典事例》卷 158，《户部 · 户口 · 改正户籍》。

三、手工业工人身份的变化

顺治、康熙年间，虽废除了手工业工匠的“匠籍”，但官府以“当官”或“应官”为名，对工匠铺户进行种种科派的现象仍很严重。雍正二年（1724 年）谕旨指出：“各省大小衙门，遇有公事，需用物件，无不出自民间。……凡工作匠役，亦必设立总甲，派定当官，某月则某人当某衙门，以次轮转伺候，督工则呵叱鞭笞，工食则迟延短少。因而总甲、胥役设立‘贴差’名色，其有不愿赴官者，勒令出银帮贴。官符一出，差役纷驰，鱼肉小民，莫此为甚。”①由此可见，官差科派，为害之深。雍正、乾隆年间，清廷多次饬令地方，“勒碑永禁”工匠当官，要求官府派差，“务照时价、工价给与铺户、工役”。乾隆时进一步从中央开始对用匠制度进行改进，加强管理。对国家直属的手工业部门，如营缮司、虞衡司、都水司、屯田司等，都实行定额雇募工匠，根据工种和工作性质定口粮银（即工价银）。对地方大小衙门所用人役也采用同样的制度。这就使“匠籍”制度废除后，“当官”又得以制止。官府役使工匠，普遍采用雇募制，从营造一瓦一木，到修城浚池及河工兴筑等事，皆按日计人，给予佣值，不得随意无偿役使民力。这反映了封建国家对手工业工匠人身控制的减弱和超经济剥削的减轻，有利于私人手工业的发展。

自雍正时实行的“地丁合一”制度，使免除了丁银的无地农民与免除了“班匠银”的手工业工匠有可能结合在一起，共同组成手工业作坊、工场的雇佣队伍，所谓“游手”（即无田农民）、“末作”（即工商业者），相率而为化外之民，其中相当部分流徙到工商业比较发达的城镇或矿山。如苏州染布业的 450 家踹坊里，有踹匠数万人，其中多为“江南北各县的自食其力之贫民”，他们“递相传授，牵引而来”。②手工业工人的人身已基

---

① 《钦定皇朝文献通考（一）》卷 23，载《钦定四库全书》第 632 册，第 466 页。

② 《雍正朱批谕旨·李卫奏折》，雍正八年七月二十五日折。

本上不受官府控制，如雍正时从杭州迁到广州北郊的丝织业行业，到嘉庆、道光年间已发展到四五万人。[①] 江西景德镇工匠也是由“四方远近挟其技能以食力者，趋走如骛”的雇工组成。[②]

随着“匠籍”的废除，官府手工业进一步削弱，民营手工业在整个手工业中的优势地位日益强大。除铸钱、军器和火药制造业仍由官府垄断外，其余手工行业皆以民营为主。手工业工人的地位也相应地提高，如雇工与坊主的关系是“按日按工给发”货币工资的雇佣关系，与主人“平等相称”，“并无主仆名分”，如不欠工银，也可以随意辞工不做。

尽管如此，手工业工人仍要受到封建官府及行会的控制和束缚，同时也受官府与坊主的压迫与剥削，有时甚至还是很残酷的。康熙、雍正、乾隆时期，苏州、杭州、松江等地的织工、踹匠、纸工、染工、香工、金箔工等，为了反抗坊主与官府的压迫与剥削，曾多次向坊主进行“叫歇”（即罢工）斗争。这些斗争往往以遭到清政府的残酷镇压以告结束。如雍正十二年（1734 年）苏州长、元两县机匠曾发动反对解雇工人和要求增加工资的联合罢工，引起机户（手工业工场主、作坊主）很大恐慌。因而机户联名申请官府下令压制，并为此竖立了“奉各宪永禁机匠叫歇碑”。类似的情况很多，从现存的碑记看，还有“奉各宪严禁纸作坊工匠把持勒增工价永遵碑”“遵奉各宪详定纸坊条议章程碑”“奉钦差部堂各宪驱逐踹染流棍禁碑”“遵奉督抚各宪定例永禁碑”等。[③] 从这些碑记可以看出，当时手工业工人的斗争已很频繁，甚至还有许多工人联合起来，组织起工人自己的行会“西家行”来与工场主的“东家行”进行抗争。由此可见，广大手工业工人社会地位的提高，并不是清廷明君的“恩赐”，而是他们自己斗争的结果。

---

① 广东省文史研究馆编:《三元里人民抗英斗争史料》，中华书局 1978 年版，第 183 页。

② 谢闵:《广济堂记》，光绪朝《江西通志》卷 94。

③ 《江苏省明清以来碑刻资料选集》《明清苏州工商业碑刻集》等。

四、商人社会地位的提高

中国自秦汉以来，历代封建统治者都基本上奉行“重本抑末”的政策。清初康熙时期的“恤商”政策，带有“与民休息”的性质，康熙帝的根本思想仍是“阜民之道，端在重本”，“国家要务，莫如贵粟重农”。

雍正以后，实行“地丁合一”，国家财政收入的最主要部分，田赋收入固定在四千万两白银上，而国家开支却与日俱增，必须另辟财源，因此朝廷不得不将眼光转向工商业。一方面，封建统治者仍坚持“重农轻商”的指导思想，如雍正二年（1724 年）上谕：“朕惟四民，以士为首，农次之，工、商其下也。汉有力田孝悌之科，而市井子孙不得仕宦，重农抑末之意，……惟工商不逮，亦非不肖士人之所能及，虽荣宠非其所慕。”[①] 乾隆也说过，“农桑为政治之本”。另一方面，国家财政对工商业的依赖，又使他们不得不改变口气，如雍正又说：“朕视民商，皆属一体，士农工商，虽各异业，皆系国家子民，理当一视。”[②] 并说：“朕念商贾贸易之人，往来关津，宜加恩恤。”[③] 乾隆亦强调说，“商民皆为赤子”。[④]

雍正、乾隆时期还采取了一些为商业发展提供便利条件的措施，中央及各省颁行了一系列“税课则例”，同时整顿税关，整顿落地税，减免关税。这些措施，减轻了商人的负担，有利于商业的发展，同时也使商人队伍大大扩大，从而提高了商人的社会地位。

清代商人大体可分为三大类，一为官商，二为民间富商，三为民间小商贩。

（一）官商

官商主要是指与封建势力密切勾结的拥有封建特许权的商人。官商中

---

① 《钦定皇朝文献通考（一）》卷 23，载《钦定四库全书》第 632 册，第 463 页。

② 《钦定皇朝文献通考（一）》卷 28，载《钦定四库全书》第 632 册，第 575 页。

③ 《钦定皇朝文献通考（一）》卷 26，载《钦定四库全书》第 632 册，第 522 页。

④ 《钦定皇朝文献通考（一）》卷 27，载《钦定四库全书》第 632 册，第 532 页。

有一种其本身就是封建官僚，以官的身份来经商，称为亦官亦商。他们利用封建特权，牟取暴利。如皇商，是专门替清政府、皇室和军队采办官方用品、奢侈品及军需品的特权商人。他们持有官帑，特许经营某些重要商品的独占贸易，他们拥有减、免税收的优待，与同行进行不平等竞争，甚至还可凭借官府的统治力量以及靠颁行一些法规、条例来排挤同行，进行封建性的垄断贸易，掠夺社会财富，成为巨富商人。

另一种官商是利用封建专卖制度，取得专卖权的商人，他们自身是商人身份，但利用官府为后盾来经商，可以说是亦商亦官。这种官商可以盐商为代表。清代继续对盐业实行专卖，以“官督商销”的形式为主，由领有“根窝”（专利凭证）的商人，每年认领“引窝”（运销凭证），照认领引额，在规定地区销售。大盐商往往利用贿赂手段取得“引窝”，再将其转售于他人，或将“根窝”典质于他人，仅凭封建特许权坐收厚利，人称其为“窝商”，而将真正凭“引”行盐的商人称为“运商”。由于盐是人所共需的生活用品，盐商依仗封建特权，公然作弊，垄断食盐运销，获取厚利。大盐商的势力可直通皇帝，富可敌国，生活穷奢极欲。安徽的两淮盐商及山西盐商，蓄资达七八千万两者百数十户。与盐商类似的，以封建特许权经商的还有茶商、洋商、铜商、采办商等。

还有一种官商是行商，是垄断清朝对外贸易的封建特许商。清政府对外贸易实行“公行制度”，由政府指定在广州的极少数牙行商人，作为对外贸易外商与国内商人的中间商。自乾隆二十四年（1759 年），广州成为对外贸易的唯一口岸，“公行”即以国家给与的特许权，垄断了全部对外贸易。为取得“行商”身份，需用银两向官府行贿，有时仅为一张执照，需花二十万两银钱，可见其利之丰。广州行商，统称“十三行”。为防止行商以外的散商直接与外商进行贸易，行商们组成“公行”，订立行规，订立共同议价办法，从垄断对外贸易及经手关税交纳中获取巨额利润。为巩固其地位，行商们每年要向皇帝交纳贡银，向地方政府交纳“军需”“河工”等项捐输及各种摊派，还要向广东的巡抚及海关监督等各衙门的官员致送相当数额的贿银和各种年节、婚丧的“礼物”。行商成为经清政府核准的官商，其地位非一般民间富商可比。

乾隆时期，随着封建商品经济的发展，又出现了金融商人，称为“票商”。票号是专门经营金融的商号，在清初首先出现在山西。乾隆时，山西平遥商人雷履泰在天津开设颜料店，后又在四川设立分号，往来经营银钱汇兑业务，收取汇费，获利甚丰，一时各省商人仿效者甚多，形成一批专为商人与官僚汇兑银钱的“票商”。票号也遍及全国，往往为官府代解钱粮，存支官款或贷款，给官僚提供政治活动经费，以牟取暴利，票商也成为封建商业垄断势力的代表，成为依附于官方势力的商人。

盐商、行商与票商，都是封建性的官商。他们不仅与皇室和官僚相勾结，还用大笔银两“捐纳”得到官品职衔，成为名副其实的官商。他们的社会地位之所以很高，是因为封建势力需要他们效劳。他们利用封建特权，进行垄断贸易，阻碍和限制了正常的商品流通，不利于商人间正常的自由竞争，对社会商品经济的发展起了阻碍作用。

（二）民间富商

雍正、乾隆时期，商业空前繁荣。由于商人资本经济力量大大增强，民间富商的地位有了很大提高，其突出表现是代表商人利益的组织——会馆和公所大批涌现，商人行帮势力大为增强。

“行”，是按经营商品类别而组织起来的商人团体。如乾隆时，汉口的商业往来，以“盐、当、米、木、花布、药材六行最大”。[1]

“帮”，原指贩运贸易中的商人组织，后在各城市久住的客商，往往按其乡土关系组成不同的帮口，如山西帮、安徽帮、广帮、潮帮、川帮、洞庭帮、宁波帮等。同一帮口往往又从事同一行业。如乾隆时汉口山陕会馆

---

① 《皇朝经世文编》卷40，《户部·仓储下》，文海出版社1972年版，第1446页；（清）晏斯成：《请设商社疏》。

即分为太原帮、汾州帮、闻喜帮、雅帮、红荣帮、卷茶帮、西烟帮、花布帮、皮货帮、红花帮、当帮等20余商帮，[①] 其中既有以地域划分的，也有以行业划分的。这样，帮口不仅是商人的同乡会，也是商人的同业会。帮口的出现是商人社会势力发展的一种表现。

会馆或公所本是商人集会和祭神的地方，在清代发展很快，北京会馆达40余个，苏州有七八十个会馆或公所，金陵有26个，广东佛山一镇即有会馆19个。有的商人组织也称作“行会”，性质与公馆、公所略同。这些组织在商人中最重要的作用是调解、仲裁同行业之间的纠纷，避免无谓竞争，规定统一的市场交易规章制度、买卖价格、监督度量衡，肯定交易规范、手段，对外保护本帮口、本行业商人的利益，与其他帮口竞争，如苏州的会馆即为“为主客公议规条之所”。[②]

民间商人的组织无疑对保护商人利益，提高商人社会地位起了重要作用。但这些组织一方面组织商人与封建势力进行斗争，另一方面这些组织又具有封建性，具有狭隘的地方主义和同业主义，限制了其他同业组织进行商品贸易、自由竞争的权利。

清代民间富商与封建势力的结合是非常紧密的，他们往往在经营商业的同时，又经营土地和高利贷，成为商人、地主与高利贷者三位一体的封建怪胎。也有一些民间商人，把一部分资金投资于手工业，从事产品加工，通过不同形式把商业资本转化为手工业资本，从而促进了手工业的发展和资本主义萌芽进一步发展。

（三）民间小商贩

农民、小手工业者和手工业工人取得了身份自由，他们当中的一部分人往往转而进行商业经营，或兼营商业，主要以出售自己的农产品或手工

① 《汉口山陕会馆志》，三晋出版社2017年版。

② （清）顾禄撰，王湜华、王文修注释:《清嘉录》，中国商业出版社1989年版，第135页。

产品为主。中小城市，或乡镇的定期市集、庙会是他们的主要活动场所。他们的资本虽不雄厚，多从事本小利微的行业，但人数众多，如湖南岳州“十分其民，而工贾居其四”；[①] 湖北武昌则“商贾之牙侩，丝帛之廛肆，鱼米之市魁，肥其妻子，雄视里闬，下至百家技艺，土木食工……趋利于阛阓者，又未尝不趾相错，踵相接也”。[②] 小商贩往往与小生产结合在一起。他们或来自农民、小手工业者或雇佣劳动者，或身兼二职。他们既要受封建势力的压迫与盘剥，又要受富商们的排挤和侵蚀，在夹缝中求生存。他们中的成功者也可能跻身富商大贾的行列；失败者则重新沦为雇佣劳动者，成为资本主义萌芽产业的后备军。

总之，官商、富商和民间小商贩在乾隆时期，其社会地位都有不同程度的提高。对于小商贩来说，关键在于其身份已相当自由，这对他们所从事的职业来说，具有决定性的意义。

第三节 债法的发展

一、契约的形式及其广泛效力

合同乃当事人之间确立、变更、终止民事权利义务关系意思表示一致的法律行为，它既是商品经济发展的产物，也是商品交换的法律形式。清雍正、乾隆两朝，封建商品经济达到了高峰，商品生产与商品交换迅速发展，契约也极为普遍和频繁地出现于社会生活之中，买地租房、雇工合伙、婚娶借贷，无一不以契约作为凭证，表示彼此间民事关系的成立或解除，标志着当事人某种权利的取得或丧失。乾隆三十八年（1773 年）浙江布政使告示曾云：“民

① 《皇朝经世文编》卷 29,《户政》。

② 《古今图书集成·方舆汇编·职方典》卷 1120,《武昌府部汇考六》。

间执业，全以契券为凭，……盖有契斯有业，失契即失业也。”① 可见，人们对契约体现和证实自己权利的重要作用已有了充分的认识。

雍、乾两朝遗存下了不可胜数的书面契据，有的是官版契纸，官府印好规格样式，立约人照或填写即可；但更多的是民间的手写契，立约人自备纸张，临时书写，格式与官版的基本相同。无论哪种形式的契约，都基本上包括了标的、价款或酬金、期限以及立约人权利义务等几项内容。诸如土地买卖契约，必然要注明所买卖的土地数量、地点、价钱以及是否绝卖等，借贷契约中偿还期限、利息数额也是不可缺少的。有的契约还要把违约处分附在其后，以期双方信守合同。

契约既为双方当事人的合意，一经立定，对双方都产生约束力，并具有了法律效力，为官方所采信，如有诉讼争议，都以这些书契举证。但契约能否得到官府认可，必须以其不违背国法及风俗传统为据，也就是说清代民间合同有效与否，受到了国家法律和传统习俗的制约。雍、乾时期，旗产禁止典卖，旗人迫于生计，违禁者甚多，雍正十三年（1735 年）奏准："……如红册内开载之房地，并余地，本属官物，此不论红契白契，或典或卖，或指产借银以租抵利等项，均系应行撤回者。”② 虽然红契典卖是经过官府认证的法律行为，但它一旦有悖于国家法律，就必须加以撤除。《大清律例》中“若图谋人妻而用财买其休弃”条也体现了这一原则。

与一般民间合同不同，清律要求土地、房屋、奴婢等重要标的物的买卖行为必须经过官府的同意，履行税契的法律程序，方才具有法律效力。买方将契纸呈于官府，交纳契税，取得官府颁发的契尾和加盖的官印，这种契约叫红契、朱契或赤契。税契制度发轫于东晋，和那时相比，清代的税契已经从买卖双方纳税变为买者单方交纳，从加盖官印的单一形式发展

① 《治浙成规》卷 1，《严禁验契推收及大收诸弊以除民累》，载《官箴书集成》第 6 册，黄山书社 1997 年版，第 333 页。

② 光绪朝《钦定大清会典事例》卷 159，《户部 · 田赋 · 畿辅官兵庄田一》。

为官印、契尾的复杂形式，从马牛、奴婢诸多交易缩小到田宅、奴婢买卖，形成了一套严整、细密的制度。

清土地房屋所有权转移有绝卖、活卖和典当多种形式，雍正初年，不论典还是卖均在纳税之例。十三年（1735 年）谕旨："民间治契典业者，乃一时借贷银钱，原不在买卖纳税之例，嗣后听其自便，不必投税用印，收取税银。"[①]将税契的范围限制于田宅买卖之内。成书于乾隆五年（1740 年）的《大清律例》规定了"凡典卖田宅，不税契者笞五十，仍追契内田宅价钱一半入官"，将典与卖并提，但从乾隆年间一系列附例看，还是沿用了雍正十三年的规定，并进而明确了买卖，无论是否绝卖，均应纳税；先典后卖者，典契不税，卖契依银两实数纳税。为了防止以典为名，逃避纳税，典契 10 年以内不税，10 年以外与卖同税。

税契通常以 1 年为限，买方于立契成交之后 1 年内纳税，逾限者视为偷漏契税，依法处置。为此，乾隆时期特别要求"直省各督抚刊刻告示，饬发所属州县，遍贴城乡，使愚民咸知例禁，有所遵循"[②]。对于旗民置买房地未经税契者，允许宽限日期，补交税款。

清初几经更张，于乾隆元年（1736 年）正式确定了行用契尾之制，乾隆十四年（1749 年），经户部疏奏，更定"税契之法"，民间投税，"布政使颁发给民契尾格式"，粘于手写契纸之后，契尾上"编列号数，前半幅照常细书业户等姓名、买卖田房数目、税银若干，后半幅于空白处预钤司印，以备投税时将契价税银数目大字填写钤印之处。令业户看明，当面骑字截开。前幅给业户收执，后幅同季册汇送布政使查核"。[③]如果契价在千两以上，要送道、府、直隶州查验。为了防止"旗产民业混淆"，旗人之间交易田宅，于本旗左右翼过税后，发给执照，其格式与契尾基本相同。

① 光绪朝《钦定大清会典事例》卷 245，《户部·杂赋·田房税契》。

② 光绪朝《钦定大清会典事例》卷 60，《吏部·汉员遴选》。

③《钦定皇朝文献通考（一）》卷 31，载《钦定四库全书》第 632 册，第 657 页。

可见清代完整意义上的红契不仅包括了契纸、官印，还必须附有契尾，《户部则例》规定："凡置买田房不赴官纳税请粘契尾者，即行治罪。"

清代沿用税契制度的本意是出于国家财政税收的需要，但由于官府对契约加以认证，使之兼有了现代公证的意义。对于当事人，红契意味着国家对其交易行为的认可和保护；单就买方而言，他得到了法律对其权利的正式承认，一旦发生争讼，所有人可以据此要求官府保证其权利的兑现。《大清律例》"盗卖田宅"条后附条例，"凡民人争告坟山，近年者以印契为凭"，将红契作为最主要和最有效的证据。不仅如此，在税契同时，以契尾为凭证进行过割，将卖主的田地和应纳的赋税过户于买方名下，从而达到"田各有主，循主责粮差"，保证田宅不与版籍脱落，国家的差粮得以落实，这是红契的另一作用。值得注意的是，红契的举证效力不是绝对的，坟山纠纷，如系远年旧业，"须将山地、字号、亩数及库贮鳞册并完粮印串，逐一丈勘查对"，[①] 如有不符，印契不足为证。

与红契相对的是未经投税、盖印、粘连契尾的白契，虽然清政府对税契作了严厉的规定，民间田宅交易大都仍不向官府投税，"严格依法税契的，一般只是城区或城郊。在乡村，只有在这种场合下才依法税契，即富有的买主，购买了大量土地，如偷漏税契有被仇人向县衙门告发的可能，或害怕买主不遵守'保密'的信用"[②]。雍、乾两朝保存下来的契约中白契居多数。白契得到了民间的承认，在不发生诉讼的情况下，它在确立、变更和解除民事关系方面的效力与红契并无二致，只有在诉诸官府时，其差异才得以显示出来。如雍正朝曾明确回赎典卖旗地时，红契典卖者全价赎回，白契典卖者半价或不给价。表明了国家对红契和白契所确立的所有权关系的不同态度。从中也可以看到，田宅交易中大量使用白契的这一既成事实使得清政府对白契

---

① 《大清律例》卷9,《户律 · 田宅 · 盗卖田宅》，第210页。

② 1889年上海《英国皇家亚洲学会中国分会公报》，转引自李文治编：《中国近代农业史资料》第1辑，三联书店1957年版。

确认的交换关系所持的否定态度有所变化，由此造成了《大清律例》中对不税契者的惩罚难以兑现，为白契更广泛的使用大开方便之门。

在奴婢买卖中，红契、白契的差别还不仅仅体现在举证效力上。《户部则例》说："民人契买奴仆，呈明地方官钤印契内，有犯验契究治。"之所以须验契究治，是因为红契与白契所买奴仆法律上的身份不同。乾隆以前，白契所买奴仆视同雇工，红契所买为奴婢，地位至为低下，一旦有犯，必须区别量刑。直到乾隆朝以后，才另定新例，将恩养年限和曾否婚配作为奴婢与雇工区别的标准。此外，红契所买奴婢子孙永远为奴，白契买者除年限久远者外，允许赎身。

为使契约得以履行，民间普遍采用了保证制度。契约签定时，保人在场并在契约上签字，一旦债务人不履行契约，保人有义务督促其履行或代其履行。还有所谓的"连环保"，两个以上的保人，平等分担对债务人的保证责任，一旦个别保人不能清偿时，其他保人再代其清偿。当时台湾还出现了"连保同借"，二人或二人以上，以同一契约共同负担同种债务，彼此互相承担保证责任，一人不能清偿时，他人共同代其清偿。保证制度只是清代债权担保的一部分，即对人的担保。

二、借贷关系

借贷关系是清代常见的重要之债。中国传统上把借与贷加以区别，借系特定物的使用借贷，贷乃种类物的消费借贷，分为无偿的"负债"和取息的"出举"，清代的借贷关系也有这样的区分。与西方中世纪的法律不同，中国历代统治者对低利率的借贷关系都加以肯定和保护，允许当事人双方通过自行协定，约定利率，但为了防止高利贷，国家严格限定了利率的最高数额，清律明确规定："凡私放钱债及典当财物，每月取利不得过三分，年月虽多，不过一本一利，违者，笞四十，以余利计赃，重者坐赃论，罪止杖一百。"又附条例云："如借银一两，按每月三分取利，积至三十三个月以外，则利钱已满一两，与本相等，是谓一本一利，虽年月之多，不得复照三分算利；即五年十年，亦止一本一息，此债当取利之限制也。”[①] 这项规定确立了三个原则：第一，约定利息率必须有一定的限制；第二，利息不得再滚入原本生息，即所谓“一本一利”；第三，违制取息以余利计赃。

这三项原则为封建国家一贯所坚持，汉代旁光侯刘殷就曾“坐贷子钱”，“取息过律”而论罪。[②] 唐代也有类似的法令：“天下负举只宜四分收利”，禁止“回利作本”及“法外生利”。[③] 清“三分取息”等规定最早见于顺治五年，和唐宋相比，清的有关律条更加严厉，这反映了清统治者对高利贷的否定和抑制态度，从中也可以看到高利贷资本特别猖獗的现实。

吴震在《澄江治绩》中记述说：乾隆时，江阴县放贷者，借银 10 两，给八九两，“契约仍写足数”，“或索五六分息，……瞬息之间，已子过其母”。如过时不还，将所欠之利银，“积算作本，利上盘利”。“久之，计所还之数，数月数倍于本”，名为“驴打滚”。债务人一旦为此累及，必定会倾家荡产、家破人亡。高利贷的泛滥给社会带来了不安定的因素，为朝野上下深恶痛绝，尽管朝廷严肃法纪，地方屡立规条，然此风愈演愈烈，终未能禁。

限定利息的同时，保护合法借贷关系中债权人的利益，构成了古代民事法规的一项重要内容，在这一点上，清律与唐宋律有着共同的指导思想，只是做法上略有区别。当债务人不能履行债务时，唐宋律允许债权人自行“牵掣”债务人的财产，而清律从强调债的关系是一种法律关系，对债务人的处置权利应由国家掌握的角度出发，禁止未经官府同意，私自“强夺去人孳畜、产业”，违者杖八十。对于强夺数额未超过债务的，“听赎不追”；若“估（所夺畜产之）价，超过本利者，计多余之物（罪有重于仗八十者），

① 《大清律例》卷 14，《户律 · 钱债 · 违禁取利》，第 269 页。

② 《汉书》卷 15 上，第 335 页。

③ （宋）王溥撰：《唐会要》卷 88，上海古籍出版社 2012 年版，第 1919 页。

坐赃论，罪止杖一百，徒三年”[①]，并追原物还主，在一定程度上对债务人加以保护。

基于同样的精神，清律废止了“役身折酬”的规定，“若准折人妻妾子女者，杖一百。强夺者加二等，因而奸占妇女者，绞。人口给亲，私债免追”。[②]但是雍正、乾隆年间，双方通过契约形式，“自愿”以工抵债的现象十分普遍，并得到了官府的默许，甚至有些地方官把先借贷后做工当作灾荒之年赈济灾民的一种措施，大加推广宣扬，台湾道徐宗斡就曾劝大户“借给粮食若干给灾民”，“灾民佣工出力按年抵扣”。[③]在工价低微的情况下，以工抵债是债权人于债务数额之外占有债务人劳动，对其进行的一种讹诈。乾隆年间，竟有以雇工抵债达60年之久的。甚至一人负债累及全家，广西的肖成生借谢某5两4钱银子，利息8分，肖成生以工偿债一年，不但未能偿清，反而将妻子及弟弟一家三口都牵连进来，被谢某“准折为奴”，出卖抵债。[④]列宁在分析抵债劳动的性质时，曾将它视同奴隶劳动，清众多类似的事例证实列宁的结论是极其正确的。

和现代民法不同，清对于民事关系的调整主要采用了刑罚制裁的手段，对负债不偿者因欠负标的数量和拖欠日期的不同责以处分，“五两以上违三月笞一十，每一月加一等，罪止笞四十，五十两以上违三月笞二十，……百两以上违三月笞五十，……并追本利给主”，以免给债权人带来经济损失。

三、租佃关系

清代，租佃制是农业生产关系的主要形式，佃农向地主交纳地租，从

① 《大清律例》卷14，《户律·钱债·违禁取利》，第269页。
② 《大清律例》卷14，《户律·钱债·违禁取利》，第269页。
③ （清）丁日健辑：《治台必告录》卷5。
④ （清）洪弘绪：《成案质疑》卷20，“威力制缚人”。

而取得对地主土地的耕种权和使用权。虽然租佃关系具有契约的形式，但在封建土地私有制的条件下，租佃关系是地主凭借对土地的所有权，对佃农进行经济榨取的一种剥削关系，国家法律主要侧重于对地主收租权和撤佃权的保护。

在租佃契约中，地租的数额、交租的时间和不得拖欠的警告构成了主要的内容。地租有分成租和额定租，无论以哪种方式交租，地主所占收成的比例都不会少于一半，甚至有的高达七八成，并且不论荒灾水旱，租额都必须按时交齐。雍正五年（1727 年），福建永安冯九珠租族兄之田，约中写道："……原计实在正租并小租谷共计六硕五斗大，其谷递年到秋熟之日，备办好谷，送至兄家下风扇交量明白，不敢拖欠升石，卖弄界至，抛荒丘墒水浆等情。……"[①] 有的租约还特别注明"一批其田如遇大水漂流，年冬荒旱，请田主当田面割；一批其田如或小可漂流荒旱，佃人不得借端让租"，[②] 保证租粮"丰年不增，凶年亦不减"。[③]

地主的收租权得到清国家法律上的保护和地方官府的支持，尽管明末清初，农民起义斗争严重削弱了地主对佃农的超经济强制的权力，租佃间的人身依附关系趋于松弛化，统治者采行了一系列制止豪绅地主欺压佃农的政策措施，但维护地主经济利益的一贯原则并没有变，雍正五年（1727 年）颁行的"田主苛虐佃户及佃户欺慢田主之例"在宣布对苛虐佃户的"乡绅照违制例议处，衿监吏员革去职衔"之后，又严厉地规定："嗣后奸顽佃户，拖欠租课，欺慢田主者，照不应重律论杖（八十），所欠之租勒追给主。"[④] 继而各级地方政权连续发布强迫农民交租的告示，制定了一系列严酷的规条。雍正十二年（1734 年），广东清远县官府规定："佃户如有抗欠租课及盗卖主业

① 转引自傅衣凌：《明清农村社会经济》，三联书店 1961 年版，第 28 页。

② 转引自《明清农村社会经济》，第 31 页。

③ （清）陈芳生：《先忧集》第 16 册，减私租。

④ 《清实录 · 世宗宪皇帝实录（一）》卷 61，第 940 页。

者，即照律分别治罪。”[①]有的地方官还力图使佃户知悉“业主置产完粮，非租奚赖，尔等仰事俯育，舍田奚资”[②]的道理，劝诫主租双方公平收租，然每每告示之后，都要声色俱厉地宣称“尚有抗欠新租，致业主具控者，定当立拿枷责，游示各乡”[③]。“一面查拿，一面通详，从重治罪，并究主唆之人，不得含胡宽纵。”[④]为了达到严惩的目的，有些地方拟定了更详细的处罚规则：“刁佃欺诈抗租……现年之租，即将佃户责惩，勒限清还。欠至二年、三年者，枷号一月，重责三十板，仍追租给主，欠至三年以上者，将佃户枷号四十日，重责四十板，俟追租完日，驱逐出境，……”[⑤]这一切都意味着地租权利的实现越来越有赖于封建国家和法律的保护。

不仅如此，各级地方政府甚至亲自为地主催索租粮，清刑科题本中就有不少地方官吏替地主追租的记录。顺治十六年（1659年），福州某佃户拖欠吴姓地租，由地方官代为催追，并惩办了保佃之人。[⑥]乾隆三十四年（1769年），江西鄠都县肖明宗佃种丘昭铭地亩，丘昭铭以肖明宗拖欠地租，向地方官府“禀催差拘”。差役谢文、黄烈、袁清等奉命至肖家催讨，向肖索取差钱300文，并将肖拘捕，“押带下县”，途中虐待致死。[⑦]对于拖欠地租的讼案，最后的判决也总是有利于地主，不利于佃户的，乾隆四十九年（1784年）福建某县阳奎生欠了邓宗胜的地租，县衙将其拘捕，判将阳奎生所交的押租钱“抵欠还租”。[⑧]类似这种偏袒地主一方的案例，在清刑档中大量存在。朝廷与各级官吏对收租权如此重视，一方面出于保

① 光绪朝《清远县志》卷首。
② （清）吴震：《澄江治绩续篇》卷二，《严禁顽佃抗租告示》。
③ 《澄江治绩续篇》卷二，《严禁顽佃抗租告示》。
④ （清）陈弘谋：《培远堂偶存稿·文檄》卷45，《业佃公平收租示》。
⑤ 《民商事习惯调查报告录》，乾隆江西宁部仁义乡横塘塍茶亭内碑记。
⑥ 刑科题本，顺治十六年九月四日福建巡抚李时茂题。
⑦ 刑科题本，乾隆三十六年江西巡抚舒格题。
⑧ 刑科题本，乾隆五十一年十一月十日刑部尚书阿桂题。

护自身的阶级利益，另一方面是从国家的财政税收着眼，江西巡抚陈弘谋就曾说过："殊不知朝廷粮赋出于田租，业主置田原为收租，佃不还租，粮从何出？"[①] 地租与国家的经济命脉息息相关。

正因为有了国家做后盾，地主催租有恃无恐，"如虎如狼"，到佃户家"掀瓦掇门，拴妻缚子"，又将佃户"锁押私家，百般吊打"，然后，"举其室中所有搜攫一空"，[②] 动辄夺田另种，滥用撤佃之权。

撤佃乃是解除租佃关系，如果从租佃是一种契约关系的角度出发，享有撤佃权的应该是主佃双方。但在土地私有、土地兼并十分严重的清代，承佃人基本上都是一无所有的贫苦农民，他们靠租种地主的土地维持生活，失去了土地就意味着失去了生存下去的保证，因此撤佃权为地主一方所垄断，并以此贪得无厌地占取农民的劳动成果，随意、频繁的夺田另批，引起主佃之间、佃户之间的争耕殴斗，酿成人命要案的屡见不鲜，是农民斗争的另一根导火线。

从缓和矛盾的意图出发，乾隆五年（1740 年），颁布禁止增租夺佃例，规定："民人佃种旗地，地虽易主，佃户仍旧，地主不得无故增租夺佃。如佃户实系拖欠租银，该地主撤地另佃。倘佃户措勒，呈官勒退，或地主实欲自种，佃户虽不欠租，亦应退地。若并无前项情形，而庄头地棍串唆夺佃增租者，严加治罪。"地主以自种名义撤佃者，撤后承种二三年，又另佃与他人，经人告发"照夺佃例，断给原佃承种，仍治以应得之罪"。[③] 有些地方颁令限制撤佃的时间，江西按察司通示晓谕："嗣后业主或因佃户逋租不清，或因别有事故不合，欲行另佃者，务俟当年农工既毕，方许另行招佃，概不可临春起佃。"[④] 多少保证了一点农民的生计。

---

① 《培远堂偶存稿 · 文檄》卷 45，《业佃公平收租录》。

② 《天台治路》卷 6。

③ 《户部则例》卷 10，《田赋四》。

④ （清）凌焘：《西江视臬纪事》卷 2，《禁临春起佃及强佃霸耕》。

禁止增租夺佃之例实行的时间并不长，乾隆五十六年（1791年）就被废止了，并奏准："民人佃种旗地，其原佃额租本轻，现有别佃，情愿增租，及情愿自种者，均由业主自便。"①嘉庆五年（1800年），迫于问题的严重性，又不得不下令"禁止增租夺佃"。②而实际上这些法令早已成为一纸空文。

佃权极不稳定的状况，迫使农民在进行斗争的同时，加强了自我保护，南方各地永佃权的形式甚为流行，大量的俗例成规得到了民间的承认，并逐渐为国家认可。

永佃权的取得途径有多种，长期从事土地改良，变卤薄为膏腴，最终使地主承认"田皆主佃两业"；③预付高额的押租金，换来"永远耕种"的契据；以田抵债或低价出卖自己的土地，都是永佃权形成的原因。

永佃权是一种物上权，它以使用收益土地为主要内容。永佃权一经设定，永佃权人就享有了如下权利：

1. 永远耕种或使用其标的产业的权利，即使地主出卖地产，永佃权人也不丧失其权利。如浙江余姚的乡例，"若田主把田卖与别人仍归佃户耕种还租，叫做卖田不卖佃"④，广西武宣县也是"历来只换田主不换佃户就算世业一般"。⑤其他地方还有"倒东不倒佃""业主卖租不卖佃"的说法，都是强调永佃权的不可侵犯。

2. 永佃权可以由子孙后代继承。早在清初，国家就承认了甘肃农民对所垦荒地享有永佃权，即令"业主贫乏，将田另售"，原佃户的子孙亦可"照旧永种"，"不许易佃"。⑥江西宁都州"下乡闽佃先代相仍，久者

---

① 光绪朝《钦定大清会典事例》卷60，《吏部·汉员遴选》。

② 《石渠余记》卷4。

③ 《皇清经世文编》，引陈道：《江西新城田租说》。

④ 刑科题本，乾隆三十二年七月十一日闽浙总督苏昌题。

⑤ 刑科题本，乾隆四年四月二十一日刑部尚书尹继善题。

⑥ 《清实录·高宗纯皇帝实录（三）》卷175，第252页。

耕一主之田，至子孙十余世；近者，五六世、三四世”[①]。官府在处理主佃纠纷时，也坚持了这一点。福建顺昌佃农黄佳珂于康熙四十七年（1708年），用银1两6钱租种李凌改荒田2亩9分垦耕，年纳租谷3石，他前后耕种了46年。乾隆十九年（1754年），李凌将此田卖与黄佳禄为业，“听其起田自种”，而黄佳珂以“此田系伊垦熟”，不肯退耕，为此与黄佳禄发生争执，被殴身亡，官司打到省城，福建巡抚认为：“田亩系黄佳珂出银向租垦荒成熟，（田）应仍归尸子（珂子）承耕，判令禄将田交珂子继续佃种纳租。”[②]

3. 永佃权人除耕种外，得使用其土地并占有地上的孳息财物。经过田主同意，永佃权人可以在土地上盖房造坟。土地上自然生成的树木、果实等物归永佃权人所有，如广东香山县黄涵远承佃的围潮田“田围边设有窦门一个，每遇雨后，有鱼流出，向系批佃之人装罾捕取”[③]而田主不问。

4. 永佃权人享有部分处理土地的权利，如转佃、典押等。乾隆四年（1739年）广东的谢氏兄弟将祖遗的19亩佃业田顶给舅父耕种，得顶手银52两，议以7年照价赎田。[④]有些地区，永佃权人必须征得田主同意，将田转让新佃户租种，但很多地方，田主不加过问，广东海丰县地主“因那田向有顶手银两，故此任所佃户顶耕”[⑤]。永佃权的形成对清土地所有权和使用权的分离造成了深远的影响，清代后期永佃权逐渐向“一田二主”过渡，出现了田骨与田皮两种所有权，民间买卖注重田皮而轻视田骨，以致土地所有权转移呈现了前所未有的复杂局面。

5. 永佃权人负有纳租的义务，但租额较低，并且不许增租和无理撤佃。江西宁都州“佃户一石之田收到四、五石，又有杂种”，地主所收地租“仅

① （清）魏礼：《魏季子文集》卷8。
② 刑科题本，乾隆二十二年四月二十一日福建巡抚钟音题。
③ 刑科题本，乾隆十年十二月二十一日刑部尚书盛安题。
④ 刑科题本，乾隆九年六月十二日广东巡抚策楞题。
⑤ 刑科题本，乾隆三十二年十月三日广东巡抚李侍尧题。

得佃户五分之一”，佃户交租所余则“四倍于主”。对于地主撤佃，有权进行抵制，要求田主退还押租钱，否则“踞庄不出”。

虽然永佃权制在两广、两湖、江西、福建等地广为流行，朝廷也加以认可，但对于旗地的永佃权却严加禁止。乾隆二十五年（1760年）为此制定了违禁私行长租之例，旗地“凡田租，皆定以额”，[①] 凡“违禁私行长租者，业户租户，各治以违禁罪外，由业户名下将租价追出入官；由租户名下将地亩追出给还本人，使业户租户失长租之利，以示惩警”。[②] 按清例预付租超过3年即为长租，禁以长租为名行典卖旗地之实。

四、典权、质权和抵押权

典权，谓支付典价，占有他人之不动产，而为使用收益之权。清律：“以价易出，约限回赎者，曰典。”典权是中国古代特有的用益物权和担保物权，虽然唐宋时期典权制度已经形成确立，但以律例规定之应自明律开始。清代大量的条例、户部则例和辑注补充了律文中“典”的规定，使之甚为具体。

历代多将典卖并列，将二者混淆，明律对其作出的区别，仅仅在于能否回赎，正如《大明律·户律·田宅门》所说：“盖以田宅质人，而取其财曰典，以田宅与人，而取其财曰卖。典可赎也，而卖不可赎也。”清对于典和卖是两种不同性质的法律行为已经有所认识，雍正十三年（1735年）诏谕说：“民间活契典业者，乃一时借贷银钱，原不在买卖纳税之例……”[③] 明确了典的担保物权性质。乾隆十八年（1753年）条例对典契与卖契加以特别区分：“嗣后民间置买产业，如系典契，务于契内注明回赎字样，如系

---

① 《清会典》卷84，《八旗都统》。

② 《钦定皇朝文献通考（一）》卷5，载《钦定四库全书》第632册，第111页。

③ 光绪朝《钦定大清会典事例》卷247，《吏部·杂赋·禁例》。

卖契，亦于契内注明绝卖，永不回赎字样。”并对此前典卖不明之产进行清理：“其自乾隆十八年定例以前典卖契载不明之产，如在三十年以内，契无‘绝卖’字样者，听其照例，分别找赎，若远在三十年以外，契内虽无绝卖字样，但未注明回赎者，即以绝产论，概不许找赎。”①

上述条例肯定了出典人享有回赎典物和找贴的权利，出典人交还典价即可赎回原物，且不付利息。按旧时的习惯，“一典千年活”，回赎期漫无限制，年限久远，文契不清，因此经常引起纠纷狱讼，户部则例规定了严格的回赎期限：民人典当田宅，约定的回赎期限不能超过10年；旗人之间典当田房也以10年为限，“十年期满，原业主力不能赎，再予余限一年”，逾限不赎者，典主得投税过户，此后不许再行找价或告赎；民人契典旗地回赎期限较长，为20年，如契约上立定的年限超过20年，就作为升科地，呈报官府，与民地同样每亩征银3分，并永不回赎。

回赎期限届满，出典人备价回赎时，典权人不得“托故不肯放赎”，违者“笞四十”，并将“限外递年所得（多余）花利追征给主，（仍）依（原）价取赎”。②但回赎只是出典人的权利，不是其义务，虽然年限已满，出典人无力备足原价，可以委托中人，向典权人将典价与典物实际价值的差价找回，改典契为卖契，将典物的所有权彻底转移给典权人，这就是“找贴”，或称“找价”。找贴可不拘年限。

典权存续期间，典权人享有对典物出租和转典的权利。倘“现业主果有急需，原主不能回赎，亦听现业主转典”，③如有“冒称原主之原主，隔手告找告赎，或原主于转典未满年限以前，强行告赎及限满而现业之勒赎者，均治其罪”。④

---

①《大清律例》卷9，《户律·由宅·典买田宅》，第213页。

②《大清律例》卷9，《户律·田宅·典买田宅》，第212页。

③《户部则例》卷16。

④《户部则例》卷16。

典物在典权存续期间因典权人的故意或过失而损坏、灭失时，典权人有责任加以赔偿。如因不可抗拒的原因毁损、灭失的，典权人不负赔偿责任，也不得向出典人请求追加担保，出典人认为回赎合算的，仍可备原典价赎回。唯一例外的是以房屋为典物的，乾隆十二年（1747 年）规定了凡典产被火烧毁，因典期届满与否，有下列差异：

年限未满者：（1）业主、典主各出一半，合起房屋，加典 3 年，限满后，业主以原价取赎；（2）业主无力合起者，典主自造，加典 3 年，3 年后，业主依原价加四取赎；（3）典主无力合造者，业主得即时取赎，但须依原价减十分之四。

年限已满者：（1）业主得直接回赎，然须减原价之半；（2）业主无力回赎，则典主自为起造，加典 3 年，3 年限满后，业主依价加四取赎。

无论典产还是活卖，如双方均无力再起，即将其地基共同售价，由原主偿还典主三分之一，并起造房屋，其高宽丈尺工料装修，皆须与原屋相同。[①]

质权，也是担保物权的一种，即债权人因担保债权，占有债务人或第三人移交的财产或财产证书，享有卖得金钱的优先清偿权。和典权所不同的是，质权设定于动产之上，回赎期限亦比较短，且收取利息。中国最早关于质权的记载见于汉代，两汉以后，常以“典”“当”“典当”称之，以此为业者，又称为当铺、典铺。清代，当铺已遍布于全国的城市和农村。据记载，乾隆九年（1744 年）“京城内外官民大小当铺共六七百座”，[②] 仅和珅一人就开设当铺 75 座。[③] 当铺之所以数量众多，是因其乃高利贷的另一种形式。按清律规定，当铺月利不得过 3 分，且一本一利，而康熙年间，江西省的当铺“当本”“勒取息银七八钱，方准取赎”，“稍不遂欲，亦措不给赎”，还在当票上大做文章，故意使数字模糊难辨，达到占有当物的

① 《大清律例》卷 9，《户律·田宅·典买田宅》，第 211 页。

② （清）王先谦撰：《东华续录》，乾隆九年十月壬子，载《续修四库全书》第 372 册，第 141 页。

③ （清）薛福成：《庸盦笔记》。

目的。湖南的当铺，当本按月计息，每超过 5 天，即按 1 月计算，年满过期不还，当物“不允取赎，立即变价发卖”。[①]

抵押权乃债权人对于债务人或第三人不转移占有而供担保之不动产，享有优先受偿的权利。债务人到期不履行债务时，抵押权人有权就其抵押财产卖得价金优先抵偿债权。宋代的“指名质举”就是指抵押权，清代由于典权、质权比较发达，抵押权相对较少。正如《清稗类钞》所云：“典质业者，以物质钱之所也。最大者曰典，次曰质，又次曰押。”此外，对于这三种担保物权也没有很明确的划分，经常是混淆一团，难以鉴别清楚，这反映了中国古代虽然民事法规的数量不少，但民法理论研究几乎为零，这也是其落后于罗马法的一个原因。

第四节　婚姻、家庭与继承

一、婚姻与家庭

《大清通礼》规定清代的适婚年龄为男 16 岁，女 14 岁，民间往往依地方习惯或宗族法规，如浙江归安嵇氏宗族条规“男子二十以上皆可婚，女子十六以上皆可嫁”，[②] 因婚姻有年龄上的限制，任何“指腹割衫襟为亲者”都是法律绝对禁止的。

结婚必须以“父母之命，媒妁之言”为合法形式。按照清律，只有父母和其他尊亲属才有权决定婚事，“嫁娶皆由祖父母、父母主婚，祖父母、父母俱无者，从余亲主婚。其夫亡携女适人者，其女从母主婚”[③]。男女私

① （清）赵申乔：《赵慕毅公自治官书类集》卷 9，《禁当铺违例取息示》。

② 浙江归安《嵇氏宗谱》，《条规》。

③ 《大清律例》卷 10，《户律 · 婚姻 · 男女婚姻》，第 218 页。

订终身不仅被视为伤风败俗之事，还要被迫离异并受到惩罚，即使卑幼已经成年，或仕宦买卖在外，因客观原因无法请示尊长，自行决定婚姻的，“未成婚者从尊长所定，自定者从其别嫁，违者杖八十，仍改正”。

有所例外的是寡妇与奴婢、家仆的主婚权。清一改唐律祖父母、父母对寡妇改嫁有决定权和主婚权的规定，明确“夫丧期满，妻妾果愿守志，而女之祖父母及夫家之祖父母强嫁之者，杖八十”。[①]否定了尊长对守节妇女的主婚权。奴婢、家仆在法律上与主人的资财、畜产处于同等地位，是主人所有权的客体，“婚配俱由家主”，尊长对本人，本人对子女均无权决定。

“父母之命，媒妁之言”完全将当事男女置于订立婚姻关系之外，使之既无表达意思之可能，更无选择自由之可言。这种婚姻的不自由还表现在法律为婚姻成立设置了种种限制。

同姓不婚，是传统的古老禁忌。清律“凡同姓为婚者，（主婚与男女）各杖六十，离异”[②]。同姓又同宗者，区别有服亲和无服亲，娶同宗无服亲者杖一百；娶缌麻以上亲，各以奸论，处刑自徒至绞、斩。随着姓作为同一血统标志的原始意义的丧失，这条禁忌已渐成具文，在司法实践中，对此类案件的处理比较灵活。乾隆时，有唐化经娶同姓不同宗之唐氏为妻，后因故砍死其妻，地方官府认为同姓为婚应离异，不承认夫妻名分，依凡人相斗处理，刑部驳正，依夫殴妻致死律处分，并说：“同姓为婚律载妇女离异者，原属礼不娶同姓之正义，但愚民不谙例禁，穷乡僻壤娶同姓不宗妇女往往有之。固不得因无知易犯，遽废违律之成规，尤不得因违律嫁娶之轻罪而转置夫妻名分于不论。其嫁娶违律罪不致死之案，自仍应按律断令离异，至遇有亲属被伤罪干凌迟斩绞重辟者，即应按照亲属已定名分本

① 《大清律例》卷10，《户律·婚姻·居丧嫁娶》，第219页。

② 《大清律例》卷10，《户律·婚姻·同姓为婚》，第220页。

律科断。”[①] 清代后期，对同姓通婚已置之不问，并以法律解释的形式，实际上取消了原有的禁令。《大清律例汇辑便览》云：“同姓者重在同案，如非同案，当援情定罪，不必拘文。”

亲属不婚。清律从三个方面作出规定：第一，尊卑不婚。无论有无服制的尊卑亲属均不得结婚，“凡外姻有服（或）尊属（或）卑幼共为婚姻及娶同母异父姊妹若妻前夫之女者，各以亲属相奸论”，并离异；“其父母之姑舅两姨姊妹及姨、若堂姨及再从姨，（已之）堂外甥女，若女婿（之姊妹）及子孙归之姊妹（虽无服），并不得为婚姻，违者（男女）各杖一百”。[②]第二，禁止同辈亲属通婚，如姑表、姨表兄弟姊妹、异父同母兄弟姊妹之间的通婚，违者杖八十，并离异。但清代民间中表婚已相习成俗，法律难加禁止，不得不迁就之，“其姑舅两姨姊妹为婚者听从民便”[③]。第三，禁娶亲属妻妾。亲属妻妾虽于血缘关系之外，但事关伦常，一旦有犯，依彼此的亲疏关系量刑处治，“若收父祖妾及伯叔母者（不问被出改嫁）各斩，若兄亡收嫂，弟亡收弟妇者，各绞”[④]。其实，兄收弟妻，弟收兄嫂在民间极其普遍，只要有人主婚，通知地保，并举行婚姻仪式，官府也是不加追究的，只有因刑事犯罪牵连于此，官府才加以查处。嘉庆十九年（1814 年）定例变通了此条律文：“凡嫁娶违律罪不至死者，仍依旧律定拟。至兄亡收嫂，弟亡收弟妇，罪犯应死之条，除男女私自配合及有奸情后复婚配者，仍照律各拟绞决外，其实系乡愚不知例禁，曾向亲族地保告知成婚者，男女各拟绞监候，秋审入于情实，知情不阻之亲族地保照不应重律杖八十，如由父母主婚配，男女仍拟绞监候，秋审核其情罪另拟。”[⑤]

良贱不婚。清代倡优、皂隶、奴婢，均属“贱民”，不能应考、出仕，

① 《大清律例汇辑便览》“同姓为婚”附条。

② 《大清律例》卷 10，《户律 · 婚姻 · 尊卑为婚》，第 220 页。

③ 《大清律例》卷 10，《户律 · 婚姻 · 尊卑为婚》，第 221 页。

④ 《大清律例》卷 10，《户律 · 婚姻 · 娶亲属妻妾》，第 221 页。

⑤ 《大清律例》卷 10，《户律 · 婚姻 · 娶亲属妻妾》，嘉庆十九年修改例，第 221—222 页。

甚至不能与良人通婚。凡家长为奴婢娶良人为妻，杖八十；奴婢自娶者同罪；倡优乐人以良人为妻妾，杖一百，知情家长同罪。若良人娶乐人为妻，庶民不坐，而官吏和应袭之子孙有辱体统，杖六十。值得注意的是清律将良贱通婚的罪责多加于家长之身，更强调的是对贱男娶良家女子的制裁，对于良贱成婚的既成事实，没有停留于法律处分之上，而是坚决使其离异，为清代婚姻关系涂上了浓厚的等级色彩。雍正、乾隆时期，随着贱民的陆续解放，良贱不婚的禁令也逐渐松弛。

清律中还有僧道不婚、奸逃不婚等禁忌，其大多数都是从封建伦理道德出发，束缚男女婚姻自由的枷锁。

古代婚姻尤其注重其形式，“六礼”，即纳采、问名、纳吉、纳征、请期、亲迎一直是传统的婚姻程序，虽然贫寒百姓未能有如此之繁文缛节，但订婚、结婚是任何人都不能缺少的。

订婚乃双方收受聘礼，交换婚书，立定具有强制履行效力的婚约的法律行为。订婚必须以诚实为原则，“若有残疾、老幼、庶出、过房、乞养等，务要两家明白通知，各从所愿”，[1] 不得隐瞒、欺骗，或以兄弟姊妹妄冒，否则，不仅婚约得以解除，主婚人还要受罚。

婚约具有法律效力，一旦立下就必须履行不得翻悔，更不得立下婚约后再与别人订婚，“若许嫁女已报婚书及有私约而辄悔者，笞五十。虽无婚书，但受聘财亦是，若再许他人，未成婚者，杖七十，已成者杖八十，男家悔者罪亦如之，不追财礼”[2]。且婚约履行有时间上的限制，婚书中规定了聘娶的日期，期约未至男方强娶和期约已至女方故意拖延的，主婚人笞四十；若期约超过五年男方无故不娶，及夫逃亡三年不还者，经官府出具证明，允许另行改嫁，财没不追。

婚约可以因一方犯罪而解除，清律在婚约不许翻悔条文后但书：“……

① 《大清律例》卷10，《户律·婚姻·男女婚姻》，第217页。
② 《大清律例》卷10，《户律·婚姻·男女婚姻》，第217页。

其未成婚男女有犯奸盗者，不用此律"，并且"男子有犯，听女别嫁，女子有犯，听男别娶"。

聘财是婚约成立必不可少的要件，《大清通礼》上详细列举了不同身份等级的当事人应纳聘财的种类、数量：

一品至四品，币表里各八两，容饰合八事，食品十器。五品至七品，币表里各六两，容饰合六事，食品八器。

八、九品及有顶戴者，币表里各四两，容饰合四事，食品六器。

庄人，细绢四两，容饰四事，食品四器。

如此详尽的规定表明了在婚姻关系成立过程中，财产所占据的重要地位，婚姻的买卖性质昭然于此。

《大清通礼》还规定了结婚的仪式和新娘新郎的服饰，各级人等各循其礼，不得僭越滥用。嘉庆二十五年（1820 年）还特别要求地方官府将民间婚丧等事悉照会典所载规条刊发，编行晓谕，使众人知之遵从，违制者，严行究办。

婚礼在时间上要有选择，尊亲属丧期、帝王丧期及直系尊亲属被囚禁期间嫁娶，都是法律严禁的，但只是对违反者处罚，不废止其婚姻关系。婚礼之后，新妇还要行庙见和觐见舅姑之礼，才算成为夫家的一员。

"男尊女卑""夫为妻纲"是清代处理夫妻关系的一贯原则。清律承认丈夫对于妻子的监护权，妻子不具有独立的人格和完全的行为能力。"凡妇人犯罪，除犯奸及死罪收禁外，其余杂犯责付本夫收管；如无夫者责付有服亲属邻里保管，随衙听候，不许一概监禁。"[1] 妻子对家庭财产没有支配的权利，自己的嫁妆也因"夫妻一体"而听凭丈夫使用支配，甚至"夫

① 《大清律例》卷 37，《刑律 · 断狱下 · 妇人犯罪》，第 650 页。

亡，……其改嫁者，夫家财产及原有妆奁并听前夫之家为主”[1]。将妇女的私有财产权和对丈夫遗产的继承权剥夺殆尽。

为了维护夫妻间的不平等地位，清律规定，妻妾告夫与子孙告祖父母、父母同罪，杖一百徒三年，诬告者绞，即使丈夫与人通奸也不能告发。而丈夫却有捉奸的权利，即使当场把与人通奸的妻子杀死，也不过杖八十而已。如果夫妻之间发生殴杀，妻子加重处罚，丈夫减轻处罚甚至无罪。凡妻子殴夫，无论有伤无伤，即杖一百；折伤以上加凡人斗伤三等，至笃疾者绞；殴夫致死者斩；故杀、谋杀本夫者凌迟处死。而丈夫殴妻，折伤以下不记，折伤以上减凡人二等；妻不告则官不理。《清律总经》曰：“盖夫为妻纲，妻当从夫，妻殴夫则妻应坐罪，离合听夫可也；夫殴妻致折伤，夫虽犯义绝，而妻无自绝于夫之理，故必先审问夫妇，俱愿乃听离异，如夫愿而妻不愿，妻愿而夫不愿，皆不许离异也。”若为妻因此而自杀，夫不承担“威逼致死”的罪名，反之妻“比照依妻妾殴夫致死律拟斩立决”。

夫妻间的不平等甚至发展到丈夫将妻子任意典雇的地步，虽然清律规定典雇妻妾，本夫杖六十，但又说：“必立契受财，典雇与人为妻妾者，方坐此律，今之贫民将妻女典雇于人服役者甚多，不在此限。”从而放宽了典雇妻女的禁令，这反映了清代妇女极其卑下的社会地位和劳动人民悲惨的生活境地。

清代妻对夫的义务不仅存在于丈夫生前，而且延续于丈夫死后。朝廷颁布过不少旌表节妇烈女的法律，《礼部则例》规定节妇，即“自三十岁以前守节至五十岁，或年未五十而身故，其守节已及十年，果系孝义兼全厄穷堪怜者”，及为夫守贞的“未婚贞女”。贞节烈女，包括“遭寇守节致死”，“因强奸不从致死”和因为“调戏羞忿自尽”，以及“节妇被亲属逼嫁致死者，童养之女尚未成婚，拒夫调戏致死者”[2]等。每年各级官府和朝

---

① 《大清律例》卷 8，《户律・户役・立嫡子违法》，第 195 页。
② 《礼部则例》卷 48，“旌表寿民寿妇”。

廷都要大肆旌表，建坊立祠，由此将“夫为妻纲”的信条推到了极端。青年妇女殉夫之风日甚，以致朝廷不得不再颁布法律加以禁止。

夫妻间的不平等还表现在离婚的规定上，清律沿袭前代的七出、义绝和三不去之制，将离婚的决定权赋予夫及夫的家庭，以女方的过错作为主要理由，凡女方“无子、淫佚、不事舅姑、多言、盗窃、妒嫉、恶疾”，丈夫都有权将其休弃。七出之中，除盗窃系个人品德外，其余六项都和家族有关，这正符合婚姻“上以事宗庙，下以继后世”的传统目的。“不孝有三，无后为大”，所以无子事关家族的延续，列于七出之首，但它和淫佚相比，后者足以紊乱家族的血统，罪过更重，即使有“三不去”的理由，也不能宽恕。

所谓“三不去”，是指妻曾为公婆服丧；有所娶而无所归；先贫贱后富贵者。凡有“七出”之过错，但存“三不去”之理由者，均不能离。有些宗族法还对丈夫的出妻权在程序上加以限制，族人出妻，“本房房长、户首即宜苦谏力阻，或该妻实系犯出，亦必经鸣房长、户首，会同查议。公论无饰，方许从权，否则断乎不可”。①

义绝是又一离婚条件。义绝者包括夫对妻族、妻对夫族的殴杀罪、奸非罪，及妻对夫的谋害罪，如有上述犯罪事实出现，则夫妻双方恩义已绝，法律规定必须离异，不离者杖八十。

七出与义绝不同的是前者可以作为夫方离婚的理由，离与不离，取决于夫方；后者是当然法定的离婚理由，无论双方愿不愿意，有犯必得强制离异，权利在法律。

清律“出妻”条还有“若夫妻不相和谐而两愿离者不坐（情既已离难强其合）”的规定，即所谓“协商”，它是双方不具备七出、义绝条件时自愿的离异。虽经法律认可，但实际生活中极其罕见。

“父为子纲，父慈子孝”是清代调整家庭关系的唯一准则，清律把维

① 湖南新市《李氏宗谱》卷2，《宗规》。

护父权在家庭中的统治地位，作为一项中心任务，以期达到“家齐而后国治”的最终目的。

法律首先规定，家长是家庭的代表，所谓“一户人口，家长为主”。[①]家长由家庭中辈分最尊的男性担任，他集父权和夫权于一身，在家庭中享有特殊的权利。

第一，对家庭财产的支配权。只有家长才有权决定家庭财产的使用和分配，子孙不得有所异议或擅自动用，清律“卑幼私擅用财，二十贯笞二十，每增二十加一等，罪止杖一百”。父母在，如果子孙“别籍异财”，有伤父母慈爱之心，有亏父母侍养之道，也是法律所严格禁止的。但清代商品经济迅速发展，人们生活水平不断提高，分居蓄财的现象十分普遍。乾隆年间，江苏沛县“兄弟相阋，什家而九”，[②]法律不得不作出修改，凡父母允许分居者听。

第二，对子孙的惩罚权。清处于封建社会末期，阶级矛盾更加尖锐，因此封建国家赋予家长以更大的权利，企图通过他们对家庭成员的监督、管教，稳定封建专制主义的统治秩序。法律一改前朝规定，“子孙违反教令而依法决罚，邂逅致死及过失杀者，勿论”。[③]非理殴杀，虽为有罪，但仅杖一百。和唐律不问理由，杀死子孙皆处徒罪，违反教令而杀，减故杀一等治罪的规定相比，显然是宽松了许多。况且，“违反教令”的概念缺少法律上的明确解释，从清代大量案例看，其范围极其泛杂，包括了不顺父母、赌博、犯奸盗等，有些只是无足轻重的小事。对于这类案件，由父母提供子孙“违反教令”的证据，官府无须核实认定，即可定案。

除家长有权自行决罚子孙外，法律还赋予家长送惩权，即请求官府代其惩处“违反教令”和“不孝”之子孙。凡是“父母控子，即照所控办理，不

① 《大清律例汇辑便览·户律·田宅·欺隐田粮》“辑注”。

② 乾隆朝《沛县志》卷 1。

③ 《大清律例》卷 28,《刑律·斗殴下·殴祖父母父母》，第 496 页。

必审讯”[①]。因违反教令而被送惩的子孙，杖一百；而因不孝送惩的处罚则重得多。不孝包括了告言诅骂祖父母、父母，祖父母、父母在别籍异财或供养有缺，居父母丧自身嫁娶、作乐释服从吉，闻丧匿不举哀及诈称祖父母、父母死等。但父母以不孝为名送惩的子孙，并不一定都犯有上述罪过，父祖请求官府给予的制裁也不局限于律文中不孝罪的处罚，甚至于家长要求处死子孙，官府也不会拒绝。可见，国家法律制度完备的时代，国家虽然收回了家长直接杀害子孙的权力，但对其杀害子孙的意志仍给予了法律上的支持。

此外，清代父母还有呈送发遣之权，子孙不服教诲且有触犯情节，父母可以请求官府将其由内地流放至云贵或两广等边远地区。此类犯人为常赦所不原，除非遇有特旨恩赦释放，父母亦情愿，才可释回。依照清律，呈送的子孙中尚有轻罪够不上发遣者，但条例说得很明白：“凡呈告触犯之案，除子孙实犯殴詈，罪干重辟，及仅止违反教令者，仍各依律例分别办理外，其有祖父母、父母呈首子孙恳求发遣，及屡违犯触犯者，即将被呈之子孙实发烟瘴地方充军。”[②]依此，本是违反教令杖一百者，因父母之呈送失去了终身的自由。

第三，确认侵犯亲权加重处刑的原则。法律确认了父权至高无上的地位，因而冒犯父权的行为被视为重于常人间的犯罪。同为骂詈，常人者不过笞十，而对祖父母、父母骂詈，与殴同罪，列入不孝之列。至于骂詈以上的行为已超出不孝的界限，法律定为“恶逆”罪，皆斩决。

对于殴祖父母、父母，无论情节轻重，皆斩。清律在律文后加注云：“凡预殴者不分首从皆斩，不论有伤无伤与伤之轻重也。”又条例规定：“凡子孙殴祖父母、父母，审无别情，无论伤之轻重，即行奏请斩决。”[③]即使无伤害之动机，纯系过失误杀伤，也要绞立决，不得收赎。清律特别申明了

---

① 《大清律例》卷30，《刑律 · 诉讼》。

② 《大清律例》卷30，《刑律 · 诉讼 · 子孙违反教令》，嘉庆十五年修改例，第524页。

③ 《大清律例》卷28，《刑律 · 斗殴下 · 殴祖父母父母》，第497页。

其立法意图："过失虽出无心，而子孙……于祖父母、父母当敬慎不应至于过失，故凡人收赎，而子孙流徒，即臣子于君父不得称误之义也。"①

因子孙威逼或不孝以致祖父母、父母死亡者，斩决。因违反教令而使祖父母、父母轻生者，绞候。

对于直系亲属之外的亲属间的伤害罪的处分，也不同于常人，为此清律特将"丧服图"置于律首，作为亲属相犯判刑轻重的标准，依照服制，血缘关系愈近者处刑愈重，愈远者处刑愈轻。五服以内亲属相犯，乃十恶之一——"不睦"，五服以外亲属世系可考者，仍有尊卑名分的存在，以尊犯卑减常人一等，反之加一等，且卑幼对尊长无自卫之权利。

亲属间的相奸行为是封建伦理与法律所不能容忍的"禽兽行"，常人相奸最高量刑为杖一百，而亲属相奸最低刑为杖一百徒三年，强奸者斩监候。亲等越近的亲属间的性行为，处罚越重。奸父祖妾或与之通奸，即构成"内乱"罪，亦属十恶重罪，犯者或绞或斩。

亲属间的窃盗行为也与常人有别，其定刑原则是血缘关系愈亲，判刑愈轻，血缘关系愈远，判刑愈重。清律规定缌麻亲属间相窃，减凡人二等，小功减三等，大功减四等，期亲减五等，和唐律比处分更轻。对于一般窃盗罪，按清律皆要刺字，但亲属间相盗，可免刺字。

清律继承了前代亲属间有罪容隐的原则，将容隐的范围从直系亲属和配偶及同居有服亲、无服亲扩大到妻妾、岳父母、女婿，以及家内的奴婢和雇工人，不仅隐匿无罪，还可以事先通递消息使之逃避法律制裁，并且不承担举证责任。法官违法要求亲属作证的，杖五十。

从维护国家利益的角度出发，清律对干名犯义罪的处罚较前代为轻。唐律禁止子孙控告尊长，即使控告如实，也得处以斩、绞。而清代，除诬告论死外，控告如实者只杖一百徒三年。同时，还规定谋反、谋大逆、谋叛等严重威胁封建统治的犯罪不适用亲属容隐和干名犯义，置封建国家利

① 《大清律例》卷28，《刑律·斗殴下·殴祖父母父母》。

益于家族利益之上。

出于封建的孝道，法律还允许“存留养亲”。凡是犯非不赦之死罪，直系尊亲年老多病，需人侍奉，而家无成丁者，可以上请皇帝裁决免死；犯徒流刑而合乎留养条件者，只杖一百，余罪收赎，父母年终时不再流配。

此外，家长还享有对子孙的主婚权等。

二、继承制度

清代继承分为身份性继承和财产继承两种制度。身份性继承乃政治权力的转移，是不容分割的；财产继承系经济权利的转让，可以分割。

身份性继承有宗祧继承、封爵与食封继承。

宗祧继承又称祭祀继承，乃继承祖宗血脉之义。一家之中，每一世系只能有一名男性享有宗祧继承权，清律规定继承宗祧有承继和立继两种方法和极严格的继承顺序。

承继是对祖先血统的正常继承，通常嫡长子为法定的第一顺序继承人，无嫡长子者立嫡长孙，以后嫡庶子、嫡次孙、庶长子、庶长孙、庶次子、庶次孙，依次承继。如立嫡子违反法定顺序，杖八十，清律云：“其嫡妻年五十以上无子者得立庶长子，不立长子者罪亦同。”[①]

嫡庶子孙全无者为“户绝”之人，其可采用第二种方法“立继”。所立的继承人虽非直系血亲，但多少有点血缘关系。《大清律例 · 户律》规定：“无子者许令同宗昭穆相当之侄承继，先尽同父周亲，次及大功、小功、缌麻，如俱无，方许择立远房及同姓为嗣。”

立继所定之人称为嗣子，可以立嗣的，还有如下之人：夫亡无子守志的妇女；已聘未婚愿守志者；已婚而故，妇未能孀守者；虽未娶而因出兵阵亡者，父母或家长都有权选择辈分相当之人为其嗣子。即使已招婿养老者，

① 《大清律例》卷 8，《户律 · 户役 · 立嫡子违法》，第 195 页。

仍须立同宗应继之人，奉承祭祀。

可见清代立继中的宗祧继承人必须具备四个条件：第一，同姓且具有血缘关系，“其乞养异姓义子以乱宗族者杖六十，若以子予异姓为嗣者，罪同，其子归宗”，“其遗弃小儿年三岁以下，虽异姓仍听收养，即从其姓（但不得以无子遂立为嗣）”。[①]剥夺了养子和义子的宗祧继承权。但八旗无嗣之人，允许其过继异姓亲属，但必须由两姓族长、族人、该参佐领、生父列名画押甘结，送与户部备案。第二，必须是昭穆相当之人，清律明确规定就是立侄为嗣，如果所立之人虽系同宗而尊卑失序，罪同立异姓为嗣。第三，允许以独子兼祧，清以前法律禁止独子继嗣，但清律辑注云：“若应继之房，止有一子，当出继不当出继，须依大宗小宗法议之。小宗可绝，大宗不可绝也。”同时允许一人承继两房宗祧，“如可继之人，亦系独子，而情属同父周亲，两相情愿者，取具合族甘结，亦准承继两房宗祧”。俞樾在《俞楼杂纂》中说：“一子两祧为国朝乾隆间特别之条。”它是宗法继承制的进一步发展。第四，继承人当无图谋财产之恶意，乾隆四十四年（1779年），因湖北曾志产谋夺继产殴死亲胞叔而立一例：“因争继酿成人命者，凡争产谋继，及挟同争继之房分，均不准其继嗣，应听户族另行公议承之。”

立嗣关系一旦成立，不得随意解除，违者杖一百。如果因嗣子不孝或与继亲相处不睦，许废之重立。立嗣后，继亲又养男儿，嗣子身份并不丧失，生身父母愿将其领回者，须经双方同意后，才能撤销立嗣关系。

不论承继、立继，其目的都在于传宗接代，以及居丧、祭典，即为父母服丧三年，并于“宗庙之礼，祀乎其先也”。

封爵继承也以嫡长子优先为原则，其继承顺序也与宗祧继承顺序相当。

清代的家庭财产继承首先以家长遗嘱处分为准，家庭只有家长享有对家产的分配权，家长可以在其生前履行这种权利，也可以在临终时就财产的分配作出安排。无论家长的分配是否合理，是否公道，子孙均无权表示

---

① 《大清律例》卷8，《户律·户役·立嫡子违法》，第195页。

异议，只能遵从行事。只有在家长生前和临终时都没有分配家产的情况下，才发生依法“分割家产”，即现代意义上的法定继承。按照清律，分割家产的原则是“诸子均分，嫡庶子男……不问妻妾婢生，止以子数均分”。这一原则体现了“大功同财”兄弟和睦共处的儒家礼教精神。在司法实践中，更是灵活地贯彻了这种精神。据《吴中判牍》记述：某七子其母死，长子独吞了遗产，余子告到官府，知县蒯子范将田产一分为七，给长房七分之一，余下六份，合并为二，劝四、五、六、七房兄弟把自己的一份让给二、三兄之寡妻，并判道，“阿兄不道，难应将伯之呼，群季皆贤，尚有援嫂之意。本县用是嘉尚，而于权（四子名）等有厚望矣”，鼓励人们在财产继承时互相谦让，对于因争夺遗产而断情绝义之人大加贬抑。

女子通常无财产继承权，只有在下列情形中，才享有继承权：一是无男户绝财产，“所生亲女承分，无女者入官”；二是寡妻承夫份，“凡妇人夫亡，无子守志者，合承夫份”。但立嗣后，财产归嗣子所有，个别未立嗣的，只能作为养老之资，不许变卖。

清律中，享有继承份额的还包括赘婿、养子等人。

第五节　工商业立法

一、盐业法令

（一）“恤商裕盐”与官督商销

清初对盐政实行优恤政策，主要表现在：一是蠲免明崇祯时所加派的“新饷”、“练饷”及其他杂项银两，同时对旧税额亦仍免三分之一税，[1] 实行

① 《钦定皇朝文献通考（一）》卷28，载《钦定四库全书》第632册，第558页。

轻税，其目的在于迅速疏通因战争造成的盐业壅滞、萎缩；二是革除明末乃至清初，各级官吏勒索、扰商的弊政，实行“恤商裕盐”的政策。在这一政策的鼓励下，清初盐业迅速恢复，而且进一步发展。全国产盐区主要有长芦、奉天、山东、两淮、浙江、福建、广东、四川、云南、河东、陕甘 11 个。中央盐政属户部山东司掌管，各盐区的盐政，则大多由各地总督、巡抚兼掌，同时中央又派有巡视盐政（简称盐政）、都转盐运使（简称盐运使）、司运吏、盐道、运同、运判、场大使、井大使等，直接到地方各产销区执掌有关制造销售事宜。此外，都察院还设有盐差御史，负责监察各道盐政。

清代盐法，主要采用官督商办、官运商销、商运商销、商运民销、民运民销、官督民销、官督商销七种形式，但行之既广且久的是官督商销，即“引岸法”，也称“纲法”。所谓官督商销，就是在官府的监督下，由商人负责盐的贩运。生产盐的灶户要先纳税。完税后才允许制盐，所制之盐又不得擅自出售。贩运盐的盐商也须先纳税，领得“引票”（即政府印发的贩盐许可证），其中由户部印发的称为“部引”。每引准运盐的斤数各地不等，一般在 240 斤至 800 斤，四川最多者每引可达万斤。所谓“岸”，是指销盐区域，即引界、引地，是专卖地域之意。为了获取引票，盐商往往须竞相花费巨金行贿，以获得引票，取得贩盐的固定地区（岸）、一定数量（引）的贩盐专利权。督盐机关将盐商的姓名、引数、引地在纲册上注册登记。运商所认定的销盐区是独立的，故又称“引窝”，或“根窝”。盐商取得根窝，即取得一定地区食盐销售的垄断权，故又称“窝商”。窝商大多不直接自运自销食盐，而是将“年窝”（每年呈政府朱批的销盐凭单）或引票转售给他人，或将窝根典质于人，坐收厚利。由于食盐被盐商专利独占，层层加码，经营盐业成为利润丰厚的行业。如两淮盐商将淮盐运到湖广出售，一次即可赚取五六倍的厚利，而消费者的负担却日益沉重。

（二）盐业法令

清代关于盐业的法令，从形式上讲主要有三类：第一类是《大清律例》

的有关规定，《户律·课程》部分有“盐法”11 条，附条例 14 条；此外还有“监临势要中盐”“阻坏盐法”等条。《大清律例》盐法打击的重点是犯私盐罪。凡不纳税领取官方引票而贩卖食盐，或超越指定岸境销售食盐者，都构成“犯私盐罪”，处刑杖一百徒三年；若带兵器，则流二千里，充盐徒；若拒捕者，无论是否有伤，则拟斩罪；涉及私盐的引领牙人，窝藏寄顿者，挑担驮载者，买食者皆须处刑。

第二类是皇帝颁发的有关盐务的诏敕谕旨。这些诏敕谕旨针对具体问题发布，是具有法律效力的。如康熙九年（1670 年），两淮巡盐御史席特纳、徐旭龄上书言两淮积弊有六大苦，掣挚（抽取）有三大弊，揭露各地方官吏层层抽取盐利，敲诈勒索，或官商勾结，虚填夹带，逾额运销。康熙下旨，“禁止两淮运盐，额外私派，及淮盐掣挚弊端”并定例：“凡桥所掣挚，溢斤割没，少者三四斤，多者七八斤，不得逾额。如夹带过多，掣官虚填太重者，商则计引科罪，官则计斤坐赃，则掣验公而国法信。”① 并将此例勒石立于桥所及经过之关津口岸，成为重要的盐业法规。清朝廷整顿盐政的敕谕甚多，这些敕谕是清代盐法的重要渊源。

第三类是有关盐业的“则例”。这是管理盐业生产、转运、销售等各个环节的规定，具有建立制度的性质，属行政性法规，同时也有对违反盐禁的刑事惩罚。由于中国幅员辽阔，各地产盐的方式也大不相同。如沿海盐区产海盐，四川、云南出井盐，河东、河南、陕甘出池盐。盐种不同，制取方式也不同，海盐有晒制与煎制之分；同为煎制，又有荡草、煤火、木柴之别。如此复杂的制取方式，不可能由中央制定统一的法规，故由各产盐区督抚自行制定“则例”，报经中央议准，奉旨颁行。这种以地方自定盐业法规的做法，因地制宜，灵活方便，在雍正、乾隆时期还是行之有效的。

① 《钦定皇朝文献通考（一）》卷 28，载《钦定四库全书》第 632 册，第 563 页；《清史稿》卷 130，《食货志四·盐法》，第 3537 页。

二、矿业法令

清代对于采矿业，政策多变，时开时禁，朝臣在这个问题上争议很大，其中心完全围绕开矿是否会“聚众生事”来定。因此，有关矿业的法令也是多变的，就连《大清律例》中也没有关于矿业的律条，仅有个别条例涉及矿业。如《户律·盗卖田宅》附例：“西山一带，密迩京师地方，如有官豪势要之家，私自开窑卖煤，凿山卖石，立厂烧灰者，枷号一个月，发边卫充军。干碍内外官参奏提问。”[①] 此例的基本精神仍是禁止开矿。

由于经济发展，矿物需求量日增，民间偷采不断。迫于形势，康熙年间不得不放宽禁令，于康熙十四年（1675 年）定《开采铜铅之例》，允许在“委官监管”的条件下，民间可自行开采。[②] 后又定：“各省采得铜铅，以十分内二分纳官，八分听民发卖。”[③] 即实行二八收税，税率为 20%。从此矿禁初步开放，各地也相应制定了地方性的采矿条例，如云南定有《铅厂通商之例》等。但雍正、乾隆时期，对矿业的开禁问题仍反复不定，开禁无常，基本上持对已开之老矿，听其经营；未开之新矿，禁其新设。如雍正上台后，即“上谕”说：“昔年粤省开矿，聚集多人，以致盗贼渐起，邻郡戒严，是以永行封闭”，“若招商开厂，设官收税，传闻远近，以致聚众藏奸，则断不可行也”。[④] 并下令禁止广东、贵州等省开矿。

乾隆时，再次开放，矿业发展很快，在云南、贵州、广东、广西、四川、湖南、浙江、福建、山西等省，有金、银、铜、铁、铅矿 200 余处。乾隆四十八年（1783 年）更发展到 313 处。这仅是官府批准登记在册的合法矿厂，民间“私挖”“盗采”者远不止这个数字。

① 《大清律例》卷 9，《户律·田宅·盗卖田宅》，第 209 页。
② 《钦定皇朝文献通考（一）》卷 30，载《钦定四库全书》第 632 册，第 636 页。
③ 《钦定皇朝文献通考（一）》卷 30，载《钦定四库全书》第 632 册，第 636 页。
④ 《钦定皇朝文献通考（一）》卷 30，载《钦定四库全书》第 632 册，第 638 页。

清代矿冶绝大多数由商民开采，政府委官监管，即便是政府控制最严的云南铜矿，也采用“官借工本，官收余铜”的方式。矿场用地，在民地者，地主即窑户；在官山官地者，“以领帖输税之人为窑户，照当税之例领帖办税”①。矿冶业中的劳动制度，已淘汰了落后的使用卫军匠户的劳役制，而以“富者出资本以图利，贫者赖佣工以度日”的雇佣劳动制取代。

总之，清初直至雍正、乾隆时期，清廷对采矿业的指导思想仍局限于惧怕“奸民”聚众生事，危及其统治，因此，所制定的有关法令大多落后于现实，在相当程度上束缚了矿冶业的发展。

三、纺织业及其他手工业法令

清代的纺织业与手工业包括官府手工业和私营手工业。

官府纺织业手工场，“织造在京有内织染局，在外江宁、苏州、杭州有织造局，岁织内用缎匹，并制帛诰敕等件，各有定式。凡上用缎匹，内织染局及江宁局织造；赏赐缎匹，苏、杭岁造”。② 其他各地官府作坊的产品也多用于上供，如陕西的“省城织局”，织成的秦缎、秦土绸、秦绫、秦兼纱等，均“年年供进贡之用”。③ 山西潞安明代产丝，清初已不产，机户甚至到江浙买办湖丝，织造潞绸，为“止供官府之用”。④ 至于将作监、营缮司的土木建筑业，虞衡司、都水司、宝源局等生产兵器及其他奢侈品的行业，也基本上是为皇家或封建政权生产的。织造由内务府派遣，尤其是康熙年间的江南三织造，均由与玄烨有密切关系的忠实奴才充任，实际上是他派驻江南的耳目。如曹雪芹的祖父曹寅与李煦，皆为内务府包衣出

① 《钦定皇朝文献通考（一）》卷31，载《钦定四库全书》第632册，第654页。

② 朱启钤:《丝绣笔记》卷上，引《清会典》。

③ 陈宏谋:《劝种桑树檄》,《皇清经世文编》卷37。

④ 乾隆朝《潞安府志》卷34。

身，先后充任江南织造30余年，常直接向皇帝上奏折，禀告地方大小事务。

官府纺织业工匠的来源"皆民间各户雇觅应工"，[①]即以雇佣制劳动为主，有时还要征用民间工匠当差。供物，所谓"采办""采买"之类，即封建劳役制。

清前期，对民间手工业有一些地方制定了限制性法令，如江宁府织造曾规定："机户不得逾百张，张纳税五十金，织造批准、注册，给文凭，然后敢织。"[②]后因曹寅上奏，方才"得旨永免"。由此可见，民间私营手工业的有关法令，由地方官府制定，上奏中央，皇帝颁旨批准后，才得以实行。私营手工业须经官方批准，办理注册手续，发给文凭后才可以经营。这不仅在纺织业是如此，其他手工业行业，如制瓷业、造纸业、炉冶业都有类似的规定。

四、商业法令

（一）推行"恤商"政策

清初实行"恤商"政策，其主要表现为减轻商税。顺治初年，全国设常关13处，并定各省关税，船不抵关，货不抽税，料亦如之。又定《芜湖等关抽分例》《闽浙收税例》等地方性税则，主要针对明末滥征私税等弊政，整顿税关、税吏，使商业得以正常发展。

康熙五年（1666年），又刊刻《关税条例》立木榜于各省关口，明令"严禁各关违例收税，及迟延措勒之弊"，并禁止地方官吏滥收私派。康熙后期，又着手整顿牙行，这些措施都是从"恤商"出发。

雍正朝的"恤商"政策，主要表现在整顿税关方面，以"因地制宜，

---

① 《故宫文献丛编》第32辑，《曹寅奏折》。

② 续纂《江宁府志》卷15，《补遗》。

利商便民”[1] 为主要宗旨，核减各关盈余。雍正三年（1725 年），敕定《各关征税则例》，并刊刻木榜，晓示天下。[2]

但康熙、雍正时的“恤商”之政，多为表面文章，乃政令归政令，实际上仍苛征不已，关外有关，税外有税。如康熙时陕西潼关“一分之收，倍至数钱；一钱之收，倍至数两；一两之收，倍至数十两”，[3] 实收税款比税则高几十倍。雍正时，商税苛征之事仍屡见不鲜，“各省地方，于关税、杂税外，更有落地税之名。凡耰锄、箕帚、薪炭、鱼虾、蔬果之类，其值无几，必查明上税，方准交易。且贩自东市。既已纳课；货于西市，又复重征”[4]。加之奸胥、猾吏、牙行借机中饱私囊，百姓商民，皆受其扰，故清初之“恤商”，并没有给工商业的发展带来真正的实惠。

（二）重新颁布《税课则例》

真正实行“恤商”政策，为商业发展提供便利条件的，当属乾隆时期。康熙、雍正以来实行的“摊丁入地”的赋税制度，废除了人丁税，工匠的代役银也摊入田赋之中，促进了农业和手工业的发展，并为商业的发展提供了客观有利的条件。

乾隆元年（1736 年），重新制定了《各省税课则例》，设立“纳税串根”与“造报底册”，使过税与住税，既避免了重复征收，又能杜绝脱漏税款。随后即依“则例”大力整顿税收，反对额外需索，将各省应纳税课例，“刊刻木榜，大书设立关口，使商贾一目了然”，[5] 这就使商税负担比之前大为减轻。此外，乾隆时还多次发布诏谕，减免关税，其免税商品主要是粮食，尤其是运往灾区，接济灾民的粮米。乾隆六年（1741 年）以后，粮食作物

① 《钦定皇朝文献通考（一）》卷 26，载《钦定四库全书》第 632 册，第 521 页。
② 《钦定皇朝文献通考（一）》卷 26，载《钦定四库全书》第 632 册，第 523 页。
③ 《清代钞档》，康熙二十年十二月初五，《工科给事中许承宣谨题》。
④ 《钦定皇朝文献通考（一）》卷 26，载《钦定四库全书》第 632 册，第 527 页。
⑤ 《钦定皇朝文献通考（一）》卷 27，载《钦定四库全书》第 632 册，第 529 页。

基本免税。

乾隆十三年（1748 年）又定《广东太平关收税则例》，对 95 种货物重定征税比例，普遍采取“薄征”政策，如珍珠每斤收课银 2 钱；玉成器者收课银 4 分，未成器每斤仅收 1 分 7 厘，税率仅“数十百分取一”，是以“薄征”来体现其恤商。[①]

（三）整顿“落地税”与税关

雍正时期即已开始着手整顿“落地税”，但其宗旨是打击不法官吏对落地税银的侵吞。雍正七年（1729 年）谕旨，以“核实落地税银”为主要目的，说广西梧州，一年收税银四五万两不等，而解正项银仅 1.18 万两；浔州一年收税银 2 万两，止解正项银 2600 两，“各处地方官征收落地税银，交公者甚少，所有盈余，皆入私囊”。又在次年制定《征收落地税银搜求溢额议处之例》，要求地方官将多征的税银解京交国库，“于正额外实在盈余者，以八百两为率，准加一级，多者不得过三级，永著为例”[②]。这种多交升官的整顿方式，只能加强地方官吏苛征的欲望，从而加重商人的税负。

高宗弘历即位之初，即着手整顿落地税，规定：“各省凡市集落地税其在府、州、县城内，人烟凑集，贸易众多，且官员易于稽查者，照旧征收，不许额外苛索，亦不许重复征收。若在乡、镇、村落，则全行禁革，不许贪官污吏，假借名色，巧取一文。”[③] 对落地税的整顿，暂时减轻了零售商人的负担，有利于零售商业的发展。但不久，各种变相的落地税又改头换面重新出现。

乾隆时期，重视对税关的整顿，如乾隆二年（1737 年），裁汰淮安、浒墅关的冗员，核定经费，以杜吏役滥征之弊。四年（1739 年），裁撤浒

---

① 《钦定皇朝文献通考（一）》卷 27，载《钦定四库全书》第 632 册，第 542 页。
② 《钦定皇朝文献通考（一）》卷 26，载《钦定四库全书》第 632 册，第 526 页。
③ 《钦定皇朝文献通考（一）》卷 26，载《钦定四库全书》第 632 册，第 527 页。

墅关监督私设的分口岸及擅立的税房，并于六年（1741年）颁旨，“清查外省关榷私增口岸”，对国内各关重新定立“征税则例”，加强对税收的管理，整顿税务官员的吏治，不许苛索，这就使过往商人的负担比之前大为减轻。

（四）整顿牙行

牙行制度是中国封建社会商业活动中长期流传下来的交易制度。封建政府利用牙行管理商业交易，监督商人活动，征纳商税；牙行则以封建政府为靠山，垄断商业，并为官府代办民间货物，为官府服务。所以牙行与官府互为表里，相互勾结，构成中国封建商业贸易制度的特色。

牙商是封建政府的特许商人，由政府发给牙帖，只有持帖的特殊商人才能开设牙行。清律沿用明制，严禁私设牙行，对私充牙行、埠头者，“杖六十，所得牙钱入官”[①]。能够领到牙帖的多是地方有势力的富商大贾，土豪恶霸。牙帖的发放，有一定数额的限制。据雍正十一年（1733年）上谕，“额设牙帖，俱由藩司衙门颁发，不许州县滥发”[②]，这就保证了特许牙商垄断把持牙行的地位。牙商每年向政府交纳一定数额的牙税。凡商人之间的交易，或商人与生产者之间的交易，必须通过牙商经纪，牙商从中抽头，并利用其地位，把持交易，欺行霸市，成为商品流通中的一大障碍。

雍正时，已开始整顿牙行，再次强调牙帖的发放权归藩司，不许州县滥发。

乾隆五年（1740年），定《清厘牙行之例》，进一步将牙帖的发放权收归户部，由户部发给各省，再由省府发给牙商；并将原属地方税的牙税改为中央税，收入解送户部。对于牙商，禁止与官府关系密切的胥役充任。八年（1743年）又进而禁止“衿监”充任牙行，以杜绝“此辈倚势作奸，

① 《大清律例》卷15，《户律·市廛·私充牙行埠头》，第272页。
② 《清朝文献通考》卷32，《市籴考一》。

垄断取利”,“鱼肉商民”,并将此规定载入《则例》。其后,又多次裁汰牙行,“使额帖不至虚悬亏课,而市侩亦无从垄断居奇”。[①]

城市贸易以牙行为居间商,在乡村集市进行市易,也必须经“牙人”或“经纪”“评议市价”。这种集市牙人,在官集由官府发帖称“官牙”,在民间“义集”也有未经官府允许的“私牙”充当中间人。某些市集,自设牙行经纪。如陵县神头镇的四九小集,由镇间士民公议,设官斗2杖,官秤1枚,牲口经纪2人,“既不领押帖完课税,自无从借口官例,鱼肉商民”。[②]齐东县的九扈镇义集,也由乡民自行“雇觅斗秤人役,在集应役,并不取集场分文。商民办税,十有余年,一方称便”。[③]这种民间公议自设的牙人,与地痞、奸商私充的牙人及官牙的性质不同,他们具有抑制官私牙行的滥收税额,盘剥商民的性质,对民间小商品的流通起了一定的促进作用。

五、对外贸易法令

(一)设“公行”管理外贸

随着康熙时期海禁的开放,对外贸易事业发展,出现了一批专门从事对外贸易的商人,称为“洋商”。洋商之间也有类似其他商人公会的组织,称作“洋行”,其中在广州的洋行称作“十三行”。洋行商人为避免自相竞争,订立规条,组织了垄断外贸的“公行”,专为中外商人的进出口贸易作中间经纪人。“公行”得到清政府的承认,并受其正式委托,成为外商与清政府的中介。外商来华贸易,不能直接向海关纳税,一律由行商经手代征代纳,若有脱漏亏欠税额,则由行商代赔。清政府若与外商有交涉事

① 《钦定皇朝文献通考(一)》卷31,载《钦定四库全书》第632册,第661页。

② 道光朝《陵县志》卷17,《金石》。

③ 康熙朝《齐东县志》卷8,《详文》。

宜，也不直接与外商交往，概由行商代办，一切行政命令、公事文书都由行商转达。行商身兼商务与外交两重身份。

行商长期垄断对外贸易，父子相承，公行成其世业。为巩固其地位，行商每年要向地方总督、巡抚、海关监督送礼行贿，代他们采办进贡洋货，赔垫货款。从乾隆五十一年（1786年）起，行商必须向朝廷纳“常贡”，初时每年5.5万两银，后增至15万两。在大军需、大河工、大灾赈时，还须额外“捐款报效”，动辄数十万两，甚至数百万两白银。

（二）广州关的特殊地位

海禁初开时，设澳门、漳州、宁波、云台山四海关为对外通商口岸。但随着对外贸易的频繁开展，清政府又担心会因此“滋酿事端”，朝廷中始终有一派“限制开放”的议论，反对多口开放，认为仅设广州一港即可。

乾隆二十年（1755年），英商洪任辉几次带商船到宁波进行贸易，意图在此建立长期的商业据点，引起清廷疑虑，高宗认为：“浙民习俗易嚣，洋商错处，必致滋事。若不立法杜绝，恐将来到浙者众，宁波又成一洋船市集之所，内地海疆，关系紧要。”① 从而在二十二年（1757年）正式谕令，限定广州一口通商。②

早在康熙二十四年（1685年），英国即借东印度公司的力量，在广东取得开设一商馆的权利，法国也于雍正六年（1728年）在广州设立了商馆。其后，外商在广州西南河岸向公行租得房屋若干，占地21英亩，设13家商馆，共有外商50余家，经营贸易。但他们的活动又都受清廷“公行”的控制，再加上地方官吏、胥役的非法勒索，外商切望摆脱公行的束缚，实行多口通商，并改变中国海关税则不明，项目含糊，手续烦琐，方式神秘的局面。英国先后派遣马戛尔尼和阿美士德两个外交使团到北京，要求

① 《清高宗圣训》卷281。

② 《钦定皇朝文献通考（一）》卷27，载《钦定四库全书》第632册，第528页。

增设通商口岸，实行自由贸易，都遭到清廷的严词拒绝。

由于仅广州一口通商，就使广州在对外贸易中处于极其特殊的地位。广东省“藉外来洋船以资生计者，约数十万人”，而广州每年征收的海关税也达 185 万两之多，再加上行商们的“输捐报效”“上贡”的各种精美的西方奢侈品，更使广州在统治者心目中的地位非同一般。

（三）防范外商规条五款

乾隆二十二年（1757 年），清政府下令关闭三关，仅留广州一口对外通商，二十四年（1759 年）两广总督李侍尧奏请议定《防范夷商规条》共五款，内容大体如下：

第一，“夷船至粤卖货后，令其依期回国，即有行欠未清，亦令在澳门居住，将货交行代售，下年顺搭归国”。禁止外商在广州过冬。

第二，“非开洋行之家，概不许窝歇（外商），其买卖货物，必令行商经手，方许交易，如有故纵夷商，以致作弊者，分别究拟”。

第三，“向来夷商到粤贸易，只许将带来货物售卖，置买别货回国；其一应禁止出洋之货，概不得私行贩运”。“内地行店民人”，“倘有违禁借贷勾结者，照交结外国借贷诓骗财物例问拟”；内地民人如“贪财受雇，听其指使服役者，应交地方官饬谕”。

第四，“夷商购买货物，分遣多人，前往江浙等省，不时雇觅千里马，往来探听货价低昂，以致内地奸商往来交结。嗣后有似此者，即将代为觅雇及递送之人，一并严拿究治”。

第五，“夷船进口之后，收泊黄浦地方”，“于督标候补守备内酌拨一员，督同稽查；并令于附近之新塘营酌拨桨船一支，与该处原设左翼中营船，令同稽察，巡逻弹压”①。

从《防范外商规条五款》的内容看，其重点是防止外商与中国人的各

---

① 《清朝文献通考》卷 33，《市籴考二 · 市舶互市》；《清高宗纯皇帝实录》卷 602。

类接触，包括贸易买卖、房屋租赁、借贷钱物、雇佣劳作等民间自由交易的一切民事活动，都被清政府用法令禁绝。类似的法令，到嘉庆、道光时，规定得更加烦琐、苛刻，限制得更加严格。这些规条，使中国在康熙年间刚刚开启一条细缝的大门又重新掩闭起来。清政府沉醉在“天朝神圣，无所不有”的迷梦之中，拒绝与外国建立正常、平等的外交关系，发展正当、自由的贸易交往，堵塞了正常的交流渠道，闭塞了国民的耳目，丧失了借鉴和学习外部世界的机会，延误了中国封建社会向资本主义商品生产经济发展的时机，导致了中国社会的落后。

第六节　财政立法

财政法令分为财政收入与财政管理、支出这两部分。清代的财政收入主要指税收，包括田赋即土地税，杂税即工商、交易、消费税，“捐纳”是清代财政收入中别具特色的内容。所谓财政管理与支出，相当于今天的财务制度。现分述之。

一、土地税

土地税又称田赋，中国封建社会称其为正赋或正税。清代的田赋包括地丁、漕粮、租课和耗羡等内容。

（一）地丁

地丁是地赋、丁银的合称。清初民田须付税课，民丁须缴口赋，自康熙五十一年（1712年）实行“盛世滋丁，永不加赋”，将人丁固定为常额（24621324丁），丁银随之固定（约350万余两）。这就为“摊丁入亩”提供了根据。康熙五十五年（1716年），首先在广东试行将丁银摊入地亩内征收，“每地银一两均摊丁银一钱六厘四毫不等”。[①]

雍正元年（1723年），全国各省陆续实行，直到乾隆四十二年（1777年），历时半个多世纪，方才在全国普遍推行。摊丁入地的数量各省相差很大，少的每两地赋银仅加摊1分多丁银（仅1%），多的则达2钱多（20%以上），但总的来说，地丁合一的结果是，既增加了一定的财政收入，又使国家财政收入相对稳定。

（二）漕粮

清政府在山东、河南、江苏、安徽、浙江、湖南、湖北等省，征收米豆等粮食，转漕运至京师，称为漕粮，作为中央官吏及驻扎八旗的俸米。漕粮以实物交纳，是实物税。其输至京师仓廪的叫“正兑”，以备八旗三营兵食用；运至通州仓者叫“改兑”，以待王公百官俸廪之用。在征纳漕粮时，有时原当征粟米，却又征麦豆，称作“改征”；应纳实物，而折价纳银，称“折征”。地方官吏往往利用改征、折征作弊，侵占多征，以饱私囊。

漕粮征收过程中，都要附加“耗米”，正兑每石加耗2斗5升至4斗，改兑每石征耗1斗7升至4斗，皆随漕起运，以为沿途耗折之用。

嘉庆以后，运河浅涸，京师所需粮米改由海运，漕粮及其耗米皆改折为银两，各种随漕加征的漕项亦一并折征，成为正税[②]。

（三）租课

租课指对官有地之租，征自学田者称“学租”，征自芦地者称“芦租”。清初即令各省皆置学田，专供学校修缮及赡给贫士学习之用。地方春秋二祭的费用，也取自学租。至乾隆十八年（1753年），“总计天下学田

---

① 《钦定皇朝文献通考（一）》卷19，载《钦定四库全书》第632册，第403页。

② 《清史稿》卷122，《食货志三·漕运》，第3593页。

一万一千五百八十六顷有奇，租银一万九千零六十九两有奇”[①]。芦课是专对芦洲之地征收的地租，只在江苏、安徽、江西、湖北、湖南五省征收。五省共有芦地 8 万余顷，征芦课 22 万余两白银。[②]

（四）耗羡

所课耗羡，即赋税之所盈余。官吏征收银粮，于正赋之外加征之附加税、手续费、杂费等总称为耗羡。耗羡最主要有两种，一为火耗，二为平余。

火耗，因地丁征银，银的成色不同，而上解户部时，要求成色统一，故熔销时必有所折耗。税吏为补偿损耗，征银时每两加征一钱至数钱，称为火耗。火耗本为法外苛征，但其为羡余，多者有赏。州县又借此作为官吏“养廉”的补贴。其上司又向州县苛索。故各地竞于正额外加科火耗，以为进身之阶。雍正二年（1724 年），山西巡抚诺敏请提解火耗归公，分给官吏作为养廉及其他办公之用，世宗也认为：“剔除积弊，必更定法，耗羡必宜归公，养廉须有定额。”[③]其后定每千两解余平银 25 两，饭银 7 两，送户部，为中央费用。乾隆三年（1738 年），停止解部，留存本省司库，以为赈恤荒欠之用。[④]但耗外之耗，有增无减，火耗之弊，成为乾隆后期吏治腐败的催化剂，养廉也成为笑柄。

平余，是清代地方政府上缴正项钱粮时另给户部的部分，意即平色之余，后由户部与地方政府瓜分。四川火耗，一向比他省为重，在火耗减半征收后，四川之“不肖有司，巧为营私之计，将戥斗暗中加重，有每两加至一钱有余者。彼收粮之书吏，倾销之银匠，又从而侵渔之”，“川

---

① 《钦定皇朝文献通考（一）》卷 12，载《钦定四库全书》第 632 册，第 250 页。

② 《清朝通典》卷 7，《食货七 · 赋税上 · 芦课附》。

③ （清）蒋良骐撰，林树惠、傅贵九点校：《东华录》卷 26，雍正二年十一月条，中华书局 1980 年版，第 428 页。

④ 《皇朝经世文编》卷 27，《户政二》；朱云锦：《户部平余案略》。

省如此，他省可知”。[①] 此加征之银两，遂为平余。乾隆三年（1738 年）下令革除此弊，但革除的办法是，划一戥头，每百两提解 6 钱归公，将非法的平余，变为合法的收入，并自欺欺人，说：“平余即系耗羡，并非别有加征。”[②]

二、杂税

田赋以外的工商、交易、消费税，统称为杂税。其种类繁多，几乎涉及当时生产、流通、交换、消费的各个领域，对清代财政起着重要的支持作用。

（一）盐课

清初盐税较轻，康熙年间，财政充裕，亦屡次减免盐课，严禁各盐官额外加征。

清代盐税分为：灶课、引课、杂课、税课与包银。

灶课，是盐的生产税。清代户籍有灶户，“灶是盐场灶丁”，[③] 灶户不能随便改变身份，操持他业，甚至卖身旗下为奴，“事发后，将卖身人枷三月，杖一百，回原籍著役”。[④] 灶课是按灶丁课税，既征银又征盐；对晒盐区的盐滩，则按亩征灶地税；在熬制盐区，则征灶锅税。

引课，是按盐引征的税，是盐税的最主要部分，故又称正课，即盐的正税。由于各地每引盐的斤数不同，引课在不同地区、不同时期的税率差别也很大。清初税率很低，如淮南每引征银六钱七分，淮北五钱五分；其

---

① 《钦定皇朝文献通考（一）》卷 4，载《钦定四库全书》第 632 册，第 70 页。

② 《皇朝经世文编》卷 27，《户政二》，朱云锦：《户部平余案略》。

③ 《大清律集解附例》卷 4，《户律・户役》“人户以籍为定”条注。

④ 光绪朝《钦定大清会典事例》卷 156，《户部・户口・灶户卖身》。

后渐次加增，淮南加至一两一钱七分，淮北则达一两五分。[①] 这与雍正、乾隆以后盐政的腐败有很大关系，同时也因摊丁入亩后，田赋额已固定，盐税为财政第二大税，国用不足时，则从盐税上打主意。

杂课，是盐课的附加税，其名目繁多，是各衙门官吏的浮征，也是清代一大陋政。乾隆五十九年（1794 年）上谕，讲两淮的盐政衙门，"每日商人供应饭食银五十两，又幕友束修，笔墨纸一切杂费银七十两，每日供应银一百二十两，是该盐政一切用度，皆取给于商人"[②]。当然，商人的这笔花销，最终将转嫁到消费者身上。

税课与包银，施行于偏僻地区产盐地。因其地偏且产量少，国家或允许民间自制自用，官府课以税银，或允许商民包纳一定的盐课而自由贩盐，其区域极小。

清代盐税，从法定税率上讲都不能算高。清廷对盐商采取"恤商裕盐"政策，使盐商迅速成为巨富。因此，清廷与盐商结成了一种休戚与共的密切关系，皇家每有大事，盐商必输巨款"报效"；清廷也默许盐商用封建垄断价格盘剥人民，人民的盐税负担日重。

（二）茶税

清初茶法，沿用明制，有官茶，用于储边易马；有商茶，给引征课；有贡茶，供皇室宫廷饮用。[③]

顺治二年（1645 年）定《茶马事例》，七年（1650 年）又定《陕西行茶例》，主要针对陕西、甘肃一带的茶马互市立法，大体对官茶征十分之五的实物税。

---

① （清）刘锦藻撰：《清朝续文献通考》卷 38，《征榷考八 · 盐法》，浙江古籍出版社 1988 年版。

② 《清实录 · 高宗纯皇帝实录（一九）》卷 1458，乾隆五十九年八月丁巳，第 451 页。

③ 《清史稿》卷 124，《食货志五 · 茶法》，第 3651 页。

康熙以后，国家马用已足，茶马互市渐衰，茶税征收，改用他法。

雍正八年（1730年），始定《川茶征税例》，改论园、论树征税为颁发茶引，按斤纳税。[①]其后各省推行茶引制度，也有的地区采用关税，或落地税，或附于其他税报部。此外，茶税亦有附加税或杂捐，称“茶捐”。

因茶法略同于盐法，故违反茶法的犯罪称“私茶罪”，惩处比照私盐罪。《大清律例》“私茶罪”后附“条例”六条，对违者最重处“发烟瘴地充军”。也有些条例具有保护消费者利益的内容，如对“做造假茶”500斤以上者，“发附近卫分充军”[②]。

（三）酒税

清初实行禁酒，故对酒不征税，当时针对酒的法令，主要是禁酒令。如乾隆二年（1737年）定直隶、河南、山东、山西、陕西五省造烧酒禁，违禁私自造烧酒，照律杖一百；贩运者，杖一百，枷号两个月；失察官员降一级使用。但个别地区也允许酿造，如雍正五年（1727年），始对通州酒铺每月征营业税，“上户每月税银一钱五分，中户一钱，下户八分”。[③]乾隆二十二年（1757年）下旨，令地方官发放执照，开征酤税，也就是正式开放酒禁。酒的贩运，征收常关税，每酒10坛，约计200斤，税银2分，后又增至4钱。总的来说，乾隆时期的酒税还是很轻的。

（四）关税

1. 常关税。清前期内地关税单称关税，为区别以后的外贸关税，后世称之为“常关税”，包括正税、商税、船梁（又称船料）税三种。正税在产地征收，属货物税；商税从价征收，属货物通过税；船梁税是按船梁头

① （清）王庆云：《熙朝纪政》卷5，《纪茶引》。

② 《大清律例》卷13，《户律·课程·私茶》，第266页。

③ 《钦定皇朝文献通考（一）》卷30，载《钦定四库全书》第632册，第628页。

大小征收的商船税。

清前期常关分户部关与工部关两种。户关由户部主管，是主要关口，乾隆时达 40 多个；工关由工部主管，主要征收竹木税，供该部作营缮费用。

清代极重视对关税的管理，故有关关税的法令很多。顺治初年，即定有《芜湖等关抽分例》《闽浙收税例》《张家口等关口开塞事宜》《严禁各关差收税例外多征》等则例。

康熙五年（1666 年），又将《关税则例》刊刻，竖立木榜于直隶省关口外道，晓谕商民，以强调按则课税。雍正六年（1728 年），又敕定《各关征税则例》，乾隆元年（1736 年）定《各省税课则例》，皆要求各关将其"刊刻木榜，大书设立关口，使商贾一目了然"，[①] 其目的不外是澄清吏治，以免税吏扰商。尽管如此，乾隆时，仍已出现私增口岸，滥设税房；又有铺户代客完税，包揽居奇之积习。常关的积弊也已积重难返。

常关的税率，依雍正、乾隆年间的则例，大体以货价的 5%抽税，但各关往往自定名目繁多的附加税、手续费等，使商人的实际税负要大于国家的规定。

2. 海关税。清代对从事海外贸易者，无论商人是中国人，还是外国人，一体征税，为区别常关税，称海关税。

康熙二十二年（1683 年），开放海禁，以澳门、漳州、宁波、云台山为对外通商口岸，设立粤海、闽海、浙海、江海四海关，始定《开海征税则例》，又议准《浙江沿海贸易收税例》《福建广东开海征税则例》。二十八年（1689 年），又议定《江浙闽广四省海关征税之例》，但到乾隆二十二年（1757 年），清政府又限定仅允许在广州一口岸对外通商，并扩大了对进出口货物的限制，使本来就开放不大的门户重又关闭。

清代海关税，有针对货物征收的货税和针对商船征收的船钞，此外还有附加税与手续费等杂项。一般来说，清关税较轻，根据则例规定，进口

① 《钦定皇朝文献通考（一）》卷 27，载《钦定四库全书》第 632 册，第 529 页。

关税的税率仅4%，而出口税仅1.6%，后有所增加亦不过2.6%，但附加部分往往超过正税一倍，即使这样，也不算重。

船钞又称船梁税，或船料税，即以船只的梁头为准，“自五尺至三丈六尺”分等定税，因抽税时须对船只进行丈量，故又称“丈抽”。一般洋船按梁头征银在2000两左右。康熙二十四年（1685年）定《酌减洋船丈抽之例》以示开海。乾隆二十二年（1757年），限制外船到浙江定海、宁波港口，更定《浙江海关洋船税例》，对到浙江海关的船钞加倍征收，使“洋商无所利而不来，以示限制，意并不在征税也”。[①] 鸦片战争后，改船钞为吨税。凡商船在150吨以下者，每吨征银1钱；150吨以上者，每吨征银4钱。

清前期，中国海关主权完整，对外商征税不由官府出面，假手行商。行商征税，每征银1两，以3分留作行用。外商往往用对行商行贿的手段进行大规模偷税走私。此外，一些陈规陋习亦使外贸开展不顺利，国家关税收入的损失严重。

（五）市税

市税是指对物品进行买卖、销售过程中所征纳的课税。由于商品的种类及其交易的方式不同，清代的市税大体可分为：落地税、牙税、当税、契税、牲畜税及其他杂税。

1. 落地税，是地方政府对城镇集市交易物品所征的税课。对落地税无统一税法，不入国税正额，由地方官吏随时酌收，并留作地方支用。于是地方各自为政，对农民、小商贩出售的农副产品，不论价值大小，一律抽税，加之税吏上下其手，税银多被侵渔[②]。雍正时期曾整顿落地税，但收效不大。乾隆时规定，只许在州府县城的较大市集开征，或并入关税征课，乡镇村落，尽行禁革，取缔额外苛索及重复征收，但变相的落地税仍屡禁不止。

---

① 《钦定皇朝文献通考（一）》卷27，载《钦定四库全书》第632册，第549页。

② 意思是侵夺他人财物，并从中牟利。

2. 牙税。乾隆二十五年（1760 年）所定牙税的税率为：江西牙税，上等纳银 3 两，中等 2 两，下等 1 两；湖北酌定，上行 2 两，中行 1 两，下行 5 钱；京师行铺，上等者每行铺额征银 5 两，次等者 2 两 5 钱。[①] 其基本原则为视其营业额的大小及牙行的负担能力而定。

3. 当税，系当铺营业税。清初所创，其性质与牙税之中的牙帖费相近。当铺与小抵押铺开业，须先向政府申领当帖，获得许可权，方许营业，并须每年向政府纳税一次。

顺治九年（1652 年）定《直省典铺税例》，这是中国第一部有关当铺的专门税法，规定“在外当铺每年定税银五两”，在京当铺则根据营业情况，“酌量征收”。[②] 康熙时期又先后制定《当铺征税则》及《京城行铺税例》等有关当税的法令，将当税纳入国家正式财政收入体系。

雍正六年（1728 年），清廷又制定了《当帖规则》，设典当引帖。凡营当铺业者，须呈明县知事，转藩司请帖（即申领营业执照），按年纳税，其税额已比康熙时高一倍。总的来说，清前期的当税负担并不算重。但后因海防筹款，当税之外，责令当商另捐饷银，谓之帖捐，捐率各地不同。此外，领帖时，各级衙门层递核转，规费甚重，加之胥役敲诈苛索，更不知其数。光绪时，当税已达一年 50 两。

4. 契税，系对典押、买卖等契约所征收的税课。清代主要对土地、房屋等不动产课契税。清初只课买契，不课典契（即活契），后亦渐及典契。契税创设之本来目的，用清廷的话来说，是“所以杜奸民捏造文券之弊，非为增课也”[③]，用今天的眼光看，具有公证手续费的性质。从其税率看，清初仅征 3%，雍正时加至 4%，[④] 也不能算高。但“行之既久，书吏夤缘

① 《钦定皇朝文献通考（一）》卷 31，载《钦定四库全书》第 632 册，第 660 页。

② 《清朝通志》卷 90，《食货略十 · 行帖》。

③ 《钦定皇朝文献通考（一）》卷 31，载《钦定四库全书》第 632 册，第 650 页。

④ 《清朝通志》卷 90，《食货略十 · 契税》。

为奸，需索之费，数十倍于从前，徒饱吏役之壑，甚为闾阎之累”[①]。乾隆十四年（1749 年），更定《税契之法》，实行“契尾法”，并相应提高了税率，买契税率为 9%，典契为 4.5%；至清末宣统三年（1911 年），定买契仍为 9%，典契加至 6%，所以说乾隆时所定之《税契之法》基本上变化不大。清对买卖应税契者，不纳税、无契尾者，“各督抚即行查参治罪”。[②] 清律对“典买田宅不税契者，笞五十，仍追契内田宅价钱一半入官”。[③]

清代除上述四种市税外，对牲畜买卖，加征 3%的牲畜税；此外，有些地方还设有铺面行税、间架房税等房捐，乾隆时曾废止。但各省自定的各种五花八门的杂税，名目繁多，此伏彼起，没有定制，苛扰之弊，连绵不绝。如有的地方甚至还定有“锄头税”，“一家一丁执锄，令纳银二分”，[④] 可见其弊之一斑。

（六）工矿税

清代对采矿业，时禁时开，亦不重视矿税法的制定。

康熙时定《开采铜铅之例》《云南铅厂通商之例》，定各省开矿所得金银，“四分解部，六分抵还工本”。[⑤] 康熙五十九年（1720 年），定贵州银铅矿实行“二八”收税，即官收 20%的税。[⑥] 雍正以后“二八”抽税，成为定例，而对其余八分，则官方发价收取四分，另外四分才允许矿主“听其疏通贩运”。这种对矿产税的征法，称为“抽课”，多以所产矿的实物缴纳；后也有将实物变卖为银钱征收的，称“变价银”，而官收矿产的价格往往压得很低。如铜每百斤，市价为银 9 两以上，官收价仅三四两，后来加至

---

① 《钦定皇朝文献通考（一）》卷 31，载《钦定四库全书》第 632 册，第 650 页。

② 《清朝文献通考》卷 31,《征榷考六 · 杂征敛》。

③ 《大清律例》卷 9,《户律 · 田宅》，第 211 页。

④ （清）李绂:《穆堂别集》卷 47,《禁锄头税檄》。

⑤ 《清朝文献通考》卷 30,《征榷考五 · 坑冶》;《大清会典（康熙朝）》卷 35,《户部 · 矿课》。

⑥ 《清朝通志》卷 90,《食货略十 · 坑冶》。

6 两 4 钱，仍不足偿本。[①]

清代矿课在财政收入中所占比例甚低，如康熙四十四年（1705 年），矿课额银仅 8 万余两，金 84 两，[②] 仅为年财政收入的 0.2%。至乾隆三十一年（1766 年），“矿课有定额者，八万两有奇”，几乎没有增长。[③]

在冶炼业方面，无论炼铜还是炼钱，一般皆采十分抽二（即 20%的税率）的税制，其余部分，视各地情况，或全部，或部分由官府给价收买。[④]

手工业在清初多为官办，为了限制民间手工业的发展，采取“重税困辱”的政策，制定了限制性法令。如江宁府规定：“江宁机房，昔有限制：机户不得逾百张，张纳税当五十金。织造批准、注册、给文凭，然后敢织，此抑兼并之良法也。”[⑤] 一张织机纳税 50 金，而对牙行、当铺等商业行当，每年税额不过三五两。可以说，这是清政府以重税限制民间手工业发展所采用的措施。后因曹寅上奏，“得旨永免”，手工业才在康熙以后蓬勃发展起来。

三、捐纳制度

以捐资纳粟，谋取官爵，在中国可以说是起源甚早，自秦汉时即有“输粟拜爵”之制。清代更将这一腐败之制发展到极端。

捐纳，即通过向官府捐银而买得官衔、官职。清代商人可花钱捐得贡生或监生的资格，称“贡捐”，再凭此资格，谋得实官。后来也可用巨额捐纳，直接获取实官。

自顺治六年（1649 年），因军旅繁兴，财政不给，开监生、吏典、承差等捐纳之途，士子可“纳粟入监”，但不能得实官。以后，被革职的官员，

---

① （清）吴其浚：《滇南矿厂图略 · 论铜政利病状》。

② 南开大学历史系编：《清实录经济资料辑要》，中华书局 1959 年版，第 757 页。

③ 《清史稿》卷 125，《食货志六 · 会计》，第 3703 页。

④ 《钦定皇朝文献通考（一）》卷 30，载《钦定四库全书》第 632 册，第 636 页。

⑤ 光绪朝续纂《江宁府志》卷 15，《补遗》。

也可通过“分别纳粮，许其开复原来官职”。[①]

康熙朝始对捐纳制度立法，如七年（1668 年）曾定《捐官之例》，具体规定捐银或纳米若干，可得某等官衔。[②] 同时在军需或劝赈时，制定细则，如三十一年（1692 年），曾命有司劝谕捐输，并定《东山等处捐谷例》；五十四年（1715 年），定《直省社仓劝输之例》，[③] 都对捐输粮米者作了奖励性规定。总的来说，顺治、康熙时期的捐纳，都是为了补充财政亏欠，具有临时性质，事毕之后，捐例即停。

雍正时，捐纳成为常例，其捐纳所得，也已成为户部的常规收入。捐纳范围也大为扩大推广，除道府不准捐纳外，凡文武生员、内外官吏以及平人，均可有职衔、加级、记录、封典等捐纳。捐纳所得，除一部分留作地方财政外，多数解京，送缴户部捐纳房，以供中央开支用度。每年捐纳收入，视需要而定，多的达 1480 余万两，占财政年收入的三分之一，少的也有一二百万两。故康、雍、乾时期，用兵虽多，但财政并未因此枯竭。可见捐纳制度在清代财政中的重要意义。

雍正时定有《捐纳条例》，乾隆元年（1736 年），上谕：“查铨选知县班次，双月用捐纳四人，单月用捐纳四人，今《捐纳条例》已经奉旨悉行停止，双单月捐纳知县为数无多，请嗣后现在双单月捐纳人员不敷班次之数，即以举人抵补。”[④] 这里提到的《捐纳条例》指的当是雍正朝所定之捐纳法。

乾隆初，因江皖水灾，又开捐例，捐银米者，可尽先补用，后又因河工、军需，各种特捐之例大开，从而又有“常例捐输”与“专捐贡监”之分。凡“俊秀”及文武生捐纳贡生、监生职衔，文武官员捐升衔晋级，或

① （清）叶梦珠:《阅世篇》。

② 光绪朝《钦定大清会典事例》卷 288,《户部・蠲恤・劝输》。

③ 《钦定皇朝文献通考（一）》卷 34，载《钦定四库全书》第 632 册，第 742 页。

④ 《钦定皇朝文献通考（二）》卷 50，载《钦定四库全书》第 633 册，第 261 页。

捐请封典，或平人捐职衔，都算是“常例捐输”。其外，不定期的，如因“赈济灾民”、“军饷不继”及兴办工程等，而“特开事例”的捐纳，其中捐纳贡生、监生等生员者，称作“专捐贡监”。其他官员的捐纳范围也进一步扩大，文官可捐至道府、郎中；武官可捐至游击。几乎所有官衔、职衔，皆有明码标价，随行就市。捐纳者“以官为市”，使整个封建官僚制度商品化。

对捐纳制度的弊端，清政府知道得很清楚，山东巡抚阎敬铭上奏说：“捐一州县，所费无多，有力者子弟相沿，争为垄断，无力者称贷而至，易于取偿。官不安于末秩，士不安于读书，众志纷然，群趋于利，欲其自爱，其可得耶！”[①]捐官成为投资少，见效快，获益大的最佳致富途径。《清稗类钞》记五人合资共捐一县之官，按出资多少，分为县令、刑幕、钱幕、钱漕、门稿之职，“五人者舞文弄法，狼狈为奸，辇部民之金以入邑廨者，岁可二十余万”[②]，比“三年清知府，十万雪花银”更甚。当时的有识之士说：“捐途多而吏治益坏，吏治坏而世变益亟，世变亟而度支益蹙，度支蹙而捐途益多，是以乱召乱之道。”[③]也就是说，捐纳制度的实行，虽然为清政府补充了财政收入，具有重要的财政意义，但其弊远大于利，导致官僚机构恶性膨胀，促使吏治腐败，造成政局危机，成为清政府的一大弊政。

四、财政管理

（一）中央与地方的财政管理机构

清初财政管理严格划分国家财务与皇室财务。皇室财务的最高统管部

① 《清朝续文献通考》卷93，《选举考十·赀选》。

② 《清稗类钞·爵秩类·五人公捐知县》，第1359页。

③ （清）冯桂芬：《校邠庐抗议》。

门是内务府。中央掌管国家财政的最高行政机构是户部，其总的职掌是管理全国疆土、田亩、户口、财谷之政令，“掌天下户口、土田之籍，一切经费出入，悉统理焉”。[①] 户部以户部尚书为长官，掌军国支计，下设左右侍郎各一为副贰。右侍郎兼管钱法。雍正元年（1723 年），始令亲王大学士兼理部务，以免财权旁落。

户部政务，由所辖十四清吏司及井田科、八旗俸饷处、现审处、饭银处、捐纳房、内仓等分别掌理。十四清吏司各按省区，分掌本省或兼管数省之财政，并分别兼领民政、漕政、关税、盐课、茶课、耗羡、平余、矿政、八旗诸司廪禄，及军士饷糈等事务。其分划无一定之规，常名不副实，异常混乱。

户部的行政，有南北档房、司务厅、督催所、当月处、监印处，分掌文移档案等事，其分派亦很繁冗，杂乱，各自为政，遇事互相推诿，造成公文旅行，稽延错漏、舞文弄法等弊端。

此外，雍正元年（1723 年），将六科隶属都察院，其户科专掌稽核财赋，注销户部文券，具有对户部进行审计、监察的性质。

外省的财政机构，可分为两部分，一部分是直属中央财政的派出机构，如“漕运总督”所掌之漕政；“巡视盐政”所掌之盐政，皆由朝廷派出，所得收入也归中央财政。税关之户部关、工部关也是中央户部、工部派出的税务机构。此外，内务府在江南设有三织造处，直接掌握皇室专用的绸缎布匹，其收入解京归内务府。三织造同时充当皇帝的耳目，直接对皇帝负责。

另一部分是真正的各省地方财政，由承宣布政使司掌管，“布政使掌一省之政，司钱谷之出纳，十年会户版，均税役，登民数、田数以达于户部”。[②] 布政使司，一般称“藩司”，又称“方伯”，原是一省行政首长。但乾隆以后，总督、巡抚成为固定的封疆大吏，掌各省行政大权，布政使仅

① 《钦定皇朝文献通考（二）》卷 81，载《钦定四库全书》第 633 册，第 902 页。

② 《钦定皇朝文献通考（二）》卷 85，载《钦定四库全书》第 633 册，第 947 页。

为一省民政、财政长官了。

府、州、县财政，皆由其长官知府、知州、知县直接掌握，其属官同知、通判、州同、州判或县丞、主簿分掌钱粮、户籍、税收及巡捕、河防、水利等事务；府、州设税课司大使，县设税课大使，专掌商税。

（二）财政管理法令

1. 钱法。清朝掌管钱币的最高机构，分属户部和工部，户、工二部均设有钱法堂，其下各设一铸钱局，属户部者曰宝泉局，工部为宝源局。宝泉局铸钱，供全国经费用度；宝源局钱解交工部节慎库，以备工部掌管的各项工程经费的使用。[①] 各省铸钱局，由布政使委派监铸官以掌局务，但都须按户部颁定的统一法式，鼓铸造币，统通使用。[②]

清代银、钱并用。由于白银与铜都是具有内在价值的金属实体，其市场比价受供求关系变动的影响，清政府总是力图以法律的形式将银钱比价长期固定下来，以便利于货币的稳定流通。但单靠政令仍无法摆脱价值规律的操纵，清政府通常使用的方法是，增减制钱的重量，增减铸钱的数量，以及变更对铜钱的搭放、搭收成数等来保持银钱比价的相对稳定。

清初定“每十文准银一分，永著为例”，企图以“千文一两”的钱银比价作为定制。为维持这一比价，就须不断更定制钱的重量，使制钱重量总在 1 钱至 1 钱 4 分浮动，造成钱币的混乱。雍正十二年（1734 年）上谕“复定制钱每文重一钱二分”，使制钱的法定重量基本稳定下来。[③]

制钱的重量一旦用法律固定下来，钱价仍受市场供求变化影响。清政府为稳定币制，采取的对策是根据市场情况，控制钱币投放量，严格限制铸钱数量。政府每年颁发政令，规定宝泉、宝源及各省铸钱局的铸钱数量，

---

① 光绪朝《钦定大清会典事例》卷 891，《工部 · 鼓铸 · 管理鼓铸》。

② 《大清会典（光绪朝）》卷 24。

③ 《清朝文献通考》卷 13、卷 14、卷 15，《钱币考》。

按情况制订计划，随时增减，或停铸，有时甚至长达三五年关闭铸钱厂。

搭收、搭放政策，是为了调节社会流通货币的钱银比例，不使一方过多或过少，造成另一方贬值或升值，导致钱银比价失调。顺治时曾定《制钱配给俸饷之例》《直省钱粮兼收银钱之例》，都是企图用法定收放钱银比例的办法来控制银价，其结果是“银钱交纳，仍各随民便”。[①]条例成为具文。但在发放官俸和兵饷时，根据市场钱银比价的波动，钱银搭放，或钱多银少，或钱少银多，以此调节钱价。尽管如此，康、雍、乾时期，人口增加较快，经济增长飞速，流通领域对制钱的需求量也增加很快，故制钱一直保持较高的购买力。因此，清前期，直到嘉庆、道光初期，白银与制钱的比价大致仍能保持平衡，“千文一两”，作为长期、正常的法定比价，基本上能通过官方用行政手段辅以经济调节维持稳定，无太大幅度的波动。

对于违犯“钱法”的行为，清政府对其的惩治也是很严厉的。“国初定伪造金银者，杖一百，徒三年；为从及知情买使者，减一等。”[②]“更定私铸律，为首及匠人罪斩决，财产没官；为从及知情买使，总甲十家长知情不首，地方官知情，分别坐斩、绞；告奸赏银十两。”[③]康熙时多次申定“私铸律”及《各官失察私铸处分之例》《旗人私销私铸禁例》，对旗人、民人及各级官员违禁与失察的行为，分别用法律与行政的手段进行惩处。乾隆八年（1743年）又定《私铸铅钱禁例》：“凡私铸铅钱，为首及匠人皆拟绞监候，为从及知情买使者，各减一等。”[④]比顺治时的“杖一百，徒三年”大为加重。其后，又申明禁贩运及囤积制钱，“凡积钱至百千以上，以违例论”。[⑤]清前期以严刑峻法保证钱法实行，总的来说，在西方资本主义的大量鸦片流入中国，造成中国大量白银外流之前，中国的钱法基本可行。

---

① 《钦定皇朝文献通考（一）》卷13，载《钦定四库全书》第632册，第268页。

② 《钦定皇朝文献通考（一）》卷13，载《钦定四库全书》第632册，第262页。

③ 《清史稿》卷124，《食货志五·钱法》，第3642页。

④ 《钦定皇朝文献通考（一）》卷16，载《钦定四库全书》第632册，第345页。

⑤ 《清史稿》卷124，《食货志五·钱法》，第3644页。

清前期的所谓“钱荒”多由钱贵引起，与后期的银贵引起的钱荒在本质上是不同的。

2. 粮法。清政府在粮食管理上从两方面着手：一是完善仓储，二是平籴粮价。

早在顺治时，即令各省修建仓廒，粜籴粮价。在京师及省设置粮仓。京师有仓 15，各省会及府、州、县俱建常平仓，乡村设社仓，市镇设义仓，东三省设旗仓，近边设营仓，濒海设盐义仓，形成从中央到地方，直至边远地区的一套完整的仓储网络。[①] 完善仓储制度与治吏是一致的。康熙时即多次令各省督抚严查州县现存仓米石，如有亏空，勒限补足。雍正四年（1726 年）定“州县侵蚀挪移浥烂仓谷之罪”，议定：“谷一石，比照钱粮一两科断，侵蚀一千石以下，拟斩，准徒五年；一千石以上，拟斩监候，不准赦免。所侵欺谷石，仍著严适完项。”[②] 对挪移两万两以上者，“照侵盗钱粮例，拟斩监候”[③]。

在平籴粮价方面，这是中国自古以来一直采用的农业政策。顺治十七年（1660 年），定《常平仓谷粜籴之法》，规定了“春夏出粜，秋冬籴还，平价生息，务期便民”[④] 的粮食政策，在饥荒时，国家仓储不足偿抵粮价上涨，清政府还采用“劝谕捐输”或“捐输备贮”，鼓励官绅士民向灾区输运米谷，以平抑灾区粮价。这些措施，对平抑粮价，确实起了一定的作用。

3. 库藏法。“收米谷曰仓，收财帛曰库”，[⑤] 清代有关库藏的法令，在其财政法令中也居重要位置。

清代库藏也有中央与地方之分。中央又有内务府库藏，由广储司掌皇

① 《清史稿》卷 121，《食货志二 · 仓库》，第 3553 页。
② 《钦定皇朝文献通考（一）》卷 35，载《钦定四库全书》第 632 册，第 750 页。
③ 《大清律例》卷 12，《户律 · 仓库下 · 那移出纳条例附》，第 240 页。
④ 《钦定皇朝文献通考（一）》卷 34，载《钦定四库全书》第 632 册，第 728 页。
⑤ 《大清律例》卷 11，《户律 · 仓库上 · 题注》，第 228 页。

室私人库藏及出纳总汇的机构。户部库藏是国家财政库藏。

地方库藏有盛京户部银库、各省布政使司库，其下辖各衙门皆有库，如按察司库、粮道库、河道库、兵备道库等。此外，盐运司有监督库；凡道、府、州、县、卫所皆设库，以贮正色正杂赋银，即所贮基本为实物与银钱。

清廷对国家仓库的管理，制定了严密的制度，凡违犯有关仓库管理法令者，也应受到惩处。《大清律例》中,《仓库门》共占两卷，其篇幅在《户律》中最大。尽管如此，因吏治腐败，仍杜绝不了守库官吏的监守自盗，侵蚀挪移，以致府库亏空，成为痼疾。史载："圣祖在位六十年，政事务为宽大。不肖官吏，恒恃包荒，任意亏欠，上官亦曲相容隐。勒限追补，视为故事。世宗在储宫时，即深悉其弊。即位后，谕户部、工部，嗣后奏销钱粮米石物价工料，必详查核实，造册具奏。以少作多，以贱作贵，数目不符，核估不实者，治罪。并令各督抚，严行稽查所属亏空钱粮，限三年补足，毋得藉端掩饰，苛派民间。限满不完，从重治罪。"① 雍正上台，整顿吏治，即从整顿财政制度着手，"凡有亏空，无论已经参出及未经参出者，三年之内，务期如数补足"；"限满不完，定行从重治罪"，② 并制定《仓库亏空赔补条例》《严禁挪移出纳条例》等法令，在严厉打击贪污行为的同时，让亏空者自行包赔损失，严行追赃索赔，查抄家产补亏，不让贪官污吏在经济上得到好处。这种措施，无疑总会收到一定的清理整饬的效果。

乾隆初，仍沿用雍正时的防亏包赔制度，乾隆八年（1743 年），定例："督抚盘司库，司库盘道库，道府盘州县库，所以杜亏空，防挪移也。"③ 即以上级监督、稽查下级库藏。但乾隆后期，吏治废弛，贪污之风又恶性发展起来，一切有关财政的法令、制度又都成为具文。

---

① 《清史稿》卷 121,《食货志二 · 赋役》，第 3532 页。

② 《钦定皇朝文献通考（二）》卷 41，载《钦定四库全书》第 633 册，第 45 页。

③ 《钦定皇朝文献通考（二）》卷 41，载《钦定四库全书》第 633 册，第 52 页。

第十七章　雍正、乾隆时期的刑法

第一节　刑事立法及刑法原则

一、刑事立法概况

雍正年间的刑事立法是在顺治、康熙两朝的基础上进一步完善起来的。雍正元年（1723 年），巡视东城御史汤之旭奏称："律例最关紧要，今《六部见行则例》，或有从重改轻，从轻拟重，有先行而今停，事同而法异者，未经画一。"[①] 他请求雍正帝委派熟谙律例的大臣担任律例馆总裁，"将康熙六十一年以前之例并《大清会典》，逐条互订，庶免参差"[②]。雍正同意汤之旭的请求，命令大学士朱轼等为总裁，对律例详加分析，妥为增删，尽快修订完毕。雍正三年（1725 年），朱轼等把修订完毕的律例呈报给皇帝核准。雍正五年（1727 年），正式向臣民颁布了《大清律集解》和《大清律例增修统纂集成》。

《大清律集解》的体例结构仍顺康之旧，但条文有了很大增删和调整。律文中删除的有：《名例律》中之吏卒犯死罪、杀害军人、在京犯罪军民

① 《清史稿》卷 142，《刑法志一》，第 4184 页。
② 《清史稿》卷 142，《刑法志一》，第 4184 页。

等三条,《职制》门中之选用军职、官吏给由等二条,《婚姻》门中之蒙古人、色目人婚姻一条,《宫卫》门中之悬带关防牌面一条。律文中增加的有:《名例律》中之天文生有犯充军地方等二条。律文中合并或更改的有:《名例律》中之边远充军并入充军地方条,《公式》门中之毁弃制书印信等二条合为一条,《课程》门中之盐法等十二条并为一条,《宫卫》门中之冲突仪仗等条并为一条,《邮驿》门中之递送公文等条合为一条。《大清律集解》以《名例律》居首,下面按照吏、户、礼、兵、刑、工六部分类,共三十门,四百三十六条。其中,《名例律》四十六条;《吏律》中《职制》十四条,《公式》十四条;《户律》中《户役》十五条,《田宅》十一条,《婚姻》十七条,《仓库》二十三条,《课程》八条,《市廛》五条;《礼律》中《祭祀》六条,《仪制》六十条;《兵律》中《宫卫》十六条,《军政》二十一条,《关津》七条,《厩牧》十一条,《邮驿》十六条;《刑律》中《贼盗》二十八条,《人命》二十条,《斗殴》二十二条,《骂詈》八条,《诉讼》十二条,《受赃》十一条,《诈伪》十一条,《犯奸》十条,《杂犯》十一条,《捕亡》八条,《断狱》二十九条;《工律》中《营造》九条,《河防》四条。律文之首,沿用《明律》之旧,收录了《六赃图》《五刑图》《狱具图》《丧服图》,而《纳赎诸例图》《徒限内老疾收赎图》《诬轻为重收赎图》等内容则根据清朝的情况作了修订,收赎的银数与明朝及顺康时期有所不同。特别值得一提的是,律文下面小字注解的内容有了很多变化和发展,律末还附录了《比引律》三十条。[①]清律在雍正三年(1725年)作了大规模的增删调整之后,律文基本固定,除了乾隆五年小有改动之外,各朝均沿用不改。因此,雍正三年的修律在清代法制史中有着十分重要的意义。

清代的条例是在明代问刑条例的影响下形成的,但数量却比明代的条例更为繁多,适用范围也更为广泛。明代条例前后只有几百条,清代雍正三年即有条例815条,至同治九年(1870年)则增至1892条,将近明代

① 《清史稿》卷142,《刑法志一》,第4185页。

的五倍。明代以律为常经，“条例乃一时之权宜”[①]，清代六部则例俱全，“或律外加重，或因例破律，或一事设一例，或一省一地方专一例，甚且因此例而生彼例，不惟与他部则例参差，即一例分载各门者，亦不无歧异”。[②]清代的例是律的具体实施的补充规定，由于律一成而不可变，例却因事而立，因时而修，经常变化发展，更加切合统治阶级的需要，因此例在司法中的实际效力优于律，具有特别法的性质。

雍正三年五月二十七日，皇帝下诏说：“条例繁多……有司援引断狱得以意为轻重，贻误非小”，他下令“校订画一……务期斟酌尽善，以副朕慎重刑名之意”。[③]有关官员奉旨修例，定例815条。其中称为“原例”的“累朝旧例凡三百二十一条”，称为“增例”的“康熙间现行例凡二百九十条”，称为“钦定例”的“（雍正）上谕及臣工条奏凡二百有四条”。[④]

雍正年间刑法中关于盗贼的规定变化较多。康熙年间规定窃盗、窝主、逃人等处以割脚筋之刑，雍正二年(1724年）二月和三年二月两次下令永远废除。但在六年十一月，改奴仆盗窃家长财物例，由原例照平民犯罪减等论处为依平民处理，不再减等，若勾引他人，按赃数递加一等，以监守自盗例论处。[⑤]雍正八年（1730年），下令对直隶盗案严加惩治，盗伙不分首从，皆处重刑。

雍正为了增加财政收入，大量增加赎刑的条例。雍正十二年（1734年）《预筹运粮条例》中规定：凡罪应斩、绞而情可原者，三品以上官捐运粮银一点二万两，四品官捐运粮银五千两，五品、六品官捐银四千两，七品以下官及进士、举人捐银二千五百两，员监生捐银二千两，平人捐银一千二百两，俱准减死罪；犯罪应充军的，各依死罪银数六折捐赎；若犯

① 《明史·刑法志》。

② 《清史稿》卷142，《刑法志一》，第4186页。

③ 马建石、杨育棠主编：《大清律例通考校注》，中国政法大学出版社1992年版，第3页。

④ 《清史稿》卷142，《刑法志一》，第4185页。

⑤ 《清实录·世宗宪皇帝实录（一）》卷75，第1115页。

徒刑以下之罪，各依死罪银数四折捐赎。这一赎例被后世沿用，遂使官员和富绅可用金银减免刑罚。

总之，雍正年间的刑事立法是广泛而纷繁的，其主要特点在于以严刑惩治犯罪，适应形势的需要随时修订律例。雍正十三年（1735 年）遗诏中说："国家刑罚禁令之设，所以诘奸除暴，惩贪黜邪，以端风俗，以肃官方者也。然宽严之用，又必因乎其时。"① 这段话是雍正刑事立法的指导思想。正是基于以上对"刑罚禁令"功用的认识和因时宽严的刑事策略，雍正决意根据"人情浅薄，官吏营私，相习成风，罔知省改"的社会状况，从严"惩治整理，以戒将来"。② 他在条例中规定，"枉法赃有禄人八十两，无禄人及不枉法赃有禄人一百二十两，俱实绞……衙蠹索诈，验赃加等治罪"③，用重刑惩治贪赃枉法的官吏。雍正最痛恨朋党，对朋党的防范非常严密。他在《御制朋党论》中宣布："朋党之罪，可胜诛乎？"在严刑峻法的立法思想指导下，雍正年间的刑事立法皆具有十分严苛的特点。

雍正对于律例的重刑倾向是非常清楚的，他临死前下令："若前宽而改严者，此乃整饬人心风俗之计，原欲暂行于一时，俟诸弊革除，仍可酌复旧章，此朕本意也。向后遇事斟酌，如有应从旧例者，仍照旧例行。"④ 但是乾隆继位之后，并没有由严趋宽调整刑事政策，而是沿用了雍正的严刑重法。

史称"高宗尤垂意刑名"，⑤ 乾隆年间刑事立法的完备是与乾隆本人重视法制分不开的。乾隆元年（1736 年），刑部奏请三年修例一次，乾隆予以批准。乾隆十一年（1746 年），内阁等衙门奏请改为五年修例一次，乾隆命令由刑部负责修例，不再简派总裁，律例馆隶属刑部，与其他各部保持一定的距离，以便更好地修订法律。

---

①《清史稿》卷 142，《刑法志一》，第 4186 页。

②《清史稿》卷 142，《刑法志一》，第 4186 页。

③《清史稿》卷 142，《刑法志一》，第 4185 页。

④《清史稿》卷 142，《刑法志一》，第 4186—4187 页。

⑤《清史稿》卷 144，《刑法志三》，第 4210 页。

乾隆即位之初，就命令三泰等官为总裁，对《大清律例》逐条逐字加以考证，重新加以编辑，于乾隆五年（1740 年）冬修成《大清律例》，颁布天下。律文仍为 47 卷，30 门，436 条。律文后面附以奏准的条例 1049 条。

《大清律例》是清朝刑事立法定型化的表现，律文自乾隆五年以后不再修改，完全固定不变，例文适应统治阶级的需要和社会经济状况而不断发展变化。乾隆朝根据五年一小修、十年一大修的原则，于乾隆十二年、十六年、二十一年、二十六年、三十二年、三十七年、四十三年、四十八年、五十三年、六十年，10 次修订例文。例文数量逐次增加，至乾隆二十六年（1761 年）时已有 1456 条。但是，由于例文只是律文的附属和补充，在很大程度上受到律文的约束，因此例文的经常变化并不影响《大清律例》中的刑事立法所具有的特性。

二、刑事立法的基本原则

（一）等级不平等原则

《大清律例》袭用了魏晋、隋唐、宋明刑事立法的“八议”制度，在《名例律》中规定了八议：一曰议亲。谓皇家袒免以上亲，及太皇太后、皇太后缌麻以上亲，皇后小功以小亲，皇太子妃大功以上亲。二曰议故。谓皇家故旧之人，素得侍见，特蒙恩待日久者。三曰议功。谓能斩将夺旗，摧锋万里；或率众来归，安济一时；或开拓疆宇，有大勋劳，铭功太常者。四曰议贤。谓有大德行之贤人君子，其言行可以为法则者。五曰议能。谓有大才业，能整军旅、治政事，为帝王之辅佐者。六曰议勤。谓有大将吏谨守官职，早夜奉公；或出使远方，经涉艰难，有大勤劳者。七曰议贵。谓爵一品，及文武职事官三品以上，散官二品以上者。八曰议宾。谓承先代之后为国宾者。[①] 在“八议”条下的总注中写道：“八议者，乃国家优待亲

① 《大清律例》卷 4，《名例律》，第 93 页。

贤勋旧之典，应于法外优容。故凡有所犯，另加拟议，所以使应议之人咸知，自重而不轻于犯法也。”[①] 八议入律，就是在法律上公开规定了等级的不平等，保证统治阶级有等级特权。

雍正六年（1728年）上谕中宣称：“朕览律例旧文，于《名例》内载有八议之条，曰议亲、议故、议功、议贤、议勤、议能、议贵、议宾。此历代相沿之文，其来已久。我朝律例于此条虽具载其文，而实未尝照此例行者，盖有深意存焉。……惟此八议之条，若概为删去，恐人不知其非理而害法，故仍令载入，特为颁示谕旨，俾天下晓然于此律之不可为训。”[②]《大清会典》也说：“八议之条，不可为训。虽仍其文，而实未尝行者。”[③] 能否根据以上引文断言《大清律例》中没有贯穿等级不平等的原则？不能。因为八议在刑事立法中有很多具体表现。例如，《名例律》中规定的赎罪，就是为贵族、官僚和富绅们设立的一种换刑制度，犯罪之后用钱赎罪，实质上仍是统治阶级的一种特权，是等级不平等的例证。再如《名例律》中的“应议者犯罪”条规定：“凡八议者犯罪，（开具所犯事情）实封奏闻取旨，不许擅自勾问。若奉旨推问者，开具所犯（罪名）及应议之状，先奏请议，议定，（将议过缘由）奏闻，取自上裁。”[④] 雍正十三年（1735年）钦定的条例也规定：“三品以上大员，革职拿问，不得遽用刑夹，有不得不刑讯之事，请旨遵行。”[⑤] 这些都是八议制度的具体表现。可见，八议制度是切实实行的。

等级不平等原则的另一个具体表现是因身份不同而同罪不同罚。例如，同样是杀人，奴婢杀主人，为凌迟处死；主人杀奴婢，则给予轻微刑罚，甚至可以作为过失杀人而不受法律制裁。诸如此类的条款在《大清律例》

① 《大清律例根原》卷1，《名例律上》，第16页。

② 《读例存疑》卷1。

③ 《读例存疑》卷1。

④ 《大清律例》卷4，《名例律》，第93页。清律的小注是对律文的补充和解释，具有法律效力，为了区别于律文，均加以括号。以下不再说明。

⑤ 《读例存疑》卷1。

中非常多。

（二）民族不平等原则

清朝是满洲贵族建立起来的封建王朝，清朝的刑法为维护满洲贵族的政治统治，适应民族压迫的需要，在《大清律例》中渗透了民族不平等的精神。《名例律》中规定："凡旗人犯罪，笞、杖，各照数鞭责。充军、流、徒，免发遣，分别枷号。徒一年者，枷号二十日，每等递加五日。总徒、准徒，亦递加五日。流二千里者，枷号五十日，每等亦递加五日。充军附近者，枷号七十日；近边者，七十五日；边远、沿海、边外者，八十日；极边、烟瘴者，九十日。"① 显然，满人犯罪可以享受减等和换刑的特权。即使满人犯杀人之罪，也可以奏请皇帝定夺，作出特别处理。乾隆年间定例："凡旗人殴死有服卑幼，罪应杖流折枷者，除依律定拟外，仍酌量情罪，请旨定夺，不得概入汇题。"② 这就为满人犯罪减免刑罚提供了法律保证。

满人犯罪后可以不处以法定的刑罚，对于需要刺字的重囚，只刺臂而不刺面。八旗军士如果犯徒、流罪，免监禁和发遣，仅鞭责而已。宗室觉罗犯罪所受到的优待就更多了。

在刑罚的执行上，满族犯人与其他民族的犯人也区别对待，满人不入普通监狱，一般人入内务府监所，宗室贵族入宗人府空房。

满人刑事犯罪之后享有的司法特权，一直延续到清代末叶，在雍正、乾隆年间的刑事立法中，民族不平等的原则是非常突出的。

（三）法定罪刑与有限类推并存的原则

《大清律例》中对于犯罪与刑罚的关系实行了法定罪刑与有限类推并存的原则。以往有些学者认为中国古代法律尤其是唐律采取了罪刑法定的

---

① 《大清律例》卷 4，《名例律》，第 97—98 页。

② 《大清律例》卷 4，《名例律》，第 98 页。

原则，[①]其实，无论是唐律还是宋刑统、明清律都没有近代刑法理论中的“罪刑法定”原则，没有严格的“法无明文规定不为罪，法无明文规定不处罚，没有犯罪行为不处刑”的规定，而是既有法定罪刑的规定，又有有限类推的规定。

《大清律例》中法定罪刑的原则集中表现在“断罪引律令”条上。该条规定：“凡（官司）断罪，皆须具引律例。违者（如不具引）笞三十。若（律有）数事共一条，（官司）止引所犯本罪者，听。（所犯之罪止令一事听其摘引一事以断之。）其特旨断罪，临时处治，不为定律者，不得引比为律。若辄引（比）致（断）罪有出入者，以故失论。（故行引比者，以故出入人全罪及所增减坐之，失于引比者，以失业入人罪减等坐之。）”[②]断罪必须援引有关法律，法无明文规定不能定罪，如果司法官吏违反这一规定，就要承担刑事责任，这足以说明《大清律例》所沿袭的唐、宋、明各朝刑法中的上述规定，具有法定罪刑的性质。

但是，能否据此就说《大清律例》具有罪刑法定的刑法原则呢？不能。因为同一部法律中又允许法律类推。封建刑法中的类推，是对法律上没有明文规定的犯罪行为，可以按照最相类似的条款、成案和定例比附定罪的一种制度。《大清律例》规定：“凡律令该载不尽事理，若断罪无正条者，（援）引（他）律比附，应加应减，定拟罪名，（申该上司）议定奏闻。若辄断决，致罪有出入，以故失论。”[③]雍正十一年（1733年）九卿议复大学士张廷玉条奏定例，又把这条法律规定进一步具体化，条例规定：“引用律例，如律内数事共一条，全引恐有不合者，许其止引所犯本罪。若一条止断一事，不得任意删减，以致罪有出入。其律例无可引用，援引别条比附者，刑部会同三法司共同议定罪名，于疏内声明律无正条，今比照某律某

① 如徐道邻《唐律通论》、杨廷福《唐律初探》等书中均有这种论点。

② 《大清律例》卷37，《刑律》，第648页。

③ 《大清律例》卷5，《名例律》，第138页。

例科断，或比照某律某例加一等减一等科断，详细奏明，恭候谕旨遵行。”[①]这条律例可以说明两个问题：一是法律规定允许类推，由司法官员比附律例定罪；二是类推必须经过皇帝的批准，因而是有限制的类推。类推由皇帝最终裁定，这就与法定罪刑互相矛盾，实质上具有擅断主义的性质。

况且，律例中还有“不应为”的罪名，凡是律例没有明文规定的行为，如果司法官员认为是犯罪，就可以加上“不应为”的罪名。“不应得为而为之者，笞四十；事理重者杖八十（律无罪名，所犯事有轻重，各量情而坐之）。”[②]这又是与法定罪刑相对立的规定，根据这一规定，司法官员就可以在一定范围内擅自给人定罪。

总之，《大清律例》中的法定罪刑原则与有限类推原则是并存的，在一般情况下二者之间的矛盾是由皇帝来调节的。由于皇帝在封建司法中充当了最高法官，具有最终裁决权，因此清代的刑法与其他封建王朝的刑法一样，根本上是由擅断主义支配着的。但法律的规定表明，除了皇帝以外，其他司法官吏是受法定罪刑和有限类推的原则约束的。

（四）连带责任原则

中国古代刑法中对于一些严重的刑事犯罪规定要予以连坐，这种因他人犯罪而使与犯罪者有一定关系的人连带受刑的制度，是刑法中连带责任原则的体现。清代刑法进一步发展了这一原则。

诚然，清代刑法中很多犯罪尤其是轻罪只是由犯罪者本人承担责任并遭受刑罚，但是，在众多的条款中也明确规定“缘坐”，一人犯罪，株连族人。例如，《大清律例》规定犯谋反、大逆、奸党、交结近侍、反狱、邪教等罪都要缘坐其亲属。犯罪者的亲属或处死，或流放边远，或发配给功臣为奴。乾隆四十年（1775年）的条例中甚至规定：“凡实犯大逆之子孙，

① 《大清律例》卷5，《名例律》，第138页。

② 《大清律例》卷34，《刑律·杂犯》，第570页。

缘坐发遣为奴者，虽系职官及举、贡、生、监，应与强盗免死减等发遣为奴人犯，俱不准出户。倘逢恩赦，亦不得与寻常为奴遣犯一体办理。”[①]可见缘坐为奴者的法律地位非常低下。

犯罪者的亲属负连带责任的原则是封建统治阶级防范犯罪的重要刑法原则，它是宗法社会的产物，在清代统治阶级的司法实践中，这一原则的实施范围远远超出了刑法的规定，充分反映了清代刑法的残酷和野蛮。

第二节　法定的犯罪与刑罚

一、侵犯皇权的犯罪与刑罚

由于皇权是封建统治权力的集中表现，因而法律对于侵犯皇权的犯罪作出了严密的规定，并且给予最严厉的处罚，下面对《大清律例》中的有关条款加以分析。

清律名例篇罗列的十恶重罪，其中谋反、谋大逆、谋叛、大不敬这四种重罪的犯罪客体都是皇权：“谋反谓谋危社稷。谋大逆谓谋毁宗庙、山陵及宫阙。谋叛谓谋背本国，潜从他国。大不敬谓盗大祀神御之物、乘舆、服御物；盗及伪造御宝；合和御药，误不依本方；及封题错误；若造御膳误犯食禁，御幸舟船误不坚固。”[②]

谋反就是预谋策划反对皇帝和推翻皇朝的行为。清律把谋反列为“十恶”重罪之首，规定了最严酷的刑罚：“凡谋反及大逆，但共谋者，不分首从（已、未行），皆凌迟处死。（正犯之）祖父、父、子孙、兄弟及同居之人（如本族无服亲属，及外祖父、妻父、女婿之类），不分异姓，及

① 《大清律例》卷4，《名例律》，第101页。

② 《大清律例》卷4，《名例律》，第92页。

（正犯之期亲）伯叔父、兄弟之子，不限（已未析居）籍之同异，（男）年十六以上，不论笃疾、废疾，皆斩。其十五以下及（正犯）之母女、妻妾、姊妹，若子之妻妾，给付功臣之家为奴。（正犯）财产入官。"对于图谋反对皇帝和推翻清朝统治的人，不管是既遂还是未遂，只要参与预谋策划，就处以极刑，并且还要株连族人家属。

谋大逆是指谋毁皇家的宗庙、陵墓及宫殿的行为。汉唐法律对于谋大逆的犯罪虽然处以重刑，但还区分已行和未行，在连坐亲属时也有轻重之别。但是清律却把大逆与谋反同样处罚，不管已行还是未行，都要凌迟处死。由此可见封建社会晚期的法律对于侵犯皇权的犯罪防范十分严密，镇压非常残酷。

清律对于背叛本朝、私通和投降他国的行为作出如下规定："凡谋叛，但共谋者，不分首从皆斩；妻妾、子女，给付功臣之家为奴；财产并入官。若逃避山泽，不服追唤者，以谋叛未行论（依前，分首从）。其拒敌官兵者，以谋叛已行论（依前不分首从律）。"[①] 律文对于谋叛的规定是原则性的，例文则进一步具体化、扩大化，对任何有可能威胁皇权稳固的行为都加以严厉惩罚。例如，乾隆年间定例："凡异姓人，但有歃血定盟焚表结拜兄弟者，照谋叛未行律。为首者，拟绞监候，为从，减一等。若聚众至二十人以上，为首者，拟绞立决；为从者，发云、贵、两广极边烟瘴充军。其无歃血盟誓焚表情事，止序齿结拜兄弟，聚众至四十人以上，为首者，拟绞监候；四十人以下，二十人以上，为首者，杖一百，流三千里；不及二十人，为首者，杖一百，枷号两个月；为从，各减一等。"[②] 异姓人结拜兄弟，居然作为不法匪徒对待，处以重刑，可见统治阶级对于民众防范之严。

为了确保皇权不受侵犯，清律除了对谋反大逆及谋叛的正犯和亲属处

① 《大清律例》卷 23，《刑律 · 贼盗》，第 359 页。

② 《大清律例》卷 23，《刑律 · 贼盗》，第 360—361 页。

以严刑之外，还对隐匿谋反逆叛的人严加处罚，借以迫使他们及时向官府检举告发谋反、谋大逆、谋叛的行为。如能积极捕获或有效告发谋反逆叛之人，则给予重赏。清律在谋反叛逆的条文中规定："知情故纵隐藏者，斩。有能捕获（正犯者），民授以民官，军授以军职，仍将犯人财产全给充赏。知而首告，官为捕获者，止给财产。（虽无故纵，但）不首者，杖一百，流三千里。"①

封建统治阶级为了维护专制政权，需要在思想文化方面实行大一统的管理，严格限制异端邪说，对于有损皇权的至高无上和封建正统思想的统治地位的思想言论，在刑法中作为妖书妖言罪论处："凡造谶纬妖书妖言，及传用惑众者，皆斩。若（他人造传）和有妖书，隐藏不送官者，杖一百，徒三年。"② 雍正三年纂定的条例规定得更具体："凡妄布邪言，书写张帖，煽惑人心，为首者，斩立决；为从者，皆斩监候。若造谶纬妖书妖言，传用惑人，不及众者，改发回城给大小伯克及力能管束之回子为奴。至狂妄之徒，因事造言，捏成歌曲，沿街唱和，及以鄙俚亵嫚之词，刊刻传播者，内外各地方官即时察拿，审非妖言惑众者，坐以不应重罪。"③ 清朝以思想言论定罪的最突出表现就是"文字狱"，这是造妖书妖言罪的扩大化，是清朝统治者用刑法手段实行思想文化专制的典型表现。

封建社会中皇帝的尊严和权威是神圣不可侵犯的，如果触犯了皇帝的尊严，蔑视皇帝的权威，就犯下了大不敬之罪，属于十恶重罪之一。清代的大不敬罪有祭祀不如法、盗大祀神御物，毁大祀丘坛、上书奏事犯讳、指斥乘御等项。

祭祀天地祖宗是帝王的重要政治活动，凡是妨碍了皇帝祭祀活动的行为，都要作为严重的犯罪予以处罚。清律在《贼盗》《祭祀》《职制》中对

① 《大清律例》卷 23,《刑律·贼盗》，第 359 页。

② 《大清律例》卷 23,《刑律·贼盗》，第 362 页。

③ 《大清律例》卷 23,《刑律·贼盗》，第 362 页。

此作出了详细的规定。对于盗大祀神御物者的处刑远远超过普通的盗窃罪："凡盗大祀（天曰）神（地曰）祇御用祭器，帷帐等物，及盗飨荐、玉帛、牲牢、馔具之属者，皆斩。（不分首从、监守、常人。谓在殿内，及已至祭所而盗者。）其（祭器品物）未进神御，及营造未成，若已奉祭讫之物，及其余官物，（虽大祀所用，非应荐之物。）皆杖一百，徒三年。若计赃重于本罪（杖一百，徒三年。）者，各加盗罪一等，（谓监守、常人盗者，各加监守、常人盗罪一等。至杂犯绞、斩不加。）并刺字。"①

至于上书奏事犯讳，刑法中规定："凡上书若奏事，误犯御名及庙讳者，杖八十。余文书误犯者，笞四十。若为名字触犯者，杖一百。其所犯御名及庙讳，声音相似，字样各别，及有二字，止犯一字者，皆不坐罪。"②法律规定的刑罚并不是很重，但是在司法实践中，因上书奏事犯讳的"文字狱"是非常普遍的，皇帝制造的"文字狱"中对于犯罪官员百姓的处罚，其刑罚的残酷程度远远超过法律规定，不仅本犯处死，而且株连甚广。

清律对于政治上和思想上侵犯皇权的犯罪固然予以严厉惩罚，对于有可能对皇帝人身安全造成危害的行为，也决不轻贷。这方面的犯罪在合和御药、乘舆服御物等条目中有明确的规定。"合和御药"条对合和御药误不依本方及封题错误的医人、造御膳误犯食禁的厨子等处以杖一百之刑，"乘舆服御物"条对不按照规定维修保管御用物品的人员处以杖六十之刑，对私自借用御用车马衣物的人员处以杖一百、徒三年之刑，对制造御用舟船不符合规定标准的工匠处以杖一百之刑。③总之，凡是不按照特定要求为皇帝的衣食住行服务的有关人员，都要作为危害皇帝安全的过失犯罪予以处罚。

对于侵犯皇权的犯罪规定严厉的处罚，这是由封建刑法的性质和特点

① 《大清律例》卷 23，《刑律 · 贼盗》，第 362—363 页。

② 《大清律例》卷 7，《吏律 · 公式》，第 177 页。

③ 《大清律例》卷 17，《礼律 · 仪制》，第 284—285 页。

所决定的，清朝统治者尤其是雍正、乾隆皇帝，为了巩固和维护皇权，运用法律手段强化绝对专制，对于侵犯皇权的犯罪进行打击的残酷程度，大大超出刑法的规定，造成了立法与司法的脱节，法律不得不屈从于皇帝的意志和政治需要。

二、危害人身安全的犯罪与刑罚

我国古代刑法中对于危害人身安全的犯罪规定了严厉的刑罚，一般都实行报应刑原则，也就是罪刑相当的报复主义。汉初有“杀人者死，伤人及盗抵罪”的“法三章”，隋唐至明清都沿袭了“杀人者死，伤人抵罪”的原则。清代刑法中关于危害人身安全的犯罪的规定可以分为杀人罪、伤害罪和其他危害人身安全罪三大类，下面分别予以叙述。

（一）杀人罪

杀人罪是刑法镇压的重点，法律原则上是“杀人者斩”。清代刑法中的杀人罪可以分为故意杀人、过失杀人和预谋杀人三类。

故意杀人分为直接故意杀人和间接故意杀人两种。

直接故意杀人是有明显杀人意图的行为，《大清律例·刑律》规定：“凡斗殴杀人者，不问手足、他物、金刃，并绞。故杀者，斩。”[①] 法律对于直接故意杀人的处刑重于斗殴杀人。对于以其他手段直接故意杀人的行为也同样处以死刑，例如法律又规定：“若用毒药杀人者，斩。（或药而不死，依谋杀已伤律绞。）”[②] 但是，由于受封建刑法中等级不平等原则的支配，凡属以尊杀卑的直接故意杀人案件，一般都对杀人犯减轻刑罚，例如祖父母、父母故杀子孙，只杖七十，徒一年半。而凡属以卑杀尊的案件，

---

① 《大清律例》卷 26,《刑律·人命》，第 453 页。

② 《大清律例》卷 26,《刑律·人命》，第 453 页。

一般都对杀人犯加重刑罚，例如子孙杀祖父母、父母，奴婢杀主人，都要凌迟处死。[①]

《大清律例》对于间接故意杀人的犯罪一般也处死刑，但只是绞死，并不斩首。由于清代刑法中死刑分为斩、绞二等，而绞刑通常又可以通过秋审减缓，因此间接故意杀人实际上多不处死。《刑律 · 人命》规定："凡因戏（以堪杀人之事为戏，如比较拳棒之类。）而杀伤人，及因斗殴而误杀伤旁人者，各以斗杀伤论。（死者并绞。）……若知津河水深泥淖，而诈称平浅，及桥梁渡船朽漏不堪渡人，而诈称牢固，诓令人过渡，以致陷溺死伤者，（与戏杀相等。）亦以斗杀伤论。"[②] 雍正十三年定例、乾隆三十五年改定的条例规定，"凡因戏而误杀旁人者，以戏杀论，拟绞监候"。绞监候与绞立决是有明显区别的，监候实质上具有缓刑和减刑的性质。除了对斗杀、戏杀、误杀等比较抽象的间接故意杀人罪规定酌情减死的刑罚之外，《刑律 · 人命》中对"弓箭伤人""车马杀伤人"等犯罪者放任自己的行为造成杀人结果的犯罪明确规定不处死刑："凡无故向城市及有人居止宅舍，放弹射箭，投掷砖石者，……因而致死者，杖一百，流三千里。凡无故于街市镇店驰骤车马，……致死者，杖一百，流三千里。"[③] 由此可见，清代刑法对于直接故意杀人罪与间接故意杀人罪的处罚是有差别的，是按照犯罪的危害性和情节的轻重来确定刑罚的。

《大清律例》对于过失杀人有明确的规定："若过失杀伤人者，（较戏杀愈轻）各准斗杀伤罪，依律收赎，给付其（被杀伤之）家。"[④] 过失杀人，可用铁赎罪，"收赎过失杀人绞罪，与被杀之家营葬，折银十二两四钱二分"。[⑤] 过失杀人的定义是："过失，谓耳目所不及，思虑所不到。如弹射禽

① 《大清律例》卷 26，《刑律 · 人命》，第 440、463 页。
② 《大清律例》卷 26，《刑律 · 人命》，第 458 页。
③ 《大清律例》卷 26，《刑律 · 人命》，第 464 页。
④ 《大清律例》卷 26，《刑律 · 人命》，第 458 页。
⑤ 《大清律例》卷 26，《刑律 · 人命》，第 459 页。

兽，因事投掷砖瓦，不期而杀人者；或因升高险足有蹉跌，累及同伴；或驾船使风，乘马惊走，驰车下坡，势不能止；或共举重物，力不能制，损及同举物者。凡初无害人之意。”[①]

过失犯罪一般都从轻处罚。但是，因犯罪人身份的尊卑和被害者身份的尊卑而异，某些特定过失杀人的处罚畸轻畸重。如果是尊长过失杀卑幼，可以免除刑事责任，法律规定：“若（奴婢、雇工人）违犯教令，而依法决罚，邂逅致死，及过失杀者，各勿论。”[②]“夫过失杀其妻妾，及正妻过失杀其妾者，各勿论。”[③]这就为尊长借故杀死卑幼提供了法律保障。如果是卑幼过失杀尊长，则加重处罚，法律规定，凡奴婢过失杀家长者，绞。“妻过失杀夫，妾过失杀家长者，俱拟绞立决。”[④]“子孙过失杀祖父母、父母，及子孙之妇过失杀夫之祖父母、父母者，俱拟绞立决。”[⑤]这又是封建刑法奉行等级不平等原则的表现，为了维护“亲亲”“尊尊”的封建伦理，巩固封建统治秩序，法律尽量保护父权、夫权、族权的至上地位，以便强化君权。

封建刑法中所谓预谋杀人是指二人或二人以上共同谋划杀人的行为。《晋书·刑法志》引张斐律表中语：“二人对议谓之谋”，这是对预谋所下的明确定义。清代刑法规定：“凡谋（或谋诸心，或谋诸人）杀人，造意者斩；从而加功者，绞；不加功者，杖一百，流三千里；杀讫乃坐。若伤而不死，造意者，绞；从而加功者杖一百，流三千里；不加功者，杖一百，徒三年。若谋而已行，未曾伤人者，（造意为首者）杖一百，徒三年，为从者（同谋同行），各杖一百；但同谋者，（虽不同行）皆坐。其造意者身虽不行，

① 《大清律例》卷 26,《刑律·人命》，第 458 页。
② 《大清律例》卷 28,《刑律·斗殴》，第 485 页。
③ 《大清律例》卷 28,《刑律·斗殴》，第 489 页。
④ 《大清律例》卷 28,《刑律·斗殴》，第 489 页。
⑤ 《大清律例》卷 28,《刑律·斗殴》，第 497 页。

仍为首论；从者不行，减行（而不加功）者一等。”[①]

预谋杀人在犯罪的主观方面较为恶劣，在实行“原心定罪”的中国古代刑法中，对这种有预谋的故意杀人罪的处罚是非常严厉的。只要有了杀人的预谋，即使并未对人造成伤害，首犯也要杖一百，徒三年；从犯各杖一百。鉴于造意者是预谋杀人的发起人，即使他并未直接参与杀人，但仍然作为预谋杀人的首犯。这些规定充分反映了立法者以刑罚威吓主义来防范预谋杀人的指导思想。

《大清律例》对于预谋杀人罪除了以上一般规定之外，还有比一般规定加重或减轻处罚的规定，其加重或减轻的标准仍然是犯罪人和被害人身份的尊卑。

《刑律 · 人命》中规定：“凡奉制出使，而（所在）官吏谋杀，及部民谋杀本属知府、知州、知县，军士谋杀本管官，若吏卒谋杀本部五品以上官，已行（未伤）者，杖一百，流二千里，已伤者，绞；已杀者皆斩。”[②] 显然，谋杀长官比普通谋杀罪的处罚要重。普通谋杀罪没有造成伤害的杖一百，徒三年，而谋杀长官没有造成伤害的杖一百，流二千里。普通谋杀罪已杀者只斩首犯，从犯处绞刑。谋杀长官已杀者则不分首从皆斩。

对于谋杀祖父母、父母等以卑幼谋杀尊长的犯罪也同样加重处罚：“凡谋杀祖父母、父母，及期亲尊长、外祖父母、夫、夫之祖父母父母，已行（不问已伤、未伤）者，（预谋之子孙，不分首从）皆斩；已杀者，皆凌迟处死。（监故在狱者，仍戮其尸。其为从，有服属不同，自依缌麻以上律论；有凡人，自依凡论。凡谋杀服属皆仿此。）谋杀缌麻以上尊长，已行者，杖一百，流三千里；已伤者，绞；已杀者，皆斩。若奴婢及雇工人谋杀家长及家长之期亲、外祖父母，若缌麻以上亲者，罪与子孙同（谓与子孙谋

① 《大清律例》卷 26，《刑律 · 人命》，第 438 页。

② 《大清律例》卷 26，《刑律 · 人命》，第 440 页。

杀祖父母、父母，及期亲尊长、外祖父母、缌麻以上尊长同）。”①

与卑幼谋杀尊长相反，法律对于尊长谋杀卑幼的行为从轻处罚。乾隆六年定例：“尊长谋杀卑幼，除为首之尊长，仍依故杀法，分别已行、已伤、已杀定拟外，其为从加功之尊长，各按服制，亦分别已行、已伤、已杀三项，各依为首之罪减一等。若同行不加功，及同谋不同行，又各减一等。”②

总之，《大清律例》对于杀人罪的量刑原则是受其刑法目的和任务支配的，无论是何种类型的杀人罪，都根据等级不平等的原则区别对待，从而维护封建统治秩序，更好地保护统治阶级的人身安全。

（二）伤害罪

伤害罪是最为常见的危害人身安全的犯罪。《大清律例》对于伤害罪的规定十分严密，既从主观方面区分伤害的故意与过失，又从客观方面区分犯罪的情节、伤害的程度、作案的手段等各个因素，根据犯罪构成的各方面确定不同的刑罚。

伤害行为分为故意伤害、共同伤害和过失伤害三种。

故意伤害最常见的是殴人致伤。《大清律例》首先根据伤害的程序和使用的工具规定了相应的刑罚：“凡斗殴以手足殴人不成伤者，笞二十。成伤，及以他物殴人不成伤者，笞三十。（他物殴人）成伤者，笞四十。……拔发方寸以上，笞五十。若血从耳目中出，及内损吐血者，杖八十；以秽物污人头面者，罪亦如之。折人一齿及手足一指，眇人一目，抉毁人耳鼻，若破伤人骨，及用汤火铜铁汁伤人者，杖一百；以秽物灌入人口鼻内者，罪亦如之。折二齿、二指以上，及髡发者，杖六十，徒一年。折人筋，眇人两目，堕人胎，及刃伤人者，杖八十，徒二年。折跌人肢体及瞎人一目者，杖一百，徒三年。瞎人两目，折人两肢，损人二事以上（二事，如瞎一目

① 《大清律例》卷28，《刑律·斗殴》，第440页。

② 《大清律例》卷28，《刑律·斗殴》，第440页。

又折一肢之类），及因旧患令至笃疾，若断人舌，及毁败人阴阳者，并杖一百，流三千里；仍将犯人财产一半，断付被伤笃疾之人养赡。”[①] 从法律的规定可以看出，普通情况下对故意伤害是实行罪刑相适应的原则，轻伤轻罚，重伤重罚，以手足伤害比器物伤害所负刑事责任要轻，以兵刃等伤害则归入重罪条款之中。

为了对封建统治阶级给予特殊保护，《大清律例》规定某些特定的伤害罪加重处罚：

1. 宫内忿争。“凡于宫内忿争者，笞五十。声彻于御在所及相殴者，杖一百，折伤以上，加凡斗殴二等。殿内，又递加一等。”[②] 这是因伤害场所而加等处罚的规定。

2. 殴官吏及贵族。“凡宗室觉罗而殴之者，杖六十，徒一年。伤者，杖八十，徒二年。折伤以上重者，加凡斗二等。”[③] “凡（朝臣）奉制命出使而（所在）官吏殴之，及部民殴本属知府、知州、知县，军士殴本管官，若吏卒殴本部五品以上长官，杖一百，徒三年；伤者，杖一百，流三千里；折伤者，绞。若殴六品以下长官，各减三等。殴佐贰官、首领官，又各减一等。减罪轻者，加凡斗一等；笃疾者，绞；死者，斩。若流外官及军民吏卒，殴非本管三品以上官者，杖八十，徒二年；伤者，杖一百，徒三年；折伤者，杖一百，流三千里。殴伤（非本管）五品以官者，减（三品以上罪）二等；若减罪轻，及殴伤九品以上官者，各加凡斗伤二等。”[④] 这条律文规定按被伤害者的官职品位对罪犯处刑，官职品位越高，处刑越重。

3. 殴尊长。“凡殴受业师者，加凡人二等”，“凡奴婢殴家长者，皆斩。……若奴婢殴家长之期亲，及外祖父母者，绞；伤者，皆斩。……

① 《大清律例》卷 27，《刑律 · 斗殴》，第 472 页。
② 《大清律例》卷 27，《刑律 · 斗殴》，第 476 页。
③ 《大清律例》卷 27，《刑律 · 斗殴》，第 478 页。
④ 《大清律例》卷 27，《刑律 · 斗殴》，第 479 页。

若雇工人殴家长及家长期亲，若外祖父母者，杖一百，徒三年；伤者，杖一百，流三千里；折伤者，绞；死者，斩”。[①]“凡妻亲殴夫者，杖一百，夫愿离者，听；至折伤以上，各加凡斗伤三等；至笃疾者，绞；死者，斩。若妾殴夫及正妻者，又各加（妻殴夫罪）一等；加者，加入于死。”[②]奴婢是法律上规定的贱人，只要动手打主人，就处斩刑；封建法律明文规定男尊女卑，因此妻妾殴夫也是以下犯上，要比普通伤害罪加三等处刑。至于晚辈伤害长辈，也要加等处刑：“凡卑幼殴本宗及外姻缌麻兄姊，杖一百；小功兄姊，杖六十，徒一年；大功兄姊，杖七十，徒一年半；尊属，又各加一等。折伤以上，各递加凡斗伤一等。笃疾者，绞；死者，斩。”[③]“凡弟妹殴兄姊者，杖九十，徒二年半；伤者，杖一百，流三千里；刃伤及折肢，若瞎其一目者，绞；死者，皆斩。若侄殴伯叔父母、姑，及外孙殴外祖父母，各加一等。”[④]以上律文表明，尽管伤害程度相同，但刑罚却随着服制亲等而加重。

《大清律例》关于卑幼伤害尊长的规定十分详尽。律文是比较稳定的，例文则比较灵活，比律文更加严酷。例如乾隆年间定例，卑幼殴期亲尊长情节恶劣者，即使没有伤害，也要发配充军。

与卑幼伤害尊长相反，尊长伤害卑幼，一概比普通伤害罪从轻发落：“若家长及家长之期亲，若外祖父母，殴雇工人，非折伤，勿论；至折伤以上，减凡人罪三等。”[⑤]虽然关于尊长伤害卑幼的规定远远少于卑幼伤害尊长的规定，但刑罚随着服制亲等而递减的原则却是很明确的：“若尊长殴卑幼，非折伤，勿论；至折伤以上，缌麻，减凡人一等；小功，减二等；大功，减三等。”[⑥]显然，被伤害的卑幼与犯罪的尊长服制越亲，尊长受到的处罚

---

① 《大清律例》卷28,《刑律·斗殴》，第481页。
② 《大清律例》卷28,《刑律·斗殴》，第488页。
③ 《大清律例》卷28,《刑律·斗殴》，第489页。
④ 《大清律例》卷28,《刑律·斗殴》，第493页。
⑤ 《大清律例》卷28,《刑律·斗殴》，第484—485页。
⑥ 《大清律例》卷28,《刑律·斗殴》，第490页。

就越轻。

共同伤害是二人以上造成伤害的行为。《大清律例》规定："同谋共殴伤人者，各以下手伤重者为罪，原谋（或不曾下手，或虽殴而伤轻）减（伤重者）一等。（凡斗殴不下手伤人者勿论，惟殴杀人以不劝阻为罪。若同谋殴人至死，虽不下手，及同行知谋，不行劝阻者，各依本律并杖一百。如共殴人伤皆致命，以最后下手重者，当其重罪。如乱殴不知先后轻重者；或二人共打一人，其伤同处；或二人同时各瞎人一目；并须以原谋为首，余人为从。若无原谋，以先斗人为首。）"[①] 这条律文及其小注把共同伤害区分为事先同谋、不同谋和乱殴三种，以在伤害中下手最重者为首犯，处以重罪。在下手轻重相当时，则以原谋为首犯。总之，在共同伤害案件中，原则上以犯罪者对被害者所造成的损伤为量刑的标准。为了防范可能造成严重后果的共同伤害，乾隆五年（1740 年）定例："沿江滨海，有持枪执棍，混行斗殴，将两造为首及鸣锣聚众之犯，杖一百，流三千里；伤人之犯，徒三年；其附和未伤人者，各枷号一个月，责四十板。"[②] 乾隆四十二年（1777 年）定例："凡回民结伙三人以上，执器械殴人之案，除致毙人命罪应拟抵之犯，仍照民人定拟外，其余纠伙共殴之犯，但有一人执持器械者，不分首从，发云、贵、两广极边烟瘴充军。如结伙在三人以上，而俱徒手争殴，并无执持器械者，均各于军罪上减一等，杖一百，徒三年。结伙在十人以上，虽无执持器械而但殴伤人者，仍照三人以上执器械之例定似。"[③] 可见，对于持械共殴的处刑重于徒手共殴，对于人数较多的共殴的处刑重于人数较少的共殴。

共同伤害的量刑轻重同样以犯罪者和被害者双方的身份尊卑为转移。

过失伤害的判刑原则是比照故意伤害减等处罚，一般情况下可以用金

① 《大清律例》卷 27，《刑律 · 斗殴》，第 472—473 页。
② 《大清律例》卷 27，《刑律 · 斗殴》，第 473 页。
③ 《大清律例》卷 27，《刑律 · 斗殴》，第 474 页。

钱赎免罪责。但是，如果尊长过失伤害卑幼，主人过失伤害奴婢、雇工人，都免予处罚；如果卑幼过失伤害尊长，奴婢、雇工人过失伤害主人及其亲属，都要加重处刑，直至处以死刑。

（三）其他危害人身安全罪

除了杀人和伤害两大类罪名之外，《大清律例》中还有众多的关于危害人身安全罪的规定，下面逐一予以评述。

1. 诬告罪。封建刑律中所谓诬告罪，就是故意捏造犯罪事实向官府控告，从而企图使被诬陷者承担罪责的行为。由于诬告行为可以危害被诬陷者的人身安全，因此历代封建刑法对诬告罪都有详尽的规定，一般是实行诬告反坐的原则。《大清律例》继承明律，对诬告罪规定加等反坐："凡诬告人笞罪者，加所诬罪二等；流、徒、杖罪（不论已配决、未配决），如所诬罪三等。各罪止杖一百，流三千里。若所诬徒罪人已役，流罪人已配，虽经改正放回，验（其被逮发回之）日，于犯人名下追征用过路费，给还（被诬之人）；若曾经典卖田宅者，著落犯人备偿取赎，因而致死随行有服亲属一人者，绞；将犯人财产一半断付被诬之人。至死罪所诬之人，已决者，反坐（诬告人）以死；（虽坐死罪，仍令备偿取赎，断付养赡。）未决者，杖一百，流三千里，加徒役三年。"[①] 清代对诬告罪的规定是非常严密的，对于被诬陷致死之人也注意给予抚恤。对诬告与控告不实则严加区别："若告二事以上，重事告实，轻事招虚，及数事（不一，凡所犯）罪（同）等，但一事告实者皆免罪。若告二事以上，轻事告实，重事招虚，或告一事，诬轻为重者，（除被诬之人应得罪名外，皆为剩罪。）皆反坐所剩（不实之罪）。"[②] 这样，既鼓励告发罪犯，又防止诬陷无罪之人。在律文之外，雍正、乾隆年间对明代的诬告条例加以增删，制定了20多则例文，使诬告的犯

① 《大清律例》卷30，《刑律·诉讼》，第516页。

② 《大清律例》卷30，《刑律·诉讼》，第517页。

罪与处罚的规定系统化。

2. 强奸罪。《大清律例》中关于强奸的定义是指使用暴力奸污妇女的行为：“凡问强奸，须有强暴之状，妇人不能挣脱之情，亦须有人知闻，及损伤肤体、毁裂衣服之属，方坐绞罪。若以强合，以和成，犹非强也。又如见妇人与人通奸，见者因而用强奸之，已系犯奸之妇，难以强论，依刁奸律。”[1]

《大清律例》对于强奸已遂的犯罪，一般情况下处以绞监候，强奸未遂一般杖一百，流三千里。但是，根据强奸者和被害人的身份及受害程度，量刑各有轻重。例如，条例规定：“轮奸良人妇女已成之案，审实，照光棍例，为首斩立决，为从同奸者，拟绞监候，同谋未经同奸余犯，发黑龙江给披甲人为奴。”[2]“强奸十二岁以下幼女，因而致死，及将未至十岁之幼女诱去强行奸污者，照光棍例，斩决。”[3]这是对犯强奸罪情节特别严重的人加重处刑。再如，律文规定，强奸亲属，皆处斩监候以上刑罚，“凡奴及雇工人奸家长妻女者，各斩（决）。若奸家长之期亲，若期亲之妻者，绞（监候）；……若奸家长之缌麻以上亲，及缌麻以上之妻者，各杖一百，流三千里。强者，斩（监候）”。[4]乾隆五十三年（1788年）定例：“凡奴及雇工人强奸家长之母与妻女，审有损失肤体，毁裂衣服，及邻证见闻确据者，无论已未成奸，将奴及雇工人拟斩立决。”[5]这是因身份而加重处罚的规定。乾隆二十年（1755年）刑部议覆河南巡抚将炳题杨有图奸期亲服属雇工人曹三之妻赤氏未成，致赤氏自缢一案，辑为定例：“家长之有服亲属，强奸奴仆、雇工人妻女未成，致令羞愤自尽者，杖一百，发近边充军。”[6]这是

① 《大清律例》卷33，《刑律 · 犯奸》，第552页。
② 《大清律例》卷33，《刑律 · 犯奸》，第554页。
③ 《大清律例》卷33，《刑律 · 犯奸》，第552页。
④ 《大清律例》卷33，《刑律 · 犯奸》，第557页。
⑤ 《大清律例》卷33，《刑律 · 犯奸》，第557页。
⑥ 《大清律例》卷33，《刑律 · 犯奸》，第557页。

因身份而减轻处罚的规定。至于家长强奸奴及雇工人妻女，则没有给予处罚的规定，事实上很少能够追究其刑事责任。

（四）拐卖人口罪

《大清律例》中关于拐卖人口的规定集中在“略人略卖人”律例中。其中规定：“凡设方略而诱取良人（为奴婢），及略卖良人（与人）为奴婢者，皆（不分首从、未卖）杖一百，流三千里。为妻妾子孙者，杖一百，徒三年。……若假以乞养过房为名，买良家子女转卖者，罪亦如之。若和同相诱（取在已），及（两）相（情愿）卖良人为奴婢者，杖一百，徒三年；为妻妾子孙者，杖九十，徒二年半。……若略卖和诱他人奴婢者，各减略卖和诱良人罪一等。若略卖子孙为奴婢者，杖八十；弟妹及侄、侄孙、外孙，若己之妾、子孙之妇者，杖八十，徒二年；子孙之妾，减二等；同堂弟妹、堂侄及侄孙者，杖九十，徒二年半。和卖者，减（略卖）一等。……其卖妻为婢，及卖大功以下亲为奴婢者，各从凡人和略法。”[①] 律文对拐卖人口的处罚是相当严厉的，对于改变良人或子孙亲属身份，使其沦落为奴婢的行为，重者处死刑，轻者也要处徒刑。雍正三年（1725年）有关拐卖人口的条例比律文更为严厉，对若干情节恶劣的拐卖人口罪都处死刑：“将腹里人口，用强略卖与境外土官土人峒寨去处图利，除杀伤人律该处死外，若未曾杀伤人，比依将人口出境律，绞。”[②]“凡诱拐妇人子女，或典卖，或为妻妾子孙者，不分良人奴婢、已卖未卖，但诱取者，被诱之人若不知情，为首，拟绞监候；为从，杖一百，流三千里。……若以药饼及一切邪术迷拐幼小子女，为首者，绞立决；为从，发极边足四千里充军。”[③]

---

① 《大清律例》卷25，《刑律·贼盗》，第415页。
② 《大清律例》卷25，《刑律·贼盗》，第416页。
③ 《大清律例》卷25，《刑律·贼盗》，第416页。

为了打击拐卖人口的犯罪行为，律例对于拐卖人口的知情买者和窝藏者，都处以同等刑罚，中间经纪人减等处罚："若（受寄所卖人口之）窝主及买者知情，并与犯人同罪；牙保各减（犯人）一等，并追价入官。不知者，俱不坐，追价入官。"①

乾隆年间，针对云、贵、川地区拐卖人口行为猖獗的状况，规定比内地拐卖人口加等处罚，犯人立即就地正法："凡贵州地方，有外来流棍，勾通本地棍徒，将荒村居住民、苗人户，杀害人命，掳其妇人子女，计图贩卖者，不论已卖未卖，曾否出境，俱照强盗得财律，不分首从皆斩枭示。其有胁迫同行，并在场未经下手，情尚可原者，于疏内声明，减为拟斩监候，请旨定夺。……其用威力强行绑去，及设方略诱住四川贩卖，不论已卖未卖，曾否出境，为首者，拟斩立决；为从者，拟绞监候。……云南、四川所属地方，如有拐贩捆掳等犯，亦照贵州之例行。"②

除了上述罪名之外，《大清律例》中关于危害人身安全的罪名还有"屏去人服食""威办制缚人"等，"凡以他物（一应能伤人之物）置人耳鼻及外窍中，若故屏去人服用饮食之物而伤人者，（不问伤之轻重）杖八十。（谓寒月脱去人衣服；饮渴之人，绝其饮食；登高、乘马，私去梯辔之类。）致成残废疾者，杖一百，徒三年。令致笃疾者，杖一百，流三千里；将犯人财产一半，给付笃疾之人养赡。至死者，绞（监候）。若故用蛇蝎毒虫咬伤人者，以斗殴伤论。（验伤之轻重，如轻则笞四十；至笃疾，亦给财产。）因而致死者，斩（监候）"。③这是关于用特殊方式杀人、伤害的罪名。至于威力制缚人则既包括私自拘禁等限制人身自由罪，也包括拷打、捆绑等伤害罪："凡（两相）争论事理，其（曲直）听经官陈告（裁决）。若（豪强之人）以威力（挟）制（捆）缚人，及于私家拷打监禁者，（不问有伤无伤）

① 《大清律例》卷 25，《刑律 · 贼盗》，第 415 页。
② 《大清律例》卷 25，《刑律 · 贼盗》，第 418 页。
③ 《大清律例》卷 26，《刑律 · 人命》，第 458 页。

并杖八十；伤重至内损吐血以上，各（验其伤）加凡斗伤二等；因而致死者绞（监候）。若以威力主使（他）人殴打，而致死伤者，并以主使之人为首，下手之人为从论，减（主使）二等。”[①] 这些犯罪的手段和方式比较特殊，实际上最终结果仍是危害人身安全，因此法律规定比照杀人、伤害罪加等或减等处罚。

三、侵犯财产的犯罪与刑罚

封建刑法历来把防治“盗贼”作为重要任务，对于以公开或秘密手段取得他人财产的行为，以及其他侵犯统治阶级官私财产的行为，详细规定了严厉的惩罚方式和量刑标准，划分了各种类型，《大清律例》特别是雍正、乾隆年间的条例就更是如此。

（一）盗罪

封建刑法中“盗”的定义是：取其非物谓之盗。[②] 可见盗罪是指用公开或秘密的方式把他人财产据为己有的行为。《大清律例》规定盗罪有按照普通盗罪处罚和特殊盗罪处罚两大类。

普通盗罪主要分为强盗和窃盗。

1. 强盗。强盗的基本特点是以暴力手段或威胁方式劫掠财物，由于这种犯罪比秘密窃取他人财物的犯罪情节恶劣、后果严重，因此处罚非常严厉。律文规定：“凡强盗已行而不得财者，皆杖一百，流三千里；但得财者，不分首从，皆斩。（虽不分赃，亦坐。其造意不行又不分赃者，杖一百，流三千里；伙盗不行又不分赃者，杖一百。）若以药迷人图财者，罪同。（但

① 《大清律例》卷 27，《刑律 · 斗殴》，第 482 页。
② 《晋书 · 刑法志》，引张斐律表。

得财，皆斩。)”[①] 律文又规定：“凡白昼抢夺人财物者，（不计赃）杖一百，徒三年；计赃重者，加窃盗罪二等。伤人者，（首）斩（监候），为从，各减一等；并于右小臂膊上，刺抢夺二字。若因失火，及行船遭风著浅，而乘时抢夺人财物，及拆毁船只者，罪亦如之。（亦如抢夺科罪。）”[②] 雍正三年（1725年）删定的条例规定：“强盗杀人、放火烧人房屋、奸污人妻女、打劫牢狱仓库，及干系城池、衙门，并积至百人以上，不分曾否得财，俱照得财律斩，随即奏请审决枭示。”[③] 乾隆五年（1740年）修订的条例规定：“凡响马强盗，执有弓矢军器，白日邀劫道路，赃证明白者，俱不分人数多寡，曾否伤人，依律处决，于行劫处枭首示众。其江洋行劫大盗，俱照比例立斩枭示。”[④] 可见，《大清律例》对于强盗的处刑主要根据其犯罪情节以及对封建社会秩序的危害程度决定适用刑罚，至于抢劫财物的多少则是次要的。

《大清律例》对于强盗自首、犯罪中止以及协助捕获同案犯的行为都予以减刑，以达到防治强盗犯罪行为、缩小强盗的社会危害性的目的。雍正六年（1728年）定例，乾隆五年、三十二年（1767年）删改的条例规定：“凡强盗除杀死人命、奸人妻女、烧人房屋罪犯深重，及殴事主至折伤以上，首伙各犯俱不准自首外，其伤人首伙各盗，伤轻平复，如事未发而自首，及强盗行劫数家，止首一家者，均发遣新疆给官兵为奴；系闻拿投首者，拟斩监候。未伤人之首伙各盗，及窝家、盗线，事未发而自首者，杖一百，流三千里；闻拿投首者，实发云、贵、两广极边烟瘴充军，面刺改遣二字。以上各犯，如将所得之赃，悉数投报，及到官后追赔给主者，方准以自首论；未赃未投报，亦未追赔给主，不得以自首论。”[⑤] 这一条例对于自首的成立要件有明确的规定，借以避免司法官员适用刑法时出入人罪。

① 《大清律例》卷 23，《刑律 · 贼盗》，第 369 页。
② 《大清律例》卷 23，《刑律 · 贼盗》，第 382 页。
③ 《大清律例》卷 23，《刑律 · 贼盗》，第 370 页。
④ 《大清律例》卷 23，《刑律 · 贼盗》，第 370 页。
⑤ 《大清律例》卷 23，《刑律 · 贼盗》，第 375 页。

对于捕获同案犯押解官府自首者，条例规定大幅度减轻原犯强盗罪的刑罚："强盗首伙各犯，于事未发觉，及五日以内，果能悔罪捕获他盗及同伙解官投首者，系伤人盗犯，于遣罪上减一等，拟杖一百，徒三年；未伤人盗犯，照例免罪。若在五日以外，或闻拿将他盗及同伙捕获解官投首者，系伤人盗犯，于斩罪上减一等，杖一百，流三千里；未伤人盗犯，杖一百，徒三年。"①

2. 窃盗。窃盗是指以秘密方式将他人财物据为己有的行为。《大清律例》规定普通窃盗罪根据窃取财物的多少确定刑罚："凡窃盗已行而不得财，笞五十，免刺；但得财，（不论分赃、不分赃）以一主为重，并赃论罪；为从者，各减一等。初犯，并于右小臂膊上刺窃盗二字；再犯，刺左小臂膊；三犯者，绞（监候），以曾刺字为坐。掏摸者罪同。"② 律文规定了窃盗赃数及其相应的刑罚，从银 1 两以下到 120 两以上，分别处于杖六十和绞监候的刑罚，共有 14 等。③ 从律文可以看出，窃盗罪的刑罚也体现了累犯加重惩罚的精神。

除了律文规定之外，雍正、乾隆年间纂定了有关窃盗罪与罚的几十则条例，以适应司法审判的需要。例如，乾隆十四年（1749 年）议定的"旗人及旗下家奴肆行偷窃"，乾隆二十一年议定的"偷窃外国到京贡使人犯"，都是对律文规定比较原则这一不足的完善。

窃盗罪一般不处死刑，但监守自盗等法律规定加重处罚的窃盗，可以处死刑："凡监临主守，自盗仓库钱粮等物，不分首从，并赃论罪。并于右小臂膊上，刺盗官（银粮物）三字。"④ 并赃论罪的标准，监守自盗折合银 40 两处斩刑，比起窃盗折合银 120 两处绞监候，显然大为加重。

窃盗罪也有比照普通窃盗处罚等级减轻处罚的，主要是亲属相盗。律

---

① 光绪朝《钦定大清会典事例》卷 786，《刑部·刑律贼盗·强盗四》。

② 《大清律例》卷 24，《刑律·贼盗》，第 389—390 页。

③ 《大清律例》卷 24，《刑律·贼盗》，第 390 页。

④ 《大清律例》卷 23，《刑律·贼盗》，第 366 页。

文规定："凡各居亲属，相盗财物者，期亲，减凡人五等；大功，减四等；小功，减三等；缌麻，减二等；无服之亲，减一等；并免刺。若行强盗，尊长犯卑幼，亦各依上减罪；卑幼犯尊长，以凡人论。……其同居奴仆雇工人，盗家长财物，及自相盗者，（首）减凡盗罪一等，免刺。（为从，又减一等。）"[①]

《大清律例》对于盗罪划分的定义和量刑时掌握的尺度都有明确规定："凡盗，公取窃取皆为盗。（公取，谓行盗之人，公然而取其财，如强盗抢夺；窃盗，谓潜行隐面，私窃取其财，如窃盗掏摸，皆名为盗。）器物钱帛之类，须移徙已离盗所（方谓之盗）。珠玉宝货之类，据入手隐藏，纵（在盗所）未将行，亦是（为盗）。其木石重器，非人力所胜，虽移本处，未驮载间犹未成盗（不得以盗论）。马牛驮骡之类，须出栏圈；鹰犬之类，须专制在己，乃成为盗。"[②] 至于在共谋盗窃团伙中如何确定首从，也有专条："凡共谋为强盗，（数内一人）临时不行，而行者却为窃盗，此共谋（而不行）者（曾）分赃，（但系）造意者，（即）为窃盗首；（果系）余人，俱为窃盗从。若不分赃，（但系）造意者，即为窃盗从；（果系）余人，并笞五十；以临时主意上盗者为窃盗者。其共谋为窃盗，（数内一人）临时不行，而行者为强盗，其不行之人，（系）造意者（曾）分赃，知情、不知情，并为窃盗首；（系）造意者（但）不分赃，及（系）余人（而曾）分赃，俱为窃盗从；以临时主意及共为强盗者，不分首从论。"[③]

特殊盗罪侵犯的客体是一些与封建统治阶级的政治、经济利益有重大关系的财物，因此不适用普通盗罪的刑罚，而是由法律作出专门规定。

《贼盗》律中"盗大祀神御物"条规定："凡盗大祀（天曰）神（地曰）祇御用祭器，帷帐等物，及盗飨荐、玉帛、牲牢、馔具之属者，皆斩。（不分首从、监守、常人。谓在殿内，及已至祭所而盗者。）其（祭器品物）未

① 《大清律例》卷24，《刑律·贼盗》，第408页。
② 《大清律例》卷25，《刑律·贼盗》，第434页。
③ 《大清律例》卷25，《刑律·贼盗》，第433页。

进神御，及营造未成，若已奉祭讫之物，及其余官物，（虽大祀所用，非应荐之物。）皆杖一百，徒三年。若计赃重于本罪（杖一百，徒三年。）者，各加盗罪一等，（谓监守、常人盗者，各加监守、常人盗罪一等。至杂犯绞、斩不加。）并刺字。”① “盗印信”条规定：“凡盗各衙门印信者，（不分首从）皆斩（监候）。盗关防印记者，皆杖一百，刺字。”② “盗内府财物”条规定：“凡盗内府财物者，皆斩。”③ “盗园陵树木”条规定：“凡盗园陵内树木者，皆（不分首从）杖一百，徒三年。若盗他人坟茔内树木者，（首）杖八十，（从减一等）。若计（入己）赃重于（徒杖）本罪者，各加盗罪一等。”④ 以上律文均系对特殊盗罪加重处罚的规定。雍正、乾隆年间为了严厉镇压这些窃盗罪犯，还制定了比律文更严苛的条例。例如，“盗军器”律文规定，凡盗军器者，计赃以凡盗论。但乾隆二十五年（1760 年）所定“偷盗军器之犯徒杖以下加等”条例规定：“拿获偷盗军器之犯，除犯该流绞者，仍依律办理外，其犯该徒杖者，照窃盗赃加一等治罪，仍于犯事处加枷号一个月。”⑤ 显然比律文加重处刑。乾隆五年修改的有关“盗园陵树木”的条例规定：“凡山前山后各有禁限，如红桩以内，盗砍树株，取土取石，开窑烧造，放火烧山者，比照盗大祀神御物律斩，奉请定夺。为从者发近边充军。”⑥ 律文规定盗园陵树木不分首从“杖一百，徒三年”，条例却规定为首者斩，为从者发近边充军，比律文加重数等处罚。

（二）损坏财产罪

损坏财产罪包括损坏官府财产和损坏私人财产两类，尽管犯罪者并

① 《大清律例》卷 23，《刑律·贼盗》，第 362—363 页。
② 《大清律例》卷 23，《刑律·贼盗》，第 363 页。
③ 《大清律例》卷 23，《刑律·贼盗》，第 363 页。
④ 《大清律例》卷 23，《刑律·贼盗》，第 364 页。
⑤ 《大清律例》卷 23，《刑律·贼盗》，第 364 页。
⑥ 《大清律例》卷 23，《刑律·贼盗》，第 365 页。

不直接占有他人的财产，但对官私财产造成程度不同的毁损，所侵犯的客体显然是他人财产。因此，《大清律例》对此类犯罪的刑罚作了明确的规定。

《大清律例》对损坏私人财产一般不追究刑事责任，而是令其赔偿，刑法上作出规定的主要是损坏官府财产。损坏官府财产者大多数是官吏差役，有关处罚的规定集中在《兵律 · 厩牧》中。例如牧养畜产不当，造成官畜产的损失："凡牧养（官）马牛驼骡驴羊，并以一百头为率。若死者损者失者，各从实开报。……其（管牧）牧长、牧副，每（马牛驼）一头，各笞三十；每三头，加一等；过杖一百，每十头加一等，罪止杖一百，徒三年。羊减马三等，驴骡减马牛驼二等。……若失去赔偿，损伤不堪用，减死者一等坐罪。其死损数目，并不准除。"① 再如使用官畜不当，造成损失："凡官马牛驼骡驴，乘驾不如法，而（致）脊破领穿，疮围绕三寸者，笞二十；五寸以下，笞五十。（并坐乘驾之人。）若牧养瘦者，计百头为率，十头瘦者，牧养人及牧长、牧副各笞二十；每十头加一等，罪止杖一百。羊，减三等。典牧官各随所管牧长多少，通计科罪。太仆寺官，各减典牧官罪三等。"② 雍正三年定例："车驾行幸，所需马匹车辆，及校尉等所乘马匹，俱令该管职事人员亲自关领，严行约束。若校尉、当差人役、赶车步军，将马匹不按时饮水喂草，私自滥行驰骤，或在沿途，或到处所，倒毙走失者，各杖一百；蹭病损伤者，减二等。"③ 条例规定的刑罚比律文还要严厉。

（三）勒索财产罪

采用非法手段向他人索取财产的行为是侵犯财产罪的一种，唐宋至明清刑法都在《贼盗 · 恐吓取财》中具体规定了处罚，雍正、乾隆年间对此

① 《大清律例》卷 21，《兵律 · 厩牧》，第 341 页。
② 《大清律例》卷 21，《兵律 · 厩牧》，第 343 页。
③ 《大清律例》卷 21，《兵律 · 厩牧》，第 343 页。

类犯罪制定了许多条例。

律文规定："凡恐吓取财者，计赃准窃盗论，加一等，（以一主为重并赃，分首从。其未得财者，亦准窃盗不得财罪上加等。）免刺。若期亲以下自相恐吓者，卑幼犯尊长，以凡人论，（计赃准窃盗加一等。）尊长犯卑幼，亦依亲属相盗律，递减科罪。"① 由于律文过于简略，不能适应犯罪情节和犯罪构成要件各有不同的复杂状况，雍正、乾隆年间又陆续纂修了惩治勒索财产罪的条例。例如，针对官吏犯罪率高的情况，对于利用职权勒索下属财产的官吏，以贪赃枉法加重处刑。条例规定："监临恐吓所部取财，准枉法论。若知人犯罪而恐吓取财者，以枉法论。"② 针对边远地区治安状况混乱的情况，乾隆三十六年（1771 年）定例："凡苗人有伏草捉人，横加枷肘，勒银取赎者，初犯，为首者斩监候，为从者俱枷号三个月，臂膊刺字；再犯者，不分首从，皆斩立决。其有土哨奸民勾通取利，造意者，不分初犯再犯，并斩立决；附和者，各枷号两个月，发边远充军。该管土官虽不知情，亦按起数交该部议；知情故纵者，革职，杖一百；若教令指使，或和同取利者，革职，枷号三个月；俱不准折赎。"③ 为了严加惩处勒索财产罪，条例规定量刑的上限可达到死刑："凡恶棍设法索诈官民，或张帖或捏告各衙门，或勒写借约，吓诈取财，或因斗殴，纠众系颈，谎言欠债，逼写文卷，或因诈财不遂，竟行殴毙，此等情罪重大实在光棍事发者，不分曾否得财，为首者，斩立决；为从者，俱绞监候。其犯人家主父兄，各笞五十；系官，交该部议处。如家主父兄者免罪，犯人仍照例治罪。"④ 这一条例又称为"光棍例"，是审理有关勒索财产的犯罪类推比附时常常加以参照的基本条例。因此，事实上只要犯下情节稍微严重的勒索财产罪，都可

① 《大清律例》卷 25,《刑律・贼盗》，第 409 页。
② 《大清律例》卷 25,《刑律・贼盗》，第 410 页。
③ 《大清律例》卷 25,《刑律・贼盗》，第 410 页。
④ 《大清律例》卷 25,《刑律・贼盗》，第 410 页。

以处以死刑。

（四）诈骗财产罪

以诈骗、欺瞒等手段而将他人财产据为己有的行为叫作诈欺取财，也就是诈骗财产罪。《大清律例》规定："凡用计诈（伪）欺（瞒）官私以取财物者，并计（诈欺）之赃，准窃盗论，免刺。若期亲以下（不论尊长、卑幼、同居、各居）自相诈欺者，并依亲属相盗律，递减科罪。若监临主守诈（欺同监守之人）取所监守之物者，（系官物）以监守自盗论，未得减二等。若冒认及诓赚、局骗、拐带人财物者，亦计赃准窃盗论，（系亲属亦论服递减）免刺。"[①] 据此，诈欺官私财物与窃盗官私财物的犯罪性质相同，处罚也相近，只是免刺字；而监临主守诈欺部属财物，以监守自盗论，则比普通窃盗处罚为重。

雍正、乾隆年间比照诈骗财产律进行制裁的犯罪行为很多，诸如雇请枪手代考、假称金店私自换银出票、买空卖空等行为都设有惩治条例。雍正十三年（1735 年）定例："学臣考试，有积惯随棚代考之枪手，察出审实，枷号三个月，发烟瘴地面充军。其雇请枪手之人，及包揽之人，并与枪手同罪。"[②] 乾隆三十二年（1767 年）定例："代请枪手，以已成未成为断。如场外经提调访拿，或被生童禀首者，为未成。如已顶名入场，无论当时被获、事后发觉，俱为已成。未成者，除审系积惯随棚，仍照定例问拟外，若仅立有文约而赃未入手，枪手与本童，均照诓骗未成，财未接受，罪应满徒者，加枷号两个月，但经口许，罪止杖责者，加枷号一个月，分别发落之例治罪。其已成者，不分有无立约，及口许虚赃，俱照诓骗已成例，枷号三个月，发烟瘴地面充军；雇请之生童与同罪。若生童实系被人撞骗，赃止口许，情罪稍轻者，照诓骗未成，财未接受例，

① 《大清律例》卷 25，《刑律 · 贼盗》，第 412 页。
② 《大清律例》卷 25，《刑律 · 贼盗》，第 413 页。

杖一百，徒三年。”[①] 上述条例表明，雍正、乾隆年间对于诈骗财产罪的处罚非常严厉，不仅行骗者受罚，明知违法而承诺支付财物或已经支付财物给行骗者的人也要受罚。

除了在《贼盗》中对诈骗官私财产作出处罚规定之外，《大清律例》在《工律·营造》中也规定了若干属于诈欺的侵犯财产犯罪，如“冒破物料”条：“凡造作局院头目工匠，（有于合用数外，虚冒）多破物料（而侵欺）入己者，计（入已）赃以监守自盗论，（不分首从，并赃论罪，至四十两斩。）追物还官。（若未入己，只坐以计料不实之罪。）局官并（承委）复实官吏，知情扶同（捏报不举）者，与（冒破）同罪。（至死减一等。）失觉察者，减三等，罪止杖一百。”[②] 雍正三年（1725 年）和乾隆五年（1740 年）修订的条例规定：“直隶各省督抚、将军、提镇所辖各标营等衙门，收贮军器，经上司官盘查。若有侵欺物料，那移掩饰，虚数开报者，俱以监守自盗论。赃重者，照侵欺仓库钱粮例治罪。该管官不查报，并失察之上司官，俱交该部照例分别议处。”[③] 类似的条例还有很多，可见雍正、乾隆年间对官吏诈骗财产的犯罪防范是很严密的，处罚也是相当重的。

（五）侵占田产罪

田产是封建社会中最基本的所有物，侵占官私田产就是侵犯国家和个人的土地所有权，这种行为也属于侵犯财产罪的范围，封建刑法一般是在《户婚律》中作出处罚规定的，《大清律例》归于《户律·田宅》。下面分别叙述。

1. 欺隐田粮。封建国家是以田地作为征收税粮的重要依据的，隐瞒实有田地而脱漏税粮，就是侵犯国家的利益，因此《大清律例·户律·田宅》

---

① 《大清律例》卷 25，《刑律·贼盗》，第 414 页。

② 《大清律例》卷 38，《工律·营造》，第 658 页。

③ 《大清律例》卷 38，《工律·营造》，第 658 页。

首先对此作出规定："凡欺隐田粮（全不报户入册），脱漏版籍者，（一应钱粮，俱被埋没，故计所隐之田）一亩至五亩，笞四十；每五亩加一等，罪止杖一百。其（脱漏之）田入官，所隐税粮，依（亩数、额数、年数，总约其）数征纳。若将（版籍上自己）田土，移换段，那移等则，以高作下，减瞒粮额，及诡寄田粮（诡寄谓诡寄于役过年分，并应免人户册籍），影射（脱免自己之）差役，并受寄者，罪亦如之（如欺隐田粮之类）。其田改正，收科当差。"这一律文规定欺隐田粮者既受刑罚，又要补交税粮。对于强宗豪右也不例外，如雍正三年定例："凡宗室置买田产，管庄人恃强不纳差粮者，该管官查实，将管庄人等比依功臣欺隐田土律问罪。宗室知而纵容者，交该衙门察议，仍追征应纳差粮。"[1] 又定例："将自己田地应纳钱粮，洒派别户者，按数计赃，以枉法论。田地入官，其洒派钱粮，照年分亩数追征。"[2]

2. 盗卖田宅。盗卖田宅是比较典型的侵犯财产罪，因而律文规定得很具体："凡盗（他人田宅）卖，（将己不堪田宅）换易，及冒认（他人田宅作自己者），若虚（写价）钱实（立文）契典卖，及侵占他人田宅者，田一亩、屋一间以下，笞五十。每田五亩、屋三间，加一等，罪止杖八十，徒二年。系官（田宅）者，各加二等。若强占官民山场、湖泊、茶园、芦荡及金银铜锡铁冶者，（不计亩数）杖一百，流三千里。若将互争（不明）及他人田产，妄作己业，朦胧投献官豪势要之人，与者、受者，各杖一百，徒三年。（盗卖与投献等项）田产及盗卖过田价，并（各项田产中）递年所得花利，各还官、给主。"[3] 在"盗卖田宅"律文后面所附的雍正、乾隆年间修订的条例中还对偷伐树木作出处罚规定："近边分守武职，并府州县官员，禁约该管军民人等，不许擅自入山，将应禁林木砍伐贩卖。若砍伐已得者，问发云、贵、两广烟瘴稍轻地方充军未得者，杖一百，徒三年。若前项官员有犯，

① 《大清律例》卷 9,《户律 · 田宅》，第 204 页。
② 《大清律例》卷 9,《户律 · 田宅》，第 204 页。
③ 《大清律例》卷 9,《户律 · 田宅》，第 208 页。

俱革职，计赃重者，俱照监守自盗律治罪。”[①] 条例对于偷伐树木行为的处罚是非常严厉的，犯罪已遂者所受的刑罚仅次于死刑，而官吏犯罪以监守自盗律治罪，赃重者即可处死刑了。

3. 盗耕种官民田。律文规定：“凡盗耕种他人田（田地土）者（不告田主），一亩以下，笞三十，每五亩加一等，罪止杖八十。荒田减一等。强者（不由田主），各加一等。系官者，各又加二等，（仍追所得）花利，（官田）归官，（民田）给主。”[②] 雍正三年（1725 年）删改的条例又比律文加重了盗耕田地的处罚：“近边地土，各营堡草场，界限明白。敢有那移条款，盗耕草场，及越出边墙界石种田者，依律问拟，追征花利至报完之日，不分军民，俱发附近地方充军。若有毁坏边墙，私出外境者，枷号三个月发落。”[③]

四、危害公共安全的犯罪与刑罚

封建刑法中有许多条款是对危害较多人身及其财产安全的犯罪进行惩罚的规定，这些条款与前面已论述的危害个人的人身及财产安全的条款是有区别的，因此，本节对此加以分析。

（一）失火罪

失火虽然是过失造成的行为，但由于这种行为对公共安全带来相当严重的危害，因此肇事者必须承担刑事责任，《大清律例·刑律·杂犯》规定：“凡失火烧自己房屋者，笞四十；延烧官民房屋者，笞五十；因而致伤人命者，杖一百；罪坐失火之人；若延烧宗庙及宫阙者，绞。社，减一等。若于山陵兆域内失火者，杖八十，徒二年，延烧林木者，杖一百，流二千里。

① 《大清律例》卷 9，《户律·田宅》，第 210 页。
② 《大清律例》卷 9，《户律·田宅》，第 214 页。
③ 《大清律例》卷 9，《户律·田宅》，第 214 页。

若于官府公廨及仓库内失火者，亦杖八十，徒二年。……其在外失火而延烧者，各减三等。若于库藏及仓廒内燃火者，杖八十。”

（二）放火罪

放火是故意造成的行为，其社会危害性比较严重，因此《大清律例》规定对犯罪者严加惩罚，并且赔偿所造成的损失。律文规定：“凡放火故烧自己房屋者，杖一百。若延烧官民房屋及积聚之物者，杖一百，徒三年。因而盗取财物者斩（监候），杀伤人者，以故杀伤论。若放火故烧官民房屋及公廨、仓库、系官积聚之物者，皆斩。其故烧人空闲房屋，及田场积聚之物者，各减一等。并计所烧之物减价，尽犯人财产折剉赔偿，还官给主。”[①] 律文规定，故意放火烧毁官民房屋一般都处斩监候，并以犯人家产赔偿经济损失。雍正七年（1729 年）、乾隆五年（1740 年）、乾隆三十二年（1767 年）的条例则比律文更加严酷：“凶恶棍徒，纠众商谋，计图得财，放火故烧官民房屋，及公廨、仓库或官积聚之物，并街市镇店人居稠密之地，已经烧毁抢夺财物者，均照强盗律，不分首从拟斩立决；杀伤人者，枭示；有因焚压致死者，将为首之人枭示。”[②]

（三）破坏堤防罪

水利是农业社会的命脉，堤岸河防是水利的重要设施，因此破坏堤防行为直接危害公共安全。《大清律例 · 工律 · 河防》“盗决河防”条规定：“凡盗决河防者，杖一百。盗决圩岸陂塘者，杖八十。若（因盗决而致水势涨漫）毁害人家，及漂失财物，淹没田禾，计物价重（于杖）者，坐赃论。罪止杖一百，徒三年。因而杀伤人者，各减斗杀伤罪一等。若（或取利，或挟仇）故决河防者，杖一百，徒三年。故决圩岸陂塘，减二等。漂失赃

① 《大清律例》卷 34，《刑律 · 杂犯》，第 567 页。
② 《大清律例》卷 34，《刑律 · 杂犯》，第 568 页。

重（于徒）者，准窃盗论（罪止杖一百，流三千里），免刺。因而杀伤人者，以故杀伤论。”雍正五年（1727 年）定例：“若河员有将完固堤工故行毁坏，希图兴修借端侵蚀钱粮者，该总河察防奏闻，于工程处正法。”[①] 由此可见，对于官员故决河防加重处刑，只要是故意毁坏河防，即可就地正法，而普通民众最高处流刑，这说明雍正是以重典治官吏从而进一步达到巩固大清王朝一统江山的目的。

（四）侵占街道罪

侵占街道以及污染公共环境，将对公共安全和公共利益造成直接或间接的危害，因此《大清律例·工律·河防》中的“侵占街道”条规定：“凡侵占街巷通路，而起盖房屋及为园圃者，杖六十，各令（折毁）复旧。其（所居自己房屋）穿墙而出秽污之物于街巷者，笞四十。”[②] 这一规定表明，对于侵占街道者不仅处以刑罚，还勒令其恢复原状，停止侵占行为。至于污染环境者，则必须承担刑事责任。

五、妨害社会秩序的犯罪与刑罚

封建法律的重要职能之一就是维护国家的管理秩序和社会生活秩序，巩固封建统治秩序。对于妨害统治秩序的犯罪行为，法律中作出详细而严密的处罚规定，雍正、乾隆年间的刑法是把妨害统治秩序犯罪作为打击的主要目标的。

（一）诈骗罪

诈骗罪在封建刑法中分为两大类，一类是经济诈骗，一类是政治诈骗，

① 《大清律例》卷 39，《工律·河防》，第 664 页。
② 《大清律例》卷 39，《工律·河防》，第 664 页。

前者已在“诈骗财产罪”中进行专门论述，这里主要考察政治诈骗。

1. 伪造制书印信及诏旨。《大清律例 · 刑律 · 诈伪》中首先列出“诈为制书”条款。诈为制书，是指伪造和私自改动官文书，从而妨害官府的运转秩序。诈为制书行为的处罚原则与伪造官文书的重要程度相适应，文书越重要，处罚越严重。律文规定：“凡诈为（原无）制书，及增减（原有）者，（已施行，不分首从）皆斩；未施行者，绞；传写失错者，杖一百。诈为六部、都察院、将军、督抚、提镇、守御紧要隘口衙门文书，套画押字，盗用印信，及将空纸用印者，皆绞（监候）。（诈为）察院、布政司、按察司、府州县衙门（印信文书）者，杖一百，流三千里；其余衙门（印信文书）者，杖一百，徒三年。”在处罚伪造官文书的条款之后，又对口头上的伪造皇帝诏旨和官员言语行为作出规定：“凡诈传诏旨者，（为首）斩（监候）；为从者，杖一百，流三千里。诈传皇后懿旨、皇太子令旨者，（为首）绞（监候），（为从者，杖一百，流三千里。）若诈传一品、二品衙门官言语，于各衙门分付公事，有所规避者，（为首）杖一百，徒三年；三品、四品衙门官言语者，（为首）杖一百；五品以下衙门官言语者，杖八十；为从者，各减一等。若得财（而诈传，无碍于法）者，计赃以不枉法；因（得财诈传）而（变）动事（情，枉）曲法（度）者，以枉法，各从重论。”[①] 雍正、乾隆时制定的条例又规定对情节严重的政治诈骗行为处以斩立决之刑，突破了律文斩监候的刑幅上限，从而在司法中使诈骗者实际被处死刑。

此外，伪造印信、时宪书、符验、茶盐引、关防印信等信物，以及对皇帝上书奏事诈而不实，均属于政治诈骗罪的范围，应根据罪情轻重予以处罚。

2. 诈骗官爵罪。《大清律例》对于通过诈骗而获取官职爵位的犯罪设有专门规定：“凡（伪造凭札）诈（为）假官，（及为伪札，或将有故官员文凭而）假与人官者，斩（监候）；其知情受假官者，杖一百，流三千里；

① 《大清律例》卷 32，《刑律 · 诈伪》，第 541 页。

不知者不坐。若无官而（不曾假造凭札，但）诈称有官有所求为，或诈称官司差遣而捕人，及诈冒（见任）官员姓名（有所求为）者，杖一百，徒三年。若诈称见任官子孙、弟侄、家人、总领，于按临部内，有所求为者，杖一百；为从者，各加一等。若得财者，并计赃准窃盗从重论。其当该官司知而听行，与同罪；不知者不坐。”[①] 雍正、乾隆年间还制定了若干条例，其量刑与律文轻重不一，反映了司法中以人废法、以言代法的混乱状况。例如乾隆二十四年（1759 年）刑部遵旨定例：“伪造凭札自为假官者，伪造凭札并将有故官员凭札卖与他人者，及卖受凭札冒名赴任者，俱拟斩监候。知情说合者，杖一百，流三千里。”[②] 律文规定伪造印信假冒官职拟斩立决，例文却改为拟斩监候，这是皇帝任意改重为轻的例证。再如乾隆二十四年又定例：“凡无官而诈称有官，并冒称见任官员姓名，并未造有凭札，但系图骗一人，图行一事，犯该徒罪以下者，发近边充军；犯该军流遣罪者，拟绞监候。”这一条例把律该拟徒罪的改为流罪，律该拟流罪的改为绞罪，显然是皇帝任意改轻为重的例证。

3. 诈称内使等官及近侍诈称私行。内使与近侍身在皇帝周围，往往代表最高统治集团行使核心权力。对于普通官员冒充内使以及近侍人员私自出外诈骗的行为，《大清律例》也设有专门条款，予以严厉禁止，以维护统治阶级的整体利益。律文对冒充内使等官的行为规定：“凡（凭空）诈称内使、（近臣）内阁、六科、六部、都察院、监察御史、按察司官，在外体察事务，欺诈官府，煽惑人民者，（虽无伪造札符）斩（监候）；知情随行者，减一等（杖一百，流三千里）。其当该官司知而听行，与同罪；不知者，不坐。”[③] 对于冒充内官亲属家人恐吓官府，诈骗财物的行为则在条例规定“除实犯死罪外，其余枷号一个月，发近边充军”。律文对近侍人员

---

① 《大清律例》卷 32，《刑律·诈伪》，第 546 页。
② 《大清律例》卷 32，《刑律·诈伪》，第 547 页。
③ 《大清律例》卷 32，《刑律·诈伪》，第 548 页。

私自出外诈骗的行为规定："凡近侍之人，在外诈称私行体察事务，煽惑人民者，斩（监候）。"从以上严峻的律例可以看出，清代前期注重对官吏犯罪的防范和制裁，不惜以严刑威吓来达到减少犯罪的目的。

除了以上几种之外，《大清律例》中关于政治诈骗的条款还有"诈为瑞应""诈病死伤避事"等，都是比较具体的专条，限于篇幅，这里就不一一罗列了。

（二）通奸罪

《大清律例》对于通奸的处罚规定系统而严密，在适用刑罚时贯穿了等级特权的原则和渗透了男女不平等原则，一般根据犯奸者的身份地位决定刑罚的轻重。

1. 和奸。《刑律・犯奸》中首先规定了对"和奸"的处罚："凡和奸，杖八十；有夫者，杖九十。刁奸者，杖一百。……若媒合、容止（人在家）通奸者，各减犯人（和、刁）罪一等。（如人犯奸已露而代）私和奸事者，各减二等。"据此律文，不但通奸者要治罪，容留通奸及私下了结通奸案件者也要治罪，通奸是司法机关必须追究的犯罪行为。雍正三年改定的条例规定："凡职官及军民奸职官妻者，奸夫、奸妇，并绞监候。若职官奸军民妻者，革职，杖一百；奸妇枷号一个月，杖一百。其军民相奸者，奸夫、奸妇，各枷号一个月，杖一百。其奴婢相奸，不分一主各主，及军民与官员、军民之妾婢相奸者，奸夫、奸妇，各杖一百。"[①] 这一条例对律文作了很大修改。其一是把和奸罪的刑幅的上限大为提高，可以将男女并处死刑。其二是增加了枷号这一耻辱刑。总之，条例对和奸罪的处刑比律文更重。

2. 纵容妻妾犯奸。《大清律例》不仅处罚通奸的男女，而且对家长、丈夫纵容妻妾与人通奸也追究刑事责任，作为通奸罪的一种来处罚。律文规定："凡纵容妻妾与人通奸，本夫、奸夫、奸妇，各杖九十。抑勒妻妾及

① 《大清律例》卷 33,《刑律・犯奸》，第 552 页。

乞养女与人通奸者，本夫、义父，各杖一百。……若纵容、抑勒亲女及子孙之妇与人通奸者，罪亦如之。”①

3. 亲属相奸。亲属之间通奸是对家庭关系的破坏，而家庭是社会的细胞，家庭关系的稳固有序对封建社会的统治秩序极为重要。因此，《大清律例》对亲属相奸设立专条，并且从重处罚犯奸的男女。律文规定：“凡奸同宗无服之亲，及无服亲之妻者，各杖一百。奸缌麻以上亲，及缌麻以上亲之妻，若妻前夫之女，同母异父姊妹者，各杖一百，徒三年；……若奸从祖祖母、（祖）姑、从祖伯叔母、（从祖伯叔）姑、从父姊妹、母之姊妹及兄弟妻、见弟之子妻者，（奸夫、奸妇）各（决）绞。……若奸父祖妾、伯叔母、姑、姊妹、子孙之妇、兄弟之女者，（奸夫、奸妇）各（决）斩。（凡奸前项亲属）妾各减一等。”②

4. 良贱相奸。封建社会的身份等级是不可逾越的鸿沟，良贱相奸比普通通奸要加重处罚。奴仆和雇工与家长、主人的妻女通奸，在刑法上是最严重的犯罪，必须立即处斩刑：“凡奴及雇工人奸家长妻女者，各斩（决）。若奸家长之期亲，若期亲之妻者，绞（监候）；妇女，减一等。若奸家长之缌麻以上亲，及缌麻以上之妻者，各杖一百，流二千里。……妾。各减一等。”③ 对于贱民与良民通奸，律文规定视男女的良贱身份而予以不同的处罚：“凡奴奸良人妇女者，加凡奸罪一等。良人奸他人婢者，减凡奸一等。”④

5. 奸部民妻女和居丧及僧道犯奸。对于利用职权与部属军民的妻女通奸的官吏要加等处罚，律文规定：“凡军民（本管）官吏奸所部妻女者，加凡奸罪二等，各罢职役不叙；妇女，以凡奸论。若奸囚妇者，杖一百，徒三年。”对于居丧及僧道犯奸，处罚原则与前条相同，律文规定：“凡居父

① 《大清律例》卷 33,《刑律·犯奸》，第 555 页。
② 《大清律例》卷 33,《刑律·犯奸》，第 556 页。
③ 《大清律例》卷 33,《刑律·犯奸》，第 557 页。
④ 《大清律例》卷 10,《户律·婚姻》，第 558 页。

母及夫丧，若僧、尼、道士、女冠犯奸者，各加凡奸二等。相奸之人，以凡奸论。”[①]

（三）违犯礼教罪

封建伦理道德以礼教为核心，礼教是维护封建统治秩序的重要防线，“出礼则入刑”，违犯礼教就要处以刑罚，这方面的犯罪类型主要有以下几种：

1. 妻妾失序。律文规定：“凡以妻为妾者，杖一百；妻在，以妾为妻者，杖九十，并改正。若有妻更娶妻者，亦杖九十，（后娶之妻）离异。”[②]

2. 非法嫁娶。非法嫁娶主要有“居丧嫁娶”和“父母囚禁嫁娶”两种。律文规定：“凡（男女）居父母及（妻妾居）夫丧而身自（主婚）嫁娶者，杖一百；若男子居（父母）丧（而）娶妾，妻（居夫丧）女（居父母丧）而嫁人为妾者，各减二等。若命妇夫亡，（虽服满）再嫁者，罪亦如之，（亦如凡妇居丧嫁人者拟断。）追夺（诰敕），并离异。……若居父母舅姑及夫丧，而与应嫁娶人主婚者，杖八十。其夫丧服满，（妻妾）果愿守志，而女之祖父母、父母，及夫家之祖父母、父母强嫁之者，杖八十。期亲加一等。大功以下又加一等。”[③] 律文又规定：“凡祖父母、父母犯死罪被囚禁，而子孙（自）嫁娶者，杖八十。（若男娶妾，女家人）为妾者，减二等。”[④]

3. 非法为婚。非法为婚主要有以下几种：一是同姓为婚。律文规定：“凡同姓为婚者，（主婚与男女）各杖六十，离异。”[⑤] 二是尊卑为婚。律文规定：“凡外姻有服尊属卑幼，共为婚姻，及娶同母异父姊妹，若妻前夫之女者，各以亲属相奸论。其父母之姑舅两姨姊妹及姨，若堂姨、母之姑、堂姑、

① 《大清律例》卷 33，《刑律 · 犯奸》，第 557 页。
② 《大清律例》卷 10，《户律 · 婚姻》，第 219 页。
③ 《大清律例》卷 10，《户律 · 婚姻》，第 219 页。
④ 《大清律例》卷 10，《户律 · 婚姻》，第 220 页。
⑤ 《大清律例》卷 10，《户律 · 婚姻》，第 220 页。

己之堂姨及再从姨、堂外甥女，若女婿及子孙妇之姊妹，并不得为婚姻，违者，（男女）各杖一百。若娶已之始舅两姨姊妹者，杖八十。并离异。”[①] 三是娶亲属妻妾。律文规定：“凡娶同宗无服（姑侄姊妹）之亲，及无服亲之妻者，（男女）各杖一百。若娶缌麻亲之妻及舅甥妻，各杖六十，徒一年。小功以上（之妻），各以奸论。（自徒三年至绞斩）其（亲之妻）曾被出及已改嫁，而娶为妻妾者，各杖八十。若收父祖妾及伯叔母者，各斩。若兄亡收嫂，弟亡收弟妇者，各绞。妾，各减（妻）二等。若娶同宗缌麻以上姑、侄、姊妹者，亦各以奸论。并离异。”[②] 四是娶部民妇女为妻妾。律文规定：“凡州县亲民官，任内娶部民妇女为妻妾者，杖八十。若监临（内外上司）官，娶（见问）为事人妻妾及女为妻妾者，杖一百。女家并同罪。妻妾仍两离之，女给亲。财礼入官。（恃势）强娶者，各加二等。”[③] 五是娶逃走妇女。律文规定：“凡娶（自己）犯罪（已发在官而）逃走（在外之）妇女为妻妾者，知（逃走之）情者，与同（其所犯之本）罪。（妇人加逃罪二等，其娶者不加罪）至死者，减一等。离异。”[④] 六是娶乐人为妻妾。律文规定：“凡（文武）官吏娶乐人（妓者）为妻妾者，杖六十，并离异。若官员子孙（应袭荫者）娶者，罪亦如之，注册候荫袭之日，降一等叙用。”[⑤] 七是僧道娶妻。律文规定：“凡僧道娶妻妾者，杖八十，还俗。女家同罪。离异。寺观住持知情，与同罪。不知者不坐。若僧道假托亲属或僮仆为名求娶，而僧道自占者，以奸论。”[⑥] 八是良贱为婚姻。律文规定：“凡家长与妇娶良人女为妻者，杖八十。女家减一等，不知者不坐。其奴自娶者，罪亦如之。家长知情者，减二等，因而入籍（指家长言）为婢者，杖一百。若妄以奴婢为良人，

① 《大清律例》卷 10，《户律·婚姻》，第 220 页。
② 《大清律例》卷 10，《户律·婚姻》，第 221 页。
③ 《大清律例》卷 10，《户律·婚姻》，第 222 页。
④ 《大清律例》卷 10，《户律·婚姻》，第 222 页。
⑤ 《大清律例》卷 10，《户律·婚姻》，第 224 页。
⑥ 《大清律例》卷 10，《户律·婚姻》，第 225 页。

而与良人为夫妻者，杖九十。各离异，改正。”[①] 以上八种非法婚姻的行为，都对封建统治秩序带来一定的危害，因此都不同程度地作为犯罪予以惩罚，这充分说明清代刑法竭力维护封建礼教，残酷地用刑事手段制裁民事案件，以巩固封建专制政权。

4. 破坏经济秩序罪。《大清律例》中的破坏经济秩序犯罪主要是走私罪、私铸铜钱罪、私盐罪和私茶罪。《兵律 · 关津》中的“私出外境及违禁下海”条规定：“凡将马牛、军需、铁货、铜钱、缎匹、绸绢、丝棉私出外境货卖及下海者，杖一百；挑担驮载之人，减一等；物货船车并入官，于内以十分为率，三分付告人充赏。若将人口军器出境及下海者，绞（监候）；因而走泄事情者，斩（监候）；其该拘束官司，及守把之人通同夹带，或知而故纵者，与犯人同罪。失觉察者，（官）减三等，罪止杖一百，军兵又减一等。”雍正、乾隆年间有关走私下海的条例处刑比律文更为严厉。例如乾隆五年设立处罚私造海船走私的条例：“凡沿海地方，奸豪势要及军民人等，私造海船，将带违禁货物下海，前往番国买卖，潜通海贼，同谋结聚，及为响导劫掠良民者，正犯比照谋叛已行律，处斩枭示。……其打造海船卖与外国图利者，造船与卖盘之人，为首者，立斩；为从者，发近边充军。若将船只雇与下海之人，分取番货，及纠通下海之人，私行接买番货，与探听下海之人番货到来，私买贩卖苏木、胡椒至一千斤以上者，俱发近边充军，番货并入官。”[②] 其他诸如雍正八年（1730 年）的“黄金白银违例出洋”“棍徒引诱偷渡及船户揽载偷裁”等条例将近 40 条，对形形色色的走私罪作出了具体的处罚规定，法网可谓严密至极。

私铸铜钱是破坏经济秩序的又一主要犯罪方式。律文规定：“凡私铸铜钱者，绞；匠人罪同；为从及知情买使者，各减一等。告捕者，官给赏银五十两。里长知而不首者，杖一百；不知者，不坐。若将时用铜钱剪错薄小，取铜以

① 《大清律例》卷 10，《户律 · 婚姻》，第 225 页。
② 《大清律例》卷 20，《兵律 · 关津》，第 327 页。

求利者，杖一百。若（以铜铁水银）伪造金银者，杖一百，徒三年；为从及知情买使者，各减一等。”[①]雍正、乾隆年间的条例规定，凡私铸铜钱为首及匠人，皆斩立决，为从及知情买使者，皆绞立决。其处刑又比律文为重。

私盐罪是最常见的经济犯罪。《盐法》首先规定：“凡犯私盐者，杖一百，徒三年。若有军器者，加一等。（流二千里。盐徒）诬指平人者，加三等。（流三千里）拒捕者，斩（监候）。盐货车船头匹并入官。引领牙人及窝藏（盐犯）寄顿（盐货）者，杖九十，徒二年半。（受雇）挑担驮载者，杖八十，徒二年。”[②]盐法共 11 条，除了规定对各种私盐犯罪者予以处罚之外，其中还有对于买食私盐者处罚的规定：“凡买食私盐者，杖一百；因而货卖者，杖一百，徒三年。”[③]其立法十分周密。律文以外，有关私盐的条例达20余条。不仅如此，还有关于惩治违犯盐法的官吏和商绅的律例。其中规定：“凡监临（盐法）官吏诡（立伪）名，及（内外）权势之人，中纳钱粮（于各仓库），请买盐引勘合，（支领官盐货卖）侵夺民利者，杖一百，徒三年。盐货入官。凡客商（赴官）中买盐引勘合，不亲赴场支盐，中途增价转卖，阻坏盐法者，买主、卖主，各杖八十，牙保减一等。盐货、价钱并入官。”[④]

私茶罪与私盐罪的处罚规定相同。律文规定：“凡犯私茶者，同私盐法论罪。”[⑤]按照茶叶贸易的通例，商人卖茶必须将数量申报官府获得茶引，然后才能贩卖，如果无引卖茶，即为私茶。雍正、乾隆年间制定的“兴贩私茶通番”条例规定：“凡兴贩私茶，潜往边境与外国交易，及在腹里贩卖与来京回还外国人者，不拘斤数，连知情歇家、牙保，发烟瘴地面充军。其在西宁、甘肃河州、洮州、四川雅州贩卖者，虽不入番，一百斤以上，发附近；三百斤以上，发近边各充军；不及前数者，依律拟断，仍枷

① 《大清律例》卷 32，《刑津・诈伪》，第 643 页。
② 《大清律例》卷 13，《户律・课程》，第 257 页。
③ 《大清律例》卷 13，《户律・课程》，第 257 页。
④ 《大清律例》卷 13，《户律・课程》，第 265 页。
⑤ 《大清律例》卷 13，《户律・课程》，第 265 页。

号两个月。文武官员纵容弟男、子侄、家人、军伴人等兴贩，及守备、把关、巡捕等官，知情故纵者，各降一级调用；失觉察者，照常发落。若守备、把关、巡捕等官，自行兴贩私茶通番者，发近边；在西宁，甘肃河、洮，雅州贩卖至三百斤以上者，发附近各充军。”[①] 这一条例只是关于私茶的若干条例之一，从中可以看到，对于与外国人走私茶叶、官员走私茶叶和在边境地区走私茶叶的行为，均加重处罚，其用意在于以重刑威吓来禁止私茶，这是清代统治者一贯的刑事政策。

5. 其他破坏统治秩序罪。《大清律例》有关破坏统治秩序的单个罪名较多，其中发案率较高的有越城、私越冒度关津、发冢、赌博等。

《兵律 · 宫卫》中的“越城”罪的刑幅是绞刑至杖刑，律文规定：“凡越皇城者，绞（临候）；京城者，杖一百，流三千里。越各府州县镇城者，杖一百；官府公廨墙垣者，杖八十。越而未过者，各减一等。若有所规避者，各从重者论。”[②] 为了严明吏治，雍正七年（1729 年）定例：“各衙门亲戚书吏人等，游船演戏，夜半方归，擅叫禁门者，照越府州县城律，杖一百。”[③]

封建统治阶级总是希望把农民束缚在自己的势力范围内，对于脱离束缚的人治之以私越冒度关津罪。律文规定：“凡无文引私度关津者，杖八十。若关不由门，津不由渡，（别从间道）而越度者，杖九十。若越度缘边关塞者，杖一百，徒三年；因而（潜）出（交通）外境者，绞（监候）。守把之人知而故纵者，同罪。（至死减一等）。失于盘诘者，（官）各减三等，罪止杖一百；军兵，又减一等；并罪坐值日者。若有文引，冒（他人）名度关津者，杖八十。家人相冒者，罪坐家长。守把之人知情，与同罪；不知者不坐。其将（无引）马骡私度冒度关津者，杖六十；越度，杖七十。”[④]

① 《大清律例》卷 13，《户律 · 课程》，第 265—266 页。
② 《大清律例》卷 18，《兵律 · 宫卫》，第 303 页。
③ 《大清律例》卷 18，《兵律 · 宫卫》，第 303 页。
④ 《大清律例》卷 20，《兵律 · 关津》，第 321 页。

雍正、乾隆年间的条例比律文更具体，涉及各边远地区的基本问题，例如乾隆十六年（1751年）的“引领游民偷越缘边关口及引送夹带违禁货物人出口”、乾隆三十三年“东三省私带所买奴婢出境”、乾隆四十二年“山东民人前赴奉天，地方官滥行给票放行”例等，都能够弥补律文比较简略、抽象的不足，适应了加强关津管理的需要。

挖掘他人坟墓和亲属坟墓都是“发冢”罪的内容。在注重伦理道德、提倡礼义的社会中，发冢历来是重罪。律文规定：“凡发掘（他人）坟冢见棺椁者，杖一百，流三千里；已开棺椁见尸者，绞（监候）；发而未至棺椁者，杖一百，徒三年，若（年远）冢先穿陷及未殡埋，而盗尸柩者，杖九十，徒二年半；开棺椁见尸者，亦绞。……若卑幼发（五服以内）尊长坟冢者，同凡人论；开棺椁见尸者，斩（监候）。若弃尸卖坟地者，罪亦如之。买地人、牙保知情者，各杖八十，追价入官，地归同宗亲属；不知者，不坐。若尊长发（五服以内）卑幼坟冢，开棺椁见尸者，缌麻，杖一百，徒三年；小功以上，各递减一等。发了孙坟冢，开棺椁见尸者，杖八十。……若残毁他人死尸，及弃尸水中者，各杖一百，流三千里。若毁弃缌麻以上尊长死尸者，斩（监候）。弃（他人及尊长）而不失（其尸），及（毁而但）髡发若伤者，各减一等。（毁弃）缌麻以上卑幼（死尸），各依凡人递减一等，毁弃子孙死尸者，杖八十。其子孙毁弃祖父母、父母，及奴婢、雇工人毁弃家长死尸者，斩（监候）。”[①]雍正、乾隆年间还制定了“奴婢雇工人发掘家长坟冢”“于他人地土坟旁盗葬”“争坟阻葬”“发掘父母五服尊长骸骨占验吉凶”等一系列惩治“发冢”犯罪的条例，其立法倾向仍是以重刑主义制止犯罪，比律文更具体、更严密、更残酷。

赌博是最常见的妨害社会秩序行为之一。关于赌博的律文比较简单，其中规定：“凡赌博财物者，皆杖八十；摊场财物入官。其开张赌坊之人，

---

① 《大清律例》卷25，《刑律·贼盗》，第420页。

同罪。止据见发为坐。职官加一等。”① 但是，雍正、乾隆年间关于赌博的条例却多达 12 条，其量刑一般都比律文为重。律文规定赌博者皆杖八十，雍正三年（1725 年）的一则条例却规定：“凡赌博不分兵民，俱枷号两个月，杖一百。”② 显然重于律文。乾隆二十九年（1764 年）制定的条例规定：“无赖匪徒，串党驾船，设局揽载客商，勾诱赌博，折没货物，扣留行李者，初犯到案，审系仅一二次者，照开场诱赌例，杖一百，徒三年；三次以上再犯者，发云、贵、两广极边烟瘴充军。并将首犯先于拿获之沿河码头地方，加枷号一个月。其船户知情分赃者，初犯仍照为从论；再犯亦与犯人同罪，船价入官。”③ 这一条例已使惯赌者被处以流刑。乾隆对于官员赌博也严惩不贷，乾隆四十年（1775 年）定例：“凡现任职官，有犯屡次聚赌，及经旬累月开场者，发往乌鲁木齐等处效力赎罪。（若偶然犯赌，及聚赌一二次者，仍革职照例枷责，不准折赎。）”④ 雍正四年（1726 年）定例、乾隆五年（1740 年）删定的条例则更具体、更严厉，其中规定：“凡民人将自己银钱开场诱引赌博，经旬累月聚集无赖，放头抽头者，初犯，杖一百，徒三年；再犯，杖一百，流三千里。……若官员无论赌钱、赌饮食等物，有打马吊斗混江者，俱革职，满杖，枷号两个月；上司与属员斗牌掷骰者，亦均革职，满杖，枷号三个月，俱永不叙用。”⑤ 由此可见，雍正、乾隆对于巩固封建统治秩序是不遗余力的。

六、官吏职责上的犯罪与刑罚

官吏职责上的犯罪会给国家造成重大危害，因而《大清律例》对此设

① 《大清律例》卷 34，《刑律 · 杂犯》，第 560 页。
② 《大清律例》卷 34，《刑律 · 杂犯》，第 561 页。
③ 《大清律例》卷 34，《刑律 · 杂犯》，第 562 页。
④ 《大清律例》卷 34，《刑律 · 杂犯》，第 563 页。
⑤ 《大清律例》卷 34，《刑律 · 杂犯》，第 561 页。

有专篇，并且在各律中都有惩治官吏职责上犯罪的条款。现对其中主要罪名进行考察分析。

（一）赃罪

封建刑法中的赃罪，即官吏利用职权非法占有公私财物，主要包括贪污、受贿行为。《大清律例·刑律·受赃》中规定："凡官吏（因枉法、不枉法事）受财者，计赃科断，无禄人，各减一等；官追夺除名，吏罢役，（赃止一两。）俱不叙用。"这一规定说明官吏赃罪的量刑原则是"计赃科刑"。其具体标准是：凡月俸一石以上的"有禄人"枉法受赃银 1 两以下，杖七十；1 两至 5 两，杖八十；10 两，杖九十；15 两，杖一百；20 两，杖六十，徒一年；25 两，杖七十，徒一年半；30 两，杖八十，徒二年；35 两，杖九十，徒二年半；40 两，杖一百，徒三年；45 两，杖一百，流二千里；50 两，杖一百，流二千五百里；55 两，杖一百，流三千里。80 两，绞。凡月俸不及一石的"无禄人"，枉法受赃银 120 两，绞监候。受赃不枉法的官吏，比照受赃枉法减轻处罚。"事后受财"条规定："凡有事先不许财，事过之后而受财，事若枉断者，准枉法论；事不枉断者，准不枉法论。"[①]"官吏听评财物"条规定："凡官吏听许财物，虽未接受，事若枉者，准枉法论，事不枉者，准不枉法论。"[②]对于利用职权向部属强借财物的官吏，法律规定"准枉法论"。[③]从以上条款可以看出，官吏贪赃受财，无论是枉法还是不枉法，无论是事前还是事后，都要追究其刑事责任。

（二）渎职罪

封建国家为了强化官僚机构的统治效能，对官吏的渎职行为一般都追

① 《大清律例》卷 31，《刑律·受赃》，第 533 页。
② 《大清律例》卷 31，《刑律·受赃》，第 533 页。
③ 《大清律例》卷 31，《刑律·受赃》，第 533 页。

究刑事责任。《大清律例 · 吏律 · 职制》中的“贡举非其人”条规定：“凡贡举非其人，及才堪时用，应贡举而不贡举者，一人，杖八十；每二人加一等，罪止杖一百。所举之人知情，与同罪；不知者不坐。若主司考试艺业技能，而（故）不以实者，减二等。”乾隆五年（1740年）定例：“乡会试考试官同考官及应试举子，有交通嘱托贿买关节等弊，问实，斩决。”[①]条例比律文处刑大为加重。“举用有过官吏”条规定：“凡官吏曾经断罪罢职役不叙者，诸衙门不许朦胧保举；违者，举官及匿过之人，各杖一百，罢职役不叙。”[②]

《公式》门有较多的官吏职责上的犯罪的条款。“制书有违”条规定：“凡奉制书有所施行，而违者，杖一百。违皇太子令旨者，同罪。失错意旨者，各减三等。若稽缓制书及皇太子令旨者，一日，笞五十；每一日加一等，罪止杖一百。”[③]“弃毁制书印信”条规定：“凡弃毁制书及各衙门印信者，斩（监候）。若弃毁官文书者，杖一百；有所规避者，从重论；事干军机钱粮者，绞（监候）。当该官吏知而不举，与犯人同罪……若遗失制书、圣旨、印信者，杖九十，徒二年半。若官文书，杖七十；事干军机钱粮者，杖九十，徒二年半。俱停俸责寻。三十日得见者，免罪。若主守官物，遗失簿书，以致钱粮数目错乱者，杖八十。”[④]“事应奏而不奏”条规定：“凡应议之人有犯，应请旨而不请旨，及应论功上议而不上议，当该官吏处绞。若文武职官有犯，应奏请而不奏请者，杖一百；有所规避，从重论。若军务、钱粮、选法、制度、刑名、死罪、灾异，及事应奏而不奏者，杖八十；应申上而不申上者，笞四十。”[⑤]“官文书稽程”条规定：“凡官文书稽程者，一日，吏典，笞一十；三日加一等，罪止笞四十。首领官，各减一

① 《大清律例》卷6，《吏律 · 职制》，第167页。
② 《大清律例》卷6，《吏律 · 职制》，第168页。
③ 《大清律例》卷7，《吏律 · 公式》，第175页。
④ 《大清律例》卷7，《吏律 · 公式》，第175页。
⑤ 《大清律例》卷7，《吏律 · 公式》，第175页。

等。若各衙门遇有所属申禀公事，随即详议可否，明白定夺回报。若当该官吏，不与果决，含糊行移，互相推调，以致耽误公事者，杖八十。其所属将可行事件，不行区处，而作疑申禀者，罪亦如之。”[①]“漏使印信”条规定：“凡各衙门行移出外文书，漏使印信者，当该吏典、对同首领官并承发，各杖六十。全不用印者，各杖八十。干碍调拨军马、供给边方军需钱粮者，各杖一百。因而失误军机者，斩（监候）。”[②]“擅用调兵印信”条规定：“凡统兵将军及各处提督、总兵官印信，除调度军马，办集军务，行移公文使用外，若擅出批帖，假公营私，照送物货（图免税）者，首领官吏，各杖一百，罢职役不叙。正官，奏闻区处。”[③]

（三）军事上的犯罪

军事边防直接关系到皇朝的安危，因此法律对于官吏军事上的犯罪作出系统而严密的处罚规定，有关条款集中在《兵律·军政》中。计有“擅调官军”“漏泄军情大事”“失误军事”“主将不固守”等20余条罪名。在这些条款中，对于官吏军事上的犯罪视其罪情分别处以从笞刑到死刑的刑罚。雍正、乾隆年间还制定了“统兵将帅玩视军务”等几十则条例。一般情况下，官吏军事上的犯罪情节严重的都处死刑。“漏泄军情大事”条规定：“凡闻知朝廷及统兵将军调兵讨袭外番，及收捕反逆贼徒机密大事，而辄漏泄于敌人者，斩（监候）。……若近侍官员，漏泄机密重事于人者，斩（监候）。”[④]雍正三年（1725年）、乾隆三十二年（1767年）的条例规定：“在京在外军民人等，与朝贡外国人私通往来，投托拨置害人，因而透漏事情者，俱发近边充军；通事并伴送人系官，革职。”[⑤]“失误军事”条规定：“凡临军

① 《大清律例》卷7，《吏律·公式》，第179页。
② 《大清律例》卷7，《吏律·公式》，第184页。
③ 《大清律例》卷7，《吏律·公式》，第185页。
④ 《大清律例》卷19，《兵律·军政》，第305页。
⑤ 《大清律例》卷19，《兵律·军政》，第305页。

征讨，（有司）应合供给军器行粮草料，违期不完者，当该官吏各杖一百，罪坐所由。若临敌缺乏，及领兵官已奉调遣，不依期进兵策应，若承差告报军期而违限，因而失误军机者，并斩（临候）。”① “主将不固守”条规定：“凡守边将帅，被贼攻围城寨，不行固守而辄弃去，及（平时）守备不设，为贼所掩袭，因而失陷城寨者，斩（监候）。若（官兵）与贼临境，其望高巡哨之人失于飞报，以致陷城损军者，亦斩（监候）。若被贼侵入境内，掳掠人民者，杖一百，发边远充军。其官军临阵先退，及围困敌城而逃者，斩（监候）。”② 律文对官吏军事上的犯罪最高刑罚是斩监候，但条例却突破这一上限，规定情节严重的官吏玩忽军务处以斩立决之刑。乾隆十三年（1748 年）定例：“凡统兵将帅玩视军务，苟图安逸，故意迁延，不将实在情形具奏，贻误国事者；又凡将帅因私忿娼嫉，推诿牵制，以致縻饷老师，贻误军机者；又凡身为主帅不能克敌，转布流言，摇惑众心，借以倾陷他人，致误军机者；均属有心贻误，应拟斩立决。”③

（四）官吏司法上的犯罪

历代封建刑法对官吏司法上的犯罪都有严格的规定，凡是官吏司法时故意出入人罪、玩忽职守淹禁囚犯、不熟谙法律和认定事实有错误，都要承担刑事责任。《大清律例》在《刑律·断狱》中专门作出规定，律文 20 余条，例文达百余条，建立了一套严明的法官责任制度。

1. 非法拘禁罪。这一类罪名有“囚应禁而不禁”“故禁故勘平人”“淹禁”等条。“囚应禁而不禁”条规定：“凡狱囚应禁而不禁，应锁杻而不锁杻，及脱去者，若囚该杖罪，（当该官司）笞三十；徒罪，笞四十；流罪，笞五十，死罪，杖六十。若应杻而锁，应锁而杻者，各减一等。……其（鞫狱官于

① 《大清律例》卷 19，《兵律·军政》，第 306 页。
② 《大清律例》卷 19，《兵律·军政》，第 308 页。
③ 《大清律例》卷 19，《兵律·军政》，第 309 页。

囚之）不应禁而禁，及不应锁杻而锁杻者，各杖六十。若（鞫狱、司狱官典、提牢官、狱卒）受财（而故为操纵重轻）者，并计赃，以枉法从重论。”[①]“故禁故勘平人”条规定：“凡官吏怀挟私仇，故禁平人者，杖八十。因而致死者，绞。提牢官及司狱官典、狱卒知而不举首者，与同罪；至死者，减一等；……若故勘平人者，杖八十；折伤以上，依凡斗论。因而致死者，斩。同僚官及狱卒知情共勘者，与同罪；至死者，减一等。”[②]在此律文后附列的雍正、乾隆年间的几则条例，对律文进行了补充，使之更加具体。其中主要是针对非法刑讯作出处罚规定。“淹禁”条规定：“凡狱囚情犯已定，法司、督抚审录无冤，别无追勘事理，应断决者，限三日内断决；应起发者，限一十日内起发。若限外不断决、不起发者，当该官吏过三日，笞二十；每三日加一等，罪止杖六十。因而淹禁致死者，若囚该死罪，杖六十；流罪，杖八十；徒罪，杖一百；杖罪以下，杖一百，徒一年。”[③]

2. 非法对待囚犯罪。“凌虐罪囚”条规定：“凡狱卒非理在禁凌虐殴伤罪囚者，依凡斗伤论。克减（官给罪囚之）衣粮者，计（克减之物为）赃，以监守自盗论。因（殴伤克减）而致死者，绞（监候）。司狱官典及提牢官知而不举者，与同罪；至死者，减一等。”[④]为了切实防治监狱官吏虐待囚犯，雍正五年定例：“凡犯人出监之日，提牢官、司狱细加查问，如有禁卒人等陵虐需索者，计赃治罪，仍追赃给还犯人。提牢官司狱不行查问，事发之日，亦照失察例议处。”[⑤]“狱囚衣粮”条规定：“凡狱囚，应请给衣粮、医药，而不请给；患病应脱去锁杻，而不脱去；应保管出外，而不保管；应听家人入视，而不听；司狱官典、狱卒笞五十。因而致死者，若囚该死罪，杖六十；流罪，杖八十；徒罪，杖一百；杖罪以下，杖六十，徒一年。提牢

① 《大清律例》卷36，《刑律·断狱》，第604页。
② 《大清律例》卷36，《刑律·断狱》，第606页。
③ 《大清律例》卷36，《刑律·断狱》，第608页。
④ 《大清律例》卷36，《刑律·断狱》，第609页。
⑤ 《大清律例》卷36，《刑律·断狱》，第610—611页。

官知而不举者，与（狱官典卒）同罪。”[①]

与虐待囚犯相反，如果司法官吏非法帮助囚犯脱逃或翻案，也要承担罪责。“与囚金刃解脱”条规定：“凡狱卒以金刃及他物，可以自杀及解脱锁杻之具，而与囚者，杖一百。因而致囚在逃，及自伤或伤人者，并杖六十，徒一年。若囚自杀者，杖八十，徒二年。致囚反狱及杀人者，绞（监候）。……若司狱官典及提牢官，知而不举者，与同罪；至死者，减一等。若受财者，以枉法从重论。”[②]“主守教囚反异”条规定：“凡司狱官典、狱卒，教令罪囚反异，变乱事情，及与通传言语（于外人，以致罪人扶同，）有所增（入他人）减（去自己之）罪者，以故出入人罪论；外人犯者，减一等。若（狱官典卒）容纵外人入狱，及（与囚传通言语）走泄事情，于囚罪无增减者，笞五十。”[③]

3. 非法审判罪。在刑法上规定官吏司法审判的责任，对于非法审判的官吏处以刑罚，是我国封建刑法的一个特色。《大清律例》关于此类犯罪有众多的规定，现略举几个主要罪名。

“官司出入人罪”条规定：“凡官司故出入人罪，全出全入者，以全罪论。（谓官吏因受人财，及法外用刑，而故加以罪，故出脱之者，并坐官吏以全罪。）若增轻作重，减重作轻，以所增减论；至死者，坐以死罪。若断罪失于入者，各减三等；失于出者，各减五等；并以吏典为首，首领官减吏典一等，佐贰官减首领官一等，长官减佐贰官一等科罪。”[④]司法官吏故出、故入人罪，以其所造成的后果及犯罪情节为标准，追究刑事责任。由于故入死罪难以纠正，因此承担责任的官吏也要判以死罪。至于长官、佐贰官、首领官、吏典的责任，则按照官越大责任越轻的原则分别承担。

---

① 《大清律例》卷 36,《刑律·断狱》，第 613 页。

② 《大清律例》卷 36,《刑律·断狱》，第 612 页。

③ 《大清律例》卷 36,《刑律·断狱》，第 612—613 页。

④ 《大清律例》卷 37,《刑律·断狱》，第 621 页。

“决罚不如法”条规定：“凡官司决人不如法者，笞四十；因而致死者，杖一百，均征埋葬银一十两。行杖之人，各减一等。其行杖之人，若决不及肤者，依验所决之数抵罪，并罪坐所由。若受财者，计赃，以枉法从重论。”①

“断罪不当”条规定：“凡断罪，应决配而收赎，应收赎而决配，各依出入人罪，减故失一等。若应绞而斩，应斩而绞者，杖六十。失者，减三等。其已处决讫，别加残毁死尸者，笞五十。若反逆缘坐人口，应入官而放免，及非应入官而入官者，各以出入人流罪故失论。”②

总之，《大清律例》对于官吏在司法上的犯罪予以严厉的处罚，借以建立严格的法官责任制度，以保证统治阶级的法制不因个别司法人员而废弛，从而切实巩固封建王朝的统治。

① 《大清律例》卷 37，《刑律·断狱》，第 647 页。
② 《大清律例》卷 37，《刑律·断狱》，第 652 页。

第十八章　雍正、乾隆时期的民族立法

第一节　“夷夏之防”的淡化及有关法令

以满洲贵族为统治核心的清朝最高统治者，深知要治理疆域空前辽阔、情况十分复杂的中国，离开汉族地主阶级的进一步支持、离开满汉矛盾的进一步缓和，是根本办不到的。因此，无论雍正皇帝还是乾隆皇帝，都十分注意通过立法首先缓和满汉矛盾，充分发挥汉族臣民在治理国家、发展生产中的积极性。

雍正帝虽然极力维护满洲贵族的利益，但是却非常强调：“满汉臣工一体”，无分满汉“但能竭忠尽力”即好官。因此，雍正五年（1727年），胤禛下令规定：大学士除领班须是满人外，余者不分满汉，只“以补授先后为序”。[①] 次年，他又谕内阁：“用人唯当辨其可否，不当论其为满洲、为汉人也。”[②]

为了缓和旗、民矛盾，雍正帝还有如下之举：第一，严饬了庄头的管理制度。雍正元年（1723年）元月壬申日，他敕令直隶巡抚李维钧：“畿甸之内，旗民杂处，向日所在，旗人暴横，小民受累。地方官虽知之莫敢谁何。……尔当奋勉整饬，不必避忌旗汉冰炭之形迹，不可畏惧王公勋戚

① 《雍正朝起居注》，雍正五年九月二十二日。

② 《上谕内阁》，雍正六年十月初六日。

之评论。”[①] 同年十月，他更命内务府强化对于庄头的管理，规定：恶劣者应予革职；[②] 十二月，更谕庄头不得过于奢华，住房不得过制，不许僭用非分之物。[③] 第二，改进了旗民案件的审办。张家口、河间、天津的旗民案件，由张家口和天津的同知审办；旗人犯罪，汉官可以杖责。雍正六年（1728年），良乡知县杖责旗人乌云珠，直隶总督宜兆雄题参，胤禛即将题本掷还，谕曰：“旗民均属一体。地方官审理事务，只当论理之曲直，不当分别旗民。”[④] 并命刑部：查明有无不许体刑旗人的成例，有则废之。[⑤] 第三，缩小旗、民处刑上的差异。雍正四年（1726年）以前，汉人流徙罪照律充发，旗人则可以改为枷号、杖责结案。这一年，胤禛命大学士议：可否将旗人改折法取消，“满汉应同一律”。[⑥] 虽然最后只决定汉军流徙罪与汉人罪犯一体照例发遣，[⑦] 但是毕竟扩大了法律的适用范围。

清代前期的法律，乾隆时期多所底定，在申明“满汉一体”上，乾隆帝也说得比较透彻。他上台伊始，即在批评主张闽、粤、桂、黔、滇五省提督、总兵参用满洲的副都统布延图时说：

> 满汉均为朕之臣工，则均为朕之股肱耳目，本属一体，休戚相关。至于用人之际，量能授职，唯酌其人、地之相宜，更不宜存满、汉之成见。边方提、镇，亦唯朕所简用耳，无论满、汉也。……嗣后若有似此分别满、汉，歧视旗、民者，朕必从重议处之。[⑧]

---

① 《清实录·世宗宪皇帝实录（一）》卷8，第160页。
② 《雍正朱批谕旨·李维均奏折》，雍正元年十一月二十九日折。
③ 《上谕内阁》，雍正元年十二月初五日。
④ 《上谕内阁》，雍正六年三月初三日。
⑤ 《上谕内阁》，雍正六年三月二十四日。
⑥ 《清实录·世宗宪皇帝实录（一）》卷41，雍正四年二月癸卯，第606页。
⑦ 《清实录·世宗宪皇帝实录（一）》卷48，雍正四年九月辛卯，第719页。
⑧ 《清实录·高宗纯皇帝实录（一）》卷8，雍正十三年十二月辛未，第303页。

他还要求王公大臣等，将他的这一谕旨“布告天下”。弘历反对布延图的主张，虽有袒护满员，使之免受上三省苗、民杂处地方劳苦的一面，但却从用人行政上严饬了歧视满、汉的看法。

在刑罚的适用原则上，弘历又进一步扩大了范围，进一步缩小了满、汉之间的某些差别。这种情况，主要表现于：第一，一些“民人之例”扩大到适用于旗人罪犯。如：旗人犯死罪，非常赦所不原而“家无以次成丁者”或“亲老丁单者”，均“照民人之例”准其留养；[①] 又如：八旗另记档人为匪者，亦“照民人例发遣办理”。[②] 至于旗人偷刨民坟，弘历惩处得比偷刨坟墓的民犯更加严厉。[③]。凡此，也同时体现了乾隆时期旗人刑罚中的“孝”字原则，标志着旗、民之间的日趋接近。第二，允许汉军“文职自同知等官”及“武职自守备等官”[④] 以下的“微末之员”及“未经出仕”者与“另记档案及养子开户人等”出旗为民。汉军出旗为民之令，最早发布于乾隆七年（1742 年）四月壬寅日。次年四月戊申、十九年（1754 年）三月丁丑与七月甲午，以及二十八年（1763 年）二月癸丑等日，又作了有关细节的规定。综其要有五点：（1）“与民人一例编入保甲”；（2）“男女听与民婚配”；（3）愿者可以“补绿营”；（4）应袭世职可以“随带出旗”，“照汉人世职办理”；（5）世职、进士、举贡生监并候补、候选、降调、捐职衔等员，“均归入汉班考试补用”。[⑤] 而对于八旗另记档案之人的出旗为民，则主要定例为：（1）准出者，文武官署理者不准实授，本任俟吏、兵二部议以汉

---

① 《清实录 · 高宗纯皇帝实录（二）》卷 69，乾隆三年五月己卯；卷 72，乾隆三年七月甲寅。

② 《清实录 · 高宗纯皇帝实录（六）》卷 437，乾隆十八年四月己酉，第 699 页。

③ 乾隆十一年十一月庚戌，刑部将伙同民人周八等偷刨傅天和家坟的旗人敏住等“拟绞监候”，弘历旨将敏住等“改为绞决”，周八等仍绞监候。参见《清实录 · 高宗纯皇帝实录（一）》卷 279，第 642 页。

④ 《清实录 · 高宗纯皇帝实录（三）》卷 189，乾隆八年四月戊申，第 437 页。

⑤ 第 1 点见《清实录 · 高宗纯皇帝实录（三）》卷 164，雍正七年四月壬寅；第 2—4 点见同书卷 469，乾隆十九年七月甲午；第 5 点见同书卷 681，乾隆二十八年二月癸丑。

缺用，外任及绿营各员病故革退者免捐纳，候补者并进士、举贡生监之考试录用，归吏、兵部办理；（2）闲散人，本旗询明愿隶何处，咨该地方官入籍；（3）现当差人停其调选；（4）有阵亡人，仍准支其俸饷；（5）外省驻防闲散，由将军、大臣询咨办理。[①]朝廷发布出旗为民令与例，虽然部分是为了解决旗人生齿日繁而造成的国家供养困难、增加汉缺满缺得补的机会，但客观上对消除旗民界限、缓和满汉矛盾确是有一定积极作用的。

第二节　调整各族关系的法律

一、有关旗人的法令

雍正、乾隆时期，有关旗人的法令甚多，择其要者，可分为一般法令和专门法令两种。

一般法令主要有：

1. 旗人命案与满洲相杀例。雍正时期，满人杀死满人，凶手斩、绞，立即执刑，乾隆二年（1737年）弘历以为“立法稍严”，改定为“依律分别斗、殴、谋、故，定拟绞、斩监候”，并规定：“其有服制者，照服制科断。”[②]乾隆十四年（1749年），为防止秋审时“苟非谋、故重情概为缓决”，又进一步规定：但凡互杀，“著入秋审时俱入情实”，[③]可谓较之雍正时期又趋一致了。

2. 文、武旗员丁忧例。旧制百日为期，且武职副将以下向无丁忧之例。乾隆二年（1737年），以案楞、讷亲母丧请守制27个月，弘历认为3年恐

---

① 《清实录·高宗纯皇帝实录（七）》卷506，乾隆二十一年二月庚子，第380页。

② 《清实录·高宗纯皇帝实录（一）》卷38，乾隆二年二月戊戌，第693页。

③ 《清实录·高宗纯皇帝实录（五）》卷342，乾隆十四年六月壬午，第734页。

误事，百日心难安，命廷臣集议并决定为：文武旗员，守制百日后素服（御前则吉服）入署办事并照常支俸；朝会、癸祀免其执事；除奉特旨外，暂停升迁，生监、举人、进士暂停考试、诠选；武职参将以下至千把，独子或非独子，营汛不紧时均给假治丧，其父母殁在任所者，准其扶柩归葬，在籍者，准其回籍奔丧，但管官须将假日报部。[①] 乾隆二十三年（1758年），弘历又补充道："嗣后，外任旗员丁忧回旗在各衙门行走者，服阕时，著该堂官将该员分别宜内宜外及外任之繁简，出具切实考语，由本衙门带领引见。著为令。"[②] 至此，文武旗员的丁忧例，才算基本完善。

3. 旗员终养例。乾隆九年（1744年）十二月丁未日，吏部奏定：旗员补放外任如陵寝及东三省官员、笔帖式，各省驻防将军、城守尉，督抚随印笔帖式告养者，仍照旧例办理；满洲、蒙古现任布、按、道、府、同知、通判、州、县，及满洲、蒙古理事同知、通判等官例得终养者，准报上司呈部，令回京带领引见请旨；汉军外任官员，从前告养者照汉例办，嗣后告养者，亦照此例；现在京职应升外任各员，如老亲在堂，自揣难以久任，情愿终养者，亦准具呈转奏，停其补用外缺，仍在现在京职上行走；候选各员如有亲老愿请终养者，亦可呈旗报部停选改补；各该员起复时，查明年力并无衰老，仍以应得外缺补用，衰老者停其补外，仍在京职上行走；起复各员养亲之际，未经升任，或照丁忧起复例，或"先尽选用"，已经升任者，五缺选一；旗员起复时，亦须先看年力是否已衰老，分别办理；州县佐贰及杂职告养，毋庸题奏，养亲事毕，仍以各应得外缺归于本班先尽选用；汉军捐纳各项人员，养亲事毕亦归原班选用；服满候补；开复赴补，并由现任降补各员有告养者，可呈旗报部停其补用，但须带领引见请旨。"此等人员，如咨查时不预行呈明，及赴任二三年内复请终养者，概不准行。倘使捏事故、浮开年岁，借端规避，一经发觉，将该员及出结各官，

① 《清实录·高宗纯皇帝实录（一）》卷54，乾隆二年十月丙戌，第901—902页。

② 《清实录·高宗纯皇帝实录（八）》卷565，乾隆二十三年六月癸酉，第162页。

照例议处。”[①]

旗员丁忧例与终养例的颁行，表明了旗人风习的汉化过程，体现了旗人法令中的“孝”的原则。

4. 更定旗员子弟随任之例。旧例：随任至 18 岁，例应回京，愿继续随任者，须由督抚代题听候部议；而新授外任之员，子弟年 18 岁以上者，非奉特旨，不得随任。乾隆七年（1742 年）正月甲子，弘历谕定：“嗣后，外任旗员，子弟年至十八岁以上者，在外仍令该督抚题请，在内著呈明该都统查奏，俱准其随任；其不愿随任者，亦听之。”[②] 制定此例的宗旨，在于既节省外任旗员的两地食用开支，又可以使佐领下闲散之人当差支领钱粮，但例中却又严禁随任子弟“出署交游及干预地方之事”，否则“从重议处”。

5. 关于旗臣俸饷问题的法令。乾隆六年（1741 年）七月增补的《八旗则例》中，统一了世袭官员（至 18 岁）与世袭佐领（至 16 岁）的食俸标准：“世职俸少于佐领俸者食佐领全俸；世职半俸多于佐领全俸者食世职半俸；世职半俸与佐领全俸相等或较少于佐领之全俸者，仍食佐领全俸，俟年至十八岁，再领世职全俸。”[③] 乾隆十三年（1748 年）九月丙寅日制定的《旗臣赏衔食俸章程》中，对署任、离任候旨、获罪降革、现任经制文员赏兼大衔者以及赏给职衔、出有差使但有“自备资斧效力”等字样者的俸饷标准，作了明确的规定。[④] 乾隆十四年（1749 年）五月乙卯日，朝廷又对八旗在京文武官、各省经制文员以及绿营武职调京职者、由官学生补放人员和由各部院缮本贴写笔帖式补放者，还有革职留任、闲散、奉旨署任者的俸饷问题，作了详细的规定。[⑤]

---

① 《清实录·高宗纯皇帝实录（三）》卷 230，乾隆九年十二月丙午，第 969 页。
② 《清实录·高宗纯皇帝实录（三）》卷 158，第 1—2 页。
③ 《清实录·高宗纯皇帝实录（二）》卷 147，第 1114 页。
④ 《清实录·高宗纯皇帝实录（五）》卷 324，第 358 页。
⑤ 《清实录·高宗纯皇帝实录（五）》卷 340，第 706 页。

6. 驻防兵丁置产留葬例。规定："嗣后，驻防兵丁……准其在外置立产业；病故后即著在该各处所埋葬，其寡妻停其送京；……将军、都统等酌动公项置买地亩，以为无力置地穷兵公葬之用。"[①] 且停止了过去驻防兵丁因病、因事可以呈请回京又复在京当差之例。这些规定，不仅使在外旗兵不怀瞻顾之心而安心当差，而且减少了许多对于地方官员的纷烦扰累。

7. 私当军器治罪专条。乾隆二十六年（1761 年）十二月丙寅日，朝廷根据福州将军关于兵丁私当开当军器取利的报告，制定了治罪专条，规定：军人、军官私当衣甲旗帜者，"照军人私卖例减一等，杖一百、徒三年"；"至收当之人，即照私有军器计数治罪律减一等问拟，每一件加一等，止杖一百、徒三年"；"军器及当本、利均入官"，[②] 失察官还要分别议处。以上法令，体现了朝廷对于旗人管理的日趋严密，法律的日臻完善。

有关旗人的专门法令，则主要有逃人法、承袭恩荫法和维持满洲旧俗的"家法"。

乾隆时期的逃人法，是对顺治、康熙时期逃人法的加强和增补，其主要惩处对象，不仅有逃旗、逃民，还有逃兵；对失察官员和容留者的处分，也进一步严厉了，其主要宗旨，则除了继续维护旗人贵族利益之外，还有完善司法程序、缓和满汉矛盾的一面。例如：对于广东驻防旗员所买民人之缉逃，该旗访知逃民下落，只许即禀左右司移咨地方文武，由地方官会同营弁擒拿讯供，既不准逃民主人私拿（"私拿，为官者罚俸一个月"），也不准"旗差恃有照票，不赴地方官投验，径自（将逃民）拘拿"（径自拘拿者"照旗人私自拿逃例定拟"），更不准旗员"越境（省）差拿"。[③] 这实际上就是扩大或者至少是维护地方官的缉逃权，不仅有利于满汉矛盾的缓和，而且是司法程序进一步完善的做法。对于逃兵、逃旗的惩治，乾隆

① 《清实录·高宗纯皇帝实录（七）》卷 506，乾隆二十一年二月庚子，第 379 页。
② 《清实录·高宗纯皇帝实录（九）》卷 650，第 279 页。
③ 《清实录·高宗纯皇帝实录（二）》卷 119，乾隆五年六月乙未，第 745 页。

时期也加严了。乾隆十年（1745 年），朝廷更改了昔日旗兵潜逃一年自首者免罪、留京的旧例，定例为："虽准自首免罪，仍即发回原处当差，不准留京。"[①] 对于满洲、蒙古另户的逃旗，乾隆二十八年（1763 年）定例削除其名籍，改变了乾隆十八年（1753 年）只"鞭"或"枷号"的处罚例，规定："将家属一并派往伊犁，赏给步甲钱粮当差行走"，如果再逃，则"于满洲、蒙古档册即将伊等之名削除"。[②] 为了严惩旗人逃旗与抢、窃，乾隆四十八年（1783 年），朝廷又制定了《旗人逃、窃罪并发遣例》。以前，逃、窃二罪并发，以民例计赃治罪，止徒、杖、销档；此例则明确规定：嗣后，满、蒙正身，"有二罪并发者，核其抢、窃赃数，在流、徒以下，律应刺字者，无论在逃一月内外，俱照旗人逃走发遣当差在配怙恶不悛例，改发云贵两广边远地方，令地方官与民人一体，严加约束"；"汉军正身但有犯应刺字者，亦照新例销除旗档，其逃、窃治罪之处，另有专条，仍照本律定拟"。[③] 乾隆时期，对于失察、失捕逃人的官员以及容留逃人者的惩治，也制定了新的条例。旧例：地方失察逃民，如居住六个月者，免议；超过六个月者，降一级留任；超过一年者，降二级调用；明知而故纵者，革职。乾隆五年（1740 年）六月乙未日制定的新例则规定：逃人在该地居住六个月以内者，"照邻境该管官有心牵制、不行协拿逃犯例，罚俸一年"；居住六个月以上至一年以上者，"及明知纵容居住者，仍照原例分别议处"。[④] 旗官失察逃兵，原无处分定例，乾隆十年（1745 年）七月乙亥日则定例为：失察之佐领、防御、骁骑校等，"照绿营私逃，专管官失察之例，罚俸一年"；"其协领、参领、城守尉、总管、副总管等，照兼辖官失察之例，罚俸六个月"。[⑤] 容留逃人，例于本罪加一等，其加等并未分析，乾隆二十八年（1763 年）

① 《清实录·高宗纯皇帝实录（四）》卷 244，乾隆十年七月乙亥，第 151 页。

② 《清实录·高宗纯皇帝实录（九）》卷 699，乾隆二十八年十一月庚午，第 822—823 页。

③ 《清实录·高宗纯皇帝实录（一五）》卷 1182，乾隆四十八年六月壬戌，第 828 页。

④ 《清实录·高宗纯皇帝实录（二）》卷 119，第 744 页。

⑤ 《清实录·高宗纯皇帝实录（四）》卷 244，第 151 页。

六月戊申日增定为：嗣后，“不知情者，本罪杖一百，加杖六十，徒一年；知情者，本罪鞭一百、枷号一月，加杖六十，徒一年”。[①] 乾隆时期之所以加强和增定逃人法，是因为不仅逃民、逃旗增多，而且逃兵亦大大增多。乾隆九年（1744 年）七月至十年（1745 年）七月，一年之内，仅山海关、古北口、热河、张家口、天津、小八城等处，满兵逃走事例就有 250 余起；[②] 云南等省，逃兵亦多，难以缉拿，旗官只好每作“玩法革伍”及“久假辞退”者捏报，以便沉匿兵逃真相。[③]

乾隆时期的承袭恩荫法，主要有：平定伊犁回部时八旗阵亡人员世职承袭例和八旗承袭佐领世职例；八旗、绿营官兵将佐恤荫例。平定伊犁的八旗阵亡人员所得世职，乾隆三十一年（1766 年）十二月壬子日定为：“俱照从前阵亡人员例，一体赏给恩骑尉，世袭网替。”[④] 向例：承袭佐领世职者，处任之人须调京引见或请旨调京，乾隆四十二年（1777 年）十月甲辰日定例：“嗣后，将应袭佐领世职之人，于具奏后，即行文该处大臣，问伊本人情愿来京与否，除愿来者仍行调取外，若不愿来京，即不必调取。”[⑤] 不愿来京者，或因其在外置有产业。因此，这项承袭新例，实为对有产业的承袭人的照顾。乾隆时期征战连绵，故阵亡八旗官兵以及补放绿营之八旗将佐的家属恤荫问题，日益成为严重的社会问题。针对这种情况，朝廷曾多次定例。乾隆三年（1738 年）六月壬午日，廷臣遵旨定例予阵亡官兵家室俸粮之半。康熙时期的定例只给阵亡士卒之妻永食一半俸饷，此例决定：伊夫原京职官，给食原官一半俸禄米石；原系兵丁，亦给一半钱粮米石；“若阵亡之人并无妻室，其父母别无子嗣，并无钱粮可依赖者，亦照此例”[⑥]。

---

① 《清实录 · 高宗纯皇帝实录（九）》卷 689，第 719 页。
② 《清实录 · 高宗纯皇帝实录（四）》卷 244，乾隆十年七月乙亥，第 151 页。
③ 《清实录 · 高宗纯皇帝实录（四）》卷 248，乾隆十年九月乙亥，第 201 页。
④ 《清实录 · 高宗纯皇帝实录（一〇）》卷 775，第 503 页。
⑤ 《清实录 · 高宗纯皇帝实录（一三）》卷 1042，第 959 页。
⑥ 《清实录 · 高宗纯皇帝实录（二）》卷 70，第 121 页。

这无疑是将恤荫的范围扩大了。不宁唯是，弘历还于乾隆三十九年（1774年）下旨：“嗣后，无论旗人补用绿营及绿营中汉员，遇有阵亡议荫，其子孙未及岁者，俱著一体加恩，赏给马粮一份”，[①] 并且反对按照旗员品级减一等支给半俸的意见，同时要求“著为令”。而乾隆四十年（1775年）五月戊午日，朝廷更制定了《旗员补放绿营将佐恤荫章程》，[②] 改变了其子弟照绿营例以营员补用的旧例，分别以旗、营两用，并且规定了学习、考验以及学习时钱粮等细节。详细内容为：八旗应荫绿营都司、守备及千、把总等官，其引见内用者，请照例以旗员对品补用；外用者，请交巡捕营学习，三年期满，该管大臣详加考验，如人才弓马堪列一等者，留于该营遇缺即补；二等者，咨送兵部，发往直隶督标补用；三等者，由该营带领引见，恭候钦定。都司一项，外用者，仍交巡捕营学习，年满，留营以守备借补，再过三年，如技艺出众，即以游击题补；其平庸者，亦由该营带领引见候旨。学习各员，照例赏给马甲钱粮一份，以资差操。这个章程，既保证了补放绿营的旗员将佐的子弟的恤荫，又严格了应荫之人的质量，使之在荫赏后的职任中不负朝廷。这说明乾隆时期的恩荫法逐渐科学、严密了。

乾隆时期有关旗人的法令之中，还有一项专门的内容，那就是一再强调，要维护满洲旧俗。在维持满洲旧俗中，弘历特别强调骑射和清语、清文。乾隆四年（1739年），弘历即发现，八旗兵丁不操练骑射，管臣也不以训练为事，因而，官兵的“技艺渐劣，迥不如前”。[③] 他十分生气。乾隆六年（1741年），弘历又见宗室子弟竟然讲汉语，于是再次强调骑射、清语“尤为本务”，严申明春查阅宗室、章京、侍卫等，对不熟、不谙者要“从重治罪”。[④] 为防止荒疏骑射，乾隆帝并一再严申八旗内、外官员禁止坐轿；

---

① 《清实录·高宗纯皇帝实录（一二）》卷959，乾隆三十九年五月乙亥，第1001页。

② 《清实录·高宗纯皇帝实录（一三）》卷982，第113页。

③ 《清实录·高宗纯皇帝实录（二）》卷102，乾隆四年九月丙子，第536页。

④ 《清实录·高宗纯皇帝实录（二）》卷138，乾隆六年三月己巳，第987页。

十四年（1749年），下令副将、参领、游击、都司、守备“概不准违例坐轿”；[①] 二十二年（1757年），下令：“嗣后，将军、提、镇，概不许乘舆，其编设轿夫并著裁革”，如仍旧坐轿，“照违制例治罪”，[②] 其年逾七十者是否可以坐轿，则须“请旨”定夺；四十一年（1776年），重申满洲侍郎年六十以下者概不准坐轿；而二十八年（1763年）六月庚戌，弘历甚至谕朝臣咨朝鲜国王：“嗣后，钦差到境，止须预备马匹，其旧有肩舆之处，永行停止，著为令。”其防微杜渐之心，实可谓良苦！但是，优越的政治地位和奢侈腐化的生活，使得绝大多数满洲贵族日益好逸恶劳，日益不事骑射。乾隆十七年（1752年）六月的木兰行围中，绝大多数官员射箭“非脱扣即不到把”，弘历对此大为恼火，除分别给其罚俸、革职处分外，还下令：“嗣后八旗各部院满洲大臣、官员等，如不留心骑射，必以家法治之。”[③] 乾隆二十九年（1764年），弘历又规定：满洲承袭章京者以及承袭年岁的，须带领引见候旨，“未及岁之章京等，入宗学学习骑射、清语”，一年后考试，合格者才得选用，平常者留级，一二年后再考试，“倘无长进”，即“参奏出缺”，由兄弟内拣选，无分嫡庶。[④] 而对一切世职承袭者的考试，乾隆四十一年（1776年）八月丁巳日定例：“俱射三箭”，然后，“再定等第挑选”，“著为令”。[⑤] 对于随围文员（章京），乾隆五十一年（1786年）五月丁巳日亦定例：亦须骑射，“推故不射者”，“下次京察时不准列入一等”，也“著为令”。[⑥] 对于清语、清文，弘历一再申明是“本务”，是“满洲旧风”，断不许荒疏，京察时，熟悉清语者“方列一等”。[⑦] 又谕：八旗文武官员兵丁，

① 《清实录·高宗纯皇帝实录（五）》卷338，乾隆十四年四月庚寅，第669页。
② 《清实录·高宗纯皇帝实录（七）》卷533，第728页。
③ 《清实录·高宗纯皇帝实录（六）》卷416，乾隆十七年六月癸卯，第452—453页。
④ 参见《清实录·高宗纯皇帝实录（九）》卷705，乾隆二十九年二月甲辰，第874页。
⑤ 《清实录·高宗纯皇帝实录（一三）》卷1015，第618页。
⑥ 《清实录·高宗纯皇帝实录（一六）》卷1254，第855页。
⑦ 《清实录·高宗纯皇帝实录（九）》卷647，乾隆二十六年十月辛卯，第243页。

“凡有引见人员，朕亲加试问”，如有不能清语者，其保举者，“即为虚诳”。① 乾隆五十九年（1794 年）四月，弘历见到太原总兵德龄用汉文奏折，不仅传旨申饬，而且下令：“通谕直省满洲提镇等，嗣后如仍有以汉字折具奏者，定行治罪。”② 剃发，也是满洲的旧俗之一，乾隆时期不仅沿袭旧例，而且又有新的内容。如优伶蓄发，不仅被“勒令改剃”，而且还被“枷责示惩”。③ 又如“国恤”百日内禁剃发，旧制立即处斩，然而会典律例概无此明文，唯乾隆十三年（1748 年）孝贤皇后死，百日内有官剃发，除被治罪外，弘历还下令：“嗣后，将国恤百日内不得剃头，违者立即处斩之处，载入会典律例。”④ 这样，维持这一旧俗的制度就正式法律化了。满洲旧俗的维持，无论从人类文化的交流还是从民族的融合过程来考察，其作用都是有害的，而维持满洲旧俗的这些法令，体现了清朝统治阶级的残酷性和专制性。

二、有关东北各族的法令

雍正、乾隆时期，尤其是乾隆时期，清朝最高统治者仍旧视东北各主要少数民族为满族的“同族”，仍旧对他们实行着优于全国其他许多少数民族的政策。体现对东北旗人关怀、照顾的法令，主要有：

1.《红、白事件行赏章程》。乾隆五年（1740 年）十二月丁巳日定。黑龙口、墨尔根、齐齐哈尔诸城所辖旗人，雍正时期即有朝廷赏借的十万两生息银利，用于红、白事件的行赏，但尚无章程。此时则定为：四品官以上不行赏外，五品以下官员、兵丁、拜堂阿，红事（诸如本身娶妻、嫁女、

---

① 《清实录·高宗纯皇帝实录（九）》卷 705，乾隆二十九年二月乙酉，第 876 页。
② 《清实录·高宗纯皇帝实录（一九）》卷 1451，乾隆五十九年四月乙亥，第 344 页。
③ 《清实录·高宗纯皇帝实录（一二）》卷 919，乾隆三十七年十月甲申，第 323 页。
④ 《清实录·高宗纯皇帝实录（五）》卷 316，乾隆十三年六月乙丑，第 199 页。

娶媳）、白事（诸如祖父母、父母、妻室死）准赏；省属笔帖式，因系文职，例不准支，规定有品级者，嗣后照领催、前锋例支给，无品级者，嗣后照拜堂阿例支给；呼兰官屯交粮壮丁与齐齐哈尔等处官屯交粮壮丁，一体支给；兵丁、拜堂阿之贫无产业、不能聘婚者，俟利银充足后，查明人数赏给。[①] 这一章程，不仅保证了中、下级旗官红、白事件有赏，而且扩大行赏范围至一般笔帖式、壮丁和兵丁、拜堂阿。

2. 东北旗人任用制度的改革。乾隆二十年（1755 年）二月甲寅日，朝廷宣布：东三省新满洲、乌拉齐等，在选用时，“考试汉文永行停止”，其赞礼郎一职，嗣后亦“著将伊等一体入选”。[②] 这个改革，无疑是取消了对东北各主要少数民族在备任用上的限制，扩大了他们入选的仕途。

体现对东北地区以狩猎为生的少数民族（如索伦族，即鄂伦春、鄂温克等）和其他少数民族（如达斡尔族等）关怀、照顾和某些限制的法令，主要有：

1.《布忒哈打牲处章程》。乾隆六十年（1795 年）九月己巳日定。其内容为：（1）送貂皮的打牲官兵有赏。貂皮向送京城，后改为由齐齐哈尔解送贡面官员，顺便解送热河，因此，打牲处官兵不能得到赏银。规定：嗣后仍由打牲总管、副总管内派妥 1 员，带兵 10 名，由驿解送热河，交总管内务府衙门，“赏银给打牲官兵”，齐齐哈尔的护送官兵亦“酌给帮贴银”。（2）打牲人交貂皮时不再搭棚。此前，打牲人员貂皮，须在齐齐哈尔城外 30 里搭棚，候黑龙江将军衙门官员挑选，而选收完毕之后，棚木、柳条亦由官员收作柴薪。规定：嗣后“勿庸搭棚”。（3）严禁贱价勒买贡余貂皮。此前，官员选完入等貂皮以后，对其余貂皮则“以贱价购买”。规定：嗣后，选剩的貂皮，听总管售卖，“有贱价勒买者，以违例论从重治罪”。（4）减、免打牲部落随围当差人员。规定：将黑龙江将军、副都统衙门行

① 《清实录·高宗纯皇帝实录（二）》卷 133。
② 《清实录·高宗纯皇帝实录（七）》卷 482，第 38 页。

围、会盟所挑 140 余名当差人，仅留 30 人，并规定这 30 人“俱著就近由齐齐哈尔城内挑取，所有远方城庄居住之人，著永远停其挑取”。① 这个章程，极大地减轻了打牲各族的负担，也保证了他们正常的貂皮贸易。

2. 索伦的鸟枪之禁。乾隆十五年（1750 年）十月丁丑日，弘历发布谕旨，禁索伦各部使用鸟枪。规定：随围不用鸟枪；随围专用弓箭者，“不但超列优等，而善马、步射者，可被恩升用侍卫等官”；索伦“现有鸟枪，每枪给银一两，概行收回”；“收回后严禁偷买、自造，查出即行治罪”。② 弘历发布这条禁令的目的，虽为使索伦等族“不弃旧规，仍复本业”，鼓励索伦各族保持满洲旧俗，但实际上是对索伦等族生产力发展的限制。

3. 东三省各少数民族之人俱不补用绿营官之令。乾隆三十四年（1769 年）四月戊寅日，弘历召见乌拉齐人、延绥镇总兵华山，联想到东三省“人多精壮”，“不识汉字”，故不仅将华山留京补授副都统，而且于次日下令：“嗣后，东三省人等，俱不必补用绿营官，永著为例。”③ 这条法令，虽属对东三省少数民族人等的爱护，但同时也有碍于他们努力向上、与汉族人等的交流融合。

雍正、乾隆时期，尤其是乾隆时期，对东北的最重要的法令之一，就是进一步强化封禁政策，这种封禁的政策和法令，主要表现在：严禁汉民对东北土地的开垦；严禁汉民及东北少数民族人等偷刨人参、私采矿藏；严禁汉族商人无票进入东北经商。

乾隆五年（1740 年）四月甲午日，弘历谕兵部佐侍郎舒德赫曰：“盛京地方……与其徒令伊等（汉族流民）占种，孰若令旗人耕种乎；即旗人不行耕种，将地亩空闲以备操兵、围猎，亦无不可。”④ 弘历这番话，表明了他对东北继续封禁的决心，这也正是他比前代帝王封禁更甚的思想基础。

---

① 《清实录·高宗纯皇帝实录（一九）》卷 1487，第 893 页。
② 《清实录·高宗纯皇帝实录（五）》卷 374，第 1129 页。
③ 《清实录·高宗纯皇帝实录（一一）》卷 833，乾隆三十四年四月己卯，第 123 页。
④ 《清实录·高宗纯皇帝实录（二）》卷 115，乾隆五年四月甲午，第 688 页。

乾隆时期的封禁条例，主要有乾隆五年（1740 年）的《封禁八款》，[①] 十一年（1746 年）的《禁民出关四条》[②] 和《严禁偷刨人参稽查事宜》，[③] 以及四十二年（1777 年）的《严查只身民人私赴奉天例》。[④]

在严禁汉人开垦东北土地方面，这些条例规定：一是严格出入东北之禁，二是清理东北流民，三是京旗屯垦。

严禁出入方面，《封禁八款》规定，山海关"嗣后凡携眷移居者，无论远近，仍照旧例不准放出"，只身雇工、商人出入须验票；无票放出者，官员照失察出口逃人律议处；胥吏勒贿，官员照失察胥役受贿律议处。《封禁八款》还规定，"嗣后遇有前往奉天贸易商船，令其将正商、船户人数并所载货物数目，逐一写入照票"，交"海口查验"，"携带多人，即申明，报府尹解回本地"；隐匿者，官员照失察漕船隐匿逃人律议处。《禁民出关四条》更进一步，规定：为使持票出关者如期回籍，守山海关之官员须对出入关者按季造册二本，稽查核实；喜峰扣等 15 处，亦照山海关之例，查票放行；山海关至古北口一带边墙倒塌处，亦须由古北口提督和奉天将军、府尹严密稽查；各海口，则一律通饬严查，包括洋船在内，夹带流民者遣回原籍。《严查只身民人私赴奉天例》则又进了一步，规定：嗣后，如有藉称寻亲出口赴奉天而并无确据者，不许给票；如滥给票，给票之官员即降二级调用；山东登、莱等处有票船只，如有夹带无照流民私赴奉天者，杖九十，徒二年，船只入官。对于奉天，严禁入境；对于吉林，同样如此。乾隆四十一年（1776 年）十二月丁巳日，弘历谕令：查办吉林流寓，并宣布"永行禁止，毋许入境"。[⑤]

清理流民方面，《封禁八款》规定严格保甲（雍正四年始设）的稽查，

---

① 《清实录·高宗纯皇帝实录（二）》卷 115，乾隆五年四月甲午，第 688 页。
② 《清实录·高宗纯皇帝实录（四）》卷 261，乾隆十一年三月甲午，第 387 页。
③ 《清实录·高宗纯皇帝实录（四）》卷 276，乾隆十一年十月丙寅，第 605 页。
④ 《清实录·高宗纯皇帝实录（一三）》卷 1028，乾隆四十二年三月己巳，第 780 页。
⑤ 《清实录·高宗纯皇帝实录（一三）》卷 1023，乾隆四十一年十二月丁巳，第 708 页。

并宣布：留垦之汉民须入旗档，其不愿入旗档者，“定限十年”，“即逐回原籍”。乾隆十五年（1750 年），弘历又重申“不入档者逐回原籍”之令，并且裁汰了雍正时期因汉族流民较多而专设的宁古塔地区的泰宁县，同时严令：“官兵招佃开垦者，俱行查彻。”① 对于清查流民奉行不力或拒不奉行者，朝廷更给予处分。乾隆十一年（1746 年），奉天府尹霍备，即因此而被勒令“解任来京”。②

京旗屯垦方面，雍正元年（1723 年）即已提出，乾隆二年（1737 年）又复重议，而乾隆五年（1740 年）朝廷认可的《封禁八款》中更被列为专款，宣布“奉天空闲田地”，“专令旗人垦种”。为促成京旗屯垦者安心定居东北，乾隆十七年（1752 年）时，朝廷更进一步决定：嗣后，八旗派往拉林、阿勒楚喀屯田的人，“俱著携带家口”。③ 长期养尊处优的京旗人等不耐劳苦、不甘寂寞，“逃回甚众”，拿获者“俱经解回正法示众”，④ 足见朝廷对京旗屯垦态度之坚决。

在严禁汉族流民与东北各族人民偷采人参、私挖矿藏方面，《封禁八款》规定：严禁凿山以余地利，其“奉天城东南自西湖地方供应陵寝煤斤从前开过煤窑不干例禁外，其余虽有煤斤，永行严禁，不许挖取”。《封禁八款》中还对偷采人参规定了“重治”专条。从前只定偷采未及 10 两者，罪止枷号、鞭责，此款则规定：“嗣后，将会同百人以上、所得人参过五百两者，照例拟绞；不足百人、所得人参不足五百两者，亦照例杖徒外，其一,二人私挖人参不足十两者，分别初犯、再犯、三犯治罪。”而《严禁偷刨人参稽查事

① 《清实录·高宗纯皇帝实录（五）》卷 356，乾隆十五年正月乙卯，第 917 页。

② 《清实录·高宗纯皇帝实录（四）》卷 257，乾隆十一年九月庚子，第 324 页。

③ 《清实录·高宗纯皇帝实录（六）》卷 427，乾隆十七年十一月乙酉，第 588 页。

④ 《清实录·高宗纯皇帝实录（八）》卷 600，乾隆二十四年十一月庚申，第 732 页；卷 576，乾隆二十三年十二月甲寅，第 337—338 页。乾隆二十三年十二月甲寅条载，发遣拉林人犯崔衡泰逃回省视患病的父亲，并赴刑部自首，亦险些“即行正法”，后得旨：其患病的父亲亦“一并前往拉林，一同居住”。

宜》则进一步，法定了有关偷刨的细则：宁古塔、三姓地区添兵设卡和以船巡查；宁古塔周围30里至100里内，以卡为界，“其越界垦地安屯，长远禁止”；黑龙江、吉林各少数民族如索伦、达斡尔人等，不得接济偷采人参者米粮，其鸟枪不许带赴参山（防兽卫身需带鸟枪者，须领票注册）：“私带米粮出卖之人，照贩私盐律，核计米数银数定拟”，“米不及五十石……，照无引私盐律杖一百、徒三年；米过五十石……，照越境贩私盐三千斤以上例，发附近充军；官兵知法故违，加民人一等；旗人有犯，罪如之”；“其违例私带鸟枪，照商民私造鸟枪不报官律，杖一百；转售者，照军人私卖军器充军律减等，杖一百、徒三年”。并规定：嗣后私刨人参，“无论已得未得，一体刺面，民人递籍交地方官管束，照窃盗例不时查点”。《严禁偷刨人参稽查事宜》，不仅加重了对偷采者的处罚（如刺面），加强了对偷采者的防范（如派兵守卡），而且扩大了对其接济者的处罚，破坏了偷采者的物资供应。这个较《封禁八款》中的规定，确乎大大进了一步。然而，朝廷并没有因此而满足。乾隆二十三年（1758年），朝廷又专门对旗人偷刨人参者的惩治作了新的补充：向例，偷刨人参的旗人，数至200名、参至50两者，仅发打牲乌拉等处；现改为“应发云、贵、川、广烟瘴地方，销去旗档，交地方管束”。[①] 在朝廷如此严密的法网之下，领票采参的人数亦开始下降了。乾隆五十四年（1789年），备参票5000张，只放出2330张；乾隆五十五年（1790年），又减至2329张了。可见，封禁法令，确实造成了东北地区各方面的萧条。

三、有关蒙古族的立法

（一）雍正时期的对蒙立法

雍正时期对漠南蒙古的立法没有多大变化。对漠北喀尔喀蒙古的立法，

① 《清实录·高宗纯皇帝实录（八）》卷576，乾隆二十三年十二月壬戌，第344页。

较重要的是雍正三年（1725 年）把赛音诺颜部从土谢图汗部分出 19 旗为一部，称喀尔喀中路。雍正十年（1732 年）又从土谢图汗部分出 21 旗，隶属赛音诺颜部，“由是赛音诺颜部始为大札萨克，与三汗部并列”。[1] 雍正十一年，在喀尔喀西北部设乌里雅苏台定边左副将军，辖治阿尔泰山东边的科布多、唐努乌梁海等地。这些行政立法加强了清朝政府对喀尔喀蒙古的管辖。

雍正时期对漠西厄鲁特蒙古的立法有较大进展。原为厄鲁特四部之一的和硕特蒙古在明末进入青海。其首领固始汗（顾实汗）之子达什巴图尔，在康熙三十七年（1698 年）被清廷封为和硕亲王。固始汗的其余子孙被授予贝勒、贝子、公等爵，至此青海和硕特正式受清朝统辖。但此时清朝政府还没有在青海设置专门的行政机构，清朝中央对青海和硕特部的管辖还很松散。雍正元年（1723 年），青海和硕特蒙古贵族罗卜藏丹津（顾实汗之孙，达什巴图尔之子）发动武装叛乱，叛乱被平定后，雍正帝批准了年羹尧提出的经总理王大臣讨论过的“青海善后事宜十三条”。这十三条的主要内容是：

第一，规定札萨克制度和会盟制度。青海和硕特各部仿照内蒙古，实行札萨克制度。各部指定游牧地区，编为佐领，授其佐领为札萨克。各部每年会盟的盟长由谕旨指定，不许私自推尊。

第二，规定朝贡制度和互市制度。和硕特蒙古按部落分为 3 班，三年 1 班入贡，九年一轮回。和硕特与内地贸易，在西宁和西川口外的指定地点进行，每年二月、八月交易 2 次。

第三，规定青海喇嘛寺的管理制度。限定僧侣每寺不能超过 300 人。僧侣不得收税，由政府按人供给衣粮。

“青海善后事宜十三条”对青海境内的喀尔喀蒙古人和藏人也作了专门规定。对青海的驻军制度和屯田制度等也作了具体规定。[2]

① 何秋涛:《朔方备乘》卷 3,《喀尔喀内属述略》。

② 见《文献丛编》第 6 辑、第 7 辑,《年羹尧条陈青海善后事宜折》;（清）王先谦:《东华录·雍正四》,雍正二年五月戊辰条,载《续修四库全书》第 371 册,第 71 页。

雍正帝还批准了年羹尧条奏的“禁约青海十二事”。[①] 该禁约的内容主要是对“青海善后事宜十三条”的强调和补充。

除了上述立法，雍正三年（1725 年），又设置了“总理青海蒙古番子事务大臣”（简称西宁办事大臣）。[②] 西宁办事大臣既是清廷派驻青海地区的最高行政长官，也是清朝政府在青海设置的最高行政机构。它的设立，实现了清朝政府对青海蒙古和其他少数民族的直接统辖。

“青海善后事宜十三条”“禁约青海十二事”的议定，西宁办事大臣的设置，是雍正时期对漠西蒙古立法的主要成果。这些立法为乾隆时期对蒙古各部立法的全面实现拓宽了道路。

（二）乾隆时期的对蒙立法

乾隆初期，在前朝对蒙立法的基础上增修了《蒙古律》，在外蒙等地进一步推行了盟旗制。乾隆二十年（1755 年）平定准噶尔，二十七年（1762 年）杜尔伯特左右翼各设副将军一名，三十六年（1771 年）土尔扈特部回返伊犁，得到安置。至此，蒙古各部都统一于清朝管辖之中。蒙古各部的统一，实现了清朝对蒙立法走向完备的条件。乾隆五十四年（1789 年）编纂了系统的《蒙古律例》。

《蒙古律例》共 12 卷，209 条。分为官衔、户口差徭、朝贡、会盟行军、边境卡哨、盗贼、人命、首告、捕亡、杂犯、喇嘛例、断狱 12 门。各门的主要内容如下：

“官衔”门规定了蒙古王公的职衔、承袭、品秩、仪制、恩赏等内容。

“户口差徭”门规定了蒙古地区的户口管理、基层组织、差役徭役、婚姻继承等事。对蒙古地区的灾年赈济、牛马管理、人口禁卖等事也作了规定。

---

① 《文献丛编》第 6 辑、第 7 辑，《年羹尧条陈青海善后事宜折》；《东华录》，雍正二年五月壬辰条，载《续修四库全书》第 371 册，第 71 页。

② （清）杨应琚编纂：《西宁府新志》卷 24，青海人民出版社 1988 年版，第 601 页。

该门有的条目是泛指蒙古各地，有的条目是特指某些地区。在有关基层组织的条目中，规定“一百五十丁作一佐领”，“十家放一长”。这些规定对维护蒙古地区基层社会秩序起到了很大的作用，为乾隆以后的各朝所继承。在有关婚姻的条目中，特别规定：“内地民人不许娶蒙古妇女。”这体现了乾隆时期限制蒙汉人民结合的民族隔离政策。这种规定不利于蒙汉人民的社交往来，在乾隆之后，随着蒙汉人民交往的发展，清廷取消了这种规定。

“朝贡”门对蒙古王公的年礼庆贺、年礼来朝、朝贺定限、九白之贡、进贡注意事项等作了规定。“九白贡制”专门适用于喀尔喀蒙古的土谢图汗、车臣汗和哲布尊丹巴胡图克图，是对皇太极时期有关立法的继承。

“会盟行军”门规定了会盟时间、会盟纪律、行军纪律、王公败阵和军器管理等内容。

“边境卡哨”门对侵入地界、贸易往来、偷捕猎物、买卖军器、坐哨人职责等事作了规定。

“盗贼”门规定了强劫、抢夺、偷窃和对贼罪的处理等内容。强劫据官员、平人的等级和杀伤人、未杀伤人的情节区分认定。偷窃条文有的泛指蒙古各地，有的特指某地某处。因为牲畜是蒙古地区最基本的生产资料和生活资料，所以有关偷窃的条文几乎都是针对偷窃牲畜而规定的。偷窃牲畜罪的处罚很重，对有的地区明定“不分首从治罪”。

“人命”门对杀人、伤人之罪作了规定。有关杀人罪的条文对故杀、过失杀作了区别。故杀条文又分为以刃物戳杀，斗殴杀等情节和夫故杀妻、奴杀家主等不同情况。有关伤人罪的条文对伤害眼目、耳鼻和肢体等不同情况作了分别，并吸收了保辜制度。

“首告”门规定了诉讼的限制条件和诉讼的程序等内容。提出控告限于当事者本人，旁人不得代为具控。越诉呈控，不论是非都要受到惩罚。

“捕亡”门对捕获逃人、隐匿逃人、拿获贼人、隐匿贼人、踈脱斩犯等作了规定。逃人分为由内地逃亡蒙古的逃人和由蒙古逃往外国的逃人。

“杂犯”门规定了违用禁物、诽谤王等，失火放火、发塚犯奸、诱卖人口等内容。

"喇嘛例"专列为一门。该门对喇嘛服饰、喇嘛班第、喇嘛庙的管理和喇嘛犯罪的处理等内容作了规定。

"断狱"门规定了罚罪牲畜的数目、罚罪案件的发誓、王公犯罪的议处、死罪人犯的审决和收赎、抄没贼人的产畜和妻子、相验蒙古命案等内容。该门专条规定:"蒙古人在内地犯事照内地律治罪,民人在蒙古地方犯事照蒙古律治罪",确定了蒙古地区的法律适用原则。

乾隆后期编纂的《蒙古律例》,是清朝政府对蒙立法的重要的里程碑,是清朝政府对蒙立法趋于系统化、制度化的标志。它的内容基本上为嘉道时期编纂的《理藩院则例》所吸收。

四、有关苗族的法令

雍正、乾隆时期,清朝的统治已及于全国各地,因此也深入西南地区。为了加强对聚居于贵州、湖南、四川等地的各民族,尤其是苗族的统治,朝廷颁布了一系列的新法令,实行了一系列的新政策。

道光时期,贵州巡抚爱必达在其《黔南识略总序》中称:"苗之种类有百。"[①] 实将西南诸省苗族以外的许多少数民族(诸如仡佬、布西、水、侗等民族)统称为苗族了。而清代,单是"苗",即有"花苗""红苗""青苗""黑苗"[②]"自苗""九股苗"等十三种之多,[③] 还有"尚苗"[④]"瑶苗"[⑤] 等,此外,还有由汉人衍变而成的所谓"变苗"。[⑥] 故清朝对苗族的立法,实系

① (清)爱必达修、杜文铎等点校:《黔南识略》,贵州人民出版社1992年版,第19页。
② 《镇雄州志》卷5。
③ 《贵州通志》卷7。
④ 《招捕总录》。
⑤ 《黔南识略》卷22,第184页。
⑥ 《黔南识略》卷20,第171页。

对滇、黔、湘、川乃至于桂等省各主要少数民族的立法。

雍正帝即位之初，黔东、湘西、川西南的苗族等民族，大多数聚居区仍直接在当地土司的统治之下。政治上，许多土司“糜烂人民”，“而紊及朝廷之封疆”，[①] 尤其是黔东山区以古州（今榕江县）为中心的“苗疆”，更成了“梗隔三省（滇、桂、湘）”的“化外”[②] 之区，阻碍着清朝的直接统治；经济上，这些土司沉重盘剥、压榨人民，“一年四小派，三年一大派”，[③] 取之于民多，贡之于朝廷少。如雍正初，云南镇沅土知府刀瀚，收租税银2348两、米1212石，却只贡于朝廷银36两、米100石。因此，朝廷便不得不逐渐决定：要加强军事与法制措施，取缔这“园中之园”。

雍正即位之后，除继续在苗族聚居地区及其附近地区“安塘汛”“修城垣”“设重兵”“划行政”之外，还制定了《保甲条例》、实行了“改土归流”。

《保甲条例》议定于雍正四年（1726年）七月乙卯日。保甲之法，雍正二年（1724年）即曾提出，四年四月再次重提，[④] 七月始定。《保甲条例》规定：限一年之内编定保甲；十户编成一牌（牌设牌头），十牌编成一甲（甲设甲长），十甲编为一保（保设保正），保以上为乡；散居于各零畸村庄之“熟苗”“熟僮”，亦一体编入保、甲；对于编行保甲之奉行不力的官员要议处；对违犯保甲条令之人要惩处，告发违反者有奖、隐匿违反者杖责。[⑤]“苗”区在实行这个条例时又进了一步，规定：“自三户以上皆可编甲，不及三户者，编入附近甲，无许另住”，以便一旦有事之时，“逐村清理，逐户稽查”，[⑥] 平时亦便于征收赋税。这种保甲之法，一方面在于钳制人民的反抗，但另

① （明）徐宏祖：《徐霞客游记》，商务印书馆1933年版，第69页。

② 《圣武记》卷7。

③ 《圣武记》卷7。

④ 《上谕内阁》，雍正四年四月二十三日。

⑤ 《清实录·世宗宪皇帝实录（一）》卷46，雍正四年四月乙卯，第702页。

⑥ 《贵州通志·前事志》卷19。

一方面也有利于削弱土司的独裁。

"改土归流"之议，始于雍正二年（1724年）的蓝鼎元，但是他的意见尚未得到胤禛的批准。雍正三年，清军欲筑防汛于长寨，遭到了土司的拒绝与反抗；次年，广顺的土舍还烧了清军的营房，斗争日烈；九月，云贵总督鄂尔泰提出了"一劳永逸"之计，即"改流之法"；以"计擒为上，兵剿次之；令其自首为上，勒献次之"[①]的手段，达到废除原来的土司、土官而改派普通行政官员的目的；即使任用当地头目为官吏，亦由朝廷决定其任免升黜。胤禛览奏，"中心嘉悦"，[②]实质上，"改土归流"的法令就定下来了。因而，自雍正四年（1726年）至九年（1731年），贵州的长寨（今长顺县）、古州、清江、台拱、八寨、丹江、都江等地都废除了土司，改设为厅，原来的土目、土官改为同知等行政官员，其任免升黜皆决定于朝廷，保留下来的土舍、土弁，权力则大为缩小，不过为"征催钱粮"[③]和"稽查匪类"[④]之用而已。湖北的容美土司地被置为鹤峰州；[⑤]四川的天全土司地被改为州、酉阳土司地亦被置为县。[⑥]慑于朝廷的兵威，湘西苗族的大户彭肇槐，更于雍正六年（1728年）"纳土"，"请归江西祖籍"，朝廷授之为参将，赐银万两，并封其世袭拖沙喇哈番而将其地永顺司改为府，辖区分为永顺、龙山二县。[⑦]在"改土归流"的过程中，朝廷还曾强令苗族等民族人民易服剃发，对于不服的土司、土兵斩首、焚屋，反抗的土司家属则"安插到别省居住"。[⑧]可见，"改土归流"虽属进步之举，但其手段却也残酷。

① 《圣武记》卷7。
② 《雍正朱批谕旨·鄂尔泰奏折》，雍正四年九月十九日折。
③ 《黔南识略》卷3。
④ 道光十三年《克度严禁土弁侵扰地方碑》。
⑤ 《清实录·世宗宪皇帝实录（二）》卷153，雍正十三年三月己卯，第879页。
⑥ 《清实录·世宗宪皇帝实录（二）》卷158，雍正十三年七月戊戌，第931页。
⑦ 《清史稿》卷512，《土司列传一·湖广》，第14213页。
⑧ 《清实录·世宗宪皇帝实录（二）》卷142，雍正十二年四月丁未，第785页；又见卷150，雍正十二年十二月壬戌，第862页。

乾隆时期，对于“苗”族的立法颇全颇多，其主要的法令有：乾隆元年（1736 年）的《永除贵州古州等处苗赋令》[①]《苗疆善后事宜》；[②] 乾隆三年（1738 年）的《仍旧屯田令》[③]《苗汉杂居章程》[④]《苗疆事宜》[⑤]《古州一带苗疆添兵设堡屯军事宜》；[⑥] 乾隆六年（1741 年）的《楚粤两省苗疆善后事宜》；[⑦] 乾隆九年（1744 年）的《湘苗事宜》；[⑧] 乾隆十二年（1747 年）的《官员失察汉民进入苗地处分例》；[⑨] 乾隆十四年（1749 年）的《吏民擅入苗地惩处例》；[⑩] 乾隆二十五年（1760 年）的《苗、民禁婚令》；[⑪] 乾隆二十九年（1764 年）的《苗犯处分例》；[⑫] 乾隆三十一年（1766 年）的《禁用、禁造、禁藏梭标令》[⑬] 以及乾隆三十七年（1772 年）的《土司土职阵亡病故抚恤例》等。[⑭] 综观其要，盖可归为下列六个主要方面：

1. 行政机制的完善。贵州“新疆”内添设道员“弹压巡查”，[⑮] 基层则“与屯军错处，亦额设土弁、通事、寨长、百户分管”[⑯]；旧疆熟苗，仍由土司、土舍、土目及苗乡约、寨头管束。楚粤两省的同知、通判，亦照贵州苗疆例，

---

① 《清实录·高宗纯皇帝实录（一）》卷 22，乾隆元年七月辛丑，第 527 页。
② 《清实录·高宗纯皇帝实录（一）》卷 32，乾隆元年十一月辛亥，第 624 页。
③ 《清实录·高宗纯皇帝实录（一）》卷 52，乾隆二年闰九月丁卯，第 883 页。
④ 《清实录·高宗纯皇帝实录（二）》卷 77，乾隆三年九月，第 221 页。
⑤ 《清实录·高宗纯皇帝实录（二）》卷 69，乾隆三年五月戊辰，第 104 页。
⑥ 《清实录·高宗纯皇帝实录（二）》卷 78，乾隆三年十月甲申，第 229 页。
⑦ 《清实录·高宗纯皇帝实录（二）》卷 139，乾隆六年三月丙戌，第 1001 页。
⑧ 《清实录·高宗纯皇帝实录（三）》卷 225，乾隆九年九月丙申，第 907 页。
⑨ 《清实录·高宗纯皇帝实录（四）》卷 296，乾隆十二年八月己未，第 875 页。
⑩ 《清实录·高宗纯皇帝实录（五）》卷 339，乾隆十四年四月癸巳，第 675 页。
⑪ 《清实录·高宗纯皇帝实录（八）》卷 607，乾隆二十五年二月乙巳，第 822 页。
⑫ 《清实录·高宗纯皇帝实录（九）》卷 717，乾隆二十九年八月丁酉，第 996 页。
⑬ 《清实录·高宗纯皇帝实录（一〇）》卷 775，乾隆三十一年十二月乙丑，第 516 页。
⑭ 《清实录·高宗纯皇帝实录（一二）》卷 922，乾隆三十七年十二月己巳，第 373 页。
⑮ 《清实录·高宗纯皇帝实录（一）》卷 31，乾隆元年十一月辛亥，第 624 页。
⑯ 《清实录·高宗纯皇帝实录（五）》卷 363，乾隆十五年四月庚子，第 1006 页。

加给厅标兵百人、把总一人、外委一人，“以资护卫”。[①]

2. 治安制度的加强。乾隆元年（1736 年），朝廷决定：“新疆”内“添设官兵驻扎弹压”；[②] 乾隆三年（1738 年）又决定：在近苗之地组织“团练乡勇”，[③] 在苗区“增添官兵，安设屯堡”；[④] 乾隆六年（1741 年）还决定：在关乎楚粤两省之险要处“添协营”，在苗区“建城垣”，“编保甲”，实行连坐；[⑤] 乾隆十六年（1751 年），令“各省军流等犯发遣贵州者”，“概不得转发土司”；[⑥] 乾隆三十一年（1766 年），申梭标之禁，规定：“除士勇民壮有捕盗之责者，许其报官编凿字号，照常习用外”，其余汉、土居民一概勒限销毁，嗣后如有用梭标伤人者，“照凶器伤人例治罪”，其有因而致毙人命及窃盗拒捕杀、伤人者，“仍各按本犯罪由，分别照例定拟”，而私造、私藏者则“照不应重律治罪”。[⑦]

3. 苗疆土、田之分垦。屯兵之设，始于康熙时期，[⑧] 但至乾隆时期却大加扩展至苗区之内，且在军屯之外又兴民屯，并进一步形成制度。乾隆元年（1736 年），“逆苗因罪入官之地”被作为“添设屯军”之用；[⑨] 乾隆三年（1738 年）“绝口田产始行入官”为屯田，“饬令与苗田标明界址，以免搀越侵占”，[⑩] “屯户人等，如敢越寨侵占苗人田土山场，照盗耕他人田例，计

① 《清实录 · 高宗纯皇帝实录（二）》卷 139，乾隆六年三月丙戌，第 1002 页。
② 《清实录 · 高宗纯皇帝实录（一）》卷 31，乾隆元年十一月辛亥，第 624 页。
③ 《清实录 · 高宗纯皇帝实录（二）》卷 69，乾隆三年五月戊亥，第 104 页。
④ 《清实录 · 高宗纯皇帝实录（二）》卷 78，乾隆三年十月甲申，第 229 页。
⑤ 《清实录 · 高宗纯皇帝实录（二）》卷 139，乾隆六年三月丙戌 ，第 1002 页。
⑥ 《清实录 · 高宗纯皇帝实录（六）》卷 397，乾隆十六年八月癸亥，第 230 页。
⑦ 《清实录 · 高宗纯皇帝实录（一〇）》卷 775，乾隆三十一年十二月乙丑，第 516 页。
⑧ 《清圣祖实录》卷 24：“驻一郡之兵即耕其郡之地，驻一县之兵即耕其县之地，驻一乡之兵即耕其乡之地。”其编制为：每十户设一小旗、五十户设一总旗、百户设百旗，由守备或卫千总一二人管辖，后改归县管，隶府道官。
⑨ 《清实录 · 高宗纯皇帝实录（一）》卷 31，乾隆元年十一月辛亥，第 624 页。
⑩ 《清实录 · 高宗纯皇帝实录（二）》卷 73，乾隆三年七月，第 172 页。

亩议罪，强者加一等”，“各军户内，不守屯规，小则枷责示众，大则依法严处”，[①] 无论军屯、民屯，均严禁将屯田买卖，“典卖屯田，照盗卖他人田：一亩以下笞五十，五亩加一等，官田加二等，私行当买者同罪”；[②] 乾隆六年（1741 年），楚粤两省亦实行民屯，招民充堡卒，户授 40 亩，“耕其地，即守其土”。[③] 乾隆时期，汉苗杂居地区，拨给田土的标准是“汉三苗一”。[④] 可见，乾隆时期，苗族地区不仅有军屯，而且有了民屯，并有了一套关于屯田的法规。

4. 苗族案件的审理。乾隆二年（1737 年）规定：贵州苗疆“一切（苗族）自相诉讼之事，俱照苗例完结，不治以官法”；[⑤] 乾隆六年（1741 年）乃决定：楚粤两省苗地“分案件”，改苗人户婚田土命案“总以赏银了事”的“苗例”而为“凡谋财害命及苗人与军民交涉案件，仍按律究拟，不得援苗俗轻纵”；[⑥] 乾隆九年（1744 年）又重申：湘苗地“苗人户婚田土细事，令具报府、厅、县官、饬寨头、甲长，照苗例办理”；[⑦] 乾隆二十九年（1764 年）则进一步明确：云南“夷猓”地“改苗为民者，犯罪军流徒遣，照黔省例与民人一体办理”，“其实系苗民，未改苗言、苗服，犯军流徒遣者，仍照例折枷完结，其情罪较重或再犯不悛，亦照例将本犯折枷后，仍将家口就土流管辖，一并迁徙安插，不使混入腹地”。[⑧] 可见，乾隆时期对于苗族犯罪，不但审理的章法分明，而且量刑的标准亦越来越明确。而为了鼓励苗人擒拿罪犯，朝廷还规定了奖励措施：擒杀人放火盗窃谋财重犯一名，赏银 20

---

① 《清实录·高宗纯皇帝实录（二）》卷 78，乾隆三年十月甲申，第 229 页。
② 《清实录·高宗纯皇帝实录（二）》卷 78，乾隆三年十月甲申，第 229—230 页。
③ 《清实录·高宗纯皇帝实录（二）》卷 139，乾隆六年三月丙戌，第 1002 页。
④ （清）李宗昉：《黔记》卷 2，上海商务印书馆 1936 年版，第 7 页。
⑤ 《清实录·高宗纯皇帝实录（一）》卷 52，乾隆二年闰九月丁卯，第 885 页。
⑥ 《清实录·高宗纯皇帝实录（二）》卷 139，乾隆六年三月丙戌，第 1002—1003 页。
⑦ 《清实录·高宗纯皇帝实录（三）》卷 225，乾隆九年九月丙申，第 907 页。
⑧ 《清实录·高宗纯皇帝实录（九）》卷 717，乾隆二十九年八月丁酉，第 996 页。

两；擒轻罪犯人一名，亦赏银 8 两。①

5. 苗民纠纷的预防与处理。乾隆时期，一再申明严禁骚扰苗民。其预防侵扰苗民之令有五：一是不许苗汉往来，湘西苗汉交易亦须“当官”进行。② 二是严禁兵役、通事下寨采买，禁革滥役、革除塘夫派累。③ 三是禁止苗汉通婚。苗汉结亲，向干例禁，后虽允许湘西永绥、永顺二处苗、民（汉）结亲，但乾隆二十五年（1760 年）亦令“概行禁止”，并规定：“其现在已婚、已娶者，饬令娶回，不许赘居苗寨”，今后仍违例结亲者，“按律治罪”，“失察之地方官照例参处”。④ 四是严禁“汉奸”擅入苗地生事、重治汉族吏民犯罪，并严惩官员的失察和徇纵。内地汉人进入苗地，须有印信，地方官滥给印信，官员或“罚俸”或“降革”；⑤ 纵徇者，“该管官革职，失察之上司罚俸一年”。⑥ 乾隆十四年（1749 年），贵州黄平州役陈君德强奸苗妇阿乌，并拒捕殴伤苗人阿乜，巡抚爱必达请照强奸未成、执持凶器拒捕致伤旁人例拟绞监候。弘历下旨：“应从重定拟。”他又命刑部定例：今后如何重惩“仍入番苗境内滋事”的汉族吏氏人等。刑部遵旨议定：“嗣后，如内地吏民擅入苗地强奸抢劫等项，查所犯情罪，其例应斩候、绞候者，从重改立斩、立绞，并于审明题复后，押赴犯事处正法。”弘历又谕：将此“载入律例”。⑦ 五是关于各省界民、苗争讼的审理。乾隆二十九年（1764 年）规定：滇、黔、楚、蜀、两广等省交界地方的民、苗争讼，须一面互报两省上司，一面移会订期会勘，该上司各严督该管州县依期勘断，俟会勘会审之后，即将审断情由报明各上司存案。如有田土宽广、山场绵

① 《清实录·高宗纯皇帝实录（二）》卷 69，乾隆三年五月戊辰，第 105 页。
② 《清实录·高宗纯皇帝实录（三）》卷 225，乾隆九年九月丙申，第 907 页。
③ 《清实录·高宗纯皇帝实录（二）》卷 78，乾隆三年十月甲申，第 229 页。
④ 《清实录·高宗纯皇帝实录（八）》卷 607，乾隆二十五年二月，第 822—823 页。
⑤ 《清实录·高宗纯皇帝实录（四）》卷 296，乾隆十二年八月己未，第 875 页。
⑥ 《清实录·高宗纯皇帝实录（五）》卷 363，乾隆十五年四月，第 1006 页。
⑦ 《清实录·高宗纯皇帝实录（五）》卷 339，乾隆十四年四月癸巳，第 675 页。

亘，地界不明，州县难以定案者，该督抚就近专委道府带同会勘完结，“违者照例议处”[①]。

6. 土司土职阵亡、病故的抚恤。乾隆三十七年（1772年）十二月己巳定例：阵亡，照绿营例减半恤赏（三品赏银250两、四品赏银200两、五品赏银150两、六品赏银100两，七、八品及空衔顶戴俱赏银50两），土司之子因俱承袭土职，故只照土司军功例加衔一等，令伊子承袭一次，俟再承袭时将加衔注销；病故，出征及立有军功病故者，照绿营例减半恤赏（三、四品赏银25两，五、六品赏银20两，七、八品赏银15两），屡著劳绩病故者，将军保报于部，（加衔、加级、记录者）分别令伊子承袭土职时随带一次。[②]

总之，乾隆时期关于苗族的立法，较之雍正时期愈益缜密和完善了。

五、有关回族的法令

清朝中叶，回族的主要聚居区是陕西、甘肃以及青海和云南的部分地区。回族在明朝的地位，优于在清朝的地位。清初的民族压迫政策，曾经使甘肃省的甘州（今张掖）的回民，在米喇印、丁图栋的领导下，于顺治五年（1648年）举行过起义，并且起义的队伍达到了十万人之多。康熙、雍正两朝，对于回族的政策，除了“剿抚并用”之外，还注意通过立法来加强统治。雍正十一年（1733年），朝廷即制定了《西宁番子治罪条例》，作为五年以内适用于宁夏、青海、甘肃等地方各少数民族（包括回族）的法律。而至乾隆十三年（1748年），朝廷便决定将此作为今后处理“番民”命盗案的永久性法律。乾隆时期，清朝统治者对于回族的法令，也基本上是为了防范和镇压回族人民的反抗，主要有：

1. 禁结伙行窃、抢劫和行凶殴人。乾隆二十七年（1762年）定：回民

---

① 《清实录·高宗纯皇帝实录（九）》卷716，乾隆二十九年八月乙酉，第988页。

② 《清实录·高宗纯皇帝实录（一二）》卷922，第373—374页。

行窃，但经结伙在三人以上及携带凶器者，不分首从，不计赃数、次数，“悉照积匪例发云贵两广极边烟瘴地方充军”。[①]次年，又补充规定：其恃抢夺，不分首从，俱发黑龙江给兵丁为奴，倘有脱逃，即行正法；“其不及三人而有纠谋持械逞强情形者，发极边烟瘴充军，照例刺字”。[②]乾隆四十二年（1777年），刑部又对结伙行凶殴人制定了治罪专条：回民结伙三人以上，持械行凶殴人，除致毙拟抵一犯外，其余共殴各犯，“照回民结伙三人行窃例拟军”；三人以上徒手未执凶器者，“减等拟从”；“十人以上，虽无凶器而殴伤人者，仍拟军”。[③]上述种种规定，虽是为了惩治行窃、抢劫和行凶，但也是为了禁止回民结伙反抗。

2. 鸟枪之禁。乾隆中期，曾宣布禁止回民私藏鸟枪。乾隆四十六年（1781年），陕甘总督李侍尧折称：“欲禁私藏，先禁私造”，并复请“嗣后将（甘肃）附近番、回地方旧蓄鸟枪，报官编号者概免收销，其余各府州属仍行禁止”，奉旨“议行”。[④]

3. 关于回、民（汉）斗殴毙命的立法。乾隆二十五年（1760年），甘肃固原州发生了回民林福因醉殴死民人马友一案，本拟林福绞候，弘历谕示：“此等新定地方，立法不可不严。将来内地贸易民人与回民杂处，凡斗殴杀人之案，即应于本处正法。”[⑤]斗殴毙命之法是严格的，而斗殴未致伤命之案，亦严格规定：回族教长先期首报，“若徇隐不举，先将教长治罪”。[⑥]可见，在回、民之间发生斗殴时，清朝统治者对回民的惩治尤重。

4. 回民女子嫁安集延之禁。回民女子婚嫁安集延（在新疆绥来县西），向例不准携归，而乾隆六十年（1795年），弘历更进一步谕示：“嗣后，竟

① 《清实录·高宗纯皇帝实录（九）》卷676，乾隆二十七年十二月庚子，第565页。
② 《清实录·高宗纯皇帝实录（一二）》卷928，乾隆三十八年三月甲辰，第489页。
③ 《清实录·高宗纯皇帝实录（一三）》卷1033，乾隆四十二年五月乙酉，第846页。
④ 《清实录·高宗纯皇帝实录（一五）》卷1146，乾隆四十六年十二月壬午，第371页。
⑤ 《清实录·高宗纯皇帝实录（八）》卷608，乾隆二十五年三月丁巳，第831页。
⑥ 《清实录·高宗纯皇帝实录（九）》卷665，乾隆二十七年六月，第443页。

将回女嫁安集延为妻之处，严行禁止，永以为例，违者从重治罪。”① 这项法令，进一步割断了陕甘回民与新疆回民之间的联系，目的同样是防范各地回民的联合反抗斗争。

5. 严禁甘肃回民传习新教的条规。清初时尚无专门干预回民信教的法律条文。乾隆二十六年（1761 年），甘肃安定（定西县）马明心为反对世袭的教主对教徒的沉重剥削而创立新教，之后，门宦制的旧教与反门宦制的新教之间展开了激烈的竞争。清朝地方官积极帮助旧教，压制新教，致使矛盾愈演愈烈，最后导致了乾隆四十六年（1781 年）苏四十三在青海率领的新教徒起义和乾隆四十八年（1783 年）田五在甘肃率领的新教徒起义。清朝政府派兵镇压了这些起义后，弘历虽说过：新、旧教回民“皆吾赤子”，不必“官为区别，扶旧教而除新教”；② 但是，几乎与此言同时，他又立了扶旧除新的《条款》：仍习新教之人，按名查缉；习旧教者，礼拜日期只准在本村寺内念经，不准另赴别寺；回民婚丧事件，只准延请本寺乡约、头人；依保甲之法，将某村、某寺及念经人等造册备案；平时习经，只许延请本寺回民教读，不准延请外寺人；不准另造礼拜寺，更不许筑城堡；有关习教情况，须随时稽查，按月禀报地方官。③ 这个《条款》的精神，在于桎梏本地回民，使之无法和外地回民联系，以防止他们串通起来妨害地方的治安。而且，一旦有人违反了这个《条款》而传习新教，朝廷的惩罚甚至比地方官依法定拟者更甚。乾隆五十七年（1792 年），商人李子重等 18 人，从叶尔羌“回子”迈玛第敏习新教，地方官奏请：将李子重等人“改发黑龙江，给索伦达呼尔为奴”；弘历则饬：“转解刑部审明治罪，定以重辟，将来即不予勾，亦当永远监禁。”④ 乾隆

① 《清实录·高宗纯皇帝实录（一九）》卷 1488，乾隆六十年十月癸未，第 905 页。
② 《清实录·高宗纯皇帝实录（一七）》卷 1341，乾隆五十四年十月甲戌，第 1184 页。
③ 《清实录·高宗纯皇帝实录（一七）》卷 1343，乾隆五十四年十一月，第 1216 页。
④ 《清实录·高宗纯皇帝实录（一八）》卷 1410，乾隆五十七年八月辛巳，第 970 页。

五十九年（1794 年），回民马恒等 10 人“纠众诵（新）经”，地方官奏请发黑龙江为奴，弘历亦传旨：倘使发往黑龙江后，再有“引诱回众入（新）教之事，即行审明正法”[①]。弘历对于收取忏钱远较旧教为少的新教的态度，恰好反映了他所制定的禁止新教的法令，是维护回族大地主阶级利益的。

六、有关维吾尔族的法令

明朝末年，厄鲁特部的蒙古族贵族控制着整个新疆地区。因此，可以说，清初，朝廷基本上没有控制住主要聚居于新疆南部的维吾尔族。乾隆二十年（1755 年），清军平定了阿睦尔撒纳的叛乱，才从伊犁地区放回了被阿睦尔撒纳收为人质的大和卓波罗泥都，并指令他管辖天山南部“所有回（维吾尔）人”。[②] 但乾隆二十三年（1758 年）波罗泥都亦叛，次年方被平息，新疆全疆均置于总统伊犁等处将军的管辖之下，维吾尔族地区主要实行着伯克制。乾隆二十六年（1761 年），朝廷给各级伯克颁发了印信，并任命了各地的阿奇木伯克（政务官），[③] 规定其非世袭、须回避本地，并允许其属下参举过失，[④] 以加强对他们政治上的控制。而为进一步从政治上控制维吾尔族，乾隆时期，由支持白山教派、反对黑山教派，转为疏远整个伊斯兰教，虽然给清真寺的伊玛目、麦僧以主持礼拜、婚丧事仪式的权力及某些司法权（诸如公正贸易、分配遗产、调解纠纷、离婚等），却使政教分离并使上述宗教法庭不能处理刑事案件且无警察之权，还取消了教职世袭的惯例。但在乾隆后期，朝廷放弃了对维吾尔族贵族政治权力的限

① 《清实录·高宗纯皇帝实录（一九）》卷 1457，乾隆五十九年七月辛亥，第 441 页。
② 《平定准噶尔方略·前编》，卷 32。
③ 《平定准噶尔方略·续编》，卷 20。
④ 《平定准噶尔方略·续编》，卷 30。

制，废除了其爵位的减等承袭制。乾隆五十三年（1788年），弘历谕："哈密、吐鲁番二处回民，皆为国家世仆，其余别部回众确系朕平新疆投诚者，亦皆……分别加恩，封赏王、贝勒、贝子、公以及台吉爵衔有差。乾隆四十八年经……遵例查伊等爵衔或有定为世袭罔替者，或亦有定为出缺减等承袭者，……但伊等投诚年久，已属世仆，……现袭之王、贝子、公、台吉爵衔，俟缺出时，毋庸减等承袭，均作世袭罔替。"①至此，新疆地方割据势力，才又有了新的开头。

乾隆时期，维吾尔族地区的经济立法，也颇有内容。此一时期不仅继续了雍正三年（1725年）开始的屯田制，而且除了军屯、犯屯之外，还有民屯、"回屯"。②此一时期，还简化了税目，禁宗教机构的私敛和伯克的私征。乾隆二十五年（1760年），在叶尔羌铸"乾隆通宝"币后，次年即定为法币，且于年终最后规定：100枚新币折银1两。③此外，朝廷对于汉、回两族商人的贸易，还颁布了一系列的法令和章程。除了允许军队进行棉布和茶叶的贸易④之外，还鼓励内地的汉族商人"有愿往（新疆）者，即给以印信，毋使胥吏需索"⑤，但是，不许他们购买土地耕种，以防止其生事。乾隆五十八年（1793年），朝廷还取消了所有种地应用器具钢、铁、铜、锡等物的出关（嘉峪关）之禁，"准由内地贩卖"。⑥此项法令，于维吾尔等族的生计大有裨益。乾隆五十九年（1794年），朝廷又根据喀什噶尔参赞大臣永保等人所奏，议定了《回民⑦出卡贸易章程》，规定：

---

① 中国社会科学院中国边疆史地研究中心主编：《回疆则例》卷2，全国图书馆文献缩微中心1988年版。

②（清）松筠纂定，（清）汪廷楷原辑，（清）祁韵士编纂：《西陲总统事略》卷7。

③《回疆通志》卷7。

④《平定准噶尔方略·续编》卷16、卷18、卷22。

⑤《平定准噶尔方略·续编》卷18。

⑥《清实录·高宗纯皇帝实录（一九）》卷1437，乾隆五十八年九月丙午，第205页。

⑦ 指维吾尔族人民，下同。

喀什噶尔贸易回人，如往充巴噶什、额德格纳、萨尔巴噶什、布库、齐哩克等处贸易者，给与出卡执照；如往各处远部落，不得给与，违者拿获发遣。

出卡回人，自十人至二十人为一起者，始给与执照。每起派阿哈拉克齐一员，往则约束，回则稽查，如不遵约束，枷号三月，仍重责示众，隐匿者并究。

出卡回民等，如贪利擅往布鲁特远方，被抢夺物件，查获后……半给原主，半交阿奇木伯克等作为公项。地隔窎远者，应置不问，仍将违禁回民枷号半年，不准出卡。

回民等被布鲁特抢夺，必将实在遗失物数报官查办，如有捏造私增，查出不准给还；……自行丢去者，俱不准官为代查。

除上述对维吾尔族出卡贸易的四项规定之外，该章程还规定了对布鲁特等族窃、夺者的惩罚：

布鲁特等如私近卡座及于就近处所劫夺，拿获后俱正法。

回民出卡被窃，除照数追出外，查系初次行窃，照布鲁特例，罚取牲畜；……如有侵害人命，不论初次、二次，抵偿办理。

布鲁特等窃取零星什物，应先示薄惩，交该伯克等收管；倘再不知儆惧，照初次加重办理。①

这个章程，虽然对维吾尔族商人的贸易地点、人数、行进方式等有着某种程度的限制，但基本上应认为是保护他们的合法权益的。

此外，乾隆二十九年（1764 年），弘历谕叶尔羌商人："嗣后，每年只

① 《清实录·高宗纯皇帝实录（一九）》卷 1464，乾隆五十九年十一月乙酉，第 557 页。

交税钱一千五百腾格。”[①] 较原定二千腾格减免了五百腾格。乾隆五十二年（1787年），弘历又谕：废除叶尔羌、和阗“回人”每年春、秋二季采玉输纳之税，“嗣后，每年春季停止采纳，……自明年起，即著为令”。[②] 这些法令，对于维吾尔族商、民，无疑也是有益的。

至于维吾尔族人等的命案，其量刑与审判却因罪犯的身份不同而有所不同。清朝统治者的出发点有二：一是袒护统治阶层，二是参酌“回经”教义。如乾隆二十六年（1761年），照管屯田的“回人”伊斯拉木，因骂起衅，刺杀台因和卓，并伤其妻弟，本应依斗杀律拟绞，弘历却以其“从前随富德有劳绩”，而“回经”又有“死者之家，如愿受普尔一千腾格，免其抵偿”的教义，因而谕曰：死者亲属如愿受财，可以免抵；“如不愿受财，仍将伊斯拉木论抵”。[③] 但是，倘若罪犯系一般平民，且其罪有干封建人伦，则照内地成例严办。如乾隆五十七年（1792年），托虎塔殴伤胞兄迈玛特额则斯而致死，弘历即命“即行正法”，并谕：“嗣后遇有似此紧要事件，均照内地成例办理。”[④]

七、有关“台番”“川番”的法令

清朝统治者对台湾的政策，是随着台湾的形势和自己的认识水平的变化而逐渐变化的。统一台湾之初，玄烨只将台湾看作“弹丸之地，得之无所加，不得无所损”，[⑤] 且认为其地又易为奸宄逋逃之薮，不宜广辟土地以聚民，故而采取了一系列的封禁政策。《康熙二十二年台湾编查流寓六部处分则例》中，即规定：驱逐无妻室、产业的汉族流民，“凡无妻室产业者，

---

① 《清实录·高宗纯皇帝实录（九）》卷712，乾隆二十九年六月乙酉，第947页。
② 《清实录·高宗纯皇帝实录（一七）》卷1292，乾隆五十二年十一月乙亥，第341页。
③ 《清实录·高宗纯皇帝实录（九）》卷646，乾隆二十六年十月癸巳，第232页。
④ 《清实录·高宗纯皇帝实录（一八）》卷1413，乾隆五十七年九月辛酉，第1010页。
⑤ 《清实录·圣祖仁皇帝实录（二）》卷112，第155页。

应逐过水，交原籍管束”，“若犯该徒罪以上者，不论妻室产业有无，概行押回原籍，不许再行越渡”。康熙五十一年（1712年）、五十八年（1719年）和雍正七年（1729年），朝廷又三次发布严禁大陆人民偷渡台湾令，规定：引诱偷渡之人，为首者充军，为从者杖一百，徒三年；互保船户及歇寓知情容允者杖一百，枷一月，偷渡之人杖八十，逐回原籍；引诱客民过台数在30人以上者，壮者发新疆为奴，老者发烟瘴地方充军；无照人民过台，口岸失察之官，照人数分别降调，隐匿者革职；滥发过台票照的原籍地方官，降三级调用。这种封禁法令，直至雍正十一年（1733年）才开始部分地松弛。以后，仍数经反复，禁而弛，弛而又禁。乾隆十五年（1750年），朝廷再次定例：嗣后，（1）申请赴台之人，地方官应“确查来历，系素行良善，方准给照放行”；（2）“现在流寓之人，犯徒罪以上及生事不安分者，一概押令过海”；（3）有司容留，“如只一二名，依违令例议处；三名以上者，罚俸一年；五名以上者，降一级留任；十名以上者，照奸棍不行查办例，议以降调”。[①]

所有留台汉人，则被严禁进入“番地”。康熙、雍正之时，规定：私入番地者，杖一百；如在近番处所抽藤、钓鹿、伐木、采棕者，杖一百，徒三年；运货偷入番界者，失察之官降调，上司罚俸一年；与番民结亲者，离异治罪，地方官参处，从前已娶者，毋许往来番社，从前生有子嗣者，别行安置为民，不许往来番社；赴台商船，若与生番贸易或偷漏出海者，“以通贼论罪”。

清朝统治者将台湾土著居民分为“熟番”与“生番”，聚居于西海岸的平浦人（“西拉雅”与“和安雅”等支）被称为“熟番”，散居于山区、与汉族接触较晚、经济文化发展较慢的土著居民则被称为“生番”。对于“生番”，清朝统治者尤其歧视甚至敌视。乾隆十年（1745年），朝廷议定：

① 《清实录·高宗纯皇帝实录（五）》卷378，乾隆十五年十二月壬午，第1199页。

逼近“生番”地界，每届深秋，各设“望楼”一座，悬锣巡警防范；[①]乾隆十一年（1746年）又命：兵弁、土目巡查沿山生番，规定“贴近生番庄社，各设望楼一”，“昼夜巡逻”，[②]瞭望报警；乾隆十五年（1750年），在定台湾府厅县生番地界址时，“严饬地方员弁”，“每年秋冬，地方官劝谕边界零星小庄移近大庄”，“设望楼”、悬锣，“昼夜巡逻”防范“生番”；[③]乾隆二十五年（1760年），淡水、彰化二县划边界后，饬令各设隘寮，派员弁“加谨防守”“生番”；[④]乾隆三十一年（1766年），再次勒令：逼近“生番”各庄住户“悉令迁移附近大庄居住”，以防“生番”“乘间肆虐”。[⑤]

清朝前期各代帝王对于台湾土著人民的偏见和法令，极大地阻碍了汉、“番”的经济、文化交流，延续了台湾经济、文化的发展与社会的进步。

然而，由于闽南、粤东沿海“田少山多，人稠地狭”，[⑥]而台湾又土壤肥沃、气候常暖、雨水充足，“秋成所获，倍于中土”，[⑦]加之清朝的统治未能遍及田野山川，因此汉人的趋台垦殖竟源源不绝，府治远郊、凤山、诸罗、淡水各地的土地纷纷被开垦，故迫使朝廷于康熙六十一年（1722年）开始实行“召民开垦之法”：不许豪强包揽包占，而许农民自行领垦，“定限三年，比照内地粮额起科”。自此，台湾的垦荒进入了一个新时期，北部的平原区和南部的淡水溪流域逐渐被开垦出来，到乾隆年间，更逐渐扩展至丘陵地带甚至土壤肥力较差、交通不便之地了。这样，乾隆时期的立法重点，其实只在于不断划定“番”、民的地界方面。乾隆二年（1737年）的《台湾善后事宜》规定：要“归还番地”，“严禁民人私买番

① 《清实录·高宗纯皇帝实录（一〇）》卷770，乾隆三十一年十月辛亥，第460页。
② 《清实录·高宗纯皇帝实录（四）》卷266，乾隆十一年五月戊申，第458页。
③ 《清实录·高宗纯皇帝实录（五）》卷368，乾隆十五年七月壬寅，第1059页。
④ 《清实录·高宗纯皇帝实录（八）》卷619，乾隆二十五年八月，第968页。
⑤ 《清实录·高宗纯皇帝实录（一〇）》卷770，乾隆三十一年十月辛亥，第460页。
⑥ （清）蓝鼎元撰，蒋炳剑、王钿点校：《鹿洲全集》，厦门大学出版社1995年版，第259页。
⑦ （明）黄宗羲：《行朝录》，四粹丛书本，卷四。

地”。[①] 乾隆十一年（1746 年）的《占地民番事宜》规定：民垦番地，要分别定罪，“嗣后……如有奸民再贌，告发之日，将田归番，私贌之民人，照盗耕种他人田地律计亩治罪；荒田减一等，强者各加一等；若奸民潜入生番界内私垦者，照越渡缘边关塞律治罪”。番社地界，原系佐杂微员查禁，现饬地方要员“农隙亲勘，传同土目、通事、乡保、业主立表定界，统限一年内，造册报竣”[②]。乾隆十五年（1750 年），户部议准《台湾府属厅县生番界址》之后，还明令：“嗣后，熟番余地，均听自行耕种，不许奸民（指汉人）搀越，违者分别治罪。”[③] 乾隆二十五年（1760 年）的《清釐台属边界酌定章程》，不仅规定彰化县沿山番界，应以山溪划界，或挑沟筑堆，或立石为表划界；而且，对彰化、淡水各处新界进行了法律认定，规定某些田园应该“还番”。[④] 关于汉民与“熟番”的界址，乾隆二十三年（1758 年），闽浙总督杨应琚即在《酌定防范台湾事宜》中提出“挑沟划界”；[⑤] 乾隆三十一年（1766 年），闽浙总督苏昌又在《安戢台郡边界事宜》中进一步规定：“查照定例，凡从前立明界址有档案可稽查者，俱逐一清出，再为立界，如有侵越，即追出归番耕种；其例后私贌及债剥占抵各田园，悉行归番；（一切田界）……通查造册，申送存案”，“刊立木榜”，“如再有私贌私卖情事，即将田业归官充公，并按亩科算治罪”。[⑥] 划界令的颁布，反映了汉族流民垦殖的不断扩大，也有利于汉、“番”矛盾的调节与缓和。

康熙、雍正、乾隆三朝，对台湾的行政管辖亦在逐渐加强。康熙帝统一台湾之后，始设一府三县，与厦门合置道官一员；康熙六十年（1721 年），

① 《清实录 · 高宗纯皇帝实录（一）》卷 52，乾隆二年闰九月丁卯，第 886 页。
② 《清实录 · 高宗纯皇帝实录（四）》卷 266，乾隆十一年五月戊申，第 458 页。
③ 《清实录 · 高宗纯皇帝实录（五）》卷 368，乾隆十五年七月壬寅，第 1059 页。
④ 《清实录 · 高宗纯皇帝实录（八）》卷 619，乾隆二十五年八月，第 968 页。
⑤ 《清实录 · 高宗纯皇帝实录（八）》卷 559，乾隆二十三年三月，第 90 页。
⑥ 《清实录 · 高宗纯皇帝实录（一〇）》卷 770，乾隆三十一年十月辛亥，第 460 页。

又置分巡台湾监察御史，统监全台文武官员。雍正元年（1723 年），划虎尾溪以北设彰化县，在淡水设厅，置抚民同知；雍正五年（1727 年），改澎湖巡检司为澎湖厅；雍正十年（1732 年），又在竹堑、鹿仔港、八里岔、描雾朿设巡检衙门。乾隆二十三年（1758 年），在南投设县丞衙门；乾隆二十六年（1761 年），在佳里兴、斗六门设巡检衙门；乾隆三十二年（1767 年），设新庄县丞衙门。这些机构的设立，既是为了进一步控制台湾居民和船只的出入，也是为了进一步扩大各项税收，是台湾政治、经济发展的标志。

明代属于杂谷安抚司的大、小金川的藏族人等，清朝称之为“川番”。康熙五年（1666 年）“归顺”。雍正元年（1723 年），请设金川安抚司，以莎罗奔为大金川土司官，以泽旺为小金川土司官。乾隆十一年（1746 年），莎罗奔叛，十四年（1749 年）败降，清政府仍执行“以番治番”的政策，[①] 允许莎罗奔“顶佛经立誓”“出具甘结”“遵依”“不犯诸番”“黾勉供役”等事，[②] 并在巴底巴旺各立土司，划定管辖范围，严“汉奸”出入“番地”之禁，严禁“番”民私相售受土地。[③] 乾隆十九年（1754 年），朝廷决定：裁撤杂谷地区的差头、牌头、保正，只设寨首，并将外保改为甲长，又另设乡约掌管教化、受理词讼。[④] 乾隆中期，大、小金川土司再次叛乱，不断侵扰掠夺邻近土司，乾隆四十一年（1776 年）被平息后，清廷乃决定：将此地区的土司废除，改置为美诺、阿尔古二厅，隶四川省。但是，朝廷对于这一地区的“番”民，在法律待遇上，仍许保留其与汉族不同的特色，诸如：“止须遵制薙发，其服饰……听从其旧”[⑤]；“番人与汉人争斗抢夺等事，仍照例科断；其番人与番人有命盗等案，俱照番例完结”[⑥]。

---

① 《清实录·高宗纯皇帝实录（四）》卷 300，乾隆十二年十月辛酉，第 923 页。
② 《清实录·高宗纯皇帝实录（五）》卷 334，乾隆十四年二月癸巳，第 594 页。
③ 《清实录·高宗纯皇帝实录（五）》卷 336，乾隆十四年二月壬戌，第 632 页。
④ 《清实录·高宗纯皇帝实录（六）》卷 466，乾隆十九年六月辛亥，第 1038 页。
⑤ 《清实录·高宗纯皇帝实录（一四）》卷 1103，乾隆四十五年三月辛丑，第 768 页。
⑥ 《清实录·高宗纯皇帝实录（二）》卷 67，乾隆三年四月癸卯，第 81 页。

对于瞻对地方的“番”人，清朝的立法也考虑到其民族特点，允许法律上的某些特殊性。乾隆十一年（1746年）定议：“斟酌夷例，严立赏罚，如番人夹坝、抢劫财物者，为首以三九罚服，为从以一九罚服，追赔失主；致伤人命者，另议抵偿，牵线窝藏者同罚，该管土司、土目纵容失察者，分别记过降革，仍照讳盗例治罪。”[①] 兼顾“川番”人等民族习惯特点立法，是乾隆时期对四川等地各少数民族统治更加深入的基本原因之一，也是弘历“大抵番蛮与苗性相近”“以治苗之法治蛮，自能詟服其心”[②] 的看法的具体实施。

① 《清实录·高宗纯皇帝实录（四）》卷269，乾隆十一年六月戊子，第500页。

② 《清实录·高宗纯皇帝实录（四）》卷286，乾隆十二年三月壬寅，第734页。

第十九章　雍正、乾隆时期中央政府宗族法政策的转变

第一节　雍正朝以前的宗族立法

清王朝在建立、巩固过程中，不仅碰到旧政权及其残余的对抗，也受到几乎整个社会的顽强抵御。

满洲贵族入主中原，对于奉正统儒学、明“华夷之辨”的宗族社会来说，不仅在生活方式上，而且在感情上也难以接受。因此，各地方宗族在清初20年中，多采取不与清政权合作的态度。部分宗族更是动员自身力量，匡扶旧主，力反清室。

明末遗臣余飏据所闻见称：“国变以后，丁亥、戊子之乱，山海纠合，乡树一帜，家兴一旅，乡与城仇，南与北敌。”[①]顺治二年（1645年），清军南下渡江，进入江浙腹地。江苏溧阳大户周氏宗族聚众千余人，其首领周元质“聚族中子姓谋曰：‘我等食国恩三百余年，今天下大乱，乘舆播迁，强胡窥鼎江南，土地尽汙腥膻，我欲以一匹夫兴义勤王’”。[②]在周氏宗族带动下，各姓宗族也纷纷起兵，共同抵抗清军，直至围攻清军占领的县城。

① （清）余飏：《莆变纪事》，转自《清史资料》第1辑，中华书局1980年版。
② （清）周廷英：《濑江纪事本末》，转自《清史资料》第1辑。

南明小朝廷与清政权相抗衡，数十年奔波，各地巨族大户是其主要支持者。

宗族共同体支持亡明政权，敌视清朝政府，当然为新统治者所不容。后者在建立地方政权、镇压各种反清力量的过程中，也将各地不愿臣服的宗族共同体作为重点打击对象。溧阳周氏宗族即多次受到清军围剿，终以首领周元质被杀而告结束。顺治四年（1647 年），江西永丰杨文“举族登九仙山”，竖起反清旗帜，与官府相抗衡，力量迅速壮大。中央政府“疏题会剿”，调集江西、浙江、福建三省兵马，困围九仙山，到顺治十一年，杨文为清兵所杀，全体族人及山寨义军均遭严厉镇压。[①] 顺治四年，福建汀州杨氏宗族踞寨反清，并联络附近宗族及其他力量，协力行动。顺治七年，清政府派兵围剿，“擒斩杨坊寨贼首杨昌期及伪官杨奇”。[②]

宗族共同体的历史惰性本身，并不直接表明其政治态度。它只说明宗族共同体习惯于既定的生活方式、既定的社会环境，以及既定的政权机构。随着时间的推移，这种依恋旧体的惰性逐渐淡化、消失，并习惯于新体，再生出依恋新体的惰性。清王朝建立以后，在广大农村社会，除了服饰、发型及对皇帝的称谓发生变化以外，实质意义的社会生活大都一仍明旧。这一切加快了整个社会，包括宗族共同体历史惰性的转移。

从统治阶级自身来看，清王朝如欲建立稳固的中央政权，实现对全国，主要是广大汉族地区的统治，就必须适应具有悠久历史的封建文化，其中包括封建的经济、政治文化制度以及与之相应的社会制度和社会习惯。这种封建化过程在初建王朝而必须进行的军事征伐之后，尤其具有重要性和紧迫性。康熙元年（1662 年），政权由四辅政大臣掌管。以握有实权的辅政大臣之一鳌拜为首的保守性集团强调“率循祖制，咸复旧章”，[③] 阻挠满族及清政权的封建化进程。康熙八年，皇帝除鳌拜集团，强化皇权，同时

① 清同治时蒋继洙修：《广信府志》卷 5，《兵事》。

② 《贰臣传》卷 6，《王之纲传》。

③ 《清实录 · 圣祖仁皇帝实录（一）》卷 3，康熙六年七月乙卯，第 73 页。

顺应经济、政治及文化发展的需要，采取一系列措施，加速封建化步伐，其中包括对宗族共同体态度上的转变。

另外，经过近 30 年的南北征伐，清朝统治者对中国社会已形成一个比较清醒的认识。他们既看到宗族组织在基层社会的普及以及宗族意识在广大农民心目中根深蒂固的地位，也看到宗族组织在社会生活中所起到的重要作用。因此，战争稍息，最高统治者即向宗族共同体寻求合作，并采取一些针对性措施，表示对宗族共同体的重视。经过几轮以改善关系、通力合作为主题的物质、信息交换，终于在国家政权与宗族共同体之间形成协调的合作关系。宗族共同体利用自己所具有的特殊力量，维护宗族秩序，协助政权机关巩固地方统治。国家统治者则支持宗族组织，并在一定范围内授权宗族，实行有限度的自治。

顺治九年（1652 年），皇帝颁行“上谕”：“孝顺父母，恭敬长上，和睦乡里，教训子孙，各安生理，无作非为。”① 此件“上谕”与明太祖朱元璋“圣训”雷同，只是在个别文字上作了改动。② 其目的亦皆在于要求每一社会成员在家庭、乡里安本分、守秩序，以巩固封建统治。在明太祖及顺治帝两件谕旨中，都没有强调对宗族共同体的利用。康熙九年（1670 年），皇帝颁行“上谕十六条”：“敦孝弟以重人伦，笃宗族以昭雍睦，和乡党以息争讼，重农桑以足衣食，尚节俭以惜财用，隆学校以端士习，黜异端以崇正习，讲法律以教愚顽，明礼让以厚风俗，务本业以立民志，训子弟以禁非为，息争讼以全良善，诫窝逃以免株连，完钱粮以省催科，联保甲以弭盗贼，解仇忿以重身命。”③

康熙上谕与顺治上谕在基本精神上完全一致，但前者却正式引进“宗

① 《钦定皇朝文献通考（一）》卷 21，载《钦定四库全书》第 632 册，第 452 页。

② 明太祖朱元璋“圣训”原文为：“孝顺父母，尊敬长上，和睦乡里，教训子孙，各安生理，毋作非为。”

③ 《古今图书集成·明伦汇编·交谊典》卷 27，《乡里部》。

族”一词，肯定宗族共同体作为一种结构性社会组织在维持基层社会秩序方面，具有重要作用。康熙上谕的颁行，一定程度上标志着国家统治者对宗族共同体在方针上由清初的打击、镇压向肯定、重视，进而支持的转变。康熙二十年前后，中央政府平定三藩之乱，同时，销海禁，开博学鸿词科，清朝统治由初建进入巩固、发展时期。国家统治活动重心的转移，促使统治者进一步采取支持和利用宗族共同体的方针。自康熙二十三年（1684 年）至康熙四十六年（1707 年），康熙皇帝先后六次南巡，多次登岸，抚慰地方巨族大户。江苏吴中大姓汪氏宗族置产联宗、立法治族，对于稳定地方秩序起到积极作用。该族首领汪婉原系翰林，告老还乡后，力践治族，作“汪氏族谱序”，反复强调要正风俗，立仁义。[1] 康熙皇帝于第一次南巡途经无锡时，即赞扬汪婉“居乡安静，不预外事”，并赐给御笔手卷一轴。[2]

“宗族共同体”作为一种结构性社会单元，必须以具体的物质形式，表现自身。族产、族祠、族谱、族机构、族法，以及源自同一祖宗的子孙后代们，作为宗族六要素，互相结合，表示宗族共同体这一抽象物的具体存在。其中每一要素都为宗族共同体的存在和发展，发挥着特殊的社会作用。此六要素之中，宗族法居首，在宗族内部调整社会关系、维持社会秩序，具有特殊意义。因此，国家统治者对于宗族共同体的重视和支持，在很大程度上可以视作对宗族法的重视和支持。

康熙二十八年（1689 年），湖广汉阳县民邓汉贞妻黄氏殴辱母亲，案件奏上，康熙帝批示：严惩邓汉贞夫妇，并提出“族长不能教训子孙，问绞罪”。[3] 族长向国家负责，教训子孙，亦即国家授权族长，于族内行使教训权。康熙朝的后三十年，族长教训子孙，主持族务，实行有限度的自治等项权力逐渐确立。进入雍正朝，这种有限度的宗族自治权得到国家法律

① 汪婉:《汪氏族谱序》,《皇朝经世文编》卷 58,《宗法》。

② 《清实录 · 圣祖仁皇帝实录（二）》卷 117，第 225 页。

③ （清）陈鸿、陈邦贤:《熙朝莆清小纪》，转自《清史资料》第 1 辑，第 114 页。

的明确肯定，国家政权与宗法族权的结合达到高潮。

雍正朝政权与族权高度结合有两个重要表现。第一个是“族长”入律，各项权力得到法律的确认和保护。明初，“族长”始入律，但其权力仅限于继嗣方面，而洪武三十年（1397年）颁行的《大明律》及后世相继增纂的《问刑条例》皆废弃对族长权的确认。清雍正四年（1726年），国家颁行编排保甲、选任正长及确定保甲职责的条例，其中规定：“地方有堡子、村庄，聚族满百人以上，保甲不能编查，选族中有品望者立为族正，若有匪类，令其举报，倘徇情容隐，照保甲一体治罪。”[①]

宋代以后，宗族共同体普遍建立，但以法律形式明确规定宗族作为辅助地方政权、维持地方秩序的一级组织，与保甲组织并行，这在宋元明各代及清初顺治、康熙两朝，皆没有先例。

与此项规定相呼应，确认族长各项权力的条例纷纷制定，并编纂入律。试举几例。

雍正七年（1729年）定例：

……继母与前子不合，其族长、邻佑人等当豫为劝解，令其相安；如遇凶悍不可化解之继母，即量其财产，为之分析另居，免生事端。如继母图占家资，不容分居者，族长人等禀官剖断。倘族长人等坐视不问，听其继母任意凌虐，致死前母之子者，事发之日，并将坐视之族长、户长各杖八十。如户长、族长有偏袒不公，捏报之处，地方官讯明，各杖一百。再，前母之子亦有倚恃年长、挟制继母，图占家资，或因定有继母治罪之条、故意不孝其继母者，亦令族长人等鸣官，按律治罪。[②]

① 《大清律例》卷23，《刑律·贼盗》。另，族正不等于族长，但实际上宗族内族长、族正常同为一人，或由族长指定族人担任族正。

② 光绪朝《钦定大清会典事例》卷813，《刑部·刑律斗殴·殴祖父母父母》。此条例雍正七年定，乾隆五年删。

雍正十年（1732年）定例：

军、流罪犯在配所脱逃，一面移咨原籍地方勒限缉查，一面令配所该管官悬立赏格，勒限一百日严缉。……如该犯之族长、保甲、房主、邻佑人等查出举首者，免罪；若知情容隐，或经旁人首告，或被别处拿获，将原籍容隐之族长、保甲、房主、邻佑俱照不应重律，杖八十。①

雍正十一年（1733年）定例：

至殴妻至死并无故杀别情者，果系父母已故，家无承祀之人，承审官据实查明，取具邻保族长甘结并地方官印结，将应行承祀缘由于疏内声明请旨。……倘有捏称家无承祀之人，希图脱罪者，将本犯照律治罪，承审出结各官及邻保人等，照例分别议处、治罪。②

族长是族权的人格化。在宗族内部，他是宗族法的主要制定人和执行人；在国家法律体系中，他作为宗族共同体的法定代表，与国家统治者直接发生联系。国家法律确认宗族机构与保甲组织在维持地方秩序、“举报匪类”方面的同等责任，并授予族长各项治安权力，表明国家政权对地方族权正式承认，并以法律形式确定前者对后者的利用、支持乃至合作关系。

雍正朝政权与族权高度结合的第二个表现是国家法律明确承认宗族法的效力。宗族法是宗族共同体的组成要素之一，也是保证后者存在和发展的重要手段。宗族共同体从其产生之日起，就同时具备强制约束力的宗族法，以规范宗族成员的行为举止，维持宗族内部的社会秩序。到明代中期，各地宗族法已发展得比较完善，很多宗族在宗族法体例上互相比照，基本

① 《大清律例》卷35，《刑律·捕亡》，第581页。
② 《大清律例》卷4，《名例律·犯罪存留养亲》，第109页。

形成固定的格式。成文宗族法纷纷被刊刷入谱，勒石成碑，广为流行，并在实际的社会生活中起到重要作用。但宋元明各代以及清雍正朝以前，国家统治者并没有以法律形式明确宗族法的地位。

雍正五年（1727年），皇帝发布上谕：

从来凶悍之人偷窃奸宄，怙恶不悛，以致叔伯兄弟等重受其累。其本人所犯之罪在国法虽未至于死，而其尊长族人翦除凶恶训诫子弟治以家法、至于身死，亦是惩恶防患之道，使不法之子弟知所儆惧悛改，情非得已，不当按律拟以抵偿。嗣后凡遇凶恶不法之人，经官惩治，怙恶不悛，为合族之所共恶者，准族人鸣之于官，或将伊流徙远方，以除宗族之害。或以家法处治，至于身死，免其抵罪，著定议具奏。

皇帝上谕，刑部迅速行动，于当年即“遵旨定例”：

凡同族之中有凶悍不法、偷窃奸宄之人，许族人呈明地方官，照所犯本罪依律科断，详记档案。若经官惩治之后，尚复怙恶不悛，准族人公同鸣官，查明从前过犯实绩，将该犯流三千里安置，不许潜回原籍生事为匪。倘族人不法、事起一时，合族公愤，不及鸣官，处以家法，以致身死、随即报官者，该地方官审明死者所犯劣迹，确有实据，取具里保甲长公结，若实有应死之罪，将为首者照罪人应死擅杀律，杖一百；若罪不至死，但素行为通族之所共恶，将为首者照应得之罪减一等，免其拟抵。倘宗族之人捏称怙恶、托名公愤，将族人殴毙者，该地方官审明致死实情，仍照本律科断。①

清律规定：犯死罪之罪人被拘执后，为追捕之人所杀，后者得负刑事

① 光绪朝《钦定大清会典事例》卷811，《刑部·刑律斗殴·同姓亲属相殴》。

责任，“杖一百”。[1] 此项犯罪中，犯罪主体是国家委派、身负追捕罪犯之法律职责的“官司差人”，属于近代法律意义上的公务执行人渎职罪。而雍正五年的条例对宗族成员依据宗族法擅杀族内（依国法）应死罪人照“官司差人”擅杀应死罪人律断罪，可见国家统治者对宗族法的重视程度。

地方政府根据国家法律的新规定，积极行动，支持宗族组织利用宗族法加强族内治安管理，以达到族靖乡宁、巩固地方统治的目的。自雍正十一年（1733 年）到乾隆八年（1743 年）任江西按察使的凌焘即于任内实行“族约制”：“凡有世家大族、丁口繁多者，即令该族于尊长内无论是否族长、房长，择有举贡生监、品行素优、实为合族所敬惮者，公举一人委为‘族约’；无举贡生监，即选人品端方，足以服众者一人为之。地方官给以牌照，专司化导约束，使之劝善规过，排难解纷。子弟不法，轻则治以家法，重则禀官究处。至口角争忿、买卖田坟，或有未清事涉两姓者，两造族约会同公处，不得偏袒。”[2]

雍正四年（1726 年），于保甲之外设立“族正”，协助地方治安；雍正五年，一定程度上肯定宗族法的强制性效力；雍正七年前后，“族长”不断入律，获得国家法律授予的各项权力。政权与族权相结合，宗族法被正式纳入封建法律体系，辅助国家法律，维持封建的社会秩序。

第二节　乾隆时期中央政府对宗族法的限制

宗族共同体以其在稳定社会秩序、维持封建统治方面的特殊作用受到国家统治者垂青，并在国家政权的支持和扶植下，迅速发展自身力量。宗族共同体以宗法血缘关系为联结纽带，具有较强的凝聚力。任何事物在具

① 《大清律例》卷 35，《刑律 · 捕亡》，第 574 页。
② 凌焘：《西江视臬纪事》，转自《清史资料》第 3 辑，第 217 页。

有内聚性的同时，必然具有排外性，二者在程度上成正比例发展。随着宗族共同体自身力量的增长，其内聚力与排外力同步提高。而宗族共同体的排外性不仅表现在对外姓民人、外姓宗族、外部其他共同体的排斥，在某些方面，也表现为对国家政权，对整个社会的排斥。实际上，宗族共同体从其产生之日起，即具有这种排斥力，只是由于在初期发展阶段，宗族自身力量较弱，与其相应的排外力尚不足以对国家政权，对整个社会造成威胁。一旦这种排外力超越国家所能容忍的限度，即宗族共同体在维护国家统治与破坏国家统治的程度测试天平上，后者超过前者，国家政权就会毫不犹豫地施行镇压和抑制的职能。

从康熙二十年（1681 年）前后国家改变政策、支持并扶植宗族共同体开始，经过五十多年的发展，各地宗族力量有了较大的扩充；尤其是雍正朝的各项立法，明确提高宗族共同体在社会活动中的法定地位，使得宗族共同体在更广的范围内发挥作用，并以更快的速度发展自身力量。到乾隆初年，不仅宗族的数量增加，而且每一宗族的规模也显著扩大。据清人徐珂的《清稗类钞》记载，康熙、雍正年间，江苏、浙江、安徽及山东等地，各姓宗族纷纷置产立规，并不断通过子弟科举入仕，抬高自身地位。乾隆五年（1740 年），福建所属州县境内，巨族大户林立，其中晋江衙口施姓宗族“丁壮一万余”，全宗设总族，下辖分族十余个。① 乾隆二十九年（1764 年），江西省境内建有祠堂的宗族数量达 8994 个之多。② 以族田为主体的宗族产业也在数量上剧增。以广东番禺沙湾何氏留耕堂族田为例，万历年间有族田 2144 亩，康熙年间增至 16409 亩，雍正年间至 20233 亩，乾隆时激增，达到 33711 亩。③

宗族力量的壮大，逐渐增加了宗族自身所存在的对封建统治的消极因素。一方面，宗族之间的械斗事件陡增。宗族共同体为强化自身的内聚力，

---

① 《清实录・高宗纯皇帝实录（二）》卷 119，第 747—748 页。

② （清）辅德:《复奏查办江西祠谱疏》,《皇清奏议》卷 55。

③ 《留耕堂祖尝契券各件汇记簿》，载《清史研究通讯》1985 年第 3 期。

不断发起所谓“共御外侮”的族际械斗，严重影响了地方社会治安。另一方面，两姓族人发生诉讼，各自的宗族机构也常常出面，帮助本姓族人争取胜诉，或者利用本族领袖在地方上的声望，或者通过在外为官的本族子姓，影响司法机关对案件的审判；也有的宗族干脆以族产贿赂官府，破坏了国家的司法秩序。

与此同时，以宗族法为核心，形成一个一定程度上独立于国家法律之外的私罚体系。宗族机构不断强化宗族法的强制性效力，私设公堂，置办各种刑具；对于触犯宗族法的族人行使审理、判决、处罚权。雍正、乾隆年间，各地不断出现宗族直接处死族人的事件。某些宗族甚至与国家争夺对案件的处理权。乾隆二十四年（1759 年），安徽亳州朱氏宗族坚持宗族审判权，从巡检衙门夺回被拘讯之人。[①] 独立的私罚制度固然起到维持宗族秩序、巩固封建统治的作用，但也造成对国家司法权的破坏，并且强化了宗族共同体自身的独立性。

凡此种种，引起国家最高统治者的关注，并促成统治者对宗族组织及宗族法在态度上的第二次转变，即采取一些断然措施，抑制宗族力量的过度发展，降低宗族法的强制性效力。乾隆五年（1740 年），国家立法，明令限制宗族法，拉开了国家统治者改变对宗族组织及宗族法态度的序幕。

雍正五年（1727 年）曾定例入律，对于以家法处死族人的罪犯，减等处罚“免其拟抵”。时隔 13 年，乾隆五年时，高宗皇帝根据各地宗族滥行族罚、侵凌国家司法权的现象，议准条奏：“同族之中果有凶悍不法之徒，族人自应鸣官治罪。乃向例有‘事起一时，合族公愤、处以家法致死，审

① 据《驳案成编》记载，乾隆二十四年，亳州民人朱长贵被丁大牛、丁三牛二人打伤，朱长贵投诉至巡检衙门，巡检随即差役拘获丁大牛、丁三牛。朱氏族尊朱市闻讯赶至衙署，以朱长贵与丁大牛、丁三牛属叔侄关系，要求领回案犯，由宗族处理。衙役不允，朱市即令人抢回丁大牛、丁三牛，并拳殴兵役。朱市对巡检说：“本族口角应听处和，况斗殴之事，亦不当巡检擅管。”后来，巡检再次派兵，捕获丁大牛、丁三牛，朱市亦率领族人多加干涉，甚至直接攻击巡检本人，省抚依“光棍例”判处朱市斩立决。

明罪人应死不应死，将为首者分别拟杖与减等免抵’等语，虽属惩创凶悍、体顺人情之意，但族大人众，贤愚难辨，或以富吝而招众怨，或以刚直而招同仇，或一人煽诱群相附和，或共挟微嫌辄图报复，架词串害，往往有之。倘地方官未能深察，难免无冤抑之情。况生杀乃朝廷之大权，如有不法，自应明正刑章，不宜假手族人，以开其隙。所有此条旧例，应请删除。”①

实际上，在此之前，该条例之适用就已受多重限制。中国第一历史档案馆所藏乾隆初年的档案《刑科题本》录有多起案件，皆涉及此条例适用受限制的情况。乾隆三年（1738 年），湖南茶陵过会亨偷窃他人稻谷衣物，过氏宗族族长过季高因其玷辱门户，触犯宗族法，令过会亨之兄过至善书立服约，由宗族组织将过会亨沉塘毙命。事发后，过至善反悔，投诉官府。知州“比照此例，② 免其抵偿，（过季高）杖一百，佥妻流三千里，至配所责四十板”。乾隆四年，此案上报，刑部驳回，并称不宜引用该条例，茶陵州知州及长沙府知府“遵奉部驳，吊齐各犯，复加研讯”。最后，对族长过季高“依谋杀人造意者斩律，拟斩监候，奉旨之日刺字”；同时，对于其他从犯一一发落。乾隆皇帝朱批：“三法司核拟具奏。” ③

雍正五年的“允许家法”条例被废除，从国家法律角度看，宗族法的私罚制度即属于禁止之列。尽管各地宗族法仍照常生效，继续履行自己维持宗族社会秩序、调整宗族社会关系的职责，但其强制性效力的程度却大大减弱。自乾隆五年到道光初年，各地州县政府处理了一大批族长或其他宗族首领越权处死、重伤族人的案件。乾隆十年（1745 年），福建宁化刘氏族人刘彩文盗卖膳田、偷窃耕牛，并殴打其母，族长刘宾指令他人将刘彩文活埋。后被官府发现，族长刘宾及下手之人皆被国家法律追究。④

---

① 光绪朝《钦定大清会典事例》卷 811，《刑部・刑律斗殴・同姓亲属相殴》。

② 即雍正五年“允家法”条例。

③ 原件藏中国第一历史档案馆，馆藏号：80/2-78-2/W，《刑科题本》第 78 号。

④ 《驳案成编》，乾隆十年案。

废除了雍正五年"允许家法"的条例，从法律上限制宗族司法权，从而一定程度上维护了国家司法权的统一，进一步推动了封建法制的完善化。然而，这只是国家统治者实行抑制宗族势力政策的第一步。下一步，国家统治者把打击的矛头指向宗族的经济实力。

宗族产业作为宗族共同体的物质基础，在联宗收族、聚合族众方面起到重要作用。因此，通过削弱宗族的经济实力可直接达到抑制宗族势力的目的。国家统治者首先从宗族势力较为强盛的江西、广东开刀。乾隆二十九年（1764年），江西巡抚兼提督辅德具奏，称所属州县民风颓败，习俗顽刁，其主要原因在于各宗族建有祠堂，置有产业，"祠堂有费，实为健讼之资；同姓之祠，竟为聚讼之地"，"初成广厦，置之空闲，歇讼聚赌，窝匪藏奸，不可究诘"。[①] 乾隆皇帝阅此奏折后，即颁上谕："若牵引一府一省辽远不可知之人妄联姓氏，创立公祠，其始不过借以聚资渔利，其后驯至聚匪藏奸，流弊无所底止。正恐不独江西一省为然。……各督抚等，其饬属留心稽查，实力整顿，所辖之地如有借端建立府省公祠、纠合匪类、健讼扰民，如江西恶俗者，一体严行禁治，以维风纪而正人心。"[②] 上谕颁下，辅德即于江西境内大动干戈，毁宗祠，削族产。同年，辅德复奏皇帝："……业将同姓共建祠内所立木主概令各自撤毁，所置田产及其祠屋均令自行觅售，将价各自分回。间有别无售主者，听其归于一族，或改民房铺面，或作考试寓所及堆贮货物之用，总使根株悉绝，不致复萌故习。……至各专祠之有祠产者计六千七百三十九处，除仅敷祭享外，其有余者共计七百六十处，皆取具遵依为教养子弟、倾助族中贫乏婚丧之用，不得以为讼费。仍饬地方官随事留心，如有于族中借祠敛费者，即加惩处。"[③]

继江西于乾隆二十九年大规模削弱宗族势力，两年后广东亦制定具体

---

① （清）辅德：《奏禁江西祠宇流弊疏》，载《皇清奏议》卷55。

② 光绪朝《钦定大清会典事例》卷399，《礼部·风教·训饬风俗一》。

③ （清）辅德：《复奏查办江西祠谱疏》，载《皇清奏议》卷55。

措施，限制宗族产业。乾隆三十一年（1766年），广东巡抚王检具奏，称广东地方宗族产业厚实，并以族产支持械斗，包括购买鸟枪刀箭装备宗族成员，为械斗中死伤者提供抚恤金和药费，贿买老弱病残为械斗中殴杀对方成员者顶凶承罪，等等。王检认为，“种种刁恶，皆由于尝租之为”，因而提出分散族产，“有近年捐置者，仍归本人收管；如系久远留传以及递年租息所置，即按其合族支派，均匀散给”，禁止重新积聚族产，“俾贫民有田以资生，凶徒无财以滋事，庶几地方风俗归厚矣”。[①] 对于王检的建议，最高统治者原则上表示赞同，但又考虑宗族组织毕竟较为普遍，过分的行动可能会引起社会的动乱，因此提出重在稳妥的权宜之计。乾隆三十一年，皇帝上谕：“……欲预防积弊，遽将通省乡祠田产纷纷查办，恐有司奉行不善，吏胥等或致借端滋事，而族户人等贤否不齐，亦难免侵渔争攘之弊，徒多扰累。……嗣后令该督抚严饬地方官，实力查察，如有此等恃祠产丰厚，以致纠合族众械斗毙命，及给产顶凶之事，除将本犯按律严惩外，照该抚所请，将祠内所有田产查明，分给一族之人。……著将此通谕各省督抚，饬属一体留心妥办。”[②]

经过乾隆二十九年和乾隆三十一年两次对宗族产业清查和限制，削弱了宗族共同体的经济实力。而乾隆皇帝在两次上谕中皆强调各省督抚于所辖境内一体行动，因而这两次对宗族产业的限制活动具有全国性意义。当然，江西、广东两省首当其冲，宗族产业所受限制的程度，较其他各省尤为严重。

雍正四年（1726年），国家颁行关于保甲职责的条例，其中确定了“族正”举报匪类、协助维持地方治安的职责。乾隆五年（1740年），《大清律例》修改定型，此条例被保留。各地族长在维持地方治安的过程中，逐渐扩大自身权力，必然会形成与地方政府权力的冲突。乾隆朝打击宗族势力、

---

① （清）王检：《请除尝租锢弊疏》，《皇清奏议》卷56。

② 光绪朝《钦定大清会典事例》卷399，《礼部·风教·训饬风俗一》。

限制宗族活动的第三条措施，即对族长权力的削减。

乾隆五十四年（1789年），福建巡抚徐嗣上奏，请求进一步明确族正的权责，允许族正对族内为匪不法、作奸犯科者，行使阻止和举首权；并对治族有方，三年无犯，或者能将滋事匪徒查缚送官者“奏给顶戴”。徐嗣之建议在原则上与雍正四年制定的“设族正”条例吻合，而该条例经乾隆五年修律被保留，此时仍具有法律效力。但乾隆皇帝仍断然否决徐嗣的建议。乾隆上谕提出四条理由，第一，各地所举族正，“大半多系绅衿土豪，未必尽属奉公守法之人”。第二，族正为一族之首，众亲之尊，族内为匪滋事者必有其子弟亲党，徇私包庇，在所难免。第三，国家设有地方官吏，其重要职责在于维持地方治安，掌理地方司法。倘由族正查访贼匪，缉拿凶犯，“则设地方官何用？”第四，利用族正维持治安，并授予较大权力，必为炕上养虎，反受其患，“行之日久，将来遇有缉凶拿匪之事，必须向族正索取，竟与世袭土司何异”。苗民传统，于本民族内产生世袭领袖，并构堡筑寨，抗拒外来侵扰。在国家统治者看来，不服从中央统管，各行其是，就是反抗。清朝政府颇费周折，实行改土归流，将中央统治权渗透到苗民社会内部。乾隆皇帝将族正与土司类比，可见国家最高统治者对宗族势力迅速发展的忧虑。乾隆上谕接着说：“是明假以事权，必至倚仗声势，武断乡曲，甚而挟嫌诬首及顶凶抵命皆所不免，充其流弊必至聚众滋事，更复何事不可为。”①

国家统治者对宗族共同体采取限制宗族法、毁散族产、削弱族长权等一系列措施，以打击宗族势力，然而，宗族共同体毕竟还具有利用宗法血缘关系稳定社会秩序、维护封建统治的特殊功能，国家统治者决没有忽视这种特殊作用。中央政府在实施打击宗族势力三步骤的同时，仍于一般性社会生活中，肯定族长的各项权力。一方面，雍正年间所制定授予族长一般权力，包括立嗣权、监视举报权的条例，仍继续有效；另一方面，又不

① 《清实录·高宗纯皇帝实录（一七）》卷1335，乾隆五十四年七月庚戌，第1101页。

断新纂条例，允许族长拥有其他一些权力。乾隆十三年（1748 年）奏准定例，授权族正劝导、约束械斗之人。[①] 乾隆三十二年（1767 年）奏准定例，对于疯病痊愈之人，经族长甘结，方许启锁开禁，允其自由行动。[②] 尤其是乾隆二十一年（1756 年），应江苏巡抚庄有恭奏，制定条例，禁止盗卖祖遗祀产及宗祠房屋，并明确规定，被盗卖之房产收回后，“给族长收管”。[③]

总体来说，清朝统治时期，政权与族权相结合，利用并支持宗族法维持封建秩序，这是国家统治者对宗族及宗族法的基本态度。正因如此，乾隆朝对宗族势力的限制三步骤就显得格外醒目。康雍乾时代，号称三朝“盛世”。康熙二十年（1681 年）平定三藩之乱以后，清朝统治进一步巩固，整个社会走上稳定发展的道路，同时，专制主义中央集权也逐步加强。乾隆时期，国家统治进入鼎盛发展阶段，府库充盈，国力强盛，强化皇权与强化中央集权的统治方针在更广的范围内被推行。康、雍两朝对宗族组织实行温和性政策，导致宗族势力迅速发展。到乾隆初期，在宗族势力较为集中的地方，已出现一些侵损国家司法统一、干涉州县政府正常活动的事件，因而与国家强化中央集权的统治方针发生矛盾。正是在这种背景下，乾隆朝国家统治者在延续前朝支持与利用宗族力量的同时，注重打击那些已对国家统治秩序形成直接侵害的宗族势力，并在一般意义上限制宗族势力的继续发展。

① 光绪朝《钦定大清会典事例》卷 807，《刑部·刑律斗殴·斗殴》。

② 光绪朝《钦定大清会典事例》卷 805，《刑部·刑律人命·屏去人服食》。

③ 《读例存疑》卷 10，《户律·田宅》。

第二十章　雍正、乾隆时期的涉外法律

第一节　颁行调整对外贸易法规

雍正时期来华的，除康熙时期即已来华的国家外，还有英国、瑞典、葡萄牙等国。雍正初，各国商人来华贸易，“货物无几”①，但朝廷为了加强对于外商的管理，却定了不少的“规矩”。如：来广东贸易的商船，只能停泊于黄埔，由粤海关征税、验货；正商才可以上岸进行交易活动，其余员役不许离船；其离粤时间，限至每年十一月、十二月②；其销货与上税，一律由行商行头派人经手③。又如：在浙江贸易的日本商人，必须由浙江地方官指派的日商八人为“商总”，余者须听从“商总”的“稽察”，并“互相绳举”违反中国条规之事④。而寓居澳门的外国商人，则必须遵守中国的法令、交纳赋税，并且不许进入内地⑤。澳门的外国商船，以 25 艘为限，不许再行增造。葡萄牙派来的管理人可以自行更换，但无故来澳门者，即令随船离去，不许容留居住⑥。为保证对于寓居澳门的外国商人的约束，朝廷

① 《雍正朱批谕旨·常赍奏折》，雍正五年七月十九日折。

② 《雍正朱批谕旨·孔毓珣奏折》，雍正二年六月二十四日折。

③ 《雍正朱批谕旨·官达奏折》，雍正五年五月二十日折。

④ 《清史稿》卷 158，《邦交志六·日本》，第 4617—4618 页。

⑤ 《雍正朱批谕旨·孔毓珣奏折》，雍正二年六月二十四日折。

⑥ 《清实录·世宗宪皇帝实录（一）》卷 29，雍正三年二月己巳，第 430 页。

自雍正元年（1723年）起即增设官（把总）、兵（50名），并由都司、守备另带兵驻守于澳门通向内地的关卡。

自康熙五十六年（1717年）朝廷禁止出国的船只到吕宋、噶喇吧贸易之后，中国人去南洋贸易已成非法。雍正五年（1727年），胤禛根据福建总督高其倬等人的请求，终于决定重开海禁而允许中国商船前去南洋诸国贸易了。是年，胤禛命内阁汇集康熙时期办理出洋事务的成例，编辑《海洋事宜》，作为高其倬等人重新制定出洋条例的参考，并采纳了高其倬等人关于出洋船只须出具甘结，且只准出入厦门、虎门，由该二处海关官员检核，否则以私越例治罪的建议[①]。次年，他又谕示内阁：出洋之船，须按定限返回，逾限不回则不准再回[②]。十月己卯日，朝廷更进一步规定了民船进入海口的时间、酌带米石的数目、酌带日用品的名目以及稽查的方法，规定嗣后：

每年出口船只，应令于四月内造报；入口船只，于九月内造报。如入口之船有番账未清不便即回者，准俟来年六、七月间回港；有遭风飘泊他省者，准取具该地方官印结赍回；有舟行被溺无凭查据者，饬取飘回余人或邻船客商等确供详核。倘故意迟延并徇私捏报，即行分别究处。

至每船应酌带米石：暹罗，大船三百石、中船二百石；噶喇巴，大船二百五十石、中船二百石；吕宋等处，大船二百石、中船一百石；垿仔等处，中船各一百石。如有偷漏，以接济外洋例论罪。

再，出洋之船，动经数月，油、钉、综、麻等物，酌量许带，仍注明数目，以凭查验。[③]

① 《雍正朱批谕旨·孔毓珣奏折》，雍正五年九月九日折及朱批。

② 《上谕内阁》，雍正五年六月二十二日谕。乾隆七年定限二年，见《清实录·高宗纯皇帝实录（三）》卷176，乾隆七年十月庚寅，第265页。

③ 《清实录·世宗宪皇帝实录（一）》卷74，雍正六年十月己卯，第1098—1099页。

雍正时期的对外商之在华贸易的法规，“以固本防患为先”[①]；其对国人之海外贸易，虽然较康熙晚年的立法宽松，然而亦有诸多限制，未脱封建保守的窠臼。乾隆时期亦然，但却在恩恤海上难员、款接与保护贡使方面有了一些新的法令。恩恤海上难员，此前各代帝王多所实施，然而至乾隆二年（1737 年）始“永著为例”：各督抚率同有司，可以“动用存公银两，赏给衣粮，修理舟楫，并将货物查还，遣归本国”[②]。不宁唯是，乾隆四十六年（1781 年）还规定：嗣后吕宋商船违例至厦门，俱可按粤海关条例贸易[③]。根据弘历的谕令，乾隆五年、十一年、二十二年，清朝地方官员即有恩恤暹罗、朝鲜、苏禄、安南等国海上难员之举。在款接与保护各国贡使方面，乾隆七年（1742 年）规定：“凡外国使臣在京，若遇禁止屠宰，其每日应得食物（肉类），著照常给与，嗣后永著为例。”[④] 乾隆三十五年（1770 年）部议：“嗣后外国入贡，俱令按省派员伴送，更换交代，毋许一人长送”；乾隆三十六年，弘历谕云：“途中屡易生手，亦觉非宜”，饬礼部再议新例。礼部议为：“嗣后，各省贡使到境，该抚即于同知、通判内遴委一员护送趱行。惟伴行长送，酌派守备一员；回国时，仍令委员长送。经过各省，仍遴员护送。……司员伴送，应请停止。”弘历批准了这一方案。[⑤] 礼部司员伴送之例虽停，长送的守备与分省护送的同知、通判仍保证着贡使的安全。

与雍正帝置盘剥外国商人的官吏于法外不同，弘历对侵吞外国商人银两的贪官污吏惩处甚为严厉。乾隆二十四年（1759 年），英商控告李永标“买货不给价”，两广总督李侍尧为李永标解释，弘历即下旨：“李永标不能

---

① 《清史稿》卷 158，《邦交志六 · 日本》，第 4618 页。

② 《清实录 · 高宗纯皇帝实录（一）》卷 52，乾隆二年闰九月庚午，第 889 页。

③ 《清实录 · 高宗纯皇帝实录（一五）》卷 1141，乾隆四十六年九月丙寅，第 284 页。

④ 《清实录 · 高宗纯皇帝实录（三）》卷 162，乾隆七年三月壬戌，第 37 页。

⑤ 《清实录 · 高宗纯皇帝实录（一一）》卷 885，乾隆三十六年五月丙寅，第 859—860 页。

免罪。”[①] 乾隆四十七年（1782年），龙溪县民王三阳“侵吞苏禄国托售货价银两，雅德所拟寄复苏禄国檄文，内有归咎该国王所托非人”，弘历指出：“是即明朝陋习，护内地民人而贱外国、屈小邦”[②]，而当刑部拟将该犯处绞时，弘历又谕：“现在已过秋审，著将该犯即行处绞……以服外夷之心……著……传知该国在闽夷人，令其在旁观看，俾知中国于在外滋事之犯，断不稍为宽贷，且使贸易商民共知儆畏。”[③] 弘历这些法令，无疑对外商在华的正常贸易提供了法律的保障。

然而，弘历并未能更进一步，没有制定一套全面保障外商在华正常贸易乃至扩大贸易的法规，相反，他的另一些法令、条规，却仍旨在限制和防范“外夷”。乾隆二十二年（1757年），他压缩了海路通商口岸，将康熙二十四年（1685年）增开的漳州、宁波、云台山三个外贸口岸基本封闭，只留下粤海一个外贸口岸。乾隆二十四年（1759年），英国商船到了定海，请求贸易，弘历即谕庄有恭禁止“合宜”，令庄有恭“惟当申明禁令，令其回粤”[④]。同年，他还批准了两广总督李侍尧所奏、军机大臣议复的《防范外夷条规》。这个条规，严格规定了外国商人在广州留住的时限、居址、与中国商人的关系、对外国商人雇员的限制以及加强对外国商船的防范与监视等五项内容，即第一，“禁止夷商在省住冬”。至冬，“即有行欠未清，亦令在澳门居住”，嗣后倘再有“不肖行商”为了久住广州而故意措留压滞其货物，“一经告发”即“按律处治毋贷”。第二，“夷人到粤，宜令寓居行商管束稽查”，行商房屋不敷时，“并令行商自行租赁、拨人照看，毋许出入汉奸私相交易”，行商亦不得“有意把持，短价勒措”。第三，“借领外夷资本及雇请汉人役使，并应查禁”。“嗣后，倘有违禁借贷勾结者，

---

① 《清实录·高宗纯皇帝实录（八）》卷591，乾隆二十四年闰六月，第580页；卷589，乾隆二十四年六月戊寅，第553页。

② 《清实录·高宗纯皇帝实录（一五）》卷1168，乾隆四十七年十一月辛丑，第670页。

③ 《清实录·高宗纯皇帝实录（一五）》卷1169，乾隆四十七年十一月庚申，第682页。

④ 《清实录·高宗纯皇帝实录（八）》卷597，乾隆二十四年九月乙丑，第653页。

照交结外国借贷诓骗财物例问拟；借银，查追入官”；“此后，除设立通事、买办外，如有无赖民人贪财受雇者，交地方官严禁，倘有徇纵，一并惩治”。第四，“严禁外夷雇人传递信息积弊”，“严谕行商、脚夫人等，嗣后一切事务，俱呈明地方官，听其酌量查办”，“倘有不遵禁约”，“一并严治”。住在澳门的洋人，如有公务转达钦天监，亦令由海防同知呈督臣转呈。第五，“夷船泊处……酌拨营员弹压稽查”，原定派外委1员、兵12名，不足，应派候补守备1员“专驻该处，督同守寮弁官防范稽查”[①]。乾隆五十六年（1791年），朝廷重申稽查洋船炮位。稽查洋船炮位，始于康熙五十七年（1718年）。不过，那时只规定：“或于未入港之先，查取其火炮方许进口。”[②]而乾隆时规定：“由粤海关监督于该船出入虎门时”即“查验开报”。[③]可见此时的规定进一步严格。稽查洋船炮位，从维护国家主权的角度看，实属必要；而且，乾隆四十九年（1784年）英国商船“哈嗛号”炮击中国民船，致中国水手吴亚科、王运发身死之事[④]，也迫使清朝决定进一步加严对于外国船只的炮位稽查。不过，清朝的这种稽查，并非出于进一步扩大贸易的宗旨，而表现出了进一步限制贸易的保守态势。这种保守的态势，在乾隆五十八年（1793年）由英国使臣马戛尔尼带回国的致英国国王的国书中，表现得更加明显。该“敕谕”言：第一，“除广东澳门地方仍准照旧贸易外，所有尔国使臣恳请向浙江宁波、珠山及直隶天津地方泊船贸易之处，皆不可行”；第二，“据尔使臣称：尔国买卖人要在天朝京城另立一行收贮货物发卖……更断不可行”；第三，“尔使臣称，欲求相近珠山小岛一处，商人到彼，即在该处停歇，以便收存货物一节”，“尤不便准行”，因为“天朝尺土，俱归版籍”，且“若别国纷纷效尤，恳请赏给地方居住买卖之人，

① 《清实录·高宗纯皇帝实录（八）》卷602，乾隆二十四年十二月戊子，第761页。

② 《清实录·圣祖仁皇帝实录（三）》卷277，康熙五十六年正月庚辰，第716页。

③ 《清实录·高宗纯皇帝实录（一八）》卷1377，乾隆五十六年四月丁卯，第486页。

④ 《清实录·高宗纯皇帝实录（一六）》卷1218，乾隆四十九年十一月壬戌，第339—340页。

岂能各应所求”；第四，对于马戛尔尼的“拨给附近广东省城小地方一处居住尔国夷商，或准令澳门居住之人出入自便”、英国商人“自广东下澳门由内河行走，货物或不上税或少上税”等要求，弘历均不批准，目的在于“杜民夷之争论，立中外之大防”[①]。这些条规和“敕谕”，限制了乾隆时期本可以进一步扩大发展的对外贸易。

乾隆时期，清朝一方面坚持不渝地维护中俄之间已定的条约，另一方面又采取强有力的措施迫使俄国签订了一些新的贸易法规。为了保持中俄边界的和平与宁静，在维护已定条约方面，清朝不仅于乾隆七年（1742年）、十一年、二十三年、三十二年、四十四年、四十八年等，将俄国“来投”的伊番及其他逃犯和越界之人交还俄国，而且，当中国逃犯逃入俄国境内、俄国又未归还时，朝廷亦只是谕令官兵根据已定条约，通过外交途径向俄国索取，并不直接派兵。如乾隆二十一年（1756年），乌梁海宰桑鄂木布之子博罗特等人逃入俄境，哈达哈等“止遣人索取，不即领兵前往”。弘历即称赞他们：“所办尚合机宜。”[②]二十三年，准噶尔部叛逆头目阿睦尔撒纳逃入俄境，弘历亦只谕：“相机办理。阿逆若果在俄罗斯图喇附近，毋论内外，酌量擒拿；若相离甚远，不必轻进，即访取确信，作速奏闻。”[③]另外，俄国欲违反《尼布楚条约》的规定，清朝政府亦据理驳回，并不惜采取强硬措施。如乾隆二十三年，俄国要求在“尼布楚地方阴葛达河、额尔衮河及黑龙江行走”，弘历即谕：“初与俄罗斯议定十一条内，并无逾界遣人运送什物一项”，其要求应予拒绝，“倘（俄罗斯）不听阻止，恃强前行，台站官兵报到时，绰勒多即酌派官兵擒拿，照私越边界办理”。[④]弘历对于《恰克图条约》的维护，则主要表现于对恰克图贸易的停止与重开上。为

① 《清实录·高宗纯皇帝实录（一九）》卷1435，乾隆五十八年八月己卯，第187页。
② 《清实录·高宗纯皇帝实录（七）》卷515，乾隆二十一年六月戊子，第508页。
③ 《清实录·高宗纯皇帝实录（八）》卷554，乾隆二十三年正月丙申，第11页。
④ 《清实录·高宗纯皇帝实录（七）》卷544，乾隆二十二年八月庚申，第905、906页。

了迫使俄国恪守条约，弘历于乾隆二十八年（1763 年）至三十三年（1768 年），乾隆四十三年（1778 年）至四十四年，以及乾隆四十九年（1784 年）至五十六年（1791 年），三次被迫谕令：停止在恰克图的中俄贸易。第一次谕停贸易的原因是俄国人"将喀尔喀衮达啰拉噶驻卡官兵戕害劫掳，旋又持械进索伦游牧，在塔尔巴哈台地方偷窃，而俄罗斯反饰词抵赖"[①]，并"背原定价值，加增货税，一切诸事推托支吾，不肯简速办理"[②]，总之，是"不遵旧制，违背条约"[③]。停止贸易不是弘历的目的，只是为使俄国"自知悔过，抒诚祈请"[④]，恪遵条约。经过此次"闭市"，俄国终于在乾隆三十三年呈请通商，并提出了通商的十三项事宜："凡贸易悉循法令""经过边界地方，谨遵原议罢税""嗣后边界逃窃等事，详定章程，严查速办""常遵旧约，不敢妄起争端""请将各条议准，著为定例"[⑤]等。理藩院议定以后，弘历方谕："著准其通商。"[⑥]第二次停止贸易，也是因为俄国方面屡违章程，而即使在"闭市"期间，清朝仍坚持履行既定条约，将偷盗俄人马匹之马甲吉木丕勒等解至中俄边界"正法示众"，并将所盗马匹"如数罚十赔给"[⑦]，并不因为"闭市"而中断对既定条约规定的一切内容的贯彻执行。而俄国则与清朝相反，又一再"不守定约，将为匪贼犯，不遵共定章程办理"[⑧]，因此而导致了清朝的第三次"闭市"，并严禁新疆和粤海关向俄国贩卖大黄、皮张、茶叶等，迫使俄国再次同意举行谈判，并于乾隆五十七年与清朝签订了《恰克图市约》：重新"互市"；货物交易不得负欠引起争端；两

① 《清实录·高宗纯皇帝实录（九）》卷 695，乾隆二十八年九月戊寅，第 787 页。
② 《清实录·高宗纯皇帝实录（一〇）》卷 734，乾隆三十年四月己未，第 88 页。
③ 《清实录·高宗纯皇帝实录（一〇）》卷 749，乾隆三十年十一月庚寅，第 243 页。
④ 《清实录·高宗纯皇帝实录（一〇）》卷 749，乾隆三十年十一月庚寅，第 243 页。
⑤ 《清实录·高宗纯皇帝实录（一〇）》卷 814，乾隆三十三年七月丁酉，第 1012 页。
⑥ 《清实录·高宗纯皇帝实录（一〇）》卷 816，乾隆三十三年八月丁卯，第 1065 页。
⑦ 《清实录·高宗纯皇帝实录（一四）》卷 1059，乾隆四十三年六月乙巳，第 151 页。
⑧ 《清实录·高宗纯皇帝实录（一七）》卷 1325，乾隆五十四年三月壬午，第 943 页。

国边吏各以逊顺相接；严杜盗窃；“互市”一切照旧章办理；两国边民交涉，会同审讯，各照本国法律治罪。《恰克图市约》不仅再次维护了既定条约的法律地位与效力，而且也是对既定条约的进一步法律补充与发展。

第二节　有关中俄划界和贸易的条约

《中俄尼布楚条约》签订以后，中俄两国东段边境上基本没有发生什么纠纷。但是，在两国中段边境方面，早自 17 世纪中叶起即已产生了音果达河与鄂嫩河之间以及莫加河流域的边界纠纷，始终没有得到解决；适到 18 世纪初叶，俄国又在图拉河流域制造了许多争端、蚕食了不少中国领土。而康熙帝行文沙皇，至康熙五十六年（1717 年）已“十余年”之久，俄国却“未尝回文”[①]。因此，康熙六十一年（1722 年），清朝只好下令驱逐在库伦的俄国商人，停止了中俄贸易，迫使俄国沙皇政府于雍正三年（1725 年）派遣使臣来华，就两国的划界与贸易问题进行谈判。雍正四年（1726 年）年底至次年五月，中俄两国代表在北京会谈 30 余次，七月又转至中国边境的布尔河继续谈判，雍正五年七月十五日（1727 年 8 月 31 日）才签订了《布连斯奇条约》。不久，又相继签订了《阿巴哈伊界约》《色楞格界约》。雍正六年（1728 年）六月，中俄双方根据《布连斯奇条约》等的基本内容而拟就的《恰克图条约》，在恰克图地方正式签字互换。

《恰克图条约》共十一款，主要包括四方面内容。第一，边界方面，重申《布连斯奇条约》的规定：以恰克图和鄂尔怀图山之间的第一个鄂博为起点，由此向东至额尔古纳河，向西至沙毕纳伊岭（即沙宾达巴哈），以北归俄国所属，以南归中国所属。重申《尼布楚条约》的规定：马第河及该处其他河流仍保留原状，双方均不得占有这一地区。第二，贸易方面，

---

① 《清实录·高宗纯皇帝实录（三）》卷 273，康熙五十六年八月，第 677 页。

规定俄国商人每间 3 年去北京一次，人数仍不得超过 200 人，每次“均不取税”；两国交界处的零星贸易者，可在尼布楚和色楞格之恰克图选择适当地点建盖房屋，作为贸易市场。第三，有关越境人犯方面，规定：条约签订前之越界者容留原处，不再归还；嗣后之逃犯，绝不容隐，均应严行查拿，各自送交边界官员，并且视不同情节依法判罪。第四，宗教与留学生方面，规定：除原住北京的东正教教士 1 人外，准许补派教士 3 人，接受 6 名俄国留学生来京学习满文、汉文，居住于北京俄罗斯馆，中国协助在该馆内建造东正教堂。①

《布连斯奇条约》和《恰克图条约》，使俄国在领土方面得到了“相当可观的利益”②，不仅使其在条约签订前侵占的中国蒙古土地划入了俄国版图，而且通过条约又合法划有了贝加尔湖一带和唐努乌梁海以北的叶尼塞河上游地区。而条约所规定的贸易条款，也给俄国带来了巨大的经济利益。然而，条约正式划定了中俄中段边界，用法律形式遏制了俄国进一步侵吞中国蒙古土地的野心，在以后的百余年内保持了基本的和平与安宁。

第三节　坚持传统的涉外法律原则

康熙、雍正、乾隆时期，是清朝空前强大的时期。这一时期，清朝统治者在处理国际关系上的法律原则是：既坚持民族自卫，又在某种程度上以“老大”自居；既愿意与西方各国友好往来，又害怕西方商品对中国封建经济的冲击。这种原则，主要体现在下列三个方面。

① 《清实录 · 世宗宪皇帝实录（一）》卷 60，雍正五年八月乙巳，第 922 页；《朔方备乘》卷 9“北徼条例考”，第 231 页；俄国外交部编：《俄中条约集》（1689—1881），圣彼得堡 1889 年版，第 50—60 页。

② ［法］加恩：《早期中俄关系史（1689—1730）》，江戴华译，商务印书馆 1961 年版，第 123 页。

1. 对邻近的国家的政策。清朝对于诸如朝鲜、安南、暹罗、缅甸、廓尔喀等国家，虽然有要求友好相安、平息叛乱、反对侵扰的一面，但是也有要求他们称臣纳贡即成为属国的一面。这种情况，突出地表现在乾隆时期对于缅甸、暹罗、安南、廓尔喀等国家的态度上。康熙、雍正时期，缅甸基本上与中国没有往来。乾隆二十八年（1763 年），缅甸进犯中国的孟遮、打乐等地，云南巡抚刘藻以兵迎之，败；朝廷即派杨应琚、明瑞、傅恒等人相继接替反击，攻入缅甸境内。乾隆三十四年（1769 年）十一月，缅甸统治者布拉莽傥求和，同意称臣入贡，归还所系官兵，永不犯边境。乾隆五十四年（1789 年），清朝封孟云为缅甸国王，定十年一贡。至时，缅甸最终成为清朝的属国。暹罗成为中国属国较早，而清朝对于邻近小国，主要是求得政治上的领属关系，在经济上并不苛取这一政策，在与暹罗的关系上体现得尤其明显。雍正六年（1728 年），清朝宣布暹罗商船运来米谷永远免税；雍正七年（1729 年），更减其贡品而"著为例"，对其贡使和国王的赏赐尤多；乾隆八年（1743 年），清朝又规定："暹罗商人运米来闽、粤诸省贸易，万石以上免船货税银十之五，五千石以上免十之三，其米照市价公平发粜"[①]，赏赐仍较进贡优厚。郑昭败缅甸而复国后，清朝不仅承认郑昭政权的合法性，而且于乾隆五十一年（1786 年）封郑华为暹罗国王，赐之诰印。先是，缅甸、暹罗之间曾一再搆兵。乾隆五十三年（1788 年）弘历乃谕曰："暹罗业经受封，而缅甸现亦投诚内附，俱系属国。嗣后，该二国应彼此修好，同受天朝恩眷，不得仍前搆兵。"[②] 这一谕令，虽然对缅甸、暹罗两国的和平起到了良好的作用，但这种领属国的宗主口吻，却表现出了以"老大"自居的旧习。以这种宗主态度处理属国内部的政治纠纷，则主要表现在对待安南问题上。清代前期，安南是一个政治纷争的属国；乾隆时期，其国内的稳定、和平更有赖于清朝。乾隆四年（1739 年），广西官兵曾为

---

① 《清史稿》卷 528，《属国列传三 · 暹罗》，第 14692—14693 页。

② 《清实录 · 高宗纯皇帝实录（一七）》卷 1312，乾隆五十三年九月壬戌，第 697 页。

安南平叛；乾隆五十一年（1786年），安南阮、黎角逐，清朝又曾出师；乾隆五十四年（1789年），清朝一方面妥置前国王黎维祁及其从人、家属于中国，另一方面又册封阮光平为安南国王，维持住安南国内的和平之后才撤兵。为了维护安南的和平与秩序，清朝对于前去该国贸易、做工及至在安南滨海地区打鱼的渔民，都有过一系列的法律规定。乾隆十九年（1754年），规定："许客商行走"的关口，以防"该国奸匪窜入内地，并内地汉奸潜往滋扰"①；乾隆四十五年（1780年），和珅在云南，即见开化府属亦"设立关口"，内地民人去安南贸易者，"由藩司给以印票出口，每年税银约二千两"②。可见，对于中国人去安南贸易者，清朝一向控制很严。而对在安南的华人，清朝亦有法律约束其行动。乾隆二十九年（1764年），归顺州杨亚道在安南夹地行劫，致死事主，弘历即谕："就行劫处所正法"，"不唯国法得申，且使夷情折报"。③乾隆四十年（1775年），因安南送星厂有华人张德裕等"生嫌械斗"，弘历更下令："嗣后凡一应商民，概不许其擅越边境贸易"，只"酌于关口适中之地""交易商货"，并须在指定的日期之内进行，且规定："嗣后再有偷出口隘，究明由何关口，将专管文武、该管上司照例参处，督察不力之道员、将领一并严参。偷越出口之人一名至五名，罚俸一年；六名以上，降一级留任；十名以上，降一级调用。"④乾隆帝对在该国滋事的厂徒，则谕地方官将他们分别安插于伊犁等边疆地区⑤。乾隆六十年（1795年），弘历更谕："嗣后随时查禁，毋令渔户人等潜赴夷地（安南）滋生事端。"⑥乾隆时期，还接纳了安南一批又一批由于内乱难以安身而逃入中

① 《清实录·高宗纯皇帝实录（六）》卷479，乾隆十九年十二月，第1191页。

② 《清实录·高宗纯皇帝实录（一四）》卷1106，乾隆四十五年五月戊子，第806页。

③ 《清实录·高宗纯皇帝实录（九）》卷715，乾隆二十九年七月丙寅，第973页。

④ 《清实录·高宗纯皇帝实录（一三）》卷985，乾隆四十年六月甲辰，第150页。

⑤ 参见《清实录·高宗纯皇帝实录（一三）》卷987、卷988、卷989、卷992，乾隆四十年七月癸酉、八月壬午及丙戌与乙巳、十月丙子。

⑥ 《清实录·高宗纯皇帝实录（一九）》卷1492，乾隆六十年十二月甲申，第965页。

国的难民。因此，可以说，清朝鼎盛时期关于安南的立法原则，是维护其安定统一，尊重其利益的。对于这个属国，清朝耗费了大量的人力、物力。廓尔喀，乾隆时期曾与中国的西藏贸易发生纠纷，于五十三年（1788 年）后派兵入侵西藏。朝廷派鄂辉、巴忠等人入藏处置。巴忠迁就议和，私许后藏喇嘛班禅赔偿银两，后藏实不能偿，导致廓尔喀兵于五十六年（1791 年）再次大举入侵。清朝于是派兵反击。次年，清军攻入廓尔喀境内七百余里，廓尔喀乞降，缴出前所私立的条约，愿“永为天朝属下”[①]，清朝方下令撤兵。五十八年（1793 年）以后 5 年一贡。而早在清军撤出的五十七年（1792 年）十月，弘历即允许廓尔喀人继续在西藏贸易，为免噶布伦等从中牟利，弘历指示：“官为办理，不准噶布伦等复行私自讲说。”[②]

2. 对天主教的政策方面。雍正、乾隆时期，继续了康熙晚期的禁止西洋天主教士传教的政策。乾隆时期较之雍正时期，立法尤为严峻。雍正元年（1723 年），朝廷宣布：将内地行教之西洋人，“给半年之限”，令其迁移于澳门；[③] 雍正二年（1724 年）才允许“不尽去澳门”，可于广州候船回国，老弱及不愿回国者，方可居于广州天主堂内，但不准外出传教，也不许中国百姓入教。[④] 随着“迁移”教士的活动，全国又掀起了拆毁教堂的高潮。杭州的教堂被改为“天后宫”[⑤]，顺天府的文安县教堂、古北口教堂、宣化府等处的教堂，“尽改为官所”，“京都之北堂，亦改为病院矣”[⑥]。乾隆帝认为：天主教是“异说”，因而“华夷之辩（辨）甚严”[⑦]，故不仅严禁民

---

① 《清史稿》卷 529，《属国列传四・廓尔喀》，第 14711 页。
② 《清实录・高宗纯皇帝实录（一八）》卷 1415，乾隆五十七年十月戊子，第 1036 页。
③ 《清朝文献通考》卷 298，《四裔考六》；《清实录・世宗宪皇帝实录（一）》卷 14，雍正元年十二月壬戌，第 251 页。
④ 《清实录・世宗宪皇帝实录（一）》卷 27，雍正二年十二月己丑，第 419 页。
⑤ 《雍正朱批谕旨・李卫奏折》，雍正八年五月二日折。
⑥ 《燕京开教略》（中篇），台湾辅仁大学出版社 2003 年版，第 384 页。
⑦ 《清实录・高宗纯皇帝实录（一九）》卷 1435，乾隆五十六年八月己卯，第 187 页。

人、旗人入教，而且对于西洋教士的惩治尤严。乾隆三十五年（1770年），旗人、承德守备再次入教，军机大臣议请将其革职、销去旗档，弘历即谕：将其“重责六十板，发往伊犁，赏给厄鲁特为奴”①。对传教士的惩治之法，则大抵分为四类：第一类，押送澳门、广东，令其回国。如乾隆十一年（1746年）在福建福安县查拿的费若用，即被谕令押经广州、澳门遣送回国，从教的中国“男、妇”，亦受“惩劝”。②乾隆十二年（1747年）在江西盘获的教士，亦“俱递解广东，勒限搭船回国”。③第二类，就地拘押候旨。如乾隆五年（1740年）即潜入山、陕传教的李士辅，于乾隆十一年（1746年）被盘获，十二年弘历即指示江西巡抚开泰：“此人不可令其回国，即在江西拘禁，俟事楚后折奏请旨。”④又如，张若瑟等五名教士，亦在被监禁一年之后，才于乾隆二十年（1755年）奉旨“解回澳门安插”⑤。第三类，解京收审。乾隆四十九年（1784年），弘历从受审的教士呢吗方济各、马诺二人的讯供中得知“罗玛当家，本年新派西洋神甫十人，分往直隶、山东、山西、湖广传教”，故降旨各省“按名查拿”“解京收审”⑥，一切“西洋人潜赴内地传教者，必当严缉务获，解京收审”⑦。至时，对于天主教士的惩治已经进入更加严肃、审慎的阶段。乾隆五十年（1785年），教士哆罗、吧哋哩呋等均由盘获地解京，“牢固监禁”⑧，严审以后才被“加恩释放”⑨。乾隆六十年（1795年），陕西盘获陈玛禄，弘历亦谕：照呢玛方济

① 《清实录·高宗纯皇帝实录（一一）》卷858，乾隆三十五年五月甲申，第492页。

② 《清实录·高宗纯皇帝实录（四）》卷267、卷271、卷275，乾隆十一年五月甲子、七月庚戌、九月壬戌。

③ 《清实录·高宗纯皇帝实录（四）》卷287，乾隆十二年三月，第748页。

④ 《清实录·高宗纯皇帝实录（四）》卷287，乾隆十二年三月，第748页。

⑤ 《清实录·高宗纯皇帝实录（七）》卷491，乾隆二十年六月丙寅，第176页。

⑥ 《清实录·高宗纯皇帝实录（一六）》卷1218，乾隆四十九年十一月丙寅，第344页。

⑦ 《清实录·高宗纯皇帝实录（一六）》卷1219，乾隆四十九年十一月戊辰，第346页。

⑧ 《清实录·高宗纯皇帝实录（一六）》卷1227，乾隆五十年三月辛未及癸酉，第447页。

⑨ 《清实录·高宗纯皇帝实录（一六）》卷1240，乾隆五十年十月甲申，第684页。

各等解京治罪之例解京，由刑部堂官“审明定拟具奏”[1]。第四类，直接处以重刑。如教士白多禄即被以“谋为不法，在国宪所不容”之罪名而诛杀；白多禄死后，吕宋商人“欲将其骨殖讨回”，弘历亦不予准[2]。又如王安多尼、谈方济二人，不仅“煽惑内地民人入教”，而且“窝顿奸淫”，按律应拟绞，弘历下令：“令其瘐毙，不动声色”，“速行完结”，并规定：“嗣后似此等案件，不必将此等供语叙入题本之内”，只需“将遵办之处，具折复奏”。[3]就在弘历此谕发出之后的不到三个月的时间内，原署江苏巡抚安宁的复奏即已达于朝廷：王安多尼、谈方济二人“俱在监病故”[4]。可见，弘历对于那些直接触犯刑律的教传士的惩治，远比对于那些只是传教的西洋人的处罚重得多，而且方法也是很巧妙的。

不过，康熙、雍正、乾隆三帝对于俄国的东正教，却始终未予查禁。康熙二十四年（1685 年）以前的三十多年内，俄国的俘虏、降众以及投奔者，在京已经“近百人”[5]，这些人将玄烨赐给他们的一座庙宇，擅自改成东正教堂而习教；康熙三十四年（1695 年），俄国正式承认了这一教堂。康熙帝对此事始终未予过问。雍正时签订的中俄《布连斯奇条约》和《恰克图条约》的第五条，均规定中国允许俄国再派三名东正教士来京，并要求中国协助建造东正教堂。这样，俄国的东正教就正式取得了在中国的合法地位，尽管俄国在北京的东正教士干了许多违犯中国国法的秘密活动，雍正、乾隆二帝却均未予应有的重视和惩罚。

3. 坚持传统的对于外国使节的接待、接见仪节。清朝帝王对于接见外国使臣，极其注重传统的仪节，即所谓三跪九叩之礼。清朝前期于此更甚。

---

① 《清实录·高宗纯皇帝实录（一九）》卷 1482，乾隆六十年七月庚申，第 812 页。

② 《清实录·高宗纯皇帝实录（五）》卷 310，乾隆十三年三月乙酉，第 69 页。

③ 《清实录·高宗纯皇帝实录（五）》卷 320，乾隆十三年闰七月己未，第 266、267 页。

④ 《清实录·高宗纯皇帝实录（五）》卷 327，乾隆十三年十月乙巳，第 408 页。

⑤ （清）俞正燮撰：《癸巳类稿》卷 9，商务印书馆 1957 年版，第 332—333 页。

顺治十二年（1655年），由于俄国使臣“始行贡礼”，故而“赍而遣之”；次年，俄国派来的使臣巴依科夫“虽具表文，但行其国礼立而授表，不跪拜。于是部议：来使不谙朝礼，不宜令朝见，却其贡物，遣还之”；顺治十七年（1660年），俄国使臣阿布林等途经三载，终于到达北京，但是，“表内不遵正朔，称一千一百六十五年（俄历）”，且“语多不逊”，于是朝臣佥谓逐之，却其“贡物”，福临则下旨：“来使著该部与宴，贡物察收”并“以表文矜夸不逊，不令陛见之故，谕其使而遣之”[①]。

康熙九年（1670年），俄国使臣米洛瓦诺夫受尼布楚侵华头目阿尔兴斯基的派遣，来到北京，由于能够行跪拜礼，并献方物，故而被优礼有加，且受到康熙帝的接见；只是由于俄国并未取消对中国黑龙江流域的侵略，亦未归还根特木儿等中国逃人，因而，“帝未与多言，唯问其年岁而已”[②]。康熙十五年（1676年），俄国使臣尼果赖 · 加甫里洛维奇 · 米列斯库抵京，理藩院通知他：觐见皇帝时必须行叩头之礼，但尼果赖受到康熙帝接见时只是行鞠躬礼，并立领赐物，卒引起廷臣们的不满，决定：“尼果赖不娴典礼，不便给与敕书，应令理藩院谕来使云：‘尔主……应将本朝逋逃根忒木尔遣还，另简使臣，遵中国礼行，方与尔照常贸易。’”[③]

由以上史实观之，从顺治至康熙，虽然没有明立外国使臣谒见帝王须跪拜的法律，但在事实上，只有使臣向帝王叩头，才被帝王接见或被赐予国书；即使皇帝确有十分重大之事应当面谕来使或赐书该国，也必须按此行事。

乾隆时期，这种传统的接见仪节尤其被朝廷看重。弘历本人于此，更有过谕令。乾隆五十八年（1793年），对于英国公使马戛尔尼之觐见问题，弘历就有过多次明确的谕示。六月戊子日，他虽谕军机大臣等：“若

---

① 《清实录 · 世祖章皇帝实录》卷135，顺治十七年五月丁巳，第1042页。

② 陈复光：《有清一代之中俄关系》，上海书店出版社1990年版，第18页。

③ 《清实录 · 圣祖仁皇帝实录（一）》卷62，康熙十五年七月辛巳，第799页。

该贡使等于进谒（梁肯堂）时行叩见之礼，该督等固不必辞却；倘伊等不行此礼，亦只可顺其国俗，不必加之勉强。”[①] 但是，七月己亥日，他却又谕云：

再，梁肯堂、征瑞折内，俱称“筵宴时该使臣等免冠叩首”等语。前据梁肯堂奏，与该使臣初次相见、敬宣恩旨时，“该使臣免冠竦立”，此次折内，何以又称“免冠叩首”？……著传谕征瑞，如该使臣于筵宴时，实在叩首则已；如仍止免冠点首，则当婉词告知以“各处藩封到天朝进贡观光者，不特陪臣俱行三跪九叩首之礼，即国王亲自来朝，亦同此礼。今尔国王遣尔等前来祝嘏，自应遵天朝法度。……若尔等拘泥固俗，不行此礼，……恐在朝引礼大臣亦不容也”。如此委曲开导，该使臣到行在（指热河）后，自必敬谨遵奉天朝礼节，方为妥善。[②]

弘历此谕，明确地将三跪九叩首之礼仪提到了法律的高度，亦将君主的尊严与臣子的荣宠明确地定了轻重。八月乙丑日，当弘历闻知前来热河的英国使臣等“于礼节多未谙悉”之时，即谕军机大臣等曰：“朕心深为不惬。”[③] 而当他得悉“该使臣等经军机大臣传谕训戒，颇知悔恨”，“礼节极为恭顺”，“一遵天朝法度”之时，又复惬意而谕：“自应仍加恩视，以遂其远道瞻觐之诚。”[④]

尽管清朝前期的帝王之对俄国、英国使臣，并不因其跪拜与否而根本改变对于英国与俄国的外交政策，但是，其跪拜与否却是关乎朝廷对于这些国家的使臣之接待好坏的一个重要的法律尺度。

---

① 《清实录·高宗纯皇帝实录（一九）》卷1431，乾隆五十八年六月戊子，第136—137页。又庚寅谕：“使臣向征瑞行叩见礼亦无足为荣；即不行叩见礼，亦何所损。”

② 《清实录·高宗纯皇帝实录（一九）》卷1432，乾隆五十八年七月己亥，第147—148页。

③ 《清实录·高宗纯皇帝实录（一九）》卷1434，乾隆五十八年八月乙丑，第170页。

④ 《清实录·高宗纯皇帝实录（一九）》卷1434，乾隆五十八年八月乙丑，第171页。

第四节　有关西洋人来京效力的法令

清初，踵明末故步，继续发挥许多西洋人的科技专长。鳌拜辅政时虽曾有过几年风波，但很快，朝廷又恢复了对西洋科技人才的信用，使不少西洋科技人才来华后终生为清朝效命。他们之中，较为知名的有汤若望、安文思、南怀仁、闵明我、安多、徐日升、白晋、张诚、郎世宁等人。清初对于西洋科技人才的基本政策，是信任、重用、照顾和欢迎多来。汤若望，明代天启二年（1622 年）来华，清代康熙五年（1666 年）死于中国。[①]在清朝，他曾被封为“光禄大夫”（正一品），其俸禄较尚书“还要超越三分之二”[②]。比利时人南怀仁，顺治十四年（1657 年）来华，康熙二十七年（1688 年）卒。[③]他在职任中，还推荐过闵明我（葡萄牙人）、安多（比利时人）和徐日升（葡萄牙人），这些被推荐者均受任用。西洋画家郎世宁，历经康熙、雍正、乾隆三朝，康熙、雍正二帝都很看重他，而“高宗尤赏异”[④]。艺人本无品级，弘历却“曾赏给三品顶戴”[⑤]。尤其是，乾隆十五年（1750 年）农历十二月，户部奏：郎世宁等人于例禁之后私典旗地，应彻回地亩并治之以罪。弘历当即下旨：“民人私典旗地，定例綦严，……但念郎世宁等系西洋人，内地禁例，原未经通饬遵行；且伊等寄寓京师，亦藉此以资生计。所有定例后价典旗地，著加恩免其彻回治罪；其定例以前所典之地，亦著免其一例回赎。……至河游地亩，亦系郎世宁等价典之

① 徐宗泽：《明清间耶苏会士译著提要》卷 9，上海书店出版社 2010 年版，第 279—280 页。

② ［德］魏特：《汤若望传》，杨丙辰译，商务印书馆 1949 年版，第 317 页。

③《明清间耶苏会士译著提要》卷 9，第 289 页。

④《清史稿》卷 504，《艺术列传三 · 郎世宁》，第 13912 页。

⑤《清实录 · 高宗纯皇帝实录（一〇）》卷 762，乾隆三十一年六月戊申，第 379 页。

地，俱免圈彻。”[①] 此实在可谓“恩施格外”。在广泛招聘西洋人才方面，康熙帝与乾隆帝都有过不少突出的举动。康熙三十二年（1693 年），玄烨曾派白晋赴欧，越四年，率巴多明、马约瑟、雷孝思等十人来华效力；[②] 康熙四十四年（1705 年），玄烨又派沙国安去罗马骋人；五十四年（1715 年），他还授意德里格等人，要求罗马教皇择通“天文、律吕、算法、画工、内科、外科几人来中国效力”[③]。弘历在招聘西洋人来京效力方面，也有过谕旨。他虽然没有派人赴西方国家征名，却对来华而又愿意来京效力的西洋人，表现了极度欢迎的热忱。乾隆三十年（1765 年），当他听到郎世宁等人说法国的外科医生巴姓到广东，住在洋行之内，而且“愿来京居住”时，当即传谕两广总督杨廷璋“即派员照看，由驿送京”，并要求“不可令其惊惧”。[④] 乾隆三十一年（1766 年），朝廷还改革了二十四年（1759 年）制定的《防范外夷条约》中第四条关于在京、来京效力者，“嗣后一切事务，俱呈明地方官”[⑤] 以及严禁其在省行商雇人传递信息的规定，宣布：“嗣后西洋人来广，遇有愿进土物及习天文、医科、丹青、钟表等技，情愿赴京效力者，……在省行则令其告知行商，呈明南海县随时详报，代为具奏，请旨护送进京。”[⑥] 实际上，是将过去一切全经官府的手续变通为光经行商。然而，此后西洋科技人才情愿赴京当差者仍然“绝少”，弘历又于乾隆四十六年（1781 年）再次谕令广东督臣：“留心体察，如有该处人来粤”，即行“访问、奏闻、送京”。[⑦]

弘历这些谕令，似乎实在渴求西洋科技人才赴京效力，但是事实却

① 《清实录·高宗纯皇帝实录（五）》卷 378，乾隆十五年十二月己卯，第 1197 页。
② 《明清间耶苏会士译著提要》卷 9。
③ 《康熙与罗马使节关系文书影印本》（六）。
④ 《清实录·高宗纯皇帝实录（一〇）》卷 750，乾隆三十年十二月辛亥，第 257 页。
⑤ 《清实录·高宗纯皇帝实录（八）》卷 602，乾隆二十四年十二月戊子，第 761 页。
⑥ 《清实录·高宗纯皇帝实录（一〇）》卷 768，乾隆三十一年九月甲戌，第 427—428 页。
⑦ 《清实录·高宗纯皇帝实录（一五）》卷 1130，乾隆四十六年五月乙亥，第 105 页。

是"所有西洋人在京者渐少"，其原因又确与朝廷关于西洋人来京效力的法令过严有关。早在康熙四十四年（1705 年），玄烨鉴于罗马教皇的使臣来华时禁止中国天主教徒祭祀祖先、干涉中国内政的情况，曾传谕来使多罗："将定例先明白晓谕：命后来之人谨守法度，不能少（稍）违方好。以后：自西洋来者，再不回去的人，许他内地居住；若今年来、明年去的人，不可叫他许住。"① 玄烨在这道谕旨之外，还定下了三条"规矩"，其一便是定居中国者须永不西归②。因此，弘历亦依此而行，一再申明这一"规矩"，并较乃祖更加严格。例如，乾隆三十九年（1774 年），西洋人"晓理外科"的岳文辉、"俱习天文"的杨进德和常秉纲，搭附商船到广，情愿进京效力，两广总督李侍尧奏明请旨，弘历即传旨云：

向例西洋人进京效力之后，即不准其复回本国。近来在京西洋人内，竟有以亲老告假者，殊属非理。伊等既有亲侍养，即不应远涉重洋投效中国；若既到京效技，自不便复行遣回。……此次岳文辉等三人，即著李侍尧询问伊等：若实系情愿长住中国，不复告回者，方准送京；若有父母在堂者，即不准其详报呈送。……嗣后，凡有西洋人恳请赴京者，即照此询明，分别奏办。③

弘历的做法，是既不准西洋来京效力之人复回其国，又不准其以亲老告假，更不准有父母在堂者呈请来京效力。这比玄烨当时的"定例"与"规矩"又进了一步。而当乾隆五十八年（1793 年）八月己卯日，他在回答英国公使马戛尔尼关于英国希望派人驻京办理贸易等事的请求时，一方面谕军机大臣等云："向来西洋人，唯有情愿来京当差者方准留京，遵用天朝服

① 《康熙与罗马使节关系文书影印本》（二）。
② 《康熙与罗马使节关系文书影印本》（二）。
③ 《清实录 · 高宗纯皇帝实录（一二）》卷 962，乾隆三十九年七月庚申，第 1046—1047 页。

饰，安置堂内，永远不准回国”，另一方面又“敕谕”英国国王道：“向来西洋各国，有愿来天朝当差之人，……既来之后，即遵用天朝服色，安置堂内，永远不准复回本国，此系天朝定制……不可听其往来常通信息……岂能因尔国王一人之请，以致更张天朝百余年法度。”[①] 不准复回本国，不准有亲告假侍养，还要遵用天朝服色、坐守堂内、不可常通信息，这样的种种规定，也正是西洋科技人才来京效力者愈来愈少的原因。

① 《清实录·高宗纯皇帝实录（一九）》卷 1435，乾隆五十八年八月己卯，第 184 页。

第二十一章　雍正、乾隆时期的司法制度

第一节　司法制度的巩固与发展

一、皇权对司法控制的加强

康熙以后，随着清朝作为全国政权的巩固，清朝统治者将重心由军事转变为内政，司法审判成为皇帝行使国家权力的重要的、日常的手段，加强了对司法审判事务控制。

（一）过问日常司法审判事务

康熙、雍正和乾隆都是非常勤于政务的，都是亲自披阅奏章。根据现存清代司法档案统计，每年约发生3000多件死刑案件，也就是3000多件专案题本。除去祭日、郊祀、谒陵、朝庙、巡幸、回銮、列祖列宗忌辰、万寿圣节、新年等日照例不进刑名本，实际“办公日”，皇帝每天要处理十几件案件。这些案件，雍、乾诸帝都是亲自作出裁决的。有时候，对秋审案件，乾隆反复推敲，以决定其生杀。乾隆说过，“朕每当勾决之年置招册于傍，反复省览，常至五六遍，必令毫无疑义。至临勾时，犹必与大学士等斟酌再四，然后予勾”[①]。

---

① 故宫博物院编:《钦定台规二种》第1册，第204页。

（二）密折监督

康熙年间，发展出一种密折制度。密折，就是秘密奏折，它与题本不同，不经内阁票拟，是具奏者以个人名义，秘密地直接送达宫内交皇帝本人拆阅。密折可以奏报不公开的事项，使皇帝得以直接、有效地控制国家事务，监督百官。密折常常用于奏报司法审判事务，一些重大案件，在正式具题的同时或具题之前，要先上折密奏。

如清初困扰清廷多年的所谓“朱三太子”案，直到康熙四十七年在山东捕获了70多岁的教书先生张某，认为是真“朱三太子”，此案才告了结。张某被从山东解往浙江对质，一路上地方官不断密奏直达朝廷。经过江苏时，苏州织造李煦密奏道，朱三等一行“于四月十八日辰刻过扬州府”，[①]康熙均一一亲笔批示，可见此案时刻都在皇帝的耳目中。

由于奏折的机密性，皇帝还可以利用它查核地方官吏，有时一个案件、一项司法事务使两个官员同时密奏，以利监督。

题本照例是由内阁奉旨批签，而清代的奏折却是由皇帝亲笔朱批。雍正说：“此等奏折皆本人送达朕前，朕亲自阅览，亲笔批发，一字一句皆出朕之心思，无一件假手于人，亦无一人赞襄于侧。”[②]正因如此，密折的重要性大于题本，清代皇帝多利用它来控制监督国家事务。乾隆退位当太上皇之后，还不肯放弃批折的权力，甚至对一些普通的刑案奏折，仍作详细的朱批。

二、京师的司法审判

（一）京师地区的管辖

北京作为清朝的京城，当时称为“京师”。处在“天子脚下”的京师，

---

① 《康熙朝汉文朱批奏折汇编》第2册，348号。

② 档案《雍正上谕》，雍正十年三月初一日。

是全国的政治中心，实行一系列不同于外省的制度，司法审判实行特别管辖制度。

北京城实行两级审判。

第一级为五城巡城御史和步军统领衙门。

五城巡城御史。“五城”，指北京的中、东、南、西、北五城，五城下又设坊，管理京城工商民人。皇帝从都察院的科道（给事中和监察御史）中简派，每城满、汉各 1 人，一年轮换。派御史巡城，取其监察纠参之意，表明京城是在皇帝直接统管之下。但实际上五城御史起的是地方官的作用。其职责主要是维持京城治安，管理民政事务。五城御史的衙门称为五城察院。[①]

在五城察院以下设立五城兵马司，兵马司设指挥 1 人、副指挥 2 人。兵马司下有兵丁、番役若干人。

五城御史和兵马司对于发生在本管界的田土、户婚、钱债、斗殴等一般民事案件和轻微刑事案件自行审断完毕，类似外省州县对自理案件的审判。用刑至笞、杖、枷，超过即无权。发生在本管界的窃案由副指挥去勘验侦查，人命案件由指挥亲去检验，然后报与五城御史审断，如应拟杖枷以上罪名，五城御史就应移送刑部。

五城御史、兵马司还负责查拿违禁之事，巡察地方治安，编查保甲，清查户口，管理道路等。

步军统领衙门。步军营是八旗禁旅驻防京师的主要军队，设步军统领一人，兼辖绿营巡捕五营。步军统领因其掌管京城九门（指正阳、崇文、宣武、朝阳、东直、安定、德胜、西直、阜成九门）管钥，又称为“九门提督”。步军统领所辖是清军的精锐，是卫戍京师的部队，但也负有“周卫徼循，肃靖京邑”[②]的职责，就是派出兵丁和番役巡察京城大小街巷，弹

① 《清会典》卷 69。

② 《清史稿》卷 117，《职官志四 · 步军营》，第 3375 页。

压地面，查拿违禁事项。

步军统领衙门除各级军官外，又设有左右二司郎中各1人，员外郎、主事各3人。郎中等官专掌“平决狱讼”，就是审理查拿缉捕来的案犯。如果是笞、杖、枷罪，自行审决就可以了，如是应拟徒罪以上者，则应移送刑部。

五城御史和步军统领衙门在稽察京师的职责上有相同之处，但其隶属不同，一属国家监察系统，一属军队序列。而且，两者职责也略有区别，五城察院具体管理城、坊、街巷、店铺、户口等基层地方组织，而步军统领衙门只是巡察治安。

应该说明的是，京师地区在行政区划上属于顺天府，但京城九门以内属五城兵马司管理。顺天府属二京县大兴、宛平“与五城兵马司分壤而治”，① 主要管理京郊地方。

第二级为刑部。

按清律规定，京师徒罪以上案件由刑部直接审理：“五城（御史、兵马司）及步军统领衙门审理案件，……如应得罪名在徒、流以上者，方准送（刑）部审办。”②

刑部审办的京师刑事案件称为刑部“现审案件”，办理现审案件是刑部的一项重要职务。凡五城察院与步军统领移送的徒、流、死刑案件由刑部收审，均摊部内各司办理。

死刑案件照各省督抚例，直接题奏皇帝，分别立决、监候。监候案留待第二年的“朝审”。立决案，皇帝令下，由刑部派员押囚赴刑场（在宣武门外菜市口）执行，都察院派员监刑。

徒、流、军、遣案，刑部单独审理结案，定期向皇帝汇题汇奏备案。案犯均由刑部交由顺天府执行，“京师现审，徒犯发顺天府充徒，流犯由

① 《清史稿》卷116,《职官志三·顺天府》，第3334页。

② 《大清律例》卷37,《刑律·断狱·有司决囚等第》，第639页。

刑部定地，札行顺天府起送”[①]。

（二）叩阍案件

叩阍，又称京控，俗称告御状。清代沿袭古制，原则上准许百姓上访京城告御状。对地方上因审断不公，含冤负屈者，可以赴京鸣冤，请求皇帝作主。接受叩阍的地方主要是登闻鼓厅，登闻鼓厅初来都察院，位于右长安门外，原派御史值勤，康熙六十一年（1722 年）改隶通政司，由通政司派参议一人轮值。百姓军民人等有冤抑可以鸣鼓称冤，值勤人员应受理，分别处理。[②] 或交刑部审理，或发回原省审理。

但是，击登闻鼓“叙雪冤滞”，是有许多限制的。首先是必须在“本省衙门呈告有案”，并“令其出结”才可受理，否则治以“越诉”罪。[③] 其次是不得诬告，申诉不实，要照诬告加等治罪。

告御状的社会影响比较大，也曾被过分渲染。一方面统治者乐于树立一种为民作主的形象，偶有通过京控平反的冤狱就会传扬四海。另一方面广大百姓也有一种求皇帝庇护的心理，曾经发生过赴京的百姓头顶黄布，闯入午门、长安门叫喊冤枉，或者抽打正阳门前石狮呼冤，声称必须面见皇上的事件。后来对此等都定例严加禁止，凡犯者必严惩。[④]

清初叩阍的地方一般是通政司和登闻院两处，分别称为告“通状”和“鼓状”，登闻鼓并入通政司，建鼓厅后，便减少了分歧。但接受叩阍的地方仍有都察院、五城察院、顺天府、步军统领衙门，旗人还可以到八旗都统、佐领处控告。只有刑部严禁收受京控呈词，以免妨碍其正常的、繁忙的审判工作。

---

① 《清史稿》卷 144，《刑法志三》，第 4215 页。

② 《清史稿》卷 144，《刑法志三》，第 4211—4212 页。

③ 《大清律例》卷 30，《刑律 · 诉讼 · 越诉》，第 505 页。

④ 《大清律例》卷 30，《刑律 · 诉讼 · 越诉》，第 505 页。

叩阍的实际意义并不如宣传的大，因为百姓能够赴京告状，敢于叩阍的，在全国来说百无一二，何况刑事案件当事人一开始即处于一种羁押状态下，失去了行动自由。对于无力维护自己权利的人民来说，叩阍只不过是一种安慰而已。

（三）地方专门机关的司法事务

清代地方还设有非地方政府序列的“专业性质”的机关——漕运、河道、盐务、税关、仓场等，各自成体系。还有八旗、绿营驻防的军事系统。与它们有关的民刑诉讼应移送或会同地方州县审理，以维护国家司法管辖的集中统一。

专业系统的机关也是清朝政权的一部分，但它们的主要职责是管理某些专门事务，无治理人民管辖地方的责任，所以也就无权听讼决狱。专业系统机关与地方政府机关没有统属关系，各自设立专门的衙门体系，但是地方上的道员常常兼有粮储、茶马、河工、兵备、盐法、海关等衔，还有不带地方之责的专业道员。专业衙门也设有一定的武装，还管理运丁、水手、灶户等人户。这些人也不入地方户籍。但他们涉及的民、刑案件应移送地方州县，或者直接赴州县控告。专业衙门武装缉获的私盐、走私、盗贼等案件应人赃案卷一齐移地方州县拟罪，纳入一般刑案的审转程序。

如清律规定山海关应查拿私挖人参者，一经查获，即解送地方审理。如山海关巡查官兵搜查不力要追究责任，但他们无权判处查获的人犯。[①]又如规定漕运的兵丁、水手应具结保状，如有滋扰生事者，押运官应会同地方官“严行稽察，审讯惩治”，漕运衙门不得单独处理。[②]

漕盐河关等专业衙门既有自己的机构和武装，难免不超越其护卫、缉查的本职而擅理词讼。不久前发现的泰州漕运档案中有这样的案例：江苏

---

① 《大清律例》卷24，《刑律·贼盗·盗田野谷麦》，第400页。

② 《大清律例》卷12，《仓库·转解官物》，第248页。

江安粮道所属扬州卫三帮船队驻泰州，道光九年（1829年）十一月帮船运丁刘有祥呈控运丁舵工范三麻子拐卖刘有祥之女，呈控到督运府。督运府是由地方佐贰充任的漕运衙门，但它受理了这一呈状。运官马某批令："即饬差立提范三麻子等到案，以凭察讯究办。"升堂审理几次，运官最后批结，承认此案"事关风化"，本应移送地方有司，但经调处当事人吁请销案，就"姑准免移"了。[①] 这种案件是清代常发生的拐卖案，完全应由所属地方官管辖。但是漕运衙门竟然作了审理，从案卷上看审理程序同地方州县一样，实际成为法定以外的一种管辖。

军队维持地方治安，驻守地方州县的最低级的营讯捕获的人犯都应移交州县衙门，无权自行审理。比如乾隆十八年（1753年）四月福州将军属下拿获了平和县的一名越狱逃犯，移送地方，福州将军向皇帝具奏报告这件事，并声明"俟该府县讯明具详，应听督抚二臣察核办理"。[②]

三、关于旗人的司法制度

（一）管理旗人的"理事厅"组织

"旗人"主要是指满族人，也包括满族化了的八旗蒙古、汉军。按清代习惯，官方文书和民间都称之为"旗人"或"在旗的"，而不称呼"满族"。

旗人的普通（非军事的）刑事犯罪原则上适用《大清律例》，"今隶军籍之人与民无异，有犯亦一体同科"。[③]"同科"系指统一按《律例》定罪量刑。但审理程序仍与普通老百姓——"民人"有区别。另外，康熙以后，全国平定，战事渐少，无论"在京"还是"在外"，八旗人口增殖很快，除一少部分能补充到"现役"当差外，大部分成丁都是"预备役"，即所

---

① 《泰州漕运档案》史字52号之一，泰州市博物馆藏。

② 档案《朱批奏折》法律类。监狱解护，卷1，福州将军新柱奏。

③ 《读例存疑》卷2。

谓“闲散”，但又不能脱离八旗组织，又不准事农事商事工。八旗各佐领下还有老弱妇稚的人口，还有大量的奴籍“旗下人”。“在旗”的人不编入地方户籍，但膨胀了的八旗人口又与“民人”杂处、婚娶。“旗地”也要佃租给“民人”耕种，因此关于旗人的刑、民案件和“旗”“民”纠纷也就增多，都需要有专门的机关来审理和照顾旗人的特殊利益。

于是，理事厅的组织应运而生了。“理事厅”并非单独的一种机关，是理事同知、通判办事的机构。同知、通判原是知府的佐贰官，协助知府处理某方面的事务。《清会典》云：“府佐贰为同知、通判。所管或理事、或理饷督粮监税、或清军、或总捕、或驿、或茶、或马、或营田、或水利、或抚边、抚彝、抚番、抚瑶、抚黎。”[①] 其中“理事”一项就是主要办理旗务、旗籍、旗人诉讼事务的。理事同知通判设在八旗驻军的都邑关津与旗人聚居的地方，前者如江宁、杭州、成都、广州、西安、荆州等，后者如顺天府、奉天府、保定府、太原府、朔平府（山西省）等。理事同知通判是地方文职官，都由旗人担任，专门负责联络八旗驻军与当地政权的关系及处理有关旗人事务，但理事同知通判不是地方行政长官，所谓“无地方之责”。

康熙末叶一些分驻（不在府治）一地的理事同知通判渐渐形成了驻在地区的行政长官，与州县一样地管理起地方行政，于是陆续设置了“厅”一级地方行政区划，如奉天兴京厅、山西绥远城厅、吉林绥化厅、直隶古北口厅、张家口厅等，[②] 这些厅既理旗务，又管民政。凡理事同知通判不论有无地方之责，是否行政长官，都称“厅员”，其官署都称“理事厅”。

（二）旗、民交涉会审

驻防旗人带有家属，旗人与当地汉族人民交往日渐增多。为不使驻地

---

① 《清会典》卷4，第29页。

② 以上参见《清会典》卷4等。有些管旗务的同知又称抚民同知。西南地区的厅级政权，无旗务者不称理事厅。

满、汉混杂，八旗丧失战斗力，许多地方八旗驻军筑起了“满城”。像成都、广州、杭州都有自成一社会体系的满城，但纠纷仍是不免发生。有关旗、民交涉的普通刑事犯罪应提起会审，民事案件可不会审。《律例》规定：“凡旗人谋、故、斗杀等案，仍照例令地方官会同理事同知审拟。”“凡各省理事厅员，除旗人犯命盗重案，仍照例会同州县审理外；其一切田土、户婚、债负细事赴本州县呈控审理。曲在民人，照常发落；曲在旗人，录供加看，将案内要犯审解该厅发落。”[①]

上述两条例的规定符合清朝的实际情况。民事纠纷争讼标的都在地方，单由地方州县审理即可，无须理事厅会审。地方州县虽审理案件，但不能责罚旗人，使得纠纷既能审理清楚又能保护到旗人特权。刑事案件则一定要会审，如需检验尸伤还应由旗员（八旗驻防军官）与理事厅员或地方官共同检验。如不会审则查不清案情，地方官单独无权对旗人（也即军人）作出定罪量刑的判决。

旗人审明罪该徒、流、军、遣者，按照《律例》中为旗人特设的“犯罪免发遣”专条可分别折合鞭责枷号。徒一年者折枷号二十日，流二千里者折枷号五十日，每等递加五日。[②] 杂犯死罪也可以折枷。惟真犯死罪不能折枷，削除旗籍的人也不可折枷。

斩绞重罪会审完毕，即由八旗都统、将军照督抚例，向皇帝题奏。

由于八旗是军民合一的组织，八旗官兵如有军事犯罪，如失误军机、泄露军情、失守城池等，适用军律，当然也不必会审。

（三）旗地纠纷审理

“旗地”是清初入关后在京畿圈占的土地，集中在顺天府、直隶省。清军圈占了土地，自己却不事耕种，驻守在京师或外省，将地租给当地汉

---

① 以上两条见《大清律例》卷30，《刑律 · 诉讼 · 军民约会词讼》。

② 《大清律例》卷4，《名例律 · 犯罪免发遣》，第97页。

族人耕种，原来的土地主人竟变成了自己土地的佃户。一些王府勋贵占的土地多，又委派庄头管理。由于这错综复杂的关系，所以旗地纠纷特别多。

旗地纠纷实行“原告原则”，即在原告所在地起诉。《户部则例》规定：“旗、民争控户口、田房案件，旗人由各本旗具呈，民人由该地方官具呈。”“在京八旗人等控告地亩案件，均令亲赴该旗或步军统领衙门具呈查办。”①

《大清律例》也规定：“（在京）八旗人等如有应告地亩，在该旗佐领处呈递，如该佐领不为查办，许其赴（户）部及步军统领衙门呈递”。②

按此，旗人、民人分赴佐领和州县具控，不准旗人“滥行”到地方官控告，是怕旗人纷纷出京打官司，京师空虚。

如该旗佐领审断不公或州县查处不力，可以上诉到户部。户部对所受理的旗地案件也称为“现审案件”，类似刑部对京师刑案的管辖。户部是旗地纠纷的二级审判管辖，一般即可作出终审判决。

（四）盛京地区旗人的司法审判

盛京地区是满族的“发祥之地”，努尔哈赤的事业就是从这里兴起的，清朝建都北京后以盛京为“陪都”，许多满族人留居此地。清朝强调盛京地区案件统由国家行政权力机关州县审理，八旗军官不得干预，因为盛京地区旗人势力大，州县实际上就有“理事”（办理旗务）的职责，如果八旗军官干预审判就破坏了国家司法权的统一。乾隆四十四年（1779年）奏准定例，奉天案件不必会同旗员：“奉天所属十二州县，办理旗、民事件，无分满、汉，俱令自行审理。……至承审时，遇有旗人应刑讯之处，仍照例刑讯。”③

---

① 《户部则例》卷100。

② 《大清律例》卷30，《刑律·诉讼·越诉》，第507页。

③ 《大清律例》卷37，《刑律·断狱·有司决囚等第》，第636页。

道光元年（1821 年）又奏准，奉天案件“无论单旗单民交涉与会旗查勘之案，均令州县自行审理”；“旗员于刑名例案非所素习，强使听讼必难保其明允”，“旗员不得干预”。[①]

这里讲的“旗员”是指八旗军官佐领、协领等，他们的职权是管理旗籍册档、旗产、治安等，不必参与会审民刑案件。而“州县”则包括已成为一级地方行政的厅，如兴京厅等。光绪二十三年（1897 年）六月上谕又重申：“所有奉天州县，旗、民事件悉归审理，旗员不得干预。”盛京将军转发这道上谕时又通饬属下旗员不准“擅受呈词”，也“毋庸会同审讯”，所有“人命、斗殴及钱债、户婚、田土一切旗民词讼，无论有关罪名与否，悉归各厅、州、县审断”。[②]

盛京地区的旗人案件，民事由州县自行审理即可结案，刑事重案由州县厅审转经有关道员至盛京刑部，复核定拟后，照外省督抚例向皇帝具题。

盛京刑部所起的作用，类似各省督抚的司法职能。吉林、黑龙江的案件，也由盛京刑部统管。

第二节 边疆少数民族地区的司法制度

一、理藩院的司法职责

清代是多民族统一国家，在保证国家司法权统一的前提下，清朝因地制宜地制定了边疆各少数民族地区的司法制度。

理藩院是皇帝之下的管理蒙、藏、“回部”等民族地区的中央国家机关，《清会典》规定：理藩院“掌外藩之政令，制其爵禄，定其朝会，正其刑罚。

① 《清实录·宣宗成皇帝实录（一）》卷 19，第 349 页。

② 档案《兴京县公署全宗》26385 号，辽宁省档案馆藏。

尚书侍郎率其属以定议，大事上之，小事则行，以布国之威德”。[1]

理藩院申明：“臣院综理内外蒙古、回部事务，凡该王公等升降袭替、户婚田土、贡输朝觐、仓粮军政以及议处议叙，并命盗案件，实属倍繁。”[2]

可以看到，民、刑审判是理藩院的重要职责之一，从程序上，理藩院是各“外藩”——内外蒙古、青海、“回疆”（新疆）等地区的上诉审级。凡是蒙古、“回疆”地区的死刑案件必须报呈理藩院。蒙疆地区无流刑而有发遣；发遣案件也必须报呈理藩院。但是理藩院复核案件必须会同刑部、三法司。

按清朝制度，刑部三法司是皇帝之下的最高司法机关，受理天下刑名案件，“外藩”案件虽由理藩院受理，但要会同刑部三法司审核。发遣与流刑相类，由理藩院会同刑部决定；死罪则会同三法司审核拟罪，分别立决、监候，监候入于秋审。秋审时，“有蒙古斩绞监候人犯由刑部分送招册”，届时理藩院尚书侍郎则去参加天安门前的会审大典。[3]

二、蒙古、“回疆”地区的司法制度

内、外蒙古和青海、新疆地区的厄鲁特蒙古是清朝的重要组成部分，对其司法审判，清朝有专门的规定。一般的民事纠纷，如钱债、牲畜、水草牧地、户籍、婚姻等，应由本旗札萨克、盟长自行审理。如果认为“札萨克、盟长均判断不公，亦准两造赴（理藩）院呈诉”[4]。一般的刑事案件，也由札萨克、盟长审理，可以罚牲畜来代替刑罚。

---

① 《清会典》卷63，第586页。

② 《回疆则例·现修回疆则例原奏二》。

③ 《理藩院则例》通例下。

④ 《清会典》卷68，《理藩院·理刑清吏司》，第63页。

“以罚代刑”是很显著的一个特点，就是用罚财产代替刑罚的执行。蒙古等少数民族基本上以畜牧业为主，因而罚财产就是罚牲畜。从地亩、越界到人命重案，从仪制不合到会盟不到，都可以罚牲畜，无论贵族或贫苦牧民都可以罚。所以《会典》说“凡蒙古犯罪皆论罚”。罚的数量按罪错大小定，最常用的计算方式是罚“九”，即以九头牲畜为一组，“九”的组合为：马二、犍牛二、乳牛二、三岁牛二、二岁牛一。[①]

罪重者可罚几个“九”，但最高不得超过九个“九”。如台吉官员人等不经盟旗，经赴理藩院呈控，是为越诉，越诉者“罚三九牲畜”。[②]青海、蒙古的番民同样实行罚“九”，如斗殴伤人者“罚三九牲畜”，犯罪私了者也“罚三九牲畜”，番民自相殴杀者凶手“罚九九牲畜”。乾隆三年又奏准，可折银代罚，马每匹折银3两。所罚而缴不足还可折鞭打，缺一头牲畜折25鞭，不可超过100鞭。

除了罚“九”，还有罚“五”，即以犍牛一、乳牛一、三岁牛一、二岁牛二。还有罚“七”、罚“三”之法。由于罚牲畜又可折银、折鞭，所以实际审判时，罚几“九”肯定不会是很拘泥的。

以罚代刑符合游牧的生活方式，如果应得处罚在死刑以下，徒、流之类的刑罚在地广人稀的草原上是没有什么意义的。而罚牲畜——剥夺犯罪者、理屈者的财富甚至是仅有的生活资料，确是一种极大的惩罚。

对于犯罪应罚而无力缴纳者，或案情有疑者，可以“入誓”完结。入誓，又称设誓，是指按照一定仪式发誓言作出保证，经常是顶（佛）经入誓，带有宗教色彩。这也是蒙疆等少数民族地区审判的一个显著特点。

如果案情证据不足，即令其入誓：“凡案犯斩绞、发遣以及应罚牲畜等罪，如临时未经破案，事后或经官访出，或被人告发到案，案情确凿而本犯恃无赃证踪迹，坚不承认，事涉疑似者，令其入誓。如肯入誓，仍令该

① 《蒙古律例》卷12，《断狱》；《理藩院则例》卷44，《罪罚》。
② 《理藩院则例》卷42，《首告》。

管佐领等加具保结，令本犯入誓完结。不肯入誓即照访出告发案情科罪（此条必实无赃证踪迹，无凭研讯，方准照此办理，其余不得滥引）。”[①]

入誓作为一项司法制度带有深刻的传统习俗的痕迹，入誓可免罪、免罚，一定要建立在一种虔诚、朴素的心理素质上，对于“文明”更发达的社会，信口誓言是没有什么意义的。入誓作为司法制度也非常适合当时草原社会实际生活状况，部落盟旗的贵族、官员不可能为查证普通案情到处去缉捕、查赃。入誓也不是简单的轻信，往往还要配合鞭责。如果说假语，“入誓后别经发觉加等治罪”。

《清会典》规定，蒙古“刑狱不决，则报于院”，“即将全案遣送赴院”。哪些案件是蒙古地方不能“决”的呢？《清会典》又明确指出为“凡罪至遣者、死者”[②]，内蒙案件各旗分别汇集于热河都统、盛京将军、察哈尔都统等会同地方督抚复核；外蒙案件由乌里雅苏台将军复核；青海的案件汇于西宁办事大臣，而后分别具奏皇帝和咨呈理藩院。

新疆地区的各族案件基本上与蒙古地方相同，统由理藩院管辖。新疆的塔尔巴哈台蒙古各旗案件，由伊犁将军复核报院。[③]其他各“城”的维吾尔族“如遇有刑讯重案，阿奇木伯克不得滥设夹棍杠子，擅自受理，随时禀明本管大臣，听候委员会同审办”。[④]最后报伊犁将军或其他驻扎大臣复核具奏皇帝和咨呈理藩院。

三、西南“苗疆”地区的司法制度

在改土归流以前，西南少数民族的社会进展很迟缓，国家的律例一

① 《理藩院则例》卷45，《入誓》。

② 《清会典》卷68，《理藩院·理刑清吏司》。又见《理藩院则例》卷43，《审断·秋审会议》。

③ 《清会典》卷68，《理藩院·理刑清吏司》。

④ 《回疆则例》卷6。

时管辖不到，有的民族民风古朴，很少争讼，“瑶性淳朴，与人约必践，鲜争讼，无仇杀、捉人、盗窃牛马诸恶习”。有的民族又民风刚烈，如说“苗性刚直轻生好斗，睚眦之隙，动辄捉人打冤家”[①]，这些议论未见公允。但有了争斗，部落的头人会来主盟、和处。据记载还有远古神明裁判的遗风：“若小隙争论不已，则彼此期以日、地，辩曲直。两寨之人及两家戚属左右列，中设一大镬满贮以水，置一斧，燃以沸。两造各言是非，言竟，互鸣金，声震林谷，金尽。彼此仰而呼天，移时各以手入沸汤中取斧。得斧而手无恙者为直，焦烂者为曲。如直在左，则右者奔，奔不脱者群执而杀之。”[②]

改土归流后，情况即有所不同，国家的一套司法制度逐步建立起来，“有苗人控诉词讼，即令苗弁传送。秉公审结”，但考虑到苗寨的情况不同于内地，仍“不许擅差兵役入寨”。[③] 在宣统元年（1909 年）西藏山南科麦、察隅改土归流时，出布告晓谕土民即有“以后务遵朝廷法度……在汉官处上纳词讼案件，控由汉官审讯”的条款。[④]

至于终审权，“苗疆”和西南其他少数民族地区既已改土归流，司法终审权理应统于中央，所以刑案均应照汉族地区，依《律例》程序审办，由州县而上，逐级审转复核，直至刑部、三法司和皇帝。由于与汉族地区相同，也就无须咨报理藩院。

四、西藏的司法制度和终审权

西藏实行农奴制，又是政教合一的体制，有强大的宗教势力，与其他

① 《苗防备览》卷 8、卷 9。

② （清）方亨咸:《苗俗记闻》，见《檀几丛书》2 集卷 22。

③ 《苗防备览》卷 13，部复屯田章程。

④ 《西南野人山归流记》下册。

地方很不一样。西藏地方的刑法极端残酷。乾隆二年（1737年）一个驻防西藏的官员写道，“西藏居西北（按应为西南）荒徼，性情多犷悍而嗜杀……郡王铸刑书三本四十余条，摘言之，如治斗杀不论谋、故、过失，验明即弃尸于水；抢夺已行得财首从皆籍没其家。缚柱上用枪打箭射至死……”，此外还有剜眼和手、热油灌顶、剥皮实草、针刺十指等酷刑。[①]这里说的“郡王”即当时西藏的郡王颇罗鼐，在他的统治时期西藏还算安定，刑法尚如此残忍。农奴主对藏民随意征收赋税，派差役，稍有过犯就私行查抄，掠夺财物归己。

这样的司法制度当然为清朝所不取，清朝政府在废除西藏郡王制度以后，派驻藏大臣与达赖喇嘛共管西藏政务。对于司法审判，专门规定：“卫藏唐古特番民争讼，分别罚赎，将多寡数目造册呈驻藏大臣存案；如有应议罪名，总须禀明驻藏大臣核拟办理。其查抄家产之例，除婪索赃数过多应禀明驻藏大臣酌办外，其余公私罪犯凭公处治，严禁私议查抄。”[②]

这项规定的用语是很有深意的，用了“总须禀明驻藏大臣”“应禀明”字样，但对审判的程序、禀明驻藏大臣的形式、应否向中央（皇帝和理藩院）审转具奏都回避了。这种用语和回避表明了清政府的保留态度，虽然按照西藏的实情，不能适用《律例》，可以“缘依旧规”办案，“凭公处治”。这项条文在藏文原件中规定得更为明确，其直译摘要如下：“今后规定对犯人所罚款项，必须登记，呈缴驻藏大臣衙门。对犯罪者的处罚，都须经过驻藏大臣审批。”还规定：“对于打架、命案及偷盗等案件之处理，可以缘依旧规，但须分清罪行之大小轻重，秉公办理。”[③]

关于西藏司法权作如此规定，及汉、藏文本的细小差别是符合西藏当时实际情况的，清政府除驻藏大臣外，既未在西藏建置州县，也未编旗，

① （清）萧腾麟：《西藏见闻录》卷上，刑法。

② 《理藩院则例》卷61，《西藏通制》。

③ 牙含章编著：《达赖喇嘛传》，人民出版社1984年版，第70页。

西藏的司法审判事务只能西藏地方僧、俗官员自己负责。但是，清朝中央又绝不能放弃对西藏包括司法权在内的国家主权，因此规定了驻藏大臣可以监督，以至在必要时最终干预的权力。

西藏是清代全国唯一没有明确终审权的地方。从史料看，西藏的重大刑案，只要不涉及驻藏官兵、进藏汉族商工人员，驻藏大臣一般不过问，也就不存在西藏案件上报中央的问题，清朝中央实际上不行使西藏地方的终审权。

关于西藏地方终审权的问题，应该辨明：第一，尽管在实际上中央朝廷不可能掌握西藏地方的终审权，但从法律上讲并没有放弃这一权力；第二，某地区终审权是否由中央掌握，完全不影响国家主权在那里的行使。明代以前很长时期地方上都拥有不同程度的终审权，清朝国家对西藏的主权明文载在作为西藏基本法的《章程》和《通制》里，没有丝毫动摇。

第三节　刑事审判程序

一、徒刑和流刑及军、遣的审判

（一）徒刑的审判

徒刑是对较轻刑事犯罪的刑罚，据《大清律例》：诸如窃盗不满百两，匿父母及夫丧不举哀，祖父母、父母故杀子孙，雇工人骂家长，白昼抢夺，奴婢告家长等，均属徒刑，分别徒一年至三年。其中如故杀子孙虽涉人命，却因服制关系以尊犯卑，视为轻罪，反之雇工人骂家长不过如此小事也定拟徒罪，反映了清律量刑原则的等级性。

应拟徒刑的案件，由州县初审，依次经府、按察司，报至督抚，逐级复核。总督、巡抚是一省的长官，有权判决徒刑案件，作出发生法律效力的判决，只需按季度报刑部备案。

清律规定："寻常徒罪，各督抚批结后，即详叙供招，按季报部查核。"[①] 所谓"寻常徒罪"，即指一般较轻刑事犯罪；"批结"，即批复判决。

对于已判决徒刑的罪犯，发往省内指定州县服刑，充作驿站等处苦役。《清史稿》载："徒者，奴也，盖奴辱之。明发盐场铁冶煎盐炒铁，清则发本省驿递，其无驿县，分拨各衙门，充水火夫各项杂役，限满释放。"[②]

（二）流刑及军、遣的审判

流刑为减死刑一等的刑罚，较徒刑为重，用于比较严重的刑事犯罪。按《大清律例》：诸如犯私盐带军器，窃盗120两以下，白昼抢夺并伤人，强盗已行未得财，谋叛正犯之父母、祖孙、兄弟，书吏伪造印信诓骗财物等，均属流刑，分别流二千里、二千五百里、三千里三等。

充军和发遣，是从流刑派生出来的，充军有五等，发遣为发黑龙江、新疆等地给披甲人（八旗官兵）为奴。

一般不涉及反逆、人命的流、军、遣案件，由各省督抚审结后，将案卷咨报刑部，人犯则递解回原州县待命。刑部相应的各司先将案卷核拟（如河南省案件归河南司核拟），而后呈刑部堂官尚书侍郎批复，再咨复各省执行。[③]

流刑及军、遣案件，刑部批复即可执行，发生法律效力。年终由刑部向皇帝汇题，以备监督。从实际情况看，军、流案件的终审权在刑部。

军、流犯人虽然按等级定有发配里数，但具体发往何地，初时并无明确规定，刑部批结后，由各省督抚按照里数，酌情发配，但不免失之均衡。乾隆八年（1743年）刑部编纂《三流道里表》，三十七年兵部编纂《五军

---

① 《大清律例》卷37，《刑律·断狱·有司决囚等第》，第635页。

② 《清史稿》卷143，《刑法志二》，第4194页。

③ 咨复，清代各省与中央各部平级，往来公文用"咨文"。

道里表》，将某省某府属之流犯、军犯，分别等级，应发往何省何府属安置，开列清楚。“凡发配者，视表所列”，减少了发配中的分歧。[①]

二、死刑的审判程序

按《大清律例》，清代的死刑罪名有400多条，包括斩、绞两种重刑和称之为极刑的凌迟，还有枭首、戮尸、株连等加重刑。

清代的死刑在执行上有“立决”和“监候”两种情况。主要用于强盗（首犯）的枭首及谋反、大逆等严重犯罪的凌迟，都是一经皇帝裁决，即“决不待时”。一般的人命、强盗两大类死刑案件，其案情较重的也为立决。立决案是批复下达后，立即执行。监候是缓决，在第二年秋季时再复核（秋审），定其生死。属于监候的有案情较轻的命、盗案件以及其他死刑案件。

（一）地方的审判程序

一般发生在地方的命盗斩绞案件由州县开始初审，勘验尸伤现场，而后按管辖级别，逐级审转复核，经县、府、臬司，直到督抚。地方审理死刑案件重要的是“拟律”，即提出定罪量刑的意见，而后督抚向皇帝具题。地方督抚的具题有两个特点应该充分注意：（1）题本作为“结案报告”是一案一报，所谓“专案具题”；（2）具题是向皇帝直接报告而不是向刑部，把刑部当作各省的“上一审级”是一种误解。题本结束语都是这样的：“臣谨具题，状乞皇上睿鉴，饬下法司核拟施行，谨题请旨。”督抚向皇帝报告该案，请皇帝发下刑部三法司核拟办理，同时督抚另外将题本的副本“揭帖”咨送刑部。督抚具题程序的这种特点并不是无谓的文牍问题，而是反映了清代重要的政治法律制度：只有皇帝才有权力决定死刑和其他重大政务，三法司、六部等不过是皇帝的办事机构，地方各省长官督抚身兼尚书、

① 《清史稿》卷143，《刑法志二》，第4195页。

侍郎衔和左（副）都御史衔，与中央部院平级，督抚不是各部的下级。所以刑部无权直接受理各省的题本。地方的死刑案件经督抚具题后，如不被驳回重审，地方上的审理程序即告终结。

（二）刑部、三法司的复核程序和皇帝的裁决

各省督抚具题的死刑案件，经过内阁票拟，进呈御前，照例是奉（皇帝）旨“三法司核拟具奏”，于是将案件批到刑部。京师的死刑案件由刑部直接审理，题奏皇帝，而后也经三法司核拟。所谓“三法司核拟”的“会谳”不过是个形式，真正的核拟工作完全是由刑部承担的。刑部各司分管相应各省的案件，各司的核拟工作实际上在收到了该案的副本“揭帖”时就已经开始了，等正式奉旨核拟时就已经草拟完毕了。现存的揭帖档案，原件可说明这个程序，如道光六年（1826 年）七月初一日，江苏巡抚具题崇明县民陈位三殴伤胞兄身死案。同日揭帖咨达刑部。刑部江苏司八月初二日就已草拟好三法司核拟的题本文稿了，九月一日才奉旨“三法司核拟具奏”。[①]

所谓核拟就是对案卷进行复核，根据《律例》看其量刑定罪是否准确，刑部奉旨核拟案件，核拟后由刑部尚书领衔，都察院、大理寺会签，以三法司名义，以题本的形式上奏皇帝。

刑部三法司核拟的题本照例又经内阁票拟，呈请皇帝批示，对于一般的命盗斩绞案件，所奉谕旨也是例行的。立决案批：“某某著即处斩（绞），余依议。”监候案批：“某某依拟应斩（绞），著监候，秋后处决，余依议。”

皇帝的这种批示，由内阁用朱笔批在题本的封面上，称为“批红”，实际上就是死刑判决，此外再没有单独制作下达的“判决书”。

至此，死刑案件的审理程序即全部结束，皇帝作出了终审的判决，此案即已“题准”，立决案即由刑部咨文该省，“命下，钉封飞递各州县正印

---

① 档案《刑部案卷》45 号。

官或佐贰，会同武职行刑”，[①] 刑部下达的咨文可以视为“死刑执行命令”。死刑执行完毕须向上司申报备案。监候案则由初审州县将犯人管押，等候秋审。

三、逐级审转复核制

在对清代地方审级管辖的论述中，我们应该注意到这样一个基本特点：刑事案件的逐级向上申报，构成了上一级审判的基础。清代的法律术语叫作“审转”，在《会典》与《律例》中都一再提到，如直隶州案件“向例由道审转”，“军流人犯解司审转”，距省遥远各厅州县案件“就近审转”。徒刑以上（含徒刑）案件在州县初审后，详报上一审级复核，每一级都将不属自己权限的案件主动上报，层层审转，直至有权作出判决的审级批准后才终审。这样，徒刑至督抚，流刑至刑部，死刑最后直至皇帝。所以可以叫作“逐级审转复核制”。

当事人的“上诉”与否并不影响逐级审转程序的进行，其实清律中并没有现代刑事诉讼法中“上诉权利”的概念。诚然《大清律例》中有：“或有冤抑审断不公，须于状内将控过衙门审过情节开载明白，上司官方许受理”；“如审断不公再赴该管上司呈明，若再有屈抑方准来京呈诉”。[②]

从这些条款看，法律并不禁止当事人“上诉”，在复审时案犯不“服”也可以“辩”，直至叩阍告御状。但是对上诉时间、上诉程序，都缺乏具体的条款规定，更没有必要的法律保障。

逐级审转复核制，使下级审理的案件主动向上审转，究其实质，并不是对当事人的负责，而是对上司的负责。诉讼案卷像其他公文一样向上申报，逐级审转考虑的不是被告人的诉讼“权利”，而是为完成上下官府间的公事。

① 《清史稿》卷 144，《刑法志三》，第 4206—4207 页。

② 《大清律例》卷 30，《刑律 · 诉讼 · 越诉》，第 508 页。

第四节　秋审制度

秋审在清代被称为“大典”，可见其重要的地位。秋审就是每年一度对被判处死刑监候的案犯进行一次全国范围的复核，以决定其生死的特别复核程序。

一、秋审制度的历史演变

清代的秋审制度直接承袭明代的朝审。明代的朝审是历代录囚的发展。明初有“会官审录”的措施，霜降后请旨在承天门外审录刑部狱在押的囚犯，参加的有三法司、五军都督府、九卿、科道、锦衣卫等衙门。被审录的囚犯分为“有词不服”“情罪有可矜疑”“情真罪当”等项，分别处理。这就是最初的朝审。朝审录在京罪囚，外省囚徒的审录还不经常。

明英宗天顺三年（1459 年）正式确立了朝审制度，《明史·刑法志》载：“天顺三年令每岁霜降后，三法司同公、侯、伯会审重囚，谓之‘朝审’，历朝遂遵行之。”从此，朝审成为法定的每年必行的制度。朝审的对象限定为在京所押罪囚，重点是查核平反冤狱。

对于外省囚犯的审录，明朝基本上延续唐朝以来的派遣恤刑官下去审录的方式。《明会典》：“凡在外五年审录。……差刑部、大理寺官往南北直隶及十三布政司，会同巡按御史、三司官（指各省布政使、按察使、都指挥使）审录。死罪可矜、可疑、及事无证佐可结正者，具奏处置。徒、流以下减等发落。”①

明朝在京的朝审和在外的遣官录囚还没有结合起来，但是审录的结果

① 《明会典》卷 177。

已有“情真”“可矜”“可疑”“有词不服”“事无证佐”等类别，无疑已开清代秋审之先河。

清代秋审开始于清初，顺治元年刑部左侍郎党崇雅奏言：“旧制（按：指明制）凡刑狱重犯，自大逆、大盗决不待时外，余俱监候处决。在京有热审、朝审之例，每至霜降后方请旨处决。在外直省，亦有三司秋审之例，未尝一丽（触犯）死刑辄弃于市。……望照例区别，以昭钦恤。”[①]

顺治初年，当务之急是军事征战，党崇雅的建议虽然不能立即付诸实行，但得到了清朝统治者的首肯。多尔衮、顺治听从汉大臣们的建议，重视法制的建设与完备，先后修订了《大清律》与《会典》。

顺治十年（1653 年）率先恢复了京师的朝审，刑部题准：“朝审事宜日期，于霜降后十日举行。将情实、矜疑、有词各犯分为三项，各具一本请旨。其情实各犯，奉有御笔勾除者，方行处决。”[②]

外省的“秋决重犯”，在顺治十五年（1658 年）定制由巡按会同各省官员详审，将罪犯分为情真、应缓、矜疑三项，亦于霜降前“奏请定夺”[③]。这种方式大体上同于明制，只是改为每年进行一次。顺治十七年裁撤巡按后，秋审也不再派遣官审录，而由地方经办。至康熙十二年（1673 年）十一月上谕，地方秋审案件如朝审例，须经三法司、九卿核拟，“预期造册进呈，亦著九卿、科道会同复核，奏请定夺”[④]。

康熙以后，朝审（在京案犯）、秋审（在外案犯）渐趋一致，成为每年必行的大典。但是，以《明律》为蓝本的《清律》中，原本是没有朝审、秋审条款的，只得以附例的形式逐渐将这项重要的司法制度附在《大清律例》“断狱”门中。

① 《清实录·世祖章皇帝实录》卷 10，第 102 页。
② 《清实录·世祖章皇帝实录》卷 77，第 611 页。
③ 《清实录·世祖章皇帝实录》卷 121，第 935 页。
④ 《清实录·圣祖仁皇帝实录》卷 44，第 579 页。

乾隆年间，将朝审、秋审制度加以规范化，使之完备，建立起法制史上独特的死刑缓刑复核制度。

二、地方秋审程序

第一次纳入秋审程序的案件称为“新事”或新案，第二次以上的称为“旧事”或旧案。

无论“新事”还是“旧事”，其地方秋审的程序大体经有造册、审录、具题等几个环节。

1. 造册和其他准备工作。秋审是地方司法审判中的一项重要事务，每年秋审及早就做准备。监候人犯一般是监押在初审州县的，因此，秋审的准备工作也就由州县做起。清律规定：“各省每年秋审，臬司核办招册。”① “招册”即案犯清册，核办招册是秋审的前期工作，造册从基层州县开始。州县应将纳入秋审的案犯进行审录，核对案情，查核一下有无需要“存留养亲”的情况，并且将案犯准备解省城。甚至州县还要随派抄写书手赴省，并自带空白纸张备用。②

2. 解囚和审录。州县造册即对案犯进行了一次审录，下一程序即解赴上司衙门审录。清初不论新事还是旧事秋审案犯一律解省，并且是像新发案一样，由县到府到司，层层审转，乾隆三年（1738年）定例，为免道路迂回延误时间，改由“州县径行解司”③。不再经府审转。后来解囚的规定又有一些变化，旧事案犯“初则三次之后才准停其解勘，嗣则改为二次”④，至乾隆二十五年（1760年）定例：“缓决人犯解审一次之后，情罪无可更

---

① 《大清律例》卷37，《刑律·断狱·有司决囚等第》，第632页。

② 存留养亲，按一定条件，斩绞监候的案犯秋审后可释放，详见后。

③ 《大清律例》卷37，《刑律·断狱·有司决囚等第》，第632页。

④ 《大清律例》卷37，《刑律·断狱·有司决囚等第》条例，及薛允升《读例存疑》关于此条的按语。

定者，只令有司叙由详报，停其解审。”[①] 所以旧事人犯一般就不再解省。但新事案犯因其初次纳入秋审，所以坚持一律解省。秋审案犯解至省城即押在臬司狱中，如人犯太多也可押在首府首县狱。州县派解差押解，待审完再解回。

解囚的目的是审录，可是比较起来，审录似乎简单多了。在省的审录分臬司与督抚两步进行。臬司主持全省秋审事宜，要审录新解省人犯，核办新、旧事招册，各案的看语略节要先期定稿。而后会同藩司，如有在省的道台也要会同一起商榷定案，联衔向督抚具详。清律要求的“会同在省司道”不过是形式，实际上全由臬司包办。

督抚在臬司的详文呈上后即定期审录，督抚的审录也是会审。乾隆二十六年以前是督抚率同司道和首府首县过臬司衙门审，臬司衙门要“预备陋规”供应，督抚随带的吏役乘机骚扰，为杜绝这种弊病，二十六年奉上谕，各省秋审督抚的会审一律改回在巡抚衙门进行。[②] 督抚同城的，总督轮流分赴各省参加会审。

臬司和督抚对新事解省犯人是当堂审录查核案情，对旧事免解犯人则是审录案卷。审录的主要目的是将秋审犯人分为情实、缓决、可矜、留养承祀等几大类，案犯入于哪一类关系极大，决定着他的生死命运。但是入于何类并不是根据案犯在押时的“态度”，而是根据他的案情。

秋审的审录既然对案犯关系很大，本应慎重，但常常是很草率的。雍正曾指斥这种现象：“闻外省会审之时，不论案件多寡，悉于一天定议，均听督抚主张，司道守令不敢置喙。究其实督抚亦未必了然，不过幕宾略节贴于册上，徒饰观瞻而已。”[③] 这种情况并没有因雍正的指责而改变，后来

① 《大清律例》卷37,《刑律 · 断狱 · 有司决囚等第》，第632页，及薛允升《读例存疑》关于此条的按语。

② 光绪朝《钦定大清会典事例》卷846,《刑部 · 刑律断狱 · 有司决囚等第》，历年事例。

③ 光绪朝《钦定大清会典事例》卷846,《刑部 · 刑律断狱 · 有司决囚等第》，历年事例。

甚至在会审急忙完毕后“往往继以演剧宴饮”，[①] 会审只是走形式而已。

对于某些距省城遥远的州县的秋审人犯不必解省，而由巡道在“冬季巡历”时代表省去审录。如江苏省的徐州府所属，安徽省凤阳府所属，广西省泗城府所属等都由该管巡道审录。[②] 但是巡道审录所做册表仍须报臬司、督抚复核。实际上巡道所谓冬巡的制度后来也停止了，清律的这一规定也就成了虚设。

3. 具题。在督抚审录完毕以后，就应正式向皇帝具题。秋审题本不同于新发案的题结，不是一案一题，而是全省汇题。即将全省秋审案犯开列姓名，简叙案由，汇集在一件题本之内，题奏皇帝。秋审常常是几百件案件，所以秋审题本也就非常厚。

督抚办理秋审汇题应在规定的“截止期”以前，所谓“截止期”是各省办理本年度秋审的下限日期，截止期以后批复的死刑监候案件则入下年度秋审。截止期以距北京远近为序，最远的云贵、两广是年前封印日，依次为福建、湖广、陕甘、江南、山东等，最近的直隶省的截止期是本年三月三十日。

督抚秋审汇题本上奏后，地方本年度的秋审程序即告结束。如果刑部驳审，督抚则再重议上报，如无驳审即候批复。

各省督抚秋审除以题本正式汇题外，还应缮造黄册奏报，黄册与题本不同，是转录成册的，以备皇帝浏览。奏折制度兴起后，督抚又常于题本之外，以奏折密报秋审情况，奏折比题本迅速简捷，可使皇帝及时知道本省秋审动态。

三、刑部及三法司的秋审程序和皇帝裁决

各省督抚秋审本上，照例奉旨：“三法司知道。”刑部根据皇帝的这一

① 《养吉斋丛录》卷 6。

② 《大清律例》卷 37，《刑律·断狱·有司决囚等第》，1694 条例，第 641 页。

"授权"，开始进行全国的秋审程序。

刑部在清初办理秋审事务的是四川司，因四川遭明末战乱浩劫地僻民稀，案牍较少。雍正十三年（1735 年）设立了刑部总办秋审处，抽调刑部司官负责。刑部各司仍然核议相应各省的秋审案件，而将所议汇总于秋审处核定，而后呈报刑部堂官。因此秋审处的重要地位，是刑部"众望所归"。

无论"新事"还是"旧事"秋审案件，人犯都不解京，刑部只是审录案卷，重点当然在于"新事"。刑部及三法司的秋审程序大体上可分三个阶段。

（一）刑部看详与核拟

刑部看详、核拟，是中央秋审程序的开始和基础。《清史稿 · 刑法志》："刑部各司，自岁首将各省截止期前题准之案，分类编册发交司员看详。初看蓝笔勾改，复看用紫，轮递至秋审处坐办，律例馆提调，墨书粘签，一一详加斟酌，而后呈堂核阅。"

看详就是审核案卷，"以次摘叙案由，分别实、缓、矜、留，出具（草拟三法司）看语"[①]，看详经过司、秋审处、堂官等三个层次。核拟是对"截止期前题准"的第一次入于秋审的本年度案件进行复核，查其定罪量刑是否准确，拟定实、缓、矜、留的意见。

看详从年初开始，与地方秋审同步进行，并不等待各省秋审题本，而是"依原案"来核拟。待五月中旬前后各省题本到齐，再查阅外勘与部拟不符者，[②] 先是司议，后是堂议，正式审定部拟意见，决定各案的实、缓、矜、留。

（二）会审与具题

清代秋审的会审被称为"秋谳大典"，场面非常壮观。每年八月的某天，

---

① 《清会典》卷 57，《刑部》。

② 《清史稿》卷 144，《刑法志三》，第 4208 页。

九卿、詹事、科道，以及军机大臣、内阁大学士、学士都齐集天安门前金水桥西。参加会审的不只是三法司，而是所有重要官员。发展到后来参加会审的越来越多，凡“三品官衙则与会审”，[①]甚至负责祭祀的太常寺，马政的太仆寺也都列坐会审。

为什么要这么多官员参加会审？嘉庆皇帝曾指出：“秋谳大典令大学士、九卿、科道公同会议，原以重人命而昭钦恤……须众议佥同方成定谳。”[②]但从会审的具体情况看，不过是虚有会审之名，其形式上的意义大于实质上的意义。

会审的准备工作是由刑部做的，会审前十五日须将秋审招册、略节、看语（刑部草拟好的）分送参加会审的各衙门。到预定的日期各官会齐天安门外，全国所有的秋审案件都将在这一天内审完。从档案中我们看到，乾隆五十九年（1794年）的秋审是在八月十八日举行的，这一天，从直隶到江浙、云贵、陕甘、湖广，上千件案都按“招册逐一详审”完毕。[③]所谓“详审”如何进行？原来是由刑部书吏按招册“逐一唱名”，遇有实、缓变动者再加读看语。这样的“详审”是“详”不了的，道光曾说：“会议诸臣于匆遽之时，仅听书吏宣唱看语，焉能备悉案由从而商榷？是徒有会议之名，而无会议之实。”[④]可是也没有好的解决办法，直到清末的秋审都仍是这种“徒有会议之名”的会审。这种会审，不过是在书吏的唱名声中，众官员随声附和而已。在通常情况下，“会议”时，很难得有人表示异议。

会审大典过后，刑部领衔以参加会审全体官员的名义向皇帝具题，分省逐次办理，每省案件各分实、缓、矜、留四本，情实类还另遣黄册随本进呈。另外，有关“服制”案犯单独汇集一本，“官犯”单独一本，“不致

① 《读例存疑》卷49。

② 故宫博物院编:《钦定台规二种》第1册，第143—144页。

③ 档案《刑科题本》，秋审类，乾隆五十九年。

④ 故宫博物院编:《钦定台规二种》第1册，第148页。

因繁混过，部臣亦不能施高下其手之技”[①]，特别严格一些。刑部秋审题本虽多，但格式都一样。皇帝的批示也是按一定的格式。情实本批：“这情实某某（开列名单）著复奏，册留览。”缓决本批：“某某（开列名单）俱著监候缓决。”可矜本批：“这情有可矜犯某某（开列名单）依议免死，减等发落。”[②]

奉旨缓决、可矜、留养承祀的案犯，秋审程序就结束了。可矜、留养的既已免死减等或责放，就算是宽恤，他们的死刑就不再执行了。缓决案犯本年不执行死刑，仍然监押，等待明年再次秋审决定命运，如再次缓决就再等下年秋审，直到减等改判或改情实。奉旨情实的案犯，其秋审程序尚未结束，还要经过复奏和勾决。

（三）复奏与勾决

死刑犯执行前向皇帝复奏，是谓遵行古制，清初秋审情实人犯不复奏，只有朝审（京师案件）复奏。雍正二年（1724 年）四月奉上谕：“朝审重囚其情实者，刑科必三复奏闻，勾除者方行处决，而外省情实重囚，惟于秋审后法司具题，即咨行该省，无复奏之例。朕思中外一体，岂在京诸囚宜加详慎，在外省独可不用详慎乎？人命攸关，自当同仁一视。自今年为始，凡外省重囚经秋审具题情实应决者，尔法司亦照朝审之例三复奏闻，以副朕钦恤慎罚之至意。”[③]

是以雍正后秋审也有三复奏，至乾隆十四年（1749 年）九月十五日奉上谕，秋审三复奏又改为一复奏：“各省秋审亦皆三复奏，自为慎重民命，即古三刺三宥遗制，谓临刑之际，必致详审不可稍有忽略耳，非必以‘三’为节也。朕每当勾决之年置招册于傍反复省览，常至五六遍，必令毫无疑

---

① 服制，古代丧服制的简称。分五等：斩衰（cuī）、齐衰、大功、小功、缌麻。也叫五服，依亲属关系远近而定。在清代法律和司法审判中，以“服制”特指亲属关系。在封建宗法社会内，服制不同，法律责任和处理也不同。

② 档案《刑科题本》秋审题本，“留养本”暂未找到。

③ 《清实录 · 世宗宪章皇帝实录（一）》卷 18，雍正二年四月庚戌，第 300—301 页。

义，至临勾时，犹必与大学士等斟酌再四，然后予勾、岂啻三复已哉？若夫三复，本章科臣匆剧具题，不无亥豕，且限于时日，岂能逐本全览？嗣后刑科复奏，各省皆令一次。”①

乾隆所讲也不无道理，如果皇帝省览招册题本确能这样认真，倒也真不在于三复还是一复。刑部等衙门的情实本奏上奉旨“复奏”后，由刑科给事中上题本办理情实案犯的复奏。复奏后照例奉旨“著候勾到”。

勾到，又称勾决，是秋审最后一道程序，在皇帝亲自主持下，批准情实犯人的死刑执行。勾到分省进行，由该道御史办理题本事宜（如河南道御史办理河南省勾到案件）。

勾到的那天，皇帝身着素服，在肃穆的气氛中，御便殿（一般在懋勤殿），升坐御案后，“大学士、军机大臣、内阁学士、本部（刑部）尚书侍郎跪于右，记注官立于左”，② 勾到题本由内阁学士宣读。皇帝或亲执朱笔，或命大学士执笔，按单勾到或免勾。勾到，就是在案犯的名字上画一勾，以此批准该犯死刑的执行。若免勾就不画了。

勾到后即由刑部将死刑命令下达，“在京例由刑科给事中、刑部侍郎各一人赴西市监视（行刑）”，“在外则刑部各司将勾单连同榜示钉封送兵部发驿，文到之日行刑”。③

免勾者，留待下年再行秋审，如若再次免勾，继续推延。一般说来，官犯、常犯（普通人）十次免勾可改为缓决，服制二次免勾即可改缓。

四、朝审

朝审是对京师死刑案件的复核程序。

① 故宫博物院编:《钦定台规二种》第 1 册，第 204 页。

② 《清会典》卷 53，第 492 页。

③ 《清史稿》卷 144，《刑法志三》，第 4209 页。

刑部直接受理京师地区的案件称刑部“现审案件”，徒流军遣刑部审理即作出判决交由顺天府执行，这是所谓的“轻罪细事”部分，斩绞重罪部分的现审案件须由三法司会审，而后具题。刑部三法司办理会审斩绞案件就像各省督抚一样，如奉旨监候则等待纳入秋审程序。但是，京师地区的监候案件不称秋审，而称“朝审”。朝审本是秋审的原称，直接渊源于明代，清代则专指对京师在押监候死囚的审录。

刑部京师的朝审与各省的秋审，在性质上都是一样的，但是在程序上有所区别。朝审由刑部自己审录确定实、缓，直接向皇帝具题。

清律规定：“刑部现监重犯，每年一次朝审。刑部堂议后即奏请特派大臣复核，俟核定具奏后，摘紧要情节，刊刷招册，送九卿、詹事、科、道各一册，于八月初间，在金水桥西，会同详审，拟定情实、缓决、可矜具题，请旨定夺。”[①]

按照惯例，朝审先于秋审一天举行，在押罪囚解至当场审录。在乾隆十四年（1749 年）秋审改为一复奏后，朝审案件还保持三复奏程序，直到嘉庆二十年（1815 年）以“朝审与秋审同一例。嗣后朝审亦著改为一复奏”[②]。朝审的这些特别规定无非是表明京师案件应特别慎重，与外省不同。

刑部办理朝审事务的是广西司，各司将核拟的朝审案件汇齐到广西司办理题本，“朝审应行事，先期题请，及九卿议定，复汇各司之案办题”。[③]清初，广西“地僻民稀，文牍最少”，所以让广西司兼办朝审，久之，形成定例。

五、秋审的实、缓、矜、留

秋审最主要工作就是把被审录的在押死囚分为情实、缓决、可矜、留养

① 《大清律例》卷 37，《刑律 · 断狱 · 有司决囚等第》，1641 条例，第 630 页。

② 故宫博物院编:《钦定台规二种》第 1 册，第 205 页。

③ 《清会典》卷 57，第 529 页。

承祀等几大类，也就是决定哪些罪囚的死刑应执行，哪些可缓或免。清初秋审还有“可疑”一项，为“罪名已定而情节可疑者”，“然疑狱不经见”，后来就删去了这一项。① 雍正后正式确定为实、缓、矜、留四项，分别论述如下：

1. 可矜，指情有可原者。什么样的罪名是情有可原？《律》文条款没有明确规定，不好掌握。乾隆二十七年（1762 年）所定条例中列举了两种：“如子妇不孝，詈殴翁姑，其夫愤激致毙”；“或因该犯之母，素有奸夫，已经拒绝，后复登门寻衅，以致拒绝殴致毙者”。看来所举可矜都是“情切天伦，一时义激，与寻常狠斗者不同”的，这种案情肯定不会多见，可“照免死减等例，再减一等发落”。②

2. 留养承祀。照顾到犯人是独子（所谓“丁单”）或犯人父母老病无人奉养（所谓“父母老疾”），按法应处死者可免死，使他回家奉养父母，不致绝嗣。这种制度源于唐律“诸犯死罪非十恶，而祖父母、父母老疾应侍，家无期亲成丁者，上请”③。《明律》有“犯罪存留养亲”条文，《清律》原文继承下来。

按照一般规定准予留养承祀者应是，非“常赦所不原”者，即非犯十恶、杀人等罪，“奏闻，取自上裁”④，皇帝亲自审核批准。由于留养承祀本是“法外之仁”，何人可留，何人不可留，一定要由皇帝最后裁决。留养反映在《律例》上参差不齐，如按《律》文，杀人应属“常赦所不原”，似不应留养，但《例》文中，杀人者可留养的又有多条规定：兄弟俩犯罪可留一人；杀人者母亲寡居二十年也可留养；“救亲情切”杀人可以留养；被杀之人也是“亲老丁单”者不可留养；擅杀有罪之人可留养；⑤ 等等。所有这些情况，各省在上报时都应查明，请刑部核拟，皇帝裁决。

矜、留二项不过占秋审的百分之几，缓决最多，情实次之，秋审的主

---

① 《清史稿》卷 144，《刑法志三》，第 4207 页。

② 《大清律例》卷 37，《刑律・断狱・有司决囚等第》，1650 条例，第 632 页。

③ 《唐律疏议》卷 3，《名例・犯死罪应侍家无期亲成丁》，第 76 页。

④ 《大清律例》卷 4，《名例律・犯罪存留养亲》，第 106 页。

⑤ 《大清律例》卷 4，《名例律，犯罪存留养亲》，第 106 页。

要任务即可说是拟定监候犯人的实、缓。

3. 缓决，在秋审案犯中罪行较轻的，若干次缓决后即可减等。乾隆九年（1744 年）议准，凡缓决五次人犯又情罪稍轻者可奏请宽减。乾隆三十一年（1766 年）议准，抢窃满贯（120 两）或三次犯窃赃至五十两拟绞监候人犯，缓决一次后改发新疆给披甲人为奴。乾隆三十六年内阁奉上谕，秋审缓决三次人犯分别减等。乾隆四十二年奉上谕，缓决三次者方准减等，改为流刑，以后渐渐形成惯例。如情罪较重，就不准奏请减等，只有在特赦及其他一些特殊情况下才可奏请减等，如欣逢甲子年缓决五年以上的人犯可减等，乾隆九年、嘉庆十年均岁在甲子，都举行过这样的特别减等。[①] 那些得不到减等的人犯怎么办？少数可能在某次秋审时被改入情实，执行死刑，多数将长期“缓决”下去，年复一年，长者有缓十余年者甚至二十年者，实际上已变为一种长期徒刑。许多监候犯就可能在长期监禁中瘐毙。

4. 情实，明朝和清初称“情真”，就是“情真罪当”的意思，雍正时因避世宗胤禛之名，改称情实。雍正后刊刻的实录、律典等均作情实，致使人忽略了“情真”的本名。情实是秋审人犯情罪最重者，入情实，大都要勾决，如果未勾就是侥幸。

可以说，秋审的关键就在于区别实、缓，也就是将死刑案件中对社会制度危害较小的，可杀可不杀的那一部分案犯区别出来，法开一面之网，这样既可保持死刑的威慑力量，又可收到“恤刑”的效果。按说《律例》应对实、缓明文区别才是，恰恰《律例》条文中实、缓没有明确规定。那么，秋审实、缓的确定与核拟，全在于各省和刑部掌握，实行起来难免“各司随意定拟”，出入很大。乾隆三十二年（1767 年）刑部拟定《比对条款》，后经修改，又汇辑成《秋谳志略》颁行，使“中外言秋勘者依之”。[②] 以后

① 以上均见光绪朝《钦定大清会典事例》卷 846—848,《刑部 · 刑律断狱 · 有司决囚等第》，历年事例。

② 《清史稿》卷 144,《刑法志三》，第 4208 页。

又陆续编出《秋审条款》《矜缓比较》《秋审实缓比较》等官私著作。其目的都是试图找出实、缓之间的界限，但是，所举案例越多，比照类推越复杂，结果还是难以找到统一的标准。

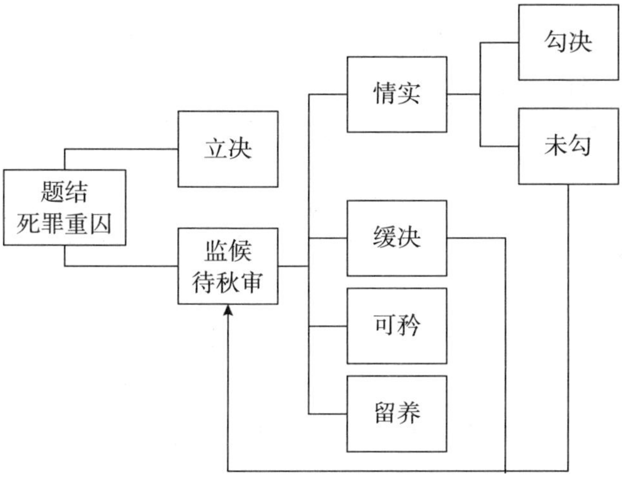

清代斩绞重罪审判和秋审分类示意图

说明：

立决、勾决，命下即处决；

未勾，官犯、常犯十次可改缓决，服制二次可改缓决；

缓决，三次可减等；

可矜，免死减等；

留养承祀，免死枷责释放。

第五节　民事审判程序

一、州县民事案件的审理

民事案件多发生在基层，由州县负责审理，可以作出发生法律效力的判决，而不必像刑事案件那样逐级审转，所以又称为“自理案件”。由于清代法律中并没有明确区分民事、刑事，所以“自理案件”中又包括州县有权决定笞、杖、枷的轻微刑事案件和治安案件，如打架斗殴、小量赌博、偷窃（40两以下）等。

州县全权审理“自理案件”，即可以处以笞、杖、枷等薄刑，也可以不用刑来调处息讼。按清律规定：

凡斗殴以手足或他物殴人，不成伤者笞二十至三十；致伤（青赤而肿）者笞四十；殴人吐血、出血者杖八十。

凡偷窃未遂者笞五十，窃一两以下杖六十；十两以下杖七十；至四十两杖一百。

单方悔婚约笞五十；一女两嫁杖八十；良贱为婚（贱人娶良妇）杖八十并离异。

产业典、卖不清，混行争告，照不应重律杖八十；凡典卖田宅，不税契笞五十。

父母在世、子孙别籍异财杖一百。

立嫡子违法者杖八十，收养异姓义子以乱宗族者杖六十。

凡欺隐田粮（隐田瞒产漏税）笞四十至杖一百。

子孙盗卖祖产五十亩以下或盗卖义田，照盗卖官田律，每一亩杖七十。

凡脱漏户口杖一百，隐匿成丁者杖六十。

举人、生员欠应纳钱粮杖六十至一百；夏秋两季收粮拖欠限期，不足税额者，里长、户长杖六十至一百。

买卖把持行市（欺行霸市）杖八十。

借贷取利，月息不过三分，长年息不过十分（一本一利），违者笞四十至杖一百。[①]

清律中另外还有一些规定，不用刑，类似单纯的民事法律规范：

分家析产立“分书”已定，不许重分，告词立案不行。

① 据《大清律例》中“户律”各款，及“刑律”有关条款，又参见《户部则例》。

卖产立有绝卖文契，不准找赎；文契未载绝卖，可以回赎。

父母健在，许令子孙析产者（但不得别籍），听（即允许）。

凡民人争告坟山，应以印契、山地字号亩数等为凭证。

无子者，可以选同宗昭穆相当之侄儿继承。

订婚应两家情愿，写立婚书，依礼聘嫁；男娶女嫁皆应由父母主婚。[①]

但是，应当注意，州县在审理上述各类案件时，并不拘泥《律例》的条文，是否用刑，全凭州县官掌握。州县自理案件的基本审理原则是调处与责惩相结合。州县官认为要打，就可以“薄责二十”或“重责四十”；认为不需要打，就不打。不论打还是不打都伴之以调处，责惩与调处是一致的。具体到某一案件，可能有的调处，有的责惩，有的免予责惩，还有的罚款、赔偿，“民间寻常词讼所犯之罪本轻，地方官酌量示罚以充桥、道、庙宇等工之用”。[②]

关于审理程序，清律没有详尽规定，一般都是根据原告的诉状立案，传齐被告和证人，升堂审判，而后作出决断。

至于审理结束，是否要单独制作判决书、裁定书？答案是否定的。就像斩绞重案以皇帝在三法司题本上的“批红”作为最终判决一样，民事案件，由州县在当事人的具结、保状、呈状上作批示，也就是判决。现摘录档案中的一例：

甘结。具甘结人胡瑞今于与甘结事。依奉结得：武宽禀身赖伊耕毁豆子争吵一案，蒙恩审讯完结，身回家安分度日，再不敢争吵滋事，所具甘结是实。

嘉庆十六年六月二十四日

胡瑞（画押）

批：准结。[③]

---

① 据《大清律例》中“户律”各款，及“刑律”有关条款，又参见《户部则例》。

② 《吏部处分则例》。

③ 档案《宝坻县全宗》。甘结中的“身”是具结人自称，与“小的”一样是清代法律文书中常用的第一人称代词。

关于州县判案，常有一种误解，认为刊刻成册的“判词”就是典范的“判决书”。其实，清代的判词不是单独制作、送达当事人的法律文件，只是一种批示，通常是非常简略的。刊刻的判词多为骈体，用词华丽工整，是某些州县官为舒展才华或为宣扬政绩而作，在州县审判实际中是很少的。现摘录档案中的一些常见判词如下：

准，从宽免究销案，仍取两造遵允，送查。

钱已清楚，伤已平复，姑准从宽免究，准息销案。

既据吁恳求息，姑准免究销案。

既经处明，即取具遵允送案，以凭查销，勿违。

既已休弃（指休妻）于先，何得以偷卖（指控他人拐卖己妻）等情混控，殊属刁诈，本应重惩，姑念自行呈明，从宽免究销案。

准息。附卷。

既经尔等调理，两造均已允议，准，据票销案。

如结完案，倘有不符之处，定干重咎。

二、调处息讼的广泛适用

（一）州县调处

州县调处息讼的客体是提起诉讼的民事纠纷，可算为诉讼内调解，以区别于不经官府的诉讼外调解——民间调处息讼。由州县官主持和参与的调处息讼虽广泛适用于清代州县审判，但是，法律并没有规定它的程序，因而在审判中，调处息讼的形式是多种多样的。如果对各种形式的州县调处加以概括，从调处息讼的程序上，可以发现有一些共同的特点。

第一，州县调处息讼带有一定的“强制性”。本来，民事案件的调解应当双方完全自愿，法官只能促成双方当事人的互相谅解，但不得强迫。

而清代的州县调处尚不是当事人完全自愿的调解，当事人的意志要服从官府的意志。当事人吁请息讼的甘结都申明自己是“依奉结得”，是遵照县官的审断结论才具结的，是遵命和息。经审理后，不仅败诉一方须具结保证不再滋事，胜诉一方也应具结双方都承认官府审理的结果，双方也都表示和解。在这种情况下的息讼明显体现着州县审判的意图。

州县官为了促成和解，有时还“不准”状（不受理），批明不准的原因，“掷还”兴讼者，“善批者可以解诬妄于讼起之初”，① 迫使兴讼者考虑官府的意图，与对方和息。不顾官府态度，硬要起诉甚至上诉，缠讼不休者，有是有，但很少。

第二，州县调处息讼的“优先性”。虽然清律没有规定调处息讼是必经程序，但州县自理案件的审理必定是先着眼于调处，只有实在不能达成“和解”，才会作强制性的判决。汪辉祖《佐治药言》论息讼：“词讼之应审者十无四五。其里邻口角，骨肉参商细故，不过一时意气，冒昧启讼，否则有不肖之人从中播弄。果能平情明切譬晓，其人类能悔悟，皆可随时消释。间有准理后亲邻调处吁请息销者，两造既归辑睦，官府当予矜全，可息便息。”实际上很少有不经劝谕调处直接判决的案件。为了不使民间纠纷变成不安定的因素，所以州县审理始终将调处息讼作首要考虑。

地方官大计考核的“政事”一项以通达明治为上等，讼清狱结是其重要标志，“自理词讼随到随审，虚衷剖断，从不稽延拖累”的地方官可获大计一等、卓异。② 这种考核标准当然也促使地方官把息讼原则作为自己出治为政的追求。

第三，堂上堂下相结合的原则。州县调处息讼本是诉讼程序中的调解活动，但也常和诉讼外调解相结合，堂上堂下同时进行，互相补充。如果

---

① 《牧令书》卷 18。

② 《通永道大计清册》，档案《顺天府全宗》12 号。

当堂不能和解，则命堂下调解，堂下经亲族乡邻调解后再回到堂上具结。调处息讼即体现这种原则，可谓官府和乡邻的力量一体动员，为调处息讼而努力。

州县官有时认为事属细微，不必在堂上处理，就批令乡里亲族去调解，或再加派差役协同乡保“秉公处理”，调处后回禀县衙销案。例如在田土案上批“饬差确查妥处”，在斗殴案上批“着乡保传谕安分”等。差役勾摄拘拿，人所共知，但一般还没注意到差役可扮演调处人的角色，其实“饬差查处”也是州县经常的做法，把已提起诉讼的民间纠纷又发回到民间去解决。“乡党耳目之下，必得其情，州县案牍之间，未必尽得其情，是以在民所处，较在官所断为更允矣。”[①] 在许多情况下，“民间细故”在乡里调解可能较州县“堂断”更容易解决。

清代州县调处息讼的特点与现在民事调解有明显不同，现在民事调解（包括诉讼内调解和民间调解）具有合法性、自愿性与非必经程序的特点。所以，我们一般用“调处”而不是用“调解”来称呼清代的息讼活动。

（二）民间调处

州县自理案件的调处是诉讼内调处，民间调处是诉讼外调处。在中国封建社会，“无讼”是儒家传统的政治法律理想，然而面对纷纷争讼的现实社会，遵奉儒家传统思想的统治者则以“息讼”为要务。争讼者，多因田土户婚等“民间细故”，如讼争能在民间得以调处排解，国家绝不会认为这是对国家权力的妨害。实际上，历代政权都鼓励民间纠纷在民间解决，而不要起诉到官府。

民间调处息讼作为诉讼外的调解，其形式是多种多样的，没有法定的程序，因各地民情风俗习惯而异，因调解人的身份地位而异，或祠堂公所，或田头村舍，只要能使纠纷平息，什么样的形式都是可以的。

---

① 《牧令书》卷17。

清代流行的乡规民约和家法族规，许多都有关于止纷争、禁告官的规定。我们今天见到的族规多为江浙湖广等地的，这些南方省份由于历史的原因，宗族势力特别强大，人们聚族而居，世代生息在一个地方，宗法伦理观念和亲族关系是约束人们社会生活的重要准则，从下面摘录的族规中可以看到它的约束力量：

族众有争竞者，必先鸣户尊、房长理处，不得遽兴讼端，倘有倚分逼挟、恃符欺弱及遇事挑唆者，除户长禀首外，家规惩治。①

有不平先鸣户长，再投乡保，复论情实，从公劝释。②

或因小愤因涉讼，渐至破家，或因争产而涉讼，反至失业，“讼则终凶”。③

族中有口角小愤及田土差役账目等项必须先经投族众剖决是非，不得径往府县诳告滋蔓。④

南方的族规如此，北方及其他地区的宗法势力或强或弱，但同姓、姻亲、乡邻等自然关系的作用同样不可低估。大量的民间纠纷在没有提起诉讼之前，就已经在家族、乡里内部调处息讼了，呈诉到官的只是民间纠纷的很少一部分。这样的民间调处，亲属身份的尊卑、宗族支派的远近、门房的强弱、嫡庶的差别以及姓氏大小、人口多寡、财产状况、文化教育、与官府权势的结交等情况都会造成当事人在调处中的地位不平等，调处可能的偏袒性甚至强制性是显而易见的。

清代州县以下设保甲组织，保甲查核户籍，稽察盗贼，但对保甲处理民间纠纷却有限制。清律规定“一切户婚田土不得问及保甲”。⑤但是，实

① 安徽桐城《祝氏宗谱》卷1。

② 安徽潜阳《李氏族谱》卷1。

③ 江苏晋陵《奚氏宗谱》卷1，讼则终凶，出自《周易》。

④ 江西南昌《豫章黄城魏氏宗谱》卷11。

⑤《大清律例》卷25，《刑律·贼盗·贼盗窝主》，第431页。

际上乡地保甲调处民间纠纷也是常事，是禁所不能禁的。光绪十五年（1889年）宝坻县知县章某在张立志、张洪园因五尺土地争殴的呈状上批示：“伤微事细，即自招乡保、首事妥了，毋轻涉讼。”[①] 乡地保甲的介入与清代鼓励民间调处息讼的原则没有根本性的矛盾。各种形式的民间调处是清代司法审判制度的一个方面，有关民间调处的各种习俗和伦理规范是国家立法的重要补充，是国家整个法律体系中的重要组成部分。

三、调处息讼与执法的关系

第一，调处息讼是统治者倡导的。从顺治、康熙的圣训、圣谕到州县官劝民息讼的告示，都在倡导这一调处息讼的原则。

顺治颁布《圣谕六条》，康熙修定为《圣谕十六条》，雍正又阐发为《圣谕广训》，要求州县官每月朔望两次亲自向人民宣讲，并巡回下乡督查讲解，做到家喻户晓。圣谕重要的内容之一就是息讼，康熙《圣谕十六条》：“敦孝弟以重人伦，笃宗族以昭雍睦，和乡党以息争讼，重农桑以足衣食，尚节俭以惜财用，隆学校以端士习，黜异端以崇正学，讲法律以儆愚顽，明礼让以厚风俗，务本业以定民志，训子弟以禁非为，息诬告以全良善，诫窝逃以免株连，完钱粮以省催科，职保甲以弭盗贼，解仇忿以重身命。”[②]

把“敦孝弟以重人伦”“和乡党以息争讼”“明礼让以厚风俗”等与“弭盗”“完粮”并重，无疑，皇帝以最高的绝对权威肯定了调处息讼的合法性。无论是州县官府调处，还是民间调处都由此具有法律效力。

第二，调处息讼的指导思想是传统的道德。其力量有时比法律大得多，能在更广泛的领域内对社会关系进行调节。传统道德的核心就是以儒家思

① 档案《顺天府全宗》107号。

② 《清实录·圣祖仁皇帝实录（一）》卷34，康熙九年十月，第461页。

想为主的伦理纲常，简言之，即“礼”，以礼入法。

乡规民约、族规家训作为封建伦理道德的规范化、条文化，不仅是约束人们生活的准则，也是调处纠纷，特别是民间调处的“法规”。国有法律既已融汇了“礼”的基本原则，调处息讼以“礼”为根本依据当然就不成问题了。

第三，调处息讼在国家权力的制约之下，受到国家的法制监督。中国历来没有独立于国家权力之外的社会、宗教组织，正统的儒家伦理道德就是国家遵奉的官方哲学。调处息讼作为一种司法制度，处在专制权力结构的层层制约之下。

从调处息讼的范围讲，是严格限定了的，即民事案件和轻微刑事案件，超出即为法律所不容。江西乡间曾“私立规条，贫人有犯并不鸣官，或裹以竹篓沉置水中，或开掘土坑活埋致毙，勒逼亲属写立服状”[①]。沉潭、活埋等私刑不止江西一地有，许多地方乡规、族规中都有，并一直延续到清末及至民国。但是，私刑总是不合法的，私和人命也律有所禁。刑事案件的审理是国家对刑事犯罪的追究，不能私和及私刑。只有雍正五年的一条定例是例外，规定可以家法处死不肖子孙，但到乾隆初年就被否定了，[②]因为终归与国家的法制统一有抵触。

---

① 《钦定皇朝文献通考（五）》卷198，载《钦定四库全书》第636册，第548页。

② 前例见《雍正朝起居注》，雍正五年五月初十日。后例见乾隆十一年定例：尊长指使卑幼殴死本宗亲属分别情形治罪，见《大清律例》卷28，《刑律·斗殴·殴大功以下尊长》。

第二十二章　嘉庆、道光时期的行政法

第一节　三修会典与强化监察立法

一、修订《嘉庆会典》

嘉庆时期，又再次修订《大清会典》。于嘉庆六年（1801年），军机大臣托钧奉旨修撰，于嘉庆二十三年（1818年）完成，当年在武英殿刊印，命名《嘉庆会典》，有典80卷，事例920卷，是继乾隆二十九年（1764年）之后，到嘉庆十七年（1812年）间典章制度的总汇。其体例同《乾隆会典》基本一致，包括宗人府、内阁、军机处、六部、理藩院、都察院、通政使司、大理寺、翰林院、内务府等部门，对各部门的行政编制、官员职责以及办事条款等都作了具体规定。同时，还修订了满文版的《大清会典》，附以事例，命名为《大清会典事例》。这部会典同前朝会典比较，有两个突出的特点：

（一）增修事例

《乾隆会典》有则例180卷，嘉庆将则例改为事例，增订为920卷。同时仿照唐宋会要的形式，按年编裁行政事例，一事一例，作为会典的辅助，把各部门的沿革损益、行政制度变化情况，都作了详细比照，以便于实际运用。如果说康、雍、乾三朝会典使清朝的行政法律走向法典化，而《嘉庆会典》的主要贡献，在于进一步丰富了行政法的法律形态，初步探索了古代行政法从传统走向近代化的基本途径。

（二）增修图卷

《嘉庆会典》把礼部的五代礼仪、文物、制度以及部分科技法律内容，用图表绘制解析，加以阐释说明，于嘉庆十八年（1813 年）编成《钦定大清会典图卷》，计 132 卷，其中包括礼制、祭器、度量、天文等若干门类。如礼制门，划分有朝会、燕飨、陈设、天坛、地坛、太庙等；对祭器、乐器、乐律等，也作出了具体等级的规定；对户部的舆卫，如礼舆、步舆、御仗等，也作了明确的注释；钦天监的天文仪器、度量衡，包括天体仪、经纬仪、地平仪，以及天体图、地理图等，都逐一绘制，形成一定的技术规范。这不仅在行政管理上使之程序化，而且对促进科学的发展也有良好效果。会典增图卷是嘉庆朝在行政法制建设上的一大贡献，后来又为《光绪会典》所吸取，并进一步丰富。

会典的作用，主要是规定国家的行政体制运行的法律规范，但在康乾会典中对此都作了具体而明确的规定，因此《嘉庆会典》中所有的国家行政体制以及各部行政活动规范，都基本上遵照前朝规定，而没有新的创建。

二、创制第一部监察法典《钦定台规》

清朝以前，各代已颁行了许多有关行政监察、廉政监察的法律法规，但比较完整的行政监察法典产生在清朝，主要有两部：一是嘉庆朝的《钦定台规》，二是《都察院则例》，二者都在不同的历史时期为国家的行政监察发挥过重要作用。

（一）《都察院拟监察职权条例》

清朝入关后的第一部监察法规，是颁行于顺治十八年（1661 年）的《都察院拟监察职权条例》，现存满汉合璧文本一卷。这是针对都察院设立后有关监察的职责范畴、监察条例、监察官反监与监察人员互监所作的具体规定。它对监察法典的制定起到了奠基作用。

(二)《钦定台规》

台规是中国乃至当时世界上第一部国家制定的系统监察法典，它的制定，使中国的监察制度迈向了一个新的高度。

1.《钦定台规》的体系

《钦定台规》一共有四部，由乾隆、嘉庆、道光和光绪各朝所制定，合称“四朝台规”。乾隆朝的《钦定台规》是第一部较为完整的监察法规，因已不存于世，后人能见到并理解的台规内容只能依据嘉庆六年续修的台规；嘉庆朝的《钦定台规》，20 卷，是继乾隆八年台规的续修，由贡阿拉奉命领衔，于嘉庆九年（1804 年）钦准刊布；道光朝的《钦定台规》,40 卷，是在嘉庆九年台规基础上，由松筠领衔修订，颁行于道光七年（1827 年）；光绪朝的《钦定台规》，42 卷，由延煦奉命续修，于光绪十六年（1890 年）由都察院正式公布。这样，现存的三部台规，嘉、道两朝占其二，毋庸置疑，他们在监察立法上曾经做出过历史性的贡献。

2.《钦定台规》的结构

《钦定台规》包括八个方面的内容：

（1）训典，包括圣制、圣谕、上谕等，主要是皇帝对监察机构和重要监察事件的敕命。

（2）宪纲，包括六款：

序官部分，规定了都察院的组织机构及其权限；

陈奏部分，规定了历代皇帝对御史陈奏原则、方法、程序的各项谕令；

典礼部分，规定了稽察朝会、祭祀礼仪的各项内容；

考绩部分，是对官吏考核和铨选官吏的规定，其中包括京察、大计、军政、处分等主要内容；

会谳部分，规定了监察机关在执行使命中的司法权限、司法程序，以及行使司法权的有关事项；

辩诉部分，规定了受理诉讼的原则、程序和有关事例。

（3）六科，是对六科给事中执行任务的职责和权力程序的规定。

（4）各道，是对十五道监察御史的职责、编制、权限程序的规定。

（5）五城，是城区、司坊监察方面的条例、事例。所作的具体规定，分十款：

纲领部分，规定了五城御史的职权范围；

条教部分，规定了五城御史向城乡宣达皇帝御令的内容；

听断部分，规定了监察五城司坊官断狱的标准与廉洁从政内容；

保甲部分，规定了城乡保甲制度实行的条例；

纠捕部分，规定了五城司坊纠捕不法之徒的有关职责程序；

赈恤部分，规定了视察灾民、流民以及赈恤事件的内容；

禁令部分，规定了监视五城治安禁令的执行范围、程序及有关事项；

界址部分，规定了五城区界的划分原则及其标志；

司坊部分，规定了各城兵马司、坊的组成机构，有关权限，以及办事程序；

街道部分，规定了街道基层单位的监察事项。

（6）稽察，是对派遣御史，稽察各道各部门钱粮、财务和考察、选拔官吏的具体规定。

（7）巡察，是有关派遣御史到各地巡察漕运、盐政、游牧等方面的具体规定。

（8）通例，是针对御史监察官员本身的选拔、考绩、升迁和礼节的各项规定，尤其是对监察官员的法纪要求，如监察官员考选，必须具备才品优长，学识名通，非出身于科举的官员不得进入御史行列；对其升转的规定一律要根据吏部的考绩，在执行监察使命中的兴利除弊壮举和从政清廉程度而决定是否升迁；在礼节方面，又有严格的仪式、程序和执行监察中的礼仪要求，一般不得随意越规和更制。

（三）《都察院则例》

《钦定台规》的体制在嘉庆朝仅仅确立了八项标准，而到道光时期则将它具体化，并补充了若干当朝规定。光绪朝修订的台规，内容有所减化，但基本体例遵照前者。

《钦定台规》，尤其光绪朝于1890年公布的《钦定台规》，就都察院的监察职能、六科各道监察官的职责，以及实行行政监察、部院考绩、巡察等方面，都作出了具体的规定，堪称中国第一部较为完整的监察法典。而《都察院则例》，则是前者的实施细则，包括封驳、陈奏、京察、大计，对财政、学校、农工、军政各科人员的考察、奖惩、升降以及文件处理规则等。这两个法规相比较可知，台规是行政监察的基本纲要，类似监察总则性质；而则例类似分则，它将台规的八个部分划分为四十多个门类，更便于监察法规的具体实施。以下详见对比表：

《钦定台规》与《都察院则例》比较

《钦定台规》			《都察院则例》
嘉庆九年（1804年）	道光七年（1827年）	光绪十六年（1890年）	
一、①公署	一、训典	一、训典	①领本
	①圣谕		②发钞
	②上谕		③史书录书
二、②宪纲	二、宪纲	二、宪纲（考	④封驳
③陈奏	③陈奏	绩会谳辨诉）	⑤陈奏
	④典礼		⑥注销
	⑤会谳		⑦京察
三、④稽察	三、六科	三、六科	⑧大计
⑤朝会	⑥通掌		⑨文职画凭
⑥监试	⑦分掌		⑩支领财物
四、⑦理刑	四、各道、	四、各道、五	⑪直省钱粮奏销　㉗武生考试
	五城	城（条教、听	⑫易知由单　㉘官兵俸饷
	⑧纲领	断、保甲、纠	⑬漕粮奏销　㉙朋桩册籍
	⑨听断	捕、禁令）	
	⑩保甲		

续表

《钦定台规》			《都察院则例》	
嘉庆九年（1804 年）	道光七年（1827 年）	光绪十六年（1890 年）		
	⑪赈恤		⑭漕粮仓单	㉚提塘
	⑫禁令		⑮奏交粮斛册	㉛驿递奏销
五、⑧巡城	五、稽察	五、稽察	⑯奏交漕粮册	㉜邮符奏销
	⑬衙门		⑰盐课考核	㉝监视行刑
	⑭考试		⑱关差领批	㉞直省爰书
六、⑨巡仓	六、巡察	六、巡察	⑲关差考核	㉟刷卷
⑩巡漕	⑮漕粮		⑳直省解部批文	㊱赃赎
⑪巡盐	⑯盐政		㉑岁科学册	㊲各科考核
⑫巡察	⑰游牧		㉒岁科试卷	㊳六科给发
七、⑬考选	七、通例	七、通例	㉓乡试卷磨勘	㊴各差领批
⑭升转	⑱考选		㉔军政	㊵稽核朝单
⑮仪注	⑲仪注		㉕武职画凭	
	⑳升转		㉖功加人员	

清朝末年，由于复杂的社会环境及其政治统治的需要，进一步加强对各部行政法规的修订，完善监察法规，这对于古代行政法的体系化、规范化无疑是重要的。

（四）《五城巡城御史处分例》

为了加强监察监督，特地对各级都察院官员规定了违法惩处条例。该条例是其中之一。它制定于嘉庆五年（1800 年），是针对五城巡察御史执行职务的有关规定，以及失职行为或者不法行为的处分规定。它同康、乾时期的御史处罚则例有前后衔接的关系。

第二节　突出民族行政立法

乾隆开民族立法的先河，首次制定了《蒙古律例》，在中华各族人民大统一的环境下促成了民族立法的发展，也为普遍性的民族法规的制定创造了条件。随着民族立法专门机构的健全，由原来仅制定适用蒙古族地区的专门法规，逐渐扩展到西南边夷和西北边疆，以及其他少数民族地区，尤其嘉庆时代制定的几部民族法规，更是民族行政立法史上的重大成就，较有代表性的有《理藩院则例》和《回疆则例》。

一、《理藩院则例》

康乾时期，草原民族的事务，尤其是蒙古事务比较繁忙。为此，于乾隆五十四年（1789 年）制定了《蒙古律例》，但由于当时的历史条件，到嘉庆初年已不能使用。于是，在嘉庆十六年（1811 年），就提出了修撰理藩院则例的问题。在嘉庆二十年（1815 年），理藩院向朝廷奏报说："将旧例二百九条逐一校阅。内有二十条系远年例案，近事不能援引，拟删。其余一百八十九条内，修改一百七十八条，修并二条外，并将阖院自顺治年以来应遵照之稿案译妥汉文，逐件复核，增纂五百二十六条，通共七百十三条。"[①] 经过二年多的努力，于嘉庆二十二年（1817 年）正式公布实行，可称之为中国立法史上的第一部民族行政法典。

（一）《理藩院则例》的结构

该则例又称《理藩部则例》。共 64 卷 713 条，分作通例和旗分两大部分。通例仅上、下两卷，而旗分有 50 门，名称如下：旗分、品秩、袭职上下、职守、设官、擢授、奖惩、比丁、地亩、仓储、征赋、俸银俸缎、廪气上下、朝觐、贡输、宴赉上下、扈从事例上中下、仪制、印信、婚礼、赐祭、旌表、优恤、军政、会盟、邮政上中下、边禁、人命、强劫、偷窃上下、发冢、犯奸、略卖略买、首告、审断、罪罚、入誓、疏脱、捕亡、监禁、递解、

① 《理藩院则例》卷 1。

留养、收赎、遇赦、违禁、限期、杂犯、喇嘛事例一至五、西藏通制上下、俄罗斯事例。

通例规定了理藩院的机构职责与编制。院部有尚书、左右侍郎和额外侍郎为最高领导，下属机构有六司一厅三房，即旗籍清吏司、王会清吏司、典属清吏司、柔远清吏司、徕远清吏司、理刑清吏司六司；司务厅；满档、蒙古、汉档三房；还有机关服务机构，如银库、当月处、饷银处和督摧所；此外有附属机构内馆、外馆、俄罗斯馆等。对地方的派出机构，设有神木理事司员、宁夏理事司员、热河都统衙门、理事司员等十二司员。

理藩院各机构的职责划分，分院司两级：

理藩院，管理院内所属一切事务："掌外藩之政令，制其爵禄，定其朝会，正其刑罚，尚书侍郎率其属以定议，大事上之，小事则行，以布国之威德。"

下属六司的主要职责是：

旗籍清吏司，承办札萨克事务，"掌考内札萨克之疆理，叙其封爵，与其谱系，与官属部众会盟军旅邮传之事皆掌之，掌游牧之内属者"。

王会清吏司，也主办札萨克留蒙王宫事务："掌颁禄于内札萨克，而治其朝贡燕飨赉予之事。"

典属清吏司，主要承办喀尔喀四部落，西藏、青海等地民族事务，属外札萨克事务，其具体职责是："掌核外札萨克部旗之事，治其邮驿，互市则颁其禁令，凡内外上喇嘛皆掌之，掌游牧之内属者。"

柔远清吏司，也主办外札萨克事务，其职责为："掌外札萨克喇嘛禄廪朝贡之。"

徕远清吏司，主要负责回疆事务，即新疆哈密、吐鲁番地区的民族事务，其具体职责为："掌回部札萨克之政令，凡回番之年班皆掌之，掌外裔之朝贡。"

理刑清吏司，负责内外札萨克以及回疆的刑事案件，如《大清会典》

所说“掌外藩各部刑罚之事”。[①]

司务厅，主要管祭祀和宾客迎送，以及公文往来；汉档与满档主要是承办各种档案，其他部门都属于行政事务机构。

（二）有关蒙古民族事务的规定

则例中对蒙古地区的行政事务以及司法制度作了具体规定，主要包括七个方面：

1. 确认了行政区划。蒙古地区的行政区划，在“旗分”中有明确规定：“内札萨克六盟四十九旗”，“外札萨克四部落等处一百四十九旗”。旗的行政单位划分一直为历史所沿用，即相当于中原地区的县。旗上设盟，相当于地区，这一行政区划一直延续到光绪末年，只是将外札萨克四部落等处增加为150旗。以法律规定行政区划，对于祖国版图的统一具有重要作用。

2. 确立了蒙古体系的职官制度。包括官吏的品阶、职守、编制、升迁、奖惩等一系列规定。尤其关于职守和惩处的规定，比较适合蒙古地区的历史状况。关于盟长和札萨克等条文的规定，以及职官的选用升迁、甄别、保送等规定，都是对官员职守的明确划定和限制，这对完善民族地区的职官管理制度具有一定意义。此外，对职官的考核、议叙等规定，也具有鲜明的地方特色。如规定放牧驼马，要根据驼马数量的多少决定奖惩；考核官员政绩，要根据该官员在草原畜牧中的实际贡献而决定，这些都不同于中央和其他地区官员考绩的规定。

3. 确认了蒙古地区的各种管理制度。如地亩、税赋、仓储等；又如俸禄、廪饩，以及朝觐、贡输、宴赉等。此外，礼仪也参照会典规定，制定了诸如扈从、礼仪、印件、婚丧、祭祀、优恤等各种制度。

4. 规定了喇嘛宗教事务。在“旗分”中，喇嘛事例分为五门，主要有活佛转世制度；职衔、名号、册命制度；定额、升用、品级制度；钱粮、衣

---

① 《清会典》卷64—68。

服、度牒等制度。喇嘛事务在整个蒙古民族行政管理中占有相当比重，因此也备受重视。

5. 确认了邮政和边禁制度。如驿站的设置管理，公文的传递和保护，以及公差人员的食宿、供给和管理等，都有明确规定；为保障边民安全，特设立哨卡及守卫人员，相应产生的查验登记和出入证件手续，又涉及外事商务活动的具体内容，这些都体现了一个主权国家国务外交活动方面的权力地位。

6. 确立了蒙古地区的刑罚制度。关于人命、抢劫、偷盗、犯奸、违禁、杂犯等的惩罚，都依照《大清律例》的基本原则，结合蒙古地区实际情况作出具体的规定。刑法与行政法的合体也是《理藩院则例》中很突出的一个特点。

7. 确认蒙古地区的司法制度。其中对首告、入誓、审断、收赎、赦免、监禁、递解和捕亡等，都作出了具体规定，既注意协调与《大清律例》的关系，又注意到有效地处理蒙古地区司法事务的特点，实行了因地制宜、因俗制宜的法律原则。

（三）对西藏和西北地区民族事务的规定

《理藩院则例》不仅针对蒙古地区的民族事务作了规定，而且对西藏、青海、新疆等民族地区的事务也作了规定。主要有以下几点：

1. 确认了西藏地区的职官制度。在西藏规定了驻藏大臣的权限及其职责，驻藏机构的事务；达赖喇嘛和班禅额尔德尼的职权与中央的关系，其他西藏地区官员的任免、权限、品级和升降惩处等，这是对西藏地区职官建设的一个重要法律内容。

2. 确认了青海地区的职官制度及其行政管理制度。规定在西宁设办事大臣，或称青海办事大臣，下辖千户、百户等职官，负责管理青海地区的行政、军事、司法；中央政府的驻派机构，具有执行中央政策使命，管理蒙藏贸易，防范匪盗，保卫边疆安全的使任。

3. 对新疆地区民族事务的规定，包括维吾尔、哈萨克、柯尔克孜等少数民族。如贸易往来、宗教管理、官职设立等。由于后来又专门制定了《回疆则例》，西北地区民族事务的管理便依照《回疆则例》执行。

纵观《理藩院则例》的体系与内容，可以认定，它是民族法规中内容最为丰富的一部民族立法，也是使用地区最广泛的一部以行政法为主体、诸法合体的民族法典。它反映了清朝政府对边疆民族地区，尤其是蒙古地区政治统治的需要，集中体现了清朝政府在边疆政治上的鲜明意志，堪称中国民族立法中的大成之作。

理藩院则例，曾进行过多次修订，较重要的三次修订是道光三年（1823年）、十三年至十九年（1833—1839年）、光绪十七年（1891年）。这三次修改中，将旗分内容由50项扩展为65项，增加了捐输、处分等内容，进一步明确了外蒙古部与回疆各部的事务办理程序与处分条款，使这部民族事务法典更加完备。

理藩院在光绪三十二年（1906年）改名为理藩部，在三十四年（1908年）颁行的该部则例，故更名为《钦定理藩部则例》。

二、《回疆则例》

在修订《理藩院则例》的同时，于嘉庆十六年（1811年），理藩院上奏皇帝："查得臣院承办回疆事件内所有钦奉谕旨及臣工条奏积案繁多，未便纂入蒙古则例，以致条款混淆，应请另行编纂成帙，以便颁发遵行。"后经嘉庆谕准，开始编撰《回疆则例》①。嘉庆十九年（1814年）修成后，由于某种原因并未公布，直到道光二十二年（1842年），才正式由政府颁行。可以认为它是继《理藩院则例》之后制定的又一部重要的民族法典。如果说，《理藩院则例》主要是对草原蒙古地区的民族事务加以规定，而《回疆则例》则是在继承其传统的基础上，针对西北地区民族事务的专门立法，

① 《回疆则例·原修回疆则例原奏》。

在民族立法史上具有同等光辉的地位。

（一）回疆则例的立法渊源

回疆则例共 8 卷，其中包含的内容多是自乾隆二十七年（1762 年）理藩院成立后，处理西北民族事务的规则总集。后经道光三年和十三年分别加以修正订补，于二十二年（1842 年）颁行。所谓回疆的范围，实际上主要限定在新疆民族地区，至于对青海、甘肃等地的回民事务则很少涉及，从严格意义上说，它是一部新疆地区的专门民族法规。

清朝对新疆维吾尔和哈萨克、柯尔克孜等民族的基本统治手段，实行中央直辖，伯克管理，整个行政制度与行政立法，都是围绕着伯克制度的适用而决定。这一基本原则到回疆则例制定时依然沿用，因此，该则例在立法中仍然体现了这一政治原则。

（二）回疆则例的体系内容

概括其立法的内容，主要有新疆地区的民族管理体制，职官体制，民族礼仪，行政管理制度，刑事法律，以及叶尔羌、喀什、英吉沙、和田等重要城市的行政设置及行政管理规章等。包括以下几个方面：

1. 确认了维吾尔和哈萨克的民族职官管理制度。原该地区的职官系统主要分两大类，即维吾尔的伯克制和哈萨克的头人制。清政府尊重了这一民族传统，并按照《大清会典》的职官设置原则，对主要政治经济地区的职官编制、机构设置、官员任用，官品、俸禄以及退休制度等，都作了明确规定。如叶尔羌地区设三品阿奇木伯克到七品伯克官，共 55 名，喀什为 60 名，英吉沙为 9 名，和田即为 47 名，阿克苏设三品官 46 名，而其管辖区域内的赛里木仅 6 名，拜城只设四品官 6 名，库车设三品官 19 名；如吐鲁番则只能设六品伯克官 10 名，但同时又在该地区设有札萨克职衔的官员，其地位高于三品阿奇木伯克。

官员的职掌主要以地区为限定，负责政务、行政、军事、税赋、钱粮、土地、庄园，以及当地的矿山开采冶炼、手工纺织管理等具体事务。每一地区的行政长官除军事要塞实行政军分离外，一般都身兼军政、民事，甚至宗教管理职责。当然，宗教官员的专设，又是根据伊斯兰经典的规定，清政府充分尊重了民族的自决权。为了收买民族上层，清政府同样参照清廷的一些规定，敕封民族王公，所封品阶有王、贝勒、贝子、公等，甚至包括部分宗教人士也给予一定封号，被封者的政治经济待遇，均参照蒙古王公对待。这对稳定民族地区的统治，具有相当的诱惑力。

关于官员的选拔和任用，实行两部制，即各地区的军政长官，一律由中央直接派遣；长官的协助及其属员均使用就地取材原则，由各官府自行选拔，汉民和少数民族的比例有一定限额。有些官职，如中央的封赐官可以继承，多数不实行继承制。这套民族地区的职官管理制度，是继蒙古职官制度之后的又一新的发展历程，表现了清政府在管理民族地区行政事务方面的奇谋大略。

2. 规定了各种行政管理制度。如年班制度、货币制度、赋税制度、驻军管理制度等。所谓年班是指地方官员轮班朝觐。嘉庆朝规定，各城回民伯克官员分为 9 班，每年到朝廷 1 次。道光朝依然实行 9 班划分，改为 2 年朝觐 1 次，并准许带领官员的部分子弟。对于朝觐一律有赏赐，或给以加官晋爵，或赏给银两、丝绢、马匹、武器，个别情况下也赏赐奴隶。赋役制度，是比较复杂的一项制度，民族官员对所在地区的人民，大都实行残酷剥削和重税压榨，清政府为了限制这些行为，缓和民族矛盾，规定了许多禁律，如禁止借端苛敛，禁止私役回民工匠，禁止私索供给麦斤，禁止滥拉马匹，不准变价贸易马匹，禁止超额蓄养奴隶，以及随意摊派钱物等，并特别规定："如有改易名目或因公苛派、暗为巧取扰累闾阎者，经查出，抑被告发，无论该管大臣并属下官员以及阿奇木伯克等，均照枉法赃严行治罪。"[①] 为了贯彻中央的这些规定，下令取缔了地方的阿奇木陋规，

① 《回疆则例》卷 7。

这在一定程度上赢得了少数民族群众的信赖和欢迎。因此，在清朝统治时期，尤其是乾、嘉至道光时代，局势比较稳定。

3. 确认了民族地区的特殊贸易原则及其制度。新疆地区原为丝绸之路的要道，一向与中原和外国的经济文化交往十分频繁，明清时期又有新的发展。因此，为了保证该地区在中西贸易中所起的桥梁作用，特在则例中规定了三个内容：一是“回疆藩夷进卡贸易一体免税”，大力支持他们同中原的贸易；二是“回子赴外藩贸易勒限给票”，这是一条保守措施，为了避免引起和俄国及其他边境地区的纠纷，以及导致某些政治事端，对外贸易给予一定限制，实行制度化管理，但不禁止；三是“稽查回子出卡”，为了保证贸易的正常交往，防止发生各种民族纠纷，对少数民族出卡贸易者，既要有一定批准手续，又要严格按程序实行检查，如有违犯和任意破坏该项制度者，依律从重惩处。

4. 规定了驻军管理制度。为了保证对新疆地区的行政管理，保持战略上的优势地位，清政府先后在具有战略地位的地区派驻了军队。但军队和民间经常发生纠纷，驻军强奸民女、侵占土地或钱财事端时有出现，引得民族反对，并爆发过起义。为此，则例中作了严格规定，如禁止兵丁私入回庄，禁止回妇私进满城，禁止兵丁强占回民园地等，如有违背者一律从严治罪。如果上级军官管理不严，也将追究刑事责任或行政责任。

5. 确认了该地区的宗教管理制度。新疆以信仰伊斯兰教为主，宗教管理大都依准阿拉伯地区的宗教经典制度。为尊重这一历史现状，在宗教管理制度方面，则例确认了传统管理制度的继续。尽管对某些有损其他民族尊严的内容作了部分修改，但在原则上予以保留。这种宽容的立法态度，在一定程度上赢得了宗教信徒对政府的信赖。

关于刑事案件的司法管辖，也有一些具体规定，强调由专门司法机构管辖案件和审理案件，地方官员尤其民族官员，一般不得私理刑讯；司法管辖大权主要掌握在清朝派出的驻疆大臣及司法官员手中等，这对更好地加强新疆民族地区的司法审判管辖，清除宗教对司法的干预因素，有一定的积极作用。

此外，还制定了其他一些民族则例，如《青海蒙古野番新例》，修订于嘉庆八年（1803 年），主要是针对青海蒙古少数民族的行政机构官员职责，以及行政管理等方面所作出的某些规定。又如《西宁青海番夷成例》，又称作《番例条款》，现仅存汉文 11 卷。原制定于雍正十一年（1733 年），后乾隆和嘉庆年间又作过进一步修改，其主要内容包括追赶逃人，惩治奸污罪，挟仇出首人罪、告言人罪、殴伤人罪、戏误杀人、抢夺罪犯、挟仇放火、出妻、家奴弑主等刑法条款。但其中也包括司法管理方面的行政内容。

清代的民族行政立法，尤其以《理藩院则例》和《回疆则例》为代表，充分显示了一个多民族的统一国家在民族立法方面所取得的成就，以及对民族法律学发展所产生的重要影响。尽管它还是以诸法合体为基本立法形式，在某些方面同现代立法具有相当差距，但不可否认，在一定历史时期内，它体现了多民族的一统思想及其愿望，反映出民族自治的某些利益特点，这对搞好现代的民族立法，以及建立民族法学体系，都将会产生历史性的影响。

第三节　行政法纪的松弛与吏治败坏

从嘉庆末年到道光统治的三四十年中，由于行政法纪的松弛，内忧外患的干扰，官场风气日益败坏。龚自珍在批评这种腐败现象时曾经尖锐指出："官益久，则气愈偷；望愈崇，则谄愈固；地益近，则媚亦益工。至身为三公，为六卿，非不崇高也，而其于古者大臣巍然岸然师傅自处之风，匪但目未睹，耳未闻，梦寐亦未之及。臣节之盛，扫地尽矣。"① 这是说，国家官员们谄媚腐化，庸俗无为，置国计民生于不顾，整天追逐骄奢淫逸的生活，结果搞得官场弊端丛生，以致"自公卿至庶民，惟利之趋，无所

① 《龚自珍全集》第 1 集。

不至”。当时有位政治活动家曾经尖锐指出了国家之危险，他说：“天下之大病，不外一吏字，尤不外一例字，而实不外一利字。”他用吏、例、利三者的相互关系，解剖了追求名利、败坏官风官纪的根源。其实，这种官场的腐败现象，从乾隆末年已相当严重。如著名的和珅案，作为乾隆的近臣，封一等公，他掌握朝政大权，专权跋扈，贪污腐化，在嘉庆抄没他的家产时，有清单109号，计赤金580万两，生沙金200万两，元宝银940万两，当铺75座，银号42座，土地8000余顷，古玩、玉器、丝绸、洋货不计其数，仅北京一地就有庄园150余处，家产总计不下8亿两，相当于清朝政府20年财政总收入的一半。大小官吏的贪赃枉法，几乎遍布朝廷内外。直隶藩司司书王丽南，与银匠串通舞弊，私雕印信，侵吞31.06余万两，牵连24个州县。江苏山阴县知县王伸汉，发放救灾钱粮，竟捏报户口，贪污3万两。江南总督派候补知县李毓昌查办，结果被王伸汉毒杀，负责察处贪污杀人大案的知府又受银1000两，了结此案。可见官吏狼狈为奸，腐败不堪，已达到何等地步。

在行政机构中，无能之辈比比皆是。毕源任湖广总督，福宁任知府，陈淮为藩司，三人串通勾结，中饱私囊，敲榨民膏，民间比喻他们说：“毕如蝙蝠，身不动摇，唯吸所过虫蚁；福如狼虎，虽人不免；陈如鼠橐，钻穴蚀物，人不知之”，真可谓凶残如狼，贪婪如虎。至于八旗子弟出身的文武官员，更是食鸦片者十之七八，作战临阵逃脱，甚至雇人当兵。国家的养兵之钱都被随意挥霍和贪污盗窃，武备的废弛业已无力抗御外来的侵略，军事力量濒于瓦解。

尽管嘉庆、道光为了挽救危亡的统治，曾把惩贪察吏作为与王朝共存亡、与先祖共荣辱的一项重要制度对待，先后制定了各种处分则例，不断强化监察立法，对贪官污吏实行严法惩治，但这些都无济于事。还有，社会生产力遭到严重破坏，劳动人民日益贫困化，各族人民不断掀起反清斗争，终使清朝的统治面临着全面危机。嘉、道两朝的这一惨重历史教训，很值得后来治国者引以为鉴。

第二十三章　嘉庆、道光时期的民事经济立法

第一节　农业雇工人与奴婢法律地位的变化

乾隆后期，重新修订的《雇工人法》，将从事农业生产的雇佣劳动者，从具有“主仆名分”的雇工人中划分出来，使农业雇工的身份发生了较大变化。嘉庆初进一步明确，定例：“农民雇佣耕种工作之人，素无主仆名分者，无论有无文契、年限，俱依凡人科断。”[①]由此可见，农业雇工已经取得了较为“自由”的人身权利，雇主与雇工在法律上已经取得了一定形式上的“平等”地位，属于“凡人”范围。关于一般雇工人，则规定“雇工人不过受人雇值，为人执役耳，贱其事未贱其身，雇值满日，即家长亦同凡人，与终身为奴婢者不同。然既在工役之日，与家长之亲属亦有名分，虽异于奴仆，亦不得同于凡人”。[②]进一步明确了雇工人与家长的“名分”关系，仅限于受雇期限内，期满即同凡人。

嘉庆、道光年间，农业生产者人身依附关系进一步松弛，生产者在法律上已经具有较“独立”的身份，并取得一定的人身权利，这是封建生产关系

---

① 档案，嘉庆五年九月初六日穆克登额题。

② 《大清律例增修统纂集成》卷27,《刑律·斗殴上》辑注。

削弱，商品经济发展的结果，也是资本主义雇佣劳动关系发展的前提条件。

在此期间，大批奴婢通过“赎身”“开户”及“放出为民”“出旗为民”的途径，解除了奴籍，取得了一般民人的身份，但对原来的主人仍存有一定的主仆名分。

雍正、乾隆时期，先后颁布一系列谕旨，废除“贱籍”，除贱为良，使大批乐户、丐户、惰民、蛋户等取得良民身份。嘉庆四年（1799年）又对安徽省徽州、宁国、池州三府的“世仆”再次颁谕，“该处世仆名分，统以见在是否服役为断，以示限制。若年远文契无可考据，并非见在服役豢养者，虽曾葬田主之山，及佃田主之田，著一体开豁为良，以清流品”。[①]这一谕旨，意味着凡无卖身契约的“世仆”，只要不是仍充家庭仆役的，即使仍“佃田主之田”，也可开豁为良。这就在较大的范围内，使从事佃作的贱民、奴婢取得了平民的身份。尽管如此，各类奴仆“放出入民籍三代之后所生之子孙，准其与平民一体应试出仕”[②]。至于长随、雇工、倡优、隶卒等从事“贱役”者，身份虽与奴仆不同，其本身及子孙仍不准应试捐官，否则以“冒滥名器”论，向例比照家奴冒捐职官量减一等治罪，除斥革职衔外，照违制律杖一百，徒三年。[③]由此可见，封建制度下的奴婢与贱民，不可能通过封建主的“恩赐”，取得人身的解放。

第二节　城乡劳动力市场的扩大

农民人身依附关系的削弱，使农业雇工的身份得以“自由”，他们可

① 《清朝续文献通考》卷26，《户口考二·奴婢》，第7782页。

② 《大清律例》卷8，《户律·户役》“人户以籍为定”条附嘉庆十一年修改例，第192页。

③ 《刑案汇览三编》第一编卷7，《户律·户役·人户以籍为定》，“家奴之子长随之子捐官”，第229—230页。

以劳动力出卖者的姿态，在城乡市场上向雇主“平等”地进行劳动力的买卖交易。与之相应的劳动力市场，至迟在乾隆时期已经出现，嘉庆、道光时期则迅速在全国各主要经济发达地区发展。

东北的某些地区，称买卖劳动力的市场为“工夫市”。南方也有专门的劳动力交易场所，劳动力成为墟市上的商品。河南林县的雇工，都在清早赴集，“受雇短工”，“主者得工，雇者得值，习焉称便”，这种市场“名曰人市”。① 如苏州及其附近各市镇的“人市”，各以工种组合，聚集桥头待雇，花缎工聚于花桥，素缎工聚于白蚬桥，纱缎工市在广化寺桥，绵缎工市在金狮子桥。② 此外，直隶、山东、湖广、四川等省也都有了买卖劳动力的市场。在这种市场上进行的是劳动力的交易，而不是劳动者人身的买卖。出卖劳力者是“赴市觅工”的受雇于人的短工，而非奴隶。购买劳力者是“去市雇工”的雇主，而非奴隶主。雇工与雇主在进行交易时所受的约束和限制都较小，雇工可随意选择雇主，雇主也可任意聘解雇工，双方可根据市场行情、工种性质讨价还价，商定工价。在农村，工价视工种、地区、季节、劳动强度及受雇者的体力与技艺而定，一般每月工资几百文，多者可达1000多文；也有按日计价的，低者每日十几文，高者可达300串钱。如广东英德县“蔗寮帮工”，与雇主“议明每月工钱五百文”，“并无主仆名分”。③ 直隶平泉州对做工平常的雇工，每天只有100大钱，而工效高者每日300串钱也有人雇。④ 清政府对于农村的雇工，大体采取的是“不干涉主义”，雇主与雇工之间可以比较“自由”地从事劳动力的买卖交易。

城市中的劳动力市场，在手工业、商业比较发达的市镇，其规模和场面都是农村劳动力市场无法比拟的。广州，在鸦片战争前，人口已达100

① 《林县志》卷5，《风土 · 集场记》。

② （清）顾震涛：《吴门表隐》卷1，《风俗》。

③ 《清代刑部钞档》，嘉庆八年十二月十六日。

④ 档案，乾隆二十一年十二月十四日王兴吾题。

万。景德镇，到道光年间，“烟火近十万家，窖户与铺户当十之七，土著十之二三”。[①] 其中陶户数千家，工匠达数十万人。天津地处“九河下游”，“沿海贫民以搬运粮石生活者不下数万人”。[②] 苏州、杭州、金陵、无锡等纺织业发达的市镇，各有数万织工。如苏州在清初就有记载说：“郡城之东，皆习机业。织文曰缎，方空曰纱。工匠各有专能，匠有常主，计日受值。有他故，则唤无主之匠代之，曰唤代。无主者，黎明立桥以待。织工立花桥，纺工立广化寺。以车纺丝者曰车匠，立濂溪坊。什百为群，延颈而望，如流民相聚，粥后俱各散归。若机房工作减，此辈衣食无所矣。”[③] 由此可见，苏州已形成了一个初具规模的劳动力市场。

对于城市手工业工匠的工价，清初官方并不干预，由工人与雇主自相议定。但由于劳资之间的工价纠纷，往往引发城市手工业工人的罢工，甚至“聚众殴抢”，“索增工价”的斗争。康熙时曾因苏州踹匠“停踹”（罢工），清政府出面干预，一方面镇压了踹匠的斗争，另一方面则以法“核定踹匠工匠给银”，定为踹布工价为每匹 1 分 1 厘。76 家布商将官府命令刻石立碑，使之“永遵成例，毋容增减”。[④] 乾隆时由于物价渐涨，在踹匠的多次斗争要求之下，乾隆四十四年（1779 年）苏州府再次“议酌定每布一匹，给发工价连薪菜米加等，总计银一分三厘”。[⑤] 同治十一年（1872 年），又定“所有踹价，从前宪案定章，每匹元银一分四厘，九八兑九六色，大小加头在外，不折不扣”[⑥]。有些行业如造纸业，按不同工种，分出 24 等工价，其规定之细密，令人叹为观止。[⑦] 清政府限定工价，完全是从压制手工业工人

① 道光朝《浮梁县志》卷 2。

② 光绪朝《栖霞县志》卷 9，《艺文》。

③ 《古今图书集成·方舆汇编·职方典》卷 676，《苏州府部汇考八》。

④ 《奉督抚各大宪核定踹匠工价给银永遵碑记》，《江苏省明清以来碑刻资料选集》，第 33 页。

⑤ 《苏州府议定踹匠工价碑》，《明清苏州工商业碑刻集》，第 77 页。

⑥ 《苏州府为踹价遵照定章不准把持克减给示永遵碑》，《明清苏州工商业碑刻集》，第 85 页。

⑦ 《元长吴三县严禁纸作坊工匠把持停工勒增工价碑》，《明清苏州工商业碑刻集》，第 89 页。

要求增加工价的立场出发。在劳资双方的矛盾斗争中，清政府完全是倒向资方一边的。城市手工业工人出卖自己的劳动力，虽然具备了市场条件，但却并没有讨价还价的自由，为了生存，他们只有将自己的劳动力廉价出卖给手工工场主。清政府把出卖劳动力的自由雇工当作“流棍”“刁民”“奸顽”等，地方政府总是从“治安”出发，制定一些限制劳动力自由流动的法规，从而使城乡劳动力市场不能正常发展。

第三节　商品性生产的发展与法律调整

一、地主雇工经营商品性生产的法律规定

明、清之际，随着资本主义萌芽的发展，手工业、商业较发达的地区，尤其是大、中城镇，因为有大量人口脱离了粮食及其他农产品的直接生产，对农产品的商品需求和依赖也就更见增加。顾炎武描述丝织业发达的杭州是：“城中米珠取于湖，薪桂取于严，本地皆以商贾为业，人无担石之储。”[①] 对棉织业发达的嘉定则记载道：“县不产米，仰食四方，夏麦方熟，秋禾既登，商人载米而来者，舳舻相衔也。中人之家，朝炊夕爨，负米而入者，项背相望也。”[②] 杭嘉地区一向是鱼米之乡，由于当地人口多从事手工商业，城中粮米皆仰给外地。至于全国最大的消费城市北京则更是“九门一闭则煤米不通，一日无煤米则烟火绝”。[③] 由此可见，随着商品经济的发展，粮食成为四方仰赖的商品，这在某种程度上刺激了农产品生产的商品化。资本主义生产的萌芽开始从城镇向农村渗透，商业资本中的一部分投向农业，

① （明）顾炎武:《肇域志》第9册,《浙江》。
② （明）顾炎武:《天下郡国利病书》第6册,《苏松 · 兵防考》。
③ 吕坤:《去伪斋文集》卷1,《摘陈边计民艰疏》。

具有一定资本主义性质的“经营地主”已在农村中出现。他们采用新的雇佣劳动进行农业经营，从事商品性生产。

农业中经济作物的商品化程度往往高于粮食作物。福建省有些地区烟田已占耕地十之六七，① 在四川有雇工数百的大经营地主从事烟草种植。② 在福建产糖区因“稻利薄，蔗利厚，往往有改稻田种蔗田者”。③ 四川、江西有蔗田“绵延数十里”者，经营甘蔗的地主，同时兼营糖坊。如内江有地主“平时聚夫力作，家辄数十百人”；“入冬辘轳煎煮，昼夜轮更。其佣资工值，十倍平农”。④ 经营地主以较高的“佣资”促使雇工“昼夜轮更”地干活，而不是用封建性的超经济的强制，以人身依附关系控制操纵雇工，以致有的地主抱怨：“今人骄惰成风，非酒食不能劝，比百年前，大不同矣。”为了让雇工更好地干活，不得不“夏必加下点心，冬必与以早粥。若冬月篅泥，必早与热酒饱其饮食，然后责其工程，彼既无辞谢我，我亦有颜诘之”⑤，完全表现出一种平等交易的雇佣关系。

二、商人、旗人经营土地的法律规定

清中期以后，随着经济的恢复，土地收益增加，土地流转加重，土地兼并又日益严重。除地主官僚外，商人、军人也通过各种手段，购置或转租土地，经营农业以积累财富。

乾隆后期，商人兼并土地之风日盛，经商一旦发财，即设法购置田产以守家业。如湖南衡阳刘重伟，以经营木材起家致富，号称“万金之家”，

① 郭起元:《论闽省务本节用疏》,《皇朝经世文编》卷36。
② 光绪朝《益都县志》卷11。
③ （明）陈懋仁:《泉南杂志》卷上。
④ 道光朝《内江县志》卷1。
⑤《补农书》上卷。

嘉庆年间又大量投资于土地，成为“子孙田至万田”的大地主。[①]两淮盐商皆在原籍占有大量土地，山西临汾盐商亢时鼎，不仅在家乡“宅第连云，宛然世家”，号称“亢百万”，而且在扬州有豪华住宅，在淮南有大片土地。[②]乾隆五十一年（1786年），河南饥荒，“凡有恒产之家，往往变卖糊口”，“山西等处富户，闻风赴豫，举放利债，借此准折地亩”。[③]据统计，嘉道时期，商人兼并土地极为普遍且数量也很大，几百上千亩极为寻常，高者可达十万亩。[④]但商人兼并土地的方法，绝大多数是以经济手段，通过买卖或高利贷手段获取。这与清初满汉贵族地主利用特权，吞并农民土地；或强迫中小地主、自耕农，以“投充”的方式，“自愿”将土地无代价地“献奉”给自己的性质是有所不同的，其暴力成分显著减小。

商人经营土地的方式大体与地主相同，但商人大多居住城内，对土地采用招佃垦种、定额收租的方式，每至收成，派人到乡下收租。对他们来说，这些土地只要每年能保证一定的收益即可，至于谁来佃种，如何耕作，皆不与己相干。史称：“常见有市民田连阡陌，募客民佃耕，岁收子粒以资赡养，足经年不履田亩，更有纨绔之子，不知田在何处者。”[⑤]由于土地所有者不直接干预土地的使用与经营，佃农的永佃权得到进一步的加强，并受到国家法律的保护。另外，由于“田面”权可以买卖，一些地主、商人又专门从事“田面”权的买卖租佃，成为所谓“二地主”。例如，福建南平县之田，“有苗主，有赔主，有佃户。赔主向佃收谷，苗主向赔主收租”。[⑥]在此，苗主即土地所有者，赔主即“田面”权所有者，佃户仅拥有“田底”，即永佃权，身受“苗主”与“赔主”双重剥削。

① 同治朝《衡阳县志》卷11，《货殖》。
② （清）马国翰：《竹如意》卷下，《亢百万》。
③ 《清实录·高宗纯皇帝实录（一六）》卷1255，乾隆五十一年五月，第868页。
④ 参见乌廷玉：《中国历代土地制度史纲》，吉林大学出版社1987年版。
⑤ 康熙朝《万载县志》卷3，《风俗》。
⑥ 嘉庆朝《南平县志》卷3。

这种民田上的永佃权制度，到嘉庆、道光时期也影响到学田、军田和旗地，但其永佃权大都限于“长租”或“转顶”，不能随便买卖。如湖南“有一种军家之佃”，“每遇业主粮船出运，其佃户例有些须帮费，故任尔业更数主，而佃户始终一家，谓之换主不换佃，乃军田之通例”。[①] 至于旗地，情况则十分复杂。清初禁“旗民交产”，尽管朝廷一再重申禁令，并出钱“回赎”旗地，但仍禁不住旗地的私下转卖、转租。如直隶昌平州正黄旗张国义将旗地十亩租与刘四承种，刘四复转租与民人赵成富耕种，到乾隆元年（1736 年）“已经多年”。[②] 又如永平府滦州正蓝旗下汉军佟镤，有旗地 29.5 亩，租与李茂哲等人耕种，因曾向李茂哲借钱，即“将借钱作为押租”，“地给李茂哲家永远长种，不许增租夺佃，每年仍旧交租”。[③] 但是清朝官方，一方面禁止“增租夺佃”，另一方面又认定旗地“长租”为非法。乾隆二十五年（1760 年）定《违禁私行长租之例》，规定：凡“违禁私行长租者，业户、租户，各治以违禁罪外，由业户名下将租价追出入官；由租户名下将地亩追出给还本人，使业户、租户两失长租之例，以示惩警”[④]。既禁长租，就难保旗人“夺佃增租”。地主见“禾田茂盛可获丰收”，就立即向佃农提出“加租”，[⑤] 否则就“夺佃”，“招人另佃”。乾隆五年（1740 年）曾议定：“原佃若并未欠租，而庄头土豪无故增租夺佃者，审实治罪。”[⑥] 但到乾隆五十六年（1791 年）又奏准“见有别佃情愿增租”者，“均由业主自便”。[⑦] 嘉庆五年（1800 年）户部奏请“改照旧例，禁止增租夺佃，以安

① 《湖南省例成案》卷 1，《工律・河防》。
② 《直隶昌平州刘四将承种旗地转租与赵成富耕种》，《清代地租剥削形态》，第 601 页。
③ 《档案》，乾隆四十一年十月十日直隶总督周元理题。
④ 《钦定皇朝文献通考（一）》卷 5，载《钦定四库全书》第 632 册，第 111 页。
⑤ 《档案》，嘉庆五年十月二十四日刑部尚书阿克敦题。
⑥ 《清朝续文献通考》卷 6，《田赋六・八旗田制》。
⑦ 《石渠余记》卷 4，附不许增租夺佃。

贫民而杜垄断”。[①] 当然，这一纸禁令并不能真正杜绝旗地的“增租夺佃”。咸丰元年（1851 年），军机大臣大学士会议申明《夺佃增租例禁》，既禁旗地庄头增租夺佃，又强调“新旧佃户俱毋得籍词，妄希减轻”；“如仍有佃户抗欠，庄头勒增，以及书吏勾串等弊，或控告到部，或被内务府查出，一经审实，即照定例，分别治罪”。[②] 咸丰二年（1852 年），户部奏《旗地买卖章程》，正式以法律的形式允许“旗民交户”，“向来旗民交产例禁綦严，无如日久弊生，或指地借钱，或支使长租，显避交易之名，阴行典卖之实”，取消了有名无实的例禁，除奉天一省旗地，其余各处旗地，“俱准互相买卖，照例税契升科”[③]。由于“旗民交产”合法化，旗地的特点已不复存在，“长租”“转佃”更成为合法的土地经营形式。

第四节　手工业的发展与法律保护

一、国内手工业市场的扩大

嘉庆、道光时期，资本主义萌芽尽管仍面临封建势力的重重阻力，但仍在继续发展。其突出表现为国内手工业市场不断扩大，手工业生产规模迅速扩大。如乾嘉之际，南京的织机已逾三万张，“业此者不下千数百家”。[④] 至道光年间，仅“缎机以三万计，纱、绸、绫不在此数”，[⑤] 有的机户一家即拥有织机五六百张。苏州、杭州的丝织业并没有因为南京丝织业的发展而有所萎缩，道光时苏州全城织机仍有一万数千张，苏杭织工有三四万人，

① 《清朝续文献通考》卷 6，《田赋六 · 八旗田制》。
② 《清朝续文献通考》卷 6，《田赋六 · 八旗田制》。
③ 光绪朝《钦定大清会典事例》卷 160，《户部 · 田赋 · 畿辅官兵庄田二》。
④ （清）甘熙：《白下琐言》卷 8。
⑤ 光绪朝《续纂江宁府志》卷 15，《拾补》。

广州织工也有三四万人，佛山纺织工场（手工业作坊）已有2500家，织工达5万人之多。棉织业在清初以松江、苏州、无锡为三大中心，嘉庆、道光时，不仅江浙一带普遍发展，北方的棉织业也发展起来，北方的棉花原料已不再专供南方，甚至畿辅地区也出现聚家老幼、同纺棉纱的现象。广州、佛山的棉织业也很发达，甚至出现了专供出口外贸的棉织工场。据统计，自嘉庆五年（1800年）至道光九年（1829年），每年出口的棉布都在100万匹以上，其中嘉庆二十四年（1819年），一年出口达300万匹。其他纺织品如湖南、湖北、江西、广东等地的夏布，甘肃、陕西等地的毛织品，宁夏的地毯，广东、浙江、江苏等地的席子等都在国内市场畅销。

造纸业中也出现了资本主义性质的手工工场。嘉庆时，定远厅一地就有纸厂100余处，而西乡、安康、洋县、华阳、砖坪等县也各有纸厂数十处，所产纸张或“驮负秦陇道”，或“船运郧襄市”，辗转运销全国各地。①

陶瓷业虽有所发展，但总的来说较为缓慢，但景德镇仍“烟火近十万家，窑户与铺户当十之七，土著十之二三”，② 成为全国首屈一指的陶瓷生产基地。

清代前期的矿冶业也有所发展，主要表现为生产规模的扩大和生产技术的提高。云南的铜矿业，大厂动辄用工数十万，小厂也不下数万人。③ 川、陕、鄂三省的铁矿采冶业，“铁炉高一丈七八尺”，“通计匠、佣工每十数人，可供一炉”，但挖矿、运炭所用人夫，每炉须百数十人，“如有六七炉，则匠作、佣工不下千人”。此外，铁器加工为铁锅，农具，“匠作搬运又必千数百人。故铁炉川等稍大厂分，常川有二三千人，小厂分三四炉，亦必有千人、数百人”。④ 广东佛山以生产铁锅闻名海内外，有“炒铁之炉数十，

① （清）卢坤:《秦疆治略》。

② 道光朝《浮梁县志》卷2。

③ 《续云南通志》卷45。

④ （清）严如煜:《三省边防备览》卷9,《山货》。

铸铁之炉百余”。[①]

从以上事例可见，嘉庆、道光时期的手工业是在市场需求的前提下发展起来的，但自给自足的自然经济有形无形地限制了手工业市场的扩大。封建统治者“强本抑末”的政策，更使民间手工业市场的发展受到重重阻碍，以致在资本主义的经济侵略——商品倾销面前，显得无能为力。

二、商人会馆、手工业雇工行帮的发展

随着手工业、商业的发展，商人地位不断提高，商人势力不断壮大，在一些工商业较发达的城市，代表商人权益的组织商人会馆、行会也达到较高的水平。

会馆是一种地方性商人的同乡组织，其创建的目的本在于“以敦亲睦之谊，以叙桑梓之乐，虽异地宛若同乡”。[②] 每逢朔望，或当年节，同乡聚会，祭神祀祖。据不完全统计，到道光时期，苏州有会馆、公所七八十个。又据李华统计，到清末为止北京的工商会馆共有 392 个。“金陵五方杂处，会馆之设，甲于他省”，[③] 道光时达 26 个。佛山会馆亦达 19 个。[④]

商人会馆的作用，首先在于排挤外行商人加入本行，限制本行另开新号，防止同行内部的竞争，如北京猪行同业行规规定：“新开猪店者，在财神庙前献戏一开，设筵请客”，否则，“同行之人该不准其上市生理”。[⑤] 同时对同行业内的商人扩大经营之垄断倾向亦加限制。如牛骨行规定：“本行会员另立新字号及分号者，交行中铜元八十枚。”[⑥]

① 道光朝《佛山忠义乡志》卷 5。
② 《北京工商业会馆碑刻资料选编》，“道光九年重修浮山会馆碑记”。
③ 《白下琐言》卷 2。
④ 道光朝《佛山忠义乡志》卷 5，《乡俗》。
⑤ 道光二十九年九月十七日，《北京猪行公议条规碑》。
⑥ 民国十六年，《北京牛骨行公会碑》。

其次，限制同行招收学徒，限制学徒参加行会。如北京糖饼行行规，凡招收学徒，除要交纳较高的入行费外，还要受名额和年限的限制。道光二十八年（1848年）还规定“暂行停止（收）徒弟五年”。[①]这一措施，不仅在于排除竞争，巩固现有市场，更主要的是为了阻止流入城市的流民入行。

再次，行会规定工人的工作量和工资标准，调停劳资纠纷。各行会定有“章程”，规定统一的工价和工作量。如苏州造纸业规定“纸匠每日以刷纸六百张为一工，系计刷数为工，并不计日”；每月“工价银一两二钱”。[②]行会的章程须经地方州、府批准，具有法律效力，既是行会间停调、仲裁纠纷的准则，也是官府判定是非的法律依据。

复次，行会、会馆保护本会商人的利益，抵制牙行的勒索。封建牙行为官府设立，牙人持政府发放的“牙帖”充当经纪人。因牙人多为地主恶霸、流氓无赖，甚至“衙门胥役，多有更名捏姓，兼充牙行者”。他们利用封建特权欺行霸市，鱼肉商民，“集场上多一牙户，商民则多一苦累”。商人会馆、行会以自设经纪来抵制外牙的“索诈滋扰”。道光十五年（1835年），北京靛行会馆公议，设“经纪四名”。所得佣金，一部分“聊充纳国课应卯”，另一部分存放生息，作为修建会馆费用。[③]

最后，行会、会馆与封建官府沆瀣一气，联合对付工人的“齐行罢工”及“叫歇”，官府通过行会统治工匠，行会利用官府势力剥削压榨工人，镇压工人的罢工“叫歇”斗争。

工匠为了维护自身的利益，反抗手工业作坊主的克扣和封建行会的约束，也创立手工业工人自身的组织——行帮，与封建行会进行斗争。对手工业雇工的行帮，称作“西家行”，与雇主的“东家行”对称。清初禁止工匠建立自己的组织，如康熙时，苏州踹匠邢春林等为了达到“增添工价”

---

① 道光二十八年六月初九日，《北京马神庙糖饼行行规碑》。

② 《元长吴三县详定纸匠章程碑》，《明清苏州工商业碑刻集》，第93页。

③ 道光十五年，《北京新建靛行会馆碑记》。

的目的，曾发起组织踹匠会馆，遭到布商反对。康熙五十四年（1715 年），苏州府长吴二县公布江苏按察司“宪牌”，禁止成立踹匠会馆，说：“倘会馆一成，则无籍之徒，结党群来，害将叵测。”[①] 手工业雇工的行帮、会馆等组织，具有前资本主义时期的工会性质。帮工和学徒是行会手工业内的下层被剥削者，他们希望建立自己的组织，以便联合起来与工商业主、封建官府进行斗争。封建势力也正是惧怕这一点，严禁手工业雇工“创立行头”。尽管如此，手工业雇工仍突破清政府禁令，成立自己的行帮组织。如北京手工业雇工有“九皇会”，“京师瓦木工人，多京东之深、蓟州人，其规颇严。凡属徒工，皆有会馆，其总会曰九皇。九皇诞日，例得休假，名曰关工”。[②] 嘉庆、道光以后，这类手工业雇工的组织渐次增多，有的已公开化。光绪八年（1882 年）靴鞋行雇工“又有齐行罢工之举”，并成立“合美会”作为工人自己的组织与行东的“靴鞋行财神会”展开斗争。斗争虽然失败，但早期工人与行东的斗争已揭开新时期阶级斗争的帷幕。

三、官府减少对农业产品加工的控制

随着经济的发展与生产力水平的提高，社会分工不断扩大，手工业与农业分离的趋势亦日益明显。附属于耕作农业的农业产品加工业越来越趋于独立。如传统的男耕女织的家庭生产形式在乾、嘉时期已出现解体迹象。棉织业开始从农业中分离出来，作为独立的产业，进入城镇，从事专业性生产经营。松江地区“纺织不止村落，虽城中亦然”；[③] 湖北施南府“各村市皆有机坊，机工织之”。[④]各地陆续出现了以“绩纺度日”的独立小生产者，

① 《长吴二县禁立踹匠会馆碑》，《明清苏州工商业碑刻集》，第 66 页。
② 枝巢子:《旧京琐记》卷 9，《市肆》。
③ 康熙朝《松江府志》卷 5。
④ 道光朝《施南府志》卷 10。

并出现棉布业的手工业作坊和工场。官府对此采取了宽容的态度，并允许其向新的区域扩展。据甘熙说："道光庚子，静斋叔父在常州奔牛镇及浙江石门、斜桥等处，雇觅织工来省，捐资备棉纱，于孝陵卫一带设机织布，令绒机失业男妇习之，价廉工省，日用必需，此业一开，补救不小，洵百世之美利也。"[①] 甚至还有机匠肩扛布机到消费者家中织作，"言明每匹工价市钱"。[②] 对此，官府似乎已不再加以控制。

其他农产品的加工业，如制茶业，虽仍有较严的控制及较重的税课，但因成为极重要的外贸输出品，清政府不得不对其放松限制。道光初年，广州的手工制茶场，有的雇用男女童工达500人之多。制糖业，特别是台湾的制糖业，也有相当大的发展。至于绣花、织毯、造纸、竹木器加工等手艺型的农产品加工业则基本上没有什么明确的法规对其加以控制，从事这些行业的工匠身份相应自由，如鞋匠可挑担串乡走巷，为人承做鞋只，"议定价钱"。[③]

造酒虽是古老行业，但清初禁酒，对酒亦不征税。乾隆后酒禁已弛，对贩酒过关征纳酒税，税率很低，这就刺激了造酒业的发展。河北宣化府农民生产专供造酒、不堪食用的苦高粱；福建古田县农民生产"可酒不可食"的糯米，[④] 出现了造酒业的原料基地。

烟草加工业是新兴产业，清代对烟初不征税，乾隆后也仅征常关税，烟叶生产发展迅速。陕南盛产烟叶，"沃土腴田，尽植烟苗"，[⑤] 收获季节大批烟叶沿汉水运销各地，运烟之船，"舳舻相接"。山东济宁产烟区，道光九年（1829年），6家烟铺，年贸易额达白银200万两。

由于商品经济的发展及封建政府对农业产品加工的控制放松，激发了

---

① 《白下琐言》卷8。

② 《清代嘉庆朝刑科题本》，嘉庆元年二月十二日，盛京刑部侍郎傅森等题。

③ 《清代嘉庆朝刑科题本》，嘉庆六年五月一日，管理刑部事务董浩题。

④ 《问俗录》卷2，《古田县》。

⑤ 《岳震川府志食货论》，《皇朝经世文编》卷36。

资本主义萌芽的滋长。

四、矿禁政策的逐步削弱

乾隆年间，开放矿禁，云南、贵州、广东、广西、四川、湖南、浙江、福建、江西、山西、陕西、甘肃等省之金、银、铜、铁、铅矿达200多个。乾隆元年（1736年）各省铁矿在采厂数为55处，乾隆四十年（1775年）达91处，到嘉庆二十二年（1817年）已达125处。[①]冶铜场也有相应的发展，仅云南一地就有大铜场48处，每场雇用“砂丁”“率七八万人，小厂亦万余人。合计通省厂丁，无虑数百十万”[②]，工人“皆各省穷民来厂谋食”者，矿场业主“多是川、湖、江、广大商巨贾”，厚挟资本，来滇办场，每开一场，需银一二十万两之巨。[③]

铜矿场的生产组织形式相当严密，大铜矿上设场主，以“七长治厂事”。所谓“七长治厂事”，“一曰客长，掌宾客之事；二曰课长，掌税课之事；三曰炉头，掌炉火之事；四曰锅头，掌役食之事；五曰镶头，掌镶架之事；六曰硐长，掌硐之事；七曰炭长，掌薪炭之事”。七长之下，“厂徒无数，其渠曰锤手，其椎曰尖子，负土石曰背荒，其名曰砂丁，皆听治于锅头。其笞以荆，曰条子；其缚以藤，曰楦。其法严，其体肃”。[④]“七长治厂事”是资本主义原始积累时期以强制和暴力统治和剥削工人的手段，具有野蛮性、落后性，是封建制度在早期工业行业中的一种管理形式。因此，这种形式很适合清政府对矿区管理的需要。早在康熙四十四年（1705年）清政府即设官经理铜政。为加强对矿区民工的管理和发放工本、抽税收铜

① 转引自王钰欣：《清代前期手工业经济的性质和特点》，见南京大学历史系明清史研究室编：《明清资本主义萌芽研究论文集》，上海人民出版社1981年版，第285页。

② 唐炯：《筹议矿务拟招集商股延聘东洋矿师疏》，《皇朝经世文编》卷26。

③ 唐炯：《筹议矿务拟招集商股延聘东洋矿师疏》，《皇朝经世文编》卷26。

④ （清）檀萃：《滇海虞衡志》卷2，《志金石》。

的方便，后将“七长治厂事”的管理形式改造为直接为官府服务的行政管理机构。道光二十八年（1848 年），林则徐任云贵总督，曾考察云南矿政，上奏指出：“查云南各属，无论五金之厂，皆有厂规。其头人分为七长。每开一厂，则七长商议立规，名目愈多，剥削愈甚。查历办章程，迤东各厂，硐户卖矿，按所得矿价每百两官抽银十五两，谓之生课。迤西各厂硐户卖矿不纳课，惟按煎成银数，每百两抽银十二三两不等，谓之熟课。皆批解造报之正款，必不可少。此外有所谓撤散者，则头人、书役、巡查之工食薪水出焉。有所谓火耗，马脚、硐主、硐分、水分以及西岳庙功德、合厂公费等名目，皆头人所逐渐增添者。”①七长已成为与官府沆瀣一气的封建把头。官府利用并通过头人统治矿民，并设“驻厂弹压之印委员弁，皆准设立枷杖等刑具，有犯先予枷责，或插耳箭游示”，或“请照见办迤西匪类章程，就地请令正法”。②由此可见，清政府在开放矿禁的同时，又加强了对矿区的统治。既保障矿主对矿工的剥削，又保证国家税收，维持地方治安，维护封建统治秩序。

五、海禁政策的演变与对外贸易

清代对外政策的基本原则始终是“闭关自守”。清初曾下“禁海令”，封锁海岸线，中断对外贸易。康熙二十四年（1685 年）开放海禁，但仅设广州、漳州、宁波、云台山四个通商口岸。乾隆二十二年（1757 年）又下令关闭三关，仅留广州一个口岸对外通商，后又定《防范外商规条五款》限制中外贸易。尽管如此，海禁开放后，中外贸易仍有长足的进展，乾隆

① 《清朝续文献通考》卷 43，《征榷考十五・坑冶》；《林文忠公政书》丙集，《云贵奏稿》卷 9，《查勘矿厂情况试行开采折》。

② 《清朝续文献通考》卷 43，《征榷考十五・坑冶》；《林文忠公政书》丙集，《云贵奏稿》卷 9，《查勘矿厂情况试行开采折》。

二十九年（1764 年）欧美国家对中国海上贸易额为白银 555 万两，19 世纪初又增到 1912 万两，且中国在对外贸易中又一直保持有利的顺差。本来世界各国对中国的许多农副产品如茶叶、生丝、土布、铁锅等都有着大量需求，清政府非但不利用优势，扩大出口，反而对这类商品的出口加以种种限制。如规定每艘外国商船运出的生丝不得超过 8000 斤，禁止铁锅等铁器出洋等。后虽放松禁令，规定外国船只每艘不得过 1 万斤，中国船只每艘不得过 2000 斤，但也大大限制了国内民族手工业及对外贸易业的发展，拉大了中外资本主义近代工业发展的差距。

在对外贸易问题上，清政府总怀着一种矛盾的心态。一方面妄自尊大，自以为“天朝物产丰盈，无所不有，原不藉外夷货物以通有无”；另一方面，又唯恐中外交流会威胁清朝的统治地位。清政府原只禁止炮械、军器、火药、硝磺等军需用品的出口，但以后禁运范围不断扩大，从大米、豆麦、杂粮等粮食用品到铁器、废铁、生丝、绸缎、马匹、书籍等各类商品皆属禁止之列，同时对中国商船的出洋作了许多烦琐的、不合情理的限制。这些措施既严重影响了国内生产的发展，同时也大大限制了中国商人独立从事远洋贸易事业的探索活动，使国内商人的对外贸易根本无法开展。

清政府一贯将中国人与外国商人的接触视为隐患，生怕西方的文化科学知识、政治哲学思想传入中国，产生离经叛道的影响，因而对外国商人一直采取严加防范的措施。乾隆二十四年（1759 年）定《防夷五事》后，嘉庆十四年（1809 年）两广总督百龄又规定《交易章程》六条，十九年（1814 年）规定：“严禁民人私为夷人服役，及洋行不得搭盖夷式房屋，铺户不得用夷字店号，及清查商欠，不得滥保身家浅薄之人承充洋商，并不准内地民人私往夷馆之处。”[①] 道光十一年（1831 年）两广总督李鸿宾又规定八条章程，针对洋商的八条“违例”事项，逐项采取对应措施，其中既有反对外来侵略的自卫措施，但也不乏歧视“外夷”，限制正常文化、贸

① 《清朝续文献通考》卷 57，《市籴考二 · 市舶互市》。

易民间交流的闭关政策。道光十五年（1835年）两广总督卢坤又续定《防范贸易洋人酌增章程八条》：

——外洋护货兵船不准驶入内洋；

——洋人偷运枪炮及私带番妇至省，责成行商一体稽查；

——洋船引水买办由澳门同知给发牌照，不准私雇；

——夷馆雇用民人应明定限制，严防勾串作奸等弊；

——洋人在内河应用无篷小船，禁止闲游；

——洋人具禀事件，一律由洋商转禀，以肃政体；

——洋商承保洋人商船，应认派兼用，以杜私弊；

——洋船私卖税货，责成水师查拿，严禁偷漏。①

这些法令总的趋向是越来越烦琐，越来越严格，越来越保守。如规定：外商不得在澳门长驻，不得乘坐轿舆，不得直接向官府投递文书，平日不许上街散步，不准擅自出入商馆以及外国妇女不准前来广州等。道光十一年（1831年）即因英商“将眷口妇人带至省城夷馆，并坐小轿登岸进馆”，引起外交纠纷，直至两广总督及粤海关监督“出示申禁”，又“调兵弹压”，方暂时平息事态。②

第五节　抵制鸦片贸易与关税保护

鸦片最初是以药材输入中国。早在唐德宗贞元时期（785—805年）就有阿拉伯商人以罂粟作为药材与中国进行贸易。明万历十七年（1589年）有记载鸦片10斤价值银条2个，鸦片自此始列入关税项目。葡萄牙、荷兰商人即以澳门为基地，向中国输入鸦片，称作洋药。因仅作为药用，故

① 《清朝续文献通考》卷37，《市籴考二·市舶互市》。

② 《清朝续文献通考》卷37，《市籴考二·市舶互市》。

数量并不大。明末以后，鸦片吸食法开始在国内流行，成为少数官僚地主与商人的嗜好，并渐成瘾，与之相应，鸦片销量也逐渐增加。清政府为制止吸食鸦片之风的蔓延，早在雍正七年（1729 年）即有明令，禁止贩售吸食鸦片。但作为药品，仍准进口，并在海关《则例》中规定，药材入口每担税银 3 两，又每包加税 2.45 两，当时年进口总额不过 200 箱。

18 世纪后期，英国占据孟加拉，东印度公司逐渐垄断了对中国的鸦片贸易，中国鸦片输入亦激增。据统计，乾隆三十二年（1767 年）进口鸦片 1000 箱，嘉庆五年至六年（1800—1801 年）增至 4570 箱，道光十年至十一年（1830—1831 年）又猛增至 19956 箱，到道光十八年（1838 年）已激增至 40200 箱了。至此，吸食鸦片的人数已超过 200 万。鸦片的大量输入，不仅危害了中国人的健康，破坏了城乡社会生产，而且使白银大量外流，清政府财政出现严重危机。鸦片战争前平均每年外流白银 1000 多万两，10 年总计达 1 亿数千万两之多。

嘉庆元年（1796 年），两广总督蒋攸铦奏《查禁鸦片章程》，正式立法查禁鸦片。[①] 嘉庆五年（1800 年），清政府再次下令禁止鸦片进口，规定外国商船来粤，须先由行商具结，保证其货船不夹带鸦片。嘉庆十五年（1810 年），开始注意对鸦片“断其来源”。嘉庆二十年（1815 年）定：“洋船到澳门时，按船查验，杜绝来源，官吏卖放及民人私贩者，分别治罪。”[②] 道光元年（1821 年），清政府又重申禁令：“凡洋船至粤，先令行商出具无鸦片之甘结，方准开仓验货，如有夹带，即将行商治罪。”[③] 尽管如此，英国东印度公司仍组织商人大量进行鸦片走私，他们勾结内地奸商，收买政府官员。一些清廷高级官员，如两广总督李鸿宾，代理关务百龄，太常寺少卿许乃济等都直接参与走私、贩卖，并从中捞取大量钱财。上行下效，基

① 《清朝续文献通考》卷 53,《征榷考二五 · 洋药禁烟附》。

② 《清朝续文献通考》卷 53,《征榷考二五 · 洋药禁烟附》。

③ 故宫博物院辑:《清代外交史料 · 道光朝》第一册，成文出版社 1968 年版。

层官吏亦为得每箱5元或10元的贿款，明查暗放，故禁烟令从未得到认真执行，鸦片“销数之畅如故”。[①] 甚至官府衙门成为烟馆，官吏成为烟贩。有叫韩肇庆的水师副将，与英商勾结，每万箱鸦片提成几百箱，即以兵船代运。鸦片之毒，弥漫朝野。

道光十八年（1838年），鸿胪寺卿黄爵滋上书主张严禁鸦片，得道光帝采纳。派林则徐为钦差大臣去广州禁烟。林则徐在广州厉行禁烟，收缴鸦片2万余箱，并在虎门当众销毁。同时清廷又定《查禁鸦片章程三十九条》，从沿海到内地京师，从种植罂粟、造制烟土到贩卖吸食，从贩卖烟具到开设烟馆全面查禁，从严治罪。贩卖者最高可处绞监候，吸食者限1年6个月内悛改，不改者“无论官民，概拟绞监候”。[②] 这是清政府颁布的比较系统、全面并极为严厉的一部专门禁烟的法令，此法依道光帝的谕旨“纂入则例，永远遵行”。但随着第一次鸦片战争的失败，这一章程也成为具文。

作为结束鸦片战争的中英《江宁条约》（即《南京条约》），规定了开放广州、福州、厦门、上海、宁波五口通商，并议定：“英国商民居住通商之广州等五口，应纳进口、出口货税。饷费，均宜秉公议定则例，由部颁发晓示，以便英商按例交纳。”[③] 据此于次年，清政府又与英国订立《虎门条约》，又称《中英五口通商附粘善后章程》，其中有“海关税则”章，规定：“凡系进口、出口货物，均按新定则例，五口一律纳税，此外各项规费，丝毫不能增加。”[④] 其税率为“值百征五”，清政府无权单独自行制定税率和调整征税货物价格，从此中国丧失关税自主权，标志其闭关自守政策的破产。

---

① （清）夏燮著，高鸿志点校：《中西纪事》，岳麓书社1988年版。

② 《清朝续文献通考》卷53，《征榷考二五·洋药禁烟附》。

③ 王铁崖编：《中外旧约章汇编》第1册，三联书店1957年版。

④ 《中外旧约章汇编》第1册。

根据中英签订的一系列不平等条约及“税则协约”，鸦片战争后的海关税分为：

1. 进口税。指外国货物进入关境或国境时所课的关税，也称输入税。根据“税则协约”，进口货48种，采取从量课税，其洋米、洋麦、五谷则免税。此外，税则附录：“凡属进口货不能赅载者，即按价值每百两抽银五两。”

2. 出口税。指本国货物出口时，对经过关境的货物所课的关税，也称输出税。根据“税则协约”，出口货61种为从量计征。税则附录：“凡出口货不能赅载者，即论价值若干，每百两抽银五两。”

3. 子口税。指进出口货物的内地过境税，当时称海关口岸为“母口”，内地常关为“子口”，故将这种一次缴纳的内地常关税称作子口税，又因其税率为进出口税率的一半，即2.5%，故又称作“子口半税”。《南京条约》第十条规定：“今议定英国货物在某港按则例纳税后，即准中国商人遍运天下，而路所经过税关，不得加重税例，只可照估价则例若干，每两加税不得过分。”其后签订的《中英五港出进口应完税则协约》又声明：“今复议明内地各关收纳洋货各税，一切照旧轻纳，不得加增。”这样，外商在中国享有缴纳一次性子口税的特权，而中国商人却处于苛征重敛之下，无法与外商竞争。

4. 吨税。指对各通商口岸往来船舶所征的税，也称船钞。根据《中英五口通商章程》规定，凡英国进口商船，应查照船牌，开明开载若干，定输银之多寡，计每吨（1吨为122斗）输银5钱，所有的纳钞旧例，及出口进口“日月规”各项费用，均行停止。《中英虎门条约》又进一步将船只分为二等，150吨以上的大船，“每吨纳钞五钱”；150吨以内的小船则“按每吨纳钞一钱”。据统计，这仅为鸦片战争前船钞的十二分之一。

鸦片战争后的关税已完全失去了“关税保护”的作用。对内讲，其既不能维护国家主权，又不能保护本国幼弱的工商业，仅对清廷具有财政意义。对外讲，这是完全为外国侵略者服务的关税，有利于外国商品倾销和原料掠夺，为帝国主义的殖民地政策大开方便之门。

第二十四章　嘉庆、道光时期的刑法

第一节　嘉庆整饬吏治的刑法措施

嘉庆四年（1799年）正月，乾隆病逝，嘉庆亲政，在宣颁遗诏的同时，即迅速逮捕、鞫审并诛杀了乾隆朝的重臣、大学士和珅。这一重大刑案的发生反映了乾隆朝的后期，吏治日趋腐败在统治集团内部所引起的尖锐冲突，也揭开了嘉庆皇帝试图通过严格的刑法措施，整饬吏治的序幕。

和珅，字致斋，满洲正红旗人，自乾隆三十四年（1769年）承袭三等轻车都尉，历经户部侍郎、御前大臣兼都统、兵部尚书、太子太保、礼部尚书，乾隆四十六年（1781年）任钦差大臣，与阿桂督师镇压甘肃撒拉族、回族人民起义，升任文华殿大学士，封一等公。和珅善于逢迎献媚，又善于文过饰非，因此很得乾隆帝的宠信，把持朝政达二十年之久。乾隆帝晚年越来越昏聩，和珅的权势也越来越显赫。他擅权纳贿，贪赃枉法，网罗亲信，排斥异己，做了许多祸国殃民的坏事。乾隆五十一年（1786年），御史曹锡宝劾奏和珅的家奴刘全奢僭造屋逾制，和珅即指使刘全毁屋重造，以备勘查，结果曹锡宝却因劾奏不实获谴。由于和珅的跋扈，朝中权贵多与他交结，有所不满的也敢怒而不敢言。

《清史稿·和珅列传》载，“仁宗自在潜邸，知其奸。及即位，以高宗春秋高，不欲遽发，乃优容之。四年正月，高宗崩，给事中王念孙首劾其不法，仁宗即以宣遗诏日传旨逮治命王大臣会鞫，俱得实，诏宣布和珅罪状”[①]。

和珅是乾隆的首辅大臣，嘉庆亲政伊始，即诛杀前朝重臣，自然要冒招致物议的危险。但是嘉庆并未因此犹豫，而是采取了非常果敢的措施。在揭露和珅的上谕中，他首先为自己作了辩解，说：“和珅受大行太上皇考特恩，由侍卫洊擢至大学士，在军机处行走多年，叨沐殊施，在廷臣无有其比。朕亲承托付之重，兹猝遭皇考大故，苫块之中，每思《论语》所云三年无改之义。……皇考所简用之重臣，朕断不肯轻为更易，即有获罪者，若稍有可原，犹未尝不思保全，此实朕之本衷。……今和珅情罪重大，并经科道诸臣列款参奏，实有难以刻贷者。”[②] 与此同时，在罗列和珅的二十条罪状中，首先列举和珅对乾隆的种种悖逆不臣的罪行，诸如乾隆在圆明园召见和珅，和珅竟骑马直进左门，过正大光明殿，至寿山口；和珅因腿疾，乘坐椅轿抬入大内，肩舆出入神武门；乾隆病重，和珅毫无忧戚，谈笑如常；乾隆因病，披章间有失真，和珅竟口称“不如撕去”，且另行拟旨；等等。这些无非是要说明惩治和珅不仅不是违背乾隆的意志，而且是对乾隆的尊崇。

但是，嘉庆惩治和珅的真实意图，从其揭露和珅的主要罪状来看：首先，是要打击和珅把持朝政、专擅弄权的行为，借以保证嘉庆在亲政以后能顺利地确立并巩固自己的权力地位。乾隆时期，和珅作为大学士管理吏部、刑部事务，又因其熟悉军需销算之事，兼理户部题奏报销事件。和珅便利用职权，独断专行，大学士苏凌阿，两耳重听，衰迈难堪，因系其弟和琳姻亲，和珅竟隐匿不报。侍郎吴省兰、李潢，太仆寺卿李光云，原都在和珅家教读，被和珅保列卿阶。户部事务也被和珅一人把持，变更成例，不许部臣参议一字。和珅身为军机大臣，于各路军营递到奏报，往往任意延搁，有心欺蔽。嘉庆三年十二月，循化、贵德番众千余人抢夺达赖喇嘛商人牛只，杀伤二命，在青海肆劫一案，案情重大，和珅竟将奎舒的原奏

① 《清史稿》卷319，《和珅传》，第10755—10756页。

② 《清实录·仁宗睿皇帝实录（一）》卷37，嘉庆四年正月庚午，第421页。

驳回，隐匿不办。尤其是乾隆去世后，嘉庆曾谕令蒙古王公未出痘者不必来京，以表达朝廷抚绥外藩之意，和珅竟不遵嘉庆谕旨，任意篡改，令已出痘、未出痘者俱不必进京，这是嘉庆所不能容忍的。从这个意义上，嘉庆之诛和珅，与康熙除鳌拜、雍正杀年羹尧，具有类似的性质。

乾隆晚年，挥霍无度，各级官吏贪婪之风也随之恶性发展。在乾隆六十年（1795 年），仅福建一省就亏空银 250 万两以上，粮 64 万余石。官吏贪污的方法，有侵赈、侵捐、卖缺、卖兵、侵税、索贿受贿、私立田册、豁免重征、扣留荒价，克扣军饷等。在这支庞大的贪官污吏的队伍中，站在最前列的大贪犯就是身居宰辅要位的和珅。在嘉庆揭露和珅的罪状中，贪污奢靡的问题占据十分重要的位置。其中包括："所盖柟木房屋，僭侈逾制，其多宝阁及隔断式样，皆仿照宁寿宫制度，其园寓点缀，竟与圆明园无异"；"蓟州坟茔，居然设立享殿，开置隧道，附近居民有和陵之称"；"家内所藏珍宝，内珍珠手串竟有二百余串，较之大内多至数倍，并有大珠，较御用冠顶尤大"；"所藏珍宝石顶有数十余个，而整块大宝石不计其数，且有内府所无者"；"家内银两及衣服等件数逾千万"；"且有夹墙藏金二万六千余两，私藏库金六千余两，地窖内并有埋藏银两百余万"；"附近通州、蓟州地方，均有当铺钱店，查计资本又不下十余万"；"伊家人刘全，……查抄资产，竟至二十余万，并有大珠及珍珠手串"①。以上照录者，系嘉庆于逮捕和珅当日，查抄其家产所获得的情况，但实际上和珅利用卖官鬻爵、收受贿赂、贪污贡品、投机买卖等手段所榨取的财富还远远不止这些。按近人梁启超依查抄和珅家财清单的估算，和珅的全部家财有八万万两之多。

官吏贪赃是乾隆末年的严重社会问题，它不仅加剧了社会矛盾，造成清王朝严重的财政危机，而且严重影响了清王朝镇压各地农民起义和少数民族起义的效能，动摇了清王朝统治的基础。就在和珅案发生的前夕，嘉庆曾向军机大臣发了一个上谕，称乾隆"临御六十年，天威远震，武功十

---

① 《清实录·仁宗睿皇帝实录（一）》卷 37，嘉庆四年正月，第 422、429 页。

全，凡出师征讨，即荒徼部落，无不立奏荡平，若内地乱民，如王伦、田五等偶作不靖，不过数月之间，即就殄灭，从未有经历数年之久，靡饷至数千万两之多，而尚未蒇功者”。原因何在？嘉庆认为“总由带兵大臣及将领等全不以军务为事，惟思玩兵养寇，藉以冒功升赏，寡廉鲜耻，营私肥橐”。在上谕中，嘉庆披露了各级官员“遇有军务，无不营求其往，其自军营回京者，即平日穷乏之员，家计顿臻饶裕，往往托词请假，并非实有祭祖省墓之事，不过以所蓄之资，回籍置产”，诸如此类的黑暗状况。同时也不得不承认带兵官员“肥橐之资，皆勒索地方所得，而地方官吏又必取之百姓”，“小民脂膏有几，岂能供无厌之求，此等教匪滋事，皆由地方官激成”。[①]官吏贪婪，激成民变，各级军事将领却以军事为敛财之源，不仅没有起到镇压的作用，而且进一步扩大民变的队伍，威胁嘉庆统治地位的巩固，动摇清王朝统治的根基。所以嘉庆下决心整饬官吏中的贪污现象，而且要从权势最大、贪污最多，对军事失利负有主要责任的和珅身上开刀。这就是嘉庆诛杀和珅的正常逻辑。

嘉庆四年（1799年）二月二十三日，即宣布和珅二十大罪并将其逮捕入狱后，和珅被下令赐死。同案处理的：和珅之弟和琳虽已去世，仍革去爵位；军机大臣福长安处斩监候；大学士兼署刑部尚书苏凌阿被迫休致；其他左都御史吴省钦、侍郎吴省兰、李潢，太仆寺卿李光云等均受革职、降职或迫令休致的处分。

和珅一案对嘉庆初期的刑事立法有着很大的影响。嘉庆不仅将和珅犯罪的全部情节作为事例，纂入《大清律例》，附于《名例律 · 十恶》，而且修订了一系列有关整饬吏治的刑法措施的事例和条例。

第一，进一步严禁王公大臣内外交结，受收馈遗。嘉庆六年（1801年）修订条例附于“奸党”条规定，各旗王公所属人员“其现居外任，因事来京者，概不许于本管王公处谒见通问，违者杖一百发落”。“如有夤缘馈送

① 《清实录 · 仁宗睿皇帝实录（一）》卷37，嘉庆四年正月，第413页。

等弊计赃从其重者论。”又规定：“该管王公容令谒见者交宗人府照违制律议处。若私通书信有所求索、借贷及先自馈遗希图厚报者，交宗人府计赃论罪。”①

第二，削弱军机处的职权，加强皇帝对全国军政事务的控制。嘉庆六年修订事例附于“奸党”条规定，各部院衙门文武大臣、各直省督抚藩臬，军营带兵大臣“陈奏事件俱应直达”皇帝，“不许另用副封关会军机处”，“亦不得将所奏之事预先告知军机大臣”，以防止“通同扶饰之弊”。②

第三，从严取士选官，惩办以财行贿，破坏选法。嘉庆六年规定“岁贡生员册报到部，遇有事故，不许补贡，……有司朦胧送补者各杖一百，受赃者俱以枉法从其重者论”。③嘉庆十五年（1810年）修订条例又规定：“文武职官人等不由铨选推举，径自朦胧奏请希求进用者，依假以上书希求进用律，杖一百。如夤缘奔竞，阻坏选法者，有财依以财行贿，计赃治罪；无财依违制律，杖一百。”④

第四，严惩监守自盗，打击贪婪侵盗的官吏。《大清律例》向来对官吏监守自盗仓库钱粮等侵盗行为处罚甚严，但各地亏空钱粮的问题却一直没有解决。乾隆年间，累下谕旨，痛斥贪婪侵盗之官吏“上侵国帑，下朘民膏，实属法所难宥”，并相继规定了将案犯完赃后仍“发往军台效力”，案犯身故“即将伊子监追”，侵贪案件秋审时不得“率入缓决”等措施，但文武官员侵贪钱粮，各地府库亏空的现象却愈演愈烈。和珅大宗的财产，很大部分来源于各地的贡献，而各地的贡献则多系官员侵贪所得。嘉庆在诛杀和珅的同时，谕令内外大臣严禁呈进贡物，指出“和珅揽权纳贿，凡遇外省督抚等呈进物件，准递与否，必先向和珅关白，伊即擅自准驳，明

① 席裕福、沈师徐辑：《皇朝政典类纂》卷377,《刑九・吏律・职制》，文海出版社1982年版，第8231页。

② 《皇朝政典类纂》卷377,《刑九・吏律・职制》，第8232页。

③ 《皇朝政典类纂》卷377,《刑九・吏律・职制》，第8215页。

④ 《皇朝政典类纂》卷377,《刑九・吏律・职制》，第8210页。

示有权。而督抚等所进贡物，在皇考不过赏收一二件，其余尽入和珅私宅”，并规定：“此次严谕之后，诸臣有将所禁之物呈进者，即以违制论，决不稍贷。”[①] 嘉庆四年（1799年）和六年，续修事例和条例，除对侵盗钱粮者依数按律分别拟以徒、流、斩候，进一步规定了“勒限追完”的法律措施，以迫使侵贪者无财可得，挽回国家财产的损失。如在1年限内完赃，死罪照免死减等人犯再减一等，流徒以下免罪处理；如1年不完再限1年勒追，全完者死罪及流徒以下各减一等发落，如不完流徒以下即行发配，死罪者监禁并再给1年期限，由其妻子名下著追。在3年限内，不能全部退赃，死罪人犯永远监禁，退赃者仍可减死罪一等之例处理。

第二节　加强镇压农民起义和少数民族起义的刑法措施

一、统治政策的调整

经过顺、康、雍、乾四代百余年的治理，清朝不仅国家统治趋于稳固，社会矛盾也趋于缓和。但随着土地兼并日益严重，统治阶级奢侈腐化，官场贪墨成风，到乾隆末年嘉庆初年，社会阶级矛盾与民族矛盾逐渐激化起来，农民起义与少数民族起义连绵不绝，清朝统治也从“康乾盛世”的顶峰跌落下来，转向长期“积弱”的阶段。

这一时期清朝统治阶级面对的反抗斗争，不再是“迅起即灭”的小规模起义，而是纵横数省，影响数地的大规模农民起义和少数民族起义。其规模大者，有乾隆六十年（1795年）湘黔石柳邓等领导的苗族人民起义；有嘉庆元年（1796年）齐王氏、姚之富领导的川楚白莲教起义；有嘉庆十八年（1813

① 《清实录·仁宗睿皇帝实录（一）》卷37，嘉庆四年正月上，第428页。

年）河南、北京等地的天理教起义；道光六年（1826年）新疆维吾尔族人民起义；道光十三年（1833年）赵金龙领导的湘西瑶族人民起义。以嘉庆元年的白莲教农民大起义为例，不仅坚持斗争长达九年，而且势力所及达于川、楚、陕、甘、豫五省，并广泛吸收流民、棚民、盐户参加，形成危及清朝统治的浩大声势。针对社会形势以及阶级力量对比关系的变化，特别是被统治阶级和被压迫民族的武装反抗，清朝统治者自嘉庆初年起，至道光末年止，不断调整统治政策，强化镇压措施，以维系王朝统治。

嘉庆初年，清朝统治集团一改乾隆末年一味严刑镇压的统治政策，面对方兴未艾的阶级反抗和民族反抗，主张采取“王、霸道兼行”的政策综合而治。正如嘉庆七年（1802年）上谕所说，“剿捕邪匪，……应靖以兵威，或迪以德化”①，即将军事法律镇压与封建伦常教化相辅而行，以期根本解决社会治安问题。

与此同时，翰林院编修洪亮吉应嘉庆广征“平邪教疏”之谕，“力陈内外弊政数千言”，②并提出综合“平治”的主张：其一，要整肃吏治，严禁“赋外加赋，横求无艺”，以此缓和阶级矛盾，平息反抗情绪。其二，主张“胁从宜贷”，因为一可以“开愚民之自新”，二可以“离邪教之党羽”，以便于官军镇压“真邪教”“真贼也”。与此同时，他坚决反对官兵“入一村则烧一村，入一镇则烧一镇”的暴行，因为“烧村镇愈多”，“附之者（各种教门）愈众”。其三，要求各级守土之官“专责守”，使“封疆之臣，各守地界，削上下相蒙之弊，除彼此推诿之情”。其四，主张“信赏罚”，即“赏必待之功”，“罚不避勋贵，”赏必当，罚必行。洪亮吉综合“平治”的上书在京城内外产生广泛影响，以至“时人争传诵，以其切中时弊也”。③应当指出，嘉庆君臣的政策和主张，并不意味统治阶级对反抗斗争的退却。

---

① 《清史稿》卷16，《仁宗本纪》，第584页。

② 《清史稿》卷356，《洪亮吉传》，第11307页。

③ 萧一山：《清代通史》中，商务印书馆1928年版，第253页。

相反，是将精神统治力量与物质统治力量结为一体，采取更加高明更加有效的镇压方法。因此，具有很大的迷惑力和欺骗性。当然，嘉庆君臣也主张依法严惩贪墨，严格约束统治阶级的非法擅兴，明确臣下的“专守之责”。但这一切都是为了调整统治阶级内部关系，集中本阶级的全部力量对付社会上的各类反抗。

继嘉庆之后即位的道光皇帝，“事多因循，未遑改作”，[①]曾经承袭前朝的统治政策。但在平息新疆维吾尔族人民起义和镇压湘西瑶族人民起义时，因内外形势变化的需要，对传统政策作了重大调整，重新走上严刑镇压的老路。

二、传习白阳等教治罪条例的修订

（一）嘉庆六年条例的修订

清朝统治者历来重视刑事立法，用以对付以宗教形式组织的农民反抗斗争，并将其列为封建刑事镇压的重点。按《大清律 · 礼律 · 祭祀》，“禁止师巫邪术”条规定：“凡师巫，假降邪神、书符咒水、扶鸾祷圣，自号端公太保师婆及妄称弥勒佛、白莲社、明尊教、白雪宗等会，一应左道异端之术，或隐藏图像，烧香集众、夜聚晓散、佯修善事煽惑人民，为首者绞（监候），为从者各杖一百流三千里，若军民装扮神象，鸣锣击鼓迎神赛会者，杖一百，罪坐为首之人，里长知而不首者，各笞四十。”即对传播宗教组织反清斗争的农民领袖严刑处死，对参加者杖流不等，甚至还要牵连里长坐罪。由此可见，清朝刑法镇压的严厉。至乾隆末年，除加重农民起义的刑事镇压外，进一步强调案发地区治安官吏的刑事责任。凡“各省遇有兴立邪教，哄诱愚民，事件该州县立赴搜讯，据实通禀，听院司按核情罪轻重，分别办理，倘有匿讳，辄自完结，别经发觉，除有化大为小，曲

① 《清史稿》卷 142，《刑法志一》，第 4181 页。

法轻纵，别情严参惩治外，即罪止枷责，案无出入，亦照讳窃例，从重加等议处”。[①] 即以严刑督促官吏，案发即奏和及时破案，否则，严加论处。

嘉庆初年，封建统治集团有感于农民起义屡剿不绝，不得不调整统治政策，修订有关传习白阳等教治罪条例。据《皇朝政典类纂》载，嘉庆六年（1801年），颙琰颁布条例规定：“凡传习白阳、白莲、八卦等邪教，习念荒诞不经咒语，拜师传徒惑众者，为首拟绞立决，为从年未逾六十及虽逾六十而有传徒情事，俱改发回城，给大小伯克及力能管束之回子为奴；如被诱学习，尚未传徒而又年逾六十以上者，改发云贵、两广烟瘴地方充军；旗人消除旗档，与民人一律办理。至红阳教及各项教会名目，并无传习咒语，但供有飘高老祖，凡拜师授徒者，发往乌鲁木齐，分别旗、民，当差为奴；其虽未传徒，或虽供奉飘高老祖及收藏经卷者，俱发边远充军；坐功运气者，杖八十；如有具结改悔赴官投首者，准其免罪；地方官开造名册，申送臬司衙门存档；倘再有传习邪教情事，即按例加一等治罪；若拿获到案，始行改悔者，各照所犯之罪问拟，不准宽免；如讯明实，止茹素烧者，诵念佛经，止图邀福，并未拜师传徒，亦不知邪教名目者，免议。”

综合以上可以看出，嘉庆初期为有效镇压农民起义与少数民族起义，认真总结了此前各朝刑事镇压的经验教训，在刑事立法上作了重要改变：第一，加重对白阳、白莲等重要教派的领袖的刑事处罚，把《大清律》“为首者绞监候”改为为首者“绞立决”；第二，为分化瓦解起义队伍，对“具结改悔赴官投首者”，免予刑事追究，从而改变了《大清律》“为从者各杖一百流三千里”的规定，同时对吃斋念佛“止图邀福”者，免予刑事处罚；第三，以儒家“仁政”相标榜，对六十岁上下的老者，凡“为从”，“而有传徒情事者”原先发新疆荒漠之地的，“俱改发回城”，作伯克家奴，年逾六十，“尚未传徒”者，改发云、贵、两广，从而改变了乾隆末年不分长

---

① 《皇朝政典类纂》卷385，《刑十七·礼律祭祀·禁止师巫邪术》，附乾隆四十六年定例，第8411页。

幼“按核情罪”的状况，使刑法规定更具欺骗性，更易于发挥软化起义队伍的作用；第四，对不同教派依危害大小作区别处理，因红阳等教“无传习咒语”，在宣传鼓动上远不及白阳、白莲等教，故对红阳等教的组织者一般不判处死刑，或发新疆为奴，或发边远充军，最轻者只杖八十，以此破坏各教间的反清联盟，便于统治阶级的各个击破。

此外，嘉庆六年有关白阳等教的治罪条例还规定：“（凡）称为善友，求讨布施至十人以上者，或称烧炼丹药，出入内外官家，或擅入皇城，夤缘作弊希求进用者，并军民人等，寺观住持不问来历，窝藏接引，容留披剃冠簪至十人以上者，俱发近边充军；若不及十人，容留，潜住、荐举、引用及邻甲知情不举，并皇城各门守卫官军不行关防搜拿者，各照违制律治罪；如事关重大，临时酌量办理。”[①] 嘉庆六年条例的这一部分内容，包含了以颙琰为首的统治集团的新创制。它集中体现在以下两点：第一，统治者不再就事论事，而把清除白阳、白莲等教的社会基础置于首位，严厉镇压窝藏、接引、容留者；第二，在重惩窝藏犯中，又把包庇容留“出入内外官家”和“擅入皇城”者，作为重点的重点，严加打击，以此维护皇帝与官僚的人身安全。此外，条例在继承此前各朝刑事镇压经验的基础上，又有重要发展。即不但赋予治安官吏“临时酌量办理”的机动权，同时又要求他们承担因“知情不举”或“不行关防搜拿”而引起的严重后果。从而克服了乾隆末年只强调“从重加等议处”失职渎职官吏，而不给予相应权力的缺陷，以便于提高封建刑事镇压的效能和封建治安官吏行使权力的主动性与积极性。

总之，从刑法学的角度考察，嘉庆六年传习宗教治罪条例的修订，足以表明统治阶级在镇压以宗教形式组织的反抗上积累了丰富的经验，说明在这一领域中封建刑事立法日趋成熟。但清朝统治经验愈丰富，刑事立法愈成熟，愈能有效地发挥镇压职能，对付人民群众的反抗斗争。

---

① 《皇朝政典类纂》卷 385，《刑十七 · 礼律祭祀 · 禁止师巫邪术》，附嘉庆六年修例，第 8410 页。

（二）道光年间对于条例的承用和修改

道光年间（1821—1850年），中国封建社会开始向半殖民地半封建社会急剧转变，这使得统治阶级在承袭前代立法成果的同时，不能不有所发展。

首先，强化刑满释放人员的管理。若"释回教匪在籍不安分，照旧发遣永远枷号"；[①] 如果"释回各省教匪倘在中途逗留，仍行发遣"[②]，即采用"照旧发遣"和"永远枷号"等制裁形式，严格控制刑满释放人员，谨防他们重新组织反抗。

其次，走上严刑峻法的老路。因内忧外患交织在一起，清王朝陷于无法解脱的困境，故更改嘉庆年间的规定，"教匪仅受名号，并未传徒，比照传教惑人无多亦无名号例拟绞"。[③]甚至对"道士供奉无生老母木像募化"，也比照"各项教会供奉飘高老祖例，发边远地方充军"，[④] 对"邪教案内遣犯笃症（绝症）者"不允许依律"收赎"，照常发配无误。[⑤] 从而反映了道光年间刑事镇压的严酷性，以及统治集团因穷途末路愈益倚重重刑主义的法制心理状态。

最后，更改嘉庆年间区别对待各教派的原则，规定："各项邪教首犯，无论罪名轻重，俱不准其援赦。"[⑥] 凡此种种，都说明由于社会性质与阶级

---

① 《皇朝政典类纂》卷385,《刑十七·礼律祭祀·禁止师巫邪术》，附道光十五年邸抄，第8415页。

② 《皇朝政典类纂》卷385,《刑十七·礼律祭祀·禁止师巫邪术》，附道光十二年通行例，第8415页。

③ 《皇朝政典类纂》卷385,《刑十七·礼律祭祀·禁止师巫邪术》，附道光二年四川案，第8413页。

④ 《皇朝政典类纂》卷385,《刑十七·礼律祭祀·禁止师巫邪术》，附道光十二年直隶案例，第8414页。

⑤ 《皇朝政典类纂》卷385,《刑十七·礼律祭祀·禁止师巫邪术》，附道光四年说帖，第8413页。

⑥ 《皇朝政典类纂》卷385,《刑十七·礼律祭祀·禁止师巫邪术》，附道光十二年奏准通行例，第8414页。

斗争形势的剧烈变化，道光时期封建统治阶级面对激烈的阶级反抗与民族反抗，已无选择的余地，唯有用严刑镇压来解救危局。实际上，不仅不能挽回危局，反而进一步加剧社会危机。

三、消弭“江洋大盗”的法律措施

据《皇朝政典类纂》载，乾隆二十六年（1761 年）前后，首次规定“江洋大盗”罪以及具体的处罚方式。该条例解释说：“在滨海（或）沿江行劫客船者”，为“江洋大盗”。因为这种行劫方式发生在洋、江之中，其夺财害命“较陆地劫夺为更重”，所以，只要“已行得财”，不论本人原籍何处，“均照江洋大盗例，无分首从皆拟斩决，亦不准分别法所难宥，情有可原”。可见，自乾隆以后清朝开始把“江洋大盗”作为刑事镇压的重点，而且处罚相当严厉。

颙琰即位后，有鉴于“江洋大盗”祸起于江海之滨，威胁清朝海防、江防，影响国家漕运，故于嘉庆六年（1801 年）制定新的条例，严厉打击此种犯罪。凡“江洋行劫大盗，俱照此例立斩枭示”[①]。即不但判处斩立决，而且枭首示众。此后又补充规定：“洋盗拒捕杀人情重加拟凌迟。”[②]以凌迟这种至为残酷的生命刑制裁“江洋大盗”，进一步加强了封建刑法的威胁主义和恐吓主义。

为确保条例的实施，嘉庆年间又采取两方面的措施。第一，鼓励治安官吏主动拿获“洋盗”，可用以“抵销本任承缉一案”。[③]凡“在外海捕盗著有劳绩”者，“给与军功加级纪录，以示奖励”。[④]第二，从严处罚接济、

① 《大清律例 · 刑律 · 贼盗 · 强盗》，第 370 页。

② 《皇朝政典类纂》卷 392，《刑二十四 · 刑律贼盗 · 强盗》，附嘉庆七年奏准案例，第 8638 页。

③ 《皇朝政典类纂》卷 392，《刑二十四 · 刑律贼盗 · 强盗》，附嘉庆四年增例，第 8623 页。

④ 《皇朝政典类纂》卷 392，《刑二十四 · 刑律贼盗 · 强盗》，附嘉庆十年增谕，第 8624 页。

协助“洋盗”犯罪的行为，以此清除洋盗犯罪的社会基础。凡“私运蔬菜接济洋盗，比照米谷济匪例，量减拟遣”。[①]船户若“串通盗匪行劫船内客货”，“并未同行上盗”，“比照情有可原例拟遣”。[②]

道光年间，因国际国内形势发生急剧变化，“江洋大盗”犯罪情势日趋严重，统治阶级对以往条例作了全面修改，进一步强化封建刑法的镇压职能。道光十六年（1836年），旻宁降谕指出“洋盗”不靖，原因有二：第一，沿海地方港叉村庄距海远近不等，盗船不敢进港，总由奸民为之窝线代销赃物，添雇舵工水手；或稔知村内殷实之家，勾通入劫，盗去而人不敢过问。第二，沿海虽设有水师总巡、分巡各名目往来会哨，多属虚应故事，潜匿港口，仅令微末弁兵代巡捏报。致使“海洋劫案窃发时闻”。有鉴于此，旻宁下令“严加防范”。并采取措施有二：其一，将“沿海港叉村庄设法编查，履（屡）勘以绝窝线而清盗源”；其二，严饬“各省沿海地方文武员弁，平日认真稽查盗匪与奸民”，先使之“不能沟通”，而后“株根净绝，洋面肃清”。[③]

道光三十年（1850年），为防止“洋盗”罪犯在刑满释放后，“复行纠结或听从为匪”，一律实行“常赦不原”的原则。即海疆省份“洋盗”案件，“情有可原免死发遣盗犯，及其余应斩决改为军遣，并因本案问拟军流各盗犯，均一律拟以不准援免；……为从问拟绞候之犯，亦系纠伙抢劫为害闾阎，一并拟以不准免释”。[④]

由上不难看出，嘉道年间为维持国家的漕运收入和巩固江、海防，在前朝规定的基础上又有发展，即把“江洋大盗”与谋反大逆罪相提并论，

① 《皇朝政典类纂》卷392，《刑二十四·刑律贼盗·强盗》，附嘉庆十五年广东司说帖，第8634页。

② 《皇朝政典类纂》卷392，《刑二十四·刑律贼盗·强盗》，附嘉庆十九年广东案，第8635页。

③ 《皇朝政典类纂》卷392，《刑二十四·刑律贼盗·强盗》，第8625页。

④ 《皇朝政典类纂》卷392，《刑二十四·刑律贼盗·强盗》，第8626页。

实行首犯凌迟斩，从犯常赦不原；为有效地清除“江洋大盗”，又把沿江沿海省份，划为危险地区，实行依法“编查”与“履（屡）勘”，以便清除“江洋大盗”得以存在的社会基础。但是，严酷的法律措施，只能逼迫更多的百姓铤而走险，从而完全走向统治阶级主观愿望的反面。

四、谋反大逆缘坐法的制定

清初承袭明制，在《大清律 · 刑律 · 贼盗》中规定了谋反大逆的亲属连坐制度。至嘉道年间，谋反大逆缘坐法伴随社会阶级斗争与民族斗争的激化，统治阶级刑法镇压的加强，也随之出现以下变化。嘉庆六年（1811 年），统治者为严惩谋反大逆罪，达到不使人犯“留其后”的目的，首先，规定对凌迟犯的子孙增施“阉割”之刑（宫刑），从而改变了以往反逆缘坐法。即所谓“反逆案内律应问拟凌迟之犯，其子孙讯明实系不知谋逆情事者，无论已未成丁，均解交内务府阉割，发往新疆等处给官兵为奴，如年在十岁以下者，牢固监禁俟年届十一岁时，再行解交内务府照例办理”。[1] 经过嘉庆六年修改，嘉庆十九年（1814 年）更订，以及道光十年（1830 年）、十五年、二十五年三次续修，反逆缘坐法增施宫刑成为后世相袭的定制，直至清末变法修律时才宣告废止。

其次，针对反逆缘坐亲属“别滋事端”，嘉庆二年（1797 年）作出新的规定，“所有从前及嗣后（谋反）大逆缘坐之犯，俱著发往黑龙江给索伦达呼尔为奴”，用以替代此前“按例定拟斩决，俱从宽改为监候”的规定，进而达到避免“亲戚往视”，给“各省监狱”带来的“防范之烦”，以及（监候）“日久复出萌孽”[2] 之虞。其后，道光时期承袭嘉庆规定，继续推行反

① 《皇朝政典类纂》卷 390，《刑二十二 · 刑律贼盗 · 谋反大逆》，附嘉庆六年条例，第 8553 页。

② 《皇朝政典类纂》卷 390，《刑二十二 · 刑律贼盗 · 谋反大逆》，附嘉庆二年事例，第 8556 页。

逆缘坐亲属配发黑龙江为奴，不再对其实行临时监候的制度。

再次，道光十一年（1831 年），为镇压新疆维吾尔族人民的民族反抗斗争，统治阶级对以往的反逆缘坐法重做修改补充，规定："查逆回案内缘坐幼男，因其年太幼稚，故同母发遣至十三岁再行改拨，自应俟改拨之时，再行刺字；……若孤身幼男，既非同母安插，及岁时，自应毋庸改拨"，但"刺字""依然如故"。[①] 道光年间在残酷镇压新疆少数民族反抗的同时，在反逆缘坐法中恢复肉刑，对年满十三岁的幼男实行惨无人道的刺面之刑，给他们带来终身的耻辱。从而突出地反映了清朝嘉道年间反逆缘坐法的野蛮性和残忍性。

最后，嘉庆、道光年间封建统治者逐渐认识到：残酷的法律镇压必须和欺骗软化的手段结合使用，否则，便不会收到成效。正是基于此点，嘉庆十六年（1811 年）规定："谋反谋叛缘坐首告者，免其缘坐。"[②] 还规定："反逆正犯之嫂，律无缘坐之文，应免其缘坐。"[③] 至道光五年（1825 年）也曾规定："愚民患魔，妄想置买黄袍试穿，比照大逆律凌迟处死，家属免其缘坐。"[④] 即通过亲属首告免予缘坐，以及精神病人"谋反"，免予亲属缘坐的规定，来缓和社会上的反抗情绪，并以此掩饰封建刑法镇压的野蛮和残酷。

应当说明，自战国秦汉以来，整个封建社会一直实行反逆亲属连坐制，以此惩治犯罪，维护君主专制的国家制度。但像嘉道年间对反逆缘坐法中增加对凌迟犯子孙施用宫刑，对回民幼男施加刺面之刑，以及把监候的亲

---

① 《皇朝政典类纂》卷 390,《刑二十二・刑律贼盗・谋反大逆》，附道光十一年通行事例，第 8558 页。

② 《皇朝政典类纂》卷 390,《刑二十二・刑律贼盗・谋反大逆》，附嘉庆十六年云南司说帖，第 8560 页。

③ 《皇朝政典类纂》卷 390,《刑二十二・刑律贼盗・谋反大逆》，附嘉庆元年福建司说帖，第 8560 页。

④ 《皇朝政典类纂》卷 390,《刑二十二・刑律贼盗・谋反大逆》，附道光五年广西司案，第 8560 页。

属改配黑龙江给索伦达呼尔为奴，还是相当罕见的。这不仅说明嘉道时期统治者面对激烈的阶级反抗与民族反抗，调整了亲属缘坐政策，加重了反逆亲属的处罚，而且也反映了封建晚期君主专制主义的极端发展和封建国家愈益残酷的阶级镇压、民族镇压。

第三节 反毒品立法及打击鸦片走私的刑法措施

以禁止鸦片走私、销售、吸食为中心的反毒品立法，在清代，尤其是在嘉道时期的刑事立法中，占有十分重要的地位。由于鸦片的走私、销售和吸食，不仅在极其广泛的范围内，形成了清代后期严重的社会问题，而且引起了中外之间的尖锐冲突，成为国际战争的直接动因。这场战争，即著名的鸦片战争的最后结果，是中国从此沦为半殖民地半封建国家，中国人民从此陷于更屈辱、更苦难的生活之中。毒品对于一个国家、一个民族的命运，竟然产生如此深刻的影响，具有如此密切的关系，这在世界历史上也是绝无仅有的。

鸦片，俗称大烟，用罂粟炼制而成。明代始由西域流入中国。明四译馆同文堂《外国来文》八册，其中译有暹罗国表文谓："差押昆大通事众头目，到广东布政司给文赴北京叩头皇帝"，并开列贡品多项，包括进皇帝鸦片100斤，皇后鸦片100斤。明代徐伯龄著《蟫精隽》亦记载，"成化癸卯，令中贵收买鸦片，其价与黄金等"。鸦片是一种具有强烈麻醉性能的毒品，适量使用，可作为麻醉、镇静的药物。明代万历年间，李时珍已将其列入《本草纲目》，并谓："鸦片前代罕闻，近方有用之者。"盖明代虽有鸦片之流入，而多作为药用，并未形成吸毒的现象，因此也无所谓对鸦片的禁止。

对鸦片的禁止，是在清代雍正年间开始的。鉴于康熙中叶，采取弛海禁、进口鸦片作为药材征收关税的政策，葡萄牙、荷兰等西方国家以南洋为根据地，通过我国闽、广一带，开始了鸦片走私的活动。同时，吸食鸦片的恶习以及黄土成膏、银竹为管、就灯吸烟的吸毒方法也自南洋传入中国，首先给沿海一带居民造成贻害。雍正七年（1729 年），清政府第一次颁布了禁烟令，规定兴贩鸦片烟者照收买违禁货物例，枷号一月，发近边充军；私开鸦片烟馆引诱良家子弟者，照邪教惑众律拟绞监候，为从杖一百，流三千里，船户、地保、邻佑人等，俱杖一百，徒三年；兵役人等借端需索计赃，照枉法律治罪，失察之汛口地方文武各官并不行监察之海关监督，均交部严加议处。这个法令打击的重点是贩卖鸦片的行为，并加重了该管官吏的责任，但由于吸食鸦片并未形成普遍、严重的状况，所以未及吸食者的罪名。

据《海国图志》记载，中国国内官民人等吸食鸦片的严重趋势“盖自乾隆末年始，嘉庆初吸食者渐多”。这一恶果的造成，首先要归咎于以英国为代表的西方资本主义国家向中国大量倾销鸦片。1757 年，即乾隆二十二年，英国占领印度的鸦片产地孟加拉。到 1773 年，即乾隆三十八年，英国东印度公司开始在印度实行鸦片专卖，每年向中国倾销鸦片 1000 箱左右，到了嘉庆年间，每年输入量达到 4000 多箱。当时，美国人也跟随在英国人之后，从土耳其向中国销售鸦片。嘉庆二十二年（1817 年），在输入中国的鸦片总额 4500 箱中，美国占 1900 箱，仅次于英国。

鸦片销量的增加和吸食现象的蔓延，在乾隆朝的后期并未引起足够的重视，以致对鸦片进口又恢复到明朝万历和清朝康熙年间所采取的作为药材征收税银的政策。然而在 18 世纪中叶，以英国为代表的西方资本主义国家已把对华销售鸦片作为原始积累的重要手段，企图在中国利用鸦片会“吸食成瘾”的特殊功能，扩大毒网，增加需求，以达到长期地、大量地攫取高额利润的目的。乾隆政府当时所采取的疲软政策，实际上助长了西方资本主义国家的罪恶，完全不能适应早已发生变化的国际国内的形势。

在法律上对鸦片采取一系列严禁措施的是嘉庆皇帝。从嘉庆亲政开始到嘉庆二十五年，他实际在位的二十年间，先后颁布了十余道有关禁烟的法令。这些法令与雍正时期曾经颁行的禁止兴贩鸦片的法令有着明显的变化。首先，规定了吸食鸦片的罪名和罚则，凡吸食鸦片者杖一百，枷号二个月。针对“吸食者众”，“官场上下，已成嗜好”的情况，嘉庆帝多次在他发布的上谕中指出：“鸦片烟性最酷烈，食此者能骤长精神，恣其所欲，久之遂致戕贼身命，大为风俗人心之害，本干例禁。”[①]又指出，“鸦片烟一物，其性至为毒烈，服之者皆邪慝之人”[②]。因此，惩罚吸食者的措施旨在打击邪慝，挽救社会风气，用刑罚威慑力量阻止吸食者受到更深的毒害。清代吴兰雪，嘉庆庚申举人，有《洋烟行》诗三首，云：“酖毒杀人人畏之，洋烟杀人人讳之，买而食者甘如饴，种者买者收烟泥。……一朝事败官穷治，土地藉没身囚羁，杖以百数血肉糜，穷边荷戈路险巇，全家哭送风凄凄，死葬异域生冻肌。”这首诗在一定程度上反映了嘉庆朝种植、贩卖、吸食鸦片者受刑的情况。其次，采取了禁止外商进行鸦片交易的法律措施。嘉庆政府认为，鸦片“来于番舶先至广东进关后，以渐贩往各省”，所以，只有将外国商人“违禁私与中国商民交易者，查出按律治罪，杜其来源，较之内地纷纷查拿，实为事半功倍”。[③]嘉庆二十年（1805年），依据大臣蒋攸铦的建议，规定于西洋货船到澳门时先行查验，并明立赏罚。嘉庆在上谕中指出：“鸦片烟一项，流毒甚炽，多由夷船夹带而来，嗣后西洋货船至澳门时，自应按船查验，杜绝来源。至粤省行销鸦片烟，积弊已久，地方官皆有失察处分。”惩办吸食鸦片、严禁鸦片入关，可以说是堵流、塞源的两项重要措施。从反毒品立法的意义上说，比雍正时期的法律有所进步。

从嘉庆末年至道光二十年（1840年）鸦片战争发生的20余年间，清政府的禁烟法令和法律表现了越来越严的趋势。与此同时，在西方资本主义国家政府支持下的国际贩毒集团则转而采取大规模走私的手法，向中国倾销鸦片，其数量大幅度地增长。

道光元年（1821年），为防止外商交易中夹带鸦片的走私现象，规定

① （清）李圭撰：《鸦片事略》卷上，台湾学生书局1973年版，第3页。

② 故宫博物院辑：《清代外交史料·嘉庆朝》第四册，成文出版社1968年版，第19页。

③ 《清代外交史料·嘉庆朝》第四册，第19页。

“凡洋艘至粤，先由行商出具所进黄埔货船并无鸦片甘结，方准开舱验货。其行商容隐，经事后查出者，加等治罪”[①]，并依此查处了叶恒澍夹带鸦片一案。清政府通过控制官许的经营进出口贸易的中国“行商”，限制鸦片通过官方渠道非法进口。西洋贩毒分子则与中国地方恶势力相勾结，转移阵地，从黄埔移至零丁洋，进行更加猖獗的海上鸦片走私活动。据清代梁绍壬《两般秋雨庵随笔》记载道光初年的情况：“凡内洋载鸦片之船曰‘趸船’，省城包卖之户曰‘窑口’，其往来交土之船曰‘快蟹艇’，亦曰‘扒龙艇’，贩烟者俱在零丁洋。”[②] 又据道光九年（1829 年）五月上谕引录粤省烟情奏折亦谓：“洋船私带烟土来粤，竟敢于附近虎门之大鱼山洋面，另设洋船囤积，称为‘鸦片趸’，并有洋人兵船，名曰‘护货’，同泊一处。勾通土棍，以开设钱店为名，暗中包售烟土，呼为‘大窑口’”，“又有包揽走漏之船，名曰‘快蟹’，来往如飞，呼为插翼。其船星夜遄行，所过关津遇有巡丁追逻，竟敢施放枪炮，关吏莫敢谁何”，“其余各省私贩入口出境，均系快蟹船包送，……由大窑口分销内地，悉因奸民串同各衙门蠹役，开设私局名为‘小窑口’，各处城乡市镇所在多有”。[③] 这种内外勾结的猖獗的走私活动，使沿海乃至内地的鸦片销售量急剧增加。根据西方透露的统计资料，从印度进入中国的鸦片数量，嘉庆二十二年（1817 年）为 3210 箱，道光二年（1822 年）增至 4628 箱，道光六年为 9969 箱，至道光十二年，已增至 2.3 万箱以上。

道光十一年（1831 年）以给事中刘光三奏请，下谕严定条款，酌加买食鸦片烟罪名。规定“嗣后军民人等，买食鸦片烟者杖一百，枷号两个月，仍令指出贩卖之人，查拿治罪。如不将贩卖之人指出，即将食烟之人照贩

① 《中西记事》卷 4，第 59 页。

② （清）梁绍壬撰，庄葳点校：《两般秋雨庵随笔》卷 4，《鸦片》，上海古籍出版社 1982 年版，第 176 页。

③ 《清实录·宣宗成皇帝实录（三）》卷 189，道光九年五月丙子，第 995—996 页。

卖为从例杖一百，徒三年。职官及在官人役买食者俱加一等治罪”。[1] 这个法令对吸食者的惩罚显然严于嘉庆初年的法令，但是实际情况却是吸毒的队伍不断地扩大。“其初不过纨绔子弟，习为浮靡”，“嗣后上自官府缙绅，下至工商优隶，以及妇女、僧尼、道士，随在吸食”。[2] 广东一带，首当其冲，“鸦片烟满地，虽乞儿亦啖之”，情况极其严重。就连盛京一带，作为清朝的根本之地，亦渐染成风。清朝当时的知识分子，吸毒者也不在少数，以致科举考试时“士子入场，夹带烟泡之法，有携牙柄团扇空其柄以内之者，有为夹底水烟管以藏之者”。[3] 据道光二十年前后的粗略统计，官员中食鸦片者，京官为十分之一二，外官为十分之二三，幕友师爷则有十分之五六，而长随吏胥则难以计数。全国吸食鸦片者的人数，不下 200 万。

对此，马克思曾经说过，“天朝的立法者对违禁的臣民所施行的严厉的惩罚以及中国海关所颁布的严格禁令，结果都毫不起作用”[4]。造成上述“法愈严而贩售者愈多、吸食者越众”的情况，原因应该说是多方面的。

首先，是因为清朝政府机器的腐败。自中央到地方的执法机关和官员很大程度上卷入了贩毒、吸毒的浊流，成为抵制和破坏禁烟的力量，使禁烟法令成为具文，造成了有法不行的状况。正如清朝李圭《鸦片事略》一书所分析：“科条加重，贩者吸者罪皆不及于死，而有瘾者，顷刻无烟，即有性命之忧，是以甘心触犯，购求欲切，奸贩乘其所急，得以居奇，胥役包庇，关禁卖放”，所以“销数之畅如故”。事实上，越是严厉禁止，贩运鸦片的利润越大，各级官吏也越可以得到更多的贿赂。不仅是地方胥役，海关吏卒，而且沿海一带负责查拿烟贩的官员，皇帝任命的海关监督，各省的巡抚、总督，直至中央政府的一些大员，也直接间接地收取贿赂，明

① 《清实录·宣宗成皇帝实录（三）》卷 191，道光十一年六月丙申，第 1010 页。
② 道光十八年鸿胪寺卿黄爵滋奏折，《筹办夷务始末》卷 1。
③ （清）雷缙：《蓉城闲话》之 25。
④ 《马克思恩格斯论中国》，人民出版社 1993 年版，第 97 页。

里禁烟，暗里则包庇、纵容鸦片走私。正如马克思所说："浸透了天朝的整个官僚体系和破坏了宗法制度支柱的营私舞弊行为，同鸦片烟箱一起从停泊在黄埔的英国趸船上偷偷运进了天朝。"[①] 一个几近瘫痪的禁烟司法体系去贯彻实施禁烟法令，是难以想象的。

其次，是因为清朝统治者并未采取关键性的法律措施。道光十一年（1831年），在严定买食鸦片罪名的同时，著令各省督抚根据各地情况制定禁烟章程，并责成所管道府年终出具所属地区并无种卖鸦片烟印结，由督抚"每年具奏一次"。而对于外商贸易则仍采取出具并未夹带鸦片烟甘结的老例。当时鸦片走私的根据地在广东沿海，禁烟的关键在于抑制、打击广东沿海猖獗的毒品走私活动，这是显而易见的。但是清政府既未针对这一情况，制定特别法，也未采取必要的措施，去实施国家有关禁烟的法律和条例。道光帝也曾感叹："鸦片烟流毒最甚，前已屡降谕旨，迭饬各直省督抚，各就地方情形设立章程，严行查禁。惟鸦片烟多系来自外洋，实聚于广东，若不杜绝来源，是不揣本而齐末，虽内地严定章程，於事究无裨益。"[②] 正因如此，所谓各省年终具奏不过是虚应故事而已。曾任云南总督幕府的彭毓崧，晚年著有《渔舟纪谈》一书，追述生平阅历，其中有《记虚文》一则，说道："最不可解者，年终取具各结，内有'境内并无栽种鸦片之事，署内亦无买食鸦片烟之人'一条。……州县以之欺大吏，大吏以之欺朝廷，小民无知辄谓官之所为，大都虚而不实，凡有条教号令，概以具文视之。"这种情况是很有代表性的。

然而，就其根本而言，是以道光为代表的清朝统治集团从自身的体验出发，对鸦片的危害缺乏必要的认识。早在道光初年，已经开始出现"各省市肆银价愈昂，钱价愈贱"[③] 的现象，1两银子在道光元年（1821年）前后值制钱1000文上下，到了道光十六年至十八年（1836—1838年），值

① 《马克思恩格斯选集》第2卷，人民出版社1972年版，第26页。

② 《清实录·宣宗成皇帝实录（三）》卷189，道光十一年五月，第996页。

③ 监察御史黄中模道光二年奏折，《道光朝外交史料》卷1。

1300—1600 文。这就是现银外流、内地银两短缺所造成的。清朝官方直到道光十六年前后，才进一步调整禁烟的政策和法律措施，正是基于对鸦片大量走私，造成白银外流、州县亏空、盐务积疲、关税短绌，严重危害社会经济和国家财政的后果，加深了认识。

道光十六年前后的反毒品立法，曾经在清政府内部引起尖锐的争论。于此，史学界曾有“弛禁派”与“严禁派”之说。实际上，即使在“严禁派”内，对于禁烟的法律措施，意见也是大相径庭的。

道光十六年四月（1836 年 6 月），太常寺少卿许乃济上了一个《鸦片烟例禁愈严，流弊愈大，亟请变通办理》的奏折，亦承认银两偷漏是“以中原易尽之藏，填海外无穷之壑”，但他认为防止的办法是“仍用旧例，准令夷商将鸦片照药材纳税，入关交行后，只准以货易货”，即采取鸦片贸易合法化的形式。而对于吸食鸦片者，除官员士子兵丁私食鸦片“立予斥革，免其罪名”外，“其民间贩卖吸食者，一概不论”。[①] 许乃济的主张，无视吸毒所造成的社会危害，也不可能通过满足西方国家大量倾销鸦片的要求而达到禁绝走私的目的。同年十月，江南道御史袁玉麟对许乃济的主张进行了有力的驳斥，他指出：“盖洋夷之所以市鸦片者，原利我内地之银耳。今议以货易货，决非彼之所欲，势必阳奉阴违，勾串汉奸，私相交易，仍攫内地之银以去而后已。”又指出：“朝廷政令，最宜划一。今吸食鸦片但禁官弁士兵，不禁小民，……半禁半弛，先紊其例，而欲奉行无弊，难矣。”他认为许乃济的主张是“撤藩篱而饲虎狼”，“绝民命而伤元气”。[②] 道光十八年九月，在严禁派的斥责声中，许乃济终于被道光帝下令降级休致，弛禁的主张也暂时销声敛迹了。

道光十八年（1838 年），鸿胪寺卿黄爵滋上《奏请严塞漏卮以培国本折》，可谓“严禁派”的代表作。黄爵滋在奏折中详细分析了鸦片烟害的形势，特

① 《筹办夷务始末》（道光朝）卷 1，中华书局 1964 年版。

② 《筹办夷务始末》（道光朝）卷 1。

别指出道光十四年至十八年间，仅粤省一地，岁漏银已达3000万两之多。“若再三数年间，银价愈贵，奏销如何能办，税课如何能清？没有不测之用，又如何能支？”又指出“以中国有用之财，填海外无穷之壑，易此害人之物，渐成病国之忧”[①]。这无疑对道光皇帝造成很大的震动。因此下谕各省督抚“各抒已见，妥议章程，迅速具奏”。但是对杜绝鸦片的方法，黄爵滋认为“耗银之多，由于贩烟之盛，贩烟之盛，由于食烟之众，无吸食自无兴贩，则外夷之烟自不来矣。今欲加重罪名，必先重治吸食”。在此基础上，他提出了“准给一年期限戒烟”，兹后吸食者“照新例处死”的措施。这个意见在群臣讨论中很少有人赞同，正如林则徐在《奏查严禁鸦片章程折》中指出的那样，“论死之说，私相拟议者未尝乏人，而毅然上陈者独有此奏”。[②]山东巡抚经额布在奏折中认为，旧例“重兴贩而轻买食，定例原有深意。若将食烟之人拟以死罪，而兴贩之犯转从轻典，不特轻重倒置，有失情法之平，且恐吸食者众，诛不胜诛”。[③]湖广总督林则徐也指出：“於吸食之人，未有请用大辟者。一则以《大清律例》早有明条，近复将不供兴贩姓名者，由杖加徒，已属从重，若径坐死罪，是与‘十恶’无所区别，即于‘五刑’恐未协中。”[④]

纵观各直省将军、督抚的意见，由于道光皇帝对禁烟的立场已趋明确，严禁派的主张已占上风，就连曾经支持过许乃济的两广总督邓廷桢等也转变态度，附和严禁的主张。这些主张归纳起来主要有以下几点：第一，对于走私兴贩、开窑售卖、吸食鸦片者普遍加重处刑，林则徐说：“窃谓治狱者，固宜准情罪以持其平，而体国者，尤宜审时势而权其重。今鸦片之贻害於内地，如病入经络之间，久为外邪缠扰，常药既不足以胜病，则攻破之峻剂，亦有时不能不用也。……断不致与苛法同日而语也。”[⑤]第二，鸦

① 《筹办夷务始末》（道光朝）卷1。

② 《筹办夷务始末》（道光朝）卷2。

③ 《筹办夷务始末》（道光朝）卷2。

④ 《筹办夷务始末》（道光朝）卷2。

⑤ 《筹办夷务始末》（道光朝）卷2。

片内禁之策，以重治兴贩为主。湖南巡抚钱宝琛认为：“吸食者，弊之流也，而兴贩者，弊之源也。若无兴贩，何由吸食？故一二起兴贩之数，即敷十百家吸食之数，此其皎然者也”，“开馆之烟，皆得自兴贩之手，兴贩不至，则开馆者无烟可销”。[①] 安徽巡抚色卜星额也认为：“吸食者骄奢淫荡，尚非侵损于人，……若兴贩者挟赀出海，为夷人代销毒物，贻害同类，实为中国之蠹，比之开设烟馆，厥罪更甚。”[②] 第三，严内外之防，着重打击以广东沿海为中心的鸦片走私活动。浙江巡抚乌尔恭额指出：“天下之有鸦片，皆自广东来也。……广东之有鸦片，不啻木之有本，水之有源也。各省贩烟之奸商，取给于窑口汉奸之手，以运销于开设烟馆及吸食鸦片之徒，不啻本之有末，源之有流也。”[③]

作为这场论争的总结，清政府开始了紧锣密鼓的禁烟活动。道光十八年（1838 年）九月，庄亲王奕窦、辅国公辅喜等，以吸食鸦片烟革职。不久，广东省城捕获兴贩鸦片的万益号业主李四、莫士梁等，严加惩办。道光亲下谕旨，卖大烟土者斩立决；旗人吸烟者斩立决；职任官本人吸烟者照例治罪，幕友、长随吸烟者本官失察革职，永不叙用；民人吸烟治罪外，子孙不准考试。同年十一月，命林则徐以湖广总督兼兵部尚书衔，颁给钦差大臣关防，前往广东，取缔以海口为中心的鸦片走私活动。道光十九年正月二十五日，林则徐到粤，至五月间收缴并销毁鸦片 2 万多箱，约 230 万多斤，取得了禁烟斗争前所未有的成果。

道光十九年（1839 年）五月，经大学士、军机大臣会同宗人府及各衙门详议奏闻，道光皇帝披阅批准，清政府制定并颁行了《严禁鸦片烟章程》。这个章程共 39 条，是清代历史上最为全面和严格的禁烟法规，是鸦片战争前夜中国大地上轰轰烈烈的禁烟运动所依靠的重要法律武器。《严禁鸦

① 《筹办夷务始末》（道光朝）卷 3。
② 《筹办夷务始末》（道光朝）卷 3。
③ 《筹办夷务始末》（道光期）卷 3。

片烟章程》总结了清代反鸦片立法的经验，首先把打击的锋芒指向沿海地区的鸦片走私活动，第一条规定："沿海奸徒，开设窑口，勾通外洋，囤积鸦片，首犯拟斩枭。为从同谋及接引护送之犯，并知情受雇船户拟绞监候。该管官知情故纵者革职，失察者分别议处。"第二条特别规定："沿海员弁兵丁，受贿故纵，拟绞立决。"《严禁鸦片烟章程》根据"严禁派"大多数人的主张，把兴贩鸦片、开设烟馆作为严惩的对象，规定"开设烟馆，首犯拟绞立决，从犯及知情租屋者，发新疆给官兵为奴"。"栽种罂粟，造制烟土、及兴贩至五六百两或兴贩多次者，首犯拟绞监候，为从发极边烟瘴充军，兴贩一二次，数不及五百两者，为首发新疆给官兵为奴。"至于对吸食鸦片的处理，《严禁鸦片烟章程》实际上吸收了黄爵滋"重治吸食"的主张，实行以 1 年 6 个月为限，限外论死的原则，规定"吸烟人犯，均予限一年六个月，限满不知悛改，无论官民，概拟绞监候"。同时还对时限内吸烟者规定了惩罚的措施：平民"杖流"，在官人役并官亲、幕友"照平民加一等治罪"，职官"发新疆充当苦差"，兵丁"发近边充军"，宗室觉罗"发往盛京，严加管束"。此外，对诸如官员失察、胥役得财、商船窝藏、关津偷漏、棍徒冒充、栽赃陷害等情状也都规定了相应的条款。《严禁鸦片烟章程》的制定，标志着清代反毒品立法进入了新的阶段。

鸦片战争虽然战败，但是我们仍然应该肯定，清代嘉庆、道光年间的反毒品立法具有反对西方资本主义国家侵略和腐蚀，维护民族利益的进步性质，是清代刑事立法史上值得称道的一页。

第四节　针对新形势下刑事犯罪的法律措施

一、调整自首制度

在《大清律·名例律》中规定"犯罪未发而自首者，免其罪，犹征正赃。

其轻罪虽发，因首重罪者，免其重罪。若因问被告之事而别言余罪者，亦如之。其遣人代首，若于法得相容隐者，为之首及相告言，各听如罪人身自首法。若自首不实及不尽者，以不实不尽之罪罪之，至死者听减一等”[①]。即对犯罪没被举发而主动向官府交代罪行者实行宽待政策，不再追究其刑事责任，但必须如数交还赃物。同时允许遣人代首，但如交代罪行不实不尽，各以不实不尽部分定罪。

嘉道时期“贼盗锋起”，[②]社会秩序的混乱与刑事犯罪的普遍，迫使嘉道年间统治者重新修订自首制度，以便分化瓦解犯罪，尽速恢复封建统治秩序。

嘉庆二年（1797年），四川总督在镇压川、楚白莲教农民起义时奏称：“贼匪攻犯东乡县时，斩犯符曰学等三名及绞犯杨思进逃出监禁，自行投回”，[③]颙琰接报当即降旨说：“符曰学等既无从逆情事，又不借此远扬，尚属畏法，自应加恩减等发落。”[④]根据嘉庆皇帝旨意在原有自首规定上作有新的补充：“在监斩绞重犯及遣军流徒人犯，如有因变逸出自行投归者，除谋反叛逆之犯仍照原拟治罪不准自首外，余俱照原犯罪名各减一等发落。若被拿获者，仍照原犯罪名定拟，其自行越狱及看守通同贿纵者，虽自行投首，仍照各本律例问拟。”[⑤]该条例附注解释如下：嘉庆六年奏明“剿办教匪以来，外省监犯往往因变逸出，自行投回，均奉旨减等发落，并不依原例办理”，但是，“拿获者仍当治以原罪，因改定条例”。[⑥]这充分说明，清

① 《大清律例》卷5,《名例律·犯罪自首》，第123页。

② （清）姚元之:《竹叶亭杂记》卷2。

③ 光绪朝《钦定大清会典事例》卷737,《刑部·名例律·犯罪自首》，嘉庆二年事例。另见《皇朝政典类纂》卷374,《刑六·名例律·犯罪自首》，附嘉庆二年事例，第8141页。

④ 光绪朝《钦定大清会典事例》卷737,《刑部·名例律·犯罪自首》，嘉庆二年事例。另见《皇朝政典类纂》卷374,《刑六·名例律·犯罪自首》，附嘉庆二年事例，第8141页。

⑤ 《皇朝政典类纂》卷374,《刑六·名例律·犯罪自首》，附嘉庆六年条例，第8138页。

⑥ 《皇朝政典类纂》卷374,《刑六·名例律·犯罪自首》，附嘉庆六年条例注释，第8138页。

朝嘉庆年间为割断在押人犯与农民起义军的联系，变更自首制度，鼓励“因变逸出”，“自行投首”者，并依例给予减等。但对被“拿获者”，则“治以原罪”，毫不宽待。可见，封建时代自首制度是依阶级统治的实际需要而变化的，绝非固定的、一成不改的。

为有效控制在押人犯，减少官府缉捕逃犯的困难，嘉庆十九年（1814年）在已有条例的基础上重新规定：“由死罪减为发遣罪犯，并用药迷窃案内发遣人犯，在配及中途脱逃被获，应即行正法者，如有畏罪投回并该犯之父兄禀首拿获，俱准其从宽免死，仍发原配地方。”[①] 但是，条例又规定：如果“准免一次之后，复敢脱逃，虽自行投回及父兄再为首告，俱不准宽免”。[②] 由上可知，嘉庆十九年条例贯穿着“初犯从轻，累犯从重”的精神，并依据此种精神，对两种不同的“自行投回”，作了严格的区别处理。

道光二十年（1840年），统治者把嘉庆十九年处理自首的原则，扩大到禁止吸食鸦片烟的范畴，规定：“鸦片烟案内人犯，如有事未发而自首，及闻拿投首者，各照律例分别免罪、减等”；若“首后复犯，加一等治罪，不准再首”。[③]

综上可以看出，嘉庆、道光年间有关犯罪自首的规定与之前相比发生了显著的变化。这种变化集中体现在对刑事罪犯“自行投首”的处理上。不管是“因变逸出”者，或者“畏罪投回”者，都可以得到从宽免死的发落，并比照原罪减等，或“发原配地方”。只有情节严重者才不准适用自首原则。清朝罪犯自首规定的变化，反映了统治阶级为全力镇压武装政治反抗而临时调整刑事政策的战略要求，同时也是封建晚期社会政治经济危机深化，统治阶级迫不得已采取的变通措施。

---

① 《皇朝政典类纂》卷374，《刑六·名例律·犯罪自首》，附嘉庆十九年修例，第8139页。
② 《皇朝政典类纂》卷374，《刑六·名例律·犯罪自首》，附嘉庆十九年修例，第8139页。
③ 《皇朝政典类纂》卷374，《刑六·名例律·犯罪自首》，附道光二十年续纂条例，第8139—8140页。

二、修正留养承祀条例

清朝初期依据明制，在《大清律 · 名例律》中规定了存留养亲制度。所谓“犯死罪非常赦不原者，而祖父母、父母老疾应侍，家无以次成丁者，开具所犯罪名奏闻，取自上裁，若犯徒流者，止杖一百，余罪收赎，存留养亲”。至乾隆二十一年（1756 年），又改“存留养亲”为“留养承祀”。所谓“凡斗杀等案及殴妻致死之犯，奉旨准其留养承祀者，将该犯枷号两个月，责四十板；斗杀等案，追银二十两，给死者家属养赡；至殴妻致死，原题时亲老丁单声请留养，遇有父母先存后故，与承祀之例相符者，各督抚于秋审时查明取结，另行报部、九卿，一体核拟，……若留养承祀之后，如有不安分守法，别生事端，无论罪名轻重，即照现犯之罪，按律定拟，不准复行声请”。[①]

从上述规定看，“存留养亲”似乎强调“养亲”，“留养承祀”则侧重于“承祀”，二者并无根本差别。不过后一项规定更加严密，防止不安分守法者滥用留养承祀权。

嘉庆六年适应统治需要又作出补充规定：“杀人之犯有秋审应入缓决、应准存留养亲者，查被杀之人有无父母，是否独子，于本内声明”，如果“被杀之人亦系独子，但其亲尚在无人奉侍”，则不论杀人者家中有无老疾，“皆不准留养承祀”。[②] 即对杀人重犯的“留养承祀”权作了进一步限制。值得指出的是，颙琰在同年又重修条例，规定：“凡曾触犯父母、犯案并素习匪类，为父母所摈逐，及在他省获罪，审系游荡他乡，离远父母，俱属忘亲不孝之人，概不准留养。”[③]“其谋故杀及连毙二命，秋审应入情实无疑之案，

① 《皇朝政典类纂》卷 372，《刑四 · 名例律 · 犯罪存留养亲》，附乾隆二十一年条例，第 8089—8090 页。

② 《皇朝政典类纂》卷 372，《刑四 · 名例律 · 犯罪存留养亲》，附嘉庆六年修例，第 8090 页。

③ 《皇朝政典类纂》卷 372，《刑四 · 名例律 · 犯罪存留养亲》，附嘉庆六年修例，第 8092 页。

虽亲老丁单，毋庸声请留养。”[①] 即说不忠“君上”，不孝父母并与起义农民有来往者，以及恶性杀人案犯，都不准呈请留养承祀。这充分表明嘉庆初年因社会危机严重，重新调整“留养承祀”的政策，缩小这一规定的适用范围，以便集中对付危及封建专制统治、封建伦常关系与正常社会秩序的严重犯罪。

道光二十年（1840 年），针对当时吏治的腐败，对各级差人的“留养承祀”重修条例，主要内容是，“各衙门差役犯案，除因公致罪，及因人连累，或寻常过犯，并无倚势滋扰情事，遇有亲老丁单仍准查办留养外”，其余概不准他们利用“留养承祀”权继续危害百姓。此外，道光年间为有效地控制贵州政局，进一步强化了对少数民族起义人员的镇压，即便是符合“留养承祀”条件者，也要严格加以限制。即所谓“黔省大五匪徒，留养加系铁捍一年，限满改悔释放”。[②]

嘉道年间封建统治者限制“留养承祀”的目的，正如嘉庆皇帝十七年降谕所说：“国家明罚敕法，按律定罪，期于无枉无纵。其亲老丁单准令留养，系属法外施仁，必应核实办理，方得情法之平。若罪犯亲邻徇情捏结，该管官不加查核、率准详报轻减罪名，使正凶漏网，则死者岂不含冤于地下乎？”[③] 所谓“使死者不冤”，不过是托词而已。但“勿使正凶漏网”才是统治者严格限制“留养承祀”的真实目的。应当指出，清初规定的“存留养亲”制，经乾隆改定，固定为“留养承祀”制后，伴随社会形势的发展与阶级统治的加强，不断地发生变化，其主要表现为：“留养承祀”的范围愈益缩小，承祀而留养者的限制愈益增多。从而反映了嘉道时期“留养承祀”制度服从阶级专政需要的实质。

---

① 《皇朝政典类纂》卷 372，《刑四・名例律・犯罪存留养亲》，附嘉庆六年修例，第 8092 页。

② 《皇朝政典类纂》卷 372，《刑四・名例律・犯罪存留养亲》，附道光十四年贵州案，第 8106 页。

③ 《皇朝政典类纂》卷 372，《刑四・名例律・犯罪存留养亲》，附嘉庆十七年事例，第 8098 页。

三、严格保甲制度

在顺治入关后，清政府便多次颁布谕令，强行推广“里甲”制度，以期达到“以汉制汉”的统治目的。康熙九年（1670年），改“里甲”制为“保甲”制，在“圣谕十六条”中，将“联保甲以弭盗贼”作为中心内容之一，强制在全国范围内加以实施。雍正年间（1723—1735年）清朝保甲制度得到进一步普及和法律化、制度化。自清朝中叶以后，因内外危机不断加深，故封建统治阶级愈益倚重保甲制度，发挥其维系地方治安的社会功能与镇压职能。正如嘉庆五年（1800年）颙琰谕令所说：因保甲之法具备“稽察奸宄，肃清盗源”的功能，故“实为整顿地方之良法”。① 现据嘉道年间法律规定的保甲制度的主要职能，简述如下：

（一）“稽察奸宄”、防守乡土

在农民阶级武装反抗愈益高涨的嘉道时期，封建地主阶级愈益重视发挥保甲组织“稽察奸宄”与防守乡土的职能作用。嘉庆十八年（1813年），颙琰曾下令，将叶佩荪主持编写的《保甲事宜》通行全国，以此加强各地保甲组织的指导作用。按照《保甲事宜》规定，各处保甲组织都须稽察隐匿的“盗匪”，以及“盗匪”的窝家，并将可疑的情况及时向上汇报。所谓：“户给印牌一张，书写姓名、丁数，出则注明所往，入则稽察所来。”② 保甲组织又将稽察的对象集中到“邪教”，“邪书”，以及“面生可疑，形迹诡秘之徒”上，以此防范人民串通和起义军的组织宣传。依照当时刑部条例的规定，牌头、保甲长如能查访“盗贼”，可比照捕役获盗过半以上例，按名给赏。如果知情不举、不报，牌头杖八十，甲长杖七十，保长杖六十。另外，《保甲事宜》还规定，保甲还要深入乡间旅店查访，或“责

① 转引自咸丰三年八月钦批刊刻的《乡守辑要合钞》。

② 《清代通史》上，第635页。

成房主查保”来往客商、手工业者。所查之处，“均不得容留匪类”。[①]

根据嘉庆、道光年间的法律规定，保甲长还有率领乡兵，防守乡土，抵御“匪盗”袭击的职能。平日须指派专人守栅、瞭望；遇有“匪警”，则率乡兵堵截或向邻村驰援。正因为保甲组织发挥了封建基层治安组织的效能，所以，强化了地主阶级镇压农民起义的实力。在嘉庆年间镇压川、楚白莲教起义时，“官兵征讨，而乡兵之功为多”。封建统治者愈益体会到保甲组织在训练乡兵对付农民起义中的独特作用，所以，更加提倡各地保甲组织兴办乡兵团练。道光二年（1822年），旻宁曾亲令“直隶疆臣召集团练，修筑土堡，互为策应”，用以加强京畿的安全保卫。

（二）编查户口，肃清盗源

按照《保甲事宜》规定，乡村牌头、里甲长均须按期完成各自管内的户口编查工作，包括每户填写户主、丁口、姓名、年龄、职业、田亩、妻妾、兄弟、子女及左邻右舍等。填写后，通过甲长、里长（相当于保长）禀承县府署印。其循册留县存底，环岫由甲长保存，门牌则由牌长悬挂各户门前。如各牌、甲、里发生人户变迁，甲长须随时变更登记，并于每年三、六、九、腊月初一，携带修改的环册与县府循册核对。此外，里甲长还须将本乡“曾犯打降、讹诈、窃贼、赌博、教唆”等人，重点单列，“随时防范”，只有确实改悔者，经牌、里长及邻佑联名具保，才可在“另册”上除名。嘉道年间通过严格的编查户口，把各类人员分别登记管理，这既有利于一般民户的教化，又可以利用基层治安组织肃清当地的犯罪。

（三）“教化百姓”，“扬善举恶”

依照《保甲事宜》规定，各地保甲长均兼负教化本乡百姓的职责，并有义务定期向乡民灌输封建伦常礼教和“安分守法”思想。各地保甲长还

---

① 徐栋编:《保甲书·成规上·保甲事宜稿》。

须“扬善举恶”，即向官府彰扬“孝顺之子孙”，“耐贫守节之妇”等，并“表其门闾”，使“愚民咸知劝善”。同时还要及时举发子孙违背“教约”，以及“素行不俭者”。官府得报后，“先以训饬，继以鞭笞，于户口簿内注明其劣迹，许其自新”，每县定期检查各保甲情况一次。①

此外，保甲长还须负责“十禁”与“五劝”工作：所谓“十禁”，即禁抢孀、禁捉人勒赎、禁赌博、禁鸦片、禁争讼、禁图产争继、禁赛会演戏、禁私宰耕牛、禁习邪教等。所谓“五劝”，即劝敦亲友、劝全节操、劝设蒙养学堂、劝谨善藏米谷、劝警守望盗贼。按照法律规定，各地保甲长应及时进行法制宣传，并列举出凌迟、斩决、枭首等死刑执行图。② 以此恐吓百姓，并达到“已犯则告发不时，未犯则奸萌潜化”的目的。③ 嘉道时期通过严格保甲制度，发挥了基层组织的“教化百姓”，预防犯罪的职能。

四、连带责任制度的变化

自顺治入关制定《大清律》后，满族统治者一直沿袭前朝旧制，把连带责任划分为：职务连带责任、军事连带责任与邻里连带责任三种。至嘉道年间，连带责任制度发生了新的变化。

（一）严行职务连带责任制

职务连带责任是清朝较为严格的一种连带责任，通常为上级官吏对属吏、属民犯罪或管理不力而须负担的法定责任。嘉庆十五年（1810 年），颙琰为有效弹压不法闹事，通过颁布条例，严厉规定：“刁民……约会抗粮，……借事罢考、罢市，……（或）同谋聚众，转相纠约，下手殴官者”，

① 《保甲书 · 成规上 · 保甲事宜稿》。

② 佚名：《保甲章程》。

③ 《保甲书 · 成规上 · 保甲事宜稿》。

为首“斩立决”，为从“绞监候”。与此同时，严厉追究各级主管官吏的连带责任。凡“差役诬拿平人株连无干，滥行问拟者，严参治罪；该督抚一并交部严加议处；至刁民滋事，其同城武职不行擒拿，及地方文职不能弹压抚恤者，俱革职；该管之上司文武官徇庇不即申报，该督抚、提镇不行题参，俱交部议处”[①]。即何处出现聚众滋扰闹事，主管该处的督抚、文武职官均应承担职务连带责任，借以催督各级官吏防范弹压民众反抗，维护国家统治。

（二）加强军事连带责任制

军事连带责任，一般指军事长官与一般军官对军兵违法犯罪和战争失利所应承担的法定责任。嘉庆十九年（1814 年）条例规定：“出征官员兵丁……携带逆犯家属”，或“逃失良民子女”的，本人除依法治罪外，“领兵之该管官……知情故纵者，与同罪；失察者，官员交部分别议处”，“若出征官兵于经过地方私自典买人口，……兵杖八十，官交部议处，失察各官照例减等议处”，[②] 即通过严格各级该管军官的军事连带责任，来监督他们以律治军，保证对内军事镇压与对外征战的顺利进行。

至道光年间，因八旗兵丁与绿营兵丁普遍吸食鸦片烟，不仅大量耗费钱财，而且严重削弱了军队的战斗力，故旻宁严令军队戒烟，并追究各级该管军官的军事责任。道光十七年（1837 年），曾因绿营兵丁“吸食鸦片烟，临事不能得力”，影响对瑶民的“用兵”，道光曾降谕将领军官“李鸿宾、刘荣庆革职发遣”，[③] 以示惩办。道光十九年（1839 年），又谕各直省将军和各地军事长官，为“靖海疆而成劲旅”，“务使法令森严，缓急可待”，

---

① 《皇朝政典类纂》卷 387，《刑十九 · 兵律军政 · 激变良民》，附嘉庆十五年修例，第 8472 页。

② 《皇朝政典类纂》卷 387，《刑十九 · 兵律军政 · 纵军掳掠》，附嘉庆十九年续纂条例，第 8468 页。

③ 《皇朝政典类纂》卷 387，《刑十九 · 兵律军政 · 不操练军士》，附道光十七年谕，第 8470 页。

对军内吸食鸦片烟者，“尤当严密访查，有犯必惩，毋得稍为回护”。否则严厉追究军事长官的连带责任。[①]

（三）完善邻里连带责任制

清朝承袭明律，同样规定了邻里连带责任制。《大清律・刑律・人命》“同行知有谋害”条规定，邻里及同路行走之人，“知同律人欲行谋害他人，不即阻当救护，及被害之后不首告者，杖一百”。《大清律》与以往封建刑律一样，为维护封建社会正常秩序，强调邻里之间，同行之人承担相互救护的义务。如果见死不救者，法律依照惯例追究其连带责任。

到道光时期，封建统治阶级进一步发展完善了邻里联防、连坐责任制。道光二年（1822 年）统治者把连带责任制引入五服亲眷中，惩办知人欲杀堂兄，而不救助者。即“知人欲杀小功堂兄，并不阻止，知人谋害他人不即阻当，杖一百，律上加等问拟”。[②] 道光三年（1823 年），又进一步严格邻里、保甲连带责任制，曾规定：“地保知人杀人逃走，畏责不报，比照知人谋害他人不即首告律，拟杖一百。”[③] 即以此监督保甲长与周围邻里担负起互相救援的义务。否则，封建国家便要依法追究地保与邻里的连带责任。其后，道光八年（1828 年）又钦定陕西省奏报的典型案例，规定：“知人杀人代为掩饰，图脱正凶，比依知人谋害他人不即首告律，加等拟徒一年。”[④] 即对邻里或同行者，知人杀之不去救援，反而包庇掩饰，企图帮助

① 《皇朝政典类纂》卷 387，《刑十九・兵律军政・不操练军士》，附道光十九年谕，第 8470—8471 页。

② 《皇朝政典类纂》卷 400，《刑三十二・刑律人命・同行知有谋害》，附道光二年四川案，第 8886 页。

③ 《皇朝政典类纂》卷 400，《刑三十二・刑律人命・同行知有谋害》，附道光三年江苏案，第 8886 页。

④ 《皇朝政典类纂》卷 400，《刑三十二・刑律人命・同行知有谋害》，附道光八年陕西案，第 8887 页。

“正犯”脱逃者，要加重刑罚，判处徒刑一年。

由此不难发现，嘉道时期的统治者，出于镇压连绵不断的农民起义与少数民族反抗斗争的考虑，加强职务与军事连带责任，以便有效地镇压各种武装政治反抗。同时又要求邻里与保甲承担义务，加强彼此之间的连带责任，以期为封建国家的专制统治和法律镇压提供稳固的社会基础。

五、限制赦宥制度

《清史稿·刑法志三》对清朝赦宥制度简要总结说：“有清一代，赦典屡颁，然条款颇严，毋虞滥及。”以上结论虽不能说全面，但多少反映了清朝实行赦宥制度的一般状况。

清初沿袭明朝旧制，在《大清律·名例律》中规定了本朝的赦宥制度。清朝赦宥制度有“恩赦”“恩旨”之别。凡“历朝登报升祔，册立皇后，皇上五旬以上，万寿皇太后六旬以上，万寿及武功克捷之类”，按例有“恩赦”；如属“寻常万寿及喜庆等事，则传旨行赦”，称之为“恩旨”。[①] 但无论“恩赦”，还是“恩旨”，均不包括法律规定的“常赦所不原”。即凡属十恶、杀人、盗系官财物，及强盗、窃盗、发火、发塚、受财枉法、不枉法赃、诈伪、犯奸、略人、略卖和诱拐人口，若奸党及谗言左使杀人，故出入人罪，若知情故纵，听行藏匿、引送说事过钱之类，一应实犯，均不得赦免。[②]

嘉庆、道光时期承继前朝先后颁布了赦宥条例，其中嘉庆十六年（1811年）条例规定：“凡在京、在外已徒，而又犯徒，律应总徒四年，及原犯总徒四年，准徒五年者，若遇赦减等，俱减一年；其诬告平人死罪未决，应杖一百流三千里加徒役三年者，若徒役未满遇赦减等，减为总徒四年，若再遇赦，仍准再减一年；如已到流配所加徒役已满者，即照寻常流犯减为

① 《清史稿》卷 144，《刑法志三》，第 4218 页。

② 《皇朝政典类纂》卷 371，《刑三·名例律·常赦所不原》，第 8073 页。

徒三年。”[1] 这就是说“常赦不原”之外的徒刑流刑犯实行赦宥，凡初遇赦，徒刑犯减刑一年，流刑犯减为总徒四年，如遇再赦，再各减刑一年，减至徒三年为止。此外，嘉庆二十五年（1820 年）沿袭康熙、乾隆旧制，允许常赦不原以外的充军、流配犯“到配未及三年”者，“一体查办”，会赦放免。[2] 这项赦宥规定曾被《清史稿 · 刑法志》宣扬为前所未有的“旷典”。

道光元年（1821 年）至道光三十年（1850 年），在此前基础上陆续颁布了赦宥命令。以道光三十年为例，统治者明确规定，除不在减等之列者外，“军流罪减为杖一百徒二年；徒罪减为杖一百，准徒、总徒俱递减一年；已经到配徒犯即行释放，已经决其杖（的）逃徒，并免缉拿枷杖，悉予宽免；逃军逃流，审无行凶为匪者……仍行追赃”。[3] 即在十恶等不得赦免的罪外，对判为充军、流配、徒刑罪者，或改杖一百徒二年，或改减徒刑一年杖一百；对已到指定地服役的徒刑犯赦免，对已经决杖而后逃跑的徒刑犯，予以宽免；逃跑的充军与流配犯，没有行凶作恶的，不再追究刑事责任，但有赃者仍行追赃。

从形式上看，嘉道年间的赦宥制度似乎宽减、释免的范围愈来愈广，实际执行的刑罚愈来愈轻。但如果结合统治者颁布的限制条款进行综合考察，便会看清嘉道时期赦宥制度的“庐山真面目”。因嘉庆时期阶级反抗民族反抗异常激烈，道光时期内外交困、矛盾重重，两朝都须集中力量对付危害君主专制最烈的政治性犯罪，故不能不通过赦宥一般刑事犯罪，来欺骗舆论，掩饰血腥的法律镇压。

嘉庆元年（1796 年），统治者为对付农民起义，在大张旗鼓宣扬“宽仁治狱”“赦宥犯罪”的同时，严格镇压措施，加强赦宥范围的限制。曾

---

① 《皇朝政典类纂》卷 371,《刑三 · 名例律 · 常赦所不原》, 附嘉庆十六年增例, 第 8074 页。

② 《清史稿》卷 151,《刑法志三》, 第 3995 页。

③ 《皇朝政典类纂》卷 371,《刑三 · 名例律 · 常赦所不原》, 附道光三十年事例, 第 8081 页。

明确规定："军机获罪，隐匿逃人，亦不赦"；[①]"调奸未成，和息后因人耻笑复追悔抱忿自尽致二命者"，"不准援免"。[②]嘉庆十六年（1811年）进一步规定："不准援减军犯，妄指朋党、擅递封章"等项犯罪，而且"（从重）改为绞监候，永远监禁"。[③]至道光年间又规定："奏准妇女犯谋故杀各案内，如有关十恶，仍应不准其宽免"；[④]罪犯"倘释免后，再仍滋事犯法"，非但不能宽减，而且要"加一等治罪"。[⑤]上述限制赦宥制度的变化，最终取决于统治阶级的意志，服务于法律镇压和军事镇压的实际需要。特别在社会形势和阶级力量对比于统治阶级不利时，封建当权者往往变换治世手法，即将赦宥一般刑事犯罪，与严刑镇压政治性犯罪和恶性刑事犯罪两种手段结合使用，而反对单纯地使用一种手段。因为，宽赦一般犯罪，才有利于孤立严重犯罪；严惩政治性犯罪与恶性刑事犯罪，才有利于震慑一般犯罪。这便是嘉庆、道光时期赦宥制度既有所限制，又有所放宽的奥秘所在。

---

① 《皇朝政典类纂》卷371，《刑三・名例律・常赦所不原》，附嘉庆元年事例，第8079页。
② 《皇朝政典类纂》卷371，《刑三・名例律・常赦所不原》，附嘉庆元年河南案，第8084页。
③ 《皇朝政典类纂》卷371，《刑三・名例律・常赦所不原》，附嘉庆十六年广东案，第8084页。
④ 《皇朝政典类纂》卷371，《刑三・名例律・常赦所不原》，附道光元年事例，第8081页。
⑤ 《皇朝政典类纂》卷371，《刑三・名例律・常赦所不原》，附道光元年事例，第8081页。

第二十五章　嘉庆、道光时期的民族立法

第一节　有关东北各族的立法

嘉庆时期，因白莲教起义、天理教起义而衍生出来的所谓“大逆”缘坐人犯，数目剧增，因而，免死发遣东北为奴的人数也大大增加。这样，颙琰即位之后的第一次立法内容，便是改革大逆缘坐人犯的处置和发遣为奴人犯的领属关系。嘉庆二年（1797 年），颙琰谕内阁，“向来大逆缘坐人犯……按律定拟斩决，俱从宽改为监候。但此等人犯，久禁囹圄，难免亲戚往视、别滋事端”，因此决定将“所有从前及嗣后大逆缘坐人犯，俱著发往黑龙江，给索伦、达呼尔为奴”。[①] 但是，此等人犯，“人数众多”[②]，“乃兵丁不能赡养，竟有听其赎身自谋生理者”[③]，虽经“严行饬禁”，仍有听其赎身之事，故而，嘉庆十八年（1813 年）谕：将发往吉林、黑龙江分给兵丁为奴的人犯，“改给该处官员为奴”；而又因其各省发往人犯过多，该处官员额缺有限，亦恐不敷养赡，故谕刑部妥议章程。刑部议定：发遣人犯，其情罪较重者仍发黑龙江、吉林，其情罪稍轻者改发各省驻防，“均给各该处官员为奴”[④]。这一法

---

① 《清实录·仁宗睿皇帝实录（一）》卷 22，嘉庆二年九月乙酉，第 281 页。
② 《清实录·仁宗睿皇帝实录（一）》卷 22，嘉庆二年九月戊子，第 281 页。
③ 《清实录·仁宗睿皇帝实录（四）》卷 271，嘉庆十八年七月丙寅，第 668 页。
④ 《清实录·仁宗睿皇帝实录（四）》卷 271，嘉庆十八年七月丙寅，第 668 页。

令的颁布，使获奴者的身份发生了根本性的变化，反映了嘉庆时期的法律进一步维护满洲贵族利益的实质。

嘉庆时期，朝廷对于逃人法也有一些修改、补充。其一，是对窝窃、窝盗者惩处的加重。嘉庆二十年（1815 年）规定："嗣后，回民窝窃，罪应发极烟瘴者，悉改发黑龙江为奴"，"失察之该管官，应照寻常遣犯脱逃之例，加等议处"。此条规定，分别纂入吏、兵二部《则例》。[①] 嘉庆二十三年（1818 年）又规定："嗣后，如有曾任职官及在籍职官窝藏窃盗、强盗者，按平民窝主本律、本例罪应斩决者，加拟枭首；罪应绞候者，加拟绞立决；罪应徒流充军者，概行发遣黑龙江当差。"[②] 其二，是对五日内拿获之在配脱逃人犯处分的从轻。嘉庆二十一年（1816 年），发生了流犯龚正文在配脱逃，五日内被获，黑龙江官员遵例请旨定夺处分之事，颙琰即谕："嗣后，凡免死减等发遣盗犯改发者，如在配脱逃，五日限外拿获，仍照例正法；其五日限内拿获，讯明实系附近躲避并未远扬者，即仍发原配地方，毋庸奏请定夺。著为令。"[③] 但是，颙琰又谕：倘龚正文再逃，"拿获即行正法"，并未谕明多少日内"再逃拿获"，而"即行正法"则明确无爽。可见，朝廷对于在配脱逃人犯之处分从轻极有限度。

嘉庆时期，朝廷踵前朝故步，继续重申对东北的封禁令，继续执行京旗屯垦的政策。此一时期的封禁令，重点在于禁止内地民人与内地贸易者携眷在封禁区居住。嘉庆九年（1804 年），那彦成在奏办齐齐哈尔事宜六款中，请求准许内地民人来黑龙江贸易者携眷居住、种地谋生；颙琰即谕："事不可行。"[④] 关于京旗屯垦，嘉庆时期确比乾隆时期实施热烈。嘉庆十九年（1814 年），吉林将军富俊在其《试垦章程》中更提出：于吉林闲散旗

① 《清实录·仁宗睿皇帝实录（五）》卷 306，嘉庆二十年五月庚戌，第 69 页。

② 《清实录·仁宗睿皇帝实录（五）》卷 345，嘉庆二十三年八月乙亥，第 563 页。

③ 《清实录·仁宗睿皇帝实录（五）》卷 317，嘉庆二十一年三月甲午，第 207 页。

④ 《清实录·仁宗睿皇帝实录（二）》卷 126，嘉庆九年二月癸酉，第 700 页。

人内，拣选屯丁 1000 名，每丁给荒地 30 晌，垦种 20 晌、留荒 10 晌，10 余年后移居京旗苏拉时，将此熟地给京旗人 15 晌、荒地给京旗人 5 晌，所余熟、荒各 5 晌，即给原种屯丁作为恒产。① 这一方案以实现京旗移屯拉林夹信沟为目的。嘉庆二十年（1815 年）、二十三年、二十五年，朝廷又分别对双城子、伯都讷围场等地的京旗屯垦事宜作了某些规定。这些规定，既为解决京旗生计，同时又有利于东北的某种程度的开发。

嘉庆时期颇有新意的立法，在于改革以前贡貂、贡鹰鹞的成例以及裁减黑龙江随扈进哨人数。嘉庆二十二年（1817 年）宣布改革旧制："嗣后，盛京、吉林、黑龙江（每年进哨以前呈进鹰、鹞），著各按原定数目，减半呈进。"② 次年又宣布："向来索伦等进贡貂皮，挑验及等第者，照例赏赐；其有不及等第者，念其既已足数，酌量减半赏赐。……此次貂皮足数，……不及等第，著毋庸减半给赏。"③ 并严禁索伦等将上等貂皮带至京师私售而以下等貂皮充贡情弊。至于裁减黑龙江随扈进哨人数一项，嘉庆二十二年谕：向例，每年东三省官员兵丁内，拣选 30 名善猎人员随扈进哨；因黑龙江之索伦、达斡尔（即达呼尔）等时常习猎，技艺娴熟，且路途遥远，未免靡费，故"嗣后将随围之黑龙江善射人员三十名裁减一半，其余习围之人，亦应酌减"。④ 嘉庆二十四年（1819 年），考虑到随扈进哨之员"均系自备资斧"，故谕：将 15 人"再减五名，每次只选十名"，并"著施恩与习围之官兵等，一体赏给驰驿进哨随围"。⑤ 这些法令，无疑减轻了东三省尤其是黑龙江索伦、达斡尔等族的负担。

道光时期，对于东北各族的立法，较重要的也不外乎逃人法的补充、完善；封禁令与京旗屯垦的进一步健全；贡貂制度的改革。而新法令中，

① 《清实录 · 仁宗睿皇帝实录（四）》卷 299，嘉庆十九年十一月癸丑，第 1116 页。
② 《清实录 · 仁宗睿皇帝实录（五）》卷 333，嘉庆二十二年八月丁丑，第 393 页。
③ 《清实录 · 仁宗睿皇帝实录（五）》卷 349，嘉庆二十三年十一月己亥，第 611 页。
④ 《清实录 · 仁宗睿皇帝实录（五）》卷 334，嘉庆二十二年八月丁丑，第 402 页。
⑤ 《清实录 · 仁宗睿皇帝实录（五）》卷 358，嘉庆二十四年五月己卯，第 727 页。

重要的莫过于《发遣京室章程》，杂项壮丁的鸟枪之禁以及鸦片之禁。

道光时期对于逃人法的补充、完善，主要表现为《旗人逃走销档章程》和《太监逃走治罪章程》的制定与颁行。《旗人逃走销档章程》，道光五年（1825 年）通行，其内容共有七条：（1）旧例，初次逃旗，一年投回免罪；新章程规定，初次逃旗逾月，无论投回、拿获均销其旗档，月内投回者免罪、拿获者鞭一百。（2）旧例，逃走并无限期销档，故永远缉拿；新章程定限一月，后无论投回、拿获均销旗档，毋庸缉拿。（3）本人既已销档，其妻未便仍以旗人论，亦应销档；其子女：本人未经销档以前所生者，“仍依旗人论”，但原犯“连子孙一并销除旗档者，其子孙及女一概归入民籍”。（4）旧例无销档期限，失察、承缉各官，例有处分，故年终须将有无投回、拿获情形造报汇题；新章程既定限一月即行销档，各官处分概行删除，年终亦毋庸造报汇题，只将限内投回、拿获及逾限销档者报部，并于年终汇题。（5）发遣当差旗人在配脱逃，虽按新章程规定月内投回、拿获免销旗档，但逾月尚未投回、拿获者，“先行销档，仍照例缉拿”[①]。（6）旧例中并无逾限销档之文，只论次数治罪；新章程定限销档，故规定：无论初逃、复逃，均以初逃论，“免其并计”。（7）“逃奴未便与逃旗并论”，“家奴逃走……仍照旧例办理”，即既不销档又永远缉拿。法律的实质是表达统治阶级的意志，其产生与发展又以客观情势为依托。道光初期之所以颁行这一新章程，是因为逃旗者多，无力“永远缉拿”，故无论逃出次数并缩短销档期限。然而，东北这块旗地，由于人烟稀少，却不得不稍有不同。因此，道光十二年（1832 年），当吉林将军富俊奏请酌改逃旗条例时，旻宁当即降旨：“嗣后，吉林所属旗人，初次逃走，仍照旧例：被获者鞭一百；一年以内自行投回者免罪；一年以外投回者鞭六十。其二次逃走者，无论投回、拿获，俱行销档为民。”[②]

---

① 《刑案汇览三编》第一编卷 1，《名例 · 犯罪免发遣》，“发遣旗人逃走销档改为民遣”，第 21 页。

② 《清实录 · 宣宗成皇帝实录（四）》卷 204，道光十二年正月己巳，第 11 页。

可见，对于吉林旗人，销档的条件是“二次逃走”，尺度较内地宽松。

与明朝不同，清朝对于太监的管理十分严格。康熙时期，即对太监的管理制定过一些条规。但是，嘉庆、道光时期，随着清朝统治集团的日益衰弱、腐败，太监的管理也日渐松弛，饮酒、赌博、交结等，已在太监中形成风气。而嘉庆年间，成得图谋刺杀颙琰的事件以及太监参与天理教起义的事件，又使得朝廷对太监的惩治趋于严格。因而嘉庆、道光两朝，不仅有太监发往黑龙江给官员为奴之事，[①] 而且太监出逃之事亦屡见不鲜。因此，道光十七年（1837 年），朝廷制定了《逃走太监治罪章程》，规定：“太监逃至河南、山东、山西及东三省，枷号一年，发往黑龙江给官员为奴，遇赦不赦；如逃至（回）各省，即系越省远扬，永远枷号禁毙；另有案情，从重办理，仍将容留之人治罪。如止逃回顺天、直隶省，照旧例办理；逃往别州、县，离本籍五百里以外，枷号六个月，发往打牲乌拉给官员为奴，三年释回；如复行逃走，即照逃往河南、山东、山西、东三省之例治罪。”[②]

道光时期之封禁令，仍不外两个方面：一为禁止民垦旗地，二为禁止私刨山参。在禁民垦旗地方面：道光二年（1822 年），有双城堡等地设立封堆之令；道光三年，有科尔沁蒙古二旗“不准再为招垦”[③] 之令；道光六年，有展设卡伦、驱逐流民之令，并饬将不实力驱逐流民的吉林将军赛冲阿等（在任 5 年以上）降一级留任、现任副都统倭楞泰等（在任 2 年以上）罚俸 1 年、前任将军松筠（在任 3 月）罚俸 6 个月；[④] 道光十年（1830 年），伯都讷查出流民王安等私垦地千余亩，旻宁谕示将失察之同知文庆革职；道光十二年（1832 年）颁行的《科垦章程》中规定旗人将地亩“典给民人

① 《清实录 · 仁宗睿皇帝实录（四）》卷 271，嘉庆十八年七月丙寅，第 668 页；《清实录 · 宣宗成皇帝实录（二）》卷 75，道光四年十一月壬子，第 220 页。

② 《清实录 · 宣宗成皇帝实录（五）》卷 302，道光十七年十月戊辰，第 712 页。

③ 《清实录 · 宣宗成皇帝实录（一）》卷 58，道光三年九月庚午，第 1022 页。

④ 《清实录 · 宣宗成皇帝实录（二）》卷 100，道光六年七月丙戌，第 613 页；卷 111，道光六年十二月庚申，第 863 页。

者，追出典契”；[①]道光十六年（1836年）重申仍照道光二年奏定的章程，“小封堆里各旗屯界内，除雇觅只身民人工作不禁外，如有携眷居住者，立即妥为驱逐。其内地只身民人，亦必查系实在雇与旗人佣作者，方准容留”[②]；道光二十年（1840年），朝廷又筹议了《乌拉凉水泉封禁官荒章程》，明令官弁须于每年芒种与秋成之时前往查看两次。[③]关于参山的封禁，道光前期亦曾多次下令：道光三年（1823年），吉林将军富俊所拟的《查禁私参章程》中，不仅重申仍按嘉庆十五年所定章程，冬季派副都统二员分路入山巡查，而且还严饬各处坐卡官员，“点验盘查，以除夹带之弊”，并要求山海关副都统严查出入，“以防偷渡”。[④]道光四年颁行的《参务章程》又规定：揽头、刨夫只能在苏城苏子海讷屯与尼满口等处寻采，由小绥芬、双城子、达塌河屯供应刨粮；所刨人参，上等交官，余者方可出售，但须交所得售卖银的十分之三四给官。[⑤]这些章程，集中地反映了参山封禁之严，也反映了清朝统治者对日渐稀少的山参的需求和进一步的独占要求。

在严格禁止汉族流民垦地的同时，道光和嘉庆一样，不断为京旗屯垦制定法律保证。道光三年（1823年），朝廷通过了《双城堡屯田章程》，旻宁并谕令：京旗闲散于明年正月初五日起程赴垦。道光四年，朝廷又通过了《伯都讷屯垦章程》，决定：京旗到后，每户可得屯丁所垦熟地15晌、荒地5晌。道光五年规定：只身京旗闲散，只要与亲属同住者，即可单算一户。道光十一年（1831年）又规定：自道光十年起，每年年终，每户京旗改为赏银5两，而鳏寡孤独者更每名每月赏给赡养银5钱。同年议定的《新城局屯田章程》则规定：新城局每年征收大租市钱6.48万串，小租钱6480串，限于每年十一月十五日收齐；局务，由协领1名、同知1名总办，

① 《清实录·宣宗成皇帝实录（四）》卷215，道光十二年七月丁巳，第200页。
② 《清实录·宣宗成皇帝实录（五）》卷285，道光十六年七月丙申，第410页。
③ 《清实录·宣宗成皇帝实录（六）》卷330，道光二十年正月乙卯，第12页。
④ 《清实录·宣宗成皇帝实录（一）》卷52，道光三年五月壬申，第926页。
⑤ 《清实录·宣宗成皇帝实录（二）》卷65，道光四年二月丁酉，第17页。

佐领 1 名协办，而防御、骁骑校、笔帖式等官四员，则“分管八旗催租及佃户事件”。[①] 可以说：至此，京旗屯垦的体制，已经基本完善了。

贡貂制度的改革，也是道光时期立法的重要内容之一。道光二年（1822 年），虽曾经宣布“各处无饷打牲丁呈贡貂皮，有无赏项，均照旧章”，[②] 但因貂少人多，难交足数，道光十一年（1831 年），黑龙江呈进貂贡的副总管富兴等呈请：或免无饷牲丁贡貂，或准其数人合交 1 张。道光十二年（1832 年）三月辛亥日谕准，由 2700 余名八旗无饷牲丁内，“挑选壮健娴习骑射者一千二百名作为定额，责令采捕貂皮。此外无俸世职官四十八员、无饷牲丁一千五百二十七名，准其裁减，此项官丁名下应交貂皮一千五百七十五张，并著免其交纳”。[③] 这项改革，极大地减轻了布特哈打牲处无饷牲丁的贡貂负担。另外，关于贡貂之进送，向例如遇送京之年，均由捕夫自备资斧，往返需半年时间，道光四年（1824 年）规定：“嗣后，如遇貂皮赍京之年，即照赍送热河之例，……由驿站乌拉……赍送，无庸纷纷多派官兵”，[④] 将从前定派官兵由 70 余名减为 13 名，的确也减轻了打牲处捕夫们的负担。

《发遣宗室章程》议定于道光十七年（1837 年）十二月庚戌日，规定：“嗣后，如遇发往盛京、吉林、黑龙江之宗室，交该将军酌量给与房间，或归入宗室营居住，到配时应食钱粮半分即照例支给，毋庸备文请示。”[⑤] 可见，宗室在发遣地仍享有一定的待遇，朝廷的法律仍旧是保护他们的。

清朝对鸦片的禁止，始于雍正七年（1729 年）；但是东北地区的禁烟令，则下于道光年间。道光十九年（1839 年），旻宁再次降谕耆英等：“认真查办，净绝根株”；对于藐视法律的人，“无论宗室、觉罗、官员、兵丁，

① 《清实录·宣宗成皇帝实录（三）》卷 196，道光十一年九月甲子，第 1100 页。
② 《清实录·宣宗成皇帝实录（一）》卷 38，道光二年七月癸未，第 677 页。
③ 《清实录·宣宗成皇帝实录（四）》卷 207，道光十二年三月辛亥，第 49 页。
④ 《清实录·宣宗成皇帝实录（二）》卷 71，道光四年闰七月壬子，第 139 页。
⑤ 《清实录·宣宗成皇帝实录（五）》卷 304，道光十七年十二月庚戌，第 739 页。

一经拿获，即当按律惩治”；对于私行潜往东北沿海一带的无业闽人，“如有违禁贩卖情事，必应派员查拿治罪，不得仅以驱逐了事”。东北地区的禁烟，是与全国禁烟形势相连的，随着全国禁烟运动的失败，东北地区的禁烟令也终于成了一纸具文。

第二节　有关蒙古族的立法

一、嘉庆、道光年间的对蒙立法

嘉庆年间，“蒙古王公台吉等袭职、年班、朝觐、户口、仓粮、军政及人命盗案等事较先增繁”，[①] 乾隆五十四年（1789 年）编纂的《蒙古律例》已不够用。所以，在嘉庆十六年（1811 年），理藩院奏请在《蒙古律例》的基础之上，编纂《理藩院则例》。嘉庆二十年（1815 年），理藩院“将旧例二百九条逐一校阅。内有二十条系远年例案，近事不能援引，拟删。其余一百八十九条内，修改一百七十八条，修并二条外，并将阖院自顺治年以来应遵照之稿案译妥汉文，逐件复核，增纂五百二十六条，通共七百十三条”。[②] 所纂《理藩院则例》于嘉庆二十二年刊刻颁行。其体系是分为“通例”上下两卷和“旗分”等 64 门。“通例”部分规定了理藩院的机构，职掌和编制诸项内容。“旗分”等 64 门除了规定蒙古地区的各种制度之外，还规定了西藏等地的重要制度。64 门的体例依次是：旗分、品秩、袭职上、袭职下、职守、设官、擢授、奖惩、比丁、地亩、仓储、征赋、俸银俸缎、廪饩上、廪饩下、朝觐、贡输、宴赉上、宴赉下、扈从事例上、扈从事例中、扈从事例下、仪制、印信、婚礼、赐祭、旌表、优恤、军政、

① 《理藩院则例》卷 1，原修则例原奏之一。

② 《理藩院则例》卷 1，原奏之三。

会盟、邮政上、邮政中、邮政下、边禁、人命、强劫、偷窃上、偷窃下、发塚、犯奸、略卖略买、首告、审断、罪罚、入誓、疏脱、捕亡、监禁、递解、留养、收赎、遇赦、违禁、限期、杂犯、喇嘛事例一、喇嘛事例二、喇嘛事例三、喇嘛事例四、喇嘛事例五、西藏通制上、西藏通制下、俄罗斯事例、捐输。

嘉庆二十二年（1817年）颁行的《理藩院则例》，是清朝政府对蒙古立法成熟的标志，集大成的产物；也是有清一代民族立法的代表作。其体系和内容都为道光年间续纂的《理藩院则例》所承袭。

道光三年（1823年）十二月，理藩院奏请续纂《理藩院则例》。奏文说："查定例，六部等衙门则例向系十年纂辑一次。臣院于嘉庆十六年（1811年）奏请开馆纂辑则例告成后，迄今已逾十二年。所有嘉庆十六年以后钦奉谕旨及各大臣陆续条奏并臣院酌改章程一概未经纂入颁行。且近来蒙古案件较前实属增繁，而现在奉行事宜更多今昔情形不同之处，往往无例可遵，多系援引稿案。伏思例未明备，意见难免参差；律无专条，定案易滋轻重。臣等请将自嘉庆十六年以后各案应行纂入者，增修纂入；应行删改者，酌加删改。务期缕晰条分，详酌确定，以昭法守，而清弊端，上副圣主抚绥蒙古臣仆之至意。"[①] 道光七年（1827年）九月，续修《理藩院则例》全数告成。统计新旧共得例1454条，共分65门。[②] 但此部《理藩院则例》，没有见到留传下来的本子。

道光十三年（1833年）三月，理藩院奏请重修《理藩院则例》。重修本于道光二十三年（1843年）颁行，"凡蒙古则例原奏一卷，官衔一卷，总目上下二卷，通例上下二卷，旗分等六十三门，共六十三卷"[③]。此部《理藩院则例》与嘉庆二十二年颁行本比照，其体系完全承袭嘉庆二十二年颁

① 《理藩院则例》卷1，续修则例原奏。
② 《理藩院则例》卷1，续修则例原奏。
③ 《理藩院则例》卷1，续修则例原奏。

行本，条文增多至 880 条，内容删减极少，增加颇多。

二、《理藩院则例》中有关蒙古族的内容

道光二十三年（1843 年）颁行的《理藩院则例》，其中关于蒙古族的规定主要有以下几方面。

（一）确立有关蒙古地区的行政机构、行政区划和职官制度

《理藩院则例·通例》规定了理藩院的组织机构。其中枢机构的额外侍郎由蒙古贝勒、贝子之贤能者充任。其直属机构的旗籍清吏司承办内札萨克六盟等处王公官员升降袭替、田产比丁、过继承嗣、家谱封赠、赐恤致祭、议叙议处等事。王会清吏司承办内札萨克六盟王公台吉公主格格额附等年班请安进贡、王公等俸银俸缎俸米等事。柔远清吏司承办喀尔喀四部落、土尔扈特、杜尔伯特、青海、察哈尔等处汗王台吉及呼图克图喇嘛等年班请安进贡等事。典属清吏司承办喀尔喀四部落、土尔扈特、杜尔伯特等处汗王台吉官员升降袭替、过继承嗣、家谱比丁、田产封赐、赐恤致祭、议叙议处、赈济等事。理刑清吏司承办内札萨克六盟、外札萨克各部落等处蒙古命盗案件等事。

《理藩院则例·旗分》规定了蒙古地区的行政区划："内札萨克六盟四十九旗，外札萨克四部落等处一百五十旗。"内札萨克六盟指内蒙古的哲里木、卓索图、昭乌达、锡林郭勒、乌兰察布、伊克昭六盟。四十九旗是由这六盟所有的旗数和察哈尔八旗、归化城土默特二旗等旗数构成的。外札萨克四部落指外蒙古的土谢图汗部、札萨克图汗部、赛音诺颜汗部和车臣汗部。一百五十旗是由这些部落所有的旗数和青海蒙古、杜尔伯特部等所建的旗数构成的。清朝确定蒙古地区的行政区划在入关前开始，经过 100 多年，到乾隆时期逐步完成。但在乾隆五十四年（1789 年）编纂的《蒙古律例》中，蒙古地区的行政区划还没有专列一门加以规定。嘉庆二十

年（1815年）编纂的《理藩院则例》才列出“旗分”门，专门规定蒙古地区的行政区划。道光年间和光绪年间续纂的《理藩院则例》，基本上沿用了嘉庆时期的有关规定，只是把嘉庆时期规定的“外札萨克四部落等处一百四十九旗”增为“一百五十旗”。《理藩院则例》关于蒙古地区行政区划的全面确定，标志着蒙古地区完全归入了中国的版图。它对确定中国的疆域有深远的历史意义。

《理藩院则例》“品秩”等门规定了蒙古地区的职官制度。内容包括蒙古地区各级官员的品秩、袭职、职守、设官、擢授、奖惩等。“品秩”是关于蒙古王公等人的顶戴、服色、坐褥、坐次、议卫、属官方面的规定。在“品秩”门的规定中，清朝政府既注重维护蒙古贵族的等级特权，也注意协调蒙古贵族与内地王公、品官的等级之间的关系。“袭职”是关于蒙古贵族之子承袭职衔方面的规定。“职守”和“设官”是关于蒙古地区官员的设置和职掌方面的规定。这两门在乾隆五十四年（1789年）编纂的《蒙古律例》中还没有出现，在嘉庆二十年编纂的《理藩院则例》中始列出。这两门的条文数目在道光年间和光绪年间续修的《理藩院则例》之中都有增加，但嘉庆年间规定的内容没有再发生变化。这两门的内容很重要，它详细规定了蒙古地区各级地方政府的职权，全面确立了清朝中央政府对蒙古地区的行政管辖。特别是“设立盟长”“设立札萨克”等条文的规定，巩固和完善了清朝在蒙古地区创立的盟旗制度。“擢授”是关于蒙古地区职官的升用、拣选、补放、甄别、保送、引见和病假等方面的规定。“奖惩”是有关蒙古地区职官的考核、议叙、议处等方面的规定。

（二）确立蒙古地区的各种管理制度

1. 比丁、地亩、仓储和征赋。“比丁”是关于蒙古地区户口管理方面的规定，如定期查核户口、编审丁册、惩罚隐瞒人丁、私卖人丁的行为等。“地亩”是关于蒙古地区土地、牧场管理方面的规定，如禁止出边开垦地亩、封禁牧场挖立封堆等。“仓储”是关于蒙古地区粮食管理方面的规定，该门具体规定了蒙古各旗的仓粮定额、仓粮动拨方面的管理制度。“征赋”是关于蒙古各地征取税赋、支用银两，定期报销、租息使用方面的规定。

2. 俸禄和廪饩。“俸禄”是关于蒙古王公等人的俸禄数额、办理期限、借支条件、罚俸打算方面的规定。俸禄有奉银、俸缎、俸米之分。俸禄数额的多少据等级地位的高低确定。“廪饩”是关于蒙古王公等人津贴方面的规定。支给廪饩的定期和发给廪饩的定额，均按等级的高低确定。

3. 朝觐、贡输和宴赉。“朝觐”是关于蒙古王公等来京朝见皇上的时间、班次、班期等方面的规定。“贡输”是关于蒙古王公等向清廷进贡的种类、定额、奖惩方面的规定。进贡的种类既有等级区别，又有地区差别。进贡的定额多少也因地而异，但凡来进贡者清廷都给予奖赏。“宴赉”是有关清廷筵宴、赏赉来京朝觐或进贡的蒙古王公等人的规定。筵宴和赏赉都有严格的等级和繁缛的礼节。

4. 扈从、仪制和印信。“扈从”是关于皇上巡幸经过蒙古地方或行围木兰围场时要求蒙古王公等接驾扈从方面的规定。凡参加接驾扈从的蒙古王公等人，均按照品级给以筵宴，赏赉。对接驾违礼、贻误围班者则给以惩罚。“仪制”是关于蒙古王公行礼请安、钦受诰敕、迎接钦差大臣、使用封号、配给随丁等方面的规定。“印信”是关于清廷颁给库伦办事大臣、内外札萨克各盟长、杜尔伯特、土尔扈特、和硕特、伊犁厄鲁特、协理台吉等印信方面的规定。

5. 婚礼、赐祭、旌表和优恤。“婚礼”是有关蒙古族的婚姻制度方面的规定。内容包括蒙古贵族与满族皇族联姻的诸种制度、蒙古族本族内部的婚姻制度等。“赐祭”是关于蒙古贵族致祭方面的规定。内容有：赐祭定制、钦派致祭人员、致祭员额、颁给祭文、致祭品物、赐祭仪注等。各项内容都按蒙古贵族的等级确定。“旌表”是关于表彰蒙古地区尽节妇女和守节孀妇方面的规定。旌表均照内地例一体办理。“优恤”是关于蒙古官员休致或病故、蒙古兵丁因差身故、蒙古遇灾互相赈济、蒙古妇女多生男孩给予奖赏方面的规定。

6. 军政和会盟。“军政”是关于蒙古官兵出征纪律、军功议叙、阵亡优恤、盟长查阅防秋兵丁、点验军装器械、各札萨克置买军器等方面的规定。“会盟”是关于蒙古各部落会盟的地点、定期、任务、仪注、纪律等方面的规定。

7. 邮政和边禁。“邮政”是关于蒙古地区驿站的设置、管理和使用，公文的递送等方面的规定。“边禁”是关于蒙古地区边关哨卡的出入、守卡人员的职责、商人或蒙古出境须领票据等内容的规定。

8. 喇嘛事例。“喇嘛事例”中有关蒙古地区的内容首先是确定了蒙古地区的活佛转世制度，即“指认呼弼勒罕定制”，规定了金瓶掣签的程序和条件。其次是确定了蒙古地区呼图克图的职衔、名号、印信、册命等制度。再次是规定了蒙古职任喇嘛的定额、升用、调补、品秩、坐次、病假等制度。最后是规定了管理一般蒙古喇嘛的各种制度。如喇嘛服色、喇嘛请领度牒、喇嘛容留贼盗、喇嘛逃走、喇嘛钱粮等。

（三）确立蒙古地区的刑法制度和司法制度

在“人命”“强劫”“偷窃”三门之中，分别规定了杀人罪、伤人罪、抢劫罪、抢夺罪和各种偷窃罪的内容及惩罚手段。其中吸收了《大清律例》中所规定的保辜制度和依服制论罪的制度。在“发塚”“犯奸”“略卖略买”三门之中，分别规定了保护坟塚、惩罚奸罪、惩罚买卖人口犯罪方面的内容。在“违禁”“杂犯”“罪罚”三门中，规定了不准先后贺年、不准违禁服饰、诽谤官长、熏兽失火、私雕假印等内容和刑罚制度方面的若干内容。在“首告”和“入誓”两门中，规定了呈控、自首、出首、处理匿名揭帖和获取证据方面的内容。在“审断”“留养”“收赎”“遇赦”四门中，分别规定了蒙古地区的审判制度和犯罪存留养亲、用财物抵销刑罚及减免刑罚方面的制度。在“监禁”和“递解”两门中，规定了蒙古地区关押罪犯和发遣人犯方面的制度。在“疏脱”“捕亡”“限期”三门中，分别规定了疏脱人犯、隐匿人犯、追捕逃犯的责任和缉捕人犯、关提人犯等事的期限方面的内容。总的来看，嘉道时期编纂的《理藩院则例》在刑法制度和司法制度方面，除了承袭乾隆时期的《蒙古律例》的有关内容之外，还增加了一些新的内容和条文。

光绪年间重修的《理藩院则例》，在体系和内容上与道光二十三年续纂本相比照，较突出的是增加了“捐输”一门，专门规定蒙古王公等捐输驼马银两给予奖赏叙用的制度。光绪重修本总的条目增多至 965 条，有关蒙古族的条文增加最多。增加的条文除了“捐输”门别列 13 条之外，其他条文都编进了“旗分”等 63 门之中。这 63 门的名称与道光续纂本一脉相承，没有变化。各门的内容有的完全相同，有的有少许增补。

第三节　有关新疆各族的立法

乾隆中期以后，新疆除了原有的维吾尔族、漠西蒙古族等土著民族之外，自乾隆二十七年（1762 年）起，又增加了索伦族、察哈尔蒙古族、锡伯族、达斡尔族等[①]由内地携眷迁移而来、长期戍守的民族。满族、汉族与回族的兵丁与屯田者也越来越多。到乾隆三十二年（1767 年）闰七月，新疆陆续添派驻守的满洲、锡伯、索伦、察哈尔、厄鲁特等族的携眷官兵及屯田回民，即已“将及二万户”，[②]屯田修城的绿营兵、效力赎罪以及发遣人犯，亦有数千人之多。乾隆晚期对于新疆土著民族的统治，已基本上没有什么改进措施，而逐渐归于单纯的军事管制，军政要员则大多由朝廷的内侍之类充选，他们不仅妄自尊大，视新疆人民为草芥，而且，“民隐

① 《清实录·高宗纯皇帝实录》卷 677、卷 709、卷 1371，乾隆二十七年十二月甲寅、二十九年四月庚子、五十六年正月己亥。

② 《清实录·高宗纯皇帝实录（一〇）》卷 791，乾隆三十二年闰七月戊申，第 704 页。

未能周知，吏事更少历练”，驻防的军官亦多“视换防为利薮，以瓜期为传舍”，[①] 并且对当地人民不断敲诈勒索。[②] 因而，在新疆地区，社会矛盾开始日益尖锐起来。

嘉庆、道光时期，清朝统治者仍然没有采取立法手段以限制官吏们的腐败行为，社会矛盾也就自然没有得到缓和。而面对社会矛盾日趋尖锐的情势，嘉庆和道光都只将自己的注意力放在如何加强镇压各族人民的反抗方面，因此，这个时期朝廷对于新疆各族的立法，主要在于军事方面。

乾隆时期，对于新疆的军政管辖，分为北、南、东三路。北路以伊犁和塔尔巴哈台为中心；南路以喀什噶尔城为中心，下辖英吉沙尔、叶尔羌、和阗、乌什、阿克苏、库车、喀喇沙尔诸城；东路以乌鲁木齐为中心，下辖吐鲁番、哈密、镇西、古城、库尔喀喇乌苏诸城。其中，北路是总统伊犁等处将军的驻地，也是新疆的政治、军事中心；南路则是维吾尔族的聚居中心。嘉庆帝颙琰对于新疆的统治，只着眼于军事方面。嘉庆三年（1798年），他规定：嗣后，每年派赴喀什噶尔屯戍之兵，由索伦、锡伯两部落均匀拣派，各 150 名，“每年俱令平半更换”。[③] 嘉庆八年（1803 年），给事中永祚请在伊犁设字，颙琰亦不许，谕道：“该处毗连外域（索伦、锡伯、察哈尔、厄鲁特等族），自当以娴习武备为重。若令其诵读汉文，势必荒疏艺勇，风气日趋于弱，于边防大有关碍。”[④] 可见，对于南、北二路的统治，颙琰均只注重于军事。

道光时期，朝廷立法的基点也还是如此。道光二年（1822 年），朝廷议定了《和阗兵丁操练章程》，规定：“和阗兵丁，除军台卡伦等处当差外，……于每月内拟定日期，分别操演骑射鸟枪。”[⑤] 道光十三年（1833 年），

① 《圣武记》卷 4，《新疆设行省议》。
② 《那文毅公奏议》卷 77。
③ 《清实录·仁宗睿皇帝实录（一）》卷 77，嘉庆三年二月己未，第 332 页。
④ 《清实录·仁宗睿皇帝实录（二）》卷 108，嘉庆八年二月乙巳，第 444 页。
⑤ 《清实录·宣宗成皇帝实录（一）》卷 33，道光二年四月丁巳，第 600 页。

旻宁又谕伊犁将军、参赞等，“必须大加振作，和衷共济，认真操演”，以期索伦、锡伯两营及其余各营“一律精锐”；[①] 在各营操练之外，还谕令添兵坐卡，以增强喀什噶尔和塔尔巴哈台的戍守巡哨。道光八年（1828 年），朝廷决定：由伊犁新设锡伯部落兵丁内，挑选前锋 40 名，委前锋校 4 名，并于该部落左右两翼各添防御 2 员，索伦部落左右两翼亦各添防御 2 员，令其管辖前锋兵丁，“每年轮班，与戍守巡哨喀什噶尔、塔尔巴哈台之满营官员，按照坐卡侍卫之例一体坐卡”。[②] 道光十二年（1832 年），朝廷为了使伊犁在营的满洲官兵“稍为加多”而利于差防，又决定将例由伊犁派出塔尔巴哈台换防的 27 名官、979 名兵，改由乌鲁木齐协派 10 名官、400 名兵。[③]

嘉庆二十五年（1820 年）至道光七年（1827 年），新疆发生了在逃“逆裔”萨木萨克之子张格尔的“煽乱”，先后占据了喀什噶尔、英吉沙尔、叶尔羌、和阗诸城，在清军相继克复这些城池之后，道光七年十二月，张格尔还由开齐山路入扰卡伦，次年一月才被擒献京师，这场历时七年的叛乱方告平息。由于张格尔的叛乱，朝廷在惩罚“从逆人犯”和“严禁需索”“沿边巡查”两个方面采取了新的法律措施，也算是道光时期立法方面的重要活动。第一，对确系“从逆人犯”，“分起正法”；对被胁入伙、情有可原应行发遣者以及律应缘坐各犯内，有罪恶显著之“贼目”家属，男十岁以下及妇人等，一律造具清册，派员解交刑部办理；其余缘坐“逆属”，照例分解伊犁、乌鲁木齐等处办理，并分赏“回疆”各城出力伯克为奴；缘坐男犯，同被胁入伙之犯，一并给伊犁、锡伯、索伦、厄鲁特、察哈尔为奴，而且要“分拨零星安置，严加约束”，以防他们再次“生事”。这是对参与叛乱者依据具体情况的量刑标准、审判与发落原则。第二，根据张

① 《清实录·宣宗成皇帝实录（四）》卷 244，道光十三年十月乙丑，第 678 页。
② 《清实录·宣宗成皇帝实录（三）》卷 143，道光八年九月丙辰，第 186 页。
③ 《清实录·宣宗成皇帝实录（四）》卷 207，道光十二年三月庚申，第 55—56 页。

格尔之所以能够潜回新疆并裹胁众人叛乱的原因，朝廷从内、外两个方面总结了教训，从而制定或拟定了《查严需索随规章程》和《沿边巡查会哨章程》。前者于道光九年（1829年）制定，规定：北路各衙门，有指称官差、需索供应、代办皮张粮科等事，“准令该回户指控得实奏明惩办”；南路各城新定章程，则“饬令逐条译写回字告示，在固尔扎回城勒石，以垂久远”。[①] 后一个章程于道光十四年（1834年）拟议，议于伊犁沿边卡伦“按月周巡”，索伦、锡伯、察哈尔、厄鲁特四营，“每月派总管、副总管、佐领等官一员，各带本营兵丁三十名，于该管卡伦换次行查，至各营交界会哨”；要求各营“每月各派官兵会哨一次”，只是中隔大山、无路可通以及所管各卡伦隶于境内省，毋庸会哨；巡查官员如遇外“夷”私越开齐，“即当追逐惩创，惟不准追出卡外”；“冬末春初，冰雪封山”时，巡查官兵“收入卡伦”才准停止巡查会哨，但本管卡伦官兵，仍须“自行会查”；这种巡查会哨的制度，“以后按年照办”。这一章程，是伊犁将军特依顺保拟奏的，旻宁看后谕云：“该将军所奏巡查会哨章程，固属防私越、偷盗之弊。倘各官兵于会哨时因事起衅，轻出邀功，转非绥靖边夷之道。”于是，令苏清阿前去伊犁与特依顺保进一步“悉心筹画，妥议具奏，总期酌定章程，行之无弊，方为妥善”。[②] 这一章程虽然没有最后议定，但是朝廷对于新疆边境绥靖巡查的基本原则，的确是确定下来了。

为消除矛盾爆发的隐患，朝廷还根据那彦成的奏议，订立过一些章程。这些章程最主要的内容有二：一是严革各城积弊，加强对于官员的考核和纠察；二是严定各城伯克资格，慎重保举、严格回避制度。为了加强南疆的治安，朝廷还允行了新疆大吏们的筹划；移参赞大臣于叶尔羌，再移和阗领队大臣一员于此，以备调遣，喀什噶尔换驻总兵一员，与英吉沙尔领队大臣相犄角，而阿克苏与叶尔羌之间的巴尔楚克地方亦驻总兵一

① 《清实录·宣宗成皇帝实录（三）》卷152，道光九年二月辛巳，第331页。
② 《清实录·宣宗成皇帝实录（四）》卷254，道光十四年七月壬申，第862页。

员，这样就使得上述六城声势联结，应援有力了；在兵力分配上，“西四城原额六千不变，留伊犁骑兵三千，陕甘绿营四千于南疆，喀什噶尔驻绿营三千，英吉沙尔驻兵一千五百，巴尔楚克驻绿营三千，和阗驻兵五百，而叶尔羌则驻满兵二千、汉兵四千”。大量的驻军，迫着朝廷亟须改进军需的供应，故道光初期，朝廷即已下令在西四城周围的闲地上招民开垦了。

第四节　有关台湾与湘、黔少数民族的立法

为了加强对于台湾的统治，嘉庆十四年（1809 年）朝廷决定：增设艋舺县丞衙门和大甲巡检衙门；次年又决定：设置噶吗兰厅。道光时期，朝廷仍没有改变其对于台湾少数民族的偏见，继续执行着康熙六十年（1721 年）的上谕：台湾驻军，不许令台湾人顶补。而道光二十八年（1848 年），朝廷甚至还规定：武官都司、守备以上不用闽人，都司、守备以下不用漳州、泉州人，因为这些人的语言、习俗与台湾人基本相同。此外，朝廷仍旧禁止生铁、铁器随便输入台湾，更不准台湾当地自造，而铁锅、农具之类的鼓铸，直至光绪元年（1875 年）以前，也只能由地方官保举的“铸户”充任，生铁更只能从漳州一地采购。应当说，清朝政府额定的正供杂税，在台湾是较少的。康熙统一台湾之初，正供杂税每年只 8.8148 万两，各项军政支出才 3.7461 万两；而康熙五十二年（1713 年）又宣布“滋生人丁，永不加赋”，无疑对台湾赋税的减轻亦有利。雍正四年（1726 年），朝廷宣布：豁免“番妇”的丁税。乾隆元年（1736 年），朝廷又决定：全台丁银减半征收。次年更决定：“番饷”“照旧更减六倍有奇”。道光四年（1824 年），兵备道孙传燧上书称：淡水地区，比台南大一倍，但其正供仅及台南四分之一，业户编入征册者仅数十人。这一切，说明政府的额定赋税并不多。但是，台湾人民的起义斗争却连绵不绝。除康熙、乾隆时期规模较大的朱一贵、林爽文起义外，嘉庆、道光时期还有黄斗奶、林瓶、高夔、林

永春、杨尚、杨良斌、张丙等人领导的起义。究其原因，主要是地方官吏的额外滋扰与盘剥，而朝廷在整饬台湾吏治方面的立法不严，又正是台湾地方官吏额外滋扰盘剥的原因。

嘉庆、道光时期，对于湘、黔苗族的立法活动也不多，其表现只在下列两个方面：第一，行政管辖方面。嘉庆二年（1797 年），改南笼府为兴义府、改铜仁理苗同知为松桃厅直隶同知、改永丰州为负丰州。嘉庆三年，改平越府为平越直隶州。嘉庆十四年（1809 年），改普安州为直隶州。嘉庆十六年（1811 年），改普安直隶州为普安厅直隶同知。道光十二年（1832 年），裁锦屏县为锦屏乡，驻县丞。第二，被迫缓和社会矛盾方面。鉴于乾隆五十九年（1794 年）至嘉庆十二年（1807 年）间黔东、湘西的石柳邓起义的教训，朝廷决定："凡汉民侵占苗地，胥给降苗及无业穷苗，俾奸民无所图利"，[①]"以后无论何项差事，一概不准向苗寨再派快役"。[②]以此缓和土地兼并的矛盾以及减轻苗民的徭役负担。鉴于嘉庆二年黔西南王囊仙领导的布依族人民起义的教训，朝廷不仅下令免征兴义府所属州县秋粮 1.2960 万石[③]以及蠲免了安顺、贵阳所属州县的地丁银，平远等州县的额粮与逋赋，而且下令："清查苗汉田地，严禁放债盘剥欺凌"，"厘定民苗村寨"，"严禁差役擅入苗寨勾慑公事"，并酌裁把事、土舍的数目。[④]这些谕令，虽有头痛医头、脚痛医脚之效，但是对于整个苗族地区的社会矛盾的根本缓和，却作用甚微，因为随着清朝整个统治的日趋腐朽，地方官吏与苗、汉大地主的苛索与掠夺，已经实际上是有禁不止了。

---

① （清）曾国荃撰：《湖南通志》卷 85，京华书局 1967 年版，第 1886 页。
② 光绪朝《湖南通志》卷 85，"苗防"四。
③ 《义兴府志 · 兴义民苗复兴谕》卷首，第 10 页。
④ 《平苗纪略》卷 12。

第二十六章　嘉庆、道光时期的涉外法律

第一节　修订对外贸易法

清朝沿袭了前代的进贡制与随贡制。进贡制方面，规定：朝鲜 1 年一贡，琉球 2 年一贡，安南、暹罗 3 年一贡（后又改为 4 年一贡），苏禄、南掌 5 年一贡（后又改为 10 年一贡），缅甸 10 年一贡；[①] 荷兰初定为 8 年一贡，后因协助清朝攻打台湾郑氏有功，改为 2 年一贡，康熙二十五年（1686 年）改为 5 年一贡。[②] 随贡制方面：顺治初规定贡使团在受赏后，可在会同馆开市三五日（朝鲜、琉球亦在会同馆开市，但不拘时日）；康熙初，除允许开市于京中，还间或允许开市于地方。至于随贡开市时的税课，顺治十六年（1659 年），暹罗贡使开市已“就地交税”；[③] 康熙二十二年（1683 年）开海禁，朝廷更谕“将各关征税则例给发监督，酌量增减定例”[④] 了，对西洋商人的贸易则规定只有广州进行（尤其是乾隆二十二年封闭其他三关以后），由十三行统一管理与经营。

嘉庆、道光时期，西方主要列强随着工业革命的发展，便越来越要求清

① 光绪朝《钦定大清会典事例》卷 502，《礼部·朝贡·贡期》。

② 光绪朝《钦定大清会典事例》卷 502，《礼部·朝贡·贡期》；卷 510，《礼部·朝贡·市易》。

③ 光绪朝《钦定大清会典事例》卷 510，《礼部·朝贡·市易》。

④《皇朝政典类纂》卷 83，《征榷一·关税·关章》，附康熙二十三年谕，第 8 页。

朝政府开放中国市场、扩大其商品在中国的倾销。以英、美为首的西方各国，首先冲破了清朝关于“外藩”几年一“贡”的规定，“互市”的次数日益频繁。清朝的随贡制度（尤其是关于贡期的规定），事实上对于西方列强已经成为具文。具体反映清朝政府默认英、美等国家不限于“贡期”而随时贸易的，是嘉庆十四年（1809 年）中英签订的《广东互市章程》。而在该章程签订以后，其他西方国家也纷纷“就彼挂号”贸易、交税。唯独俄国，始终未能获准贸易于广东。嘉庆十年（1805 年），俄国商船二艘驶入广州，广州海关监督延丰准其卸货，朝廷以其违反旧制，即将延丰严处。

随着西方国家在广东贸易次数的增加、规模的扩大，清朝在嘉庆、道光时期对十三行也进行了一些调整。嘉庆十八年（1813 年），粤海关监督德庆奏准，在十三行之上设立总商综理行务，规定嗣后承选新商须由各行商联名保结；道光七年（1827 年），英国商人“禀呈”两广总督李鸿宾，要求废除行商，自租民房，直接与中国人贸易，未获允准，但清朝政府却同意英船只不入黄埔港者减船税；道光九年（1829 年），因十三行仅存“怡和”等七行，监督延隆乃准新商试办一二年，由一、二行商具保承充，又扩充为十三行；道光十七年（1837 年），两广总督邓廷桢会同粤海关监督奏复“联保”旧制，其歇止者准联保承充，并在行商间设立公所，以管理、指导外国商人，转卖鸦片、棉纱和协购茶、丝，操纵价格、数量，并规定：外船运出之丝，每船不得超过 140 石。清朝的这一改革，虽然于外国商人较前有利，但仍不能满足日益扩大的贸易要求，故有嘉庆二十一年（1816 年）、道光十二年（1832 年）英国使臣罗尔美士德前赴北京，英船此驶闽、浙、苏、鲁、奉以要求扩大贸易之举。

随着西方国家对华贸易的不断扩大，为了扭转中国对其贸易的出超势头，清政府加强了对出口物资和金融的限制。丝绸：头等丝禁止出口；二、三等糙丝及绸缎则出口限量，[1] 有时亦禁止出口。[2] 大黄：限量出口。嘉庆

① 《户部则例》卷 41，《关税》。

② 光绪朝《钦定大清会典事例》卷 502，《礼部 · 朝贡 · 禁令一》。

十年（1805 年）规定：“粤东洋舡回国携带大黄不得过五百斤。”①茶叶：嘉庆二十五年（1820 年）规定：“商贩茶叶不准出口”，“禁止出洋”，以防“其夹带通洋”②而使外商在规定出口茶叶限量之外多得茶叶。而为了防止白银外流，嘉庆十九年（1814 年），清朝政府甚至主张“以货易货”。③由于这种种的自我限制，致使中国与外国的贸易，逐渐地由入超变成出超。嘉庆二十三年（1818 年）至道光十三年（1833 年），英美两国输入中国的货物，其价值“每年平均凡二千五百余万（元）”，而中国输出的货物，其价值才“每年二千三百万（元）”。④仅就英国一国与中国的贸易而言：嘉庆二十三年（1818 年），中国出口额为 1414.4 万元，英国输入中国商品额为 1600.4 万元；道光五年（1825 年），中国出口额为 1440.1 万元，英国输入中国商品额为 1593.2 万元；而道光十三年（1833 年），中国出口额为 1781.4 万元，英国输入中国商品额已增至 2230.4 万元了！⑤

清朝的关税，沿袭明制而仍分为两种：一为船钞，二为货税。船按大小分为四等分别纳银：“一等船，长七丈四、五尺余，宽二丈三、四尺，纳银一千四百两；二等船，长七丈余，宽二丈一、二尺，纳银一千一百两；三等船，长六丈余，宽二丈余，纳银六百两；四等船，长五丈余，宽一丈五、六尺，纳银四百两。”⑥实际征收船钞时，还各减收 20%。⑦货税包括正税与规礼。所谓规礼，实为税务官员勒索的、可入私囊的手续费，雍正四年（1726 年）改为归公后称为“官规”。然而，官吏于规礼归公以后，却另立

① 《清代外交史料·嘉庆朝》第一册，两广总督吴熊光奏：《嗣后咯咂夷船来澳禁其贸易片》。
② 《清代外交史料·道光朝》第一册，刑部给事中孙世昌：《请申通洋严禁以靖海疆折》。
③ 《清代外交史料·嘉庆朝》第二册，两广总督蒋攸铦等奏：《遵旨查禁偷运内地银两出洋并酌拟章程折》。
④ 陈恭禄：《中国近代史》，上海书店 1990 年版，第 37 页。
⑤ 范文澜：《中国近代史（上）》第 1 分册，三联书店 1938 年版，第 4 页。
⑥ 光绪朝《钦定大清会典事例》卷 235，《户部·关税·粤海关》。
⑦ ［美］马士著，张汇文等译：《中华帝国对外关系史》卷 1，三联书店 1957 年版，第 77 页。

名目勒索，因而规礼的名目极为繁杂，其数计 1950 两，道光十年（1830 年）才减为 1600 两。[①]

总之，随着西方国家对华贸易的需求与扩大，清朝政府虽然仍然坚持旧制，但事实上不得不对贸易的年期、贸易的经纪者、贸易的数额以及关税的征收等四个主要方面的“旧制”做出些许修订。

第二节　禁烟立法

嘉庆、道光时期，立法之最大最重者，不外乎禁烟方面的立法了。

清朝的禁止鸦片烟之举，早在雍正七年（1729 年）即已开始。该年，福建漳州知府李治国在陈远家中查出鸦片 33 斤，将陈远按罪拟军。陈远申明此项鸦片实系药用品，巡抚刘世明即将此项鸦片交药店鉴别，认定确系药用，于是将陈远释放，鸦片则库存，并密折奏闻。胤禛谕云：“若系犯法之物，即不应宽释；若不违禁，何故贮存藩库，……夺其生计。”[②]足见，当时虽然严禁鸦片烟，却并不禁药用鸦片。其时，鸦片的输入量，亦年仅 200 箱。乾隆时期，鸦片的输入量有所增加，弘历对于贩烟、吸烟之人，一律重罚重治。嘉庆元年（1796 年），朝廷再次下诏严禁鸦片输入，并取消了烟税。但是，由于官吏的贪污受贿与渎职，以及英、美等国商人的拉拢腐蚀与偷运，至嘉庆五年（1800 年），输入中国的鸦片已达 4000 余箱。而自嘉庆五年（1800 年）至道光十八年（1838 年）间，输入中国的鸦片，其价值至少在 3 亿银圆以上。嘉庆二十年（1815 年），朝廷再申鸦片烟禁；嘉庆二十三年（1818 年），粤海关监督亦遵旨限定“夷

---

① 《中华帝国对外关系史》卷 1，第 66、77 页；中国史学会主编，齐思和、林树惠等编：《中国近代史资料丛刊 · 鸦片战争 · 1》，神州国光社 1954 年版，第 78—79、290 页。

② 《雍正朱批谕旨 · 刘世明奏折》，雍正七年七月二十六日折及朱批。

商”只能带三成之银回国，且规定：“夷船”到粤，须先取行商“必无鸦片”的保结，方准入港贸易。然而，由于英国商人通过对华的鸦片贸易获利高达60%，[①] 并发现“最妙的办法”是“大规模地走私”，[②] 因此，中国的鸦片输入量，从道光元年（1821年）的50箱增至道光十五年（1835年）的3万箱；白银的外流量，仅道光十四年（1834年）至十八年（1838年），广东竟达3000余万两，福建亦达千余万两。鸦片烟的大量输入，白银的大量外流，给中国人民造成了极大的痛苦和负担，也给清朝政府的财政造成了严重的困难，因此，旻宁即位之后，便开始严格禁烟，并规定了一系列禁烟的刑制。

道光元年（1821年），两广总督阮元遵旨宣布：嗣后，凡吸食鸦片烟者，轻者枷、杖、徒、流，重者绞监候。并严令断绝澳门与黄埔之间的交通，防止鸦片由澳至粤。

道光十年（1830年），鉴于兴贩鸦片烟者照收买违禁货物例，枷号一个月、发近边充军，为从者杖一百、徒三年，而内地私种、私买者并无治罪明文，故规定：嗣后，内地奸民人等，有种卖、煎熬鸦片烟者，即照兴贩鸦片烟之例：

为首发近边充军，为从杖一百、徒三年；地保受贿故纵者，照首犯一体治罪，赃重者计赃以枉法从重论，其知情容隐，虽未受贿，亦照为从例问拟；所种烟苗拔毁，田地入官，各督抚即责成该管道府督饬各属实力查禁；乘抽查保甲之便，于春间赴乡稽查一次，将有无私栽鸦片出具印结，年底由司会齐咨部……如有拔除不尽，仍任流毒地方，即遵照道光三年部定处分分别参办。[③]

---

① P.Monroe：*China*，*Anation in Evolution*，pp.122-127.

② S.F.Wright：*China's Struggle for Tariff Autonomy*，p.12.

③《清实录·宣宗成皇帝实录（三）》卷182，第868页。

道光十一年（1831年）六月，刑部又议定：嗣后，军民人等买食鸦片烟者，杖一百、枷号二个月，仍令指出贩卖之人查拿治罪；如果不将贩卖之人指出，即将食烟之人照贩卖为从例，杖一百，徒三年；职官及在官人役买食者，俱加一等治罪，仍令各该督及地方道、府、州、县等官出具“署内并无买食鸦片烟”各甘结，于年终汇奏一次。[①] 十月，又增定《严禁熬烟章程》，规定：嗣后，内地奸民有栽种鸦片烟以及买土煎熬售卖图利者，即照造卖赌具例，为首者发边远充军，为从者杖一百，流二千里，田地、船只、房屋照例入官，其租给田地、房屋之业主，并受雇客留之船户，一律比照赌博例定拟；容留知情一年以内者，照兴贩鸦片为从例，杖一百，徒三年，但经知情容留受雇得租之初犯仍拟杖一百，均先于拿获沿河码头及通衢处所枷号一个月；其雇、租的船只、田地、房屋，一律入官；再犯者即发近边充军；有能自行首告并将私熬之犯指拿到官者，免罪并免入官；首而不获者，但准免罪，田地、船只、房屋仍行入官；左、右紧邻据实首报，照律给赏；知而不举，杖一百；受财者，计赃准枉法从重论。由此可见，朝廷的禁烟刑制愈重愈严了。

道光十六年（1836年），大常寺少卿许乃济眼见鸦片越禁越多，白银越聚越少，便主张：不若弛禁，“仍用旧例，准令夷商将鸦片照药材纳税，以货易货，不得用银购买”；并提出禁官不禁民；官员、士子、兵丁之吸食者革职，民间贩卖、吸食、栽种不问。后年，许乃济被旻宁宣布革职。

道光十八年（1838年），鸿胪寺卿黄爵滋奏请严定吸食罪（限期1年戒绝、逾期犯禁，民人处死，官员加等治罪）并严行保甲连坐之法，指出：鸦片烟之祸烈于洪水猛兽。奏上，旻宁令全国将军、督抚讨论，有的赞成，有的认为处死刑过严，但是旻宁深以湖广总督林则徐之言为然：鸦片不禁绝，则国日贫、民日弱，故法当从严；若犹泄泄视之，是使数十年后，中原岂唯无可筹之饷，抑且无可用之兵。于是，旻宁下诏严禁鸦片烟：贩卖、

① 《清实录·宣宗成皇帝实录（三）》卷191，第1010页。

开馆者重惩，文武官员、军民人等不改者查拿，京中王公吸食者革爵罚俸。并且命林则徐以兵部尚书颁钦差大臣关防，赴广东查办禁烟事宜。

道光十九年（1839 年）初，林则徐抵达广州，与总督邓廷桢会申烟禁，颁布新的法令：以 1 年 6 个月为限期，吸烟罪绞，贩烟罪斩。同时，严厉捕捉烟犯、收缴烟膏及烟枪，并勒令洋行头目转告洋商公司人等，报存烟实数，将鸦片实数缴出。至六月，林则徐等已捕获烟犯 1792 人，缴获烟枪 7.0278 万杆、烟锅 565 个，而收缴的烟土更达 237.6254 万斤。六月三日到二十五日，林则徐等将这些烟土全部烧毁于虎门滩头。与此同时，林则徐还下令：嗣后进口各船，须出具永不夹带鸦片，如有带来，一经查出，货尽没官，人即正法的甘结；并令各洋船先停洋面候查，必无携带鸦片者，始准入口开舱。

林则徐的严厉禁烟之举，是清朝禁烟的最高峰。其法令的严格、手段的明快、影响的巨大，均属前所未有。

第二十七章　嘉庆、道光时期的司法制度

第一节　刑名胥吏与幕友

一、书吏的性质

刑名胥吏，指的是在各级衙门中办理刑名（司法）事务的文案人员，是自古以来“刀笔吏”的继续。刑名胥吏和其他种类的胥吏，主要是钱粮胥吏构成了地方衙门的主要办事组织。由于胥吏操纵着衙门的事权，管理具体事务，执行官府的决定，在清朝的政治生活中，胥吏是一种不可忽视的力量，所以有“清朝与胥吏共天下”的说法。

胥吏又称书吏、书识、书办、书差、书役等，还有专作抄写的书手和审讯时作笔录的招书。胥吏的身份是各级衙门的“工作人员”，但他们不是官，清朝的“官”是有国家严格编制的、有品秩的——正一品至从九品和未入流。而书吏没有品秩，连“未入流”也不是。《钦定大清会典事例》对各衙门书吏的职务规定了正式的名称：内阁为供事，各部院为堂书、经承，各省督抚学政为书吏，司、道、府、厅、州、县为典吏，首领杂职衙门为攒典。[①] 但实际上这些“正式名称”并不通用，各种公文和官场仍习惯地称作书吏，中央各部院书吏又称部办。

---

① 光绪朝《钦定大清会典事例》卷147,《吏部·书吏·经制额缺》;《吏部则例》也有同样规定。

关于书吏的分工，法律没有明确的规定。中央各部院的书吏在顺、康时期曾分“房”办事，如都察院设过“九房一库”（印房、吏房、户房、礼房、兵房、刑房、工房、火房、本房、架阁库），后来撤销了，书吏都分拨部院内各司、厅管理。

地方各级衙门则较为复杂，州、县和府，布政司和按察司等衙门设有简单属官，如经历、照磨等。督抚和道，这些原来由派出机关演变而来的地方衙门则没有法定的任何属吏，其内部组织也不见正式记载。其实清代地方各级衙门，从州县到督抚，其内部办事机构就是书吏的“房”。一般认为州县衙门设六房：吏、户、礼、兵、刑、工，体制一如中央六部，便于上下对口衔接。实际上地方衙门不止六房，从史料中发现还有承发房、招房、本房、堂房、刑钱房、粮房、漕房等，因地因时而异。

各衙门内部的书吏不管是六房还是多少房，实际上已形成一个完备的、系统的政府机构序列。六房实际上是地方政府的“职能部门”，或者按吏、户、礼、兵、刑、工的业务分工，或者按分管地方分工。清代地方衙门真正办事的政府职能部门就是书吏的“六房”。

书吏之所以能承揽衙门事权，是因为科举出身的官员多“溺于制举帖括之业，苟且简陋，于律令格式每多阙焉不讲，间有博学多闻者亦且鄙为申韩家言，不屑措意，一委之于幕客吏胥”，[①] 这未尝不是事实。但还应注意到，从清代政治体制上讲，书吏六房是衙门（机关）的固定办事机构，已经形成为国家所认可的制度。

二、刑名胥吏的职责

主办司法事务的刑名胥吏，其职责主要如下：

第一，堂事。主官升堂（开庭）审判的有关准备工作和堂上事务由刑

① （清）刚毅：《审看拟式》自序。

房书吏负责。首先是准备《点名单》，用一张白纸写好“刑房，年月日，原告，被告，干证等”，实际上就是以此招集开庭，把两造和有关人员传唤到庭，准备好诉状和其他文件。其次是堂供笔录，由专事记录的招书负责，堂供要求“据实录供”，不得随意增删。州县初审的录供最重要，逐级审转时均以此为基础，如复审无异，州县的供词是照转照录的。

第二，勘验。州县初审案件中水利、田土、坟山的界址、盗案的现场、赃证的起获凡有必要者，州县官应去勘验：人命案件，州县官必须亲去勘验。勘验本是地方长官的职责，但应注意书差在其中的作用。州县官前往勘验有一句套话，叫作“单骑减从，星夜前往”，《律例》也这么要求，意思是县太爷下乡不要前呼后拥，骚扰太甚。但不论如何减从，有两个人是必带的，那就是仵作和刑书。[①] 仵作验尸喝报。刑书登录“尸格”即一种部颁的检验尸伤的表册。

第三，票稿。“票”是指差票，衙役凭此才可去执行他的任务，或是拘传，或是催科，无票不行。一票到手，衙役即如虎似狼，勒索敲诈。所以衙役总是千方百计求得一票，甚至花钱买票，而后“于民间加倍取偿”。票的签发权当然在长官，而“票稿”的拟写工作却是由书吏包办。由于差票关系匪浅，“任务”执行完毕必须缴销，应当慎重差票，少用差票。但是，草拟票稿和缮写正票全在书吏，此项工作量虽不大但至关重要。

拟写票稿主要是州县一级和府级书吏的工作，但如遇有通缉、解送等事，上宪衙门（道司督抚和部院）也会开出“堂牌”“宪牌”来的，这就是上宪衙门书吏的工作了。这种“牌”也类似差票，持此牌的“上司衙役”当然就更威风了。

第四，文牍。书吏的最基本、最大量的工作就是办理文牍。地方各级衙门刑书办理的有案件文书和司法事务文书。清代的诉讼程序是很复杂的，比如一案准理，就有禀文、详文、详册、申文、关移、看语等一系列的文

① 仵作，专职检验尸伤的人，地位与衙役、禁卒类似。

书要写。上司衙门也要批签有关札敕、宪牌，督抚还要每案以题本形式向皇帝具题，从题本到详文，大量的文书都是由各级书吏拟稿、抄写的。如“正身书吏”抄不及时，还须雇请帮办贴写。

清代的司法审判事务即在经办书吏的例行公文中运转。

第五，部务。部院衙门的书吏简称部吏。刑部书吏的主要事务也是文牍，部吏很少有勘验、录供、票稿一类事务，当然刑部的京师现审和京控案件中会有，只是比起来要少。刑部更主要的是办理秋审大典、核复各省题结斩绞案件、批复各省军流遣案，部吏在这些事务中主要就是办理文牍了。各种题本、黄册的拟稿、缮写均为部吏的职责。

第六，档案。收贮档案是各级衙门书吏的基本职责。清代的刑案不论有多少种材料最后都粘连成帙，不致散失。案件的原始材料（呈状、口供、勘语等）原则上存于初审州县衙门。可惜由于沧桑变化，这些档案也大都荡然无存了。我们今天尚能见到的《刑科题本》《黄册》《顺天府全宗》中的刑房档案《巴县档案》以及其他残卷等是仅存的初审珍贵史料。

清代的官员流动性很大，调换频繁，一件秋审缓决案往往几年、十几年不结案，其间主官可能已换过几任，但书吏却长期不动。书吏的档案工作保证了案件的审理不因主官的更迭而中断。

三、刑名幕友的性质

在清代的政治体制中，幕友是极其特殊的阶层。他们活跃在地方各级官府，对地方的政治生活产生很大影响。以布衣入幕府，虽古已有之，但从没有清朝的幕友这样盛行。清代的幕友，又称幕客、幕宾、夫子、西席、师爷。

清代的幕友有以下特点：第一，幕友不是国家官吏而是官员的私人师友和宾客，以布衣入幕府；第二，幕友是主官私人名义聘请的顾问和帮办，接受主人赠予的束脩；第三，官、幕不是上下级僚属关系，是宾友关系，来去自由；第四，幕友学有专长，特别是官员所不善长的刑名律例、钱粮会计、文书案牍，幕友以自己的专业知识服务于官府；第五，幕友与胥吏的性质不同，胥吏是衙门“工作人员”，而幕友是主官的宾客，因而更能得到主官的信任，幕友在衙门中的声望也比胥吏高得多，还代主官察核胥吏。

清朝的幕友发端于明朝中叶，当时称作幕僚、馆宾、主文之人。清初社会动乱，新王朝草创，急切间向全国派出大批文武官员，肯定需要许多辅助人员，特别是满族官员，不谙政务，不晓汉语，没有文士辅助难以行使职权。于是，幕友有了很好的发展机会。清朝中叶以后，幕友在社会上发展很快，他们游幕于地方各级官府之间，非常活跃。谈清代地方吏治，没有不谈幕友的。

幕友的身份是“佐官为治”，但实际的作用是“代官出治”。正如清人自己评论：“掌守令司道督抚之事，以代十七省出治者，幕友也。”[①]

清代幕友有很多种类，而专业幕友仅为其中之一。[②] 专业幕友的分工有刑名、钱谷、书启、挂号、征比、账房、朱墨笔等，其中最重要的是刑名、钱谷两种，是任何一级地方官都必须聘请的，“刑”“钱”代表了司法和税收这两种基本的国家职能。刑、钱两种幕友的分工类似刑、户两房书吏，诉讼事件归刑名、非诉讼事件归钱粮。但是，“刑、钱交涉事件每多分析不清”，[③] 也常争执，就一般情况而言，刑名幕友统管一切民事刑事案件的事务。

清代中央各部院没有幕友，只是地方官延聘幕友，因部院机关内部厅、司机构完备，各有司官负责，兼配置足够数量的书吏。

---

① 韩振:《幕友论》,《皇朝经世文编》卷 25,《吏政一》。

② 郑天挺分清代幕府为 13 种，即朝廷指派、随长官出差、特殊机会物色得来的、国内著名学者、国内名流、地方人士、丁忧人员、退休或失意官吏、京官、新贵、秀才、亲属、专业幕宾。见郑天挺:《清代的幕府》。

③ 王又槐:《办案要略》，论批呈词。

四、刑名幕友的职责

刑幕在司法审判中的作用，主要有两个方面，即拟律和批答案牍。

第一，拟律。升堂听讼，即“开庭审判”，从州县到督抚都必须亲自做，幕友绝对不能代理听讼，甚至不“列席”，只在屏后谛听。但是，在正式升堂的前后，对此案应如何审断处理，却是幕友早就帮主人斟酌好了的，特别是刑事案件的“拟律”。拟律又称拟罪，就是对案件的定罪量刑。州县初审要拟律，上司审转也要拟律，拟律必须引用《律例》条文。清律规定“断罪引律令”，“承问各官审明定案，务须援引一定《律例》”，这对于“读书万卷不读律”的地方官是很困难的，因而拟律就是幕友的主要责任。刑幕治申韩之学，读律学幕，熟悉《律例》条文，能掌握《律例》轻重参差之处。汪辉祖说：“幕客佐吏全在明习《律例》”，“幕客之用律犹秀才之用四子书也”，要领会律例的“精蕴”，才能融会贯通。①

幕友负责拟律，在某种意义上就掌握了刑案的决断权。清律条例繁多，又有各种通行例。成案，参差矛盾，确实使幕友能够高下其手，任情出入。比如幕中流行一句话是“救生不救死”，是说人命案中，死者死矣，生者（指凶手）如有一线可能也应曲为周折，使之免死。这可能是幕友们对儒家传统的“罪疑惟轻”的法律思想的理解。比如弟杀兄，依清律，服制攸关，“谋杀期亲尊长”，弟应处以极刑；幕友若改为兄杀弟，“尊长谋杀卑幼，依故杀法”，兄处斩监候，有可能缓决不死。②

第二，批答案牍。从州县到督抚，在民刑案件和其他司法行政公文上，以主官名义批写的判词、批语、札饬等全是幕友的代笔。

州县初审接受一切民刑呈状，呈状递到县衙后或直接“分送刑钱幕

① 参见（清）汪辉祖：《佐治药言》，“续律”。

② 《大清律例》卷26，《刑律·人命·谋杀祖父母父母》，《斗殴》及《故杀人》，第440页。

友”，或先送州县官看过再“送刑钱处”。[1]幕友对案情作出初步分析，作出“准”（受理）或“不准”（不受理）的批示。如准此案，则传候两造和人证，批阅刑房书吏所拟的“传票”稿。如不准某案，也批明理由。幕友一般只要将批答情况告之州县官就可以了，特殊或重大案情与州县官商议。

府道司督抚等上级机关审转的案件和公文，也由幕友代官批答。比如某县发生一件命案，应立即向府至督抚各级通禀，以后随着案件审理的进展还要随时详报，对于这种例行上报的禀呈详文，身为封疆大吏的督抚不会亲自批答的，完全交由幕友去办。我们从档案中可以看到这一类例行的批示，如“仰县认真审理，确查有无别情，致干上宪驳回”；“按月填报送核，毋得遗漏迟延”。[2]如果上级认为下级有关的申详禀呈不妥，则予以驳斥，这种驳语也是幕友代为批答的。

五、刑名幕吏的擅权

刑名幕吏所司是一些具体的司法审判事务，从政治体制上看，他们本身并没有任何权力，国家专制权力属于朝廷命官，但是可以说，权力是通过幕吏来实施的，刑名幕吏的活动体现了权力的所在。由于刑名幕吏的广泛存在，甚至常说他们擅取和操纵了司法审判事务。

我们看到，代表或代替地方官行使司法权力的是各级幕友，案卷、公牍在上下级幕友、胥吏之间呈报批答。在法律规定的政治体制之外，又不露形迹地形成了幕友的网络。幕友间上下勾通，蒙蔽本官。当然统治者也警惕幕友网络的存在，《大清会典事例》指出：

“上司幕宾往往藉端出入，与各官往来款洽，串通信息。又或荐引幕

① （清）蔡申之辑：《清代州县故事》，“门房·稿案签押”。

② 见刑部案卷和顺天府档案。

友入于下司之幕，讲定年规，遇事则彼此关照，作弊营私，高下其手。”

“各省幕宾聚集省会，引类呼朋，与上下衙门往来交结，因之盘踞把持，勾连串合。”①

严查幕友的谕旨申饬还有许多，但不会有太大的作用。封建自然经济的宗法、行帮观念反映到政治上就是党争，幕友网络也算其中一种表现。多为绍兴籍贯的幕友父传子授，师徒承袭，更是需要维系相互间的关系。

清代统治者对幕吏擅权并非没有察觉，制定了许多严惩衙蠹、劣幕的法条，但是收效不大，因为官员们大多出身于科举、捐纳，不懂律例、案牍，公务不能不委之幕吏。

但是，即使是尸位素餐的官僚，也仍然处于各级权力的中心，他们是国家政权的代表和象征。吏幕役仆均依附长官而存在，如果没有长官的庇护，他们本身就失去了存在的价值，更谈不上什么擅权了。

六、讼棍

讼棍，清代专指社会上架词唆讼，从中渔利的人。讼棍有时又称“讼师”。充当讼棍的有不得志的士人、在家闲居的官员、文武生员、乡约、保甲、豪强、代书人、胥吏、幕友等。不过，在清代，讼棍是非法的，打击也非常严厉，一旦案发则罪至军流，所以谁也不会承认自己是讼棍、讼师。

在中国古代封建专制社会中，从来只有君权，没有民权，一旦不幸涉讼更是处于听审受刑的地位。刑事被告身陷囹圄，刑求逼供，自无“权利”可言；民事诉讼当事人同样被纠问，他们寄希望于官府为自己“作主”，同样没有诉讼权利。至于“狱囚取服辩”“叩阍”“登闻鼓”等规定，并不是赋予了人民什么诉讼“权利”，而是人民向官府“称冤”寻求庇护的一种

---

① 光绪朝《钦定大清会典事例》卷97，《吏部·处分例·严查幕友》。

方式。在人民不能行使自己诉讼权利的情况下，出现了中国历史上特有的“讼师”。

清代讼棍的活动非常猖狂，其唆讼的伎俩“多系以虚为实，以无为有，颠倒是非，播弄乡愚，因得售其奸”。[①]

从一本匿名的讼师秘本《新镌透胆寒》[②]可以看到讼棍是如何颠倒黑白，挑唆矛盾的。该书虚拟一告（原告）一诉（被告）两词，互为辩论，各取所需，毫无是非，试录几则如下：

1. 强奸案。

告：“为破节事。阿孀不幸□良，自觉风无声目无色。狂童某某踰墙，夜入阿房，碎棍强行破节，比号遍觉，踢户被逃。奈□门者受伤而退，致詟舟者抢恨而仇，顾墙□之羞不自掩，而玷玉之罪□恶。容乞怜未亡人，大振无私法。”

诉：“为栽奸事，孀妇捏我强奸，有合必有双，若只影谁服？奸恶某某，逋身本银若干，□取图骗，计拴伊嫂居孀陡捏身强奸，诳切骗恨。指棍碎赃，那家没有几块？虽赵云不能踢户而逃。奸恶图骗之媒，毒孀嫁祸之魁。虚情而坐恶，宪剿烟花。”

2. 贼盗案。

告：“现获赃名事。贼偷杂物，遗袋一条，上书姓名某某，据名以告。”

诉：“拙妇晒袋，路旁夜失。收管遍访四邻皆知，失袋过三日，讵系恶贼拾去偷物而遗。上有姓名，失主指名而告为贼，冤枉事也。”

---

① 《读例存疑》卷40。

② 《新镌透胆寒》，署名“湘间补湘子”，大观堂梓行，无刻印年月，纸质刻印粗劣，约为清中后期的作品。

3. 人命案。

告："立杀父命事。某月某日凶恶某某挟前隙与身父辩，横下狠心致身父立毙，地邻某某惨证，可怜头裂髓流，国不加民以无辜之死，擅行大僻，登时气绝。"

诉："为真人命假凶手事。(死者)与身夙隙未平，陡遇孤身，肆恶横加毒打，身幸经人劝释逃回，群凶逐身不及，某某掷将秤锤(不意)将(己)父劈颅致死。某某虎心难驯，狼心反噬。自有公理，爰书必无屈断。"

讼棍为害多利用呈词诉状，但文盲的百姓告状又不能没人代书，于是清朝官府以控制代书人来查禁讼棍。规定凡代书人都要经官府考核批准，考取的由官府发给"官代书"[①]凭证，否则不准代写词状。

建立官代书制度也难以从根本上杜绝讼棍，因为讼棍的活动是多种多样的，再者也并非只有代书人才是讼棍。既然讼棍唆讼以利为渊薮，也就难以真正禁绝。

第二节　刑讯与滥刑

一、刑讯的种类

刑讯是封建专制司法制度的基本特点，是司法黑暗的显著标志。在每个王朝的中后期，随着封建政权的腐败，刑讯在审判中往往变得更加严酷，恶化成为普遍的滥刑。

---

① 《大清律例》卷30，《刑律·诉讼·教唆词讼》，第527页。

清律正式规定的刑讯种类有笞、杖，是为正刑，此外还有枷号、夹棍、拶指等加重的刑讯种类，亦为法律所承认。清律时笞、杖等有明确的定制，不能随便超越。

笞，小竹板，长五尺五寸，大头阔一寸五分，小头阔一寸，重不过一斤半。

杖，大竹板，长五尺五寸，大头阔二寸，小头阔一寸五分，重不过二斤。[①]

笞和杖，在这里既作为基本刑罚“五刑”（笞、杖、徒、流、死）中的两种刑罚，又是审判中刑讯的方式，正如清人所说：“笞、杖有二义，有断决时之笞杖，有讯问时之笞杖。”[②]但在实际行用时，二者是很难分别的，在审判中对不肯招供的人犯施以笞杖是很“自然”的。在刑事案件中，笞杖可以被视为刑讯，但也可以作为轻罪人犯的刑罚。在民事审判中，笞杖往往被当作对败诉者的责惩，但同样也可看作对狡黠者的追供。

笞、杖在形式上虽有轻重，但在实际行用时也不拘泥，“薄责二十”，“重责四十”，全凭当堂立断。

除了笞、杖以外，还有以下刑讯种类：

（1）夹棍，又称三木之刑，中梃木长三尺四寸，两根旁木各长三尺，上圆下方，圆头阔一寸八分，方头阔二寸。用刑时将犯人绑在梃木上，用旁木穿以皮条夹犯人腿。

（2）拶指，由五根小圆木组成，各长七寸，圆径四分五厘，皮条穿之，夹犯人手指[③]。

夹棍、拶指是重刑，清律规定，只有案情严重的命盗案件才可用夹、拶：“强窃盗人命及情罪重大案件正犯，及干连有罪人犯，或证据已明，再三详究，不吐实情，或先已招认明白，后竟改供者，准夹讯外，其别项小事，

① 《大清律例》卷4，《名例律 · 五刑》，第89页。

② 《读例存疑》卷1。

③ 《大清律例》卷4，《名例律 · 五刑》，第90页。

概不许滥用夹棍。”[①]

严格限制夹、拶的使用，只有三法司和各省督抚、按察司和府州县正印官（长官）才可动用夹、拶，其他衙门“不准擅用”。还特别规定州县审理“自理案件”（民事案件）“不得擅用夹讯”，如初审向上审转的刑案，用过夹拶，还应声明，报上司“察验”。

之所以对夹拶严格限制，是因行刑时异常酷烈，往往刑未终，犯人的腿就被夹断了，甚至被夹死。拶指专用于女犯，十指连心，女犯因受拶而指尖鲜血淋漓，常常昏死过去。在清朝中期，夹拶常被滥用，所谓：“三木之下，何求不得？”造成非常惊恐的气氛。后来不得不制定上引的条款来加以限制，经过几次修改，至道光年间改定如上。

（3）枷号，木枷长二尺五寸，阔二尺四寸，普通的重 25 斤，加重的重 35 斤。[②] 枷在犯人的颈部，以示惩戒。枷号常用来惩治事关伦常、有关风化的案件，使犯人戴枷立于衙门口或闹市，既处罚、羞辱犯人，又教训、警戒其他人。从这方面看，枷号是一种刑罚。但是，有时在审判中，犯人不招供，也使其戴枷，迫其认罪，这就是一种刑讯。

清朝的枷号没有限期，一般为数日或十数日，但重者有枷号至三个月、半年，以至一年及二三年者，甚至有永远枷号的犯人。

清律“准其照常行用”的刑讯还有拧耳、跪链、压膝、掌责，特别是掌责，即掌嘴（打耳光）用得很广泛。[③]

二、非法的滥刑

至于超出法定刑讯的滥刑则是禁所不能禁的，笞杖无度，滥用夹棍非

---

① 《大清律例》卷 36，《刑律·断狱·故禁故勘平人》，第 606 页。

② 《大清律例》卷 4，《名例律·五刑》，第 90 页。

③ 《大清律例》卷 36，《刑律·断狱·故禁故勘平人》，第 608 页。

常普遍，各地还“创造”出许多法外之刑来，举不胜举，仅清律中列举的就有：小夹棍、木棒棰、连根带须竹板、木架撑执、悬吊、敲踝、针刺手指、数十斤大锁、并联枷、荆条击背、脑箍、匣床、钻笼等。[①]不见诸《律例》而在各地使用的还有什么好汉架、魁点斗、饿鬼吹箫等。

滥刑是“合法”刑讯的必然发展结果，许多人犯就死在了刑讯之下。刑讯的目的在于追求口供，口供是定案的主要依据。为了能早日定案，不惜以严刑逼供。

对于滥刑，按照传统的“恤刑”观点，法律上也不得不有所限制。清律规定“老幼不拷讯”，凡 70 岁以上，15 岁以下，及废疾者，不得用刑，审判时依“众证”（三人以上的证言）定罪。[②]这种限制往往只停留在纸面上，并不能制止随处可发生的滥刑。

清律对于挟嫌报复、敲诈勒索而刑讯致死囚犯，严加禁止，予以严惩，要处以斩监候。对于其他情况，刑讯致死囚犯，也定有不同处分，从杖一百到流三千里。但是，对于“依法拷讯，邂逅（偶然原因）致死，或受刑之后因他病而死者，均照邂逅致死律，勿论”[③]。这样一种规定无疑是对无限制的滥刑提供了法律借口。

三、刑事审判中的证据

清律对刑事审判中的证据有一些不够系统的规定，如：“凡人命重案，必须检验尸伤”，填写部颁“尸格”（验尸报告）；“鞫审强盗，必须赃证明确”；“事主呈报盗案失单，须逐细开明”。[④]

① 《大清律例》卷 36，《刑律 · 断狱 · 故禁故勘平人》。
② 《大清律例》卷 36，《刑律 · 断狱 · 老幼不拷讯》，第 616 页。
③ 《大清律例》卷 36，《刑律 · 断狱 · 故禁故勘平人》，第 607 页。
④ 《大清律例》卷 23，《刑律 · 贼盗》，第 371 页。

这里提出的“尸格”“赃证”“失单”都是证据，类似于现代诉讼法中规定的物证、书证、勘验鉴定等。至于将证人证言、被害人陈述作为证据，则更是习以为常的。但是在所有证据种类中，被告人口供乃是最重要的一种，口供是定案的关键。清律规定：“凡狱囚，鞫问明白，追勘完备……审录无冤，依律议拟，法司复勘，定议奏闻。”① “凡狱囚，徒流死罪，各唤本囚及其家属，具告所断罪名，仍责取囚服辩文状。若不服者，听其自行辩理。”② “鞫问明白”，“审录无冤”，“服辩文状”，都是讲要取得犯人“服输口供”才能定案，口供是结案的必需条件。否则，其他证据再充足，也不得结案。

清律有“众证明白，即同狱成”的例外规定，但这只是对共同犯罪主犯在逃的特殊情况而言，这时可以根据同案犯的口供，确定在逃犯的罪罚，是一种缺席判决。对拘押中的犯人，不能众证定罪，一定要取得“服输供词”。③

第三节　狱政制度

一、监狱的设置和狱政

清朝地方设有各级监狱，省级监狱设在按察司，府、厅、州、县也分别设有监狱，所谓“内外大小问刑衙门设有监狱”。④

地方各级监狱均在各级长官统辖之下，并设有专门官员负责。按察司

---

① 《大清律例》卷 37，《刑律·断狱·有司决囚等第》，第 629 页。

② 《大清律例》卷 37，《刑律·断狱·狱囚取服辩》，第 649 页。

③ 《大清律例》卷 5，《名例律·犯罪事发在逃》，第 128 页。

④ 《大清律例》卷 36，《刑律·断狱·故禁故勘平人》，第 607 页。

及府、厅的监狱，各设司狱一人专管。州的监狱，设吏目一人主管。县的监狱，设典史一人主管。州的吏目、县的典史，还负责治安、缉捕事宜。

清朝中央监狱是刑部监狱，在刑部堂官掌握下由提牢厅具体管理，提牢厅设主事、司狱等官吏。刑部监狱分南、北二监，主要关押刑部现审的京师地区重犯和监候秋审的犯人。此外还有女监、病监、官监等。[①]

除上述各级监狱外，尚有京师步军统领衙门监狱、内务府慎刑司监狱（专管内务府所辖旗人、太监、匠役）、宗人府“空房”（专管宗室觉罗）、盛京刑部监狱、顺天府监狱、奉天府监狱等。

其他大小衙门都不得擅设监狱，否则要被参劾追究责任。

关于监狱管理，清律中规定了一系列制度。各级监狱一般设内、外两监，“强盗并斩绞重犯俱禁内监，军、流以下俱禁外监，再另置一室以禁女犯”。[②]

清代监狱中关押的多是未决犯，以及秋审监候的死刑犯。徒、流、军、遣犯已决后，即解往配役地点，或发驿递，或发军营，充杂差苦役。上述内外监之分，所关押的实际上是已拟罪、等待逐级审转的未决犯。

在押人犯中，“强盗、十恶、谋故杀重犯，用铁锁、杻、镣各三道”锁禁；“其余斗殴、人命”案犯、拟军流徒罪人犯，“用铁锁、杻、镣各一道”锁禁；拟笞、杖轻罪的人犯，也要“用铁锁一道”锁禁。[③]清律这样规定，可见监狱中戒具使用的严厉。只是对于70岁以上、15岁以下、废疾者才可以“散收”，即不加戒具不锁禁。[④]

至于狱囚的待遇，清律中有很堂皇的规定，“锁、杻常须洗涤，席荐常须铺置，冬设暖床，夏备凉浆。凡在禁囚犯日给仓米一升，冬给絮衣一件，病给医药……毋致缺误”[⑤]。

① 《清史稿》卷144，《刑法志三》，第4217页。

② （清）赵舒翘：《提牢备考》卷1。

③ 《大清律例》卷36，《刑律·断狱·凌虐罪囚》，第609页。

④ 《大清律例》卷36，《刑律·断狱·狱囚衣粮》，第614页。

⑤ 《大清律例》卷36，《刑律·断狱·狱囚衣粮》，第614页。

法律还禁止凌虐（欺辱虐待）囚犯，不许克扣囚粮，狱内不许用私刑，等等。但是，法律规定的这些狱政措施，对监狱中实际存在的严重、普遍的黑暗，难以作有效的补救。狱中虐待犯人致死的情况非常严重，清代法律用语叫作“瘐毙”，每年瘐毙者难以计数。甚至有的囚犯在瘐毙后被报作病死，伪造“病历”，倒填日期，呈报说“治疗不愈”而死，在清代档案中就发现有这样的实例。至于狱中恶劣的生活条件、非人的待遇，更是极为平常的事情。

二、班房的出现

清代地方除正式设置的各级监狱外，还普遍存在一种变相的监狱——班房。

“班房”，原是三班衙役的值房，设在官衙旁边。衙役拘捕、传唤来的人犯、干连证佐，又怕他们逃脱，就把他们临时关押在自己的班房里，以应随时听候长官升堂审理。久而久之，就形成了专门羁押人犯的班房。

差役为什么不将人犯押进正式的监狱呢？其一，在清代刑事诉讼中，不仅案犯、嫌疑犯被拘捕，而且乡邻地谊、干连证佐（证人）、事主（被害人）尸亲（死者家属）都要被强制性地拘传或传唤，监狱很可能容纳不下。其二，监狱关押的未决犯是已初审拟罪、等待审转复核的人犯，而新捕的嫌疑犯不便即入监狱，干连证佐等不是人犯，也不便入狱。其三，清代没有看守所性质的羁押处所，衙役只好将有关人犯、人证押进班房，同时也便于敲诈勒索。

由于班房不是正式设置的，所以各地名称也就不一样，比如卡房、班馆、自新所、候质所、知过亭、支搁亭、中公所等都是班房一类性质的，都可以称为衙役私设的“看守所”。

班房由于是私设，所以连形式上的法律约束都没有，其黑暗甚于监狱。凌虐在押人员，私刑泛滥，达到无以复加的地步。

清朝中后期，班房成为封建专制统治的一种象征，各地私设的班房比比皆是，以至人们将班房作为监狱的代名词。道光年间广东南海县“私馆凡十余处”，香山县（现中山市）亦有班馆十余所，顺德县的班馆公开标号从“一羁”到“八羁”。[①] 同时期福建晋江等县的衙役“欺慢”地方官不懂本地方言，班房内“无论原被告，每押至八九百人，竟二三年不得见本官之面”。[②] 同时期四川的“卡房最为惨酷，大县卡房恒羁禁数百人，小邑亦不下数十人及十余人不等，甚至将户婚田土、钱债细故被证人等亦拘禁其中，每日给稀糜一瓯，终年不见天日”[③]。

由此看来，班房不是个别现象，实际上已成为不可缺少的“第二监狱”。

道光初年的四川按察使估计全省每年在卡房瘐毙一二千人。[④] 另据同时的一个充军人犯估计四川全省每年瘐毙有六七千人，这个人说在巴县班房每年牢死 200 余人，在华阳县捕卡拘押两月亲见牢死 30 余人，另有 70 余人待毙。这个人充军途经湖北、安徽，所见“捕卡情形与四川无异”。[⑤] 按最保守的推算，班房中全国每年至少瘐毙上万人。

根据档案材料，清朝一般每年判处死刑案件 3000 件左右，其中还包括监候秋审的，他们中相当一部分还可能被减缓释放。但是班房瘐毙就上万人，超过正式死刑的数倍。

清朝统治者也知悉班房的危害，屡禁“擅设仓、铺、店、所等名”私禁人犯，[⑥] 但无济于事。直至清末，各省逐渐成立了官办的候审公所、待质所，取代私设的班房，意在革除私禁的弊病，其实不过是班房的名称改变而已。私设的班房反倒由此取得了合法地位。

---

① 《清实录 · 宣宗成皇帝实录（四）》卷 251，第 805 页。

② 《清实录 · 宣宗成皇帝实录（三）》卷 191，第 1017 页。

③ 张集馨:《道咸宦海见闻录》，中华书局 1981 年版，第 95—96 页。

④ 《道咸宦海见闻录》。

⑤ 军机处月折包档案。

⑥ 《大清律例》卷 36,《刑律 · 断狱 · 故禁故勘平人》，第 607 页。